JN457478

한국의 언어 민속지

충청남북도 편

한국의 언어 민속지

충청남북도 편

지은이 왕한석
펴낸곳 서울대학교출판문화원
펴낸이 성낙인

초판 1쇄 발행 2016년 3월 20일
초판 2쇄 발행 2017년 10월 20일

출판등록 제15-3호

주소 08826 서울 관악구 관악로 1
대표전화 02-880-5252 **팩스** 02-888-4148
전략기획팀(출판상담 및 홍보) 02-880-5217
출판관리팀(주문상담) 02-889-4424, 02-880-7995
이메일 snubook@snu.ac.kr
홈페이지 www.snupress.com

ⓒ 왕한석 · 2016

지은이와 협의하여 인지는 생략합니다. 잘못된 책은 바꾸어 드립니다.
이 책의 무단 전재나 복제 행위는 저작권법 제98조에 따라 처벌받게 됩니다.

ISBN 978-89-521-1774-8 93300

이 저서는 2012년 정부(교육부)의 재원으로 한국연구재단의 지원을 받아
수행된 연구임(NRF-2012S1A6A4019674).

2017년 대한민국학술원 우수학술도서

한국의 언어 민속지

충청남북도 편

왕한석 지음

서울대학교출판문화원

Linguistic Ethnography of Korea

Linguaculture of *Chungcheong* Province

Hahn-Sok Wang

Seoul National University Press

머리말

『한국의 언어 민속지』 연구 작업의 네 번째 권인 「충청남북도 편」을 여기에 상재(上梓)한다. 여러 사정으로 생각보다 좀 늦게 탈고가 이루어졌지만, 어쨌든 관련 연구가 거의 없었던 충청남북도 지역을 대상으로 한 전통적인 언어문화에 대한 의미 있는 보고가 될 것으로 여겨진다.

이 책의 제1장 '홍성(洪城) 지역의 언어문화'는 충남 내포(內浦) 지역의 한 반촌 마을을 연구 대상으로 한 언어 민속지이고, 제2장 '청원(淸原) 지역의 언어문화'는 충북 청주(淸州) 지역의 한 오지 산촌 마을을 연구 대상으로 한 언어 민속지이다. 두 기술지(記述誌) 모두 한정된 시간 동안에 이루어진 작업이라 부족한 점이 많겠지만, 주어진 여건 내에서 최상의 노력을 다 했음을 밝히며, 앞으로의 관련 연구에 귀중한 디딤돌 또는 길잡이가 되기를 빌어 본다.

말할 것도 없이 이번의 연구 작업을 진행하면서도 많은 분들의 고마운 도움을 받았다.

먼저 두 조사지 모두에서 연구자에게 해당 지역의 귀중한 언어적·문화적 지식을 가르쳐 주신 여러 제보자 분들께 마음속 깊은 감사를 올리고자 한다. 여기서 제보자 분들의 존함을 일일이 적기하지는 않지만, 이 연구 작업은 그 어른들의 이 세계에 대한 뛰어난 지식, 본 연구에 대한 깊은 이해, 그리고 연구자와 공감하는 열정에 의해 가능했음을 말씀드리고 싶다.

또 연구 대상지의 선정과 관련해서도 여러 분들의 고마운 도움을 받았다. 홍성의 조사지 선정과 관련해서는 특히 홍주향토문화연구회의 전 회장이신 전하수(田夏秀) 선생의 도움을 받았으며, 청원의 조사지 선정과 관련해서는 충북대학교의 안길상(安吉相) 선생님과 세명대학교의 박경래(朴慶來) 교수의 도움을 크게 받았다. 세 분께 깊은 감사의 인사를 올리고자 한다.

그뿐만 아니라 홍성의 현지조사에는 박종현(朴鍾賢) 군이 함께해 주었으며, 청원의 현지조사에는 배연주(裵延株) 양이 함께해 주었다. 두 사람 모두 사제(師弟)의 연(緣)을 맺은 가까운 사이이지만, 우리의 현지조사는 집중적인 질문과 탐구의 과정임과 동시에, 연구자와 연구조교 간의 치열한 토론의 장이기도 하였다. 두 사람 모두에게 따뜻한 감사를 표하는 바이다.

또 서울시립대학교의 안준희(安濬禧) 교수는 청원의 조사지를 처음 함께 가보았으며, 뒤의 현지조사에도 수일간 참여해 주었다. 깊은 감사의 마음을 전하며, 앞으로 더 큰 학문적 성취를 이루기를 빈다.

그리고 이 책의 초고 작업이 끝났을 때 서대승(徐大承) 군과 배연주 양은 많은 양의 이 원고를 꼼꼼히 읽고 검토해 주는 귀한 작업을 해주었다. 그뿐만 아니라 조강제(趙康濟) 군과 김성인(金成仁), 이혜민(李惠民) 양은 오랫동안 이 원고의 타자 작업과 편집 작업을 힘들여 도와주었다. 언제나 선생의 옆에서 묵묵히 원고 작업을 도와준 이 우수한 학생들에게 다시 한 번 따뜻한 감사를 표하며, 모두들 앞으로의 공부에 커다란 정진(精進)이 있기를 빈다.

나아가 연구비를 지원해 준 한국연구재단과, 이번에도 좋은 책을 만들기 위해 힘껏 애써 주신 우리 학교의 출판문화원에도 깊은 감사의 인사를 전하는 바이다.

끝으로 이 책은 관악 캠퍼스의 정든 연구실에서 마지막으로 쓰고 다듬고 기운 원고이다. 개인적으로 깊은 감회를 느낌과 동시에, 그동안 필자의 작은 공부에 높은 울이 되어 준 우리 학교와 학과에 다시 한 번 무한한 감사의 인사를 올리고 싶다.

2015년 8월 23일

곧 떠날 관악의 연구실에서

왕한석 삼가 씀

차 례

제2장 청원(淸原) 지역의 언어문화

서장

충청 지역의 언어문화 연구

I

한국의 다른 지방도 마찬가지이겠지만 호서(湖西) 지방, 즉 충청남북도를 대상으로 한 형식 언어학(formal linguistics)의 좁은 틀을 벗어난, 언어에 대한 보다 넓은 시각에서의 경험적인 연구 또는 넓은 의미의 언어문화(linguaculture)에 대한 연구는 사실상 매우 드문 것으로 보인다. 숫자 면에서는 호남 지방에서 그동안 이루어진 것(왕한석 2010: 10-17)보다 더 적은 것으로 보이는데, 그러나 그중에서도 대체로 다음과 같은 연구 목록들을 찾아볼 수 있었다.

먼저 충청북도를 연구 대상으로 한 좁은 의미의 사회언어학(socio-linguistics), 즉 라보브(William Labov)류의 언어변이(linguistic variation) 연구는 비교적 일찍 시작되었는데, 대표적으로 다음의 연구 예이다.

박경래

1993 "충주방언의 음운에 대한 사회언어학적 연구"

1995 "충주방언의 움라우트 현상에 대한 사회언어학적 고찰"

먼저 1993년의 학위논문은 충북 방언의 한 하위 방언인 "충주방언의 음운에 대한 사회적 분화 양상을 살펴보"려는 것이다(p. 192). 구체적으로 이 연구에서 다루는 사회언어적 변수는 음장, 단모음 '외, 위', 단모음 '에, 애', 이중모음의 단모음화, 그리고 움라우트의 다섯 가지이고, 이 사회언어적 변수들을 나이, 성별, 학력 등과 '말투'(일상적인 말투, 격식적인 말투, 구절 읽기, 단어목록 읽기)라는 기본적인 사회맥락적 자질들(social contextual features)과의 상관성 속에서, 그것의 일차적인 사회적 분화 양상을 관찰·기술하려는 것이다. 그런데 여러 변수들 중에서 특히 움라우트가 다른 변수들보다 사회맥락적 요인들에 따른 일정한 분화 패턴을 보이는 좀 더 흥미로운 변수인 것으로 기술하고 있다(1993: 147-191, 1995).

이 연구는 비슷한 시기에 미국의 대학들에서 학위논문으로 작성된 일련의 연구들, 대표적으로 홍연숙(Hong 1988), 채서영(Chae 1995), 강현석(Kang 1997) 등과 동궤(同軌)의 작업으로, 모두가 한국어의 음운 특히 모음의 변이를 관찰함으로써 '현재 진행 중인' 모음체계의 변화를 파악하려는, 라보브 류의 계량 사회언어학적 연구들일 것이다. 그런데 위의 홍연숙, 채서영, 강현석의 학위논문은 모두 서울말을 연구 대상으로 삼은 것인 데 비해, 박경래의 학위논문은 한 지역 방언 즉 충주 방언을 연구 대상으로 삼은 데에 또 다른 특색이 있을 것이다.[1)]

충청북도 지역을 대상으로 한 다음의 논문들도 넓은 의미의 언어문화에 대한 기술을 지향하는, 언어에 관한 경험적 연구의 예들일 것이다.

---

1) 박경래 교수는 위 학위논문의 마지막 페이지에서 간략하지만 다음과 같이 언명함으로써, 우리의 주목을 또 끈다.

"우리는 본고와 같은 논의를 통하여 몇 가지 점에서 반성할 기회를 가질 수 있었다. 그 하나는 어떤 개별 방언을 연구한다고 할 때 특정한 부류를 대상으로 한다고 하더라도 아무런 제약 조건 없이 한두 명의 제보자만을 대상으로 자료를 수집한다면 그 방언의 실상을 정확히 파악하기 어려울 수 있다는 점이다. 또 하나는 적어도 오늘의 상황에서 보면 언어지리학적인 연구나 방언의 비교에 있어서 자료의 균질성을 확보하는 것이 쉽지 않다는 점이다. 그리고 셋째는 소수의 제한된 제보자를 대상으로 자료를 수집한다면 제보자 개개인이 가지고 있는 언어적 특징들이 부각될 위험성이 있으므로 방언 자료의 조사가 연구 목적에 따라 면밀하게 계획된 규준 속에서 이루어져야 한다는 점이다."(p. 198)

필자가 읽기에는, 위의 세 가지 점은 기존의 국어 방언학 연구가 연구 방법론의 차원에서 놓쳤던, 방언 자료의 수집 및 분석과 관련되는 '사회언어적 실재'(sociolinguistic reality)에 대한 지적일 것이다. 문제는 한국어학의 전 영역 내에서 한국어에 대한 가장 경험적인 연구를 지향하는 국어 방언학 연구가, 박 교수가 언급한 위 '반성'의 지점들을 이후 얼마나 진지하게 논의하고 받아들여 그것을 구체적인 실행에 옮겼을까 하는 점이다.

박경래

1999 "청원 방언의 경어법에 대한 사회언어학적 연구: 청자 대우법에서의 힘과 유대를 중심으로"

2011b "충청도 방언과 충청도 문학: 정지용의 「향수」에 쓰인 충청도 방언을 중심으로"

2014 "「반촌등속」의 언어 문화적 가치와 표기법의 특징"

위에서 1999년 논문은 충북 청원군 미원면 수산리에서 행한 현지조사에 바탕한 것으로, 소위 '청자 대우법'을 실제 대화 내용과 '경어법 사용 태도'를 분석함으로써 이해하려는 연구 시도이다. 2011년 논문은 '시어들에 대한 언어학적 이해의 선행 필요성'을 강조하며, 특히 '얼룩백이'와 같은 어휘의 토착적 의미의 기술을 시도하는 작업이다. 마지막 2014년 논문은 약 100년 전 청주에서 간행되었다고 하는 「반촌등속」이라는 책의 "언어 문화적 가치"와 표기법의 특징 등을 기술하는 작업이다.

다음으로 충남 지역을 연구 대상으로 한 관련 연구는 충북 지역을 대상으로 한 것보다 더 드문 것으로 보이는데, 다음의 두 연구는 여기서 분명히 인용·논의할 가치가 있는 작업들이다.

강현석·이장희

2008[2006] "천안·아산 지역어와 대구 지역어에 나타나는 w 탈락 현상의 비교연구: 대학생 언어를 중심으로"

강현석

2010 "충남 지역 화자들의 방언 구획, 방언 태도 및 인지에 대한 연구"

앞의 연구는 라보브의 계량 사회언어학 모델을 사용하여, 천안·아산 지역어와 대구 지역어에 각기 나타나는 사회언어적 변이 현상인 *w*의 탈락을 경험적으로 관찰하려는 것인데, 매우 과학적이고 체계적인 연구 계획 및 절차에 따라 수행된 작업이다. 그러나 구체적인 연구 대상으로 두 지역의 대학생들을 선정해서인지, 잘 설계된 연구 계획 및 절차만큼 연구 결과가 두드러지게 나타나지는 않은 것 같다. 이 논문의 저자들도 "국어 방언 연구에서는 흔하지 않은 두 지역 방언을 비교하는 연구"로서의(pp. 208-209) 의의를 지니면서도, 동시에 "상대적으로 교육을 많이 받은 젊은 세대의 자료만을 토대로 한"(p. 209) 제한점이 분명히 있음을 적기하고 있다. 그러나 이 연구는 기존의 국어 방언학 연구와 새로운 사회언어학 연구를 접목시키는, 방언 비교 연구의 새로운 과학적 모델이 될 수 있을 것으로 보인다.

뒤의 연구는 소위 '방언 태도'에 대한 새로운 접근으로, 이론적으로 '인지방언학'(perceptual dialectology)의 시각에서 충남 방언 화자들의 방언 태도를 새로이 경험적으로 이해하려는 주목되는 작업이다. 구체적으로 이 논문은, 충남 방언 화자들의 (1) 충남 방언의 방언 구획 의식, (2) 충남 방언 및 다른 지역 방언에 대한 이미지, 그리고 (3) 실제 방언 인지 능력이라는 질문에 대한 경험적인 답을 찾으려는 많은 노력이 들어간 연구이다. 이 논문 역시 매우 과학적인 연구 절차에 따라 수행된 작업인데, 앞으로의 관련 연구에 분명한 새로운 모델이 될 것으로 보인다. 그런데 이 연구는 단순한 사회언어학적인 관심을 넘어서서, 언어문화의 본령 중 한 부분을 이해하려는 상당히 언어인류학적인 색채를 띠는 연구이기도 하다.

충남 지역에서 행해진 관련 연구에는 또 아래와 같은 인류학자의 드문 작업이 있다.

김선희

1999 "한국의 색채 범주 구분법에 대한 민족지적 연구"

2010 "한국의 색채 범주 구분체계와 그것의 발달 과정"

위 연구는 1998년 4월과 7월에 충남 홍성군 홍북면의 한 마을에서 행해진 현지조사에 바탕하는 것으로, 기초 색채 어휘(basic color terms)를 중심으로 하는 한국의 색채 범주 구분법에 대한 본격적인 경험적 연구이다. 이 연구의 핵심 부분은 우리 문화의 전통적인 기초 색채 범주가 모두 5개였음을 밝힘과 동시에, 기초 색채 범주는 또 연령층에 따라 크게 두 부류로 달리 구분된다는 사실을 발견한 것이다. 달리 말하여 기초 색채 범주의 전통적인 구분법과 그것의 '현재 진행 중인' 변화의 과정을 미시적으로 포착한 연구가 된다.[2)]

필자가 국어 방언학 분야의 연구들에 그리 친숙하지 못하여 소수의 연구 결과들을 위에서 놓쳤을 개연성도 있겠지만, 이상이 충청남북도 즉 호서 지방을 대상으로 한 넓은 의미의 언어문화에 대한 기존 연구들의 대강인 것으로 보인다.

다음으로 국립국어원 주관의 '지역어 구술 자료 총서'는 이 지역말을 대상으로 하여, 다음과 같이 모두 여섯 책이 그동안 출간되었다.

박경래

2007 『충북 제천 지역의 언어와 생활』

2009 『충북 청원 지역의 언어와 생활』

---

2) 위 연구 결과에 따르면, 현지조사 당시의 시점에서 대체로 40세를 기준으로 하여, 고연령층은 전통적인 구분법인 5개 기초 색채 범주('흰색', '검정', '빨강', '노랑', '파랑')로 구분 짓고, 저연령층은 8개 범주(위의 5개에다 '녹색', '갈색', '보라')로 구분 짓는다는 중요한 사실이 밝혀졌다.

2011a 『충북 충주 지역의 언어와 생활』

한영목

2007 『대전 서구 지역의 언어와 생활』

2009 『충남 논산 지역의 언어와 생활』

2011 『충남 서천 지역의 언어와 생활』

많은 개별적 노력이 들어간 위의 자료집들은 국어 방언학 영역에서 매우 의미 있는 새로운 작업이겠지만, 위 자료 총서에 대한 필자의 기존 평가, 즉 "일차적으로 문화 자료에 대한 것이기보다는, 문화적 사실에 대한 '구술' 또는 '자연 발화'라는 언어 자료로서의 가치를 우선적으로 가지는 … 자료집"(왕한석 2010: 17, 2012: 14)이라는 평가는 충청남북도 지역을 대상으로 한 위의 책들에도 그대로 적용될 수 있을 것으로 생각된다.

II

이제 연구 대상지의 선정 과정과 현지조사가 실제로 이루어진 두 언어공동체의 중심 특성에 대해 간략히 언급하도록 하겠다.

충남 지역의 조사지는 처음부터 소위 내포(內浦) 지역에서 찾으려고 하였다. 그리하여 먼저 찾아본 곳은 당진(唐津), 서산(瑞山), 태안(泰安) 지역이었는데, 유감스럽게도 이 지역에서는 마땅한 연구 대상지를 구하지 못하였다. 그리하여 뒤에 홍성(洪城) 지역으로 옮겨 갔고, 거기서 이번의 조사지인 홍성군 구항면(龜項面) 내현리(內峴里) 내현(內峴) 마을을 찾았다.

내현마을은 이 지역에서 잘 알려진 반촌(班村) 중의 한 곳인데, 좀 더 구체적으로 말하면, 무반(武班)의 전통을 이어온 집성촌이다. 그러나 뒤의 본문에서 간략히 언급한 바와 같이, 이 마을은 인구수가 적었고 또 실제의 현지조사도 자료 수집 면에서 그리 쉽지 않은 연구 대상지였음을 부기해 둔다.

충북 지역의 조사지는 처음부터 청주(淸州)의 외곽인 청원(淸原) 지역에서 찾았다. 그러나 적당한 연구 대상지를 계속 찾지 못하다가, 마지막에 소개받은 마을 중의 한 곳이 이번의 조사지인 청원군 문의면(文義面) 소전(所田) 1리 버랏마을이었다. 그런데 이 버랏마을은 상당히 특이한 오지의 산간 촌락이었고, 따라서 연구자의 입장에서는 소위 산촌(山村)이 나름대로 특이한 언어문화의 유형을 가질 것인가가 관심의 초점이 되었다.

다행히도 버랏마을에서의 현지조사는, 이 마을이 오늘날의 시점에서 매우 작은 크기임에도 불구하고, 그런대로 연구가 잘 진행되었다. 특히 이곳 사람들이 알고 있는 식물의 자연세계와 독특한 생업에 대한 언어적·문화적 지식은 산촌인 이곳 조사지의 언어문화의 중심 특성을 이루는 부분이 될 것이다. 결과적으로 충청북도의 연구 대상지로 이 버랏마을을 선정함으로써, 필자는 '한국의 언어 민속지' 연구 작업에서 두 곳의 어촌(전남 조도와 경남 사량도)뿐만 아니라 한 곳의 산촌을 새로이 연구하는, 연구자로서 커다란 행운을 얻은 셈이 될 것이다.

제1장

홍성(洪城) 지역의 언어문화

연구의 과정

I

연구자는 충청남도의 연구 대상지를 잠정적으로 찾아 나가는 데서 이 지역을 잘 아는 여러 분들의 비공식 자문을 받았는데, 최종적으로 선정한 군(郡) 단위의 지역은 홍성군(洪城郡)이었다. 홍성 지역을 선택한 데에는 세 가지 정도의 이유가 있었는데, 하나는 평소 필자가 소위 내포(內浦) 지역 및 이 지역 말에 흥미가 있었다는 점이다. 또 하나는 홍성(과거의 이름으로는 홍주(洪州)) 지역이 역사적으로 차령산맥(車嶺山脈) 남쪽의 공주(公州) 지역에 대비되는 차령산맥 북쪽(즉, 내포 지역)의 오랜 중심지였다는 점이다. 마지막 하나는 홍성 지역이 충청남도 내에서도 비교적 변화가 적은 곳에 해당한다는 이곳 출신 한 지인의 전언이었다.

홍성 지역을 잠정적 연구 대상 지역으로 정한 뒤 2011년 11월 하순께부터 홍성군 내의 구체적인 연구 대상 마을을 찾기 시작하였는데, 필자는 우선적으로 농촌 마을로서 비교적 전통성이 강한 집성촌(集姓村)을 찾았다. 이러한 조건에 대체로 부합하는 곳으로 여러 분이 추천해준 곳이, 바로 이번의 조사지인 홍성군 구항면(龜項面) 내현리(內峴里) 내현(內峴)마을이었다.

필자는 2012년 1월 초순 홍성으로 내려가 이 마을을 직접 둘러보고 또 마을 분들도 여러 분 만나 보았다.[1] 마을의 첫인상은 마을의 '생김새'는 좋으나, 충청도 특유의 산촌(散村) 형태를 이루고 있고 또 인구수가 적어 보인다는 점이었다. 그러나 홍성군 내에 마땅한 대안도 없어 보였을 뿐 아니라 필요 시 같은 내현리에 속해 있는 인접 자연부락으로 연구 대상지를 확장할 수 있을 것 같아, 이 마을을 연구 대상지로 최종 결정하였다.

'내현마을'에서의 본격적인 현지조사는 2012년 1월 26일부터 2월 18일까지 행해졌는데, 이 기간 동안 개인적으로 불가피한 일들이 생겨 실제로 이 마을에 묵으며 연구를 진행한 날짜는 모두 합해 18박 21일간이었다.

2012년 1월 기준의 이곳 면사무소 통계에 따르면, 내현마을의 세대수는 49호이고 인구수는 111명(남자 54명, 여자 57명)이다. 그러나 이 마을에 전부터 거주해 온 가구는 대체로 36호 그리고 인구수는 약 80명 선으로 추산된다. 나머지 가구는 주민등록상에 등재되었으나 실제 거주하지는 않는 집들이거나, 또는 근래에 이 마을로 이사해 들어와 아직 이 마을의 완전한 성원이 아닌 집들이다. 전체적으로 마을의 크기가 그렇게 크지 않은 충청도 지역이기는 하지만, 이 내현마을은 가호수나 인구수의 면에서 그 규모가 비교적 작은 편에 속하는 마을이 될 것이다.

이 마을은 지도상에서 보면 홍성군의 한가운데쯤에 위치하는데, 이 마을이 속하는 법정리로서의 내현리(內峴里)에는 '내현마을'과 '화산(花山)마을' 그리고 '발현(鉢峴)마을'이 있다. 두 마을 모두 이 내현마을의 서쪽과 북쪽 방향으로 인접해 있는데, 마을 크기는 세 마을이 대체로 비슷한 수준이다. 최근 들어 내현리 전체가 농촌진흥청으로부터 '농촌전통 테마 마을'로 지정받아(2002년) 여러 관련 사업들을 시행하고 있다. 그러나 그 중심지는 어디까지나 내현마을인데, 이 사업과 관련하여

1) 사실은 이 내현마을 외에 홍성군 홍동면(洪東面)에 소재하는 또 다른 집성촌 한 곳, 즉 4개의 자연부락으로 구성된 1개의 법정리도 함께 둘러보았다.

내현마을을 새로이 '거북이마을'이라는 별칭으로 부르기도 한다.

이제 이 마을의 경관적 특성에 대해 간략히 서술하도록 하겠다. 내현마을은 외부인이 보기에는 거의 구릉에 가까운 얕은 산자락 두 곳(흔히 '목안'과 '목밖'으로 구분하여 부르는 2개의 '작은 마을')에 집들이 펼쳐져 있는데, 그중에서도 중심이 되는 곳은 '목안'이라고 부르는 작은 마을이다.

먼저 내현마을의 입구에 다다르면 '보개산방'(寶蓋山房)이라는 현판이 크게 붙은 2층으로 된 현대식 큰 한옥 건물이 방문객을 맞는다. 마을 사람들은 이 건물을 일러 흔히 (마을회관에 대비되는) '다목적 회관' 또는 '큰 회관'으로 부르지만, 기실 이 건물은 근래 시행하고 있는 '농촌 전통 테마 마을' 사업과 관련한 사무실, 회의실, 식당 등이 자리 잡고 있는 곳이다.

길가의 '보개산방'에서 마을의 중심부인 '목안'으로 들어서면, 먼저 눈에 들어오는 것은 마을 한가운데에 위치한 '구산사'(龜山祠)라는 이 마을의 주 성씨인 담양 전씨(潭陽田氏)의 사우(祠宇)이다. 이 마을이 자랑하는 구산사는 홍성 지역에서도 유명한 건물 구조가 매우 큰 사우인데, 이곳 담양 전씨의 옛 선조인 야은(埜隱) 전녹생(田祿生), 뇌은(耒隱) 전귀생(田貴生), 경은(耕隱) 전조생(田祖生)의 세 선생, 흔히 이곳 분들이 삼은(三隱)이라고 부르는 조상 세 분을 모신 사당이다. 이 중 뇌은 선생과 경은 선생은 두문동(杜門洞) 72현(賢)에 속하고, 또 경은 선생은 홍성 지역에 거주하는 담양 전씨의 직계 조상이 되는 분이다.[2] 구산사

2) 두문동 72현에 대한 공식적 숭배는 1760년(영조 36년)에 개성(開城)에 제단을 세워 이분들에 대한 제사를 지내도록 조정의 윤허가 내림으로써 가능해졌다고 한다. 따라서 이곳의 담양 전씨들도 이후 현재의 구산사 자리에 설단(設壇)을 하여 세 분 조상에 대한 제사를 지내다가, 1858년(철종 8년)에 구산사라는 8평 크기의 사당을 공식적으로 건립하였다. 그러나 이 구산사는 대원군 때의 서원 철폐 시에 철폐되었다가, 1931년에 중건하였

를 넘어 이 목안마을의 뒤쪽에는 흔히 '99칸 집'으로도 부르는 조선시대의 고풍스런 고가(古家)가 남아 있다. 관련 제보자에 의하면, 이 집은 원래 78칸이었으나 관리상의 어려움 때문에 많은 부분을 뜯어내었고, 현재는 약 30여 칸만이 남아 있다고 한다. 어쨌든 이 마을의 과거 모습의 일단을 잘 보여 주는 고풍스런 옛집이다.3)

구산사와 고가 사이에 있는 두 건물이 또 눈에 들어오는데, 하나는 '장충영각'(仗忠影閣) 또는 '장충각'(仗忠閣)으로 부르는 담양 전씨의 제각(祭閣) 겸 한옥 숙박시설이다. 근래 새로 지은 한옥이나 규모가 제법 큰 기와집이다.4) 그리고 또 하나의 건물은 '약천초당'(藥泉草堂)이라고 이름 붙여진 근래에 지은 초옥(草屋)인데, 이는 이 마을에서 태어난 것으로 전해 오는 약천(藥泉) 남구만(南九萬)(1629, 인조 7년~1711, 숙종 37년) 선생의 공부방을 새로 지은 것이다.5) 그뿐만 아니라 구산사의 왼쪽으로 조금 떨어진 곳에는 이른바 수령(樹齡)이 500년이 되었다는 큰 느

고 또 근래에 들어 현재의 모습으로 크게 확장한 사당이다.

3) 이 고가는 현 소유주 겸 거주자의 증조부 때부터 거주하기 시작한 집이라고 한다. 그 전에는 순조(純祖) 때 도승지를 지낸 김지겸이라는 분이 1840년대까지 살았던 집이었는데, 뒤에 현 소유주의 가계(家系)에서 화재가 발생한 뒤에 새로 지었다고 전한다.

4) 이 제각에는 이곳 담양 전씨가 배출한 중요 인물인 자천공(紫泉公) 전운상(田雲祥) 장군의 영정(충청남도 유형문화재 147호로 지정됨)과 그 아우인 석천공(石泉公) 전일상(田日祥) 장군의 영정 및 소위 '석천한유도'(石泉閒遊圖)로 불리는 그림(이 둘은 충청남도 유형문화재 127호로 지정됨)이 또한 보관되어 있다. '석천한유도'는 당시의 유명한 풍속화가인 김희겸(金喜謙)이 그린 그림이라고 하는데, 이 그림은 특히나 2011년 7월에 방영된 KBS 방송의 〈진품명품〉에서 역대 최고의 감정가인 15억 원으로 감정되어 더욱 유명해졌다고 한다.

5) 이 초당(草堂)과 관련하여, 어떤 제보자는 남구만 선생의 유명한 시조인 〈동창이 밝았느냐〉에 나오는 '재 너머 사래 긴 밭'의 '재'와 '사래 긴 밭'이 이 마을 인근의 고개와 긴 밭을 가리킨다는 전언도 있다고 하였다. 그러나 뒤에서 기술하는 바와 같이, 약천 선생이 이 마을에서 태어났다는 전언은 객관적 증거가 부족한, 신뢰성이 좀 떨어지는 이 마을에 전해 오는 옛이야기인 것 같다.

티나무 고목이 자리 잡고 있다.

이상과 같은 목안마을의 중심적 경관을 넘어서서, 이 마을은 또 나무 장승과 서낭당이 아직도 남아 있는 상당히 예스런 곳이다. 즉, 내현마을이 외부와 연결되는 마을의 서쪽 입구와 남쪽 입구에는 각기 나무로 깎은 '천하대장군'(天下大將軍)과 '지하여장군'(地下女將軍)이라는 상당한 수준의 나무 조각인 장승쌍이 서 있고, 그리고 마을 특히 목안마을의 북서쪽에는 이곳 사람들이 '서낭당'으로 부르는 신앙의 대상인 돌무더기가 쌓여 있다.

전체로 이 내현마을은 그렇게 많지 않은 집들이 그것도 띄엄띄엄 자리 잡고 있는 전형적인 산촌(散村)의 형태이다. 그러나 그 속에서 이곳의 경관은 이 마을이 구산사를 중심으로 하는 담양 전씨의 오래된 집성촌이자 과거 이 지역의 반촌(班村) 중 한 곳이었음을 잘 보여 준다. 또 '농촌 전통 테마 마을' 사업과 관련한 현대 사회의 변화하는 맥락 속에 이 농촌 마을이 놓여 있음도 잘 보여 준다. 그뿐만 아니라 이 마을은 특이하게도 오방제(五方祭)라는 마을의 장승제가 아직도 거행되는 홍성 지역 내의 몇 안 되는 유서 깊은 마을 중 한 곳이기도 하다.

앞에서 이 마을의 인구수가 비교적 적음은 이미 언급하였다. 마을 내에는 50대 이하의 젊은 층도 제법 있는 편이나, 다수는 말할 것도 없이 60대 이상의 노년층이다. 이 마을 주민의 생업은 물론 농사이나 부분적으로 축산도 병행한다. 그리하여 2011년 12월 기준의 면사무소 통계에는, 이 마을에서 사육하는 한우가 모두 346두인 것으로 나와 있다. 따라서 마을 곳곳에 우사(牛舍)가 지어져 있음을 볼 수 있다. 그리고 근래 들어 마을 내에 기독교 신자가 생기기 시작하였지만 아직은 소수이고, 대다수의 마을 주민들은 예부터 내려오는 유교식 예법을 고수하고 또 인근의 절(대표적으로 이웃한 예산(禮山)의 수덕사(修德寺))에 다니는 불교 신자들이다.

내현마을의 대표적인 성씨는 물론 담양 전씨이다. 담양 전씨 외에도 세 토박이 성씨가 더 있는데, 연산 서씨(連山徐氏)와 온양 방씨(溫陽方氏) 그리고 진주 정씨(晋州鄭氏)가 그들이다. 현재의 실제 거주 가호 수로는 담양 전씨가 6호, 연산 서씨가 7호, 온양 방씨가 4호, 그리고 진주 정씨가 6호이고, 그 외 여타 성씨는 모두 합쳐 13호가량 된다. 담양 전씨의 경우 지금부터 약 50년 전까지만 해도 이십 수 호가 이 마을에 살았으나, 그중 다수가 외지로 나가고 현재는 6호로 줄어 있다. (그러나 내현리 내의 인접한 '발현마을'의 경우는 아직도 담양 전씨가 상대적으로 중심을 이루는데, 면사무소 통계에 의하면, 모두 46호 중 12호가 담양 전씨이다.) 연산 서씨의 경우는 이 마을과 남으로 이웃한 지정리(支井里)가 바로 이들의 오랜 세거지(世居地)이자 집성촌인데, 잘 알려진 '연산 서씨 석보(石譜)'(충청남도 문화재자료 제354호)가 바로 이 지정리에 있다. 그리고 온양 방씨의 경우는 같은 내현리에 속해 있는 인접한 '화산마을'이 또 이들의 집성촌이다.

이제 이 마을의 과거 역사에 대해 간략히 정리해 보기로 하겠다. 그런데 사실이지 이 마을의 과거 역사는 명료히 알려진 것이 거의 없는 편이다. 동네의 생김새로 보아서는 일찍부터 사람들이 살았을 것 같으나, 토박이 네 성씨 외의 다른 성씨의 묘소는 현재 이 마을에 남아 있지 않다. 그뿐만 아니라 토박이 네 성씨 모두, 심지어는 담양 전씨를 포함하여, 자신들의 집안이 언제 그리고 이 마을의 어디로 입향하였는지에 대해 아무런 전해 오는 말이 없다고 하고, 따라서 이 질문에 대한 답을 하지 못하였다. 그러나 여러 정황으로 보아 담양 전씨가 다른 세 성씨보다는 이 마을에 제일 먼저 들어온 것 같다.[6]

다음으로 이 마을에 구전되어 오는 옛이야기를 받아들이면, 담양 전씨보다 먼저 이 마을에 살았을 것 같은 집안은 의령 남씨(宜寧南氏)가 된다. 그러나 그 실상은 한마디로 안개 속이다. 내현마을에 전해 오는 옛이야기로는 약천 남구만 선생이 이 마을에서 났고, 또 이 마을의 구산사 오른편에 예부터 '남 정승네 집자리'로 전해 오는 집터가 있다(현재는 다른 성씨의 집이 자리 잡고 있음). 그뿐만 아니라 남구만 선생의 탄생과 관련이 있는 전설도 이 마을에 전해 온다(뒤의 8 '언어예술'에서 기술할 소위 '감토봉 전설'임). 그러나 의령 남씨의 묘소는 이곳에 없고, 또 남구만 선생의 후손들이 이 마을에서 살았던 흔적도 없다고 한다. 아마도 의령 남씨가 이 마을에서 세거(世居)한 것은 분명 아닌 것 같고, 약천 선생이 이곳에서 태어났다는 전언도 사실이 아닐 가능성이 현재로서는 더 높은 것 같다.[7]

6) 네 토박이 성씨가 모두 자신들의 조상 중 누가 이 마을의 어디로 처음 들어왔는지를 전혀 모른다는 것은 연구자에게 일면 충격으로 다가왔다. 지금까지의 현지조사 경험으로는 그리 흔치 않은 일이기 때문이다. 그렇게 오래 되지 않은 조상들의 내력에 대해 이처럼 아무런 말이 전해 오지 않는 것이 이 마을만의 우연한 현상인지, 아니면 이 지역 전체의 일반적 경향인지는 현재의 단계로서는 잘 알 수가 없다.

7) 남구만 선생과 관련하여 이 마을에 전해 오는 옛이야기는 사실상 설득력이 약한 것 같다. 최근 발표된 인근 지역 한 향토사학자의 관련 글(이영하 2011)에 따르면, 약천의 고향은 이 마을이 아니라 홍성군 결성면 와리이고 그곳에 증조를 비롯한 5대가 내리 살았다고 한다. 그리고 약천은 정작 충북의 충주 누암리(樓巖里)의 외가에서 태어났다고 한다. 그런데 이 내현마을의 바로 이웃 동네인 지정리(支井里)의 연산 서씨 집안이 약천의 진외가(陳外家)였다고 한다. 아마도 이 마을에 전해 오는 약천과 관련되는 전설은 지정리의 진외가와의 관계에서 파생된 것인 듯하다. 그런데 이 향토사학자는 글의 말미에서 구체적인 증거나 자세한 서술은 없이 "한때 수학했다는 진외가댁에서 가까운 홍성군 구항면 거북이 마을"이라고 함으로써, 내현마을과 약천의 관련성을 또 부분적이나마 지지하고 있다.

어쨌든 현재 내현마을에 전해 오는 옛이야기는 약천이 이 마을에서 태어났다고 하고, 또 그것과 관련되는 '감토봉 전설'이 있으며, 그리고 '남 정승네 집자리'라는 집터가 남아 있다. 그런데 위의 글을 참고하면, 아마도 이 '집자리'는 약천이 태어난 집자리가 아니라 한때 이 마을로 와 수학할 때의 집자리인 것같이 생각된다.

이제 이 마을과 관련이 있는 담양 전씨의 계보와 중요 인물들에 대해 간략히 살펴보기로 하겠다. 홍성 지역 담양 전씨의 시조는 구산사에 배향된 소위 '삼은'(三隱) 중 셋째 분인 경은(耕隱) 전조생(田祖生) 선생으로 거슬러 올라간다. 즉, 경은(耕隱) 선생의 둘째 아들이 보령공(保寧公) 엄(渰)인데, 이 지역의 담양 전씨는 바로 이 보령공의 후손이고, 보령공은 아마도 고려 말에서 조선 초의 시기에 이곳 홍성에 정착한 것으로 추측된다. 그런데 이 집안이 이른바 '무반(武班)의 집'으로 크게 번성한 것은 조선 후기에 와서인데, 이 시기 소위 '7 수사(七水使), 8 병사(八兵使), 10 부사(十府使)'가 이 집안에서 났다고 한다. 특히 이 시기에 이 집안의 전성기를 연 삼형제가 나타나는데, 삼도통어사(三道統禦使)를 지낸 자천공(紫泉公) 전운상(田雲祥) 장군(1694~1760)과 십주군(十州郡) 이진(二陳)의 장을 지낸 석천공(石泉公) 전일상(田日祥) 장군(1700~1753) 그리고 진영장(鎭營將)과 여주목사(驪州牧使)를 지낸 전천상(田天祥) 장군 형제가 바로 그들이다(2007 『담양전씨 홍주권 문중사』 참조).[8)]

문제는 이 내현마을에 누가, 언제 들어와서 자리를 잡았느냐 하는 것이 될 터인데, 이에 대해서는 여러 문중 사람들의 이야기를 들었으나 그 답이 명료하지 않았다. 그러나 대체적인 요점은 석천공(石泉公) 전일상(田日祥) 장군이 이 마을에서 성장하고 살았었다고 하고(이 마을에서 출생하였는지의 여부는 불명임), 또 이 마을에 산 담양 전씨는 이 석천공의 후손이 그 중심이었다고 한다. 실제로 현재 살고 있는 담양 전씨 6집 중 5집(엄격히는 4집)은 석천공의 후손이다(석천공은 항렬이 높은 제보자를 기준으로 하면 7대조가 되고, 항렬이 낮은 제보자를 기준으로 하면 9대조

---

8) 이 세 분에다가 전운상 장군의 세 아들과 전일상 장군의 한 아들을 합쳐, '한 집안에서 모두 일곱 장군이 났다.'라고 하고, 이 두 대의 시기를 홍성 담양 전씨의 전성기라고도 부른다.

가 됨). 그리고 홍성 담양 전씨의 대종가는 이 마을에 자리를 잡지 않았었다고 하고, 지금도 군 내의 다른 면에 현재의 대종손(大宗孫)이 살고 있다.

어쨌든 근대 시기에 와서 이 마을의 '주인'은 담양 전씨였다. 담양 전씨는 동쪽의 높은 지대인 작은 마을 '목안'에 여러 행랑 사람들과 함께 주로 거주하였고, 이에 비해 나머지 세 성씨는 서쪽의 낮은 지대인 작은 마을 '목밖'에 주로 거주하였다. 그리고 이 시기에는 똑같은 토박이라고 할지라도, 사회적 위세와 경제적 부를 가졌던 담양 전씨와 그렇지 못하였던 세 성씨 간에는 계층적 지위 차이도 좀 있었던 것으로 말해진다.

'목안'에서 담양 전씨가 이 마을을 대표하며 유력하게 살 때에, 외지에서는 이들을 흔히 '굴목(屈木) 전씨'라고 불렀다. 여기서의 '굴목'은 내현마을의 과거(대체로 조선 후기) 이름이다(1990『홍성군지』, p. 1403 및 p. 1447 참조). 당시 이 '굴목 전씨' 중 한 집은 천석꾼(또는 이천석꾼)이었고, 다른 두 집도 상당한 부자였으며, 그리고 무엇보다도 이곳은 구산사라는 위세 높은 선조의 사당이 모셔져 있는 곳이었다.

그러나 근래에 와서는 담양 전씨가 가졌던 우월적인 지위가 대체로 사라지고, 다른 세 토박이 성씨와 사회적 지위의 면에서 거의 동격이 되었다. 따라서 이제는 서로 혼인을 주고받는 관계로 변하였다고 한다. 한 가지, 과거에 이 마을의 계층 구분은 소위 '양반'과 '상놈'으로 나뉘었는데, 후자의 범주는 주로 하인과 행랑살이를 하는 사람들로 이루어졌다. 그리고 그들은 담양 전씨가 살았던 '목안'에 주로 거주하였다고 한다. 그런데 과거의 '상놈' 집은 모두 외지로 나가고 현재는 계통상 한 집만이 아직 이 마을에 살고 있는 것으로 보고된다.

이상과 같은 사회문화적 배경을 가진 내현마을에서의 18박 21일간의 현지조사는, 작은 요인이기는 하지만, 필자가 지금까지 해 온 현지 조사와는 두 가지 다른 조건하에서 진행되었다. 먼저 하나는 마을 주민의 집에서 숙소를 얻지 못하고 '장충영각', 즉 마을 내 담양 전씨의 현대식 제각(祭閣)에서 계속 숙박을 한 것이다. 연구자로서는 못내 아쉬운 부분이었지만, 절기가 겨울철이라 마을 내의 상황이 어쩔 수 없는 것처럼 보였다.

또 하나는 마을 주민들, 즉 제보자들을 그들의 집이나 연구자의 숙소에서 만난 것이 아니라 거개 마을회관에서 만났다는 것이다. 마침 일이 없는 겨울철이라 모든 토박이 노인들은 매일 마을회관에 모여 점심을 함께 해 먹고 오전, 오후 시간을 함께 보내고 있었다(이분들이 마을회관에 와 있는 시간은 대체로 오전 10시부터 오후 4시 반까지의 시간대였음). 따라서 연구자의 일정도 이에 맞추어 아침 일찍 마을회관으로 가 오후 늦게까지 쭉 그곳에 함께 있는 것으로 짜여졌는데, 다행스럽게도 이렇게 함으로써 산촌(散村)이라는 이 마을의 물리적 특성에서 오는 연구 과정상의 어려움을 연구자는 자연스럽게 극복할 수가 있었다. 다시 말해 넓게 흩어져 있는 개별 집들을 직접 방문할 필요가 없이, 거개의 마을 분들을 연구자는 마을회관에서 거의 매일 만날 수가 있었던 것이다.

그뿐만 아니라 이번 현지조사에서 연구자 일행은 매일 점심을 마을 분들과 함께하는, 보다 정확하게는 그분들로부터 얻어먹는 색다른 경험을 하였다. 사실이지 연구자는 이곳 분들이 매일 한데 모여 점심을 같이 해 먹는다는 사실을 처음에는 물론 알지 못했지만, 도착 이튿날부터 얻어먹기 시작한 점심이 그곳을 떠나오기 전날까지 하루도 빠짐없이 계속되었다. 이곳 분들의 연구자 일행에 대한, 그분들의 표현을 빌리면 '최소한의 대접'이었겠지만, 실제로는 바깥에서 온 손님인 연구자 일행에 대한 이곳 분들의 '인정 어린 대접'이었을 것이다. 그리하여 연구자는 애초에 예약해 두었던 점심 밥집을 조사 초기에 곧 취소하게 되었을 뿐만 아니라, 상대적으로 일찍 이곳 분들과의 친밀한 관계를 이룬 것으로 또는 그분들의 생활세계 속으로 비교적 일찍 들어갈 수 있었던 것으로 생각된다. 그런데 점심시간에는 마을의 연세 든 노인들뿐만 아니라 젊은 층 사람들도 종종 이 마을회관으로 와서 점심을 함께 하고는 하였다.

마을 크기는 작지만 연구자 일행을 거의 첫날부터 소위 '내부자'로 받아들여 준 이 내현마을에서, 연구자의 현지조사를 이해하고 이를 적극 도와준 주요 제보자는 대체로 다음의 분들이다. 이 마을의 바깥 분들도 몇 분 포함되어 있는데, 이 자리를 빌려 이 모든 분들과 이 마을의 모든 주민 분들께 다시 한 번 깊은 감사의 인사를 올리는 바이다.

이성태(李成泰, 88), 방규석(方奎錫, 82), 전범수(田範秀, 80),
전용서(田溶西, 77), 오달영(吳達泳, 76), 전하수(田夏秀, 76),
전용석(田溶錫, 71), 이천우(李天雨, 67), 전상배(田常培, 67),
서용갑(徐容甲, 61), 정헌식(鄭憲植, 58), 전병환(田炳晥, 58)
– 이상 남성 제보자

박언년(84), 하호창(83), 이영순(80), 황예진(79), 김달영(76),
서인모(75), 이병희(75), 서재분(74), 박정숙(61), 한기숙(57)
– 이상 여성 제보자

II

이제 이 연구의 배경이 되는, 조사지가 속해 있는 홍성군과 충청남도 지역에 대한 기존의 문화적 그리고 언어적 연구의 개요를 간략히 살펴보기로 하겠다.

먼저 이 지역의 전통적인 문화에 대한 기초적 연구로는 『한국 민속 종합 조사 보고서: 충청남도 편』(한국문화인류학회 1975)을 들 수 있을 것이다. 1973년도에 현지조사가 이루어진 이 보고서의 표본 조사지는 모두 일곱 곳인데, '서해 도서 지대'로는 보령군의 여러 섬들이 선정되었고, '내륙'으로는 모두 여섯 곳(연기군(동족부락), 서산군(어촌), 서천군(농촌), 예산군(농촌), 청양군(산촌), 논산군(종교촌))이 선정되었다. 조사지가 속하는 홍성군은 표본 조사지 선정에서 빠졌는데, 전체적으로 이 '충청남도 편' 보고서는 본 연구의 주요 내용과 관련되는 부분이 그리 많지 않은 편이다. 그러나 그중에서도 여중철(1975)과 이종철(1975)의 보고가 참고가 되었음을 밝힌다.

다음으로 충남 지역에서 행해진 여러 연구자들의 집중적인 현지조사의 결과에는 모두 7권으로 출간된 『행정중심복합도시 건설 예정지역 인류·민속분야 문화유산 지표조사 종합보고서』(한국토지공사·국립민속박물관 2006)가 있다. 이 '종합보고서'의 중심 부분은 연기군(11개 마을)과 공주시(1개 마을) 소재의 모두 12개 마을을 대상으로 한 '마을별 심층조사' 보고서인데, 물론 개별 보고서에 따라 조금씩 다르지만, 전체적으로 좀 피상적인 기술지 수준에 머무르는 아쉬움을 준다. 그뿐만 아니라 이들 기술지는 안타깝게도 연구 대상지의 언어생활에 대해서는 공통적으로 거의 다루지 않고 있다.

또 다른 집합적인 노력의 결과로는 『충남의 민속문화』(국립민속박물관 2010)와 『충남지역 마을연구: 비교와 종합』(김필동 2011)을 대표적으로 들 수 있을 것이다. 앞의 책에는 모두 다섯 편의 글이 실렸는데, 그 중 이해준(2010)은 충남 지역의 저명한 반촌에 대한 좋은 역사적 입문의 글이 될 것이다. 뒤의 책은 충남대학교 마을연구단이 지속적인 노력으로 이루어 온 십수 권의 마을지 및 관련 논문들(해당 마을지 및 논문들의 목록은 각기 p. 448 및 pp. 424-431을 참조할 것)과 짝을 이루는 것으로, 이 책에는 모두 14편의 분석적 논문이 실려 있는데 그중에는 김창민(2011)의 '사회조직과 통합성'에 대한 논문도 들어 있다.

그 밖에 충남 지역의 사회와 문화에 대한 중요한 개별적 연구로는 『종족마을의 전통과 변화: 충청남도 대호지면 도리리의 사례』(김일철·김필동 외 5인 1998), 『충청지역의 사회의식과 지역정체성』(이재열·강희경·설동훈 2004), 그리고 『마을신앙과 생활문화사로 엮는 충청민속문화론』(강성복 2005) 등을 들 수 있다. 김일철·김필동 등에 의한 연구서는 본 연구의 대상지와 배경 면에서 상당히 흡사한, 당진군 소재의 한 '무반(武班) 가계의 양반 마을'에 대한 사회학 및 인류학의 시각에서의 깊이 있는 종합적 연구이다. 이재열 등의 연구서는 "충청지역 정체성 형성의 연원을 사회학적으로 종합하고자"(p. 4) 하는 작업으로, 말을 바꾸면, "누가 충청도 사람이고 충청인의 특징은 무엇인가 같은 질문에 대한 대답의 체계"(pp. 19-20)를 지향하는 연구이다. 마지막으로 강성복의 책은 말 그대로 '충청민속문화론'의 한 부분인데, 이 책의 제5장은 '한국 동제에 수용된 오방신앙의 전승양상 고찰'(pp. 180-251)이고, 여기에는 조사지 즉 '홍성군 구항면 내현리 굴목 오방제'의 항(pp. 195-198)이 또한 들어 있다.

그 밖에 홍성은 아니지만 인근의 다른 지역에서 장기간의 현지조사에 바탕하여 이루어진 사회문화인류학 영역의 귀한 연구들이 다수 있는데, 대표적으로 브란트(Vincent S. R. Brandt)의 *A Korean Village: Between Farm and Sea*(1971), 딕스(Mortimer Griffin Dix)의 미출판 학위논문(1977), 윤택림의 저서(2003), 그리고 유철인 외 7인의 『인류학과 지방의 역사: 서산사람들의 삶과 역사 인식』(2004) 등을 들 수 있을 것이다. 이 중 브란트의 연구는 태안에서 이루어졌고, 딕스와 윤택림의 연구는 예산에서 이루어졌으며, 유철인 등의 연구는 서산에서 이루어졌다. 여기서 특히 브란트의 책은 해방 이후 서양 인류학자에 의해 출간된 한국 사회 및 문화에 대한 민족지(ethnography)로는 아마도 오스굿(Cornelius Osgood)의 *The Koreans and Their Culture*(1951)에 이은 두 번째 연구 결과가 될 것이다.

마지막으로 홍성 지역의 역사와 문화에 대한 다양한 배경 지식은 『홍성군지』(홍성군지 편찬위원회 1990)와 『홍주대관』(홍주대관 편찬위원회 2002)에서 찾아볼 수 있는데, 이 두 책에는 대표적으로 김동욱(1990), 최운식(2002), 구재기(2002) 등의 글이 들어 있다. 이 중 특히 김동욱 선생의 짧은 글은 '홍성 사람의 성격'에 대한 것인데, 간단히 홍성 사람은 "평균적인 선비기질로서 시비정신이 강"한 것(p. 1254)으로 요약하고 있다. 그 외 홍성 및 내포 지역의 다양한 역사적 배경에 대한 연구로는 이연숙(2006)과 이정우(2006) 그리고 김경수(2010)의 논문들을 참고할 수 있으며, 그리고 이 홍성 지역의 문화와 역사를 소개하는 일반 교양서로는 김정현의 일련의 작업(특히 2005, 2010)을 들 수 있다.

다음은 홍성 및 충청남도 지역의 방언, 즉 언어에 대한 기존의 연구들이다. 먼저 충남 지역 언어의 개요에 대한 정리에는 도수희(1987), 한영목(1992, 1998, 1999, 2008), 황인권(1999) 등을 대표적으로 들 수 있을 것이다. 모두가 이 지역 언어에 대한 음운을 포함하는 문법 중심의 정리·소개이다. 그런데 충남 지역의 하위 방언권 구분은 의외로 명료하지 않은 것 같은데, 가령 도수희(1987)는 대체로 세 지역으로 나누면서, 홍성은 서산, 당진, 예산, 아산과 함께 'B역(域)'에 속하는 것으로 보았다. 이에 비해 한영목(1998, 2008: 21-26 등)은 똑같이 세 지역으로 나누면서, 홍성은 서천, 보령, 서산, 태안과 함께 '2지역'에 속하는 것으로 약간 달리 보고 있다. 이 외에도 인권환·성낙수·김연호(2000)의 충남 북부 지역의 전통 언어와 전통 문학에 대한 보고가 있다.

다음은 조사지가 속한 홍성의 언어에 대한 국어학적 기술의 예이다. 먼저 한 보고(송철의 2009)에 의하면, 비교적 이른 시기에 작성된 이숭녕 선생의 '홍성방언' 자료 노트가 있다고 하는데, 이는 1950년에 작성된 것으로 추정된다고 한다. 그러나 이 지역 말에 대한 보다 본격적인 정리·소개에는 김완진(1990), 황인권(2002a, 2002b), 그리고 김정헌(1983) 등이 있다. 이 중 아마도 가장 먼저 이루어진 것은 김완진 교수의 글일 터인데, 특히 이 글의 말미에서는 "전반적인 느린 어조와 긴 '유'로 대표되는 어말 또는 문말에서의 독특한 연음(延音)이 충청도 방언 특유의 분위기를 조성하는 동시에 언중(言衆)의 심성을 반영하는 것"(p. 720)으로 보는 흥미로운 생각과 함께, 이 연음 사용의 사회적 기능에 대해서도 간단히 언급하고 있어, 읽는 이의 주목을 끈다.

다음으로 홍성 말은 아니나 이웃한 예산 말에 대한 우수한 소개 글이 있는데, 바로 성기철(1987) 교수의 것이다. 전체로 예산 방언의 음운, 문법, 어휘의 주요 특성에 대한 기술이지만, 이곳 말의 '특징적인 활용형 또는 어미'에 대한 기술과 '청자 대우'의 구분 및 사용에 대한 기술은 비교적 자세하고 인상적이다. 나아가 저자는 글의 마지막 부분에서 예산 지역어 및 충남 방언의 중심 특성에 대해서 간략하지만 인상 깊게 정리하는데, 바로 다음의 부분이다.

“가령 예산 방언의 가장 특징적인 현상으로 음성계 모음의 편향, 동사 ‘허다’ 그리고 존대의 조사 ‘-유’에다가 느린 어조를 들 수 있는데, 이러한 특징은 곧 충남 방언의 특징이기도 하다. 위의 특징을 더 종합하면 음성계 모음과 느린 어조로 요약되는데, 이 둘은 결코 무관하지 않다. 이것은 음성계 모음이나 느린 어조가 한가지로 중후한 감을 가지어서 점잖고 무거운 가운데 품위를 높여 주기 때문이다. 이에 반해서 양성계 모음이나 빠른 어조는 경박감을 주어서 품위 있는 말로는 기피되는 경향이다.”(p. 647)

아마도 예산 말은 조사지인 홍성 말과 그리 큰 차이는 없을 것으로 여겨지는데, 이 글의 기술 내용은 홍성 말의 이해에도 좋은 지침이 될 뿐 아니라, 마지막의 인용 부분은 홍성 말을 포함하는 충남 방언의 중심 특성과 그것이 지니는 문화적 의미에 대한 내부자적 시각에서의 뛰어난 관찰안으로 보인다.

이제 조사지 언어문화의 중심 특성과 현지조사의 전체 과정에 대해 간략히 언급하도록 하겠다. 이 홍성 지역의 조사는 2007년 겨울 부산(釜山) 동래(東萊) 지역에서부터 본격적으로 시작된 ‘한국의 언어 민속지’ 현지조사 중 어쩌면 그 내용 면에서 가장 힘든 현지조사였다. 이유인즉슨, 이곳 조사지는 연구자가 기대한 ‘말에 관한 토착적인 자료’가 여기 표현으로 ‘푸짐하게’ 나오는 것과는 거리가 너무 멀었기 때문이다.

여러 가지 이유가 있었겠지만 두 가지 정도가 중요하게 떠올랐는데, 하나는 적은 인구수 때문인지 언어적·문화적 지식이 좋은 제보자가 그리 많지 않았던 것이고, 다른 하나는 이곳 언어문화의 중심적 특성과 바로 연관되는 것처럼 보였다. 즉, 뒤의 제7절 및 부분적으로 제8

절에서 보다 자세히 기술하겠지만, 이곳 화자들은 기본적으로 말을 적게 하고 조심스럽게 하는 언어가치관 및 태도(speech value and attitude)에 한국 내의 다른 지역보다 훨씬 더 친숙한 것으로 보였다. 달리 말하여, 말을 연구하는 현지조사자의 기대와는 반대로, 이곳의 화자들은 말을 그렇게 많이 하지도 않고 또 그들로부터 '말에 대한 말'도 그렇게 잘 들을 수 없는 것이 이 언어공동체의 전반적인 상황이었다.

어쨌든 연구자는 소수의 우수한 제보자들과 함께, 조사지 언어문화의 다양한 양상을 발견·기술하기 위하여 최선의 노력을 다하였음을 밝혀 둔다.[9)]

〈붙임〉

연구자는 이 장의 초고를 작성 중이던 2012년 8월 29일과 초고 작성이 다 끝난 뒤인 2015년 8월 18일 양일간에 걸쳐, 조사지인 내현마을을 다시 찾아 간략한 보충조사를 행하였음을 밝혀 둔다.

---

9) 앞서 밝힌 대로 연구자는 평소 내포 지역 및 이 지역의 말에 관심이 있었으므로, 홍성의 내현마을에서 결과적으로 현지조사를 할 수 있었다. 그런데 뒤에 알게 된 중요한 사실 한 가지는, 소위 '소론'(少論) 당색의 친족집단 내지 집성촌이 충남 지역에 여러 곳 있다는 사실이었다. '소론' 집의 언어예법 또는 하위문화가 같은 지역 내의 '노론'(老論) 집의 그것과는 어떻게 다른지도 매우 흥미로운 연구 질문이 될 것인데, 앞으로 이에 관한 진지한 경험적 연구를 기대해 본다.

1. 지명

조사지는 규모 면에서는 그리 크지 않은 농촌의 촌락 공동체이나, 마을의 범역(範域) 내에 속하는 여러 장소들에 대한 토속 지명(toponym)은 비교적 발달한 것으로 나타난다. 이곳의 다양한 장소명(place name)들을 의미 영역별로 나누어 아래에서 비교적 자세히 기술하기로 하겠다.

먼저 사람이 사는 거주지에 대한 명칭들이다. 앞서 밝힌 대로 이 '내현(內峴)마을'은 법정리(法定里)인 '내현리'(內峴里)를 구성하는 3개의 자연부락 중 하나인데, 내현마을은 다시 일련의 작은 마을 또는 '뜸'으로 구성되고, 그것은 다음과 같은 위계적 분류법(taxonomy)의 양식으로 이루어진다.(아래에서 1.1, 1.2, 1.3은 물론 1의 하위범주들이다.)

1 목안

1.1 중리말

1.2 상리말

1.3 장재울

2 목밖

2.1 양지뜸

2.2 개물

2.3 매해

2.4 가장꿀

다음은 위의 작은 마을들의 지리적 위치와 주요 특성들에 대한 개략적 기술이다.

1 목안 마을 동쪽에 위치한 작은 마을, 다시 말해 '보개산'(寶蓋山) 아래에 있는 작은 마을이다. 구체적으로는 이 마을 내의 '깨구리봉'과 '배암산' 사이의 '목'(두 지점 사이의 공간이 좁아지는 곳)의 안쪽을 가리킨다. 이 '목안'은 방위의 면에서 목의 동쪽에 위치하므로 이곳의 집들은 거의 서향으로 자리 잡고 있다.

2 목밖 마을 서쪽에 위치한, 낮은 산(주로 '매봉(산)') 아래의 작은 마을이다. '목안'과 마찬가지로 '깨구리봉'과 '배암산' 사이의 '목'의 바깥쪽을 가리키는 명칭이다. 이 '목밖'은 목의 서쪽에 위치하므로 이곳의 집들은, '목안'과는 반대로, 거의 동향으로 자리 잡고 있다.

1.1 중리말 '목안'의 아래, 즉 길가에서 보면 '목안'의 왼쪽 부분을 이루는 작은 마을이다. 대표적으로 담양 전씨의 제각인 '장충영각'(仗忠影閣)이 '중리말'에 속한다.

1.2 상리말 '목안'의 아래에서 보면, '목안'의 중앙 부분을 이루는 작은 마을이다. 대표적으로 '구산사'(龜山祠)가 이 '상리말'에 속한다. 과거에는 '중리말'과 '상리말'의 경계를 이루는 작은 개울이 있었으나, 현재는 복개가 되어 없어진 상태이다. 그리고 이 '중리말'과 '상리말'이라는 명칭은 과거 조선시대의 것으로, 과거의 길인 이웃한 '발현(鉢峴)마을'에서 산 고개를 넘어 내현마을로 넘어오면 먼저 만나는 곳이 1.1이고 다음에 만나는 곳이 1.2인 데서 연원한 것으로 보인다.

1.3 장재울 '상리말'에서 남쪽으로 조금 떨어져 있는데, 어원은 알려지지 않으나, 일설에는 예전 이곳에 부자가 살았던 데서

‘장자’로 부르게 되었다는 이야기도 있다고 하였다.

2.1 양지뜸 마을회관 앞의 길가에서 ‘목밖’을 보면 왼쪽에 위치하는 작은 마을인데, 실제로는 얕은 산봉우리에 가려 보이지 않는다. 이 산봉우리 너머에 있는 작은 마을이다. 이곳은 오후가 되면 해가 질 때까지 계속 햇볕이 있는 곳인 데서, ‘양지뜸’이 되었다고 한다.(참고로 이곳의 제보자들은 이 ‘뜸’의 일차적 의미를 ‘쪽’으로 이해하고, ‘이뜸’, ‘저뜸’과 같은 표현을 그 용례로 들었다.)

2.2 개물 ‘양지뜸’의 맞은편에 위치하는 작은 마을로, 마을회관 앞 길가에서 보면 ‘양지뜸’에서 오른쪽으로 다음 마을이 된다. 비교적 크기가 큰 작은 마을로 ‘목밖’의 중심 뜸이다. ‘개물’의 어원은 불명이나, 소수의 제보자들은 이곳 지형이 개가 물려가는 것 같다는 데서 생긴 명칭으로도 이야기하였다. 어쨌든 동쪽의 ‘보개산’에 있는 소위 ‘범바위’가 이 개물을 바로 쳐다보고 있다고 하고, 또 이와 관련되는 옛이야기도 전해 온다(뒤의 8 ‘언어예술’ 중 ‘옛날애기’ 항 참조).

2.3 매해 ‘개물’의 오른쪽에 위치한 작은 마을로, 뒷산이 바로 매처럼 생겼다는 ‘매봉(산)’이다. ‘매해’의 ‘매-’와 ‘매봉(산)’과의 연관성도 추측해 볼 수 있겠으나, 제보자들은 이에 대한 특별한 전언은 없는 것으로 말하였다.

2.4 가장꿀 ‘매해’의 오른쪽이지만 현재 나 있는(즉, 이 마을로 들어오는) 도로의 위쪽에 위치한 작은 마을이다. 여기서의 ‘-꿀’은 ‘골’이나, 이 작은 마을의 뒤가 바로 골짜기는 아니다. 따라서 전체로 어원불명인 이름일 것이다.

다음은 이 마을의 산과 산봉우리에 대한 이름들이다. 모두 아래와 같은 6개의 관련 지명이 확인되는데, 여기서도 모든 산이나 봉우리에 고유의 명칭이 있는 것은 아니다. 가령 작은 마을인 위의 2.2 '개물' 뒤의 봉우리(또는 산)에는 아무런 이름도 붙어 있지 않다.

1 보개산(寶蓋山) 이 마을의 구분으로는 '목안' 바로 뒤쪽의 산으로, 높이는 해발 273.9m이다. 산 전체로는 홍성읍과 구항면의 경계를 이루며, 또 이 산자락에 모두 10개의 자연 부락이 자리 잡고 있다고 한다. 이곳 홍성 사람들은 이 산을 아주 좋게 말하여, '보물로 덮여 있는 산', 즉 '훌륭한 인물이 많이 묻혀 있는 산'으로 해석하기도 한다(가령 김정헌 2005: 13).

2 감토〔감투〕**봉** '보개산'에 있는 봉우리 이름으로, 이 산의 가운데쯤의 중간 높이 정도에 있는 작은 봉우리이다. 그런데 실은 뚜렷하게 드러나는 봉우리이기보다는 그곳에 있는 '감토바위'에서 연원한 이름이라고 한다.

3 배암〔뱀〕**산** '목안' 마을의 건너편에 있는 그리고 '보개산'의 서쪽에 위치한 작은 구릉을 가리킨다. 이 구릉의 생김새가 마치 뱀처럼 길쭉하게 생겼다. 이 '배암산'과 아래의 '깨구리봉' 사이의 목이 소위 '목안'과 '목밖'의 경계를 이루므로, 이 산은 '목밖' 마을의 시작 지점이 된다.

4 깨구리〔개구리〕**봉** '배암산'의 바로 건너, 즉 길 건너에 있는 작은 봉우리이다. 제보자들은 이 봉우리의 모양이 실제로 개구리와 닮았다기보다 뱀과의 연관성에서 '깨구리봉'으로 명명된 듯하다고 하였다.

5 골배암산 작은 마을인 2.1 '양지뜸'과 2.2 '개물' 사이에 있는 작은 산을 가리킨다. 위의 3 '배암산'과는 달리 그냥 보기에는 '배암'

처럼 생기지는 않았는데, 한 제보자에 의하면, 이 산은 '골이 지는 배암의 형국'이라고 한다.

6 매봉(산) 작은 마을인 2.3 '매해'의 뒷산으로 매가 활개를 치는 모양이라고 한다.

이곳에서는 골(골짜기)과 골 사이의 솟아오른 부분을 '산등셍이'〔산등성이〕라고 부른다. 그러나 조사지 내에 있는 개별 '산등셍이'의 고유 이름은 전혀 발달하지 않았다.

다음은 이 마을 내에 있는 골짜기의 이름들이다. 여기서도 골짜기의 이름은 비교적 발달한 것으로 나타나는데, 개별 골짜기의 이름을 작은 마을인 위의 1.1 '중리말' 쪽에서 시작하여 2.4 '가장꿀' 쪽으로 이르는 순서에 따라 정리하면 다음과 같다. 아래의 목록에서 1~9는 이곳의 구분으로 하면 '목안'에 속하는 골짜기이고, 10과 11은 '목밖'에 속하는 골짜기이다.

1 범바위꼴 '중리말' 위쪽의 골짜기로, 보개산에 있는 바위인 '범바위'에서 유래한 명칭이다.

2 탑꿀 '중리말' 위쪽에 위치하는 것으로, 위 '범바위꼴'의 바로 오른쪽에 있는 골짜기이다. '탑꿀'은 과거 이 골짜기 입구에 탑이 있었던 데에서 유래하였다고 한다(이 탑은 3층석탑으로 현재 홍성읍의 홍성여중 교정으로 옮겨져 있음).

3 산제바위꼴 '중리말' 위쪽에 있는 것으로, 위 '탑꿀'의 바로 오른쪽에 위치한 골짜기이다. 이 골짜기의 팔부능선쯤에 과거 산제(山祭)를 지내던 바위(소위 '산제바위')가 있는데, 이 바위 명칭에서 유래한 이름이다. 그런데 이 산제는 오방제(五方祭)와는 별개로 과

거 마을에서 지내던 산신제였다고 한다.

4 향나무배기꼴 '상리말' 위쪽의 골짜기로, 위 '산제바위꼴'의 바로 오른쪽에 있는 골짜기이다. 제보자들은 이 골짜기에 큰 향나무가 여러 그루 있었던 데서 이 이름이 연원한 것으로 본다. 즉, 여기서의 '-배기' 즉 '배기다'는 '무리지어 있다'의 뜻이라고 하는데, 가령 이곳 말로 "고주백이가 많이 배겼어."라고 하면 '고주백이', 즉 나무를 잘라낸 그루터기가 많은 것을 가리킨다고 한다.

5 새절꼴 '장재울' 위쪽의 골짜기로, 보개산에서는 제일 큰 골이다. 제보자들은 언제인지는 모르지만 아마도 새로 절을 지은 데서 유래한 명칭으로 추측하였다.

6 불당꼴 '장재울' 위쪽에 위치하는 것으로, 위 '새절꿀'의 바로 오른쪽에 있는 골짜기이다. 제보자들은 아마도 불당(佛堂), 즉 작은 암자가 있었던 데서 만들어진 이름으로 추측하였다.

7 옥수꼴 '장재울' 위쪽에 위치하는 것으로, 위 '불당꿀'의 바로 오른쪽에 있는 골짜기이다. 이 이름은 옥수(玉水), 즉 맑고 좋은 물이 이 골짜기에서 나는 데서 연원한 것으로 말하였다. 그런데 이곳 물은 여름에는 시원하고 겨울에는 따뜻하다고 한다.

8 덧메기(꼴) '장재울'의 오른쪽 옆에 있는 골짜기로, 이웃 마을인 지정리(支井里)로 넘어가는 골짜기이고 과거 또 다른 서낭당이 있던 곳이다(이 서낭당은 이 마을 사람보다는 지정리 사람들이 주로 다니던 서낭당이었다고 함). 그러나 여기서 '덧메기'의 어원은 알려지지 않는다.

9 채빈꼴 위 '덧메기(꼴)'의 오른쪽에 위치한 골짜기로, 이 마을의 경우 예전에 이 골짜기에서 '채빈'〔초분〕을 하였던 데서 연원한 명칭이다. 내현마을의 경우 지금 노인 세대의 부(父) 세대까지는 대

체로 이 '채빈'하는 것을 보았다고 한다.

10 막꿀 작은 마을인 '양지뜸'에서 왼쪽으로 산등성이를 넘어서 있는 골짜기인데, 이 골은 가다 보면 끝이 막힌 골, 즉 '막꿀'이다. 또 일설에는 과거 이곳에 '마 서방'이 살아 '막꿀'이 되었다는 이야기도 있다고 하였다.

11 웃꿀 '양지뜸' 오른쪽의 골로, '양지뜸'과 '개물' 사이에 있는 골짜기이다. 이곳 기준으로는 골이 깊고 산도 높은 편인데, 아마도 동네의 뒤쪽이라 '웃꿀'이 되었을 것으로 제보자들은 말하였다. 일설에는 과거 '우 서방'이 여기서 절을 짓고 살았던 데서 '웃꿀'로 불린다는 이야기도 있다고 하였다.

조사지에서 '골'과 '골짜기'는 통상 같은 말로 쓰이나, 때로는 '골짜기'가 좀 더 깊고 험한 '골'을 가리키는 말로 특화되어 쓰이기도 한다. 그리고 여기서의 '골'은 실제의 발화에서는 '꿀' 또는 '꼴'로 실현된다. 또 관련되는 표현에 '고랑텡이'가 있는데, 골이 깊고도 험한 것은 '산 고랑텡이'로 불리고, '냇갈' 즉 개울이 깊고도 험한 것은 '냇갈 고랑텡이'로 불린다.

다음은 마을 내에 있는 고개의 이름인데, 지형이 그리 높은 곳은 아니나 고개의 이름도 외형상으로는 상당히 발달한 것으로 나타난다. 앞의 골짜기 이름을 기술한 순서와 동일한 순서로 고개 이름을 정리하면 다음과 같다. 여기서도 1~5는 '목안'에 속하는 고개들이고, 6~10은 '목밖'에 속하는 고개들이다.

1 가장꿀고개 '목안'에서 작은 마을인 '가장꿀'로 넘어가는 고개이다.

2 서낭당고개 작은 마을인 '중리말'에 위치한 고개로, 정월 보름날 장승제를 지내는 서낭당 앞으로 지나는 고개이다. 현재의 도로가 나기 전에 이 마을에서 이웃한 '발현마을'로 가는 예전 길의 입구였던 고개이다.

3 장재울고개 작은 마을인 '상리말'에서 또 다른 작은 마을인 '장재울'로 넘어가는 고개이다.

4 새절꿀고개 또는 **구절고개** '새절꿀' 골짜기에 위치한 고개로, 작은 마을인 '장재울'에서 이웃한 지정리의 '구(九)절'로 넘어가는 고개이다.

5 덧메기고개 또는 **지정리고개** '덧메기(꿀)' 골짜기에서 지정리로 넘어가는 고개이다.

6 웃꿀고개 '웃꿀' 골짜기에서 지정리로 넘어가는 고개이다.

7 개물고개 또는 **구양꿀고개** 작은 마을인 '개물'에서 남서쪽으로 이웃한 마을인 태봉리(胎峯里)의 '구양꿀'로 넘어가는 고개이다.

8 벽고개 '개물'에서 이웃한 태봉리의 '외중마을'로 넘어가는 고개인데, 이 이름은 고개가 벽처럼 가파른 데서 유래하였다고 한다.

9 매해고개 '개물'에서 또 다른 작은 마을인 '매해'로 넘어가는 고개이다.

10 당꿀고개 작은 마을인 '가장꿀'에서 이웃한 '화산(花山)마을'의 '당꿀'로 넘어가는 고개이다.

대체로 이 고개의 이름들은 그곳의 해당 지명, 즉 작은 마을 이름이나 골짜기 이름 등을 주로 따서 붙인 지명이 될 것인데, 예외적으로 8 '벽고개'는 고개 특유의 명칭으로 일종의 비유적 표현이 될 것이다.

이곳의 지명 분포에서 한 가지 특이한 양상은 내(川)와 '방죽'에 대한 이름이 거의 발달하지 않은 것이다. 먼저 이 지역에서 내는 크기에 따라 다음의 2종류로 구분된다.

1 냇갈 크기가 크고 물이 많이 흐르는 내

2 갱굴 크기가 작은 내[10)]

그런데 마을 내에 있는 내가 그 크기 면에서 모두 작기는 하지만, 하나의 예외를 제외하고는, 내에 대한 명칭이 전혀 발달하지 않았다. 여러 작은 '갱굴'들이 합수(合水)되어 아래쪽 마을로 흘러가는 '냇갈'의 경우에도 마찬가지이다. 예외적으로 해당 명칭이 있는 내는 바로 다음의 것이다.

1 가재갱굴 골짜기 명칭 중 3 '산제바위꼴'에서 흘러내리는 '갱굴'의 이름으로, 과거 이 '갱굴'에 가재가 많았던 데서 연원한 이름이라고 한다.

또 이 지역에서는 작은 저수지를 '방죽'이라고 부른다. 그런데 마을 내에는 모두 3개의 방죽이 과거에 있었으나, 이 방죽들을 가리키는 개별 명칭은 전혀 발달하지 않았다고 한다. 내와 방죽에 대한 명칭의 저발달은 조사지의 다소간 특이한 양상 같은데, 물론 다른 지역의 관련 자료와 앞으로 비교·분석되어야 할 부분일 것이다.

---

10) 이 '갱굴'과 관련되는 말에 또 '똘' 또는 '또랑'(도랑)이 있다. 이곳의 화자들에 의하면 '갱굴'은 자연적으로 생긴 내인 데 비해, '똘' 또는 '또랑'은 인위적으로 만든 작은 물길을 가리킨다. 그런데 '똘'과 '갱굴'은 흥미롭게도 형태·통사적 공기(morpho-syntactic co-occurrence)의 면에서도 차이가 나는데, 제보자들에 의하면 '똘 친다'라는 말은 있어도 '갱굴 친다'라는 말은 없다고(즉, 불가능하다고) 한다.

다음은 들과 논밭의 명칭이다. 먼저 들과 밭에 대한 고유 이름은 지금까지 연구된 다른 지역처럼 대체로 부분적으로만 발달한 양상을 보인다. 그런데 논에 대한 고유 명칭은, 지금까지의 '한국의 언어 민속지' 연구 사례 중 경기 강화도의 예(왕한석 2009: 25-32)를 떠올릴 만큼, 상당한 수준으로 발달해 있음이 발견되었다. 아마도 앞으로 보다 많은 지역에서의 조사 및 비교 연구가 필요한 부분일 것이다.

내현마을의 경우 지형상으로 들이라고 부를 만한 넓은 농토가 위치하는 곳은 '목밖'마을의 앞쪽뿐이다. 그러나 형식상으로는 2개의 들 이름이 다음과 같이 마을 내에서 사용된다.

1 경전뜰 '목밖' 앞의 들로, 보다 구체적으로는 작은 마을인 '개물' 및 '매해'와 '가장꿀' 사이에 있는 들이다. 여기서의 '경전'은 아마도 경전(耕田)인 듯하다.

2 통새암뜰 '목안'의 농토를 집합적으로 가리키는 이름이다. 과거 이곳에 통으로 동그랗게 만든 '새암'[샘]이 있었는데(현재의 도로 한가운데쯤이라고 함), 바로 이 '통새암'에서 연원한 이름이라고 한다. 그런데 이 '통'은 시멘트로 만든 통(소위 '노깡' 즉 토관(土管))이었으므로, 이 들 이름은 아마도 일제 강점기 즈음에 새로이 만들어진 이름인 것으로 추측된다.

다음은 개별 논에 대한 이름이다. 모두 19개가량의 고유 명칭이 확인되는데, 아래의 목록에서 1~15는 '목안'에 있는 논들이고, 16~19는 '목밖'에 있는 논들이다. 물론 오늘날에는 이 모든 논들이 경지 정리 및 여타의 형질 변경으로 인해 과거의 모습으로 남아 있지 않다.

1 되미(도미)배미 바닷고기인 도미처럼 생겼다고 하여 붙여진 이름이다.

2 마당배미 논의 생김새가 마당처럼 넓고 반듯한 형상인 데서 유래한 명칭이다.

3 바위배미 논 가운데에 큰 바위가 있었던 데서 연원한 명칭이다.

4 보리논 논에 물이 적어 즉 논이 '말라', 이모작으로 보리도 해 먹던 논인 데서 붙여진 이름이다.

5 새암배미 이 논의 한쪽 귀퉁이에 용수(用水)를 위한 '새암'(샘)이 있었던 데서 유래한 명칭이다.

6 세구배미 논의 형태가 세 군데 귀퉁이가 진 논, 즉 세모꼴의 형태인 데서 붙여진 이름이라고 한다.

7 수악배미 나무 틈새에 이곳 말로 마치 '수악'(쐐기)을 박은 것처럼, 다른 논 사이에 끼어 있던 논인 데서 붙여진 이름이라고 한다.

8 오려배미 '올베'(올벼)를 심던 논인 데서 연원한 명칭이다. 다시 말해 이 논은 물이 많아서 농사를 '마음대로 지을 수 있던', 즉 올벼까지도 심을 수 있는 논이었다고 한다.

9 장구배미 논이 악기인 장구처럼 생겼다고 하여 붙여진 이름이다.

10 장승배미 이 논 바로 옆에 장승이 서 있었던 데서 연원한 이름인데, 정확한 위치는 작은 마을인 '장재울' 쪽의 소위 '남방 장승' 옆이었다.

11 속꼴 '속꼴'의 말 그대로의 의미는 '속에 든 골짜기'인데, 이 논은 큰 배미 속에 마치 골짜기가 든 것 같은 모양으로 그 속에 들어 있던 작은 논이었다고 한다.

12 삼밭밑 삼밭 바로 아래에 있던 논을 가리킨다. 그런데 이 이름은 논의 고유 명칭으로서의 의미 분화가 좀 덜 이루어진 예가 될

것이다.

13 질너리 '질'(길)가에 좁으면서 길게 붙어 있던 논이다. 추측건대 여기서의 '-너리'는 길게 뻗친 것을 가리키는 표현인 듯하다.

14 자구양(배미) '자구양'(자운영)은 클로버 비슷하게 생긴 붉은 꽃이 피는 풀이다. 이 논에 퇴비로 쓰기 위해 '자구양'을 심었던 데에서 파생한 이름으로 추측된다. 제보자들은 이 이름도 그리 오래된 명칭은 아닌 것으로 보았다.

15 중머루 이 논가에 머루 덩굴이 많았다고 하는데, 제보자들은 아마도 이 특성에서 유래한 명칭으로 추측하였다. 아울러 그리 오래된 명칭은 아닌 것으로 보았다.

16 오야니배미 오래된 논 이름에는 틀림없으나, 여기서 '오야니'의 의미는 불명이다.

17 칠성논 이 논의 위치가 물둑이 터지기 쉬운 곳에 있었으므로 작인(作人)이 그 제방이 무너지지 말라고 칠월 칠석이면 제를 지냈는데, 아마도 이 '칠석'에서 연원한 명칭으로 보인다고 하였다.

18 아홉마지기배미 이 마을의 농토 가운데서 단일 논으로는 규모가 제일 큰 논이었다고 하는데, 아마도 이 특성 때문에 이러한 고유 명칭이 발달한 것으로 제보자들은 추측하였다.

19 일곱되배미 이 논은 한 마지기가 채 되지 않는 일곱 되지기의 작은 논이었으나, 물 즉 농수(農水)가 흐르는 한가운데의 중요한 위치에 있었다고 한다. 따라서 이 논이 가졌던 바로 이러한 특성 때문에 '일곱되배미'라는 고유 명칭이 발달한 것으로 제보자들은 추측하였다.

이곳의 논 이름과 관련하여, 토박이 제보자들은 이 마을 내의 논 이름이 '목밖'보다는 '목안'에서 주로 발달하였고, 또 이는 과거 '목안'에 살던 양반층 가장(家長) 내지 지주가 가족들이나 일꾼 또는 소작인 등에게 '집에 앉아서' 일을 시키기 위한 용도에서 만든 것이라는 일종의 실용적 해석을 주로 하였다. 물론 이 마을 내의 맥락에서는 부분적으로 타당한 해석이겠지만, 동시에 '목안'의 소위 '통새암뜰'은 '목밖'의 '경전뜰'과는 달리 크기가 작은 논들의 집합이었던 사실도 개별 논의 명칭이 실제적으로 필요한 한 가지 조건이 되었을 것으로 짐작할 수 있겠다. 어쨌든 조사지에서 보이는, 지명의 한 구성 영역으로서의 논에 대한 개별 명칭의 발달 여부는 앞으로 보다 다양한 지역에서의 자료 수집과 체계적인 비교에 의해 그 실상이 드러날 수 있을 것으로 생각된다.

이 마을 밭의 고유 이름은 물론 논에 비해 덜 발달되어 있다. 대체로 아래의 4개 정도의 명칭이 발견되는데, 아래에서 1~3은 '목안'의 것이고 4는 '목밖'의 것이다.

1 은행나무밭 현재의 '구산사' 마당 자리에 있던 밭인데, 아마도 과거 이 밭에 은행나무가 있었던 데서 연원한 명칭인 것으로 추측하였다.

2 오동나무밭 위 '은행나무밭' 바로 아래에 있던 밭 이름이다. 이 이름도 과거 이곳에 오동나무가 있었던 사실과 연관될 것으로 추측하였다.

3 탑밭 과거에 '탑꿀' 골짜기로 올라가는 입구에 3층석탑이 서 있던 밭의 이름이다.

4 성냥간밭 작은 마을인 '개물' 앞에 예전에 '성냥간'〔대장간〕이 있었는데, 그 '성냥간' 바로 앞에 있던 밭의 이름이다.

전체적으로 이곳의 밭 이름은 그렇게 발달하지도 않았지만, 해당 밭의 특정한 생김새 같은 속성보다는 그 밭이나 밭 주위의 특수한 사물 등과 연관하여 주로 '이차적으로' 명명된 이름들이 될 것이다.

다음으로 이 내현마을에는 바위에 대한 고유 명칭도 상당히 발달해 있었다. 주로 이곳의 '보개산'에 있는 특이한 형상의 바위들에 대한 이름인데, 단순한 명칭의 발달을 넘어 관련된 전설도 폭넓게 발달해 있다(김정현 2005: 126-136 등 참조). 보개산은 이 마을의 구분으로는 '목안'에 속하므로, 아래의 목록에서 1~10은 모두 '목안'에 있는 바위가 되고, 11과 12는 '목밖'에 있는 바위가 된다.(아래의 바위 명칭 중 2 '범바위', 3 '할매바위', 6 '산제바위', 10 '보살바위'와 관련된 전설 또는 이야기는 뒤의 제8절 '언어예술' 중 '옛날얘기'의 항에서 간략히 기술될 것이다.)

1 자라바위 작은 마을인 '중리말' 뒤쪽, 즉 남구만 선생의 새로 지은 학당인 '약천초당'(藥泉草堂) 뒤쪽에 있는 바위로, 자라가 목을 안으로 집어넣은 형상의 바위이다.

2 범바위 위 '자라바위'의 위쪽에 위치하는 바위로, 범이 입을 벌린 형태로 생긴 바위이다. 그런데 이 '범바위'와 아래쪽 '개물' 동네와의 관련성에 대해 전해 오는 이야기가 있다.

3 할매바위 위 '범바위' 위쪽에 위치하는 바위로, 이 바위의 형상이 여성의 음부같이 생긴 데서 연원한 명칭이라고 한다.

4 삼형제바위 멀리서 보면 보개산의 한 봉우리 끝에 3개의 바위가 붙어 있는데, 이를 의인화한 이름이다. 그러나 실제로 가서 보면, 서로 붙어 있는 것이 아니라 떨어져 있는 바위이다.

5 곰보바위 보개산의 최정상에 있는 바위로, 이 바위의 겉 표면이 곰보처럼 울퉁불퉁한 데서 유래한 이름이라고 한다.

6 산제바위 위의 4 '삼형제바위' 아래쪽으로 있는 바위인데, 과거 여기서 산제(山祭)를 지냈으므로 이러한 이름이 붙었다고 한다.

7 줄바위 위 '산제바위' 오른쪽에 있는 '새절꿀' 골짜기의 바위이다. 즉, 이 '새절꿀'의 계곡이 긴 바위로 이루어져 있는데, 이 긴 바위가 마치 줄을 쌓아 놓은 것처럼 생겼다고 하여 '줄바위'라고 부른다.

8 장수발짝〔발자국〕 위 '줄바위'의 상단에 마치 사람 발자국의 흔적처럼 바위가 움푹 파여 있는 부위가 있는데, 이를 '장수의 발자국'이라고 상상하여 불러온 이름이다. 전해 오는 이야기에 따르면, "장수가 여기서 발짝을 떼고 오서산(烏棲山, 광천읍 쪽에 있는 높은 산)으로 갔다."라고 한다.

9 감토〔감투〕**바위** 소위 '감토봉' 봉우리의 중간쯤에 있는 바위로, 마치 머리에 쓰는 '감토'같이 생겼다고 하여 붙여진 이름이다.

10 보살바위 바위의 형상이 보살이 바랑을 짊어진 모습인 데서 유래한 이름이다. 이 '보살바위'는 원래 위의 1 '자라바위' 앞에 있었으나, 현재는 '목안'마을 가운데에 있는 연못가로 옮겨져 있다. 과거 이 마을 사람들이 '보살바위'에 아들을 낳게 해달라는 기원을 하였다고 전한다.

11 굴바위 '목밖'의 골짜기인 '웃꿀' 아래쪽에 있는, 길이 약 2m 가량의 굴이 파여 있는 바위를 가리킨다. 예전에는 이 굴 속에 오소리, 너구리, 여우 등과 같은 야생 짐승이 살았다고 한다.

12 거북바위 이웃한 '화산(花山)마을'에서 이 마을로 들어오는 입구 왼쪽에 있는 바위로, 현재는 과거의 도로 확장 시에 머리 부분이 없어진 상태로 남아 있다. 원래의 모습은 거북이가 남쪽을 향해 앉은 모습이었다고 한다. 최근 들어 이 마을의 별칭으로 사용되는 '거북이마을'은 바로 이 바위 이름에서 연원한 것이다.[11]

마지막으로 특정한 의미 영역에 속하지 않는 여타의 지명으로 두 예가 또 발견되었는데, 바로 다음의 것이다.

1 장승거리 이웃한 지정리로 넘어가는 곳인 소위 '남방 장승'이 서 있는 데가 과거에는 네 갈래 길이었는데, 바로 이곳을 가리키던 이름이다. 과거에는 이 '장승거리'에 술집도 있었다고 하였다.[12)]

2 잔댓말 '목안'의 '상리말' 뒤쪽 일부를 가리키는 이름으로, 보다 구체적으로는 소위 '남 정승네 집자리' 뒤이고 그리고 '감토봉' 아래에 있는 양지 녘으로, 과거 잔디가 좋았던 곳이다. 이 마을에서는 얼마 전까지 상역(喪役) 시에는 이곳 잔디를 캐어 성분(成墳)한 뒤에 떼를 입혔다고 한다. '잔댓말'은 또 이 마을에 전해 오는 남구만 선생의 탄생 설화와도 연관이 있는 곳이다.

전체적으로 조사지의 지명은 다른 지역에 비해 그리고 마을의 크기에 비해 상대적으로 발달한 양상일 것이다. 특히 골짜기와 고개, 논, 바위 등의 영역에서 이곳의 토착 지명이 상대적으로 발달하였음을 볼 수 있다. 그런데 여기서도 산이라는 자연환경과 관련하여, 산 또는 (산)봉

---

11) 이상의 바위 이름 외에 또 이 마을에는 '말(馬)바위'라는 것이 있다. '목안'의 담양 전씨 제각인 '장충영각' 바로 앞에 있는 제법 커다란 바위를 가리키는데(바위 앞에 표지판이 있음), 사실은 예부터 전해 오는 이름이 아니라 근래 '농촌 전통 테마 마을' 사업을 추진하면서 새로이 만든 바위 이름이라고 하였다.

12) 이 시기에 동네 안에는 이곳 외에도 술집이 여러 곳 있었고 또 노름도 많이 했던 것으로 전한다. 제보자들에 의하면, 바깥사람들이 돈을 갖고 들어와 술 먹고 노름하고 하여 돈을 다 잃고 돌아갔다는데, 대체로 해방 전후쯤의 이야기라고 한다.

이때의 마을 상황을 묘사하는 표현에, "무쇠 판장도 녹아 나간다."라는 말이 있다. '무쇠 판장' 즉 요즈음 말로 '철판'도 녹아 나갔다는 뜻인데, 그만큼 이 동네가 드세었다는 의미라고 한다. 다시 말해 외지인이 이 동네에 와서 노름을 하여 돈을 따면, 그 외지인을 붙들고 늘어져 결국에는 돈을 다 잃게 만든 데서 생긴 말이라고 한다.

우리보다는 골짜기의 이름이 더 발달한 우리 사회의 지명 명명(命名)의 한 중요 유형을 확인할 수가 있겠다(왕한석 2012: 50, 333-340 등 참조). 또 이곳의 경우 내와 '방죽'에 대한 명칭은 덜 발달한 반면에, 바위에 대한 명칭은 비교적 발달한 모습을 보이는데, 이는 아마도 이 지역의 지질적 특성과도 연관되는 부분일 것이다. 그뿐만 아니라 개별 논에 대한 고유 명칭의 발달은 이곳에서 특히 주목되는 부분인데, 이는 앞으로 다른 지역에서의 보다 광범한 관련 연구에 의해 그 일반적 분포상이 체계적으로 확인될 수 있는 주제일 것이다.

〈그림 1-1〉 내현마을의 주요 지명

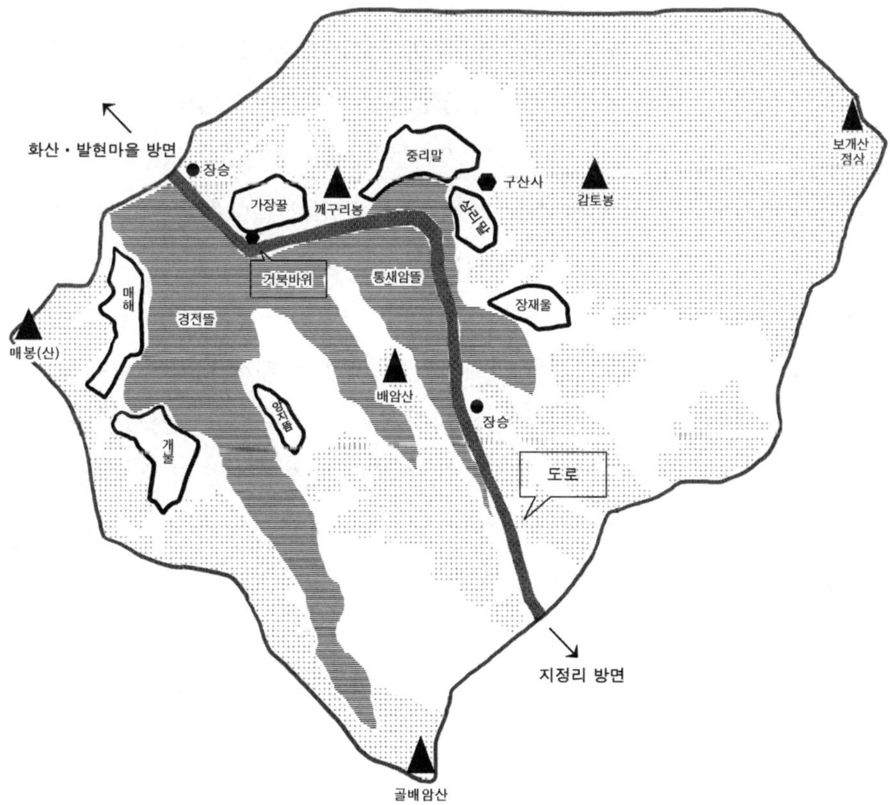

위의 〈그림 1-1〉은 이곳 내현마을의 주요 지명을 지도상에 표시한 것이다. 7개의 작은 마을(또는 뜸)과 6개의 산 및 봉우리 그리고 2개의 들을 중심으로, 그 외 마을의 주요 경관 요소인 '구산사'와 '거북바위' 그리고 두 곳의 장승 위치를 개략적으로 표시한 지도이다.

2. 생태 환경의 어휘적 구분 I

조사지는 농촌 마을이다. 그러나 바다와도 그리 멀지 않은 곳에 위치해 있다. 현재의 시점에서는 홍성군 서부면(西部面) 남당리(항)(南塘里(港))가 가장 가까운 어촌인데 거리는 대체로 30리 상거(相距)이다. 따라서 기본적인 생태 환경에 대한 이곳의 민간 지식(folk knowledge)은 바다 환경에 대해서도 부분적이나마 친숙한 것으로 나타난다.

연구자는 지금까지 이루어진 '한국의 언어 민속지' 연구 작업에 바탕하여, 이곳의 '생태 환경의 어휘적 구분 체계'에 대해 비교적 넓은 범위에 걸친 자료 수집을 행하였다. 따라서 여기서는 관련 내용을 두 절로 나누어, 이 절에서는 보다 일반적인 생태 환경의 어휘적 구분 양상을 기술하고, 다음 절에서는 상대적으로 특수한 이곳의 생태 환경의 어휘적 구분 양상을 기술하도록 하겠다.

1) 바람, 비, 눈, 달의 구분법

조사지는 농촌 마을이어서인지 방위에 따른 바람의 명칭이 그리 발달한 곳은 아니다. 대체로 단순한 체계이고, 또 모두 한자어 명칭으로만 이루어져 있다. 즉 아래의 구분법인데, 이 마을의 자연 지형 때문에(즉, 동쪽과 북동쪽으로 산(보개산(寶蓋山))이 막혀 있는 지형 때문에) 동풍이나 북동풍은 없는 것으로 지각된다.

1 남동풍 또는 **남풍** 남동쪽 또는 남쪽으로 이웃한 마을인 지정리(支井里) 쪽에서 불어오는 바람이다.(지정리는 대체로 보아 이 마을의 남동쪽에 위치하지만, '목안'에서 보면 남쪽에 위치한다.) 주로 봄철에 부는 바람이다.

2 남서풍 광천읍(廣川邑)의 '제기산'(지기산(智基山)(해발 321m)인 듯함) 쪽에서 불어오는 바람으로, 주로 여름철에 부는 바람이다.

3 서풍 서부면 남당리(항) 쪽에서 불어오는 바람으로, 주로 가을철에 부는 바람이다.

4 북서풍 서산시 '개산'과 남당리(항) 사이에서 불어오는 바람으로, 주로 겨울철에 부는 바람이다. 그런데 이 '개산'은 가야산(伽倻山)(해발 678m)으로, 특히 서산시 해미면 뒤의 가야산을 가리킨다. 여기서는 이 산을 그 형태적 특성 때문에 '이빨 빠진 산'으로도 부른다.

5 북풍 서산시 '개산' 쪽에서 불어오는 바람으로, 이 역시 겨울철에 부는 바람이다.

위의 한자어 명칭들이 일상적으로 쓰이는 말이지만, '마파람'이라는 고유어 표현도 부분적으로 전해 온다. 제보자들은 명료히 인지하지 못하지만, 이 '마파람'은 아마도 위의 '남동풍'(또는 '남풍') 및 '남서풍'을 가리키는 옛 표현인 것 같다. 그런데 이곳의 민간 지식으로는 '마파람'은 비와 관련이 있는 바람이다. 그리하여 "비 올라고 그러나 마파람 분다."라는 표현은 흔히 쓰는 말이라고 한다.

그뿐만 아니라 '마파람'과 관련이 있는 '옛말' 즉 전래의 관용적 표현 두 가지를 들을 수 있었는데, 바로 다음의 말이다.

1 마파람에 눈 녹듯 헌다 마파람이 불면 얼었던 눈이 쉽게 녹는 데서 연원한 말인데, 제보자들은 이 표현의 비유적 쓰임새에 대해 정확한 예시를 제공하지는 못하였다. 그러나 대체로 '무엇이 알지 못하게 천천히 없어지는 것'을 가리키는 말로 이해하였다.

2 마파람에 호박 떨어진다 여름철 수정(受精)이 안 된 작은 호박이 바람이 불어 쉽게 떨어지는 데서 연원한 말인데, 이 바람이 꼭 '마파람'인지에 대해 제보자들은 다소간 의구심을 표명하였다. 사실 이런 호박은 바람이 없어도 자연적으로 떨어지기 때문이다. 따라서 어떤 제보자는 '마파람'보다는 '맞바람' 즉 마주 치는 바람일 가능성을 제기하기도 하였으나, 어쨌든 실제 발화는 '마파람'으로 한다.(속담 사전(이기문 1980: 188)에 '마파람에 호박 꼭지 떨어진다'라는 표현이 등재되어 있는 것으로 보아, '마파람'이 맞을 것 같긴 한데 그러나 그 사용되는 의미는 여기서의 것과 다르다.) 여기서는 이 표현을 너무 쉽게 승부가 나는 상황 같은 것을 비유할 때에 주로 쓰는데, 가령 씨름 시합 같은 데서 선수가 한순간에 넘어지는 모습 같은 것을 비유할 때 이 말을 쓴다고 한다.

방위에 따른 바람의 명칭 외에 일반적인 바람 이름으로는 다음의 것이 또 있다.

1 회오리바람 뱅뱅 돌면서 하늘 위로 올라가는 바람

2 들레바람 부는 방향이 수시로 바뀌는 바람

마지막으로 바람과 관련한 '옛말'을 두 가지 더 들을 수 있었는데, 바로 다음의 것이다.

1 봄바람에 말 씹 튼다 한마디로 봄바람의 건조함을 가리키는 말이다. 여기서 봄바람은 음력 3~4월에 많이 부는데, 그것은 말할 것도 없이 한 해 중 가장 건조한 바람이다. 아마도 추측건대, 말 씹이 다른 동물에 비해 '수정' 시에 분비물 같은 것이 더 많이 나오는 데서 만들어진 말 같다고 한다. 따라서 이 표현의 말 그대로의 의미는 '가장 축축한 말 씹도 건조한 봄바람이 불면 튼다.'라는 뜻이 될 것이다.

2 샛바람 났다 조사지에서는 이 '샛바람'의 의미를 전혀 인지하지 못했다. 그리고 이 말은 또 바람과는 일차적으로 무관한 표현이기도 하다. 이 말은 음력 9~10월경에 기온이 갑자기 뚝 떨어지는 것을 가리키는 관용적 표현인데, 아마도 부산 동래 지방의 '샛날진다' 또는 '샛날이다'와 연관되는 표현일 것으로 생각된다(왕한석 2009: 131).

조사지에서의 비의 구분법은 다음과 같은데, 이 중 4 '왈탈비'라는 표현이 다른 지역에 비해 조금 특이할 것이다. 제보자들은 3 '장대비'의

한 갈래이기보다는 별개의 범주로 지각하였다.

1 이실비〔이슬비〕

2 가랑비

3 장대비

4 왈탈비 많이 내리면서 소리가 요란하게 나는 비(이곳에서 '왈탈'이라는 말은 "왈탈 성질 쓴다."와 같이 쓰는데, 이 표현의 뜻은 '느닷없이 성을 내는 것'을 가리킨다고 한다.)

5 소나기

또 위의 기본적 명칭들 외에, 다른 지역에서처럼 다음의 표현이 더 있다.

1 여우비 맑은 하늘에서 갑자기 내리는 비

이 지역에서도 물론 비의 예측과 관련되는 여러 전래의 표현들을 들을 수 있었다. 앞서 소개한 '마파람' 관련 예까지 포함하면, 대체로 다음의 말들이다.

1 비 올라고 그러나 마파람 분다

2 오서산 중턱에 구름 찌면〔끼면〕 **비 온다** 또는 **오서산에 구름 찌면 장독대 덮어라** 여기서 '오서산'(烏棲山)은 광천읍 쪽의 높은 산(해발 790.9m로 충청남도에서는 두 번째로 높은 산임)으로, 이 오서산에 구름이 끼면 비가 온다는 전래의 기상 예측어이다.

3 서쪽 하늘에 구름 쪄 오면 비나 눈이 온다 이 마을에서 서쪽 하

늘은 곧 서해 바다 위의 하늘이다. 흔히 이곳에 비나 눈이 오기 전에 서쪽 하늘에 먼저 시커멓게 구름이 끼어 오는 데서 생긴 말이라고 한다.(실제로 현지조사 중이던 2012년 2월 1일 오후에 한 제보자가 시커먼 서쪽 하늘을 보고 이 말을 한 뒤, 약 1시간 후에 조사지에는 많은 눈이 내렸다.)

4 서쪽 무지개가 생기면 비가 그친다 서쪽 하늘에 무지개가 생기면 오던 비가 그친다는 말인데, 위의 3과 직접적으로 연관이 있는 예측어일 것이다. 즉, 서쪽 하늘에 구름이 걷히고 무지개가 생기면 당연히 동쪽인 이곳 조사지에는 조금 뒤 비가 그칠 것이다.

마지막으로 '소나기'가 내리는 국지적(局地的) 성격을 재미있게 표현하는 말인, 다음의 전래 표현을 또 들을 수 있었다.

1 소나기가 말 잔등을 다툰다 다른 지역에서 쓰는 '(소나기가) 솟등을 두고 다툰다'와 같은 계열의 재치 있는 표현일 것이다(왕한석 2012: 343, 500). 그런데 여기서는 '솟등' 대신 '말 잔등'을 쓰는데, 소의 등보다는 말 잔등이 더욱 뾰족한 데서 이곳의 표현이 보다 사실성에 바탕한 비유적 표현인 것으로 느껴진다.

눈의 구분법은 다음과 같은데, 대체로 다른 지역의 것과 동일한 구분법일 것이다.

1 함박눈

2 싸락눈

3 진눈깨비

한 가지, 이곳의 특이한 표현에 '자욱〔자국〕눈'이라는 것이 있다. 눈이 조금 오는 것을 가리키는 말인데, 다시 말해 발자국 흔적 정도를 남길 만큼 적게 오는 눈을 빗대어 하는 표현이다.

달의 변화 단계, 즉 달 모양의 변화에 대한 이곳의 명칭 분화는 비교적 단순한 편이다. 아래의 어휘들만이 사용된다.

1 그뭄(밤) 달이 전혀 없는 상태
2 초생달 달이 찰 때의 손톱 모양 같은 달
3 반달
4 보름달
5 그뭄달 달이 질 때의 손톱 모양 같은 달

즉, 이 지역에서 지각하는 달의 변화 단계는 '그뭄(밤)' → '초생달' →'반달' →'보름달' →'반달' →'그뭄달' →'그뭄(밤)'의 구조가 될 것이다. 그런데 위의 2'초생달'과 5'그뭄달'을 '손톱달'이라고도 부르는데, 이는 이 단계의 달이 마치 깎아낸 손톱의 모양과 흡사하기 때문이라고 한다. 그러나 4'보름달'에 대한 또 다른 표현은 발달하지 않았다.

2) 흙과 논의 구분법

이제 이 지역의 흙에 대한 민간 지식을 정리하기로 하겠다. 대체로 다음과 같은 구분법인데, 그러나 이 의미영역에 대한 제보자들의 지식이 그리 명료하지 않은 것 같은 인상을 주었다.

1 찰흙

1.1 (보통)찰흙 검붉은 색으로 굳으면 딱딱해지는 흙이다.

1.2 질흙 위의 '(보통)찰흙'과 거의 같으나 물기가 좀 더 많은 흙이다.

2 황토흙 붉은색의 흙으로, 찰기가 위의 1 '찰흙'보다 떨어지는 흙이다.

3 조대흙 검은색으로 굳으면 딱딱해지는 흙이다. 과거 학생들이 공작 시간에 흔히 사용하던 흙이다.

4 모래흙 모래가 섞인 흙으로 주로 강가에 많다.

5 석비레(흙) 엄격히는 손으로 만지면 쉽게 부서지는 돌을 '석비레'라고 하고, 그러한 '석비레'가 섞인 흙을 '석비레흙'이라고 부른다. 이 '석비레(흙)'는 이 지역의 경우 주로 산 밑에 많다고 한다.

위에서 4 '모래흙'과 5 '석비레(흙)'는 범주의 구분 면에서는 분명히 구분되나, 실제로는 사실상 동일한 종류의 흙으로 지각된다. 이 지역의 경우 '보통 흙'이 아닌 것으로, '모래흙'은 거의 없고 주로 '석비레(흙)'가 있으나, '석비레(흙)'가 오래되면 사실상 '모래흙'과 같기 때문이라고 제보자들은 설명하였다.

나아가 조사지의 경우 논으로는 '찰흙'논과 '황토흙'논이 좋고, 받으로는 '모래흙'밭 또는 '석비레(흙)'밭이 좋다고 하였다. 말할 것도 없이 그러한 흙의 논일 경우 논에 물이 잘 갇히기 때문이고, 또 그러한 흙의 밭일 경우 밭에 물이 잘 빠지기 때문이다. 여기서 이 논밭과 관련하여 한 가지 적기해 둘 사항은, 이 지역에서는 예로부터 논일은 남자만이 하고 여자는 밭일만 하는 노동의 성별 분업 유형이 발달해 왔다는 사실이다.

다음으로 이곳에서 논은 기본적으로 용수(用水) 즉 물이 있고 없음에 따라 크게 두 범주로 나눈다. 아래의 구분법이다.

1 물갈이 또는 **고논** 논 자체에 물이 나거나 '냇갈'물을 쉽게 댈 수 있는 논을 가리킨다.

2 마른갈이, 건답(乾畓) 또는 **천수답**(天水畓) 제보자들의 표현을 빌리면, '하늘에서 비가 와야' 물을 대어 농사를 지을 수 있는 논을 가리킨다.

이 기본적 범주를 넘어서서 특수한 성격의 논을 가리키는 범주 구분이 또한 발달하였는데, 대체로 다음의 어휘들이다.

1 수랑배미 사람의 몸이 빠지는 수렁논을 가리킨다. 그러나 이곳에는 전북 고창 지역의 예처럼(왕한석 2010: 229) 수렁의 종류에 대한 더 이상의 비유적 구분은 발달하지 않았다.

2 못자리배미 날이 많이 가물어도 물이 많아서 못자리를 할 수 있는 논, 즉 그만큼 물이 항시 풍부한 논을 가리킨다. 과거 날이 가물면 위의 2 '마른갈이'를 가진 사람은 남의 '못자리배미'를 빌려 못자리를 하였다고 한다.

3 수멍배미 '냇갈'물을 이곳 말로 '수멍'(즉, 나무를 통으로 파서 관을 만들고 상단부는 납작한 돌을 덮어 만든 과거의 수로관(水路管))으로 연결하여 그 물을 받아서 농사를 짓는 논을 가리킨다. 여기서의 '수멍'은 경북 선산 지역에서 보고된 '구름'(왕한석 2012: 347, 495)과 유사하게 인위적으로 만든 옛 수로관의 종류일 것이다.

4 다랭이 또는 **다랑배미** 다랑이논이다. 그런데 '다랭이' 또는 '다

랑배미' 중 아주 작은 것을 일러 '삿갓다랭이'라고 부른다. 말 그대로의 뜻은 삿갓 하나 덮을 정도로 아주 작은 크기의 다랑이논이 될 것이다.(참고로 부산 동래 지역에서도 이와 유사한 흥미로운 표현이 있는 것으로 이미 보고된 바 있다(왕한석 2009: 136).) 그런데 내현마을의 경우 산 밑인 구산사(龜山祠) 뒤쪽으로 '다랭이'가 많이 있었는데, 그 개수가 무려 63개였고, 그 넓이는 모두 합쳐 11마지기가량 즉 2,200평이 조금 넘었다고 한다. 이 '다랭이'가 놀랍게도 모두 한 사람 것이었는데, 그중에는 실제로 '삿갓다랭이'도 여러 개 있었다고 제보자들은 증언하였다.

5 개떡배미 아주 작은 크기의 논을 가리키는 일종의 비유적 표현이다. 과거 살기 힘들었던 시절에 이런 작은 논을 있는집의 '개떡'하고 맞바꾸어 팔았다는 데서 연원한 표현이라고 한다. 여기서 '개떡'이란 쌀가루 또는 밀가루에 쑥을 섞어, 시루를 사용하지 않고 그냥 베보자기를 밑에 깔아 넓적하게 찐 떡을 가리킨다. 물론 떡 중에서는 가장 하품(下品)의 떡이다. 따라서 '개떡배미'는 그러한 '개떡'하고도 맞바꿀 정도의 작고 가치 없는 논을 가리키는 말일 것이다.

3) 작물, 밥, 술, 장(醬)의 구분법

이제 조사지의 작물의 영역으로 넘어가기로 하겠다. 이곳에서 경작해 온 채소류를 제외한 주요 작물에는 (1) '베'[벼], (2) 보리, (3) 밀, (4) '스슥'[조], (5) 메밀, (6) 수수, (7) '지장'[기장], (8) 콩, (9) 팥, (10) 동부, (11) 녹두, (12) '꽤'[깨], (13) 옥수수, (14) '붓감자'[감자], (15) '무감자'[고구마] 등이 있다. 이 중 중심 작물은 역시 (1) '베'와 (2) 보리 그리고 (8) 콩이고, 그 외 작물은 중요도의 면에서 이 세 작물보다는 못한 위치에 있다. 또 위의 작물들 중 단종(單種) 즉 한 가지 종류뿐인 것도 여러 가지가 있지만, 일단 이 모든 작물들의 하위범주 구분법과 여타 특성들을 정리하면 다음과 같다.

'베'의 종류

1 찰베 찰벼

2 메베 메벼

3 밭베 산도(山稻)벼(이 '밭베'에도 '찰베'와 '메베'가 있음)

* 위의 하위범주들 외에, 벼가 땅에 떨어져 자연적으로 난 것은 '돌베'라고 부른다.

보리의 종류

1 쌀보리 '꺼럭'(이삭의 털)이 아주 짧은 것

2 겉보리 '꺼럭'이 긴 것(이 지역에서는 주로 '겉보리'를 경작해 왔음)

3 중보리 '꺼럭'의 길이가 중간 정도인 보리

* 보리가 떨어져 자연적으로 난 것은 '돌보리'이다.

밀의 종류

1 (보통) **밀**

2 호밀 키가 큰 외래종 밀

* 이 지역에서는 주로 1 '(보통)밀'을 경작하였는데, 단 '산밑논'과 같은 안 좋은 땅에서는 2 '호밀'을 경작하였다.

* 밀이 떨어져 자연적으로 난 것은 '돌밀'이다.

'스슥'의 종류

1 찰스슥 차조

2 메스슥 메조

* '스슥'이 떨어져 자연적으로 나는 것도 있지만, 이 경우에는 풀과 구분이 잘 되지 않으므로, 결과적으로 '돌스슥'은 없는 것으로 제보자들은 보았다.

메밀의 종류

* 하위범주의 구분은 없으나, 자연적으로 생기는 '돌메밀'은 있다.

수수의 종류

1 찰수수

2 메수수 멧수수

* 수수가 떨어져 자연적으로 난 것은 '돌수수'이다.

'지장'의 종류

* 하위범주의 구분도 없고, 자연적으로 생기는 '돌지장'도 없다.

콩의 종류

1 종콩 희고 산 콩으로, 메주와 장, 두부, 콩나물, 떡고물을 만드는 데 썼다.

2 방콩 위 '종콩'보다 큰 콩으로, 밥에 넣어서 먹고 또 반찬을 해 먹는 데 썼다. 이 '방콩'은 그 색깔에 따라 다음과 같이 세분하기도 한다.

2.1 검은방콩

2.2 흰방콩

2.3 푸른방콩

2.4 대추방콩

3 쥐눈이콩 잘고 까만 콩으로, 약용으로 많이 쓰고 또 콩나물을 내리는 데에도 썼다.

4 강낭콩 밥에 넣어서 먹고 또 떡고물을 만들어 먹었다. 통상 다음의 두 하위범주로 나눈다.

4.1 (보통) **강낭콩** 밭에서 재배하는 강낭콩

4.2 울타리 강낭콩 울타리를 타고 올라가는 강낭콩으로, 이 경우는 흰색이 많았다.

* 콩의 경우에는 자연적으로 나는 '돌콩'이 없다.

<u>팥의 종류</u>

* 팥은 밥에 넣어서 먹거나 죽을 끓여서 먹고 또 떡고물 등을 만들어 먹는데, 통상 색깔에 따라 다음과 같이 구분하여 부른다.

1 붉은팥

2 검은팥

3 하얀팥

4 회색팥

* 또 팥이 땅 위로 떨어져 자연적으로 생긴 것은 '돌팥'이라는 이름 대신에 다음과 같은 두 범주로 구분하여 부른다.

1 이팥 먹을 수 있는 팥으로, 심지어는 이 '이팥'을 밭에서 다시 재배하기도 한다.

2 쇳팥 '쇠처럼 야물어' 못 먹는 팥이다.

동부의 종류

* 동부도 여러 가지 색깔이 있으나 고착된 명칭으로까지 발달하지는 않았다.

녹두의 종류

* 하위범주의 구분은 없다. 자연적으로 생긴 녹두는 '쇠녹두'라고 부르는데, 물론 이 '쇠녹두'는 삶아도 여전히 단단하여 못 먹는 것이다.

'꽤'의 종류

1 참꽤 참깨

2 들꽤 들깨

* 자연적으로 생긴 깨는 '돌꽤'인데, 1 '참꽤'에는 '돌꽤'가 없고 2 '들꽤'에만 '돌꽤'가 있다.

옥수수의 종류

1 찰옥수수

2 메옥수수

'붓감자'의 종류

* '붓감자'의 '붓-'은 이 감자를 재배할 때에 흙을 '붓돋아'[북돋아] 주는 데서 나온 말이라고 한다. '붓감자'의 속은 모두 똑같으나 겉껍질의 색깔에 따라 다음과 같이 구분하여 부른다.

1 자주감자 이 지역의 토종 종류임

2 흰감자

3 분홍감자

* 이 지역에도 물론 '돼지감자'가 있으나 이는 밭에서 재배하는 것이 아니고, 들에서 채취하여 주로 가축 사료용으로 썼다고 한다.

'무감자'의 종류

* 하위범주의 구분은 없으나, 고구마가 무같이 생긴 데서 '무감자'로 부른다고 하였다.13)

다음으로 주식인 밥은 여러 의미 차원에 따른 서로 다른 분류법으로 다음과 같이 구분된다.

1 쌀밥

2 보리밥

3 반죽밥 쌀과 보리가 반씩 섞인 밥

1 이밥 순쌀밥

2 꽁보리밥 또는 **꼽삶이**〔곱삶이〕 순보리밥

1 찰밥

2 (보통)**밥** 메밥

13) 조사지에는 농사와 관련이 있는 흥미로운 표현으로 '엇생일꾼'이라는 말이 있었는데, 이는 농사일을 제대로 할 줄 모르는 사람 즉 서툰 일꾼을 가리킨다. 한 여성 제보자는 자신의 남편이 바로 '엇생일꾼'이라며, 가령 공무원을 오랫동안 하다 나온 사람이 집으로 돌아와 농사를 지을 경우 '엇생일꾼'이 된다고 구체적인 예를 들어 주었다.

1 된밥 또는 **술밥**

2 진밥 흔히 '죽 쑤었다'라고도 표현한다.

3 눈밥 눌은밥으로, 다음의 두 하위범주로 나눌 수 있다.

3.1 (보통) **눈밥** 솥 바닥의 누룽지에 물을 부어 죽같이 만든 밥, 즉 보통의 눌은밥으로 통상 색깔은 노란색이다.

3.2 갓눈밥 특수한 '눈밥'으로, 솥 바닥의 누룽지는 긁어내고 솥 가(중간 높이 정도)에 붙어 있는 누룽지에 물을 부어 만든 '눈밥'이다. 타지 않은 누룽지로 만드는 것이라 색깔은 통상 흰색이고, 맛있는 고급 눌은밥이 된다.

4 누룽개 누룽지

또 밥과 함께 우리 사회의 중요한 음식인 술, 즉 집에서 담그는 막걸리 술은 다음의 두 범주로 나뉜다. 그런데 아래의 1 '맑은술' 또는 '약주'는 중부 지방 화자에게는 익숙한 표현이겠지만, 중부 지방 출신이 아닌 연구자에게는 매우 낯선 표현이었음을 첨언해 둔다.

1 맑은술 또는 **약주**

2 막걸리 또는 **탁주** 이곳의 제보자들은 '막걸리'라는 말이 '막 걸렀다'라는 표현에서 연원한 것으로 이해하였다.

마지막으로 조사지에서 담가 온 전래의 장(醬)에는 모두 다음의 여섯 가지 종류가 있었는데, 이 가운데 3 '꼬치장'은 그 재료에 따라 두 하위범주로 다시 나뉘었다.

1 된장 음력 2월에 담근다.

2 지랑〔간장〕 마찬가지로 음력 2월에 담근다.

3 꼬치장〔고추장〕 수시로 담근다.

3.1 찹쌀 꼬치장

3.2 보리 꼬치장

4 청국장 주로 음력 9~10월에 삶은 콩을 띄워서 만든다.

5 찜장 정월 대보름 때에 담가서 먹는 장으로, 메주 띄운 데다가 깍두기나 동치미 무를 잘게 썰어 넣는, 속성으로 만드는 장이다. (연구자는 마침 보름을 조사지에서 쇠었으므로, 이 '찜장'을 보름 전후에 난생 처음으로 먹어볼 수 있었다.)

6 집장 음력 7월에 담가서 먹는 장으로, 보리에다 여러 채소(박, 호박, 가지, 오이, 참외 등)를 넣고 두엄 속에 넣어서 닷새가량 띄우는 장이다. 그런데 요즈음은 농촌에 두엄이 없어져 이 '집장'을 만들지 못한다고 제보자들은 덧붙였다.[14)]

4) 소와 가축의 구분법

조사지에서 주로 키워 온 가축에는 소, 돼지(또는 '도야지'), 개, 닭, '괭이'〔고양이〕, '염생이'〔염소〕 등이 있다. 오늘날에는 축산의 형태로 하

14) 조사지에서 듣고 맛본 특이한 음식 이름 한 가지만 간단히 기록하기로 하겠다. 그것은 '돼지 등마루뼉다귀 진잎국'인데, 여기서 '등마루뼉다귀'는 등뼈를 가리키고, '진잎'은 아마도 배추나 김치 잎 등을 가리키는 말로 보인다. 이 돼지 등뼈를 고은 데다 '진잎'을 넣은 '돼지 등마루뼉다귀 진잎국'은 과거부터 겨울철에 주로 끓여 먹던 이곳의 토속 음식이라는데, 그것은 서울 식당들에서 파는 감자탕과 거의 같은 것이었다. 단, 감자 대신에 배추나 김치를 넣고 덜 맵게 끓인 국이었다. 잘 알려진 감자탕과 거의 같은 음식이지만 이곳의 전통적인 음식 명칭이 꽤나 흥미롭고 특이한 예일 것이다.

는 소의 사육이 그 중심인데(현재 9가구가 모두 346두를 사육함), 부분적으로 염소를 조금 키우기도 한다(3가구가 모두 15두를 사육함). 어쨌든 여러 종류의 가축 중 하위범주와 관련 명칭이 발달한 것은 다른 지역과 마찬가지로 소에 대한 것이다. 아래에서는 소를 중심으로 한 이곳의 가축의 분류법과 관련 명칭들을 간략히 정리·기술하기로 하겠다.

소의 종류

* 소는 여러 의미 차원에 따른 상이한 분류법으로 대체로 다음과 같이 구분된다.

1 황소 수소

2 암소

3 송아치〔송아지〕

1 송아치 어미젖을 먹는 단계의 새끼 소를 가리킨다. 그런데 이 '송아치' 중에서 어미젖을 떼기 위해 목을 맨 송아지(생후 3개월 정도의 시기임)를 일러 특히 '목매기'라고 부른다.

2 어서래기 어미젖을 떼고(보통 3개월가량 젖을 먹임) 여물을 몇 달 먹인 단계의 송아지 또는 어린 소를 가리킨다.

3 중송아치 생후 1년가량 된 소이다.

4 큰소 생후 2년 이상 된 큰 소를 가리킨다.

1 누렁소 누런 색깔의 소

2 거먹소 검은 색깔의 소

* 이 지역의 경우 거개가 1 '누렁소'였고 소수가 2 '거먹소'였다고

하는데, 그 외 색깔의 소는 없었던 것으로 제보자들은 보고하였다.

사육 방식과 관련한 특수한 명칭에는 '순애소'가 있는데, 이는 배냇소를 가리키는 이 지역의 방언형이다. 남에게 배냇소 주는 것을 일러 '순애 준다'라고 표현한다. 또 소의 키를 '끌'이라고 표현하는데, '끌(이) 높다'(소의 다리가 길다), '끌(이) 얕다'(소의 다리가 짧다)와 같이 쓴다. 그리고 소나 돼지가 살찐 것을 비유하는 표현에 '누룩두레마냥 살쪘다'라는 말이 있다. 제보자들은 여기서의 '누룩두레'의 의미를 잘 알지 못했는데(사전 상으로는 '누룩 덩이 같은 흙덩이'임), 어쨌든 이 표현은 사람에게는 쓰지 않고 짐승에게만 쓰는 표현이라고 하였다.

쇠뿔의 종류

* 쇠뿔의 구분법은 비교적 단순하게 다음의 2종류만 알려져 있다.

1 홧대〔횃대〕**뿔** 옷을 거는 '홧대'처럼 가로로 난 뿔을 가리킨다.

2 천지각(天地角) 하나는 위를 향해서 나고 다른 하나는 아래를 향해서 난 뿔을 가리킨다.

쇠뿔과 관련하여 여기서도 "쇠뿔도 단김에 빼야 헌다."라는 속담이 사용되고 있었다. 그리고 이곳의 제보자들도 소의 이빨을 보아 소의 나이를 파악한다는 사실은 잘 알고 있었으나, 소의 나이 구분에 대한 어휘적 명칭에는 익숙하지 않았다.

돼지(또는 '도야지')의 종류

1 수퇘지

2 암퇘지

3 돼지새끼

개의 종류

1 수캐

2 암캐

3 강아지

닭의 종류

1 장수탉 수탉으로, 그 표현이 조금 특이할 것이다.

2 암탉 암탉 중 종자인 것은 여기서도 '씨암탉'으로 부른다.

3 빙아리〔병아리〕

'괭이'의 종류

* 고양이에 대한 기본적인 범주 구분은 발달하지 않았으나, 서식 환경에 따른 다음의 명칭 구분이 이루어진다.

1 집괭이

2 도둑괭이 들고양이

'염생이'의 종류

* 특별한 하위범주의 구분은 없다.

연구자는 가축에 대한 구분법의 연장선에서 과거 이곳에서 흔히 행해 온 돼지와 개의 도축(屠畜) 방식에 대한 질문으로 나아갔다. 대체로 보아 다른 지역보다 각(脚)을 좀 더 많이 뜨는 것 같은데(왕한석 2010: 52-53, 2012: 353 각주 10) 등 참조), 구체적인 방식은 다음과 같다.

먼저 돼지의 경우는 '다리' 4개에 '갈비' 2짝 그리고 '등마리'(즉 등살)의 7각을 뜨는 것으로 말한다. 그러나 '대가리' 부위를 따로 떼어 이는 잡는 사람의 몫으로 준다고 한다. 따라서 실제로는 7각이 아닌 8각을 뜨는 셈이 된다. 그리고 '내장'은 나누지 않고 그 자리에서 삶아 여럿이 함께 나누어 먹는다.

개의 경우는 '목줄댕이'(즉 목살), '다리' 4개, '갈비' 2짝, '등마리'(즉 등살), '업진이'(즉 배 부위 살)의 9각을 뜨는 것으로 말한다. 그러나 이 경우에도 '대가리' 부위를 따로 떼어 잡는 사람의 몫으로 주므로, 실제로는 9각이 아닌 10각을 뜨는 셈이다. 그리고 개를 잡는 경우에도 '내장'은 따로 나누지 않고 그 자리에서 삶아 여럿이 나누어 먹는다.

제보자들에 의하면, 개의 배 부위 살을 가리키는 '업진이'는 다른 짐승에게는 쓰지 않고 도살한 개에게만 쓰는 특수 어휘라고 한다. 아마도 사전 상의 '업진'(소의 가슴 부위 고기)과 연관은 되겠지만, 이 지역에서는 보다 특화된 개의 몸체 부위를 가리키는 특수 어휘로 바뀐 것 같다.

5) 해물의 구분법

조사지는 현재의 시점에서는 가장 가까운 어촌인 서부면 남당리항과 30리가량 떨어져 있다. 그러나 천수만(淺水灣) 간척 사업이 이루어지기 전까지는 가장 가까운 어촌(갈산면(葛山面) 오두리(鰲頭里)였음)이 불과 15리가량 상거하였다고 한다. 또 과거 이 마을이 비교적 부촌이었으므로 '마을 안에 앉아 생선회를 얻어먹었다'고 할 만큼, 조사지는 바다와는 아주 가까운 거리에 위치해 온 셈이다. 그 결과 이곳 사람들은 바다에서 나는 여러 해산물의 명칭 및 범주 구분에 상대적으로 친숙한 것으로 나타났는데, 아래에서는 조사지 사람들의 이와 관련된 언어적·문화적 지식을 간략히 정리하기로 하겠다. 어촌은 아니지만 어촌 인근의 농촌 사람들이 가진, 자신들이 주로 소비해 온 해산물에 대한 지식의 일단이 될 것이다.

먼저 이곳에서는 '해물'(海物)이라는 표제어로 바다에서 나는 모든 산물, 즉 먹을거리를 포괄하여 지칭한다. 고기, 조개, 게, 새우 등속뿐만 아니라 여러 해초들도 포함하는 상위의 범주이다. 그리고 여기서도 영어의 fish에 해당하는 소위 '고기'를, 그것의 서식 환경에 따라 다음의 두 기본 범주로 나눈다.

1 바닷고기

2 물고기 민물고기

'바닷고기' 중 그 명칭을 일반적으로 인지하는 것에는 (1) 가오리, (2) 갑오징어, (3) 광어, (4) '꼴띄기'〔꼴뚜기〕, (5) 낙지, (6) 도다리, (7) 망둥이, (8) 문어, (9) '물퉁벵이'〔물메기〕, (10) 박대, (11) 밴댕이, (12) '병에'〔병어〕, (13) 상어, (14) 숭어, (15) 우럭, (16) 장대, (17) '전자리'(제보자들은 가오리도 아니고 홍어도 아닌 어종으로, 두꺼운 고기이나 동시에 가오리나 홍어만큼 넙적하지 않은 것으로 설명한다. 아마도 '전자리상어'인 것 같다.), (18) 조기, (19) '쭈꾸미'〔주꾸미〕, (20) 홍어 등이 있었다. 이 중 하위범주의 구분이 발달한 것으로는 (5) 낙지, (11) 밴댕이, (14) 숭어, (18) 조기, (20) 홍어가 있고, 나머지 고기들은 모두 한 가지 종류뿐인 것으로 인지하였다.

다음은 하위범주의 구분이 발달한 위 다섯 가지 '바닷고기'의 민속구분법(folk classification)이다.

낙지의 종류

1 (보통) **낙지**

2 세발낙지 발이 가늘고 작은 낙지

밴댕이의 종류

1 참밴댕이

2 나무밴댕이 뻣뻣한 종류로 맛이 하질(下質)인 밴댕이이다.

3 코승어 두꺼운 종류로 맛이 중질(中質)인 밴댕이이다.

숭어의 종류

1 참숭어

2 개숭어 가숭어

조기의 종류

1 (참)**조기**

2 부서(조기) 부세

3 황새기 조기 새끼로 소위 '황새기젓'을 담그는 것이다.

홍어의 종류

1 홍어

2 갱개미 소위 '간자미'로 홍어 작은 것을 가리킨다. 여기서도 간자미는 전북 고창 지역의 예처럼(왕한석 2010: 239 참조), 가오리의 새끼가 아니라 홍어의 새끼로 인지된다.

다음으로 새우의 종류는 아래와 같이 비교적 간단하게 구분된다.

1 대하(大蝦)

2 건(乾)**새우** 중간 정도 크기의 새우로, 말린 것이다.

3 젓새우 여러 종류의 젓 담그는 새우를 가리킨다.

4 곤쟁이 아주 작은 새우의 종류인데, 이것으로 담근 '곤쟁이젓'은 이곳에서 매우 맛있는 음식으로 알려져 있다.

또 굴은 다음과 같은 두 가지 범주로만 구분된다.

1 감장〔검정〕**굴** 꺼무스름한 굴로, 과거에 많이 나던 자연산 굴을 가리킨다.

2 양식굴 요즈음의 양식한 굴을 가리킨다.

그런데 소수의 제보자는 '양식굴'의 하위범주가 다음과 같이 세분되는 것으로도 보았는데, 이는 아마도 최근에 발달한 굴 양식 기술과 또 그에 따른 요리법의 발달과 관련되는 현상 같다.

1 감장굴

2 양식굴

2.1 (보통)**양식굴**

2.2 석화(石花) 길고 큰 '양식굴'로, 구워 먹는 굴을 가리킨다.

조개의 종류는 대체로 아래의 분류법처럼 이해된다. 그런데 3 '맛'을 조개의 범주 속에 드는 것으로 볼 것인지 여부를 놓고, 제보자들 간에 약간 의견이 엇갈렸다. 다수는 조개의 종류인 것으로 보았으나, 소수는 조개가 아닌 다른 범주로 보았다. 그런데 이 '맛'과 관련하여, '맛살'이 마치 개좆처럼 생겼다고 하여 흔히 그것을 '개좆맛살'로 부른다고 하였다.

1 꼬막

1.1 참조개 또는 **살조개** 작은 꼬막조개이다.

1.2 피조개 큰 꼬막조개이다.

2 대합

3 맛

4 모시조개

5 바지락 주로 조개젓을 담가 먹는다.[15)]

5.1 (통)**바지락** 껍질째인 바지락을 가리킨다.

5.2 수합 껍질을 깐 바지락의 조갯살을 가리킨다.

6 새조개 껍질을 깐 조갯살의 생김새가 흡사 새 부리 모양인 조개이다.

7 키조개

8 홍합

또 이곳 서해안 갯벌 지역은 여러 종류의 게도 자연 서식하는 곳이

---

15) 여러 해물로 담그는 젓갈에 대한 지식도 조사지에서는 대체로 풍부한 편이었다. 그런데 먹는 젓갈의 종류는 아주 다양하지만, 예부터 집에서 실제로 담가 온 젓갈은 (1) 굴젓, (2) 해피젓(제보자들은 바지락젓으로 이해함), (3) 황새기젓(즉, 조기새끼젓)의 3종류뿐이었다. 따라서 젓갈의 종류에 대한 기술은 이곳 조사지의 맥락에서는 문화적 중요성이 상대적으로 떨어지는 것으로 판단되어, 여기서는 생략하도록 하겠다(전북 지역의 젓갈에 대한 언어문화적 기술에는 조숙정(2008: 157-224, 2010a)을 참조할 것).

다. 여기 말로 '거이' 즉 게의 종류는 대체로 다음의 분류법과 같이 이해된다.

1 꽃거이 큰 게로 등은 재색이고 배는 흰색인 게, 즉 꽃게이다.

1.1 꽃거이 다 큰 '꽃거이'이다.

1.2 사시랑거이 새끼 '꽃거이'를 가리키는데, 이 새끼 게가 갯벌에서 '사시랑 사시랑 기어 다니는' 데서 연원한 이름이라고 한다.

2 능쟁이 갯벌에 사는 손가락 반절 정도 크기의 게이다.

3 밀거이 위의 '능쟁이'보다 조금 더 큰 게로, 발이 짧아 땅바닥에 붙어 마치 '밀고 다니는' 것 같은 특성을 보이는 게이다.

4 박화지 2 '능쟁이' 정도의 크기로 1 '꽃거이'처럼 생긴 게이다. 등, 즉 여기 말로 '딱쟁이'가 딱딱한 게이다.

5 황바리 2 '능쟁이'보다 조금 더 큰 게로, 키가 크고 발이 긴 게이다.

다음은 바다에서 나는 식물인 해초(海草)의 종류이다. 그런데 이곳 여성들은 해초를 통칭하여 '바다나물'이라는 비유적 표현을 흔히 쓴다. 가령 "바다나물 뜯어 온다."와 같은 예이다. 아마도 바다에서 나는 사람이 먹는 풀이라는 의미일 것이다. 대체로 다음과 같은 '바다나물'이 이곳 사람들에게 친숙한 해초의 종류이다.

1. 김

1.1 (보통)**김**

1.2 파래 김

2 감태

3 너문쟁이 또는 **나문재** 육지의 채송화 비슷하게 생긴 해초이다.

4 다시마

5 말

6 미역

6.1 물미역

6.2 말른(마른)**미역**

7 파래

7.1 물 파래

7.2 말른 파래

마지막으로 이곳 사람들은 '바닷고기'의 몸체 부분을 어떻게 나눌까? 어촌에서의 구분법(가령, 왕한석 2010: 66, 2012: 85-86)보다는 비교적 단순한 다음과 같은 구분법으로 이해하였다.

1 대가리

2 몸뗑이 또는 **중**(中)**도막**

3 꼬랑뎅이

그리고 위의 세 부위 중 가장 맛있는 부위로는 1 '대가리'를 들었는데, 이와 관련하여 어두일미(魚頭一味)라는 말은 머리 부위가 먹을 것은 많지 않으나 여러 가지 맛이 있는 데서, 아마도 가장 맛있는 부위가 되었을 것으로 추측하였다. 그러나 고기의 배 부위와 관련한 맛의 표현은 전해 오지 않는 것으로 말하였다.

6) 질병의 토속 명칭

다음의 목록은 이 지역에서 과거 사용해 온 다양한 질병(disease)에 대한 토속 명칭들이다. 전남 조도에서의 부분적인 보고(왕한석 2010: 53-54)보다 표현 형태의 면에서는 덜 흥미로울 수도 있겠지만, 일반적 예상보다는 많은 숫자의 질병 어휘를 이곳 조사지에서 발견한 셈이 될 것이다. 이 질병에 대한 어휘 의미적 기술(가령 Frake 1961 등)도 앞으로의 '언어 민속지' 연구에서 새로운 중요 항목이 될 수 있을 것으로 보인다.

1 옘병 열이 나고 머리가 빠지는 열병, 즉 장티푸스이다.

2 손님마마 천연두

3 앞세기 아마도 수두(水痘)인 것 같은데, 제보자들(여성)은 '얼굴에 열꽃이 피고 흔적도 남는' 병으로 설명하였다.

4 혼역 홍역으로, 이와 관련해서는 "죽어서도 혼역은 앓는다."라는 말이 예부터 전해 온다. 즉, 사람은 누구나 일생 동안 이 '혼역'을 한 번씩은 꼭 앓는다는 의미일 것이다.

5 이질배아피 이질(痢疾)인데, 여기서의 '-배아피'는 말 그대로 배 아픈 것을 가리킬 것이다.

6 하루걸이 하루걸러 아픈 병으로 열이 나고 추운 병, 즉 학질(瘧疾)을 가리킨다.

7 며누리보금 날마다 점심 먹은 후에 열이 나고 앓는 병으로, 위의 '하루걸이'가 심해지면 '며누리보금'이 된다고 한다. 그런데 여기서의 '-보금'의 의미는 불명인데(아마도 '며느리볶음'이나 '며느리고금'과 연관이 있는 말일 것임), 이 '며누리보금'은 특이하게도 여성 제보

자들만이 아는 질병명이었다.

8 고뿔 감기로, '고뿔 걸렸다'와 같이 쓴다.

9 몸살

10 급체(急滯)

11 토사곽란(吐瀉癨亂)

12 등창(瘡)

13 가랫대 선다 사타구니에 가래톳, 즉 림프샘이 감염되어 붓는 것을 가리킨다.

14 항아리손님 턱밑 림프샘이 붓는 것, 즉 볼거리이다. '항아리 손님 앓는다'와 같이 표현한다.

15 눈에피 또는 **개씹아리** 눈에 빨간 염증이 생기는 것으로 오늘날의 말로는 결막염 같은 것이 될 것이다. '눈에피/개씹아리 걸렸다'와 같이 표현한다.

16 귀젖 귀 속에 염증이 생겨 고름이 나오는 것을 가리킨다. '귀젖 난다'와 같이 표현한다.

17 꼬무래기 부스럼을 가리키는 말로, '꼬무래기 났다'와 같이 표현한다.

18 속에피 일종의 화병으로 위장 쪽에 강한 통증을 느끼는 것, 즉 가슴앓이(호남 지방에서 '가슴에피'로 부르는 것(왕한석 2010: 54))이다. 그런데 이 지역에서도 '속에피'는 여성들이 앓는 병이라고 한다.

3. 생태 환경의 어휘적 구분 II

연구자는 경북 선산(善山) 지역에서의 앞선 연구(왕한석 2012: 354-372)에 바탕하여, 이곳 조사지의 야생 식용 식물의 목록에 대한 질문으로 나아갔는데, 의외로 이 지역에서도 산나물과 여타 식용 식물들에 대한 풍부한 민간 지식을 접할 수 있었다. 선산 지역과는 달리 대체로 나지막한 야산의 자연 환경 속에서 살아왔는데도, 이곳의 여성 제보자들은 선산 지역의 그것과 거의 유사한 수준의 야생 식용 식물들에 대한 풍부한 전래의 지식을 가지고 있었다. 이에 연구자는 좁은 의미의 식용 식물뿐만 아니라 일반적인 약용 식물에 대한 질문으로까지 나아갔는데, 아래에서 기술하는 것이 이곳 사람들이 알고 있는 '문화적으로 중요한', 즉 일상적인 식용 자원이 되는, 이곳의 민족식물학(ethnobotany) 세계의 대강이다.

1) 산에 대한 민간 지각

본 기술에 앞서 여기서도 산이라는 자연 환경에 대한 이곳 사람들의 개념적 세계(conceptual world), 즉 민간 지각(folk perception)의 개요에 대해 먼저 기술하도록 하겠다. 그런데 이 지역 사람들이 산에 대해 가지고 있는 민간 지각의 개요는 앞서 보고한 선산 지역의 그것과 표현 형태의 면에서만 차이를 가질 뿐 범주 구분의 면에서는 대체로 동일한 것으로 나타난다.

먼저 산을 구성하는 부분들은 그 위치에 따라 다음과 같이 구분된다.

1 산쭉부리 산의 입구 부위

2 산중턱 산의 중간 정도 부위

3 산꼭대기 산의 꼭대기 부위

4 산너머 위 '산꼭대기'를 넘어 밑으로 내려가 있는, 산의 반대쪽 하단부

다음으로 산을 구성하는 기본 지형은 다음의 두 범주로 크게 구분된다.

1 (산)**꼴** 골짜기

2 (산)**등셍이** 골과 골 사이의 등성이

그런데 한 골에서 등성이를 넘어 다음 골로 넘어가는 것을 일러서 '산등셍이 넘어간다' 또는 '저짝 골 쪽으로 가자'와 같은 표현을 쓴다. 다시 말해 선산 지역에서 쓰는 표현인 '등재'에 해당하는 말은 이곳에서는 발달하지 않은 것으로 보인다.

또 산나물과 같은 야생 식물의 채취와 관련하여서는, 여기서도 산은 그 크기에 따라 다음의 두 범주로 크게 구분된다.

1 야산(野山) 얕은 산

2 깊은 산 큰 산 또는 높은 산

조사지의 경우 사방을 둘러싸고 있는 모든 산들이 1 '야산', 즉 '얕은

산'이다. 이 지역에서는 2'깊은 산'의 범주에 속하는 산으로는 남쪽의 광천읍에 있는 오서산(烏棲山) 정도가 될 것이라고 하는데, 이러한 이유로 해서 이 지역 사람들은 '깊은 산'에서 나는 나물이나 버섯 종류에는 기본적으로 친숙하지 않은 것으로 반응하였다.(그리고 선산 지역처럼 '깊은 산'의 입새 부위를 '야산'으로 지각하는 이해 방식은 이곳에서는 발달하지 않은 것으로 보인다.)

아래의 목록은 조사지의 여성 제보자들이 인지하는 야생의 식용 식물 자원들에 대한 이곳의 토착 지식의 개요이다. 아래의 기술이 기본적으로는 민족식물학적 기술을 지향하기는 하지만, 본격적인 민족식물학 연구가 아닌 어디까지나 단기간의 언어적 면접조사의 결과물이다. 따라서 아래의 목록에서는 개별 식물들의 표준어명을 모두 파악하지 못하는 아쉬움을 갖게 되는데, 그렇더라도 가급적 해당 식물의 일반적 특성을 제보자들의 지식에 바탕하여 서술함으로써 이후의 보다 전문적인 연구에 길잡이가 되도록 노력하였음을 밝혀 둔다.

2) 야생 나물의 종류

여기서 '야생 나물'이란 밭에서 인위적으로 재배하는 것이 아니라 산이나 들에서 자연적으로 생긴 식물들을 채취하여, 넓은 의미의 나물로 먹는 것을 가리킨다. 야생 나물은 조사지에서도 '산나물'과 '들나물'의 두 범주로 크게 나누며, 또 산나물과 들나물은 제보자들에 의하면 각기 '풀'인 산나물·들나물과 '나무순'인 산나물·들나물로 나눌 수 있다.

(1) 산나물의 종류

먼저 '풀', 즉 초본(草本)인 산나물의 종류들이다.

1 개암취 '개암취'로, 전체적으로 불그스름한 기가 있고 노란 꽃이 피며 잎이 아래의 9 '미역취'보다 짧은 나물이다.

2 고사리 '고사리'로, 여기서는 다음과 같은 4종류의 하위범주로 세분된다.

2.1 먹고사리 보통의 고사리로, 색깔이 검고 키가 크며 일찍 꺾어 먹는 고사리의 종류이다. 맛이 제일 좋은 것이다.

2.2 해발고사리 누르스름한 색깔로 땅 속에서 나오자마자 곧장 잎이 피는 고사리의 종류이다. 그러나 '해발-'의 의미는 불명이다.

2.3 개고사리 고사리와 비슷한 형태이나, 이 지역에서는 이것을 '풀'로 분류하여 먹지 않는다.

2.4 고비 '고비(나물)'이다.

3 꼬추[고추]**나물** '고추나물'로, 잎이 고춧잎처럼 생긴 나물이다. 제보자들은 이 '꼬추나물'이 '깊은 산'에서는 나무의 순이지만, 주로 '야산'인 이 지역에서는 고추같이 생긴 (나무로 자라기 전의) 풀의 종류라고 하였다.

4 꽤나물 '깨나물'로, 참깻잎과 비슷하게 생긴 나물이다.

5 대나물 '대나물'로, 대처럼 줄기에 마디가 지는 나물인데 위쪽의 연한 부분을 잘라 먹는다.

6 더덕 '더덕'으로, 조사지에서 그 잎은 '더덕순'으로 그리고 뿌리는 '더덕'으로 흔히 구분하여 부른다. 물론 잎은 나물로 먹고, 뿌

리는 나물로도 먹지만 고추장을 발라 구워서도 먹는다.

7 도라지 '도라지'로, 그 잎은 '도라지순'으로 그리고 뿌리는 그냥 '도라지'로 흔히 부른다. 두 가지 다 나물로 먹는데, 예부터 이 도라지는 그것의 서식지에 따라 2종류의 하위범주로 나눈다.

7.1 산도라지 보라색 꽃이 피는 야생의 것이다.

7.2 집도라지 하얀색 꽃이 피는 밭에서 재배하는 것이다.

8 띠꼴 잎이 국화 잎 모양이고 둥글며, 또 색깔도 국화 잎같이 부유스름한 나물이다.

9 미역취 '미역취'로, 색깔이 새파랗고 잎이 미역처럼 길쭉한 나물이다.

10 밀나물 '밀나물'로, 길이가 긴 편이고 대처럼 마디가 지는 풀이다. 대째로 꺾어서 먹는다.

11 사초싹 '사초'는 키가 30cm가량 되고 잎이 길쭉한 풀인데, 이 풀의 잎인 '사초싹'을 나물로 먹는다.

12 수리취 '수리취'로, 색깔은 쑥과 비슷하나 대가 길고 또 잎이 넓적하며 긴 풀이다. 이 수리취로는 나물을 해먹는 것이 아니라 떡을 해먹는다.

13 원추리 '원추리'로, 난초 잎과 비슷하게 생긴 나물이다.

14 잔대 '잔대'로, 잎은 '잔대순'으로 그리고 뿌리는 '잔대'로 흔히 부른다. 잎과 뿌리 모두를 나물로 먹는데, 또 뿌리는 약용으로도 쓴다.

15 종주파나물 키가 큰 편이고 잎은 국화 잎 모양이나 잎이 붙은 가지가 긴 풀이다. 그리고 꽃은 처음에는 연보라색이나 다 핀 다음에는 흰색인 풀이다.

16 쪽파 깊은 산에서 나는 파처럼 생긴 풀인데, 이 지역 산에는

없는 것으로 말하였다(이 '쪽파'는 예산 출신 한 제보자의 제보임).

17 취나물 '취나물', 즉 '참취'이다.

18 한강키 '엉겅퀴'로, 잎에 가시가 있는 풀이다.

다음은 '나무순', 즉 목본(木本)의 햇잎인 산나물의 종류들인데, 대체로 다음의 목록과 같다.

1 다래순 '다래나무' 넝쿨(이곳 말은 '덩굴'보다 '넝쿨'임)의 어린 순이다.

2 두릅(순) '두릅나무'의 어린 순인데, 이 '두릅(순)'은 여기서도 다음과 같은 2종류의 하위범주로 나눈다.

2.1 산두릅 또는 **참두릅** 산에서 나는 야생의 '두릅(순)'이다.

2.2 집두릅 또는 **땅두릅** 밭에서 재배하는 가시가 없는 '두릅(순)'이다.

3 싸리순 빗자루를 매는 싸리나무가 아니라 비슷한 종류의 다른 싸리나무의 햇순이다.

4 어름순 어름나무, 즉 '어름덩굴'의 순이다.

5 옻순 '옻나무'의 햇순으로, 맛이 아주 좋은 나물로 알려져 있다.

6 인동넝쿨순 인동초(忍冬草), 즉 '인동넝쿨'의 어린 순이다. 잎은 더덕 잎과 비슷하고 꽃은 나팔꽃과 비슷한, 잘 알려진 덩굴 식물이다.

7 주먹지끈순 위의 '인동넝쿨'과 비슷한 또 다른 덩굴나무인 '주먹지끈나무'의 어린 순으로, 잎이 잘고 부유스름한 색깔이라고 한다.

8 참죽나무순 '참죽나무'의 순이다. 그런데 이 참죽나무는 산보다는 집 근처에 주로 있는 나무로, 과거 집을 지을 때 이 '죽나무'로 기둥을 하였다고 한다. 참죽나무는 나무가 커서 가지를 휘어잡아

순을 따기도 하고 또 장대에 낫을 메어 순을 따기도 한다.

9 칡머루순 칡도 아니고 머루도 아닌, 또 다른 종류의 '넝쿨나무'의 순이다.

10 햇잎순 '햇잎나무', 즉 도장을 파는 '화살나무'의 어린 순이다.

(2) 들나물의 종류

다음은 들에서 나는 야생 식용 식물의 종류이다. 먼저 들나물 중 '풀' 즉 초본(草本)인 들나물의 목록을 정리하면 대체로 다음과 같은데, 그 종류가 상당히 많은 편에 속할 것이다.

1 개발짝나물 산에도 있지만 주로 축축한 '냇갈'에 많은 풀로, 생김새가 개 발자국 같다고 하여 붙여진 이름이라고 한다.

2 고들빼기 '고들빼기'로, 이것은 나물로도 먹고 김치도 담가 먹는다.

3 나승개 '냉이'로, 잎과 뿌리를 모두 먹는데 나물로도 먹고 국도 끓여 먹는다.

4 누룽개(나물) 이 풀이 마치 '누룽개'〔누룽지〕를 뭉쳐 놓은 것처럼 듬북하게 나는 데서 붙여진 이름으로, 잎이 작은 나물이라고 한다.

5 능금나물 또는 **촛병마개나물** 위의 3 '나승개'와 비슷한데 잎이 능금처럼 동그란 풀이다. 또 여기서의 '촛병-'도 옛날에 집에서 만들어 먹던, 동그란 아가리의 식초병을 가리키는 표현이다. 그러나 이 풀의 뿌리는 먹지 않는다.

6 달래 '달래'로, 생것을 양념에 무쳐 먹기도 하고 국을 끓이거나 부침개를 부쳐 먹기도 한다.

7 돈나물 '돈나물', 즉 '돌나물'이다. 생것을 양념에 무쳐 먹기도 하고 물김치를 담가 먹기도 한다.

8 돌미나리 '돌미나리', 즉 야생 미나리로 색깔이 빨간 것이다. 나물로도 먹고 김치도 담가 먹는다.

9 매싹 들에 있는 마(薯蕷)와 비슷한 종류의 새싹으로, 삶아서 먹는다.

10 멍운재나물 '명아주'의 잎을 가리킨다. 잘 알려진 대로 명아주는 줄기가 길고 단단하여 지팡이로도 쓰는 것이다.

11 멍이 '머위'이다. '멍이'는 들에서도 나고 집에 심기도 하는 것으로, 물론 쌈을 싸서도 먹고 나물로도 먹는다.

12 민들레 '민들레'로, 주로 나물로 먹는다.

13 방울나물 축축한 곳에서 나는 풀로, 잎사귀가 넓적하고 잎 크기는 국화 잎 정도이다. 노란 꽃이 피는 것이다.

14 비듬 '비름'으로, 통상 다음과 같은 3종류의 하위범주로 나뉜다.

14.1 참비듬 '참비름'으로, 잎사귀가 넓적한 것으로 먹는 '비듬'이다.

14.2 쇠비듬 '쇠비름'으로, 붉고 미끄러운 것인데 이 지역에서는 못 먹는 '비듬'이라고 한다.

14.3 개비듬 '개비름'으로, 키가 크고 털이 있는 것인데 물론 못 먹는 '비듬'이다.

15 소리갱이나물 '냇갈'에 있는 것으로 줄기가 길고 잎도 긴 풀이다. 밭에서 재배하는 근대처럼 된장국을 끓여서 먹는다.

16 쑥 이 '쑥'은 조사지에서 통상 다음과 같은 4종류의 하위범주로 나뉜다.

16.1 참쑥 '참쑥'으로, 색깔이 보얗고 털이 있는 쑥이다. 떡도 해먹고 국도 끓여 먹는 쑥이다.

16.2 괴쑥 '떡쑥'으로, 털이 없고 위 '참쑥'보다 키가 더 크고 쓴맛도 더 강한 쑥이다. 이 '괴쑥'으로도 떡을 해먹고 국도 끓여 먹는다.

16.3 빼방쑥 '약쑥', 즉 한방에서 뜸을 놓는 '뜸쑥'의 종류이다. 여기서 '빼방-'의 의미는 불명이다.

16.4 인진(茵蔯)쑥 간장병 약으로 쓰는 약초 쑥이다.

17 씀바귀 '씀바귀'로, 잎과 뿌리를 모두 먹는데 나물로도 먹고 김치도 담가 먹는다.

18 아주까리나물 '아주까리' 즉 '피마자'의 잎으로, 주로 삶아서 무쳐 먹는다.

19 조백이나물 위의 17 '씀바귀' 정도의 크기로 홍화씨 잎사귀같이 생긴 풀이라고 한다.

20 지취나물 주로 밭에서 많이 나는 풀로, 뿌리에서부터 잎이 뭉텅이로 나고 잎의 생김새가 산나물 중 5 '대나물' 잎과 비슷한 것이다.

21 질겡이 '질경이'로, 나물로도 먹고 국도 끓여 먹는다.

22 코딱지나물 잎이 위의 3 '나승개' 잎처럼 더덕더덕 나고 또 잘며 노란 꽃이 피는 나물이다. 아마도 여기서 '코딱지-'라는 이름은 이 풀의 잎이 잔 데서 연원한 것으로 보인다.

23 풍년초 줄기가 위로 쭉 올라가 키가 크고 가지와 잎이 옆으로 붙는 풀로, 꽃은 흰색이다. 이 풀의 잎은 나물로 먹는다.

24 황새나물 축축한 곳에서 나는 풀로, 잔뿌리가 많으며 잎이 화투 속의 '흑싸리'와 비슷하게 생긴 것이다. 자잘한 흰색 꽃이 핀다고 한다.

다음은 들나물 중 '나무순' 즉 목본(木本)인 들나물인데, 종류는 단순하게 다음의 세 가지뿐이다. 그런데 이곳의 제보자들이 민간 차원에서 지각하는 나무, 즉 목본의 기준은 과학적 식물학의 그것과는 부분적으로 다른 것으로 보인다.

1 구구자순 '구기자(拘杞子)나무'의 넝쿨 순을 가리키는데, 이 '구구자순'으로는 나물을 해먹는다.

2 모시순 '모시'는 풀이지만 나무처럼 큰 것인데, 바로 이 (제보자들의 표현으로) '모시나무'의 순을 가리킨다. '모시순'을 따서 쑥처럼 떡을 해먹는다. 그리고 나중에 '모시나무'의 껍질을 벗겨서 모시베를 짠다.

3 콩나물순 야생인 완두콩 종류의 넝쿨 순을 가리킨다.

3) 야생 열매 및 뿌리의 종류

풀과 나무의 햇순인 산나물·들나물과 함께, 또 우리 사회에서는 산과 들에서 자연적으로 나는 여러 야생 식물의 열매와 뿌리를 채취하여 먹어 왔다. 조사지에서 채취·식용해 온 야생 열매 및 뿌리의 종류도 상당한 숫자에 달하는데, 바로 다음의 목록과 같다.

(1) 야생 열매의 종류

이 지역에서 채취해 온 야생 식물의 열매는 먼저 그것이 나는 장소에 따라, '산에서 나는 열매'와 '들에서 나는 열매'로 구분 지을 수 있다.

그리고 산에서 나는 야생 열매는 해당 열매의 특성과 용도에 따라, '부드럽고 수분이 있는 열매'와 '껍질 속에 든 수분이 없고 딱딱한 열매' 그리고 '양념으로 쓰는 작은 열매'로 제보자들은 쉽게 구분 지어 설명하였다.

먼저 산에서 나는 부드럽고 수분이 있는 열매의 종류이다.

1 개복숭아 야생 복숭아로, 통상 다음과 같은 2종류의 하위범주로 나뉜다.

1.1 (보통) **개복숭아** 보통의 야생 복숭아이다.

1.2 천두복숭아 위 '(보통)개복숭아'보다 조금 더 크고 뾰족한 모양의 야생 복숭아이다.

2 다래 '다래'이다.

3 독배 '돌배', 즉 야생 배이다.

4 말불 이곳에서 말하는 '말불넝쿨'의 열매로, 앵두와 비슷한데 좀 길쭉하고 자줏빛의 말랑말랑한 열매이다.

5 머루 '머루'이다.

6 멍가 이곳 말로 '멍가넝쿨'의 열매인데, 이 넝쿨에는 가시가 더덕더덕 붙어 있고 열매는 빨간 것이다. 제보자들은 이 넝쿨이 앞의 산나물 목록 중 나무순인 산나물의 9 '쥙머루순'과 비슷한 식물이라고 하였다. 아마도 '망개나무'의 열매, 즉 '망개'인 것 같다.

7 멍석대꿀 '복분자'(覆盆子)의 이곳 토착 표현이다.

8 뽀루수 이곳 말로 '뽀루수나무' 즉 '보리수나무'의 열매로, 붉은색이며 왕팥만 한 크기이다.

9 산감 밤 정도 크기의 야생 감이다.

10 산딸기 '산딸기'로, 다음과 같은 2종류의 하위범주로 나뉜다.

10.1 주먹딸기 넝쿨에 열리는 산딸기이다.

10.2 '나무에 열리는 산딸기' 이 범주는 어휘적 명칭으로는 아직 잘 발달하지 않았는데, 통상 '나무에 열리는 산딸기'로 불린다.

* 이곳 조사지에도 '배암딸기'[뱀딸기]가 있으나, 이는 물론 사람이 먹지 않는 것이다. 따라서 '배암딸기'는 '산딸기'의 하위범주에 들지 않는 것으로 제보자들은 지각하였다.

11 산앵두 '산앵두', 즉 야생의 앵두이다.

12 어름 '어름', 즉 '어름덩굴'의 열매이다.

다음은 껍질 속에 든 수분이 없고 딱딱한 열매의 종류인데, 대체로 다음의 것들이 인지된다.

13 개금 '개암'이다.

14 도토리 '도토리'로, 다음과 같은 2종류의 하위범주로 나뉜다.

14.1 (보통) **도토리** 보통의 '도토리'로 열매가 길쭉한 것이다.

14.2 상수리 '상수리'로, 열매가 동그랗고 '(보통)도토리'보다 더 큰 것이다.

15 산밤 또는 **쥐밤** '산밤', 즉 야생 밤이다. 그런데 또 다른 이름인 '쥐밤'의 '쥐-'는 그 크기가 작은 데서 연원한 표현이라고 한다.

마지막 한 범주는 양념으로 사용하는 산에서 채취하는 작은 열매인데, 조사지에서는 다음의 한 종류만이 인지된다.

16 산초 '산초나무'의 열매로, 이 '산초'는 기름을 짜서 먹는다.

위의 16종류의 야생 열매는 모두 산에서 나는 열매들이다. 들에서 나는 야생 열매에도 몇 가지가 있는데, 다음의 것들이 들에서 채취하여 먹는 야생 열매의 종류이다.

1 꺼먹대꼴 명아주 비슷하게 생긴 일년초의 열매로 새까만 것이다.

2 봉짓대꼴 또 다른 일년초의 열매인데, 꽈리 속에 들어 있고 노르스름한 색깔의 것이다. 명칭상의 '봉지-'는 아마도 꽈리를 가리키는 말 같다.

3 오데 '오디', 즉 뽕나무 열매이다.

(2) 야생 식물 뿌리의 종류

위의 야생 열매들 외에도 야생 식물의 뿌리를 부분적으로 채취하여 먹어 왔는데, 아래의 목록은 앞서 기술한 '더덕', '도라지', '잔대' 등과 같이 나물로 먹는 뿌리의 종류는 제외한 것이다.

먼저 산에서 채취하여 먹는 야생 식물의 뿌리에는 다음의 것이 있다.

1 둥글레 '둥굴레'로, 볶아서 물을 끓여 먹는다.

2 산마 야생의 '마'(薯蕷)로, 주로 즙을 내어 먹는다.

3 칡 '칡'으로, 다음과 같은 2종류의 하위범주로 나눈다.

3.1 콩칡뿌리 또는 **암칡** 가루, 즉 전분이 많이 나오는 맛있는 칡의 종류이다.

3.2 (보통) **칡뿌리** 또는 **수칡** 딱딱하고 씹으면 물만 나오는 칡의 종류이다.

다음은 들에서 채취하여 먹는 야생 식물의 뿌리이다.

1 돼지감자 '돼지감자' 즉 '뚱딴지'인데, 가축 사료용으로도 쓰지만 뿌리를 삶아 먹기도 한다.

2 매싹뿌리 들에 있는 마와 비슷한 종류인 '매싹'의 뿌리로, 쪄서 먹는다.

4) 야생 버섯의 종류

다음은 우리 사회에서 오랫동안 채취하여 식용해 온 또 다른 야생 식물 자원인 버섯의 종류들이다. 그런데 조사지 인근의 산이 그리 높지 않은 '야산'이어서인지, 이곳의 제보자들이 인지하는 버섯의 종류는 그리 다양하지 않은 편이다. 대체로 다음의 목록 정도이다.

1 갓버섯 '갓버섯'으로, 크기가 크고 긴 대 위쪽에 띠를 두른 버섯이다.

2 국수버섯 국수 묶어 놓은 것처럼 다발로 나는, 즉 한꺼번에 소복하게 나는 버섯이다. 키가 작고 흰색인데, 물기가 있는 축축한 곳에서 나는 버섯이다.

3 꾀꼬리버섯 '꾀꼬리버섯'으로, 작고 노란 색깔의 예쁜 버섯이다. 아마도 이 버섯의 고운 색깔과 예쁜 모양에서 '꾀꼬리'라는 이름이 붙었을 것으로 추측된다.

4 미루나무버섯 '미류(美柳)나무' 썩은 데서 나는 버섯으로, 아래의 '뽕나무버섯'과 비슷하게 생긴 버섯이다.

5 뽕나무버섯 뽕나무 썩은 데서 나는 버섯으로, 시중에 흔한 '느타리버섯' 비슷하게 생긴 버섯이다.

6 싸리버섯 '싸리버섯'으로, 위의 2 '국수버섯' 비슷하게 생긴 버섯이다.

7 영지버섯 '영지(靈芝)버섯'으로, 참나무 썩은 데서 나는 버섯이다. 이 영지버섯은 약용으로 쓰는 버섯이다.

8 오이꽃버섯 땅에서 나는 버섯으로, 오이꽃처럼 노랗고 작은 버섯이다.

9 파리버섯 그대로 '파리버섯'이다. 위의 8종류의 버섯은 모두 식용 버섯이나, 이 '파리버섯'은 못 먹는 독버섯이다. 이 버섯은 과거 파리를 잡는 데 쓴 독버섯으로(즉, 이 버섯을 밥알과 함께 뭉개서 놓아두면 파리가 빨아먹고 죽었다고 함), 독버섯 중 유일하게 이름이 있는 종류이다.

이상이 이 지역에서 채취해 온 버섯의 종류들인데, 제보자들에 의하면, 이 지역에는 잘 알려진 '송이버섯'이나 '석이버섯' 등은 나지 않는다고 한다. 아마도 인근의 산이 모두 '깊은 산'이 아닌 '야산'인 데서 비롯된 결과일 것이다.

5) 기타 식용 식물

조사지에서도 나물과 열매, 뿌리, 버섯 종류 외에도 야생의 식물 일부분을 생으로 먹어 왔는데, 그것은 주로 풀의 줄기나 나무의 새순, 가지 등을 꺾어서 껍질을 벗기고 그냥 먹는 것이다. 이 '기타 식용 식물'

의 범주에는 대체로 다음의 종류들이 있는 것으로 보고된다.

1 띠뿌리 들에 있는 풀인 '띠'(茅)의 뿌리로, 큰 띠의 뿌리를 뽑아서 씹어 먹는다.

2 삐비 '삘기'로, 즉 '띠'의 줄기 속을 벗겨서 먹는 것이다.

3 셩 아마도 '싱아'인 듯한데, 산과 들에 있는 풀인 '셩대'의 줄기를 꺾어서 껍질을 벗기고 먹는다.

4 송깃(松肌)대 소나무의 연한 가지를 잘라 겉껍질은 벗기고 속껍질, 즉 '송깃대'를 씹어 먹는다.

5 찔레 산과 들에 있는 '찔레나무'의 새순을 꺾어서 먹는다.

6 칡순 '칡넝쿨'의 순을 떼어서 껍질을 벗기고 먹는다.

이상에서 정리한 상대적으로 풍부한 이곳의 야생 식물 자원들을 연구자에게 가르쳐 준 여성 제보자들은, 위의 '기타 식용 식물' 범주에 대한 이야기를 하다가, 연구자의 가슴도 함께 아려오는 이곳의 옛말 한 가지를 또 전해 주었다. 바로 다음의 전래 표현이다.

1 가난한 친정에 가는 것보다 봄 산에 가는 것이 낫다 똑같이 못사는 가난한 친정에 가보았자 찬물도 한 그릇 얻어먹기가 어려운데, 대신 봄 산에 가면 여러 나물들과 함께 위의 '셩', '송깃대', '찔레', '칡순'과 같이 먹을 것이 많아 허기를 달랠 수 있었음을 이르는 말이다. 그런데 과거 춘궁기(春窮期) 중에서 특히 찔레꽃 필 때가 가장 살기 어려운 시기였음을 이 제보자들은 덧붙였다.

6) 약용의 야생 식물

조사지에서는 일반적인 식용 외에 넓은 의미의 약용(藥用)으로 쓰는 야생 식물의 목록도 제법 많은 숫자로 나타나는데, 바로 아래의 목록과 같다. 물론 여기서의 약용은 넓은 의미의 식용(食用)에 포함될 수도 있을 것이다. 그런데 아래의 목록에서 한 가지 눈에 띄는 부분은, 민간 차원에서 소위 '위장 약한 데'에 먹어 온 야생 식물의 종류가 상대적으로 많은 것이 될 터인데, 이는 아마도 과거 우리 사회에서의 '건강'상의 한 특성을 반영하는 예가 될 것으로 보인다.

1 구구자 '구기자'(拘杞子), 즉 '구기자나무'의 열매이다. '구구자'는 술을 담가 먹기도 하고, 말려서 한약재로 쓰기도 한다.

2 꺼먹대꼴 들에서 나는 야생 열매인 이 '꺼먹대꼴'을 약용으로도 쓰는데, 특히 돼지고기 먹고 체한 데에 이것을 삶아 약으로 먹었다고 한다.

3 느릅나무 산에 있는 '느릅나무'이다. 느릅나무의 잎은 식용으로도 쓰는데, 이 잎에다 밀가루를 넣어 쪄서 먹는다. 그리고 느릅나무의 뿌리는 과거에는 찧어서 피부 부스럼 난 데에 붙였는데, 최근에는 암(癌)병에 좋다고 하여 말린 뿌리를 고아 먹는다고 한다.

4 도라지 '도라지', 즉 그 뿌리를 달여서 아이들 백일해(百日咳) 기침의 치료약으로 썼다.

5 맥문동 산에서 나는 풀인 '맥문동'(麥門冬)이다. 집에서는 직접 먹지 않고 뿌리를 한약방에 약재로 판다.

6 물웃 산에서 나는 마늘처럼 생긴 풀이다. 이 '물웃'의 뿌리를 고아서 또는 '둥글레'와 함께 고아서 위장 약한 데에 먹어 왔다.

7 복량 '복령'(茯苓)으로, 이곳 사람들은 소나무 송진이 오래되어 이 약재가 만들어지는 것으로 이해하였다. 집에서는 직접 먹지 않고 한약방에 약재로 파는 것이다.

8 사초뿌리 산나물의 한 종류인 '사초싹'의 뿌리이다. '사초뿌리'를 고아서 물로 먹기도 하고 환을 만들어 먹기도 한다. 위장 약한 데 먹는 약이다.

9 엄나무 산에서 나는 '음나무'이다. 닭백숙을 할 때 아래의 '오가피나무'와 함께 '엄나무' 가지를 넣어 삶으면 냄새를 없애 줄 뿐 아니라 약이 된다고 한다. 또 '엄나무' 가지를 넣고 물을 끓여서도 먹는다. 과거에는 이 '엄나무' 가지를 대문 한 구석에 걸어두기도 하였는데, 그러면 잡귀를 쫓는다는 민간 신앙이 있었다고 한다.

10 오가피나무 산에 있는 '오갈피나무'인데, 근년에는 재배도 많이 한다. 이 '오가피나무' 가지로 차를 끓여 먹기도 하고, 또 위의 '엄나무' 가지와 함께 닭백숙을 하는 데 넣기도 한다. '오가피나무'의 열매로는 술을 담그기도 하고, 또 매실액처럼 담가 먹기도 한다. '오가피' 중에서 특히 '가시오가피'가 약효가 좋다고 하는데, 물론 '오가피나무'의 가지는 한약방에서 약재로도 쓴다.

11 옻나무 이 '옻나무'의 햇순인 '옻순'은 나물로 먹고 가지는 옻닭을 만드는 약용으로 쓴다. 옻닭을 먹으면 몸이 더워지므로 특히 '속이 냉한' 사람에게 옻닭이 좋다고 한다.

12 육모초 '익모초'(益母草)로, 밭둑에서 많이 나는 풀이다. '육모초'를 찧어서 쓴 물을 먹는다. 이 '육모초' 물은 여름철 곽란(癨亂) 난 데에 좋고 또 위장 약한 데에 먹는다.

13 잔대 '잔대' 뿌리는 나물의 용도 외에 약용으로도 쓴다. 즉, 산모가 부종(浮腫)이 났을 때에 잔대 뿌리를 호박과 함께 고아서 그

물을 먹였다고 한다.

지금까지 기술한 조사지에서 이용해 온 식용의 야생 식물(약용 포함)은 모두 합쳐 107종류이고 그것의 하위범주는 23종류가 된다. 물론 이 중에는 먹지 않는 것도 소수 포함되어 있는데, 산나물 중 2.3 '개고사리', 들나물 중 14.2 '쇠비듬', 14.3 '개비듬', 16.3 '빼방쑥', 그리고 버섯 중 독버섯인 9 '파리버섯'이 그것일 것이다. 그런데 이 중 동일한 식물의 다른 부분을 이용하는 예, 즉 위 목록에서 항목을 달리하여 중복 기술된 예를 제외하면,[16] 위의 목록은 모두 96종류와 23개의 그 하위범주로 구성되는 풀, 나무, 버섯에 대한 이곳 조사지의 민족식물학적 목록이 될 것이다. 다시 말해 위의 목록은 이곳 사람들이 과거부터 먹어 온 그리고 소수는 먹지는 않지만 분명히 인지하는, 문화적으로 중요한 이곳의 식물상(flora)에 대한 토착 지식의 한 부분이 될 것인데, 이는 조사지의 상대적으로 평이한 자연 환경을 고려하면 놀랄 만치 풍부한 언어적·문화적 지식의 일단일 것이다.[17]

그러면 여기서 위의 목록에 대한 약간의 분석적 시각을 덧붙이기로 하자. 먼저 최근의 민족생물학(ethnobiology) 분야의 중심적 연구 결과

16) 중복되는 식물의 예는 다음의 11종류이다. 즉, (1) (풀인) 산나물의 7 '노라지'와 약용 식물의 4 '도라지', (2) 산나물의 11 '사초싹'과 약용 식물의 8 '사초뿌리', (3) 산나물의 14 '잔대'와 약용 식물의 13 '잔대', (4) (나무순인) 산나물의 1 '다래순'과 야생 열매의 2 '다래', (5) 산나물의 4 '어름순'과 야생 열매의 12 '어름', (6) 산나물의 5 '옻순'과 약용 식물의 11 '옻나무', (7) (풀인) 들나물의 9 '매싹'과 (들에서 나는) 야생 식물 뿌리의 2 '매싹뿌리', (8) (나무순인) 들나물의 1 '구구자순'과 약용 식물의 1 '구구자', (9) (산에서 나는) 야생 식물 뿌리의 3 '칡'과 기타 식용 식물의 6 '칡순', (10) (들에서 나는) 야생 열매의 1 '꺼먹대꼴'와 약용 식물의 2 '꺼먹대꼴', (11) 기타 식용 식물의 1 '띠뿌리'와 2 '삐비'가 그것이다.

17) 참고로 이 절의 기술 내용에 평행하는, 충남 지역의 약용 및 식용의 야생 식물에 관한 기존의 간략한 목록에는 이종철의 보고(1975: 464-468)가 있다.

를 위의 목록에 원용하면(Berlin, Breedlove, and Raven 1966, 1973; Berlin 1976, 1992; 왕한석 1996 등), 위의 96종류의 식물 범주는 토착적인 생물 범주의 구분법에서 기초 범주(basic category)를 이루는 소위 '속칭 등급의 분류군'(taxa of generic rank)이 될 것이다. 그리고 하위범주인 23개 범주는 보다 세분되는 범주인 소위 '종칭 등급의 분류군'(taxa of specific rank)이 될 것으로 보인다. 그런데 여기서 한 가지 흥미로운 사실은, 이 식용의 야생 식물들에 대한 앞선 연구인 경북 선산 지역의 보고(왕한석 2012: 357-372)에서도, 이 홍성 지역의 것과 거의 유사한 수준의 식용 식물들의 종류가 보고된 점이다. 즉, 선산 지역에서는 약용 식물을 제외하고도 모두 97종류 그리고 그것의 29개 하위범주가 확인된 바 있다. 따라서 잠정적인 일반화를 하기에는 좀 이른 시점이겠지만, 대체로 말해, 우리 사회에서 일반적으로 이용(즉, 식용)·인지해 온 야생 식물의 종류는 속칭 등급의 기초 범주를 기준으로 아마도 100개 안팎이라고 일단 추측해 볼 수 있겠다.

이상에서 간략히 기술한 식용의 야생 식물 목록은 아마도 두 가지 방향으로 앞으로 보다 더 진전된 연구로 나아갈 수 있을 것이다. 한 가지는 이 식용의 야생 식물들에 대한 단순한 목록 작성을 넘어서서, 그것의 채취와 구체적인 이용 양상 등에 대한 보다 복합적인 문화적 지식을 찾아가는 길이다. 이 방향으로의 연구는 물론 지금까지 제대로 이루어지지 않았을 뿐만 아니라 아마도 그것의 전승 자체가 이제는 거의 단절될 시점에 있는, 한국 전통 문화의 매우 실용적인 구성 부분에 대한 중요한 민족지적 작업이 될 것이다. 또 한 가지는 이 목록 작업을 보다 본격적인 한국 사회의 민족식물학 영역의 연구로 확장시키는 방향이다. 말할 것도 없이, 이 방향으로의 연구는 실제의 미시적인 관찰과 비교뿐만 아니라 전문 식물학자와의 공동 연구를 필요로 할 것인데, 아마도 이 연구에서는 한국의 민족식물학 영역에서 '문화적 중요성'(cultural importance)이라는 차원이 갖는 실제적인 위상과 기능에 대한 질문도 중요한 질문 항목이 될 것으로 보인다.

7) 미물(微物)의 자연 세계

우연히 제보자들과 '땅벌'에 대한 이야기를 나누다가, 이곳에서 인지하는 벌의 종류와 그것에 대한 흥미로운 토속 명칭들을 들을 수 있었다. 이에서 출발하여 사람들의 일상생활에서 중요한 또 다른 미물(微物), 즉 '벌레'들(전문 학술적 표현으로는 wug(Brown 1984 등))에 대한 질문으로 나아갔는데, 아래에서 정리하는 것이 몇 가지 미물에 대한 조사지의 민속구분법 및 관련 토착 명칭들의 대강이다.

벌의 종류

1 바다리 보통의 벌로, 크기 면에서 작은 것이다.

2 왕탱이 크기가 큰 벌로, 요즈음 흔히 말하는 '말벌'을 가리킨다.

3 옷바시 '땅벌'이다.

그런데 위의 '옷바시'가 사람에게로 달려드는 행동적 특성에서 연원한, 다음과 같은 관용적 표현이 널리 사용되고 있었다.

1 옷바시(마냥) **덤벼든다** 자칫하여 땅벌 집을 건드리면 이 땅벌이 떼를 지어 사람에게로 사납게 달려들듯이, 싸움 같은 것을 할 때에 여러 사람이 한 사람에게 집중적으로 대드는 모습을 비유적으로

가리키는 표현이다.

파리의 종류

1 (보통)**파리**

2 쉬파리 어디에 앉으면 바로 알을 낳아 구더기를 까는, 즉 이곳 말로 '쉬 깔기는' 파리이다. 위 '(보통)파리'보다 조금 큰 종류이다.

3 왕파리 큰 파리를 가리키는데, 제보자들에 의하면, 거개는 위의 '쉬파리' 중 큰 것이라고 한다. 그런데 이 '왕파리'는 알을 깔기고 그 알이 나중에 부화하는 데서, '쉬파리'와는 다른 것으로 인지된다.

4 똥파리 과거 똥통에서만 주로 살던 파리를 가리킨다.

5 쇠파리 크기가 작고 입이 벌처럼 뾰족한 것이다. 소의 잔등이나 엉덩짝에 많이 붙는 파리인데, 이 '쇠파리'가 사람 몸에 붙으면 피부를 뚫고 피를 빨아 먹는다.

6 등에 벌만큼 큰 크기의 파리로, 소잔등에 많이 붙는 것이다. '등에'가 사람 몸에 붙으면 피를 빨기 때문에 이내 물린 데서 피가 쫄쫄 나온다고 한다.

모기의 종류

1 (보통)**모기**

2 구정모기 대밭이나 수풀이 많은 침침한 곳에 주로 사는 모기로, 검은 바탕에 흰 점이 더러 있는 것이다. 사람 몸에 붙으면 재빨리 피를 빨아먹는 모기의 종류이다.

3 설렁모기 크기가 큰 모기의 종류로, '설렁모기'는 사람을 물지 않는 모기이다.

위의 일차적 기술에서 벌에 대한 토착 명칭과 파리의 구분법은 아마도 인상적일 것이다. 짐작건대, 벌과 파리 그리고 모기에 대한 구분법이 상대적으로 발달한 근저에는, 이 '벌레'의 종들이 사람의 일상생활에서 차지하는 상대적 중요성의 측면이 가로놓여 있을 것이다.

그런데 위의 시론적 기술은 우리 사회에서도 민족곤충학(ethno-entomology) 연구가 부분적으로 가능함을 시사해 주는 것으로 생각된다. 물론 이 민족곤충학 연구는 그것이 기반하는 모체인 민족동물학(ethnozoology)의 맥락 또는 틀 속에서 이루어져야 할 것이다. 그런데 지금까지의 관련 연구에서는 민족어류학(ethnoichthyology)에 대한 상당한 양의 기초적 작업이 경상남도 사량도(蛇梁島)의 언어문화 연구에서 시도되었는데(왕한석 2012: 87-125), 위의 부분적 자료는 아마도 어류 즉 바닷고기를 벗어난 다른 동물의 영역에서도 이러한 민속구분법에 바탕하는 기초적인 연구가 가능함을 시사하는 것으로 생각된다.

4. 친척용어체계

조사지는 소위 반촌이었으나, 이곳의 친척용어 특히 친척지칭은 영남 지방만큼 잘 발달하지는 않은 것 같다. 대체로 말해 한자어 친척지칭과 우리말의 서술적 친척지칭이 함께 사용되는 유형이다. 그뿐만 아니라 여성 화자가 사용하는 친척용어는 상대적으로 덜 발달한 것 같은 인상을 주는데, 구체적으로 부계친(父系親) 중 친가친(親家親)에 대한 친척지칭은 비교적 잘 발달하였으나 나머지 친척 범주에 대한 친척지칭은 그리 넓게 발달하지 않은 것으로 나타난다. 따라서 아래에서는 주로 정형화된 친척지칭이 발달한 친척형(kin type)을 중심으로 이곳의 친척용어 목록을 정리하기로 하겠다.

1) 친척용어의 목록

이곳의 친척용어를 주요 친척 범주인 부계친(父系親), 모계친(母系親), 부계친(夫系親), 처계친(妻系親), 그리고 사돈관계(査頓關係)라는 다섯 부류의 범주 구분에 따라 정리하면 다음 목록과 같다. 그리고 아래의 목록은 이곳의 노년층 화자들이 예부터 사용해 온 형태를 중심으로 한 것이다.

아래의 용어 목록에서 제시하는 친척형의 표시 약어는 다음과 같다.

F:	father	아버지
M:	mother	어머니
B:	brother	남형제
Z:	sister	여형제
S:	son	아들
D:	daughter	딸
H:	husband	남편
W:	wife	아내
Be:	elder brother	손위 남형제
By:	younger brother	손아래 남형제
Ze:	elder sister	손위 여형제
Zy:	younger sister	손아래 여형제

>A(e, H, or W): elder than A(ego, ego's husband, or ego's wife)
A(자신, 자신의 남편, 또는 자신의 아내)보다 연상

<A(e, H, or W): younger than A(ego, ego's husband, or ego's wife)
A(자신, 자신의 남편, 또는 자신의 아내)보다 연하

♂:	male speaker	남성 화자
♀:	female speaker	여성 화자

(1) 부계친(父系親)

일련번호	친척형	친척지칭	친척호칭	비고
1	FFFF	고조부(高祖父)	·	
2	FFFM	고조모	·	
3	FFF	증조부(曾祖父)	(증조)할아버지	
4	FFM	증조모	(증조)할머니	
5	FFFB	종증조(부)	할아버지	
6	FFFBW	종증조모	할머니	
7	FFFZ	증대고무	할머니	
8	FFFZH	증대고무부	증대고무부/할아버지	
9	FF	조부	할아버지	
10	FM	조모	할머니	
11	FFB	종조부(從祖父)	(큰/작은)할아버지	
12	FFBW	종조모	(큰/작은)할머니	
13	FFZ	대고무(大姑母)	할머니	
14	FFZH	대고무부	대고무부/할아버지	
15	FFFBS	재종조부	할아버지	
16	FFFBSW	재종조모	할머니	
17	FFFBD	·	할머니	
18	FFFBDH	·	대고무부/할아버지	
19	FMB	·	할아버지	
20	FMBW	·	할머니	
21	원촌조항(遠寸祖行) 이상[남성]	대부(大父)/집안어른	대부	
22	원촌조항 이상[여성]	대모(大母)	대모	
23	F	가친(家親)/엄친(嚴親)	아버지	
24	M	자친(慈親)	어머니	

25	FBe	백부	큰아버지	
26	FBeW	백모	큰어머니	
27	FBy	숙부	작은아버지	* 혼인 전의 호칭 및 지칭은 '삼춘'
28	FByW	숙모	작은어머니	
29	FZ	고무(姑母)	고무	* 혼인 전의 호칭 및 지칭도 '고무'임
30	FZH	고무부	고무부	
31	FFBS	당숙(堂叔)	당숙/아저씨	
32	FFBSW	당숙모	당숙모/아주머니	
33	FFBD	당고무	(당)고무	
34	FFBDH	당고무부	(당)고무부	
35	FFFBSS	재당숙	아저씨	
36	FFFBSSW	재당숙모	아주머니	
37	FFFBSD	재당고무	아주머니	
38	FFFBSDH	재당고무부	아저씨	
39	FMBS	진외당숙(陳外堂叔)	아저씨	
40	FMBSW	진외당숙모	아주머니	
41	FFZS	·	아저씨	
42	FFZSW	·	아주머니	
43	원촌숙항[남성]	집안아저씨	아저씨	
44	원촌숙항[여성]	집안아주머니	아주머니	
45	W	내자(內子)/안식구/우리식구	·	
46	♂Be	형님	형님	* 어려서는 '성'
47	♂BeW	형수	아주머니/형수님	
48	♂By	아우	이름	
49	♂ByW	지수(弟嫂)	지수씨	
50	♂Ze	누님	누님	* 어려서는 '누나'

51	♂ZeH	매부/매형	매부/매형	
52	♂Zy	뉘동생	아이이름+어매/ 남편성+댁/네	* 혼인 전에는 이름
53	♂ZyH	매부	성+서방	
54	♀Be	오라버니	오라버니	* 어려서는 '오빠'
55	♀BeW	오라버니댁	형님	* 어려서는 '성님'
56	♀By	(남)동생	이름	
57	♀ByW	동생의댁	동생의댁	
58	♀Ze	언니	언니	
59	♀ZeH	형부	형부	
60	♀Zy	(여)동생/아우	이름/ 남편성+댁/네	* 혼인 전에는 이름
61	♀ZyH	동생의남편	성+서방	* '성+서방'을 많이 는 안 씀
62	♂FBS>e	종형	형님	
63	♂FBS(>e)W	종형수	아주머니/형수님	
64	♂FBS<e	종제	이름	
65	♂FBS(<e)W	종수	종수씨	
66	♂FBD>e	사춘누님	누님	
67	♂FBD(>e)H	사춘매부	매부/매형	
68	♂FBD<e	사춘뉘동생	아이이름+어매/ 남편성+댁/네	
69	♂FBD(<e)H	사춘매부	성+서방	
70	♀FBS>e	사춘오라버니	오라버니	
71	♀FBS(>e)W	사춘오라버니댁	형님	
72	♀FBS<e	사춘(남)동생	이름	
73	♀FBS(<e)W	사춘동생의댁	동생의댁	
74	♀FBD>e	사춘언니	언니	
75	♀FBD(>e)H	사춘형부	형부	
76	♀FBD<e	사춘(여)동생/아우	이름/ 남편성+댁/네	

77	♀FBD(<e)H	사촌동생의남편	성+서방	

* ♂FFBSS>e, ♂FFBSS(>e)W, ♂FFBSS<e, ♂FFBSS(<e)W,
♂FFBSD>e, ♂FFBSD(>e)H, ♂FFBSD<e, ♂FFBSD(<e)H,
♀FFBSS>e, ♀FFBSS(>e)W, ♀FFBSS<e, ♀FFBSS(<e)W,
♀FFBSD>e, ♀FFBSD(>e)H, ♀FFBSD<e, ♀FFBSD(<e)H에게는
62~77과 대체로 동일한 지칭 및 호칭이 사용되나,
지칭에는 '종-' 대신에 '재종-' 그리고 '사춘-' 대신에 '육춘-'이 붙음.

* ♂FFFBSSS>e, ♂FFFBSSS(>e)W, ♂FFFBSSS<e, ♂FFFBSSS(<e)W,
♂FFFBSSD>e, ♂FFFBSSD(>e)H, ♂FFFBSSD<e, ♂FFFBSSD(<e)H,
♀FFFBSSS>e, ♀FFFBSSS(>e)W, ♀FFFBSSS<e, ♀FFFBSSS(<e)W,
♀FFFBSSD>e, ♀FFFBSSD(>e)H, ♀FFFBSSD<e, ♀FFFBSSD(<e)H에게도
62~77과 대체로 동일한 지칭 및 호칭이 사용되나,
지칭에는 '종-' 대신에 '삼종-'그리고 '사춘-' 대신에 '팔춘-'이 붙음.

78	♂FZS>e	내종형(內從兄)/내사춘형	형님	
79	♂FZS(>e)W	내종형수/내사춘형수	아주머니	
80	♂FZS<e	내종제/내사춘아우	이름	
81	♂FZS(<e)W	내종수/내사춘지수	내종수씨	
82	♂FZD>e	내종누님/내사춘누님	누님	
83	♂FZD(>e)H	내종매부/내사춘매부	매부/매형	
84	♂FZD<e	내종뉘동생/내사춘뉘동생	아이이름+어매/ 남편성+댁/네	
85	♂FZD(<e)H	내종매부/내사춘매부	성+서방	
86	♀FZS>e	내사춘오라버니	오라버니	
87	♀FZS(>e)W	내사춘오라버니댁	형님	
88	♀FZS<e	내사춘(남)동생	이름	
89	♀FZS(<e)W	내사춘동생의댁	동생의댁	
90	♀FZD>e	내사춘언니	언니	
91	♀FZD(>e)H	내사춘형부	형부	
92	♀FZD<e	내사춘(여)동생	이름/ 남편성+댁/네	

93	♀FZD(<e)H	내사촌동생의남편	성+서방	
94	♂원촌손위 형제항	집안형	형님	
95	♂원촌손아래 형제항	집안아우	이름	
96	S	자식(子息)/아들	이름/애비	
97	SW	며누리/자부(子婦)	(새)아가/에미	
98	D	여식(女息)/딸	(아이이름+)에미	
99	DH	사위	성+서방	
100	BS	조카	이름	
101	BSW	질부/조카며누리	질부	
102	BD	질녀/조카딸	이름	
103	BDH	질서/조카사위	성+서방	
104	♂ZS	생질(甥姪)	이름	
105	♂ZSW	생질부	질부	
106	♂ZD	생질녀	이름	
107	♂ZDH	생질서	성+서방	
108	♀ZS	이질(姨姪)	이름	
109	♀ZSW	이질부	질부	
110	♀ZD	이질녀	이름	
111	♀ZDH	이질서	성+서방	
112	FBSS	당질	이름	
113	FBSSW	당질부	질부	
114	FBSD	당질녀	이름	
115	FBSDH	당질서	성+서방	
116	FFBSSS	재당질	이름	
117	FFBSSSW	재당질부	질부	
118	FFBSSD	재당질녀	이름	
119	FFBSSDH	재당질서	성+서방	
120	원촌질항	집안조카	이름	

* 엄격히는 부계친(夫系親)의 S, SW, D, DH와 위의 96~99는 동일한 친척형이고, 따라서 대체로 동일한 지칭 및 호칭이 사용됨.

* 부계친(夫系親)의 HBS, HBSW, HBD, HBDH, HZS, HZSW, HZD, HZDH에게는 위의 100~107과 동일한 지칭 및 호칭이 사용됨(단, 여성화자의 경우 '조카며누리' 보다 '조카댁'을 많이 씀).

* 부계친(夫系親)의 HFBSS, HFBSSW, HFBSD, HFBSDH 및 HFFBSSS, HFFBSSSW, HFFBSSD, HFFBSSDH에게도
위의 112~115 그리고 116~119와 동일한 지칭 및 호칭이 사용됨(여기서도 여성화자의 경우 '당질부', '재당질부'와 함께 '조카며누리'보다 '조카댁'을 많이 씀).

121	SS	손주/손자	이름	
122	SSW	손부	·	
123	SD	손녀	이름	
124	SDH	손서	성+서방	
125	DS	외손주/외손자	이름	
126	DSW	외손부	·	
127	DD	외손녀	이름	
128	DDH	외손서	성+서방	
129	BSS	종손	이름	
130	BSSW	종손부	·	
131	BSD	종손녀	이름	
132	BSDH	종손서	성+서방	
133	FBSSS	재종손	이름	
134	FBSSSW	재종손부	·	
135	FBSSD	재종손녀	이름	
136	FBSSDH	재종손서	성+서방	
137	원촌손항이하	집안손주/집안손자	이름	
138	SSS	증손(주/자)	·	
139	SSSW	증손부	·	
140	SSD	증손녀	·	
141	SSDH	증손서	·	

142	SSSS	고손자(高孫子)	·	
143	SSSSW	고손부	·	
144	SSSD	고손녀	·	
145	SSSDH	고손서	·	

*엄격히는 부계친(夫系親)의 SS, SSW, SD, SDH, DS, DSW, DD, DDH와
위의 121~128은 동일한 친척형이고, 따라서 동일한 지칭 및 호칭이 사용됨.

*또 부계친(夫系親)의 SSS, SSSW, SSD, SSDH, SSSS, SSSSW, SSSD, SSSDH도
위의 138~145와 동일한 친척형이므로 동일한 지칭이 사용됨.

*그리고 부계친(夫系親)의 HBSS, HBSSW, HBSD, HBSDH 및 HFBSSS, HFBSSSW, HFBSSD, HFBSSDH에게도
위의 129~132 그리고 133~136과 동일한 지칭 및 호칭이 사용됨.

(2) 모계친(母系親)

146	MFF	외증조부	외(증조)할아버지	
147	MFM	외증조모	외(증조)할머니	
148	MF	외조부	외할아버지	
149	MM	외조모	외할머니	
150	MFB	외종조부	(큰/작은)외할아버지	
151	MFBW	외종조모	(큰/작은)외할머니	
152	MFZ	·	할머니	
153	MFZH	·	할아버지	
154	MMB	·	할아버지	
155	MMBW	·	할머니	
156	MB	외숙/외삼춘	외삼춘	
157	MBW	외숙모	외숙모	
158	MZ	이모	이모	
159	MZH	이모부	이모부	
160	MFBS	외당숙	외당숙	
161	MFBSW	외당숙모	외당숙모	

162	MFBD	(외)당이모/사촌이모	(사촌)이모	
163	MFBDH	외당이모부/사촌이모부	(사촌)이모부	
164	♂MBS>e	외사춘형	형님	
165	♂MBS(>e)W	외사춘형수	아주머니	
166	♂MBS<e	외사춘아우	이름	
167	♂MBS(<e)W	외사춘지수	종수씨	
168	♂MBD>e	외사춘누님	누님	
169	♂MBD(>e)H	외사춘매부	매부/매형	
170	♂MBD<e	외사춘뉘동생	이름/ 남편성+댁/네	
171	♂MBD(<e)H	외사춘매부	성+서방	
172	♀MBS>e	외사춘오라버니	오라버니	
173	♀MBS(>e)W	외사춘오라버니댁	형님	
174	♀MBS<e	외사춘(남)동생	이름	
175	♀MBS(<e)W	외사춘동생의댁	동생의댁	
176	♀MBD>e	외사춘언니	언니	
177	♀MBD(>c)H	외사춘형부	형부	
178	♀MBD<e	외사춘(여)동생	이름/ 남편성+댁/네	
179	♀MBD(<e)H	외사춘동생의남편	성+서방	
180	♂MZS>e	이종사춘형	형님	
181	♂MZS(>e)W	이종사춘형수	아주머니	
182	♂MZS<e	이종사춘아우	이름	
183	♂MZS(<e)W	이종사춘지수	종수씨	
184	♂MZD>e	이종사춘누님	누님	
185	♂MZD(>e)H	이종사춘매부	매부/매형	
186	♂MZD<e	이종사춘뉘동생	이름/ 남편성+댁/네	
187	♂MZD(<e)H	이종사춘매부	성+서방	
188	♀MZS>e	이종사춘오라버니	오라버니	
189	♀MZS(>e)W	이종사춘오라버니댁	형님	
190	♀MZS<e	이종사춘(남)동생	이름	

191	♀MZS(<e)W	이종사춘동생의댁	동생의댁	
192	♀MZD>e	이종사춘언니	언니	
193	♀MZD(>e)H	이종사춘형부	형부	
194	♀MZD<e	이종사춘(여)동생	이름/ 남편성+댁/네	
195	♀MZD(<e)H	이종사춘동생의남편	성+서방	
196	MBSS	외당질	이름	
197	MBSSW	외당질부	질부	
198	MBSD	외당질녀	이름	
199	MBSDH	외당질서	성+서방	
200	MZSS	·	이름	
201	MZSSW	·	질부	
202	MZSD	·	이름	
203	MZSDH	·	성+서방	

(3) 부계친(夫系親)

204	HFFF	시증조할아버님	(증조)할아버님	
205	HFFM	시증조할머님	(증조)할머님	
206	HFF	시할아버님	할아버님	
207	HFM	시할머님	할머님	
208	HFFB	시(큰/작은)할아버님	(큰/작은)할아버님	
209	HFFBW	시(큰/작은)할머님	(큰/작은)할머님	
210	HFFZ	시대고무님	할머님/대고무님	
211	HFFZH	시대고무부님	대고무부님/할아버님	
212	HF	시아버님	아버님	
213	HM	시어머님	어머님	
214	HFBe	시큰아버님	큰아버님	
215	HFBeW	시큰어머님	큰어머님	

216	HFBy	시작은아버님	작은아버님	
217	HFByW	시작은어머님	작은어머님	
218	HFZ	시고무님	고무님	
219	HFZH	시고무부님	고무부님	
220	HFFBS	시당숙님	당숙(님)/아저씨	
221	HFFBSW	시당숙모님	당숙모(님)/아주머니/아주머님	
222	HFFBD	시당고무님	당고무(님)	
223	HFFBDH	시당고무부님	당고무부(님)	
224	HFFFBSS	시재당숙님	아저씨	
225	HFFFBSSW	시재당숙모님	아주머니/아주머님	
226	HFFFBSD	시재당고무님	아주머니/아주머님	
227	HFFFBSDH	시재당고무부님	아저씨	
228	H	우리집양반/바깥양반	·	
229	HBe	시아주버님/시숙	아주버님	
230	HBeW	큰동세님	형님	
231	HBy	시동생	서방님	* 혼인 전에는 '데린님' ('빨간아기때'에는 '아가야')
232	HByW	(손아래)동세	동세	
233	HZe	시누님	형님	
234	HZeH	(손위)시뉘남편	서방님/저희고무부	
235	HZy	시뉘	작은아씨	* 혼인 전에는 '애기씨' ('빨간아기때'에는 '아가야')
236	HZyH	(손아래)시뉘남편	성+서방/저희고무부	
237	HFBS>H	종시숙/사춘시숙	아주버님	
238	HFBS(>H)W	종(손위)동세/사춘(손위)동세	형님	
239	HFBS<H	종시동생/사춘시동생	서방님	

240	HFBS(<H)W	종(손아래)동세/ 사촌(손아래)동세	동세	
241	HFBD>H	사춘시누님	형님	
242	HFBD(>H)H	사춘(손위)시뉘남편	서방님/저희고무부	
243	HFBD<H	사춘시뉘	작은아씨	
244	HFBD(<H)H	사춘(손아래)시뉘남편	성+서방/저희고무부	

* HFFBSS>H, HFFBSS(>H)W, HFFBSS<H, HFFBSS(<H)W,
HFFBSD>H, HFFBSD(>H)H, HFFBSD<H, HFFBSD(<H)H에게는
237~244와 대체로 동일한 지칭 및 호칭이 사용되나,
지칭에는 '종-' 대신에 '재종-' 그리고 '사춘-' 대신에 '육춘-'이 붙음.

* HFFFBSSS>H, HFFFBSSS(>H)W, HFFFBSSS<H, HFFFBSSS(<H)W,
HFFFBSSD>H, HFFFBSSD(>H)H, HFFFBSSD<H, HFFFBSSD(<H)H에게도
237~244와 대체로 동일한 지칭 및 호칭이 사용되나,
지칭에는 '종-' 대신에 '삼종-' 그리고 '사춘-' 대신에 '팔춘-'이 붙음.

245	HFZS>H	(시)내사춘시숙	아주버님	
246	HFZS(>H)W	(시)내사춘(손위)동세	형님	
247	HFZS<H	(시)내사춘시동생	서방님	
248	HFZS(<H)W	(시)내사춘(손아래)동세	동세	
249	HFZD>H	(시)내사춘시누님	형님	
250	HFZD(>H)H	(시)내사춘(손위)시뉘남편	서방님	
251	HFZD<H	(시)내사춘시뉘	작은아씨	
252	HFZD(<H)H	(시)내사춘(손아래)시뉘남편	성+서방	
253	HMF	시외할아버님	외할아버님	
254	HMM	시외할머님	외할머님	
255	HMB	시외삼춘	오삼춘	
256	HMBW	시외숙모	외숙모님	
257	HMZ	시이모	이모님	
258	HMZH	시이모부	이모부님	
259	HMBS>H	(시)외사춘시숙	아주버님	

260	HMBS(>H)W	(시)외사춘(손위)동세	형님	
261	HMBS<H	(시)외사춘시동생	서방님	
262	HMBS(<H)W	(시)외사춘(손아래)동세	동세	
263	HMBD>H	(시)외사춘시누님	형님	
264	HMBD(>H)H	(시)외사춘(손위)시뉘남편	서방님	
265	HMBD<H	(시)외사춘시뉘	작은아씨	
266	HMBD(<H)H	(시)외사춘(손아래)시뉘남편	성+서방	
267	HMZS>H	(시)이종사춘시숙	아주버님	
268	HMZS(>H)W	(시)이종사춘(손위)동세	형님	
269	HMZS<H	(시)이종사춘시동생	서방님	
270	HMZS(<H)W	(시)이종사춘(손아래)동세	동세	
271	HMZD>H	(시)이종사춘시누님	형님	
272	HMZD(>H)H	(시)이종사춘(손위)시뉘남편	서방님	
273	HMZD<H	(시)이종사춘시뉘	작은아씨	
274	HMZD(<H)H	(시)이종사춘(손아래)시뉘남편	성+서방	

(4) 처계친(妻系親)

275	WFF	처조부	처조부님/할아버지	
276	WFM	처조모	처조모님/할머니	
277	WF	장인	장인어른	
278	WM	장모	장모님	
279	WFBe	처백부	(처)백부님	
280	WFBeW	처백모	(처)백모님	
281	WFBy	처삼촌	(처)숙부님	
282	WFByW	처숙모	(처)숙모님	
283	WFZ	처고무	(처)고무님	
284	WFZH	처고무부	(처)고무부님	

285	WBe	처남	처남	
286	WBeW	처남의댁	처남의댁	
287	WBy	처남	처남/이름	
288	WByW	처남의댁	처남의댁	
289	WZe	처형	처형	
290	WZeH	(손위)동서	동서	
291	WZy	처제	처제	
292	WZyH	(손아래)동서	동서/성+서방	
293	WFBS>W	사춘처남	처남	
294	WFBS(>W)W	사춘처남의댁	처남의댁	
295	WFBS<W	사춘처남	처남/이름	
296	WFBS(<W)W	사춘처남의댁	처남의댁	
297	WFBD>W	사춘처형	처형	
298	WFBD(>W)H	사춘(손위)동서	동서	
299	WFBD<W	사춘처제	처제	
300	WFBD(<W)H	사춘(손아래)동서	동서/성+서방	
301	WBS	처조카	이름	
302	WBSW	처조카며누리	·	
303	WBD	처조카딸	·	
304	WBDH	처조카사위	성+서방	
305	WZS	처이질	이름	
306	WZSW	처이질부	·	
307	WZD	처이질녀	·	
308	WZDH	처이질서	성+서방	

(5) 사돈관계(査頓關係)

309	SWF/DHF	사둔	사둔	
310	SWM/DHM	사부인(査夫人)	사부인	
311	SWFF/DHFF	사장	사장어른	
312	SWFM/DHFM	(노)사부인	사부인	
313	SWFB/DHFB	사둔	사둔	
314	SWFBW/DHFBW	사부인	사부인	
315	SWB/DHB	·	사둔	* 혼인 전에는 '사둔총각'으로 부름
316	SWZ/DHZ	·	사둔	* 혼인 전에는 '사둔처녀'로 부름

2) 친척용어의 주요 특색

조사지는 기본적으로 중부 지역에 속한다. 따라서 위의 친척용어 목록에서 일견(一見) 두드러지게 나타나는 특이한 용어형태는 잘 보이지 않을 수도 있겠다. 그러나 전체적으로 위의 목록은 여러 차원에서 이곳 용어형태의 특색을 잘 보여 주는데, 정리하면 대략 다음과 같다.

(1) 먼저 다음의 친척지칭 형태들을 살펴보자.

13 FFZ '대고무'(大姑母)와 7 FFFZ '증대고무'

21 원촌 조항 이상[남성]의 '대부'(大父)와 22 원촌 조항 이상[여성]의 '대모'(大母)(이곳 제보자들의 표현을 빌리면 "10촌이 넘으면" 사용하는 용어형태이다.)

31 FFBS '당숙'(堂叔)과 33 FFBD '당고무'

160 MFBS '외당숙'과 162 MFBD '(외)당이모'

51 ♂ZeH '매부' 또는 '매형'

112 FBSS '당질'과 114 FBSD '당질녀' 등

위의 지칭형태들은 아마도 중부 지방에서 널리 쓰이는 표현일 것이다. 그러나 시각을 달리하여, 가령 영남 지방의 눈에서 본다면, 위의 용어형태들은 노론(老論)의 문화적 전통을 반영하는 핵심적인 친척용어 형태들이 될 것이다(영남 지방 노론의 대표적인 친척용어 목록에 대해서는 왕한석(2009: 331-361)을, 그리고 영남 지방의 남인과 노론의 친척용어 상의 개략적 차이에 대해서는 왕한석(2012: 387-389) 등을 참조할 것). 조사지의 경우 노론의 당색을 분명히 드러내지는 않았지만, 대체로 그에 준하는 여러 차원의 예법들을 따라 온 것으로 보인다.

(2) 개별 용어형태 중 다음의 예는 지금까지의 '한국의 언어 민속지' 연구에서 아직 보고되지 않은 것들이다.

78 ♂FZS>e '내종형'(內從兄)/'내사촌형'

80 ♂FZS<e '내종제'(內從弟)/'내사촌아우' 등

310 SWM/DHM '사부인'(査夫人)

312 SWFM/DHFM '(노)사부인'

314 SWFBW/DHFBW '사부인'

아마도 이 지역에서는 '고종'(姑從) 대신 '내종'(內從)을 기본 형태로 쓰는 것 같은데, 면접 조사 시에 연구자가 사용한 '고종'이라는 표현을 제보자들은 잘 이해하지 못하였다. 또 여성 사돈에 대해 '사부인'(査夫

人)을 기본 형태로 쓰고, 대신 '(안)사돈'이라는 표현은 사용하지 않는 것으로 보고된다.

(3) 이 지역의 경우 혼인을 기준으로 한 호칭형태의 변화는 비교적 발달한 것으로 나타난다. 먼저 동일 항렬에서 다음 친척형들에 대한 호칭형태의 '발달적 변화'(developmental change) 양상을 볼 수 있다.

46 ♂Be '성' →'형님'

50 ♂Ze '누나' →'누님'

54 ♀Be '오빠' →'오라버니'

55 ♀BeW '성님' →'형님'

231 HBy ('아가-야') →'데린님' →'서방님'

235 HZy ('아가-야') →'애기씨' →'작은아씨' 등

위의 예에서 231과 235의 경우는 상대 친척의 지위 변화(즉, 성장과 혼인)에 따른 발달적 변화이지만, 46, 50, 54, 55의 경우는 화자의 성장 또는 상대 친척의 혼인에 따른 발달적 변화의 예이다. 그런데 이 지역에서 '형님'에 대비되는, 어려서 사용하는 호칭형태는 '형'이 아닌 '성' 또는 '성님'이었음이 주목된다.

다음으로 상위 항렬인 숙항(叔行)에서는 아래의 한 예에서만 호칭형태의 발달적 변화가 일어난다.

27 FBy '삼춘' →'작은아버지'

대신 29 FZ의 경우에는 상대 친척의 혼인 전이나 혼인 후에 모두 '고무'라는 단일 형태를 사용한다. 이는 아마도 FZ에 대한 고유의 호칭

형태가 지칭인 '고무'로 일찍 바뀌었음을 반영할 것이다.

또 이와 관련하여 조사지에서는 가까운 촌수 내에서 친척지칭이 친척호칭으로 전용된 사례에 대해, 이를 친밀감의 표현으로 지각하는 경향이 강한 것 같았다. 즉, 29 FZ '고무'와 30 FZH '고무부'는 말할 것도 없고, 31 FFBS와 32 FFBSW의 경우에도 '당숙', '당숙모'가 함께 사용되는 변이형인 '아저씨', '아주머니'보다 상대 친척을 더 가깝게 부르는 것으로 느껴진다고 답하였다.

(4) 다음으로 동일 항렬 내에서 연령 요인에 따라 손위와 손아래를 구분 짓는 여러 용어형태가 발달하였음을 위 목록에서 볼 수 있다. 다음의 예이다.

55 ♀BeW(지칭) '오라버니댁'
57 ♀ByW(지칭) '동생의댁'
59 ♀ZeH (지칭) '형부'
61 ♀ZyH (지칭) '동생의남편'
47 ♂BeW(호칭) '형수님'
49 ♂ByW(호칭) '지수씨'

위 55 및 57과 관련하여 이 지역에서 '올케'는 근래 쓰이기 시작한 말, 즉 새로이 들어온 말로 보고된다. 그리고 61에 대한 지칭으로 일반적으로 널리 쓰이는 표현인 '제부'는 이 지역에서는 사용되지 않는 표현이다. 그리고 위 47과 49의 쌍에서 존대의 접미사인 '-님'과 '-씨'가 손위와 손아래의 범주 구분에 따라 흥미롭게도 달리 분포됨을 또한 볼 수 있다.

그리고 위 47과 49의 방계친 친척형들, 구체적으로 63 ♂FBS(>e)W

와 65 ♂FBS(<e)W, 79 ♂FZS(>e)W와 81 ♂FZS(<e)W, 165 ♂MBS (>e)W와 167 ♂MBS(<e)W, 181 ♂MZS(>e)W와 183 ♂MZS(<e)W 등에 대한 용어형태들을 살펴보면, 이 방계친의 경우에도 지칭과 호칭 모두에서 손위의 범주와 손아래의 범주가 엄격히 구분됨을 본다. 그뿐만 아니라 이들 친척형에 대한 지칭과 호칭에서 '종수' 또는 '종수씨'가 이 지역에서는 손아랫사람을 가리키는 말로 특화되어 있음을 또한 발견할 수 있다.

(5) 다음으로 유사한 계보관계에 있으나 존대의 정도에서 미묘한 차이를 보이는 용어쌍들을 찾아볼 수 있다. 바로 아래의 예이다.

58 ♀Ze (지칭 및 호칭) '언니'
55 ♀BeW (호칭) '형님'
233 HZe (호칭) '형님'
230 HBeW (호칭) '형님' 등

즉, 친형제인 58 ♀Ze에게만 '언니'를 사용하고, 나머지 유사한 친척형(엄밀히 말하면, 혼인에 의해 맺어진 인척(affine)들)에게는 모두 '형님'을 사용한다. 다시 말하여 '언니'가 '형님'보다는 좀 더 친밀함을 나타내는 용어형태일 것이나, 동시에 '형님'이 '언니'보다는 좀 더 존경과 격식성을 표현하는 용어형태가 될 것이다.

229 HBe (호칭) '아주버님'
231 HBy (호칭) '서방님'
234 HZeH (호칭) '서방님' 등

위에서 229 HBe와 234 HZeH는 같은 손윗사람으로서 계보적으로 유사한 관계에 있을 것이다. 그러나 234 HZeH에게는 손아랫사람인 231 HBy에게 사용하는 '서방님'을 호칭으로 쓴다. 이는 다시 말해 234 HZeH를 231 HBy와 동일하게 대접하는 것을 의미할 것이고, 같은 손윗사람이지만 '아주버님'을 쓰는 229 HBe(즉, 남편의 형인 '시숙')에게는 더 큰 존경의 대접을 하는 것을 의미할 것이다.

(6) 그리 많지 않은 예이지만, 지금까지 다른 지역의 조사에서는 나타나지 않은 다음과 같은 특이 형태들이 이 지역에서는 사용된다. 먼저 아래의 예를 보자.

52 ♂Zy (호칭) '남편성＋댁/네'

60 ♀Zy (호칭) '남편성＋댁/네'

위의 친척형 등에게 사용하는 '남편성＋댁/네'는 다른 지역에서 사용하는 '남편성＋실(室)' 또는 '남편성＋집'과 동일한 유형의 호칭형태일 것으로 생각된다.

또 부계친(夫系親)의 HBSW, HZSW, HFBSSW, HFFBSSSW 등에게 여성 화자는 지칭으로 '조카며누리'보다 '조카댁'을 더 많이 쓰는 경향을 보이는데, 여기서의 '조카댁'도 다소간 특이한 용어형태가 될 것이다. '조카댁'은 함께 쓰이는 '조카며누리'보다 지칭 대상에 대한 존대의 의미를 좀 더 가지는 지칭형태일 것으로 짐작된다.

또 60 ♀Zy에 대한 지칭으로 '아우'가 사용되는데, 이는 이 지칭형태가 48 ♂By에게뿐 아니라 화자 및 지칭 대상이 여성인 ♀Zy에게도 사용됨을 의미할 것이다. 따라서 이 지역에서 '아우'의 의미는 다른 지역에 비해 좀 더 넓은 지시적 범위를 가지는 말이 될 것이다.

그리고 162 MFBD에 대한 '사춘이모', 163 MFBDH에 대한 '사춘이모부'의 용어형태도 지금까지의 연구에서는 보고되지 않은 다소간 특이 형태일 것으로 생각된다.

마지막으로 102 BD, 106 ♂ZD, 110 ♀ZD, 114 FBSD, 118 FFBSSD 등의 예에서 보듯이, 이 지역의 경우 혼인한 '질녀'를 대접하여 부르는 정형화된 호칭형태가 잘 발달하지 않은 것으로 나타난다. 실제의 면접과정에서도 이에 대한 질문을 여러 제보자들에게 하였으나, 어려서부터 부르는 '이름' 외에는 별다른 격식적인 호칭형태가 없는 것으로 답하였다.

(7) 이 지역에서도 엄격히는 인척관계(affinal relationship)인 부계친(夫系親)에게는 모두 존대의 접미사 '-님'을 붙이고, 또 처계친(妻系親)에게도 위 항렬에게는 모두 '-님'을 붙인다. 한국 사회의 일반적인 유형과 같을 것이다.

그런데 부계친(夫系親)의 영역에서 다음의 호칭형태는 다소간 특이한 것으로 보인다.

234 HZeH (호칭) '저희고무부'
236 HZyH (호칭) '저희고무부' 등

이 호칭형태는 말할 것도 없이 어려운 자리에 대한 직접적인 호칭대신에 '자녀 중심적 용어'(teknocentric term)를 사용하는 것이 될 것이다. 그런데 이 '자녀 중심적 호칭형태'는 최근 한국 사회에서 폭넓게 발달·사용되는 것(왕한석 1995a 참조)과는 다른, 좀 더 이전 시기에 이 지역에서 발달한 일종의 비유적 표현의 호칭형태인 것으로 생각된다.

또 여기서도 302 WBSW, 303 WBD, 306 WZSW, 307 WZD에 대한

정형화된 호칭형태는 발달하지 않은 것으로 나타난다. 이는 말할 것도 없이, 이들 친척형과는 이 지역에서도 화자가 어려운 내외관계(內外關係)에 있음을 반영하는 자료가 될 것이다.

(8) 마지막으로 이 지역의 방언형, 특히 발음상의 특색을 잘 보여주는 용어형태로 다음의 것들을 들 수 있겠다.

29 FZ '고무'

49 ♂ByW '지수'

52 ♂Zy '뉘동생'

97 SW '며누리'

121 SS '손주'

255 HMB (호칭) '오삼춘' 등

위에서 '오삼춘'은 여성 화자들의 발화에 아직 남아 있는 이 지역 특유의 형태로 보인다. 그 외에 '사춘', '육춘', '팔춘' 등의 예도 이 지역 특유의 방언형이 될 것이다.

3) 친척 관련 어휘와 표현

조사지에서 부계(父系) 친족의 범주는 크게 셋으로 구분된다. 먼저 하나는 유복지친(有服之親), 즉 동고조(同高祖) 8촌의 범위를 가리키는 '당내'(堂內) 또는 '촌내'(寸內)(이곳의 실제 발음은 '촐래'임) 또는 '집안'이다. 개념상으로는 8촌까지가 당내이지만 여기서도 통상 사종(四從), 즉 10촌까지를 당내로 본다고 한다. 또 하나는 '일가간'(一家間)인데 당내를 벗어난 부계친(父系親)의 범위를 가리키는 말이다. 마지막 하나는 동일 조상을 기점으로 한 같은 계통의 집단으로, 소위 '문중'(門中)이다. 이곳 담양 전씨의 경우는 큰 문중인 '경은파(耕隱派) 문중'과 작은 문중인 '석천공(石泉公) 문중' 등이 있다.

부계친을 제외한 외가(外家), 내가(內家), 이종간(姨從間)과 같은 혼인에 의해 피를 나눈 사람들은 집합적으로 '친척'(親戚)이라고 부른다. 그런데 이 친척의 범주에 처가(妻家)는 속하지 않는다.

마지막으로 '당내' 및 '일가간'도 아니고 '친척'도 아닌 사람들은 '타성'(他姓), 즉 '남'의 범주가 된다. 그런데 다른 지역에서 흔히 듣는, 남도 아니고 가까운 친척도 아닌 관계 또는 그러한 사람들을 집합적으로 가리키는 말(가령 '척이 있다' 또는 '척분이 있다' 등)은 이 지역의 경우 발달하지 않은 것으로 보인다.

부계 친족과 관련하여 두 가지 특수한 표현을 더 들을 수 있었는데, 하나는 '붙임 일가'로, 투탁(投託)해 들어온 일가를 가리키는 말이다. 다른 하나는 '할종'(割宗)으로, 이는 족보나 문중에서 '베어내는' 것 즉 떼내는 것을 가리킨다. 다른 지역에서 흔히 탈종(脫宗)으로 표현하는 것과 같은 말일 것이다. 가령 '전서방네(전씨 집안)에서 이런 할종의 사례가 있었다'와 같이 썼다.

다음으로 친척관계를 가족, 즉 집 단위로 가리키는 말인 '집 이름'(왕한석 1995b)에는 다음의 표현들이 주로 사용된다.

1 **우리집** 또는 **내집** 친가(親家)

2 **오이가댁** 또는 **오이가집** 외가(外家)

3 **처가댁** 또는 **처가집** 처가(妻家)

4 **시가댁** 또는 **시가** 시가(媤家)

5 친정 또는 **친가** 여성의 친정(親庭)

6 고무댁 또는 **고무네집** 고모가(姑母家)

7 이모댁 또는 **이모네집** 이모가(姨母家)

8 대고무댁 또는 **대고무네집** 대고모가(大姑母家)

9 누님댁 또는 **누님네집**

매형댁 또는 **매형네집** 손위 매가(妹家)

10 뉘동생네집 또는 **매부네집** 손아래 매가(妹家)

11 사둔댁 또는 **사둔네집** 며느리의 친정집

12 사둔댁 또는 **딸네집, 사위네집** 딸의 시가 또는 딸의 집

위의 목록에서 먼저 1 '내집'이라는 표현이 좀 특이할 것인데, 이곳의 관행으로는 부모가 함께 살아도 '우리집'과 함께 '내집'이라는 표현을 쓴다고 한다. 또 2 '오이가댁', '오이가집'에서 외가에 대한 이곳의 토착 표현이 '오이가'임을 알 수 있다.

그뿐만 아니라 위의 목록은 소수의 예외를 제외하고는, '-댁'과 '-(네)집'의 이원적 형태로 개별 집 이름이 구성됨을 보여 준다. 제보자들에 의하면, '-댁'의 형태가 '-(네)집'의 형태보다 "바치는"(즉, 존대하는) 말이다. 따라서 4 '시가댁'도 그냥 '시가'보다는 '바치는' 말이 된다. 또 위의 목록에서 '-댁'의 형태는 손위 친척의 집에만 사용하는 집 이름임이 드러난다. 즉, 화자 자신의 (원래) 집인 1과 5에는 물론 이 형태를 쓸 수 없겠지만, 10 '뉘동생네집'(또는 '매부네집')과 부분적 용례인 12 '딸네집'(또는 '사위네집')에는 이 '-댁'의 형태가 사용되지 않음을 볼 수 있다.

전체적으로 '-댁'이란 집 이름의 규칙적 발달은 이 지역 또는 넓게는 중부 지역의 특색인 것 같은데, 이는 이 지역에서 상대적으로 발달

한 '존대 표현의 정교화'라는 이곳 언어문화 유형의 일면일 것으로 생각된다. 앞서 기술한 '조카댁'(그리고 아마도 '남편성+댁')이라는 표현도 이 유형에 속하는 친척용어 형태일 것이다.

이제 여타 친척 관련 어휘 및 표현들을 살펴보기로 하자.

먼저 자녀의 혼인과 관련하여, 아들의 혼인은 '아들 장가 보낸다', '아들 여윈다', '며누리 얻는다'로 표현하고, 딸의 혼인은 '딸 시집 보낸다', '딸 여윈다'로 표현한다. '사위 본다'라는 표현은 잘 쓰지 않는다고 하는데, 여기서 '여위다'라는 말을 사용하는 것이 (호남 지역과 지리적으로 가까운) 이 지역의 부분적 특색이 될 것이다.

혼자된 남자는 '홀애비'이고, 혼자된 여자는 '과부' 또는 '홀에미'인데 '과부'를 주로 쓴다고 한다. 또 '과댁'(寡宅)이라는 높임의 표현도 있다. 그리고 어린 나이에 혼자가 된 여성은 '초년과부'인데, 이 표현은 남녀 모두가 쓰는 말이다.

부부가 헤어지는 것은 흔히 '갈라섰다' 또는 '남남 됐다'라고 표현한다. 그런데 여성의 시각에서는 이를 또 '이별한다' 또는 '생이별한다'라고 표현한다.

재혼은 남자의 시각에서는 '새장가 든다'라고 주로 표현하지만, 여성의 시각에서는 '살러 간다' 또는 '팔자 고쳐 간다'라는 표현을 주로 사용한다.

여기서도 아들을 분가시키는 것은 '제금 낸다'이다. 그리고 분가를 하는 아들 입장에서는 '제금 난다'가 된다.

이곳에서도 '계모', '서모', '새어머니'라는 표현이 사용된다. 그뿐만 아니라 처첩(妻妾)은 '큰마누라'와 '본실'(本室), 그리고 '작은마누라'와 '작은집' 또는 '소실'(小室)로 구분되어 불린다. 처첩을 함께 가리키는 표현에 또 '외동세'[외동서], '외동세끼리'라는 말이 있다. 그러나 조사지의 경우 첩실은 많이 없었던 것으로 보고된다. 그리고 첩실의 소생은 '서자'와 함께 '소생'(小生)으로도 불린다.

마지막으로 고모가 죽은 뒤 그 자리에 새로 들어온 사람은 '엄고무'이고, 누님이 죽은 뒤 그 자리에 새로 들어온 사람은 '엄누님'이다. 그리고 죽은 딸을 대신하여 새로 들어온 사람은 '엄딸'이다. 여기서의 '엄-'은 아마도 '움-'의 이 지역 방언형일 것이다(왕한석 2002: 221 참조).

또 이곳 조사지에는 다른 지역에서는 듣기 힘든 특수한 친척 관련 어휘의 사용이 발달해 있었는데, 대략 다음의 세 가지이다.

먼저 하나는 '식구'라는 표현이다. 앞의 '친척용어의 목록'(45 W)에서 이미 보았듯이, 여기서는 자신의 부인을 가리켜 '내자'(內子)와 함께 '안식구' 또는 '우리식구'라는 표현을 주로 쓴다. 이는 지금까지의 조사에서 중심적으로 나타나는 형태인 '사람'(즉, '집사람' 또는 '안사람')과는 분명한 대조를 이루는 형태일 것이다. 그러나 이 '식구'를 주로 사용하는 지리적 또는 사회적 영역은 현재로서는 잘 알 수가 없다.

다른 하나는 특정한 성씨 집단을 가리키는 '성+서방'이라는 표현이다. 가령 '여기는 김 서방이 많이 산다' 또는 '여기는 김 서방네 동네다'(즉, 김씨의 집성촌이라는 뜻)와 같이 사용한다. 한 여성 제보자는 자신의 시외가(媤外家)에 대한 연구자의 질문에, "저기 임 서방네라고 계싰는데 다 서울 가셨시유."라고 답하였다. 연구자는 오래전에 경기도 김포 지방에서 이 '성+서방네 동네'라는 표현을 들은 적이 있는데, 아마도 중부 지방에서 사용하는 특이한 표현이 아닌가 한다.

이 '성+서방'과 관련하여, 또 조사지에서는 특정 성씨의 집성촌(集姓村)을 '못자리곳'이라는 비유로써 표현하였다. '못자리'는 모가 밀식하는 곳이므로, 사람이 많이 사는 것에 대한 비유 표현으로 그것의 의미 확장이 가능할 것이다. 가령 "거기는 전 서방네 못자리곳이다.", "지정리는 서 서방네 못자리곳인걸."과 같이 썼다. 그리고 '못자리곳'에 대한 반대 표현은 '모산지대(散地帶?)'인데, 이 '모산지대'는 집성촌이 아닌 소위 '각성받이' 마을을 가리키는 비유 표현이다.

마지막 하나는 '포기'라는 특이한 친척 관련 비유이다. 풀을 헤아리는 단위인 '포기'가 계통 또는 혈연 갈래의 비유로 이곳에서는 널리 사용된다. 제보자들은 이 '포기'가 대체로 동일한 문중 내의 작은 파(派) 또는 계통을 가리킨다고 말하는데, 가령 '석천공파'를 '석천공 포기'라고 부르는 것 등이다.

그러나 보다 일반적으로도 쓰이는 것 같았는데, 가령 '그 포기가 아니다', '한 포기다', '포기가 다르다'와 같은 표현을 쉽게 들을 수 있었다. 말할 것도 없이 '한 포기'는 한 조상의 같은 후손을 가리키는 말일 것이고, '딴 포기'는 한 조상에서 계통이 갈린 다른 후손을 가리키는 말일 것이다. 또 '종손 포기', '지손 포기'와 같은 표현도 썼다. 종손(宗孫) 계통과 지손(支孫) 계통을 각기 가리키는 말일 것이다. "저기는 종손 집이여.", "아니여. 그기는 종손 포기가 아니라 지손 포기여."와 같은 발화의 예에서이다.

4) 친척어휘의 형태 분화

조사지에서도 주로 고유어 계열의 핵심적인 친척어휘의 형태 분화는 매우 체계적으로 발달해 있었다. 아마도 중부 지역의 유형을 반영할 것으로 믿어지는데, 먼저 이 지역의 주요 친척어휘의 형태 분화 양상을 간명히 표로 정리하면 다음의 〈표 1-1〉과 같다. 그런데 아래의 표에서 '비칭 II'의 어휘들, 즉 '할매', '아배', '어매' 계열의 어휘들이 영남 지역

〈표 1-1〉 친척어휘의 형태 분화

일련번호	평칭	(반존칭)	존칭	비칭 I	비칭 II	비칭 III
1	할아버지	할아버니	할아버님	할애비	할아배	할아범
2	할머니	·	할머님	할미	할매	할멈
3	아버지	아버니	아버님	애비	아배	아범
4	어머니	·	어머님	에미	어매	어멈
5	아저씨	·	·	아제비	아제	·
6	·	아주버니	아주버님	·	·	·
7	아주머니	·	아주머님	아지미	아주매	아주멈
8	오라버니	·	오라버님	오래비	오라배	오라범
9	성	·	형님	·	·	·
10	누나	·	누님	뉘	·	·

이 아니라 중부 지역인 이곳 조사지에서도 일상적으로 사용되는 모습을 발견한 것은, 솔직히 말하여, 연구자에게 적지 않은 충격으로 다가왔었다. 그러나 한 가지, 조사지의 제보자들이 이 형태 분화의 양상 및 그것의 구체적인 사용방식에 대해 보다 명료한 설명을 해 주지 못한 부분은, 연구 과정에서 작은 아쉬움으로 남았음을 부기해 둔다.

위 표에서 보듯이 조사지의 친척어휘는 기본적으로 5부류의 존대 등급으로 구분된다. 여기에다 부분적으로만 발달한 '반존칭'(半尊稱)의 등급이 있는데, 이는 범주의 구분 면에서 그 위상이 다소간 불확실한 등급으로 생각된다. 그러나 이 범주까지 합치면 모두 6부류의 존대 등급이 될 것이다.

먼저 '평칭'(平稱)은 이곳 친척어휘의 기본형이 된다. 쉽게 말해, 화자가 자신의 친척을 호칭하는 형태, 즉 친척호칭으로 사용하는 것이 바로 이 '평칭'의 형태들이다. 그리고 앞서 기술한 대로 9 '성'과 10 '누나'의 형태는 화자가 어려서 해당 친척에게 사용하는 호칭형태이다.

다음으로 '존칭'(尊稱)은 기본적으로 여성 화자가 혼인 후 시가의 어른들에게 사용하는 호칭형태이다. 모두가 존경의 접미사 '-님'으로 끝나는, 쉽게 표현하여, '-님' 계열의 어휘들이 될 것이다. 단, 8 '오라버님'은 '오라버니'(54 ♀Be)에게 편지와 같은 글에서 사용하거나, 또는 '맏오라버니'와 같은 나이 차이가 많은 자리에 사용하는 존경의 호칭형태이다. 그리고 9 '형님'과 10 '누님'은 앞서 기술한 대로, 가령 남성 화자의 경우 자신이 성인이 되었거나 또는 상대방이 혼인을 하여 어른이 되었을 때, 어려서 부르던 '성'과 '누나' 대신에 새로이 높여서 부르는 지칭 및 호칭형태이다.

그 실체가 상대적으로 덜 명료한 범주는 위에서 '반존칭'으로 잠정적으로 규정한 존대의 등급이다. 위 표에서 보듯이 이는 부분적으로만 빌달힌 범주인데, 그 의미값은 '평칭'과 '존칭'의 중간 정도인 것으로 보인다. 제보자들은 1 '할아버니'와 3 '아버니'가 해당 어휘의 '존칭'형인 '할아버님'과 '아버님'의 준말인 것으로 지각하였으나, '평칭'의 2 '할머니'나 4 '어머니' 등의 형태적 특성의 영향을 받아 만들어진 말일 수도 있을 것으로 보인다.

'할아버니'와 '아버니'는 직접적인 호칭으로는 사용되지 않는다. 주로 남의 할아버지와 아버지에 대한 지칭으로, 대표적으로 '아이이름+(네)+할아버니/아버니'의 형태로 사용된다. 그런데 이 지칭형태는 동일한 형식인 '아이이름+(네)+할아버지/아버지'보다는 지칭 대상을 좀 더 존대하는 말인 것으로 지각된다. 그런데 실제의 대화에서는 화자 자신의 할아버지와 아버지를 가리켜 또 '우리 할아버니', '우리 아버니'와 같은 표현을 사용하고 있었다. 이 경우에도 '우리 할아버지', '우리

아버지'보다는 자신의 조부(祖父)나 부(父)를 좀 더 높여서 지칭하는 말로 제보자들은 이해하였다.

6 '아주버니'의 경우는 이 표현이 '평칭'인지 '반존칭'인지의 여부가 다소간 불명확했으나, 제보자들은 대체로 '반존칭'인 것으로 판정하였다. 그리고 여성 화자가 자신의 시숙(媤叔)(229 HBe)을 '우리 (시)아주버니'라고 지칭할 경우, 그것은 '우리 (시)아주버님'보다는 지칭 대상을 약간 덜 높이는 표현인 것으로 지각하였다. 그런데 이 '아주버니'가 사용되는 또 다른 대표적인 상황은 시어머니가 며느리에게 자신의 큰아들, 즉 며느리의 시숙을 가리켜 말하는 경우이다. 가령 "저기 가서 네 아주버니 오라 해라."와 같은 발화의 예인데, 조사지의 언어사용 규범으로는 이 맥락에서 '아주버님'은 사용할 수가 없고 '아주버니'만이 사용 가능하다고 한다.

전체적으로 구성 어휘의 숫자가 적어 이 범주를 존칭의 한 갈래이기보다는 '반존칭'으로 잠정적으로 명명하였는데, 다른 지역에서의 관련 연구에 의해 앞으로 이 범주의 실체가 보다 명료히 잘 드러나기를 기대해 본다.

다음으로 '비칭 I'은 다른 지역에서도 거의 동일하게 나타나는 가장 낮춤 등급의 친척어휘이고, 형태상으로는 '-이' 계열의 말이 될 것이다. 이 형태를 사용하는 대표적인 상황은 이곳 조사지에서도 상대 친척에게 화자 자신을 낮추어서 가리키는 소위 자칭(自稱)의 상황이다. 다시 말하여 자식들에게 아버지가 자신을 가리켜 '애비'라고 말하고, 어머니가 '에미'라고 말하는 상황 등이다.

위의 〈표 1-1〉에서 5 '아제비'는 '삼춘'(즉, 미혼의 숙부)이나 당숙 등이 자신의 조카나 당질 등에게 스스로를 낮추어서 가리킬 때 쓰는 말이고, 7 '아지미'는 고모나 당숙모 등이 자신의 조카나 당질 등에게 스스로를 낮추어서 가리킬 때 쓰는 말이다. 그리고 10 '뉘'는 앞에서 이미 본 대로 '누이'의 이 지역 방언형이다.

조사지의 친척어휘 범주 중 가장 흥미로운 것은 '비칭 II'의 어휘들일 것이다. 앞의 '친척용어의 목록'에서 가령 52 ♂Zy('뉘동생')에 대한 호칭은 '아이이름+어매'인 데 비해 98 D('여식' 또는 '딸')에 대한 호칭은 '(아이이름)+에미'로, 이곳 말에서 '어매'와 '에미'가 명백한 대조쌍을 이룸을 이미 보았다. 이 '비칭 II'의 범주는 형태상으로 '-애'(또는 '-에') 계열의 말로 볼 수 있을 것인데, 한 가지 이 형태의 말이 영남 지방의 친척용어에서는 '평칭'인 데 비해(왕한석 2009: 140-171, 2012: 128-150, 372-391, 395-404 등 참조), 여기서는 '비칭'의 표현임이 특별히 주목되어야 할 것이다. 전체적으로 이 계열의 말은 '비칭 I'보다는 덜 낮추는 말이나 '비칭 III'보다는 더 낮추는 말인 것으로 인지된다.

'비칭 II'의 용어형태들은 먼저 친척의 맥락에서 대체로 다음과 같이 사용된다.

(1) 상위자인 화자가 하위자인 청자에게 화자 자신보다는 하위자이나 청자보다는 상위자인 지칭자를 지칭할 때 이 형태를 쓴다.

가령 시조부(媤祖父)가 손부(孫婦)에게 자신의 아들과 며느리, 즉 손부의 시부모를 가리켜 "네 시아배 오라 해라.", "네 시어매 오라 해라."와 같이 쓴다. 제보자들에 의하면, 이 경우에 더 낮추는 형태인 '시애비'와 '시에미'는 사용할 수가 없다.

또 조부모가 손자녀에게 자신의 아들과 며느리, 즉 손자녀의 부모를 가리켜 "너희 어매는 워디〔어디〕 갔니?", "너희 아배는 워디 갔니?"와 같이 쓴다. 그러나 부모가 자녀들에게 자신의 아내나 남편을 물을 때에는 이 '어매', '아배'를 사용하지 않는다. 대신 '평칭'의 형태를 사용하여 "너희 어머니는 워디 갔니?", "너희 아버지는 워디 갔니?"로 묻는다.

가령 어머니가 막내딸에게 그 딸의 '오라버니'와 '오라버니댁'(55 우 BeW)을 가리켜 말할 때에도, "네 오라배 오라 해라.", "네 오라배댁 오라 해라."와 같이 이 형태를 쓴다. 그러나 이 경우에는 '오라배'와 함께 '오래비'도 사용 가능한 것으로 제보자들은 판정하였다.

또 할아버지나 아버지와 같은 집안 어른이 아이들에게 아이들의 당숙을 가리켜 '당숙' 대신에 이 '아제'를 쓴다. 즉, "네 아제 좀 오라 해라."와 같은 용례에서이다.

(2) 위와는 조금 다른 맥락으로, 이 비칭의 친척어휘는 과거 이곳에서 서자에 대한 차별적인 친척용어로 사용되었다. 가령 서모(庶母)에게서 난 '삼춘'이나 숙부는 '아제'로 부르고, 서모에게서 난 고모는 '아주매'로 불렀다고 한다. 그러나 서모를 적실의 자식이 '어매'로 낮추어 불렀는지 여부는 명확하지 않은데, 대체로 그냥 '서모'로 부른 것으로 제보자들은 기억하였다.

(3) '비칭 II'의 다소간 특이한 사용법은 남에게 자신이나 자신의 배우자를 소개 또는 지칭할 때에 종자명호칭(teknonym)의 형식으로 이 형태를 사용하는 것이다. 현지조사 초기에 연구자는 족보 수단(收單)을 하고 있는 문중 사무실을 잠시 방문한 적이 있었는데, 여기서 새로이 족보를 하러 온 한 중년 아주머니의 다음 발화를 우연히 들을 수 있었다. "우리 아배가 …" 처음에는 돌아가신 시아버지에 대한 말인 줄 알았으나, 그것은 문중 대표들에게 함께 온 자신의 남편을 낮추어 가리키는 표현이었다. 또 조사지의 한 여성 제보자(79세)는 자신의 남편을 가리켜 연구자에게 "우리 할아배는 …"이라고 여러 번 지칭하였다. 그러나 거꾸로의 맥락, 즉 남편이 부인을 가리킬 때에는 이러한 '우리 어매/할매'와 같은 표현은 거의 쓰지 않는다. 대신 이 경우에는 '안식구' 또는 '우리식구'를 주로 쓴다.

또 자신을 남에게 소개할 때에도 이러한 형식의 표현을 쓰는데, 가령 "내가 내현이 아밸세."와 같은 예에서이다. 그런데 이 경우에는 상대방과의 지위관계에 따라 '비칭 I'의 어휘가 채택되기도 하는데, 가령 "제가 내현이 애비유."와 같은 예이다. 제보자들에 의하면, 앞의 예는 지위 면에서 동등하거나 또는 아랫사람에게 쓰는 표현이고, 뒤의 예는 웃어른에게 쓰는 표현이다. '아배' 외의 다른 어휘의 경우에도 동일한 사용 맥락에서 이러한 '비칭 II'와 '비칭 I'의 대조적인 구분 사용이 이루어지는 것으로 보인다.

이제 '비칭 II'의 어휘들이 비친척의 맥락에서 사용되는 방식에 대해 간략히 기술하도록 하겠다. 대체로 다음과 같은 두 경우가 대표적인 사용 맥락이 된다.

(1) 먼저 화자가 지칭 대상에 대해 '부애 났을 때', 즉 화가 났을 때의 발화이다. 가령 "저 할아배는 성질도 지랄 같어.", "저 할매(또는 '할망구')는 성질도 지랄 같어."와 같은 예에서이다. 평상시에는 '저 할아버지', '저 할머니'로 해당 사람을 가리키지만, 화자의 감정적 동요와 함께 비칭의 어휘인 '할아배', '할매'(또는 '할망구')를 선택·사용하는 경우이다.

(2) 또 다른 대표적인 상황은 과거 상민(조사지에서는 '상놈'과 함께 보다 완곡한 표현인 '중인'(中人)으로도 많이 표현함)에 대한 호칭 및 지칭의 사용 맥락이다. 가령 호칭의 경우 기본적으로 종자명호칭의 형식, 즉 '아이이름+할아배/할매/아배/어매'의 형식으로 주로 사용되었다. 또 지칭의 경우에도, 가령 '너희 할아배/할매/아배/어매 워디 갔니?'와 같이, '비칭 II'의 형태가 사용된 것으로 제보자들은 보고하였다.

이제 마지막 범주인 '비칭 III'의 사용 맥락이다. 앞서 밝혔듯이 이 범주는 세 등급의 '비칭' 중에서 상대방에 대한 비하(卑下)의 의미가 가장 약한, 즉 지시 대상을 가장 덜 낮추는 형태이다. 그리고 형태상으로는 '-엄' 계열의 말로 볼 수 있을 것이다.

그런데 이 '비칭 III'은 비친척의 맥락에서 그것도 과거 신분적 지위와 관련하여 주로 사용되었던 말이다. 즉 상민에 대한 호칭 및 지칭으로 사용되었는데, 가령 호칭으로는 '아이이름+할아범/할멈/아범/어멈'으로 사용되었고, 또 지칭으로는 '너희 할아범/할멈/아범/어멈 워디 갔니?'와 같이 사용되었던 말이다. 물론 이 계열의 어휘가 전달하는 사회적 의미(social meaning)는 동일한 사용 맥락에서 앞의 '비칭 II'가 전달하는 것보다 지시 대상을 좀 더 대접해 주는 말이었다.

여기서 한 가지 특이한 점은 '비칭 III'의 용어형태가 조사지의 경우 친척의 맥락에서는 사용되지 않는다는 사실일 것이다. 가령 앞에서 든 예문과 관련하여 예를 든다면, '네 시아범/시어멈 오라 해라'나 '너희 아범/어멈은 워디 갔니?', '내가 내현이 아범일세'와 같은 표현은 이곳에서 전혀 사용되지 않는다. 그뿐만 아니라 아들과 며느리가 (시)부모에게 자신의 아내와 남편을 가리키는 지칭의 맥락에서도 '어멈'과 '아범'은 사용되지 않는다.

그리고 앞의 〈표 1-1〉에서 7 '아주멈'과 8 '오라범'의 경우는 조사지에서 사용되어 온 어휘임에는 틀림없으나, 안타깝게도 구체적인 사용 맥락을 제보자들로부터 들을 수가 없었다. 그리고 6과 관련하여 '아주범'이라는 형태가 구조적으로 생성은 가능해 보이나, 아마도 이곳에서는 쓰이지 않은 표현인 것으로 제보자들은 판정하였다.

전체적으로 〈표 1-1〉의 '비칭 II'와 '비칭 III'은 영남 지방에서 널리 쓰이는 친척어휘인 '-아이' 계열의 말(가령 '아바이', '어마이' 등)(왕한석 2009: 155-168, 2012: 395-404 등)과 비슷한 수준의 의미값을 지닐 것이다. 그러나 이곳의 '비칭 III'이 과거 매우 제한적으로만 사용된 점을 고려하면, 영남 지방의 '-아이' 계열의 말에 대응하는 이곳의 친척어휘는 사실상 '비칭 II'의 어휘들이라고 볼 수 있겠다. 그런데 '비칭 II'의 어휘들은 그 형태의 면에서 영남 지방의 친척어휘로는 '평칭'의 그것과 거의 같은 모습을 보인다. 따라서 조사지의 제보자들로부터 직접적인 생생한 경험의 이야기를 전해 듣지는 못하였지만(가령 전북 고창 지역의 예(왕한석 2010: 296-297)), '비칭'으로 '-애' 계열의 말을 쓰는 사람들과 '평칭'으로 '-애' 계열의 말을 쓰는 사람들 간에는 당연히 심각한 수준의 의사소통 오해(miscommunication)가 발생할 수도 있었을 것으로 추측된다.

5. 호칭체계

조사지의 비친척 호칭체계는 현재의 시점에서는 비교적 단순한 편이다. 그것은 여러 다른 지역처럼 의사친척호칭(fictive kinship terms)을 중심으로 하는 일반적 모형을 이루기 때문이다. 그러나 이곳에는 그리 멀지 않은 시기까지 택호도 일상적으로 사용되었고, 또 사회계층의 구분에 따른 특이한 호칭어의 사용도 발달한 곳이었다. 그뿐만 아니라 평교(平交)의 말씨 관계, 즉 소위 '벗'에 대한 여러 민간 명칭과 행동 규범도 비교적 잘 전승되어 오는 곳으로 드러났다.

1) 지위 구분의 민속 모형과 '벗'

여기서도 사회적 상호작용의 기반이 되는 상대방과의 사회적 관계는 크게 세 범주로 구분·인식된다. 즉, 상호작용의 대상인 상대방을 기준으로 표현하여, 하나는 '수상'(手上) 또는 '손윗사람'의 범주이고, 다른 하나는 '수하'(手下) 또는 '손아랫사람'의 범주이며, 마지막 하나는 '친구지간' 또는 '동무'의 범주이다. 물론 상대방과의 연령 관계에 바탕하여 이루어지는 사회적 관계의 기본 범주들이다.

위의 세 기본 범주는 이곳에서도 다시 친척 모형(kinship model)의 은유적 확대에 기반하여 7개 범주의 이차적 구분으로 세분된다. 즉 '할아버지빨', '아버지빨', '형님빨', '친구지간'(또는 '동무'), '아우빨', '아들빨', '손자빨'이라는 구분법이 그것이다.

이곳 조사지에서 인지·실행되는 이와 같은 사회적 관계, 다시 말하여 위계적인 지위 관계(status relationship)의 범주 구분법을 간명하게 표로 정리하면, 다음의 〈표 1-2〉와 같은 민속 모형이 된다.[18)]

〈표 1-2〉와 관련하여 조사지에서 널리 쓰는 표현에 '연갑'(年甲)이 있다. 이 '연갑'은 나이가 같은 것을 넘어 비슷한 연령층을 가리키는 말이다. 따라서 '연갑'은 위의 '친구지간'(또는 '동무')과 사실상 같은 범주를 가리키는 말이 된다. "나랑 연갑새 되여."와 같이 쓰인다.

이른바 '벗'을 하는 관행 및 관련 표현들은 조사지에서 비교적 발달한 것으로 보인다. 먼저 이곳에서는 평교하는 것을 일러 '벗을 헌다'라고 표현하는데, 벗은 이 지역의 경우 8세 차이까지 가능하다고 한다.

---

18) 조사지에서 들은 지위 구분과 관련이 있는 특이한 표현에는 '극노인'(極老人)이 있다. 말할 것도 없이 아주 나이 많은 노인을 가리키는 말인데, 이에 대(對)가 되는 표현은 당연히 '어린애'이다.

〈표 1-2〉 지위 구분의 민속 모형

지위 구분		대체적 규정 조건	행동 규범
수상/ 손윗사람	할아버지빨	30~40세 이상 연상자 또는 노인 세대	조부모 대접
	아버지빨	15세 이상 연상자	부모 대접
	형님빨	5~10세 이상 연상자	형님 대접
친구지간/동무		5세 연상자에서 5세 연하자 사이의 연령층	친구 사이
수하/ 손아랫 사람	아우빨	5~10세 이상 연하자	아우 대접
	아들빨	15세 이상 연하자	자식 대접
	손자빨	30~40세 이상 연하자 또는 어린애	손자 대접

그러나 실제로는 5~6세 차이 이내에서만 자유롭게 벗을 해 왔다. 그런데 근래에 들어서는 2~3세 차이 이내로 '벗 나이'가 크게 좁혀지는 경향을 보인다고 한다. 어쨌든 벗을 하는 연령 범위, 즉 나이 차이와 관련하여 5~6세 이내의 차이는 흔히 '벗 자리'로 불리지만, 7~8세 정도의 차이는 '벗허기가 뻣뻣허다'라고 표현된다. 그만큼 벗을 하기가 쉽지 않고 부담스럽다는 의미일 것이다.

이곳 조사지에는 또 옛 표현인 '노인자제'(老人子弟)와 '소인자제'(少人子弟)가 아직도 사용되고 있었다. 이 두 문화적 범주의 구분은 당연히 벗을 하는 것과도 관련되는데, '노인자제'는 상대적으로 대접을 받아 나이 차이가 많은 사람하고도 벗을 할 수 있는 데 비해, '소인자제'는 거꾸로 벗을 하는 데서 상대적으로 손해를 보는 것이 이곳의 오랜 관행이다. 그리하여 '벗허기가 뻣뻣헌' 나이인 8세 연하일지라도 상대방이 '노인자제'이면 원칙적으로 벗을 하는 것이 이 지역의 전해 오는 언어예법이다.

벗은 물론 부자간(父子間)에는 같은 사람과 함께할 수 없다는 엄격한 구분이 있다. 즉, 아버지가 벗을 하는 자리에는 아들은 결코 벗을 할 수가 없다. 그러나 형제(兄弟)는 같은 사람과 벗을 할 수가 있는데, 이 경우에도 실제로는 상대방이 좀 꺼리는 경향이 있다고 한다. 다시 말하여 형제가 모두 '벗 나이'가 될 경우 상대방은 윗사람인 형과 주로 벗을 하므로, 결과적으로 아우는 벗을 하는 데서 좀 손해를 보게 된다. 그러나 한 집안의 형제들과 벗을 하더라도, 어디까지나 두 형제하고만 벗을 하지 "삼형제(三兄弟) 벗은 않는다." 다시 말하여 어떤 사람이 자신과 벗 나이가 되는 한 집의 두 형제와는 벗을 할 수가 있지만, 그 집의 세 형제와는 아무리 벗 나이가 되더라도 벗을 할 수 없는 것이 이 지역의 또 다른 언어사용 규범이다.

제보자들은 또 벗을 '동네 벗'과 '타동(他洞) 벗'으로 구분하여 표현하였다. '동네 벗'이란 자기 동네 또는 자기 지역에서 하는 벗을 가리킨다. 따라서 이 경우에는 자연히 규범에 맞추어 벗을 해야 하므로, 결과적으로 아무래도 좁은 연령 범위 내에서 벗을 하게 된다. 이에 비해 '타동 벗'은 모르는 동네나 객지에 나가서 하는 벗을 가리킨다. 따라서 이 경우에는 보다 넓은 연령 범위 내에서 벗을 하게 된다. 그리하여 흔히 일컫는 "벗을 10년까지 헌다."라는 말은 '타동 벗'의 맥락에 적용되는 말로 제보자들은 이해하였다.

이 지역에서도 물론 벗은 남성들의 세계에만 있는 것이다(Dredge 1978: 191-197; Wang 1984: 147-175 등 참조). 그러나 근래 들어 '벗을 허는' 관행이 여성들의 세계로도 확장된 듯한데, 젊은 부인들은 거개 또래들끼리 벗을 한다. 그뿐만 아니라 노인층 여성들(주로 70대 후반 및 80대 초반의 제보자들)의 세계에서도 '벗허는' 것이 수용되어 제법 널리 퍼져 있는 듯하였다. 한 70대 후반의 제보자에 따르면, 타성의 부인들끼리

5~6세 정도 이내의 나이 차이에서 서로 맞으면 '벗을 허자'고 하여 벗을 하는 것으로 보고하였다. 그리고 이 경우에 사용하는 말단계는 이 지역에서 발달한 '반말'을 주로 쓴다고 하였다.

조사지의 경우 '벗을 허는' 과정에 대한 표현도 제법 발달해 있는데, '벗을 청한다', '벗을 받아 준다', '벗을 튼다'와 같은 말이 그것이다. 여기서도 대체로 나이 든 사람이 '벗을 청하고', 나이 적은 사람이 '벗을 받아 주어', 두 사람은 '벗을 트게' 된다. 그뿐만 아니라 하던 벗을 더 이상 하지 않게 되는 것은 '벗을 물린다' 또는 '벗을 깬다'로 표현한다. 특히 근래에 들어 '벗 나이'의 범위가 과거보다 좁게 인식되면서, 간혹 나이 적은 사람이 나이 많은 벗에게 '벗을 물리자고' 하는 경우가 생기고, 이 제안이 연장자에 의해 받아들여지면 두 사람은 합의하에 '벗을 깨게' 된다.

벗의 확장된 형태인 '어린양〔어리광〕 벗'도 이곳 조사지에는 남아 있나. 그러나 그 개념과 구체적인 사용 방식은 그리 명료하지 않은 편이다. 대체로 '나이 차이가 많은 사이에서 연하자가 연상자에게 하는 벗' 또는 '연하자가 연상자에게 '어린양 부리는' 것처럼 벗을 하는 것'으로 제보자들은 이해한다. 보다 구체적으로 연하자가 연상자에게 호칭으로 '형'과 이름을 함께 사용한다든지, 또는 놀리는 투의 말을 쓰는 것 정도로 설명하였다. 한 주 제보자는 '어린양 부리는' 것의 실제 예로, 과거 10세 연상의 사람(정씨였음)에게 정(鄭)씨를 당나귀에 빗대어 "형님 당나귀 울음 좀 울어봐."라고 놀리고, 그 연상자도 이에 화답하여 실제로 당나귀 울음소리를 흉내 내면서 함께 웃은 사례를 소개하였다. 전체로 이 '어린양 벗'은 조사지에서 '벗 나이'가 넘는 연상자에게 연하자가 어리광을 부리는 벗 또는 그러한 '웃음의' 말씨관계를 가리키는 말로 이해된다.

마지막으로 '벗허는' 것과 연관되는 또 다른 사회적 관계 또는 말씨 관계에 대한 이 지역의 토착 표현들이다. 먼저 '터놓고 지낸다'라는 말이 널리 사용되는데, 이 표현은 서로 '벗허는' 것에서 더 나아가 매우 친밀하게 지내는 것을 가리킨다. 가령 어려서 만난 친구 간처럼 서로 자유롭게 아무런 거리낌 없이 지내는 사이를 가리키는 말로, 이 경우 언어사용의 면에서는 서로 '너'로 부르고 또 함께 '농'을 주고받는 것 등으로 특징지어진다. 이렇게 서로 '터놓고 지내는' 사이를 또 '허물없다'라고도 표현하는데, 이 말은 두 사람 사이에 '아무 가리는 것이 없다'라는 의미로 이해된다. 그러나 이와 관련이 있는 '이무롭다'라는 표현은 아마도 이 지역에서는 사용되지 않는 말 같다.

2) (과거의) 택호 사용

조사지의 택호(宅號)는 두 가지 면에서 특이하다. 먼저 하나는 '(여성의) 출신지명+댁'을 원형으로 하는 호칭형태, 즉 소위 택호(宅號)에 대한 토착 명칭이 이곳에는 없다는 것이다. 이곳의 제보자들은 '택호'라는 명칭을 아예 모를 뿐만 아니라, 또 택호에 상응하는 다른 상위언어적 명칭(metalinguistic term)도 가지고 있지 않다. 다시 말하여 '출신지명+댁'이라는 호칭형태는 조사지에서 제법 널리 사용해 왔지만, 이 호칭형태를 가리키는 민간 명칭은 이곳에서 전혀 발달하지 않았던 것이 된다. 다른 하나는 타성의 여성에 대한 호칭 및 지칭으로 과거에는 이 택호를 썼으나, 오늘날은 거의 쓰지 않는다는 사실이다. 마치 부산 동래 지역(왕한석 2009: 177-179)에서의 변화 사례처럼, 조사지에서 택호는 오늘날을 기준으로는 사실상 사라진 호칭형태가 된다.

이제 이곳의 택호의 과거 사용 양상에 대해 좀 더 구체적으로 살펴보기로 하자. 조사지에서도 '출신지명＋댁'이라는 용어형태를 호칭과 지칭의 상황 모두에서 썼는데, 호칭의 경우에는 비슷한 연령층의 타성의 여성들끼리 서로를 부르는 말로 사용하였다. 그러나 이 지역의 경우 '아내의 출신지명＋양반'과 같은 그 배우자(즉 남성)에 대한 택호의 사용은 원래부터 없었던 것으로 보고된다. 달리 말하여 여성에게만 택호가 사용되었고 그것도 비슷한 연령층끼리 서로를 부르는 말로 사용함으로써, 택호의 사용 범위가 다른 지역(대표적으로 전북 고창 지역(왕한석 2010: 260-278)이나 경북 선산 지역(왕한석 2012: 404-426) 등)보다 훨씬 좁았던 것이 될 것이다.

다음으로 이 마을 내에서 사용되었던 실제 택호의 예를 부분적으로 들면 다음과 같다. (1) 먼저 고을 이름을 딴 택호명들인데, '예산댁', '서산댁', '청양댁', '홍주댁'('홍주'는 홍성의 옛 이름으로 홍성읍에서 시집온 분의 택호임) 등이 이에 해당한다. 대체로 이웃한 고을, 즉 다른 군에서 시집을 온 분들에 대한 택호명들이다. (2) 다음으로 비교적 많은 예는 인근의 마을에서 시집온 분들에 대한 택호명인데, 대체로 마을의 고유 이름을 따서 택호를 지은 경우이다. 가령 '하리댁'(같은 내현리의 '화산마을'의 옛 이름임), '발읍재댁'(같은 내현리의 '발현마을'의 고유 이름임), '지석니댁'(이웃한 지정리의 '지서니마을'임), '태봉꿀댁'(이웃한 태봉리의 '태봉꿀마을'임), '뱃고개댁'(같은 태봉리의 '외중마을'의 고유 이름임), '둑재댁'(이웃한 오봉리의 '둑재마을'임), '황굴댁'(이웃한 황곡리의 '황굴마을'임), '대머리댁'(같은 구항면 내의 공리의 고유 이름임) 등이 그것이다. 모두가 출신 마을의 고유 이름 또는 옛 이름을 따서 지은 택호명들이 될 것이다.[19]

---

19) 연구자는 내현마을이 속해 있는 내현리 외에 인근의 다른 마을에서 시집온 경우에 택호명을 어떻게 짓는지를 제보자들에게 질문하였는데, 모두 해당 마을 즉 자연 부락의

그런데 같은 동네, 즉 내현마을에서 시집온 경우에는 이러한 택호의 작명이 이루어지지 않는다. 이 경우에는 택호 형태 대신에 '남편 성+서방+댁'으로 해당 부인을 불렀는데, 가령 '전 서방 댁', '서 서방 댁' 같은 호칭형태가 그 예이다. 여기서 이 지역의 경우 택호가 발달한 다른 지역에 비해 택호 사용이 상대적으로 덜 발달하였음을 다시 한 번 확인할 수가 있겠다.

조사지에서의 택호 사용은 제보자들의 기억으로는 30~40년 전에 이미 사라진 것으로 말해진다. 현지조사 기간 중 연구자는 택호로써 상대방을 부르거나 가리키는 장면을 한 번도 관찰할 수가 없었다. 따라서 이 내현마을의 경우 현재의 노인 세대에서도 택호는 이미 사용하지 않는 것이 될 것이다.

고유 이름을 따 택호명을 짓는다고 또는 지을 것이라고 답하였다.

구체적으로 내현마을의 남쪽으로는 지정리가 있는데, 이 지정리에는 3개의 마을 즉 '지석니', '먹적굴', '고루물'이 있다. 따라서 해당 마을에서 시집온 분은 각기 '지석니댁'(위의 목록에서 이미 예시함), '먹적굴댁', '고루물댁'이 된다.

내현마을의 남서쪽으로는 태봉리가 있는데, 이 태봉리에는 4개의 마을 즉 '태봉꿀', '외중', '구양꿀', '가오래기'가 있다. 따라서 해당 마을에서 시집온 분은 각기 '태봉꿀댁'(이 택호도 위의 목록에서 예시함), '뱃고개댁'('뱃고개'는 외중마을의 고유 이름으로, 이 택호도 위의 목록에서 예시함), '구양꿀댁', '가오래기댁'이 된다.

내현마을의 북서쪽으로는 장양리가 있는데, 이 장양리에는 3개의 마을 즉 '장버들', '벌말', '참새꿀'이 있다. 따라서 해당 마을에서 시집온 분은 각기 '장버들댁', '벌말댁', '참새꿀댁'이 된다.

또 내현마을의 북쪽으로는 오봉리가 있는데, 이 오봉리에는 3개의 마을 즉 '둑재', '샛가시', '가루개'가 있다. 따라서 해당 마을에서 시집온 분은 각기 '둑재댁'(이 택호도 위의 목록에서 예시함), '샛가시댁', '가루개댁'이 된다.

마지막으로 내현마을의 북동쪽으로는 황곡리가 있는데, 이 황곡리에는 3개의 마을 즉 '황굴', '먹꿀', '살포쟁이'가 있다. 따라서 해당 마을에서 시집온 분은 각기 '황굴댁'(이 택호도 위의 목록에서 예시함), '먹꿀댁', '살포쟁이댁'이 된다.

전체적으로 가까운 인근에서 시집온 경우 해당 마을, 즉 자연 부락의 고유 이름을 따서 해당 여성의 택호명을 지었음을 다시 한 번 확인할 수가 있겠다. 이는 또 전통적인 자연부락이 이 지역에서 사회적 인지의 기본 단위가 됨을 반영하는 것으로 생각된다.

다음으로 이 지역에서도 택호는 친척용어의 한정어(qualifier)로서, 즉 동일한 친척용어로 불리는 사람들을 구분짓기 위한 유별적 수단으로 사용되었다. 다른 지역과 마찬가지로 '출신지명(즉 택호)+친척용어'의 형태로 사용되었는데, 가령 몇 가지 예를 들자면 '서산 아저씨', '태봉꿀 아주머니', '황굴 형님' 등과 같은 용례였다.

그리고 이곳 조사지에서 택호가 사용된 또 다른 영역, 즉 기능(function)은 '집 이름'으로의 사용이다. 이 경우 '택호+네'의 형태로 사용되었는데, 가령 '예산댁네', '지석니댁네', '둑재댁네' 등과 같은 사용법이다. 집 이름으로 택호를 사용할 경우, 시어머니 생존 시에는 주로 시어머니의 택호를 쓰고, 시어머니 사후에는 며느리의 택호를 써서 개별 집을 가리켰다고 한다.[20]

마지막으로 조사지에서는 집 이름으로 해당 집에 벼슬이 있었을 경우, 벼슬명 택호도 사용되었다고 한다. 가령 '통정댁'(아마도 통정대부의 직첩을 가졌던 집인 듯함), '주사댁'(아마도 구품 주사를 지냈거나 그 직첩을 가졌던 집인 듯함)과 같은 예이다. 그러나 해당 집을 가리키는 데서 이 '벼슬명 택호'와 함께 통상적인 '(여성의) 출신지명 택호'도 같이 사용되었다고 한다. 그리고 위의 벼슬명 택호는 모두 당대(當代)에만 사용된 당대 택호였으나, 다른 한 집의 것은 비교적 위세가 높은 벼슬명 택호라 2~3대가량 이 택호가 내려왔었다고 하는데, 그것은 '증평공댁'(아마도 증평(曾坪)과 관련된 실제의 벼슬을 한 집인 듯함)이라는 예외적인 집 이름 택호였다고 한다.[21]

---

20) 이 택호 식의 집 이름이 없어진 뒤로는 사람의 이름으로써 해당 집을 가리킨다. 가령 '내현+네'와 같이 쓰는데, 가구주가 젊은 사람일 경우에는 가구주의 이름을 쓰고, 가구주가 나이 든 사람일 경우에는 주로 그 집 아들의 이름을 써서 해당 집을 가리킨다.

21) 벼슬 이름을 딴 택호의 작명 및 사용 방식과 택호의 계승에 대한 다른 지역에서의 구체적인 연구 내용에 대해서는 왕한석(1989)을 참조할 것.

3) 오늘날의 비친척 호칭체계

이제 현재의 시점에서 이 언어공동체에서 일상적으로 사용하는 호칭형태와 그것의 사용 방식을 기술하기로 하겠다. 먼저 노년층(대체로 70대 및 80대 초반) 여성 화자들이 사용하는 호칭체계는 〈표 1-3〉과 같이 정리할 수 있다.

여기서 청자가 남성인 경우, 먼저 '친구지간'에서 사용하는 호칭형태 중 '아이이름+아버지'는 상대적으로 가까운 자리에 그리고 '아저씨'는 상대적으로 먼 자리에 사용하는 호칭어로 구분된다. 그리고 '친구지간' 등에게 사용하는 '아이이름+아버지'의 형태는 오늘날에는 부분적으로 '아이이름+아빠'로 발화되기도 한다. 혼인을 하였으나 아직 자녀가 없는 '아들빨'에게 사용하는 '신랑'과 미성(未成)의 '아들빨'에게 사용하는 '도령님'의 형태는 좀 고투의 호칭형태가 될 것이다.(그런데 여기서의 '도령님'은 미성의 시동생(HBy) 등에게 사용하는 친척호칭인 '데린님'과는 구분되는 어형인 것으로 보인다.) 그리고 이 지역의 경우 이름 뒤에 붙이는 호격조사 '-이'(또는 '-∅')와 '-아'(또는 '-야')의 구분은 비교적 명료한 것으로 나타난다.

그런데 이웃한 당진군의 한 반촌(대호지면(大湖芝面) 도리리(桃李里)의 의령 남씨(宜寧南氏) 마을)에 대한 집중적인 사회문화적 연구에서도 택호의 형태 및 사용에 대한 간략한 보고가 이루어진 바 있다(김일철·김필동 외 1998: 80-82, 323-324). 그런데 이 연구에서의 기술 내용은 호칭형태로서의 택호이기보다는 집 이름으로서의 택호에 맞추어지고, 그리고 택호의 의미를 보다 넓게 해석하는 것으로 보인다. 어쨌든 충남 지역의 택호 사용에 대한 비교적 드문 참고 자료가 될 것인데, 해당 마을의 경우에도 벼슬명에서 연원한 택호가 부분적이지만 발달한 것으로 나타난다.

그리고 충남 지역의 택호 사용에 대한 기존의 간략한 보고에는 또 여중철(1975: 85-86)이 있다.

〈표 1-3〉 (노년층) 여성 화자의 호칭어 사용

<table>
<tr><th colspan="3" rowspan="2">지위 구분</th><th colspan="2">청자</th></tr>
<tr><th>남성</th><th>여성</th></tr>
<tr><td colspan="3">할아버지빨</td><td>할아버지</td><td>할머니</td></tr>
<tr><td colspan="3">아버지빨</td><td rowspan="2">아저씨</td><td>아주머니</td></tr>
<tr><td colspan="3">형님빨</td><td>아주머니/ 형님</td></tr>
<tr><td colspan="3">친구지간</td><td>아이이름+아버지/ 아저씨</td><td rowspan="3">아이이름+
어머니(또는 엄마)</td></tr>
<tr><td colspan="3">아우빨</td><td rowspan="2">아이이름+아버지</td></tr>
<tr><td rowspan="3">아들빨</td><td rowspan="2">혼인</td><td>자녀 있음</td></tr>
<tr><td>자녀 없음</td><td>신랑</td><td>새댁</td></tr>
<tr><td colspan="2">미성</td><td>도령님</td><td>새악시</td></tr>
<tr><td rowspan="2">손자빨</td><td colspan="2">10세 이상</td><td colspan="2">이름+이</td></tr>
<tr><td colspan="2">10세 이하</td><td colspan="2">이름+아</td></tr>
</table>

다음으로 여성인 청자에게 사용하는 호칭어들을 살펴보기로 하자. 먼저 '형님빨'에게 사용하는 두 호칭어 중에서, '아주머니'는 좀 먼 자리에 그리고 '형님'은 비교적 가까운 자리에 사용하는 호칭형태로 구분된다. 그리고 '친구지간' 등에게 사용하는 '아이이름+어머니'와 '아이이름+엄마'의 두 호칭형태 가운데 오늘날에는 '아이이름+엄마'의 형태가 더 빈번히 사용되는 것으로 관찰된다. 혼인을 하지 않은 '아들빨'에게 사용하는 '새악시'는 이 지역의 조금 특이한 고투의 형태로 느껴지는데, 나아가 이 '새악시'의 이전 형태 즉 동일한 자리에 좀 더 과거에 사용하던 호칭형태는 '언년'이었던 것으로 제보자들은 보고하였다.[22)]

그리고 과거 ('할아버지빨'의) '할머니'에 대한 지칭으로 '어르신님'이 부분적으로 사용되었다고 하고, 앞서 기술한 택호 즉 '출신지명+댁'의 호칭형태는 주로 위 〈표 1-3〉의 '친구지간'에서 사용되었다고 한다.

다음으로 노년층(대체로 70대 및 80대 초반) 남성 화자들이 사용하는 호칭체계는 아래의 〈표 1-4〉와 같이 정리된다.

〈표 1-4〉 (노년층) 남성 화자의 호칭어 사용

<table>
<tr><th colspan="3" rowspan="2">지위 구분</th><th colspan="2">청자</th></tr>
<tr><th>남성</th><th>여성</th></tr>
<tr><td colspan="3">할아버지빨</td><td>할아버지/ 어르신네</td><td>할머니</td></tr>
<tr><td colspan="3">아버지빨</td><td>아저씨/ 어르신네</td><td rowspan="2">아주머니</td></tr>
<tr><td colspan="3">형님빨</td><td>형님</td></tr>
<tr><td colspan="3">친구지간</td><td>이름+이/ 자 · 호</td><td rowspan="2">아주머니/
아이이름+어머니(또는 엄마)</td></tr>
<tr><td colspan="3">아우빨</td><td rowspan="5">이름+이</td></tr>
<tr><td rowspan="3">아들빨</td><td rowspan="2">혼인</td><td>자녀 있음</td><td>아이이름+어머니(또는 엄마)</td></tr>
<tr><td>자녀 없음</td><td>새댁</td></tr>
<tr><td colspan="2">미성</td><td>아버지이름+네+여식</td></tr>
<tr><td rowspan="2">손자빨</td><td colspan="2">20세 이상</td><td>이름+이</td></tr>
<tr><td colspan="2">20세 이하</td><td colspan="2">이름+아</td></tr>
</table>

22) 이 특이한 호칭형태의 기본형은 '언년'인 것으로 보인다. 구체적인 사용 방식을 보면 호칭의 경우는 '언년+아'를 쓰고, 지칭의 경우는 '집 이름+언년+이'(가령 '태봉꿀댁네 언년이')를 썼다고 한다.

먼저 남성 청자에 대한 호칭어에서 '할아버지빨'과 '아버지빨'에 대한 호칭형태로 '어르신네'가 부분적으로 사용되는데, 이는 여성 화자에게서는 나타나지 않는 것이다. 제보자들에 의하면, 통상적으로는 '할아버지'와 '아저씨'를 주로 사용하고, 예의를 차리는 격식적인 상황에서는 '어르신네'를 선택·사용한다고 한다. '친구지간'에서 쓰는 자(字)와 호(號)는 물론 상대방이 자나 호를 가졌을 때만 사용 가능한 것인데, 오늘날의 시점에서 보면, 자는 부분적으로 남아 있지만 호는 사실상 없는 셈이 된다. 그리고 이름 뒤에 붙이는 호격조사 '-이'와 '-아'의 구분 사용법에서, 남성 화자들이 여성 화자들보다 '-아'를 붙이는 연령 범위가 더 넓음을, 다시 말하여 상대방을 '어린애'로 취급하는 범위가 더 넓음을 위 표에서 또한 확인할 수가 있겠다.(물론 실제의 사용에서는 상대적으로 적용되는 연령 기준일 것이다.)

다음으로 여성 청자에 대한 호칭어를 살펴보면, '친구지간' 및 '아우빨'에게 쓰는 호칭형태 중 '아주머니'는 좀 먼 자리에, '아이이름+어머니(또는 엄마)'는 상대적으로 가까운 자리에 사용한다. 그리고 아직 자녀가 없는 혼인한 '아들빨'에게는 여성 화자들과 똑같이 '새댁'을 사용한다. 아마도 좀 더 흥미로운 형태는 미성인 '아들빨'에게 사용하는 '아버지 이름+네+여식(女息)'(가령 '내현이네 여식')으로 보이는데, 이 형태는 상대방을 좀 더 대접해 주는 말이라고 한다. 물론 이 형태가 그리 빈번하게 사용되지는 않겠지만, 어쨌든 호칭어의 형태 구분면에서 한국 사회에서는 지금까지 발견되지 않았던 종부명호칭(從父名呼稱, patronym)(Evans-Pritchard 1948; Braun 1988: 10-11, 38, 306 등)의 형태인 것 같아 자못 흥미롭다. 다시 말하여 우리 사회의 특징적인 호칭형태로 그동안 택호(宅號)와 종자명호칭(從子名呼稱, teknonym)이 발달한 것은 널리 알려져 왔지만(대표적으로 Lee and Harvey 1973; 왕한석

1989; 김성철 1995; 조숙정 2010b 등), 이곳 조사지에서 호칭형태의 하나로 종부명호칭이 발견된 것은, 물론 부분적 사례이기는 하지만, 아마도 특기할 만한 사실이 될 것이다.

이제 중년층 여성 및 남성 화자들이 사용하는 호칭체계에 대해 간략히 정리하기로 하겠다. 여기서 중년층 화자는 조사지 인구 구성의 특성에 따라 대체로 50대 후반에서 60대 초반 사이의 화자들을 가리킨다. 다음의 〈표 1-5〉는 (중년층) 여성 화자의 것이고, 〈표 1-6〉은 (중년층) 남성 화자의 것이다.

전체적으로 중년층 화자들이 사용하는 호칭체계도 노년층 화자들

〈표 1-5〉 (중년층) 여성 화자의 호칭어 사용

<table>
<tr><th colspan="3" rowspan="2">지위 구분</th><th colspan="2">청자</th></tr>
<tr><th>남성</th><th>여성</th></tr>
<tr><td colspan="3">할아버지빨</td><td>할아버지</td><td>할머니</td></tr>
<tr><td colspan="3">아버지빨</td><td rowspan="2">아저씨</td><td>아주머니</td></tr>
<tr><td colspan="3">형님빨</td><td>아주머니/ 언니/성</td></tr>
<tr><td colspan="3">친구지간</td><td rowspan="3">아이이름+아빠</td><td rowspan="3">아이이름+엄마</td></tr>
<tr><td colspan="3">아우빨</td></tr>
<tr><td rowspan="3">아들빨</td><td rowspan="2">혼인</td><td>자녀 있음</td></tr>
<tr><td>자녀 없음</td><td>조카이름+삼춘</td><td>새댁</td></tr>
<tr><td colspan="2">미성</td><td>총각/ 조카이름+삼춘</td><td>아가씨</td></tr>
<tr><td rowspan="2">손자빨</td><td colspan="2">고등학교 졸업 이상</td><td colspan="2">이름+이</td></tr>
<tr><td colspan="2">고등학교 졸업 이하</td><td colspan="2">이름+아</td></tr>
</table>

<표 1-6> (중년층) 남성 화자의 호칭어 사용

<table>
<tr><th colspan="3" rowspan="2">지위 구분</th><th colspan="2">청자</th></tr>
<tr><th>남성</th><th>여성</th></tr>
<tr><td colspan="3">할아버지빨</td><td>할아버지/ 어르신네</td><td>할머니</td></tr>
<tr><td colspan="3">아버지빨</td><td>아저씨/ 어르신네</td><td rowspan="2">아주머니</td></tr>
<tr><td colspan="3">형님빨</td><td>형님</td></tr>
<tr><td colspan="3">친구지간</td><td rowspan="6">이름+이</td><td rowspan="2">아이이름+엄마/
아주머니</td></tr>
<tr><td colspan="3">아우빨</td></tr>
<tr><td rowspan="3">아들빨</td><td rowspan="2">혼인</td><td>자녀 있음</td><td>아이이름+엄마</td></tr>
<tr><td>자녀 없음</td><td>새댁</td></tr>
<tr><td colspan="2">미성</td><td>동생이름+누나 또는
언니/ 조카이름+고모</td></tr>
<tr><td rowspan="2">손자빨</td><td colspan="2">고등학교 졸업 이상</td><td>이름+이</td></tr>
<tr><td colspan="2">고등학교 졸업 이하</td><td colspan="2">이름+아</td></tr>
</table>

의 그것과 큰 차이는 없는 것으로 나타난다. 아마도 상대적으로 전통성이 강한 이 마을의 특성을 반영하는 것으로 보인다.

먼저 여성 화자들이 남성 청자에 대해 사용하는 호칭어에서, '친구지간'에게 사용하던 좀 먼 표현인 '아저씨'는 이제 사용되지 않는다. 또 '친구지간' 등에게 사용하던 '아이이름+아버지'는 오늘날의 친근한 형태인 '아이이름+아빠'로 바뀌었음을 본다. 그리고 자녀가 없는 혼인한 '아들빨'에게는 '신랑'이라는 고투의 호칭어 대신에 '조카이름+삼촌'이라는 친근한 종자명호칭을 쓴다. 그리고 '손자빨'에게 이름 뒤에 붙이는 호격조사 '-아'의 적용 범위도 앞 세대보다는 좀 더 넓어졌음을 볼 수 있다.

다음으로 여성 청자에 대한 호칭어의 사용 양상이다. 먼저 '형님빨'에게 쓰는 '언니' 또는 '성'은 친한 사이에서 쓰는 호칭어인데, 이는 앞 세대의 '형님'에 대응되는 그러나 보다 친근한 오늘날의 표현일 것이다. 그리고 '친구지간' 등에게 사용하는 종자명호칭은 오늘날의 친근한 표현인 '아이이름+엄마'로 완전히 바뀌었다. 또 자녀가 없는 혼인한 '아들빨'에게는 여전히 '새댁'을 쓰지만, 미성의 '아들빨'에게는 고형인 '새악시' 대신에 오늘날의 말인 '아가씨'를 주로 쓴다.(여기서 앞 세대, 즉 노년층 여성 화자들은 '도령님'과 '새악시'를 쓰는 '아들빨'의 자연적 연령 기준을 대체로 15세 이상 정도로 보았는 데 비해, 이 중년층 여성 화자들은 '총각'과 '아가씨'를 쓰는 '아들빨'의 자연적 연령 기준을 대체로 20세 이상 정도로 보았음을 부기해 둔다.)

이제 중년층 남성 화자들이 남성 청자에게 사용하는 호칭체계이다. 전체적으로 별다른 변화는 없어 보이는데, 이들은 아직 '할아버지빨'과 '아버지빨'에게 격식적 호칭어인 '어르신네'를 부분적으로 쓴다. 그러나 '친구지간'에서 부분적으로 쓰던 자나 호는 이 세대에서는 이제 사라진 것이 될 것이다.

다음으로 여성 청자에 대한 호칭어도 별다른 변화는 없는 셈이다. 이 세대는 '친구지간' 및 '아우빨'에서 '아주머니'보다는 '아이이름+엄마'를 더 많이 사용하는데, 앞 세대와 마찬가지로 전자는 격식성과 거리감의 느낌을 주는 데 비해 후자는 친밀감의 느낌을 주는 것으로 지각하였다. 그리고 남성 화자들이 '친구지간' 등에게 사용하는 종자명호칭의 형태도 오늘날의 표현인 '아이이름+엄마'로 바뀌었다. 자녀가 없는 혼인한 '아들빨'에게는 이 화자들도 여전히 '새댁'을 쓰는데, 단 미성의 '아들빨'에게는 앞 세대와 달리 오늘날의 확대된 종자명호칭 형태, 즉

'동생 이름+누나/언니'나 '조카이름+고모'를 쓰는 변화된 모습을 보인다. 한 가지, '손자빨'의 구분에서 앞 세대는 20세 정도를 기준으로 하고 그리고 이 세대는 고등학교 졸업 정도를 기준으로 하여 각기 하위 범주를 나누는 것으로 말하였지만, 이 구분의 기준은 사실상 거의 같은 것으로 볼 수 있겠다.

이상에서 정리한 조사지의 비친척 호칭체계는 여러 다른 지역의 것과 기본적으로 유사한 체계가 될 것이다. 다시 말해 의사친척호칭, 종자명호칭, 그리고 개인의 이름을 근간으로 하는 우리 사회에서 널리 채택되는 호칭체계의 모형이다. 단, 조사지의 경우 '아들빨' 중 아직 자녀가 없는 사람과 미성인 사람을 부르는 '존중의' 호칭어가 상대적으로 발달한 셈이 될 것이고, 택호는 과거 부분적으로만 사용되다 지금은 그 사용이 완전히 중단된 옛 호칭형태가 될 것이다. 그리고 여기서도 종자명호칭의 사용은 근래 들어 분명히 확장되는 모습을 보인다.

4) 특이 호칭어

조사지는 과거 이 지역의 반촌 중 한 곳이었다. 따라서 여기서도 과거의 신분적 지위 구부에 따른 소위 신분지위호칭(estate status term)(왕한석 2000)의 개략적 사용 양상에 대해 부분적이나마 들을 수 있었다.

먼저 이곳의 경우 과거의 사회계층은 세 범주, 즉 양반과 상놈 그리고 중인으로 구분·인식되었다고 한다. 여기서 '상놈'은 비복(婢僕)과 행랑 사람들을 가리키는 좁은 범주인데, 흔히 과거에 '상것들' 또는 '아랫것들'로 비하하여도 부르던 사람들이다. '중인'은 양반도 아니고 상놈도 아닌 중간 지위의 사람들을 가리킨다. 그런데 조사지의 경우 일종의 완곡 표현(euphemistic expression)으로서의 '중인'도 널리 사용되는데, 이 경우에는 상층 계급이 아닌 사람들 모두를 가리키는 말, 즉 위의 상놈과 중인을 포괄하는 말이 된다.

어쨌든 과거 상놈과 중인이 양반에게 사용하였던 신분지위호칭의 목록은 다음과 같다. 그런데 이 차별적인 호칭어의 사용은 대체로 해방 직후의 시기쯤에 이 마을에서는 사라진 것으로 제보자들은 기억하였다.

샌님 해당 집의 남자 주인
마님 해당 집의 여자 주인
서방님 주인의 혼인한 아들
아씨 주인의 며느리
도령님 주인의 혼인하지 않은 아들
애기씨 주인의 혼인하지 않은 딸
도령 주인의 어린 아들
애기씨 주인의 어린 딸

위의 목록은 지금까지 보고된 두 관련 사례, 즉 경남 함양군 개평리(왕한석 2000) 및 경북 선산 지역의 것(왕한석 2012: 418-421)과 거의 같은데, 특히 선산 지역의 것과는 거의 동일한 것으로 나타난다. 여기서 한 가지, 개평리에서는 미혼의 시동생(HBy) 및 주인의 혼인하지 않은 아들이 모두 '데련님'인 데 반해(왕한석 1992, 2000), 선산 지역에서는 미혼의 시동생은 '디림님'이고 주인의 혼인하지 않은 아들은 '도령님'이다(왕한석 2012: 383, 420 각주 14)). 그런데 이곳 조사지에서도 선산의 예처럼, 미혼의 시동생은 '데린님'이고 주인의 혼인하지 않은 아들은 '도령님'이다. 따라서 앞의 항에서도 언급하였듯이, 이곳 조사지의 경우 '데린님'과 '도령님'은 서로 구분되는 별개의 형태로 보아야 할 것 같다.

이제 양반이 상놈과 중인을 하대하여 부르던 호칭어의 목록이다. 그런데 여기서의 목록은 개평리의 사례 및 선산 지역의 사례와 부분적으로만 같은 호칭형태들인 것으로 보인다.

먼저 남성 노인에게는 '성+첨지'(가령 '박 첨지', '이 첨지' 등), '아이이름+(네)+할아범'(가령 '내현(네) 할아범' 등), '아이이름+(네)+할아배'(가령 '내현(네) 할아배' 등)의 세 형태가 주로 사용되었다. 이 가운데 '성+첨지'가 상대를 가장 대접해 주던 말이었고, 다음의 두 종자명호칭의 형태는 앞서 기술한 대로 '비칭 III'의 형태인 '아이이름+(네)+할아범'이 '비칭 II'의 형태인 '아이이름+(네)+할아배'보다 상대를 덜 하대하던 말이었다.

노인이 아닌 남성에게는 '성+서방'(가령 '박 서방', '이 서방' 등), '아이이름+(네)+아범'(가령 '내현(네) 아범' 등), '아이이름+(네)+아배'(가령 '내현(네) 아배' 등)의 세 형태가 주로 사용되었다. 이 가운데 '성+서방'이 상대를 가장 대접해 주던 말이었다는데, 위의 '성+첨지'와 함께 이 지역의 아마도 특이한 신분 차별 호칭어였던 것으로 보인다.[23)]

---

23) 사실은 이 '성+서방'과 '성+첨지'가 신분지위용어로서 좀 더 널리 사용되었던 것으로 추측된다.(물론 위에서 인용한 개평리나 선산 지역에서는 보고되지 않은 호칭형태이지만, 경상남도의 사량도에서는 '성+첨지'가 일종의 '확대된' 신분 차별 호칭어로 과거 사용되었다고 한다(왕한석 2012: 161-162).) 국어사전에는 이 두 호칭어의 사용에 대한 명료한 설명이 나와 있지 않지만, 북한에서는 이 두 호칭어의 사용이 일찍부터 금기시된 것으로 보이는데(왕한석 1990: 193-195), 북한의 관련 서적에는 다음과 같은 구절이 있다.

"전날에는 이밖에 <서방>(성 밑에 받쳐서 <황서방>, <김서방> 했는데 낮추는 말이다), <첨지>(성 밑에 받쳐 썼다), 기타가 있었는데 우리 생활에서는 없어졌다."(『공산주의 례의 도덕 교양』, 1964, p. 143)

북한 사회에서 이 표현들의 사용이 일찍부터 중단되었다는 사실은, 과거 북한 내의 여러 지역에서 이러한 '성+서방'과 '성+첨지'를 계층적 구분에 따른 하대어로 널리 썼음을 반증하는 것이 될 것이다.

다음으로 여성 노인에게는 단순한 종자명호칭의 형태, 즉 '아이이름+(네)+할멈'과 '아이이름+(네)+할매'의 형태가 주로 사용되었고, 또 노인이 아닌 여성에게는 '아이이름+(네)+어멈'과 '아이이름+(네)+어매'의 형태가 주로 사용되었다고 한다.

위의 차별적인 호칭어는 머슴에게도 대체로 그대로 썼고, 또 무당에게는 위의 여성에 대한 차별적 호칭어를 똑같이 썼다고 한다. 그러나 경문이나 축문을 읽는 소위 독경인(讀經人)이나 법사(法師)에게는 위와 같은 하대의 호칭어를 쓰지 않았다고 한다.

마지막으로 이 지역의 경우 또 다른 하대의 호칭어인 '성+샌/시온〔생(生)〕'이나 '성+대롱/드렁〔도령?〕'과 같은 형태(조숙정 1997: 40-42, 77; 왕한석 2000, 2009: 180-181, 2012: 161-162)는 사용되지 않은 것으로 보고된다. 그러나 연관이 있는 형태인 '성+생원'은 널리 사용되었는데, 이는 같은 양반 계층의 노인을 대접하여 가리키던 말이었다. 가령 "이 생원 댁에 다녀오너라."와 같이 썼다. 그리고 '성+씨'의 형태도 상대방을 좀 낮추어 부르는 말이나, 이는 다른 지역에서처럼 근래에 들어 쓰이기 시작한 말로 보고된다.

6. 존댓말의 체계

조사지의 존댓말(honorifics)은 앞서 기술한 호칭체계처럼 일견(一見) 그리 복잡하지 않은 듯한 모습을 보인다. 그러나 이곳의 호칭체계가 지난 수십 년 동안 상당한 변화를 겪어 왔듯이, 존댓말 특히 청자 존대어(addressee honorifics)의 체계도 상당한 변화를 겪어 온 것으로 보인다. 그뿐만 아니라 지리적으로 중부 지역에 속하는 이곳 조사지의 경우, 주체 존대어의 사용이 앞서 보고된 호남 및 영남 지역(왕한석 2009: 189-190, 2010: 121-122, 301, 2012: 180, 444-446 등 참조)에 비해서는 매우 발달한 것으로 나타난다.

1) 말단계의 조직과 관련 민간 명칭

먼저 이 언어공동체에서 사용되는 존댓말의 핵심을 이루는 말단계(speech levels)의 구조를 살펴보기로 하자. 아래의 예문은 '여기 들어와라'라는 명령형 표현의 이 지역에서 사용 가능한 또는 사용하는, 지시적 의미(referential meaning)상으로는 동일하나 사회적 의미(social meaning)의 면에서 서로 다른 존대 표현의 목록이다. 아래의 목록은, 물론 제보자들의 판정에 따라, 존대의 수준이 가장 높은 표현에서부터 가장 낮은 표현의 순으로 정리한 것이다.

1 여기 들어오십시오.

2 여기 들어오세요.

3 여기 들어오슈.

4 여기 들어오시오.

5 여기 들어와유.

6 여기 들어오우.

7 여기 들어오소.

8 여기 들어오게.

9 여기 들어와.

10 여기 들어와라.

위에서 1의 표현은 제보자들이 소위 '표준어'로 지각하는 어형이다. 이 표현은 공식 교육 및 여타 다른 경로의 사회적 접촉에 의해 이곳 화자들이 새로이 배운 말이다. 현재의 시점에서는 그 빈도 면에서 그리 높지 않으나 격식적 상황(formal situation)에서 부분적으로 사용하는 어형이다.

2의 표현은 그야말로 최근에 들어온 말인데, 흔히 이곳 사람들이 '서울말'로 지각하는 어형이다. 외부인과의 상호작용에서는 물론 이 표현을 쓰겠지만, 친숙한 면식 관계에 있는 마을 주민들 간에는 거의 쓰지 않는 아직도 낯선 외부의 어형이다.

3과 5의 표현은 이곳 사람들이 일상적으로 사용하는 이곳의 토착 어형이다.

4의 표현은 아마도 한정된 동사에만 결합되는 어미인 것 같은데, 가령 '가시오', '오시오', '앉으시오'와 같은 말은 사용하지만, '붙잡으시오'와 같은 말은 사용하지 않는다. 마찬가지로 6의 표현도 한정된 분포를 보이는 어미인 것 같다. 가령 '오우', '가우'와 같은 말은 쓰지만, '붙잡어우'와 같은 말은 쓰지 않는다. 따라서 4와 6은 부분적으로만 사용되는 한정된 분포를 보이는 어형들이 될 것이다.

7의 표현은 과거 이 지역에서 사용했지만 오늘날에는 거의 쓰지 않는 특수한 어형이다. 그리고 8, 9, 10의 표현은 모두 예부터 지금까지 이곳에서 계속 써 온 '여기 말'이다.

위의 열 가지 어형의 예문 중 아직 이곳 화자들이 잘 쓰지 않는 2의 표현과 부분적으로만 발달한 4와 6의 표현을 제외하면, 이 지역에서 인지·사용하는 존댓말의 목록은 사실상 아래의 일곱 어형들로 구성될 것이다. 일련번호를 다시 매겨 정리하면 다음과 같다.

1 여기 들어오십시오.

2 여기 들어오슈.

3 여기 들어와유.

4 여기 들어오소.

5 여기 들어오게.

6 여기 들어와.

7 여기 들어와라.

위의 일곱 어형으로 구분되는 또 다른 명령형 표현의 예를 들어 보기로 하겠다. '그것 꼭 붙잡어라'라는 문장을 예로 들면 다음과 같다.

1 그것 꼭 붙잡으십시오.

2 그것 꼭 붙잡으슈.

3 그것 꼭 붙잡어유.

4 그것 꼭 붙잡소.

5 그것 꼭 붙잡게.

6 그것 꼭 붙잡어.

7 그것 꼭 붙잡어라.

이제 의문형 표현의 예문이다. '왜 거기 앉니?'를 예로 들면, 다음과 같은 대표적 어형들이 사용된다.

1 왜 거기 앉으십니까?

2 왜 거기 앉이슈?

3 왜 거기 앉이유?

4 왜 거기 앉소?

5 왜 거기 앉나?

왜 거기 앉는가?

6 왜 거기 앉어?

7 왜 거기 앉니?

왜 거기 앉냐?

위에서 5의 '왜 거기 앉나?'는 이 언어공동체에서 주로 쓰는 형태이지만, '왜 거기 앉는가?'는 바깥에서 '들어온 말'의 느낌을 주는 어형으로 지각하였다. 또 7의 '왜 거기 앉니?'도 여기서 주로 쓰는 형태이지만, '왜 거기 앉냐?'는 잘 쓰지 않는 형태로 보고하였다. 따라서 의문형 5의 대표형은 '앉나'로 그리고 7의 대표형은 '앉니'로 볼 수 있을 것이다.

다음은 또 다른 의문형 표현의 예문인데, '논에 풀 다 맸니?'를 예로 들면 다음과 같은 대표적 어형들이 사용되는 구조이다.

1 논에 풀 다 매셨습니까?

2 논에 풀 다 매셨슈?

3 논에 풀 다 맸이유?

4 논에 풀 다 맸소?

5 논에 풀 다 맸나?

6 논에 풀 다 맸어?

7 논에 풀 다 맸니?

이제 서술형 표현의 예문으로, '어젯밤에 비가 억수로 왔다'와 '나는 여기 앉는다'를 예로 들면, 다음과 같은 어형들이 사용된다. 단, 아래에서 보듯이 청자를 직접 가리키지 않는 서술형에서는 2와 3의 구분이 없이 동일한 표현이 사용된다.

1 어젯밤에 비가 억수로 왔습니다.

2 어젯밤에 비가 억수로 왔이유.

3 어젯밤에 비가 억수로 왔이유.

4 어젯밤에 비가 억수로 왔소.

5 어젯밤에 비가 억수로 왔네.

6 어젯밤에 비가 억수로 왔어.

7 어젯밤에 비가 억수로 왔다.

1 저는 여기 앉습니다.

2 저는 여기 앉어유.

3 저는 여기 앉어유.

4 나는 여기 앉소.

5 나는 여기 앉네.

6 나는 여기 앉어.

7 나는 여기 앉는다.

마지막으로 청유형 표현의 예문이다. '새내끼[새끼] 같이 꼬자'와 '남당리에 새조개 잡으러 가자'를 예로 들면, 다음과 같은 어형들이 사용되는데, 아래에서 보듯이 4에 해당하는 특유의 어형은 발달하지 않았다.

1 새내끼 같이 꼬십시다.

2 새내끼 같이 꼬슈.

3 새내끼 같이 꽈유.

4 (특유의 형태가 없이 3의 '꽈유'와 5의 '꼬세'가 모두 가능한 것으로 판정함)

5 새내끼 같이 꼬세.

6 새내끼 같이 꽈.

7 새내끼 같이 꼬자.

1 남당리에 새조개 잡으러 가십시다.

2 남당리에 새조개 잡으러 가슈.

3 남당리에 새조개 잡으러 가유.

4 (특유의 형태가 없이 3의 '가유'와 5의 '가세'가 모두 가능한 것으로 판정함)

5 남당리에 새조개 잡으러 가세.

6 남당리에 새조개 잡으러 가.

7 남당리에 새조개 잡으러 가자.

이제 존댓말의 등급 구분과 직접 관련이 있는 조사지의 민간 명칭들을 살펴보기로 하자. 명시적으로 표현되는 말은 일단 다음의 네 가지이다.

1 허우 헌다 수상에게 쓰는 말씨, 즉 높임말을 가리킨다. 그러나 위 예문의 1은 여기 말이 아니라 소위 '표준어'이므로, 이곳 사람들이 인지하는 '허우'는 위 예문의 2와 3의 말씨가 된다. 물론 이곳의 화자들은 2의 표현이 3의 표현보다 상대방을 더 높이는 말임을 분명히 인지하지만, 이 두 표현을 구분 짓는 민간 명칭이나 관련 서술적 표현은 발달하지 않았다.

2 허소 헌다 위 예문의 4의 표현을 가리키는데, 이는 약간의 논의가 필요한 말씨이다. 먼저 제보자들은, 이 '허소'는 손윗사람에게는 쓰지 않는 말이므로 '존경의 말'이 아닌 것으로 일단 규정하였다. 나아가 그것의 의미 값은 다음의 '허게'보다는 조금 낮지만 '허게'와 사실상 비슷한 수준의 말인 것으로 지각하였다.

'허소'에 대한 (외부인에게는 상당히 낯선) 이러한 낮은 평가의 근저에는, 이 언어공동체에서 이 말씨가 사용되던 사회적 맥락이 가로놓여 있는 것으로 보인다. 즉, '허소'는 오늘날에는 거의 쓰지 않는 말이나 과거에는 활발하게 사용한 말이었는데, 그 중심적인 사용처는 바로 양반층이 중인과 상민을 높여 대접해 줄 때에 쓰던 말이었다. 다시 말해 앞 절의 '호칭체계'에서 기술한, 중인과 상민에 대한 가장 높임의 호칭형태인 '성+첨지'와 공기한 말단계가 바로 이 '허소'였다.(물론 과거 양반층은 이들에게 아래의 '혜라'에서 '허소'까지의 여러 말단계를 다 사용할 수가 있었다.)[24]

결국 '허소'를 존경의 말이 아닌 것으로 그리고 '허게'와 비슷한 등급의 말로 지각하는 근저에는, 바로 이 말씨가 과거 아래 계층의 사람들에게만 사용된 종결어미라는 언어사용상의 특성이 가로놓여 있는 것이다. 그러나 화자들의 민간 지각과는 달리, 분석적으로는 이 '허소'도, 낮춤말인 '허게'와는 달리, 높임의 말씨 중 하나로 이해되어야 할 것이다.[25)]

'허소'는 앞의 예문에서 보았듯이 명령형, 의문형, 서술형에서 그 형태가 모두 똑같이 '-소'이고, 대신 청유형 어미는 없는 특성을 가지고 있다. 그러나 오늘날은 쓰이지 않는, 다시 말해 이곳의 존댓말 목록에서 현재는 사실상 사라진 어형이 될 것이다. 이 '허소'의 사용이 오늘날의 변화된 사회적 상황에서는 '언어적 금기'가 된 때문인지, 현지조사 기간 중 연구자는 '허소'가 사용되는 장면을 한 번도 목격할 수가 없었음을 부언해 둔다.[26)]

---

24) 중인 및 상민층의 남성 노인을 가장 대접해 주던 호칭어인 '성+첨지'에게는 '허소'를 함께 썼지만, 노인이 아닌 남성을 가장 대접해 주던 호칭어인 '성+서방'에게는 주로 '허게'를 함께 썼다고 한다. 한 제보자는 이를 설명하면서, '쉬염[수염]께나 달린 사람'에게 '허소'를 썼지 그렇지 않으면 '허게'를 썼다고 표현하였다.

25) 물론 이 '허소'에는 청유형 어미가 없는데, 대신 그 자리에 3의 '허유'를 써도 되고 5의 '허세'를 써도 된다는 데서 '허소'의 위상이 매우 낮음을 알 수가 있다. 그러나 그렇다고 해서 '허소'가 '허게'와 같은 낮춤말은 결코 아닐 것이다. 오히려 제보자들의 민간 지각과는 달리, '허소'가 5의 '허게'보다는 3의 ('허우' 중) '허유'에 더 가까운 말씨로 분석적으로는 보아야 할 것이다.

참고로 '허소'의 의미 값을 이렇게 낮게 보는 유사한 다른 사례로는 경상남도 함양군의 개평리를 들 수 있을 것이다. 과거 개평리의 양반층 화자들도 그곳의 가장 높임의 말씨인 '하시오'와 다음으로 높임의 말씨인 '하소' 간의 의미 차이를 가장 큰 것으로, 그리고 '하소'와 '하게' 말씨 간의 의미 차이를 가장 작은 것으로 인지하였다. 그러나 그러한 민간 지각의 배경에는 이곳 조사지와는 다른 이유가 개재되어 있었다(왕한석 1986: 364-365 참조).

26) 지금은 비록 사라진 어형이지만 이 '허소' 말씨도, 앞의 제4절에서 기술한 친척어휘 중 '비칭 II'의 형태들('할매', '아배' 등)처럼, 이 어형이 일반적인 말단계의 한 부분을 이루고 있는 다른 지역(가령 왕한석 2009: 183-190, 2010: 115-122, 285-297, 2012: 169-176 등)의 화자들과는 과거 의사소통 오해의 중요 원천이 될 수도 있었을 것으로 짐작해 볼 수 있다.

3 허게 헌다 위 예문의 5의 표현을 가리킨다. 말할 것도 없이 2인칭 대명사 '자네'와 함께 쓰이는 말씨이고, 친구 간에 주로 쓰며 그리고 손아랫사람을 대접해 줄 때에 쓰는 말이다.

4 헤라 헌다 위 예문의 7의 표현을 가리킨다. 2인칭 대명사 '너'와 함께 쓰이는 말씨이고, 여기서는 특히 집에서는 자식들에게 이 말씨를 주로 쓰고, 그리고 상대방이 타성일 경우에는 '어린아이', 즉 호칭어로 '이름+아'로 부르는 단계의 아이들에게 주로 쓰는 말이다.

이상과 같이 조사지에서 민간 명칭과 함께 명시적으로 인지하는 말단계는 모두 4개의 등급이나, 오늘날 그 쓰임새를 잃은 '허소'를 빼면 3개의 등급이 될 것이다.

위 예문의 6의 말씨, 즉 좁은 의미의 '반말'은 이곳에서 명시적으로 인지되지도 않고 또 그것을 가리키는 민간 명칭도 발달해 있지 않다. 제보자들은 쉽게 '어정쩡한 말'로 표현하고, 그 의미 값은 '허게'와 '헤라' 사이에 드는 말로 판정하였다.

그러나 '반말'에 대한 본격적인 질문에, 제보자들은 '허우'도 아니고 '헤라'도 아닌 말, 즉 '중간말'이라는 표현을 사용하였다. 그리고 이 '중간말'에는 '헤'뿐만 아니라 '허게'도 속하는데, 대신 '허게'가 '분명한 말'인 데 비해 '헤'는 '어정쩡한 말'이라는 차이가 있는 것으로 지각하였다. 나아가 높임말을 제대로 쓰지 않는 소위 '반말하는' 것에 대한 부정적인 표현을 여기서도 들을 수 있었는데, 가령 "셋바닥이 반도막인가, 반말허게!" 또는 "싸래기밥 먹었냐, 반말허게!"와 같은 표현이 그 예이다.

그런데 현재의 시점에서 이 언어공동체의 경우 '허게'와 '헤라'는 그 사용 범위가 매우 제한되어 있는 것 같다. 연구자는 이 마을로 들어온 뒤 닷새 만에야 처음으로 '허게'의 사용 예를 들을 수 있었는데, 그것은 76세의 남성 어른이 60대의 마을 내 수하에게 한 다음의 발화였다. 즉, 이 마을의 오방제(五方祭) 준비로 화자가 왼새끼를 꼬고 있던 상황에서, 해당 청자에게 "자네 여기 와서 이것 좀 꾸어 보게."라고 한 말이었다. 이후에도 '허게'의 사용 예를 전혀 듣지 못한 것은 아니지만, 전체적으로 보아 '자네'의 사용은 그런대로 빈번하나 '허게'의 사용은 매우 드문 편이었다.

'헤라'의 사용도 마찬가지인데, 물론 조사지 내에 '어린아이'가 없었고 또 연구자가 부모 자식 간의 대화를 직접 관찰할 기회를 갖지는 못하였다. 그러나 성인들 간의 대화에서 '헤라'를 쓰는 것은 전혀 듣지 못하였고, 현지조사의 마지막 시점에서 80대의 남성 어른이 40대 정도의 개인적으로 가까운 외부 손님에게 '헤'를 주로 쓰다가 '헤라'를 쓰는 장면을 한 번 목격하였을 따름이다.

결국 조사지 내에서 최근에 일어난 말단계의 구체적인 변화 양상은 잘 알지 못하지만, 현재의 시점에서 '헤'는 분명한 이곳의 대표적인 낮춤말 형태이다. 다시 말해 이곳에서 일상적으로 들을 수 있는 대부분의 낮춤말 표현은 이 '-어' 형태의 어미이다. 따라서 이곳의 낮춤말의 구조를 이해하는 데서, 위 예문의 5, 6, 7의 표현들이 제보자들의 지각대로 단선적인 등급 구분을 이루고 있다기보다는 이원적인 구조, 즉 5와 7은 단선적인 위계를 이루지만 6은 원래의 자리를 벗어나 이 둘과 모두 호응하는(co-occur) '두루 낮춤'의 위상을 갖는 것으로 정리하는 것이, 그리고 이 '두루 낮춤'의 형태가 실제 사용의 빈도 면에서 압도적으로 우세한 것으로 기술하는 것이, 이 언어공동체의 오늘날의 언어 사용상을 가장 잘 반영하는 모형일 것으로 생각된다.27)

이제 이곳의 말단계의 분화를, 위 1의 소위 표준어와 오늘날은 사실상 사라진 4의 '허소'를 제외하고, 나머지 대표형들로 다시 한 번 정리해 보기로 하겠다. '말뚝 박다'라는 표현을 예로 들면 다음과 같은데, 단 아래에서 소위 반말 '-어'의 위치는 편의상 '허게'와 '헤라' 사이에 놓았다.

명령형

1 저기 말뚝 박으슈.

2 저기 말뚝 박어유.

3 저기 말뚝 박게.

4 저기 말뚝 박어.

5 저기 말뚝 박어라.

의문형

1 말뚝 박으슈?

2 말뚝 박어유?

3 말뚝 박나?

4 말뚝 박어?

5 말뚝 박니?

---

27) 여기서 한 가지 다른 대안은 5, 6, 7의 표현이 모두 제보자들의 지각대로 단선적인 위계를 이루고, 동시에 6의 형태가 '두루 낮춤'으로도 발달한 모형일 것이다. 그런데 이 경우에는 6의 표현이 원래의 '반말'로 그 기능이 살아 있음을 상정하는 것이 될 것이다. 실제로 이 두 모형 중 어느 것이 이곳의 언어적 실재에 더 맞는지는 쉽지 않은 질문일 터인데, 필자는 일단 보다 간편한 모형이고 아마도 실재에 더 맞을 것 같은 위의 기술을 따르기로 하겠다.

서술형

1 예, 말뚝 박어유.

2 예, 말뚝 박어유.

3 응, 말뚝 박네.

4 응, 말뚝 박어.

5 응, 말뚝 박는다.

청유형

1 여기 말뚝 같이 박으슈.

2 여기 말뚝 같이 박어유.

3 여기 말뚝 같이 박세.

4 여기 말뚝 같이 박어.

5 여기 말뚝 같이 박자.

이상의 기술에 바탕하여 이 언어공동체의 말단계의 구분과 대표적인 종결어미를 간명한 표로 정리하면, 다음의 〈표 1-7〉과 같이 될 것이다.

〈표 1-7〉 말단계의 구분과 대표적 종결어미

<table>
<tr><th colspan="2">등급 구분</th><th colspan="2">명령형</th><th colspan="2">의문형</th><th colspan="2">서술형</th><th colspan="2">청유형</th></tr>
<tr><td colspan="2" rowspan="2">‘허우’</td><td colspan="2">－으슈</td><td colspan="2">－으슈</td><td colspan="2" rowspan="2">－어유</td><td colspan="2">－으슈</td></tr>
<tr><td colspan="2">－어유</td><td colspan="2">－어유</td><td colspan="2">－어유</td></tr>
<tr><td>‘허게’</td><td rowspan="2">‘반말’</td><td>－게</td><td rowspan="2">－어</td><td>－나</td><td rowspan="2">－어</td><td>－네</td><td rowspan="2">－어</td><td>－세</td><td rowspan="2">－어</td></tr>
<tr><td>‘허라’</td><td>－어라</td><td>－니</td><td>－는다</td><td>－자</td></tr>
</table>

마지막으로 위에서 정리한 말단계의 등급 구분을 가리키는 4개의 기본적인 민간 명칭 외에, 조사지에는 존댓말의 구조 및 사용과 관련이 있는 아래의 명칭 및 표현들이 더 있는데, 간략히 정리하면 다음과 같다.

1 바친다 매우 흥미로운 표현으로, 제보자들의 말을 빌리면, '존경어' 쓰는 것을 가리킨다. 그런데 이 '바친다'는 단순히 높임의 말단계를 사용하는 것을 넘어 존경 표현 쓰는 것을 넓게 가리키는데, 제보자들이 든 쉬운 예 한 가지는 바로 "아주머니를 바치면 아주머님이 된다."이다.

2 존경헌다 위의 '바친다'와는 달리, '허우' 등급의 말씨 쓰는 것을 가리킨다.

3 말 낮춘다 낮춤말, 즉 여기서는 '허게'와 '헤라' 그리고 '어정쩡한 말'로 불리는 '헤'를 쓰는 것을 가리킨다. 그런데 이 말과 표현 면에서 대(對)가 되는 '말 높인다'라는 말은 사용되지 않는다.

4 하대헌다 위의 '말 낮춘다'와 같은 의미이나, 그리 널리 쓰는 표현은 아닌 것으로 보고된다.

5 말을 높게 헌다 말을 '바쳐' 하는 것을 가리키는 표현이다.

6 말을 얕게 헌다 이 말도 매우 흥미로운 비유 표현으로, 말을 '낮추어' 하는 것을 가리킨다.28)

7 깍듯이 존경헌다 예의에 맞추어 최상의 '존경어'를 쓰는 것을 가리킨다.

---

28) 뒤의 제7절의 '언어가치관 및 태도'의 항에서의 기술 내용과 관련하여, '말을 깊게 헌다'라는 상위언어적 명칭도 사용 가능할 것 같으나, 제보자들은 이 표현은 잘 쓰지 않는 것으로 답하였다.

8 반말 찍찍 헌다 '존경어'를 쓰지 않고 버릇없이 함부로 낮춤말을 쓰는 것을 가리킨다. 즉 앞에서 기술한 '셋바닥이 반도막'이든지 '싸래기밥을 먹어서' 하는 바로 그 반말을 하는 것이다. 그런데 관련이 있는 표현인 '해라를 탕탕 한다'거나 다른 유사한 표현은 알려져 있지 않다.

9 맞존경헌다 이곳 특유의 표현으로, 두 사람이 서로 '허우'의 말씨를 주고받는 것을 가리킨다. 그런데 조사지의 경우 '상경'(相敬)이나 '양존'(兩尊)과 같은 한자식 표현은 알려져 있지 않다.

10 벗헌다 두 사람이 서로 '허게'나 다른 낮춤말을 주고받는 것을 가리키는데, 조사지에서는 '허교'(許交)나 '친교'(親交)와 같은 표현은 알려져 있지 않다.

2) '표준어'의 사용과 특수한 반말 어미

조사지의 언어생활상의 특징 한 가지는 소위 '표준어' 내지 '서울말'을 이곳 화자들이 거의 쓰지 않는 것이 될 것이다. 마을에서 그리 멀지 않은 면사무소로 가면 모든 직원들이 표준어를 사용하는 것이 일반적 규범이었으나, 이곳 조사지로 돌아오면 마을 내의 화자들은 언제나 이곳 말만을 주로 썼다. 연구자가 현지조사를 위해 이 마을로 들어간 첫날 시간대는 늦은 오후였는데, 이곳의 화자들은 다음날 아침부터 연구자에게 이곳 특유의 '허우' 말씨, 즉 '-으슈'를 바로 쓰기 시작하였다. 전체적으로 조사지가 상대적으로 서울과 가까운 곳인데도 불구하고 이곳 화자들이 토착 방언 사용을 고수하는 경향은 매우 인상적이었는데, 지금까지의 '한국의 언어 민속지' 연구 대상지 가운데서 자신들의 고유 방언을 가장 많이 사용하는 곳이 아마도 이 내현마을이 아닌가 하는 느낌을, 연구자는 조사 기간 내내 강하게 받았다.

그렇다고 하여 이곳 사람들이 표준어를 전혀 쓰지 않는 것은 물론 아니다. 철저한 표준어 투의 말씨가 사용되는 대표적인 상황은 마을 이장이 주민들에게 공지 사항을 마이크로 전달할 때인데, 가령 다음의 담화 예와 같은 경우이다.

> "내현마을 주민 여러분 안녕하셨습니까? 내현마을 방송실에서 잠시 주민 여러분에게 안내 말씀 드리겠습니다. 아침에 방송한 바와 같이 오후 두 시부터 농협 운영 공개와 좌담회를 하겠사오니 부락 주민 여러분들께서는 두 시까지 마을회관에 나와 주시기 바랍니다. 다시 한 번 재삼 안내 말씀 드리겠습니다. 아침에 방송한 바와 같이 오후 두 시부터 농협 운영 공개와 좌담회를 하겠사오니 부락 주민 여러분들께서는 두 시까지 마을회관으로 나와 주시기 바랍니다. 이상은 내현마을 농협 운영 공개루 인제 말씀 드렸습니다. 감사합니다." (2012년 2월 15일 이장 안내 방송)

위 발화에서 마지막 부분의 '이상은 … 말씀 드렸습니다'의 한 문장을 제외하고는 모두가 문법적으로 완벽한 표현일 터인데, 이는 화자인 이장이 공지 사항을 사전에 적어서 읽는 방식을 취하기 때문이다. 어쨌든 위 예와 같은 마을 주민들에 대한 안내 방송은 격식적인 표준어 투로 하는 것이 오늘날 한국 사회의 일반적인 언어사용 규범인 것 같다(유사한 사례는 왕한석 2012: 29-30 참조).

그런데 이곳 화자들이 '표준어'를 잘 쓰지 않는 경향은 다음 담화 예에서도 잘 드러날 것이다. 아래 예는 마을의 단체 여행 건 때문에 긴급

소집된 마을회의(2012년 2월 9일 오전 개최)의 서두 부분인데, 아마도 다른 조사지의 경우는 이러한 공식적인 회의의 개회 부분은 대부분 '표준어' 말씨로 이루어질 것이다. 그러나 여기서는 이곳 말과 '표준어'가 반쯤 섞여서 진행됨을 볼 수 있는데, 그것은 이곳 화자들이 그만큼 '표준어'를 적게 쓰는 경향을 예시할 것이다.

이장: 다 올 사람 다 왔슈 인제유. (회의 참석자: 잉[응], 허여. 허여.) 저그 뭐여, 엊그제 일 년 한 해 이렇게 보름맞이 행사가 저 오방제 이렇게 지[제]를 올리구 부락 주민 여러분들께서 많이 이렇게 협조해 준 데 대해서 그날 무사허게 잘 우리 부락이 잔치두 잘허구 그렇게 지난 것 같습니다. 돌아오는 내년에두 점[좀] 여러분들이 많이 좀 도와주시기 바랍니다. 그날 하튼 외지서두 많이 오구 또 이렇게 돈도 많이 받고 해서 고맙다는 말씀 이렇게 드릴께유. 하이튼 그날 저 보기도 겝나게[겁나게] 흐뭇하구 아주 보기가 좋드라구유. 이 또한 고마웠단 말씀 이렇게 드리구유. 오늘 회의 안건은 제주도 견학하는 문제로 이렇게 다 모이라고 했습니다. 말씀을 가주구 생각 이렇게 해줬으면 말씀 드릴게유. 지금 노인회장님께서 우리 제주도 가는 결산 다 이렇게 적어 갖구 왔네유. 이리루 좀 오셔유 예?

노인회장: 고기[거기] 이거 같이 여기 같이 들어유. 뭐이 다 아는 사실인디, 먼저 저기 아 이 아주 요번에 이 놀러가는 게 이번에 이장님 굉쟁히[굉장히] 수고 많이 하시고 총무님이랑 지도자님두 노인네들 모시구 이렇기 아 참 제주도까지 이박 삼일 가는 이 모시구 갈라구 노력허시네 아주. 노인회 측에서 진짜루 고맙게 생각협니다. 그러구 말씀드릴 꺼, 요번에 한 이십 명 잡구서 오백만 원 쓰구 동넷뜬[돈] 갈라구 예산했었는데 애기하면 근디 이장님은 여자

를 안 데리꾸 남자만 이십 명 데꾸 갈라고 …

이하의 발언은 온통 이곳 말씨로만 이루어졌는데, 회의 마지막 부분에서 이장이 아래의 공지 사항을 전하고 공식적인 회의는 끝이 났다. 그런데 이 공지 사항의 전달에서 이장은 또 '표준어'를 부분적이나마 사용하였다.

> 이장: 그리구 지가 또 공지 사항 말씀 드릴께유. 에 낼 모리 십오일 날 농협 운영 공제회가 우리 마을회관에서 십오일 날 세 시에 있습니다유. 에 오후에 세 시에 운영 공제(회)유.

바로 이웃한 예산 지방의 방언에 대한 간략하지만 우수한 보고(성기철 1987)에서, 그 지역의 "특징적인 활용형 또는 어미" 몇 예가 소개된 바 있다. 즉, (1) 먼저 서울말의 '-기에'에 해당하는 '-간디' 또는 '-간'으로, '-간'은 '-간디'의 축약형인데, 이 두 어미가 의문문으로 쓰일 때는 반어적 의미를 가진다고 한다. (2) 서울말의 '-나'에 해당하는 '-남'으로, 이 어미는 "반드시 질문에 쓰이면서 의문이나 의혹을 내포"하는 것이다. (3) 다음으로 서울말의 '-가'에 해당하는 '-감'으로, 이 어미는 "의문, 의혹의 질문에만 쓰"이는 것이다. (4) 마지막으로 서울말의 '-다'에 해당하는 '-담'으로, 이 어미도 의문, 의혹의 질문에 쓰인다(성기철 1987: 641-642).

조사지에서도 이 네 가지 특징적인 '반말의 종결어미'가 활발하게 쓰였는데, 실제 사용된 예를 소수 들면 다음과 같다. 단, 여기서는 '-간디'는 쓰이지 않는 것 같았다.

-간

"집에 가유 허지 갑니다 허간?"

"여자만 자갈거리간('재잘거리다'인 듯함)? 남자도 더 자갈거리유."

"그건 모르지유. 우리가 알간?"

"내현이(사람이름)가 안 갔간?"

"잇속이 있어야 오지 잇속 없으면 오간?"

-남

"내현이 지금 오남?"

"어제 사진 많이 찍었남?"

"오늘 오후에 뭐 허겄남?"

(위 세 예는 단순한 질문 형태임)

"오늘 놀러 갈게 따라와 허면 따라가겄남?"

"(실리콘)총이 있어야 쏘지 그냥 쏘남?"

"느닷없이 말허라면 허겄남?"

(위 세 예는 부정을 내포한 의문형임)

-감

"내현 씨가 한쪽 다리가 가늘지 않은감?"

"오늘 여기 농협에서 운영 공제 허는감?"

"그 말이 맞는감?"

"말판쟁이(윷놀이에서 말을 옮기는 역할을 맡은 사람) 할머니 오늘 언짢은감?"

-담
"여자는 벗으면 좋담?"
"그 집 풀 매는 일 다 했담?"
"그제 그 집 잔치집이 잘 채렸담?"
"이장은 바깥일 갔다 왔담?"

위의 네 특징적인 반말 어미를 일상적으로 사용하는 데서 그 사용 빈도가 똑같지는 않은 것 같은데, 대체로 '-간'을 제일 많이 쓰고 다음으로 '-남'을 많이 쓰는 것으로 보인다. 이 두 어미에 비해 '-감'과 '-담'의 사용 빈도는 많이 떨어지는 것으로 보인다.

한편 충남 지방의 토착 방언으로 위의 네 어미 외에 '-번져'(한영목 1998: 197-198)와 '-랴'(한영목 2008: 183)이라는 형태가 더 있는 것으로 보고되나, 조사지에서는 이 두 형태 모두 사용되지 않는 것으로 나타난다.

3) 인칭대명사와 기타 존대 표현

조사지의 1인칭 대명사는 비교적 명료하다. 기본형은 '나'(복수형은 '우리(들)')이고, 겸양형은 '저'(복수형은 '저희(들)')이다. 그런데 이곳이 중부 지역이어서인지 겸양형의 사용이 뚜렷이 발달하였는데, 이상적으로는 '나'는 '허게' 및 '헤라' 등급과 공기하고, '저'는 '허우' 등급 즉 '-으슈'뿐 아니라 '-어유' 형태와도 공기하는 것이다.

2인칭 대명사는 말단계의 구분에 호응하여 대체로 네 등급으로 구분된다. 즉, '헤라'와 공기하는 '너'(복수형은 '너희(들)'), '허게'와 공기하는 '자네'(복수형은 '자네들'), 그리고 '허우' 중 '-어유' 형태와 공기하는 '당신', '허우' 중 '-으슈' 형태와 공기하는 '어르신네'가 그것이다. 그리고 두루 높임의 '헤'는 당연히 '자네'와 '너' 둘 모두와 공기한다.

그러나 여기서도 '당신'은 부부 간을 제외하고는, 서로 다투거나 언쟁할 때에 많이 쓰는 부정적 함의를 지닌, 따라서 제한적으로만 사용되는 대명사이다.(따라서 제보자들은 '-어유' 형태와 공기하는 대표적인 대명사로 '당신'보다는 '형님'이나 '아저씨'와 같은 호칭형태를 먼저 떠올렸다.) 그리고 '어르신네'는 '아버지뻘' 이상에게 쓰는 존칭의 2인칭 대명사인데, 통상 화자보다 20세 이상 연상인 손윗사람에게 쓰는 것이다. 그러나 이 '어르신네'는 앞서 기술하였듯이 남성 화자가 남성 청자에게만 사용하는 대명사 대용어이다. 그러나 조사지의 경우 유사한 형태인 '영감님'은 사용되지 않는다.

그 외 이곳의 특이한 2인칭 대명사로는 '임자'를 들 수 있는데, 이 '임자'는 남편이 부인에게 쓰는 특수한 대명사이다. 가령 "임자가 혀."와 같이 쓰는데, 그러나 '임자'는 주로 어른들이 있는 상황에서 남편이 부인에게 쓴다고 한다. 동일한 상황에서 부인은 남편에게 '여봐유'를 주로 쓴다. 대신에 어른들이 없는 상황에서는 부부 모두가 "당신이 혀."처럼 '당신'을 주로 쓴다. 그러나 조사지의 경우 부부 간에 '이녁'의 형태는 사용하지 않는다.

마지막으로 여성들이 사용하는 특수한 대명사에는 '집이'와 '댁이'가 있다. '집이'는 그리 친하지는 않고 안면이 있는 정도의 자리에서 서로 나이가 비슷할 때 쓰는 것으로, 가령 "집이는 꼬추 농사 잘됐슈?"와 같이 사용한다. '댁이'는 '집이'의 직접적인 높임말 즉 동일한 대상에 대한 '바치는' 말로는 잘 쓰지 않고, 대신 마을 내의 안어른이 타성의 수하 부인들에게 존중의 의미를 담아 "댁이는 집안에 아무 일 없이 잘 지내유?"와 같이 사용한다.

이곳의 3인칭 대명사도 대체로 위의 2인칭 대명사와 비슷한 분화 양상을 보인다. 다시 말해 지시관형사 '이', '그', '저'와 '사람'을 가리키는 명사의 결합으로 이루어지는 소위 3인칭 대명사는 대체로 네 등급의 표현으로 구분된다. 원칭(遠稱)인 '저'를 기준으로 예를 들면, '손자뻘'과 어린애들에게 주로 사용하는 '쟤'와, 친구지간 및 성인인 수하에게 사용하는 '저 사람', 그리고 '형님뻘' 정도에게 주로 사용하는 '저이' 또는 '저분', 마지막으로 '할아버지뻘'과 '아버지뻘'에게 주로 쓰는 '저 냥반' 또는 '저 어른'이 있다. 이 가운데 개념상으로는 '저 어른'이 가장 높임의 표현이고, 다음이 '저 냥반'이며, 나머지는 '저분', '저이', '저 사람', '쟤'의 순인 것으로 지각된다. 그러나 실제의 사용 면에서 '저 어른'과 '저분'은 이 언어공동체에서 잘 쓰이지 않는 형태이므로, 이곳의 3인칭 대명사는 대체로 '저 냥반', '저이', '저 사람', '쟤'의 네 등급의 구분 체계인 것으로 이해된다.

또 다른 지시관형사인 '그'와 '이'를 붙이는 3인칭 대명사의 형태들도 마찬가지이다(가령 '그 냥반', '그이', '그 사람', '걔' 등). 그런데 조사지의 경우 '이이'가 청자를 직접 가리키는, 다시 말해 2인칭 대명사로 사용되는 용법은 그리 발달하지 않은 것 같다.

이곳 조사지에도 비칭(卑稱)의 3인칭 형태들이 물론 발달해 있는데, '저 넘애', '저 자식', '저놈', '저 새끼'가 대표적인 표현 예이다. 제보자들에 의하면, '저 넘애'가 지칭 대상을 가장 덜 비하하는 말이고, 순서대로 비하의 정도가 강해져 '저 새끼'가 지칭 대상을 가장 비하하는 말이다. 또 '저것', '저 물건'과 같은 표현도 이따금씩 사용되는데, 이 표현은 비하의 정도 면에서 '저 새끼'보다도 더 못한 말로 제보자들은 판정하였다.

다음으로 청자 존대법과 직접 관련이 있는 '대답말'은 여기서도 다른 지역과 거의 비슷하게 나타난다. '허우'의 자리 즉 수상에게는 '예'를 쓰고, 낮춤말의 자리 즉 친구지간이나 수하에게는 '응'(실제 발음은 '잉'임)을 쓰는데, 단 '헤라'를 쓰는 '손자빨'이나 어린아이들에게는 '오냐'를 함께 쓴다. 달리 말하면 '허우' 등급에는 '예'가 공기하고, '허게'와 '헤라' 등급에는 '응'이 공기하는데, 단 '헤라' 등급에는 '오냐'가 '응'과 함께 공기하기도 하는 구조이다.

조사지에서도 상대방을 부르는 일반 호칭어 또는 넓은 의미의 호출어(summons)가 말단계의 등급에 평행하여 발달해 있는데, 대표적인 형태는 '여보슈', '여봐유', '여보게', '여봐', '여봐라'이다. 말할 것도 없이 '여보슈'는 '허우' 등급의 '-으슈' 형태에, '여봐유'는 '허우' 등급의 '-어유' 형태에, 그리고 '여보게'는 '허게' 등급에, '여봐'는 반말 즉 두루 낮춤에, 그리고 '여봐라'는 '헤라' 등급에 각기 대응하는 호출어이다. 이 가운데 '여보게', '여봐', '여봐라'는 일상적인 상호작용에서 비교적 널리 쓰는 형태이나, '여보슈'와 '여봐유'는 주로 낯선 사람들에게 쓰는(가령 시장 같은 곳이나 남의 집 문을 두드리는 경우 등) 사용의 빈도가 상대적으로 떨어지는 형태이다.

또 부분적으로만 발달한 상대방의 주목을 끌기 위한 호출어도 있는데, '애'와 '야' 그리고 '어이'가 그것이다. '애'는 어린애에게 주로 사용하는 것으로 '헤라' 등급과 호응하며, '야'는 수하 사람들에게 사용하는 것으로 두루 낮춤인 '헤'와 주로 호응한다. 그리고 '어이'는 친구지간에서 주로 사용하는 '허게' 등급과 호응하는 것인데, 주로 남자들이 사용하는 호출어이다.

이상에서 간략히 기술한 이곳의 인칭 대명사와 대답말 그리고 호출어는 말할 것도 없이 말단계의 등급 구분과 체계적인 공기 관계(co-

〈표 1-8〉 말단계, 인칭 대명사, 대답말, 호출어 간의 공기 관계

<table>
<tr><th colspan="2" rowspan="2">말단계</th><th colspan="2">인칭대명사</th><th rowspan="2">대답말</th><th colspan="2">호출어</th></tr>
<tr><th>2인칭 대명사</th><th>1인칭 대명사</th><th>일반 호출어</th><th>부분 호출어</th></tr>
<tr><td rowspan="2">허우</td><td>-으슈</td><td>어르신네</td><td rowspan="2">저</td><td rowspan="2">예</td><td>여보슈</td><td rowspan="2">·</td></tr>
<tr><td>-어유</td><td>당신</td><td>여봐유</td></tr>
<tr><td colspan="2">허게</td><td>자네</td><td rowspan="2">나</td><td>응</td><td>여보게</td><td>야/어이</td></tr>
<tr><td colspan="2">해라</td><td>너</td><td>응/오냐</td><td>여봐라</td><td>얘</td></tr>
</table>

occurrence relationship)를 이루는데, 이 이상적인 공기 관계 즉 청자 존대법의 기본 구조를 간명하게 표로 정리하면, 위의 〈표 1-8〉과 같이 될 것이다. 단, 위 표에서 반말 또는 두루 낮춤과 공기하는 형태들은 기술의 편의를 위해 생략하였다.

위 표에서 '어르신네'도 중부 지역 특유의 2인칭 대명사 대용어로 보이지만, 1인칭 대명사 '저'의 광범한 사용 방식은 분명 조사지가 충남 지역의 그리고 나아가 중부 지역의 반촌 중 한 곳임을 잘 보여 주는 예일 것이다(비교적 자료로는 왕한석 2009: 70, 190-191, 2010: 122, 302-303, 2012: 177-179, 446-450 등을 참조할 것).

그뿐만 아니라 이곳 조사지 존댓말의 또 다른 중요 특색은 주체 존대어의 사용이 매우 발달한 것이 될 것이다. 이는 호남 및 영남 지역에서의 지금까지의 관찰 결과(왕한석 2009: 189-190, 2010: 121, 282-283, 301, 2012: 180, 444-446 등)와는 분명히 다른 양상인데, 물론 앞으로 보다 많은 지역에서의 경험적 연구가 축적되어야 하겠지만, 대체로 중부 지역의 언어 사용상의 중요한 특색인 것으로 보인다.

먼저 가까운 친척 관계에서 주체 존대의 선어말어미 '-으시-'를 통상적으로 사용하는 예를 들어보기로 하자. 대체로 다음과 같은 화자와 청자 그리고 지칭자의 관계, 즉 참여자(participants)의 관계에서는 지칭자(referent)를 높이는 형태소 '-으시-'를 규칙적으로 사용하는 것으로 보고된다.

1 (아버지가 아들에게 할아버지를 가리켜 말하는 상황)
할아버지 장에 댕겨오셨니?

2 (어머니가 아들에게 할머니를 가리켜 말하는 상황)
할머니 오시니까 네가 마중 나가봐라.

3 (아들이 어머니에게 아버지를 가리켜 말하는 상황)
아버지 잔치에 댕겨오셨슈?

4 (아들이 아버지에게 어머니를 가리켜 말하는 상황)
어머니 장에 갔다/ 댕겨오셨슈?

5 (조카가 작은어머니에게 작은아버지를 가리켜 말하는 상황)
작은아버지 들에 가셨슈?

6 (아우가 형에게 고모를 가리켜 말하는 상황)
형님, 고무가 저기 오시네유.

7 (시동생이 형수에게 형님을 가리켜 말하는 상황)
형님은 워디 가셨슈?

8 (남편이 아내에게 형수를 가리켜 말하는 상황)
아주머니 워디 가셨나/ 가셨어?

9 (형이 아우에게 매형을 가리켜 말하는 상황)
매형이 저기 오시니 네가 가봐라.

10 (남동생이 누님에게 매형을 가리켜 말하는 상황)
매형은 논에 가셨슈?

11 (남동생이 매형에게 누님을 가리켜 말하는 상황)
누님은 장에 가셨슈?

12 (형이 아우에게 제수를 가리켜 말하는 상황)
지수는 워디 갔나?

13 (오라버니가 여동생에게 매부를 가리켜 말하는 상황)
매부는 요새 건강헌가?

결국 이곳의 사회언어적 규칙(sociolinguistic rule)은 친척 관계에서 손윗사람, 다시 말하여 항렬상의 상위자뿐만 아니라 동일 항렬 내의 연령상의 상위자에게는 거의 의무적으로 주체 존대의 형태소 '-으시-'를 붙여, 지칭자를 높이는 것이 될 것이다. 비친척 관계에서도 사용의 규칙은 거의 같은데, 단 비친척의 영역에서는 '-으시-'를 써야 하는 규범의 강제성이 아래의 예 15에서 보듯이 친척의 영역보다는 조금 약한 것으로 보인다.

14 (남편이 아내에게 동네 '할아버지빨' 또는 '아버지빨'을 가리켜 말하는 상황)
내현네 할아버지 병문안을 하고 오시더라.
내현네 아저씨 병문안을 하고 오시더라.

15 (남편이 아내에게 동네 '형님빨'을 가리켜 말하는 상황)
내현네 형님 아들집에 갔다 오데.
내현네 형님 아들집에 갔다 오시데.

발달한 주체 존대법과는 달리, 그러나 그것의 특수한 사용법의 한 갈래인 소위 압존법(壓尊法)은 이곳에서 그리 명료하게 발달한 것 같지 않다. 다음의 간단한 사례들에서 대체적인 윤곽을 파악할 수 있을 것이다.

1 (손자가 할아버지에게 아버지를 가리켜 말하는 상황)

아버지가 산소에 댕겨오셨슈?

2 (며느리가 시어머니에게 시아주버님을 가리켜 말하는 상황)

아주버님이 장에 댕겨오셨슈?

3 (며느리가 시어머니에게 남편을 가리켜 말하는 상황)

어머님, 애비가 논에 갔다 왔슈?

마지막으로 이곳 조사지에서는 주체 존대의 격조사 '께서'와 객체 존대의 격조사 '께'는 사실상 쓰이지 않는다. 이는 선어말어미 '-으시-'의 사용이 매우 발달한 것과는 분명 대조를 이루는 부분일 것이다. 그리고 이곳에서 일상적으로 사용되는 객체 존대의 동사 표현에는 대체로 '갖다 드리다', '모시고 오다', '말씀 드리다', '여쭤 보다', '뵙고 오다' 등이 있는데, 대신 '아뢰다'나 '사뢰다'와 같은 표현은 쓰이지 않는다.

그리고 조사지에서도 재귀대명사 '저'를 3인칭으로 사용하는 특수한 용법이 발견되었는데, 즉 아직 아이가 없을 때에 며느리가 시부모 앞에서 자신의 남편을 가리켜 '저'로 말한다. 가령 "저는 워디 갔슈?"와 같은 예이다. 그러나 동일한 상황에서 아들은 아내를 가리켜 '저'를 쓰지 않고 대신 '그 사람'을 쓴다. 가령 "그 사람 워디 갔슈?"와 같이 말한다. 전체적으로 전북 고창(왕한석 2010: 304-305) 및 경북 선산 지역(왕한석 2012: 450-451)에서 보고된 것과 유사한 사용법이지만, 여기서는 '저'가 보다 제한적으로 사용되는 양상일 것이다.

4) 존댓말의 사용 규칙

이제 이 언어공동체에서 청자 존대어(addressee honorifics), 즉 말단계가 사용되는 방식에 대해 기술하도록 하겠다. 앞의 〈표 1-7〉에서 정리하였듯이, 이곳의 말단계는 형식상으로 한 등급의 높임말('허우')과 두 등급의 낮춤말('허게'와 '헤라')로 구성되는데, 두 낮춤말 등급과 함께 쓰이는 두루 낮춤의 '헤'가 또 있다. 그런데 이곳의 화자들은 '허우' 등급의 두 하위 단계, 즉 '허슈'와 '허유'의 구분 사용에 대해서도 상당한 '의식적' 지식을 가지고 있었다. 따라서 아래에서는 '허우' 등급을 '허슈' 형태와 '허유' 형태로 구분하여 좀 더 자세히 기술하도록 하겠다.(그런데 실제로는 '허우' 등급이 쓰이는 대부분의 자리에 '허슈' 형태가 쓰이고, '허유' 형태는 부분적으로만 쓰이는 것으로 나타난다.) 그리고 낮춤말의 경우에는 '허게'와 '헤라' 등급으로 구분하여 정리하지만, 실제로는 '허게'의 자리에는 '허게'와 '헤'가 그리고 '헤라'의 자리에는 '헤라'와 '헤'가 함께 사용되는 모습일 것이다.

다음은 특정의 사회적 관계, 즉 구체적인 친척관계 및 비친척관계에서 이곳의 화자들이 일반적으로 선택하는 말단계의 사용 규칙이다. 물론 여기서의 규칙은 말하는 상황(speech situation)의 특수성이나 화자의 의도 또는 전략 등을 고려하지 않은, 소위 무표적 상황(unmarked situation)에서의 규범적 규칙(normative rules)의 대강일 것이다.

먼저 친척(kinship)의 영역 중 부계친(父系親)의 조항 및 숙항에 대한 말단계의 사용 규칙이다. 그런데 아래 목록상의 일련번호는 앞의 제4절의 '친척용어의 목록'에서의 해당 친척형에 대한 일련번호와 모두 동일하다.

9 FF (조부): '허슈'

10 FM (조모): '허슈'를 쓰는데, 어려서부터 이 '허우' 등급을 쓴다고 한다.

13 FFZ (대고무): '허슈'

14 FFZH (대고무부): '허슈'

23 F (가친): '허슈'

24 M (자친): '허슈'를 쓰는데, 마찬가지로 어려서부터 이 '허우' 등급을 쓴다.

25 FBe (백부): '허슈'

26 FBeW (백모): '허슈'

27 FBy (숙부): 일반적으로 '허슈'를 쓰나, 미성의 '삼춘'에게는 '허유'를 주로 쓴다. 그러나 '삼춘'이 혼인한 후에는 '허슈'와 '허유'를 함께 쓴다.

28 FByW (숙모): '허슈'

29 FZ (고무): 일반적으로 '허슈'를 쓰나, 미성의 '고무'에게는 흔히 반말 즉 '헤'체를 많이 쓴다. 그러나 '고무'가 혼인한 후에는 '허우' 등급, 즉 '허슈'와 '허유'를 함께 쓰는 말씨로 바꾼다.

30 FZH (고무부): '허슈'

위에서 29 FZ 중 미성의 '고무'에게 흔히 쓰는 말씨(반말 '헤')를 제외하고는, 존댓말 사용상의 별다른 특색은 없는 것으로 보인다.

다음은 부계친(父系親) 중 형제항의 주요 친척형에 대한 말단계의 사용 규칙이다.

45 W (내자): 반말 '헤'와 '허게'를 주로 쓴다. 가령 '나 좀 봐', '나 봐',

‘자네 나 좀 봐’, ‘나 좀 보게’와 같은 말씨를 주로 사용한다.

46 ♂Be (형님): ‘형님’의 혼인 전에는 반말의 말씨를 주로 쓰나, 혼인 후에는 ‘허유’로 바꾼다.

47 ♂BeW (형수): ‘허슈’

48 ♂By (아우): ‘아우’의 혼인 전에는 ‘헤라’를 쓰나, 혼인 후에는 ‘허게’와 ‘헤’를 함께 쓰는 말씨로 바꾼다.

49 ♂ByW (지수(弟嫂)): ‘허슈’

50 ♂Ze (누님): ‘누님’의 혼인 전에는 ‘누나야 이리 와’처럼 반말의 말씨를 주로 쓰나, 혼인 후에는 ‘누님 이리 와유’처럼 ‘허유’로 바꾼다.

51 ♂ZeH (매부/매형): ‘허슈’

52 ♂Zy (뉘동생): ‘뉘동생’의 혼인 전에는 ‘헤라’를 쓰나, 혼인 후에는 ‘허게’와 ‘헤’를 함께 쓰는 말씨로 바꾼다.

53 ♂ZyH (매부): ‘허게’

54 ♀Be (오라버니): ‘오라버니’의 혼인 전에는 반말의 말씨를 주로 쓰나, 혼인 후에는 ‘허유’로 바꾼다.

55 ♀BeW (오라버니댁): ‘허슈’

56 ♀By ((남)동생): ‘(남)동생’의 혼인 전에는 ‘헤라’를 쓰나, 혼인 후에는 ‘허게’와 ‘헤’를 함께 쓰는 말씨로 바꾼다.

57 ♀ByW (동생의댁): ‘허게’, 특히 ‘자네’와 함께 쓰는 ‘허게’의 말씨를 주로 쓴다.

58 ♀Ze (언니): ‘언니’의 혼인 전에는 반말의 말씨를 주로 쓰나, 혼인 후에는 ‘허유’로 바꾼다.

59 ♀ZeH (형부): ‘허슈’

60 ♀Zy ((여)동생): ‘(여)동생’의 혼인 전에는 ‘헤라’를 쓰나, 혼인 후에는 ‘허게’와 ‘헤’를 함께 쓰는 말씨로 바꾼다.

61 ♀ZyH (동생의남편): 주로 '허유'를 많이 쓴다.

위에서 손위 형제들에 대한 이곳의 말씨는 성혼 후에는 대체로 '허우' 등급 중 '허유'를 주로 씀을 볼 수 있다.

다음은 자식 및 조카들에 대한 말단계의 사용 규칙이다.

96 S (아들): '헤라'

97 SW (며누리): '헤라'와 '헤'를 섞어 쓰는 편이다.

98 D (딸): '헤라'

99 DH (사위): '허게'

100 BS (조카): '헤라'를 주로 쓰나, (화자와) 나이 차이가 많지 않을 때에는 '허게'를 쓴다.

101 BSW (질부): '허게'

102 BD (질녀): '질녀'의 혼인 전에는 '헤라'를 쓰나, 혼인 후에는 '허게'와 '헤'를 함께 쓰는 말씨로 바꾼다.

103 BDH (질서): '허게'

그런데 위에서 여성 화자는 99 DH 및 (103과 관련되는) HBDH에게 대체로 '허게'와 '헤'를 함께 쓰는 경향을 보인다고 한다.

다음은 손항의 주요 친척형에 대한 말단계의 사용 규칙이다. 여기서도 여성 화자는 아래의 124 SDH 및 128 DDH에게 '허게'와 '헤'를 함께 쓰는 경향을 보인다고 한다.

121 SS (손자): '헤라'

122 SSW (손부): '헤라'

123 SD (손녀): '헤라'

124 SDH (손서): '헤라' 또는 '허게'

125 DS (외손자): '헤라'

126 DSW (외손부): '허게'

127 DD (외손녀): '헤라'

128 DDH (외손서): '허게'

다음은 모계친(母系親)의 주요 친척형에 대한 말단계의 사용 방식이다. 그런데 모계친의 형제항에 대한 사용 규칙은 부계친의 관련 친척형에 대한 것과 사실상 같으므로, 아래에서는 상위 항렬의 핵심 친척형에 대한 사용 규칙만을 정리하기로 하겠다.

148 MF (외조부): '허슈'

149 MM (외조모): '허슈'

156 MB (외숙): '허슈'를 주로 쓰나, (화자와) 나이 차이가 적을 때는 '허유'를 쓰기도 한다.

157 MBW (외숙모): '허슈'

158 MZ (이모): '허슈'를 주로 쓰나, (화자와) 나이 차이가 적을 때는 '허유'를 쓰기도 한다.

159 MZH (이모부): '허슈'

다음은 부계친(夫系親)의 주요 친척형에 대한 말단계의 사용 규칙인데, 이 부계친에 대한 기술은 대체로 형제항의 핵심 친척형에 대한 것만으로도 충분할 것이다.

228 H (바깥양반): '허유'와 반말 '헤'를 주로 쓰는데, 가령 '워디 갔다 와유?', '워디 갔다 와?'와 같이 쓴다. 앞의 45 W를 참고하면, 이곳의 부부간의 말씨관계는 상대적으로 비대칭형에 가까울 것이다.

229 HBe (시아주버님): '허슈'

230 HBeW (큰동세님): '허슈'

231 HBy (시동생): 주로 '허유'를 쓰는데, '시동생'의 혼인 전에도 '허유'를 쓴다.

232 HByW ((손아래)동세): '허게'

233 HZe (시누님): '허슈'

234 HZeH ((손위)시뉘남편): '허슈'

235 HZy (시뉘): 주로 '허유'를 쓰는데, '시뉘'의 혼인 전에도 '허유'를 쓴다.

236 HZyH ((손아래)시뉘남편): '허슈'

앞에서 부계친(父系親)의 손위 형제들에게 성혼 후 주로 '허유'를 쓰듯이, 위의 부계친(夫系親)의 형제들 중 손아랫사람(231 HBy와 235 HZy)에게도 주로 '허유'를 씀을 볼 수 있다.

다음은 처계친(妻系親)의 주요 친척형에 대한 말단계의 사용 방식인데, 여기서도 형제항의 주요 친척형에 대한 기술만 하기로 하겠다.

285 WBe (처남): 주로 '허유'를 쓰나, WBe와 벗 나이가 되면 벗을 하여 서로 '허게'를 주고받는다.

286 WBeW (처남의댁): '허슈'

287 WBy (처남): '허게'

288 WByW (처남의댁): 주로 '허유'를 쓴다.

289 WZe (처형): '허슈'

290 WZeH ((손위)동서): 주로 '허슈'를 쓰나, WZeH와 벗 나이가 되면 벗을 하여 서로 '허게'를 주고받는다.

291 WZy (처제): 주로 '허유'를 쓴다.

292 WZyH ((손아래)동서): '허게'를 쓰나, WZyH와 벗 나이가 되면 서로 '허게'를 주고받는다.

위에서 보듯이 조사지에서는 처계친과 벗을 하는 관행, 즉 285 WBe, 290 WZeH, 292 WZyH와 연령이 맞으면 서로 벗을 하는 언어사용 규범을 가지고 있다. 이를 반영하기라도 하듯이, 여기서는 "동서지간은 친구 중에서도 가차운〔가까운〕 친구다."라는 말이 예부터 전해 온다. 그러나 이곳의 경우 281 WFBy(처삼춘)과는 나이가 맞아도 벗을 하지 않는다고 하였다.

마지막으로 사돈관계(査頓關係)의 주요 친척형들에 대한 말단계의 사용 규칙이다.

309 SWF/DHF (사둔): '허슈'를 쓴다. 그런데 남성 화자는 '사둔'과 벗 나이가 되면 서로 벗을 하는 관행이 발달해 있다. 여성 화자의 경우는 사실상 말을 않는 내외관계이다.

310 SWM/DHM (사부인): '허슈'를 쓰나, 남성 화자의 경우 사실상 말을 않는 내외관계이다.

311 SWFF/DHFF (사장): '허슈'를 쓰나, 성별이 다를 경우 사실상 말을 않는 내외관계이다.

312 SWFM/DHFM ((노)사부인): '허슈'를 쓰나, 여기서도 성별이 다를 경우 사실상 말을 않는 내외관계이다.

315 SWB/DHB ((사둔총각)): 남성 화자는 '허게'를 쓰나, 여성 화자는 '허유'를 쓴다.

316 SWZ/DHZ ((사둔처녀)): 남성 화자는 상대방의 혼인 전에는 '허게'를 쓰다가 혼인 후에는 '허유'로 바꾼다. 그러나 여성 화자는 상대방의 혼인 전이나 후에 다 똑같이 '허유'를 쓴다.

사돈관계에서의 말씨 사용상의 가장 큰 특색은 309 ↕SWF/↕DHF와 벗 나이가 되면 서로 벗을 하는 관행일 것이다. 아마도 지금까지의 '한국의 언어 민속지' 작업 및 관련 연구(Dredge 1977; Wang 1984 등)에서 보고되지 않은 첫 사례일 터인데, 사돈 간에 벗을 하는 예법이 지리적으로 그리고 사회적으로 어떻게 분포하는지는 앞으로 매우 흥미로운 연구 질문이 될 것이다.

이제 비친척(non-kinship) 영역에서의 기본적인 말단계의 사용 방식에 대해 간략히 정리하도록 하겠다. 앞의 제5절 '호칭체계'에서 비친척 간에 사용하는 호칭어의 목록과 선택 규칙에 대해서는 이미 기술하였으므로, 여기서는 그 정리 부분인 〈표 1-3〉과 〈표 1-4〉의 내용에 맞추어 규범적으로 선택하는 말단계의 등급에 대해 간단히 기술하도록 하겠다.

먼저 〈표 1-4〉의 남성 화자의 입장에서 성별이 다른 여성 청자와의 상호작용 양상을 보면, (1) '할아버지빨'과 '아버지빨' 그리고 '형님빨'에게는 모두 '허슈'를 쓴다. (2) '친구지간'과 '아우빨' 그리고 성혼한 '아들빨'에게는 '허유'를 쓴다. (3) 미성인 '아들빨'에게는 '허게'와 반말 '헤'를 섞어 쓴다. 그리고 (4) '손자빨'에게는 '헤라'를 쓴다.

다음으로 성별이 같은 남성 청자와의 상호작용 양상을 보면 (1) '할아버지빨'과 '아버지빨'에게는 '허슈'를 쓴다. (2) '형님빨'에게는 '허슈'

와 '허유'를 섞어 쓴다. (3) '친구지간'과 '아우빨' 그리고 성혼한 '아들빨' 에게는 '허게'를 쓴다. 마지막으로 (4) 미성인 '아들빨'과 '손자빨'에게는 '헤라'를 쓴다.

〈표 1-3〉의 여성 화자의 입장에서도 청자가 성별이 다른가 같은가에 따라, 기본적으로 위와 같은 말단계의 선택 규칙을 사용한다. 그러나 여성 화자의 경우는 성별이 다른 남성 청자 중 '친구지간'과 '아우빨' 에게는 '허슈'를 쓰는 경향이 강하고, 또 미성인 '아들빨'에게도 '허유'를 쓰는 경향이 강하다. 그리고 성별이 같은 여성 청자에게도 '친구지간' 및 '아우빨' 그리고 (성혼과 미성의) 모든 '아들빨'에게 일반적으로 '허유'를 쓴다.

물론 지금까지 기술한 이상적 규칙은, 앞서 말한 대로, 무표적 상황에서의 규범적 규칙의 대강이다. 그런데 조사지의 경우 여기서 나아가 한 가지 사실을 더 언급할 필요가 있는데, 그것은 소위 '반말'의 광범한 사용이다. 이곳 조사지에서 반말 '헤'의 사용은 상위자가 하위자에게 쓰는 규범적인 것을 넘어서서, 하위자가 상위자에게 그리고 이곳 표현으로 '맞존경허는' 자리에도 널리 쓰이는 양상을 보여 주기 때문이다.

그런데 여기 표현으로 '존경허는' 또는 '바치는' 자리에 반말 '헤'를 쓰는 것은, 이곳 화자들의 내부자적 시각에서는, 아마도 상대방에게 '말을 낮추는' 것이기보다는 상대방에 대한 '친밀성'(intimacy)의 표현일 것이다. 그러나 높임의 표현과 함께 이 반말을 널리 쓰는 것은, 분명 조사지 또는 이 지역의 존댓말 사용상의 한 중요 특색이 될 것으로 보인다.

연구자는 유감스럽게도 상위자에 대해 '허우' 등급과 함께 이 '헤'를 매우 높은 빈도로 쓰는 좋은 사례들을 녹음하지 못했는데, 그러나 관찰 기억으로는 두 사례가 특히 인상적이었다. 한 사례는 50대 후반의 여성 제보자가 마을회관에서 자신의 시어머니의 친구 연령이 되는 분에게 '허슈'와 함께 '헤'를 쓰는, 연구자로서는 매우 놀라운 대화 장면이었다. 또 한 사례는 연구자보다 다섯 살이 적은 남성 제보자와 연구자 간의 대화인데, 대화 중간 부분에서 이 제보자는 거의 '헤'로써 연구자에게 계속 말을 하였다. 심지어는 옆에 같이 있던 연구 조교가, 해당 제보자가 연구자에게 거의 '말을 낮추어' 한 것으로 지각하고 약간 흥분할 정도였다. 어쨌든 두 사례 모두 매우 흥미로운 존댓말 사용 장면이었으나 녹음을 하지 못해, 안타깝게도 여기서 그 실제의 모습을 보여 줄 수가 없다.

대신 뒤의 제8절 '언어예술'에서 정리할 '옛날얘기'(실제로는 '옛날얘기'가 아닌 오늘날의 '이야기'임) 중의 한 부분을 연구자와 제보자 간의 대화 형식으로 정리하여, 아래에서 보이기로 하겠다. 이 제보자는 연구자보다 두 살이 적었고, 따라서 우리 두 사람은 조사지 말로 '맞존경허는' 사이였다. 그러나 아래 예에서 보듯이, 제보자는 연구자에게 '허우' 말씨와 함께 반말의 말씨를 높은 빈도수로 거의 자유롭게 쓰고 있다. 아래의 전사에서 …는 대화 중 일부분이 생략된 것을 그리고 〈 〉는 대화 중에 일어난 특정 행동을 가리키고, 또 (( )) 속의 표현은 해당 발화의 의미 해석을 돕기 위하여 연구자가 임의로 써 넣은 부분이다.(뒤의 제2장의 7 '존댓말의 체계'의 뒷부분에서 보듯이, 충청북도의 현지조사에서는 이러한 '반말' 사용의 여러 실제 사례들을 녹음하여 전사할 수 있었음을 매우 다행스럽게 생각한다.)

대화 사례

제보자: 그거 깨친[깬] 지두 헌 삼십 년 될끼유.

연구자: 한 삼십 년?

제보자: 예.

연구자: 어떤 얘깁니까?

제보자: 그게 우리 산 경계 젤 꼭대기가, 어머니 살고 있는 집 뒤 그 산이 우리 산인디, 그 경계에가 있는 돌이거든.

연구자: 예.

제보자: 그 돌이 이 방만 할 겨. … 근디 외중((이웃 마을 이름임)) 쪽을 돌이 이렇게 빤듯하기 있는 기 아니고 직사각형 식이루 생긴 돌인디.

연구자: 예.

제보자: 요렇게 비시듬허게 외중마을 쪽을 향해서 이렇게 돼 있었거든.

연구자: 예.

제보자: 근디 그 돌이 외중마을 저쪽이 요렇게 있으문 요렇게 새가 벌어졌었어 두 쪼각으로.

연구자: 외중마을에서 보면요?

제보자: 예, 외중 쪽을 향해서. 그래서 우리가 그 돌을 올라갈라 그러믄 가운데 벌어진 디로 걸어 올라가서 그 돌 바위 꼭대기로 올라갔었거든.

연구자: 예.

제보자: 근디 그때 한 삼십 년 전에 그 양반은 인저 고인 됐구먼. 그 양반 손녀딸을 둘이 있었는디.

연구자: 예.

제보자: 거기 인저 다 우리보덤 위니께 인제 환갑도 다 넘었겄네.

연구자: 예.

제보자: 근디 그 동생은 나보덤 한 살 많구.

연구자: 예.

제보자: 그 동생 여자((언니의 오류일 것임))가 우리보덤 한 너덧 살 많아유.

연구자: 예.

제보자: 동생이 나보덤 한 살 많으니께.

연구자: 예.

제보자: 그때 그 여자가 그때 한 삼십 년 전이 서른 미만이었어. 스물 몇 됐을 당신디. 옛날에 인제 그때만 해두 옛날이니께, 뭐 총각들이 인제 처녀 있응께 막 찾아오고 하니께, 이 노인네가 볼 때는 자기 손녀딸한티 오는 거를 기분 좋아하는 노인네들이 워디가 있어. 그러니께 바람났다고 인제들 그러지. 아무개 손녀딸 바람났다구. 속이 몰르는 남자들 자꾸 와쌌구 허니께. 아무개 손녀딸 바람나서 총각들 찾아 대여 온다고 하니께, 이 노인네가 그거를 워터게 생각을 했는지, 그 바위가 자기네 집 쪽으루 이렇게 벌어진 여자 형상하고 있는 바위가.

연구자: 그러니까 여자 다리 벌어진 것처럼 생겼다면서요?

제보자: 예.

연구자: 예.

제보자: 그러니께 그래서 우리 애가 바람끼 있나 싶어가지고, 그런 생각으로 히서 석공 데려다가 그 다리 한짝 바위 한쪽을 짤른 겨.

연구자: 〈웃음〉

7. 말의 주요 범주 및 가치관과 특수한 상황변이어

이 절에서는 조사지의 말의 주요 범주와 특수한 상황변이어(register) 등을 기술하기로 하겠다. 보다 구체적으로 이 언어공동체에서 발견되는 말에 대한 민간 명칭 및 표현들과, 이곳의 중심적인 언어가치관 및 태도, 그리고 여러 특수한 상황변이어 등인데, 특수한 상황변이어로는 (1) 아직 말을 못하는 아기에게 쓰는 아기말(baby talk) 어휘, (2) 가축을 중심으로 하는 '짐승'에게 쓰는 짐승을 부르는 말(animal calls), (3) 가내의 제사와 마을의 공동 의례인 '오방제'에서 사용하는 의례어(ritual speech), 그리고 (4) '일상 표현'(routine)으로서의 인사말이 그 기술 대상이다. 아마도 부분적인 자료이겠지만 이 지역의 중심적인 언어가치관 및 태도를 제보자들로부터 듣고, 그리고 이 마을의 중요한 종교적 의례인 '오방제'를 직접 관찰하고 실제 연행된 의례어를 녹음할 수 있었던 것은 연구자의 작은 행운이었을 것이다.

1) 말에 대한 민간 명칭과 표현

조사지에는 말에 대한 상위언어적(metalinguistic) 명칭과 표현이 그렇게 잘 발달하지는 않은 것 같다. 대체로 다음과 같은 말의 장르(speech genre), 말씨(speech style), 말행위(speech act) 또는 말사례(speech event), 그리고 여타 언어행동과 관련되는 민간 명칭과 표현을 찾을 수 있었는데, 아마도 다른 연구 지역보다는 조금 적은 숫자일 것이다. 아래에서는 이곳 제보자들의 민간 지식에 바탕하여 이들 명칭 및 표현의 핵심적 의미를 간략히 정리하도록 하겠다. 그런데 제보자들의 개념적 지식이 대체로 좀 소략한 편일 것이다.

1 거짓말 진실한 것을 말하는 것이 아니라 남을 속이는 말이다. 그리고 '거짓말' 잘하는 사람은 여기서도 '거짓말쟁이'로 불린다.

2 공갈 두 가지 다른 의미를 가지는데, 하나는 사실을 부풀려서 하는 말이고, 다른 하나는 남을 협박하는 말이다. '공갈친다'와 같이 표현한다.

3 군소리 또는 **군말** 제보자들은 '남 안 듣게 좋지 않은 이야기를 씨부렁대는 소리'로 쉽게 정의하면서, 아래의 '꿍덩거린다'와 거의 같은 의미인 것으로 이해하였다. '군소리헌다' 또는 '군말헌다'와 같이 쓴다.

4 꿍덩거린다 혼자서 불평이나 불만을 중얼거리는 것으로, 이 말행위는 듣는 사람이 없어도 이루어질 수 있다. 그리고 이 '꿍덩거리는' 말 속에는 욕 같은 표현이 들어가기도 한다.

5 농 또는 **농담** 친구 간에 '터놓고' 하는 장난의 말이다. 일반적으로 이 '농(담)'은 수상에게는 하기 어려우나, 수하에게는 놀리는 목적 등에서 할 수도 있는 말로 이해하였다.

6 뒷소리 또는 **뒷말** 어떤 일이 다 끝난 상황에서 그 일과 관련되는 사람의 '앞'에서는 말하지 않고, '뒤'에서 안 좋은 이야기를 이러쿵저러쿵 해대는 것을 가리킨다.

7 말씨름 아마도 조사지의 흥미로운 민간 명칭일 것이다. 이 '말씨름'은 '말다툼'처럼 말로 서로 싸우는 것이 아니라, 말로 시합을 하여 이기고 지는 것을 따지는 것, 즉 '말로 겨루는 것'을 가리킨다.

대표적인 예로는 아래의 '말저리미'를 시합하듯이 하는 것 등을 들 수 있는데, 흔히 다 끝난 뒤에는 웃으면서 "공연히 말씨름만 했다."와 같이 표현한다고 한다. 다른 지역에서는 지금껏 발견되지 않은, 영어의 verbal dueling(좀 더 넓게는 speech play)에 해당하는 토착 표현인 것 같아 자못 흥미롭다.

8 말저리미 '수수께끼'의 이곳 토착 표현이다. 때로 '수수꺼끼'라고도 하는데, 이 표현은 아마도 뒤에 들어온 말 같다. 제보자들은 흔히 하는 '말저리미'의 예로서 다음의 것들을 쉽게 들었다.

① '밥도 밥도 못 먹는 밥은 뭐유?'
'톳밥'[톱밥]

② '떡도 떡도 못 먹는 떡은 뭐유?'
'사둔떡'[사돈댁]

③ '술도 술도 못 먹는 술은 뭐유?'
'광술'(송진이 얽혀 있는 소나무 가지인 '관솔')

④ '장도 장도 못 먹는 장은 뭐유?'
'송장'

⑤ '앉은 고리, 선 고리, 뛰는 고리는 뭐유?'
'앉은 고리는 동고리, 선 고리는 문고리, 뛰는 고리는 깨구리[개구리]'('동고리'는 작은 수납함의 한 종류임)

9 말 디면[대면] **댕긴다** 나에 대한 어떤 안 좋은 소문이 돌 때 누가 그 말을 처음 만들어 퍼뜨렸는지 그 원천을 찾아 나가는 말행위를 가리킨다. 즉, 이른바 '무릎맞춤'인데, 이곳 조사지의 경우에는 '무릎맞춤'에 상응하는 명사형 표현은 사용되지 않는 것 같다.

10 벙어리 여기서도 '벙어리'는 두 하위 범주로 나뉜다. 즉, 말을 전혀 못하는 사람은 '(보통의) 벙어리'이고, 말을 반쯤 못하는 사람은 '반벙어리'이다.

그런데 이곳에는 중부 지역에서 흔히 쓰는 '혀짤배기' 또는 '혀짜래기'에 상응하는 표현이 없는 것 같다. 어른들의 발음이 분명하지 않은 것은 그냥 '반벙어리'인 것으로 지각하고, 아이들의 어리광부리는 말 또는 발음(가령 부산 지역의 '세뺀디기 소리')은 그냥 '어리광부린다'라는 일반적인 표현으로 대신한다.

11 숭내 낸다 남의 말투를 그대로 흉내 내어 재연하는 것을 가리킨다. 그리고 '숭내 내는' 말행위에는 흉내의 대상을 좀 깔보거나 낮게 평가하는 태도가 함의되어 있다.

12 쌍말 또는 **쌍소리** 가령 '씹헐', '개새끼' 등과 같은 소위 '욕'을 섞어가며 하는 말을 가리킨다. 그리고 그러한 말을 하는 사람을 가리켜 '쌍스럽다'라고 표현한다.

13 아랫녘말 충청도 아래쪽 지방, 즉 전라도와 경상도 지방의 말을 가리킨다.

14 옛날얘기 '옛날이야기'이다.

15 옛말 '속담'과 같이 예부터 전해 내려오는 정형화된 표현을 말한다. 한 제보자는 쉽게 "하룻강아지 범 무서운 줄 모른다."를 그 예로 들었다.

16 욕 상대방에 대한 모욕과 저주의 말로 쉽게 설명하였다.

17 우스갯소리 그냥 웃자고 하는 '웃음의 소리'이다. 이 '우스갯소리'는 주로 친구 간이나 수하에게 하는 것인데, 수상에게는 일종의 응석으로 할 수도 있는 것으로 설명하였다.

18 윗녘말 충청도 위쪽 지방, 즉 경기도와 강원도 지방의 말을

가리킨다.

19 잔소리 한 말을 하고 또 하여 듣기 싫은 단계가 되었을 때, 이를 가리키는 표현이다. 제보자들은 "좋은 말도 자꾸 허면 듣기 싫다.", 즉 '잔소리'가 된다고 하였다.

20 재담 이곳의 개념으로는, 재미있게 말 잘하는 것 또는 남 듣기 좋게 '푸짐하게' 말하는 것을 가리킨다. '재담 잘헌다'라고 표현하는데, 가령 "저 사람은 재담은 잘헤도 연설은 잘 못혀."와 같이 쓴다. 따라서 민속 문학에서 쓰는 '재담'과는 다른 개념으로 보아야 할 것인데, 나아가 이곳 조사지에는 '곁말'이나 '변담'과 같은 말의 장르는 알려져 있지 않았다.

21 허풍 원래의 사실보다 더 부풀려서 하는 말이다. 허풍을 잘 떠는 사람은 '허풍쟁이'인데, '허풍쟁이'를 가리키는 또 다른 토착 표현에 '풍성쟁이'(어원은 알려지지 않음)가 있다.

22 헛소리 여기서도 두 가지 다른 뜻을 가진다. 즉, 하나는 소위 '쓸데없는 소리'이고, 다른 하나는 몸이 몹시 아픈 사람이 무의식중에 내뱉는 말이다.

23 말 잘헌다 구변이 좋은 것을 가리키는데, 가령 "저 사람은 변호사같이 말 잘헌다."라고 표현한다. 그러나 '말 잘허는' 사람을 그리 좋게 보지는 않는데, 대신 '헐 말만 허는' 사람을 긍정적으로 평가한다. 그런데 '말 잘헌다'에 대가 되는 표현은 아마도 없는 것 같다.

24 입담 좋다 위의 '말 잘헌다'와 비슷한 표현으로, 말을 '푸짐하게 허는 것'으로 설명하였다. '(그 사람) 입담 좋네. 말 잘허네.'와 같이 쓴다.

25 입이 개볍다 남의 말을 쉽게 잘 옮기는 행위이다.

26 입이 무겁다 남의 말을 잘 옮기지 않는, 즉 위의 '입이 개볍다'에 반대되는 표현이다.

2) 언어가치관 및 태도

위의 '말에 대한 민간 명칭 및 표현'이 다른 지역에 비해 상대적으로 덜 발달한 것 같다는 연구자의 반응에, 주 제보자는 "말 않는 게 충청도 사람이여."라는 웃음의 대답을 하였다. 즉, 제보자는 말을 '적게 하는 것' 또는 '드문드문 하는 것'이 이곳 사람들(또는 넓게는 충청도 사람들)의 언어사용상의 중심 특성이라는 말을 한 것이다. 이 지점에서 연구자는 이곳 분들이 묵시적으로 가지고 있는 중심적인 언어가치관 및 태도(speech value and attitude)에 대한 질문으로 나아갔는데, 대체로 다음과 같은 설명을 주 제보자로부터 들을 수 있었다.

(1) 먼저 '입조심'과 '말조심'의 강조이다. 즉, 말이란 항시 삼가고 조심해서 해야 하는 것이다. 달리 말해 이 '입조심'과 '말조심'에 대한 강조는, 말이 가지는 (또는 끼치는) 사회적으로 부정적인 영향에 대한 적극적인 경계의 표현일 것이다.

(2) 다음으로 '말은 남 듣기 좋게 하는 것'이다. 보다 구체적으로 남에게 불쾌한 느낌을 주는 말을 해서는 안 되고, 항시 상대방을 배려하는 입장에서 말을 해야 한다. 이 두 번째 원칙은 아마도 일반적 의미에서의 이른바 '공손한 말'(polite speech)(Brown and Levinson 1978, 1987 등)의 적극적인 사용을 강조하는 것이 될 것이다.

(3) 마지막으로 이 지역에서 특히 강조하는 것으로 보이는데, '말은

짧게 하는 것'이다. 주 제보자에 의하면 어떤 사람이 말을 짧게 할 경우에는, 해당 화자에게 "저 사람 헐 얘기만 혀."라는 긍정적 평가가 함의된 반응을 하게 된다. 그러나 말을 많이 할 경우에는, 해당 화자를 두고 흔히 "잔소리 더럽게 헌다."라거나 또는 "(말) 지저분허게 헌다."라는 부정적 평가가 함의된 반응을 하게 된다고 하였다. 이 지점에서 연구자가 '전통적인 표현'으로 소위 '권위(authority)가 있는 말'인 속담, 즉 '옛말'의 경우에도 그러하냐고 물었는데, 이에 대해 제보자는 "옛말을 쓰더라도 말이 길면 지저분허다."라고 답하면서, 다시 "옛말을 쓰더라도 한두 번이지 자꾸 허면 좋을 게 없다."라는 부연 설명을 하였다.

(4) 전체적으로 조사지에서의 중심적인 언어가치관 및 태도는, 제보자의 표현을 그대로 빌리면, "헐 얘기나 허고 헐 얘기나 듣고, 좋은 얘기나 허고 듣고, 그것이 좋지, 그 외의 것은 좋을 것이 없다."라는 언명으로 요약될 수 있는 것이었다.

위에서 간략히 정리한 조사지의 중심적인 언어가치관 및 태도는 한마디로 소위 '유교적인' 것이고, 한국 사회에서 다소간의 정도 차이는 있겠지만, 일반적으로 널리 공유되는 가치관 및 태도일 것이다(가령 Wang 1984: 111-115; 왕한석 2009: 83-84 등 참조). 그러나 조사지의 경우는 (그리고 아마도 더 나아가 충남 지역 및 충청 지역 전체에서는) 이러한 가치관 및 태도가 다른 지역에 비해 상대적으로 좀 더 엄격히 지켜져 온 것으로 보인다. 그리하여 일상적으로 말을 아끼고 적게 하는 경향을 여러 언어 상황(speech situations)에서 볼 수 있었을 뿐만 아니라, 다음 절에서 보듯이 언어의 예술적·유희적 사용 영역이 크게 저발달 또는 '억압'되어 있는 것으로 나타났다. 즉, 옛 노래는 오늘날까지 사실상 부르지 않았고, 우리가 일상적으로 하는 농과 우스갯소리도 여기서는 거의 하지 않는 특성을 보여 주었다. 그리고 중요한 수사적 표현인 속담도 분명 다른 지역보다는 훨씬 적게 쓰는 것으로 관찰되었다. 결국 이 지역에서는 말을 짧게 또는 적게 하는 것이 말을 재미있게 하는 것보다 절대적인 우선성을 가지는 유형의 가치관과 태도를 발달시켜 온 것으로, 그리고 현재에도 그렇게 실행하는 것으로 보는 것이 아마도 맞을 것이다.[29] 그리고 이러한 가치관 및 태도의 유지와 실행은, 이곳 분들의 내부자적 시각(insider's view)에서는 바로 '양반의 위신'을 지키는 것과 직결되는 것으로 인식·이해되고 있었다(다음 절의 해당 부분도 또한 참조할 것).

현지조사의 후반부쯤에서 발견한 이 지역 언어문화의 이러한 중요 특성은 충청도 사람들의 문화적 정체성에 대한 한 중요 연구 결과(이재열·강희경·설동훈 2004)와도 거의 평행하는 것으로 이해된다. 즉, "충청 지역 정체성 형성의 연원을 사회학적으로 종합하고자"(p. 4) 하는 이 연구에서, 충청도 사람들의 '성격'(personality) 특성은 대체로 다음과 같이 요약된다. 이는 분명 조사지에서 연구자가 관찰한 이곳 사람들의 언어문화의 중심적 특성에 평행하는 성격 특성일 것이다.

> "'충절의 고장'으로 불리는 것은 충청도가 양반 유교문화의 전통이 강하다는 말과 연결된다. … 주자학적 엄숙주의를 바탕에 깔고

---

29) 현지조사 과정에서 이곳의 이러한 언어문화의 중심 특성을 파악하였을 때, 그것은 연구자에게도 사실은 적지 않은 놀라움으로 다가왔었다. 그런데 이 특성은 홍성 지역을 넘어서서 적어도 내포 지역 일원에서는 분명히 공유되는 것으로 보인다. 아산(牙山) 출신의 연구자 연령대의 한 국어학 교수는 연구자의 관찰 내용을 실제의 다른 예를 들어 가며 거의 그대로 지지해 주었고, 예산(禮山) 출신의 연구자와 동행한 연구 조교도 연구자의 의견에 거의 그대로 동의해 주었다. 그는 심지어 '이제 와서 생각해 보니 집안 어른들이 명절이나 제사 때에 모여 크게 웃으며 함께 떠드는 장면은, 어려서부터 지금까지 한 번도 본 적이 없는 것 같다.'라는 귀중한 증언을 해 주었다.

내면과 외면의 이율배반적 양상을 가장 적확하게 보여 주는 것이 양반문화이고 이것이 지역적으로 표출된 곳이 충청도이다. …〔양반의〕 고급문화는 가능한 한 인간의 감정을 억제하거나 형식화했고, 〔평민과 하층의〕 하급문화는 비교적 있는 그대로 표출한다. 가슴 깊이 흐르는 감정의 신바람을 양반의 위엄으로 차단하려는 노력 속에서 충청도 문화는 발전해 왔다. 조선시대 이후 충청도 사람들은 적어도 공식적으로는 이러한 양반문화를 자랑하고 있다. '충청도 양반'이라는 말은 온당하고 분별력 있게 행동하며, 또 의식과 행동에서 절도를 중히 여기고 체면을 중시한다는 말이다. … 충청도 사람들은 절도와 체면을 중시하기 때문에 모가 나는 의식과 행동을 싫어하고, 극단적 사고나 행동을 경계하고, 급격한 변화나 개혁에도 거부감을 느낀다."(이재열·강희경·설동훈 2004: 224-225)[30)]

이어서 연구자는 제보자로부터 다른 지방의 말, 즉 한국의 주요 방언에 대한 이곳의 민간 지각(folk perception)의 개요를 간략히 들을 수 있었는데, 대체로 다음 내용의 것이다. 그런데 제보자는 특이하게도 오늘날의 '서울말'과 전통적인 '경기도말'을 구분하여 설명하였다.

1 서울말 조금 간농(奸弄)한 느낌, 즉 간사한 말로 들린다. 흔히 쓰는 '하세요' 하는 억양과 표현에서 모두 간사한 느낌을 받는다. 그뿐만 아니라 말이 '약게' 들리는 '약은 말'이기도 하다.

30) 아마도 잘 요약된 결론 부분인 위 인용문을 넘어서서, 충청 지역 유학의 중심 특성을 기술하는 이 책의 '사상사적 특성'의 절(pp. 75-85) 및 지역 정체성의 여러 양상 또는 차원들을 논의하는 '지역주의와 정체성'의 장(pp. 195-247) 전체도 충청인의 성격 특성을 이해하는 데에 중요한 배경 지식을 전해 준다.

2 경기도말 제보자에 의하면, 소위 '표준어'로 지각하는 말이다. 이 '경기도말'의 주 표현 형태인 '하십시오', '합니다'와 같은 말에서 무언가 딱딱하고 절도 있는 느낌을 받는다.

3 강원도말 (자주 듣지 않아 잘 모름)

4 전라도말 간농 떠는 식의 간사한 느낌을 받고, 말이 '얕게'(대체로 '가볍게'의 의미임) 들린다. 위의 1 '서울말'보다 더 '얕고' 간사하게 들린다.

5 경상도말 대체로 뚝뚝한 느낌, 달리 표현하여 기계로 치면 둔탁한 느낌을 주고 또 무뚝뚝한 느낌, 즉 친절하지 않은 느낌을 준다. 말소리가 굵고 커서 작은 사람이 말을 해도 마치 큰 사람이 말하는 것처럼 느껴진다.

6 (충청도말 중) **충북말** 위의 2 '경기도말'과 가깝고, 여기말 즉 '충남말'보다 듣기가 더 좋은 말이다. 전체로 말이 똑똑 떨어지는 느낌을 준다.

7 (충청도말 중) **충남말** 이곳 말은 느리고 묵직한 느낌을 주며, 전체로 또 무거운 맛이 있는 말이다.

물론 위의 민간 지각 또는 '방언 태도'(dialect attitude)는 매우 주관적인 것이며, 또 당연히 자문화 중심적(ethnocentric) 태도를 내보이는 것이 될 것이다. 또 위의 지각은 남성 제보자의 것이라, 이곳의 여성 제보자는 부분적으로 상이한 태도를 가질 수도 있을 것이다. 그런데 위의 반응은 여러 지역 방언들에 대한 평가의 면에서, 보다 체계적으로 이루어진 관련 연구의 결과(강현석 2010, 특히 pp. 268-273)에 전체적으로 평행하는 것으로 이해된다. 따라서 위의 기술은 부분적인 자료이기는 하지만, 단순히 한 개인의 의견이기보다는 이 지역에서 일반적으로 공유되는 사회적 태도를 반영하는 것일 가능성이 매우 높아 보인다. 그러나 위에서 1 '서울말'과 2 '경기도말'의 구분이 이곳 화자들 사이에서 어느 정도로 널리 이루어지는지는 명확하지 않을 것이다.

다음으로 이곳 홍성군을 둘러싸고 있는 작은 지역의 말들에 대한 질문으로 나아갔다. 홍성군은 대체로 북으로는 예산, 동으로는 청양(靑陽), 남으로는 보령(保寧), 그리고 서로는 서산(瑞山)과 접하고 있다. 이 인접 지역들의 말, 즉 지역어들에 대해서 제보자는 대체로 다음과 같은 간략한 평가 또는 민간 지각의 개요를 제시하였다. 전체로 서산을 제외하고는 홍성과 예산, 청양, 보령의 말을 모두 같은 것으로 지각하는 모형이 될 것이다.

1 예산말 (여기 말과 똑같음)

2 청양말 (여기 말과 똑같음)

3 보령말 (여기 말과 똑같음)

4 서산말 여기 말과 어휘가 부분적으로 다르고, 또 여기 말보다 더 느리다. 따라서 그쪽에 가서는 말하기가 조금 어렵고 좀 조심하게 된다. 전체적으로 서산 지역의 말은 좀 둔한 느낌, 친절하지 않은 느낌을 준다.

5 공주말 (인접해 있지 않아서 잘 모름)

마지막으로 말에 대한 가치관 및 태도 그리고 민간 지각과 관련한 논의에서 이곳 화자들은 '깊다'와 '얕다'라는 상당히 특이한 은유(metaphor) 표현을 썼다. 연구자에게는 매우 낯선 이 '깊다'와 '얕다'라는 은유는 공간적 경험에 대한 지시라는 일차적 의미를 넘어서서 말과 사람을 평가·이해하는 기본 틀이 되는 것으로 보이는데, 구체적으로 다음과 같은 의미의 비유법으로 쓰였다.

먼저 '말'의 경우에, '얕은 말'은 (1) '헐 말 못 헐 말 가리지 않고 마구 허는 것'과, (2) '말을 낮추어 하는 것'을 가리킨다. 이에 비해 '깊은 말'은 (1) '헐 말만 허는 것' 또는 '말을 자주 하는 것이 아니라 드문드문 하는 것'과, (2) '말을 존경하여 하는 것'을 가리킨다. 따라서 '깊은 말'은 이곳의 언어가치관 및 태도를 그대로 따르는 것과 수상에게 쓰는 소위 '바치는' 말을 가리키고, '얕은 말'은 이곳의 언어가치관 및 태도를 따르지 않는 것과 수하에게 쓰는 '낮추는' 말을 가리킨다. 말할 것도 없이 이 언어공동체에서 전자는 높은 가치를 가지는 언어행동일 것이고, 후자는 낮은 가치를 가지는 언어행동일 것이다.

마찬가지로 '사람'의 경우에도, '얕은 사람'은 '행동을 경거망동하게 하는 사람' 또는 '(됨됨이가) 깊이가 없는 사람'을 가리키는 비유이고, '깊은 사람'은 '점잖은 사람' 또는 '(됨됨이가) 깊이가 있는 사람'을 가리키는 비유가 된다.

여기서 나아가 제보자는 앞서 기술한 '서울말'과 '전라도말'을 '얕은 말'의 예인 것으로, 그리고 '충청도말'은 '깊은 말'의 예인 것으로 설명하였다. 그뿐만 아니라 특정의 말과 그 말을 쓰는 사람의 성질은 비슷한 면이 많다면서, 일반적으로 충청도말과 충청도 사람은 '깊은 맛'이 있다고 결론지었다. 전체적으로 강한 자문화 중심적 태도의 표출이기는 하지만, '깊다'와 '얕다'라는 은유가 말과 사람에 대한 기본적인 평가의 틀을 이룬다는 면에서 매우 흥미로운 토착 비유가 될 것이다.

3) 아기말

다음은 이곳 조사지에서 예부터 써 온 아기말 어휘의 전체 목록인데, 이곳의 아기말 어휘는 그런대로 발달한 모습을 보인다. 간략히 개별 단어의 형태와 그것의 일차적 의미 그리고 실제 사용되는 예를 들면 다음과 같다. 그런데 제보자들은 몇몇 아기말 단어와 관련하여 옛 육아의 노래를 불러주었다.

1 어비 위험한 것과 무서운 것을 가리키고 또 그러한 대상에 가지 말라는 경고의 말이다. '어비어비', '그거 만지면 어비 허여', '거기 가면 어비 있어 가지 말어'와 같이 쓴다.

2 지지 더러운 것을 가리키고 또 그러한 대상에 가지 말라는 말이다. '어 지지여', '그거 지지 허여', '아이구 그 지지 헌 거 왜 입에다 넣어?'와 같이 쓴다.

3 애투 먹으면 안 되는 것, 즉 깨끗하지 못한 것을 입에서 뱉어내라는 말이다. 그리고 또 그러한 것을 먹지 말라는 말이다. '아이구 애투 허여 애투 허여', '아이구 그거 애투여'와 같이 쓴다.

4 아야 아픈 것과 그것의 원인이 되는 다치는 것을 가리킨다. '아이구 우리 애기 아야 했어?', '거기 가면 아야 헌다 가지 마라'와 같이 쓴다.

5 호오 두 가지 다른 뜻이 있는데, 하나는 아기가 다쳤을 때 다친 곳을 엄마가 입김으로 불어주는 행위를 가리킨다. '호오호오', '엄마가 호오해 주께'와 같이 쓴다. 다른 하나는 고추 같은 매운 것을 가리키는데, '그거 호오 헌다', '그거 먹으면 호오 허여 먹지 마', '그거 호오 헌 거 왜 먹었어?'와 같이 쓴다.

6 맘마 밥과 다른 먹을 것을 가리킨다. '우리 애기 맘마 먹자', '우리 애기 배고퍼? 맘마 주까?'와 같이 쓴다. 그런데 여기서는 '빠빠'라는 말은 쓰지 않았고, 또 물을 가리키는 특수한 아기말 어휘도 없었다고 한다. 그리하여 물은 그냥 '물 먹자'와 같이 썼다고 한다.

7 쭈쭈 젖과 젖 먹는 것을 가리킨다. 제보자들에 의하면 전에는 '우리 애기 젖 먹자'라고 하였는데, 뒤에 이 말이 들어와 '우리 애기 쭈쭈 먹자' 하는 식으로 바뀌었다고 한다. 물론 이 '쭈쭈'는 일본어의 차용어일 것이다.

8 까까 과자를 가리키는데, 이 말이 이전부터 쓰였는지에 대해 제보자들은 명료한 기억을 가지고 있지 않았다. '까까 먹자', '까까 주까?'와 같이 쓴다.

9 자장자장 잠자는 것을 가리키는데, 주로 아기를 안거나 업어서 재울 때에 아기를 두드리며 이 말을 쓴다. '자장자장', '우리 애기 자장자장 허자'와 같이 쓴다.

또 제보자들은 과거에 아기를 재울 때 부르던 〈자장가〉 한 수를 다음과 같이 구송해 주었다.

"자장자장 자장자장
우리애기 잘도잔다.
검둥이도 잘도자고
바둑이도 잘도자더라.
자장자장 자장자장
우리애기 잘도자라."

10 쉬이 오줌과 오줌 누는 것을 가리킨다. '쉬이 허자', '우리 아

기 쉬이 헐래?'와 같이 쓴다.

11 응아 똥과 똥 누는 것을 가리킨다. '응아허자', '너 응아헐래?'와 같이 쓴다.

12 아아 아기로 하여금 입을 크게 벌리게 하는 말이다. 가령 아기에게 밥을 떠먹일 때에 '우리 애기 아아 허여'라고 하고, 또 아기가 잘못 먹은 것을 엄마가 입에서 꺼내 주려고 할 때에도 '아아 아아 허여'와 같이 쓴다.

13 꼬까(옷) 새 옷을 포함하여 아기가 입는 옷을 가리킨다. '꼬까 입자', '꼬까옷 입어라'와 같이 쓴다.

14 쑥쑥 아기가 '꼬까(옷)'를 입을 때, 그것을 잘 입도록 팔다리를 내밀라는 말이다. '쑥쑥쑥쑥', '쑥쑥 허자'와 같이 쓴다.

15 까꿍 누워 있는 아기에게 엄마가 눈을 맞추면서 아기더러 웃으라고 어르는 말이다. '까꿍', '우리 애기 까꿍'과 같이 쓴다. 그런데 조사지에서는 이 '까꿍'과 아래의 '아웅'이 서로 구분되는 아기말 단어인데, '까꿍'이 아기의 발달 단계에서 좀 더 일찍 사용하는 말이라고 한다.

16 아웅 엄마가 아기 앞에서 눈을 가렸다 풀며 아기를 장난스레 놀래주는 말이다. '아웅', '아웅 허까?'와 같이 쓴다.

17 뽀뽀 엄마가 아기 뺨에 입을 맞추는 것인데, 제보자들은 이 말도 중년에 들어온 아기말 단어인 것으로 기억하였다. '뽀뽀', '우리 애기 뽀뽀허자'와 같이 쓴다.

18 맴매 때리다의 뜻으로, 이곳에서는 엄마가 주로 아기 궁둥이를 살짝 때린다고 한다. '맴매', '너 엄마가 맴매헌다'와 같이 쓴다. 그런데 관련된 표현인 '때치'는 쓰지 않은 것으로 제보자들은 보고하였다.

19 앙 입으로 무는 것을 의미한다. 주로 짐승이 무는 것을 가리키지만, 엄마가 애기 팔뚝을 장난스레 무는 것도 가리킨다. '앙 앙', '멍멍이가 앙 헌다', '야웅이 앙 허고 물어 간다'와 같이 쓴다.

20 어부-배 아기를 등에 업는 것이다. '아가야 어부-배허자', '우리 애기 어부-배허고 마실 가자'와 같이 쓴다.

21 빵빵 차와 차 타는 것을 가리킨다. 그런데 조사지는 시골 지역이라 자동차가 상대적으로 늦게 들어왔고, 따라서 아주 예전에는 없었던 말이라고 한다. '빵빵 가자', '빵빵 저기 온다'와 같이 쓴다.

22 쭈쭈 위 7의 '쭈쭈'와는 동음이의어이다. 이 '쭈쭈'는 아기의 기저귀를 갈아 준 후에 흔히 하는 아기의 팔다리를 주물러 주는 행동을 가리킨다.(물론 7 '쭈쭈'가 뒤에 들어옴으로써 두 말은 동음이의어가 되었을 것이다.) '쭈쭈 쭈쭈', '우리 애기 쭈쭈 허자'와 같이 쓴다.

23 도리도리 아기로 하여금 고개를 양옆으로 돌리게 하는 말이다. '도리도리', '도리도리허자'와 같이 쓴다.

24 지암지암 아기로 하여금 주먹을 쥐었다 폈다 하게 하는 말이다. '지암지암', '우리 애기 지암지암 허까?'와 같이 쓴다.

25 짝짜꿍 아기로 하여금 손뼉을 치게 하는 말이다. '짝짜꿍 짝짜꿍', '우리 애기 짝짜꿍허자', '도리도리, 지암지암, 짝짜꿍 짝짜꿍'과 같이 쓴다.

26 지께지께 아기로 하여금 오른손 둘째 손가락으로 왼손 손바닥을 치게 하는 말이다. '지께지께', '지께지께 허자', '우리 애기 지께지께 허까?'와 같이 쓴다.

27 달강달강 엄마가 아기와 마주 보고 앉은 자세에서, 아기의 두 팔목을 붙잡고 팔을 뻗어 아기의 몸을 앞뒤로 흔들어 주는 놀이이다. '달강달강', '우리 애기 달강달강 허자'와 같이 쓴다.

제보자들은 또 이 〈달강달강〉의 옛 노래를 다음과 같이 불러주었는데, 아마도 부분적인 구송인 것 같다.

"달강달강　　달강달강
서울질[길]이　가다말고
밤한되를　　줏었더니
너랑나랑　　까먹자."

28 불아불아 엄마가 아기를 세운 채 아기의 양쪽 겨드랑이 밑을 붙잡고, 아기의 한쪽 다리가 들리도록 아기를 양옆으로 흔들어 주는 놀이이다. '불아불아', '불아불아 허자'와 같이 쓴다.

29 섬마섬마 일어서라는 말로, 특히 엄마가 아기의 손을 붙잡고 아기를 일으켜 세울 때에 쓰는 말이다. '섬마섬마', '아가야 섬마섬마 허자'와 같이 쓴다.

30 또로또로 아기로 하여금 일어서라는 말이나, 세 가지 정도 구분되는 맥락에서 부분적으로 서로 다른 의미를 가지고 사용된다. (1) 먼저 하나는 아기로 하여금 벽 구석 같은 곳에 기대어 혼자 일어서게 하는 말이다. '또로또로', '또로또로 서라'와 같이 쓴다. (2) 다른 하나는 이렇게 혼자 일어선 아기가 좀 더 서 있도록 격려할 때에도 이 말을 쓴다. '또로또로', '우리 애기 또로또로'와 같이 쓴다. (3) 마지막 하나는 아기를 오른쪽 또는 왼쪽 손바닥 위에 세우는 것(이 지역에서는 주로 힘이 있는 오른쪽 손바닥 위에 세운다고 함)을 가리킨다. 이 지역에서는 아마도 아기로 하여금 혼자 일어서게 하는 (1) 및 (2)의 말과 이 (3)의 말이 같은 형태의 표현으로 바뀐 것 같다. '또로또로', '또로또로 허자'와 같이 쓴다.[31]

31 걸음마 걷는 것을 가리킨다. '걸음마 걸음마', '우리 애기 걸

음마 허자'와 같이 쓴다.

32 멍멍이 개를 가리키며, '저기 멍멍이 온다', '멍멍이 가자'와 같이 쓴다.

33 움마- 소를 가리키며, '저기 움마- 온다', '움마- 가자'와 같이 쓴다.

34 꿀꿀이 돼지를 가리키며, '꿀꿀이한테 가자', '꿀꿀이 저기 있다'와 같이 쓴다.

35 야옹 고양이를 가리키며, '저기 야옹 온다', '야옹한테 가까?'와 같이 쓴다.

36 꼬꼬 닭을 가리키며, '꼬꼬 가자', '저기 꼬꼬 온다'와 같이 쓴다.

37 음매- 염소를 가리키며, '저기 음매- 온다', '음매- 가자'와 같이 쓴다. 그러나 조사지의 경우 과거 염소를 잘 키우지 않아 많이 쓰는 아기말 어휘는 아니라고 하였다.

위의 목록 중에서 15 '까꿍'과 16 '아웅'이 구분되는 것 그리고 30 '또로또로'에 적어도 두 가지 다른 의미가 들어 있는 것 등은 이곳 아기말의 중요 특색이 될 것이다. 그리고 형태 면에서는 3 '애투'와 26 '지께지께' 그리고 28 '불아불아' 등이 조금 특이할 것인데, 그러나 3과 26의 경우는 호남 지역에서 유사한 형태가 이미 보고된 바 있다(왕한석 2010: 131-135, 317-322).

다음으로 위의 아기말 목록은 의미범주(semantic category)의 구분 면에서 대체로 다음과 같은 7부류의 범주로 나눌 수 있을 것이다.

31) 조사지의 경우 아기를 목마 태우는 것에 대한 특별한 아기말 단어는 없다. 대신에 목마 태우는 것을 '꽃 쓴다'[꽃 선다?]라고 표현하는데, '아가 꽃 써 주께'와 같이 쓴다.

(1) 1~5의 5개 어휘는 대체로 아기에게 위해(危害)가 되는 것을 조심시키고 아기를 보호하려는 말일 것이다.

(2) 6~8의 3개 어휘는 모두 먹을 것과 먹는 행동에 관한 말일 것이다.

(3) 9~12의 4개 어휘는 아기의 기본적인 신체적 기능과 관련되는 말일 것이다.

(4) 13~14의 2개 어휘는 옷과 그것을 입는 행동에 관한 말일 것이다.

(5) 15~22의 8개 어휘는, 물론 범주 구분의 면에서 다소간 모호한 21의 예를 제외하면, 대체로 아기와의 신체적 접촉 특히 정의적인 (emotional) 신체적 접촉과 관련되는 말일 것이다.

(6) 23~31의 9개 어휘는 모두 아기의 신체적 발달을 촉진시키는 훈련 및 놀이에 관한 말일 것이다.

(7) 마지막으로 32~37의 6개 어휘는 집에서 일상적으로 접촉하는 가축, 즉 동물에 대한 명칭들일 것이다.

또 앞선 연구에서 아기말 및 유아의 언어 발달과 관련하여, 유아의 신체적·인지적 발달 단계에 대한 우리 사회의 전통적인 민속 모형이 발견·기술된 바 있는데(왕한석 2005: 175-179, 2008: 455-460 등), 조사지에서 인지하는 발달 모형은 다음과 같다.

1 배안의 짓 헌다 배냇짓의 단계로, 태어난 직후부터 약 100일 때까지 이 단계에 있는 것으로 본다.

2 옹알이헌다 옹알이의 단계로, 흔히 아기의 눈을 맞추어 주면 아기가 웃으면서 입안에서 '쫑알쫑알' 소리를 내는 단계이다. 대체로 생후 100일이 되기 전에 시작하여 돌 때까지 계속되는 것으로

보았다. 그런데 제보자들은 '앞의 옹알이 시기'와는 분명히 다른 '뒤의 옹알이 시기'를 구분·지각하였으나 구분되는 별다른 명칭은 없다고 하고, 또 이 시기에는 엄마가 아기에게 말을 가르쳐 주려고 적극적으로 노력한다고 덧붙였다.

3 엎친다 바로 눕힌 아기가 혼자서 몸을 뒤집어 엎드리는 것을 말한다. 대체로 4개월 정도의 시기에 나타나는 변화이다.

4 배 뜬다 배밀이의 단계인데, '배로 뭉쳐 나간다'라고도 표현한다. 약 5~6개월의 시기에 나타나는 발달적 변화이다.

5 긴다 네 팔다리로 기는 것으로, 위의 '배 뜬' 직후에 바로 시작하는 변화이다.

6 앉는다 아기가 일어나 앉는 것으로, 7~8개월 정도의 시기에 일어나는 변화이다.

7 선다 아기가 혼자서 일어서는 것으로, 약 10개월의 시기에 일어나는 변화이다. 특히 이곳에서는 아기가 혼자서 갑자기 일어서는 것을 일러 '오똑 선다'라고 표현한다.

8 발짝 띤다[뗀다] 혼자서 걷기 시작하는 것으로, 대체로 돌 전후의 시기에 일어나는 변화이다.

9 말헌다 말하는 것으로, 일반적으로 두 돌 전후에 일어나는 중요한 발달적 변화이다.

위의 모형에서 조사지의 경우는 유아의 발달 단계를 모두 9단계로 구분하고, 그리고 특히 문제가 되는 두 번째 단계를 '사설'(또는 '새설', '새살', '사실')이 아닌 '옹알이'로 표현하는 특색을 보여 준다.

4) 짐승을 부르는 말

다음으로 이 지역에서 짐승 또는 주요 가축을 부르는 특수한 어휘, 즉 '짐승을 부르는 말'의 주요 목록은 다음과 같다. 비교적 단순한 발달일 것이다.

소

1 이랴 앞으로 가라.

2 워- 서라, 멈추어라.

3 쩌쩌 왼쪽으로 돌아라.

4 물어 뒤로 물러서라.

5 들머 (고삐가 발 사이로 들어갔을 때) 발 들어라.

* 소의 짚신은 여기서는 우마차(牛馬車)를 끌 때만 신겼는데, 이때 별다른 지시어 없이 그냥 짚신을 신겼다고 한다.

* 소에게 '오른쪽으로 돌아라'라는 전언은 특별한 표현 없이 그냥 소고삐를 오른쪽으로 당김으로써 전하였고, 소에게 여물을 '먹어라'라는 전언도 특별한 표현으로 발달해 있지 않다.

송아치〔송아지〕

1 네에미 네에미 어미 소 가까이로 오라.

개

1 워리 이리 오라.

2 제제 아기가 마당에 눈 똥 같은 것을 먹어라.

* '저리 가라'라는 특별히 정형화된 표현은 없다.

강아지

1 어여어여 이리 오라.

2 또 아랫입술 안쪽과 혀끝의 마찰소리로써 '이리 오라'라는 전언을 전달하고, 때로는 이 마찰소리와 위의 '어여어여'를 합쳐서 '이리 오라'라는 전언을 전달한다.

괭이[고양이]

1 아나아나 이리 오라.

* 사람에 따라서는 '나비야 나비야'를 쓰기도 한다.

돼지 또는 도야지

1 오래오래 이리 오라.

닭

1 구구-구구 이리 오라.

2 훠-이 저리 가라.

새

1 훠-이 저리 가라(위의 닭 쫓는 소리와 동일함).

위의 짐승을 부르는 말과 관련하여, 짐승에 대한 또 다른 어휘 표현인 특수한 신체 부위 명칭들을 찾아보았다. 아래의 목록이 대표적인 가축인 소의 신체 부위 명칭인데, 비어(卑語)의 사용이 다른 지역보다 훨씬 더 발달한 모습을 보인다. 이곳의 제보자들은 아래의 목록 중 '등어리'와 '꼬랑뎅이'도 분명한 비어 표현인 것으로 판정하였다.

대가리	머리
눈깔	눈
주뎅이	입
귓바기	귀
셋바닥	혀
배때기	배
등어리	등
젖탱이	젖
꼬랑뎅이	꼬리

위의 신체 부위 명칭을 넘어, 짐승인 소에게 실제로 사용하는 문장 단위의 비어 표현 예를 들면 다음과 같다. 짐승인 소에게 일상적으로 비어를 어떻게 쓰는지를 보여 주는 좋은 예가 될 것이다.

저놈의 소새끼 젖탱이도 지랄 같다.
(송아지를 낳은 어미소가 젖이 적을 경우)

저 씨앙놈의 소새끼 말도 안 듣는다.
(소가 지시대로 잘 움직이지 않을 경우)

결국 조사지도 한국 사회의 언어사용 규범, 즉 사람이 아닌 짐승에게는 특별한 등급의 말, 다시 말하여 '비어'라는 가장 낮춤의 말을 사용한다는 일반적인 언어사용 규범(왕한석 2009: 207-209, 2012: 478-479 등)을 잘 따르고 있음을 보여 줄 것이다.

5) 의례어: 제사와 오방제

조사지에서 제사는 '지사'인데, 이 '지사'는 주로 '모신다' 또는 '지낸다'로 표현된다. 그리고 이곳의 '지사'는 차리는 음식의 차이를 강조하여 흔히 다음과 같이 구분된다.

1 메지사 '메', 즉 밥을 올리는 보통의 제사이다.

2 편차례 '메'는 올리지 않고 '편'〔떡〕을 올리는 설과 추석의 차례이다.

다음으로 제사에서만 쓰는 특수한 어휘로는 먼저 '메'가 있다. 당연히 밥을 가리키는 말로, '메 올린다', '메 올려라'와 같이 쓴다. 그러나 제사가 끝난 뒤 제삿밥을 먹을 때에는 '멧밥 먹어라'와 같이 '멧밥'을 쓴다.

또 '시접'이 있는데, 이는 시접(匙楪)의 원뜻과는 달리 수저를 가리키는 말이다. 아마도 일종의 간접적 표현일 터인데, '시접 올려라'와 같이 쓴다.

그리고 '갱(물)'은 숭늉 또는 물을 가리키는 제사 의례의 특수 어휘이다. '갱(물) 올려라'와 같이 쓴다.

마지막으로 술은 직접적으로는 '지주'(祭酒)라는 말로 가리키지만, 제사 시 이 '지주'를 올리는 상황에서는 '잔'이라는 간접적인 표현을 쓴다. 즉, '잔 올려라', '잔 부우라', '잔 부우 올려라'와 같이 쓴다.

전체적으로 '갱(물)'이 아마도 새로운 제사 관련 단어일 것이고, 나머지는 지금까지의 연구에서 보고된 것과 비슷한 내용 또는 수준일 것이다.

또 제사를 매우 간소하게 지내는 것을 일러, 여기서는 “김, 조기만 놓고 지낸다.”라고 말한다. 제보자들의 표현으로는 제사를 제일 ‘서럽게’ 지내는 것을 가리키는데, 이 말은 거꾸로 제사상을 아무리 간소하게 차리더라도 김과 조기는 꼭 차려 놓음을 의미할 것이다. 그런데 김은 사람이 통상 먹는 것과 똑같이 기름을 발라 구운 것을 놓고, 조기는 쪄서 놓는다.[32)]

다음으로 연구자는 현지조사 기간 중 이 마을의 공동체 의례인 오방제(五方祭)와 대동제(大洞祭)를 직접 관찰하는 행운을 얻었다. 의례의 거행 날짜는 2012년 음력 정월 14일(양력 2월 5일)이었는데, 오전 9시경에

---

32) 현지조사 기간 중 조사지에서 제사를 모시는 것을 직접 보지는 못하였다. 대신 이곳의 제상 차림(담양 전씨 집안의 제상 차림임)의 개요에 대해서는 들었는데, 그중 핵심적인 부분만 간단히 보고하도록 하겠다.

신위 앞의 바로 첫 줄은 ‘메’와 국(쇠고기와 무로 끓인 국)을 놓는 줄인데, 여기에 또 ‘편’(소위 ‘케떡’으로 부르는 녹두 고물 시루떡과 ‘인절미’)과 술(‘맑은술’, 즉 ‘약주’를 씀)을 놓는다.

두 번째 줄은 탕(湯)을 놓는 줄인데, 탕은 3탕, 즉 어탕(魚湯)(굴, ‘수합’(깐 바지락), 두부로 만듦)과 소탕(素湯)(두부로만 만듦)과 육탕(肉湯)(쇠고기와 두부로 만듦)을 준비하고, 이 줄에 또 조기와 김을 놓는다.

이 두 번째 줄과 다음의 세 번째 줄 사이에 간장과 김치를 놓는다.

세 번째 줄은 나물과 적(炙)을 놓는 줄인데, 나물은 세 가지를 할 경우에는 ‘숙지〔숙주〕나물’과 고사리나물, 도라지나물을 준비하고, 다섯 가지를 할 경우에는 여기에다 무나물과 시금치나물을 더 준비한다. 그러나 남쪽인 영호남 지방과는 달리, 여기서는 콩나물을 쓰지 않고 꼭 ‘숙지나물’을 쓴다. 그리고 적은 3적을 하는데, 어적(상어와 낙지와 숭어로 주로 만듦)과 육적(쇠고기로 만듦)과 계적(鷄炙)(닭 한 마리를 통째로 하여 만듦)의 3적이다.

네 번째 줄은 전(煎)을 놓는 줄인데, 3전, 즉 어전(‘수합’과 굴, 동태 등으로 만듦)과 소전(채소로 만듦)과 육전(쇠고기 등으로 만듦)을 준비한다. 그리고 이 줄에 또 ‘느르미’(쇠고기, 파, 무 등을 꼬치에 꿰서 밀가루와 달걀을 발라 부친 것)와 수육(돼지고기 수육임)과 두부(구운 것)를 놓는다.

다섯 번째 줄은 과일과 포(脯)를 놓는 줄인데 조율시이(棗栗柿梨), 즉 대추, 밤, 감, 배에다 포(북어포를 주로 씀)와 과(菓)(산자, 즉 유과)와 식혜(감주로, 감주의 건더기를 짜서 놓음)를 놓는다. 물론 근래에는 다른 과일들도 더 놓는데, 조율시이 중 조율시(棗栗柿)를 일러 특히 ‘삼사실과’〔삼색실과(三色實果)〕라고도 부른다.

이상이 이곳의 예를 다하는 정성 어린 제상 차림의 표준형이다.

제주 일행이 마을회관을 떠나 (1) 서낭제, (2) 남방 장승제, (3) 서방 장승제, (4) 대동제의 순으로 제사를 지내고, 낮 12시 30분경에 이 의례들을 다 마쳤다.[33)]

과거의 원 오방제는 동, 서, 남, 북, 중앙의 다섯 방위에서의 장승제 및 서낭제였으나, 오래전부터 동쪽과 중앙이 빠진 세 방위에서의 장승제 및 서낭제로 축소되었다. 또 과거의 오방제는 '목안' 사람들 위주로 지내는 종교적 행사였고, '목밖' 사람들은 개별적으로 소지를 올리고 싶은 사람만 참여하는 구조였다. 그러나 약 10여 년 전 지금의 마을회관을 짓고 나서부터는 '목밖' 사람들과 함께, 다시 말해 온 동민이 참여하여 함께 오방제를 지내고, 그리고 마을 대동제를 새로이 지내는 것으로 그 구조가 바뀌었다.

그뿐만 아니라 서방 장승의 위치는 원래 현재의 마을회관 옆에 있는 느티나무 아래였으나 뒤에 현재의 위치, 즉 바깥에서 이 마을로 들어오는 마을 입구 쪽으로 서방 장승을 옮겼다. 그리고 약 4~5년 전까지는 '주당'(主當?)(엄격히는 오방제의 준비를 맡은 사람이나 오늘날의 맥락에서는 제주와 동일인임)이 산에서 나무를 베어와 그것을 다듬고, 먹으로 장승의 형태를 그리고 또 전면에 장승의 이름을 써 넣었으나, 지금은 서방과 남방에 현재 세워 둔 장승으로 대신한다. 그리고 과거에 세웠다가 버린 묵은 장승은 마을회관 옆 느티나무 아래와 남방 장승 아래에 아직도 여러 개가 그대로 누워 있다.

연구자가 관찰한 오방제와 대동제의 거행 순서는 다음과 같다.

---

33) 참고로 이 마을의 오방제에 대한 조금 더 앞선 시기의 간략한 관찰 보고에는 최운식·김정헌(1999: 325-333) 및 최운식(2002: 943-949)이 있다.

(1) 먼저 '주당' 3인과 이 마을에 있는 작은 암자(약사암)의 '보살'(여성) 그리고 마을 사람들이 마을회관에 모이고, 시간에 맞추어 제물을 준비하여 마을회관에서 북방(목안마을의 산 뒤쪽)의 서낭당으로 이동하여(오전 9시경에 마을회관을 떠남) '서낭제'를 지낸다.

서낭제는 제물을 차리고 술 대신 맑은 물을 잔에 부어 올린다. 먼저 주당 3인과 보살이 함께 절을 하고, 다음으로 보살이 마을과 동민들의 축원을 하고, 그 축원한 소지를 주당과 해당 개인이 받아 촛불에 붙여 태워 올린다. 보살의 축원이 다 끝나면, 주당 3인과 보살이 다시 절을 하고 서낭제를 마친다. 이후 참여한 사람들이 음복으로 밤이나 곶감, 떡 등을 그 자리에서 나누어 먹는다.

(2) 서낭당에서 남방 장승, 즉 이웃한 지정리로 넘어가는 마을 경계에 있는 장승으로 모든 참여자가 제물을 운반하여 이동하고, '남방 장승제'를 지낸다.

남방 장승제의 거행 절차는 위의 서낭제와 동일하다. 그런데 이 장승의 원래 이름은 '남방적제축귀대장군지위'(南方赤帝逐鬼大將軍之位)와 '남방적제축귀대부인지위'(南方赤帝逐鬼大夫人之位)였으나, 지금은 일반적인 이름인 '천하대장군'(天下大將軍)과 '지하여장군'(地下女將軍)을 앞면에 써놓았다.

(3) 남방 장승에서 서쪽으로 마을의 경계 지점에 있는 서방 장승으로 모든 참여자가 다시 제물을 운반하여 이동하고, '서방 장승제'를 지낸다.

서방 장승제의 거행 절차는 위 서낭제 및 남방 장승제와 동일하다. 그리고 이 장승의 원래 이름도 '서방백제축귀대장군지위'(西方白帝逐鬼大將軍之位)와 '서방백제축귀대부인지위'(西方白帝逐鬼大夫人之位)였으나, 지금은 일반적인 이름 즉 '천하대장군'(天下大將軍)과 '지하여장군'(地下女

將軍)을 앞면에 써놓았다. 그런데 이 서방 장승의 조각은 자연미가 우러나오는 상당히 우수한 목각(木刻) 작품으로 느껴진다.[34]

(4) 모든 참여자가 서방 장승에서 마을회관 앞으로 이동하고, 마을회관에서 기다리던 다른 주민들도 다함께 참여하여 마을의 대동제를 지낸다. 대동제의 제례 순서는 1) 초헌, 2) 독축, 3) 아헌, 4) 종헌, 5) 그 외 참례하고자 하는 모든 사람들이 차례대로 절을 하고, 6) 보살이 축원을 하고, 7) 헌관 일동이 다시 절을 하는 것으로 이루어졌다(대동제가 다 끝난 시간은 낮 12시 30분경이었음). 헌관 3인은 모두 도포에 유건(儒巾)을 썼으며, 그리고 이 대동제에서는 신위에게 술을 올렸다. 신위는 '보개산하대신지위'(寶蓋山下大神之位)인데, 그러나 축문은 근래에 새로이 작성한 현대식 축문이었다.

(5) 마지막으로 마을 주민 및 바깥손님 모두가 마을회관으로 들어가 잘 준비한 점심과 술을 다함께 먹었다.

과거에도 오방제 행사의 축원은 '정성을 다하기' 위하여, 마을 내 또는 마을 밖의 경 읽는 사람 또는 법사(法師)를 초청하여 축원을 하고 소지를 올렸다고 한다. 관찰된 의례에서는 마을 내의 '보살'이 축원을 담당하였는데, 이 보살은 3년째 마을로부터 초청을 받고 있다. 보살의 축원은 징을 치며 말로 기원을 하는 일종의 불교식이지만, 그러나 이 축원은 과거 의례 방식의 연장선상에 있는 것으로 생각된다.

그리고 과거 마을에서는 오방제 행사를 한때 중단하였으나, 주민들

---

34) 이곳의 서낭제 및 장승제와 관련한 특수 어휘에 이른바 '꼬댁각시'가 있는데, 이 '꼬댁각시'는 짚으로 만든 작은 각시 인형을 가리킨다. 서낭제 및 남방 장승제, 서방 장승제를 거행한 뒤에 참여자들은 '꼬댁각시' 여러 개를 각기 제단에다 놓았는데, 이는 아마도 일반적인 범주로는 '제웅'에 가까운 것이 될 것이다.

이 아무래도 계속 지내는 것이 좋겠다고 하여 다시 시작하였다고 한다. 마을 주민들은 오방제 및 대동제의 거행에 대하여 매우 긍정적인 태도를 가지고 있는 것으로 보였는데, 대동제에는 많은 사람들이 돈 봉투를 내고 절을 하며 이 의례에 참여하였다. 그리고 할머니들은 대체로 절은 하지 않았으나 많은 숫자가 돈을 내고 마을회관 안으로 들어갔다.

다음은 연구자가 가장 주목한 대동제의 축문(위 순서상의 (4)의 2) '독축' 부분) 및 축원(위 순서상의 (4)의 6) '보살의 축원' 부분)으로, 아래에 제시된 자료는 모두 녹음하여 전사한 것이다.

먼저 아래의 〈대동제 축문〉은 연구자의 조사 당시 마을에서 새로 쓴 것인데, 전체로 현대식 글이라 아무래도 전통적인 축문 또는 기도문의 구조와는 거리가 멀어 보인다. 아마도 참고 자료로서의 가치만을 지닐 것이다.

〈대동제 축문〉

((독축은 뚜렷한 운율 없이 그냥 읽는 것에 가까운 방식으로 축관이 '읽었다.'))

임진년 새해 정월 대보름을 맞이하여 내현마을 주민 일동은 내현마을의 영산인 이곳 보개산 자락에 조촐한 음식이나마 정성으로 마련하여 보개산 산신령께 우리 마을의 무사태평을 기원하는 제를 올립니다.

우리 마을 모든 주민들은 보개산의 정기를 듬뿍 받아 건강한 몸과 마음을 갖기를 원하옵니다. 모든 가정마다 사랑과 인정이 넘쳐흐르고 오곡백과 무르익어 행복과 기쁨이 충만하도록 보살펴 주시옵소서.

우리 마을 주민 각자는 하는 일마다 보람과 성공이 함께하여 모든 가정에 항상 웃음꽃이 피어날 수 있도록 하여 주시고 우리들이 항상 믿음과 존경, 협동과 우정을 함께 나눌 수 있도록 도와주소서.

우리 마을에 뿌리를 두고 있으면서 항상 고향을 아끼고 사랑하며 열심히 살아가는 타향의 형제자매들에게도 건강과 영광이 넘쳐 흐르도록 아껴 주시옵소서.

우리들의 소박한 정성을 모두 모아 천지신명과 일월성신께 축원 드리오니 고루 나누어 드시고 굽이 살펴 주시옵소서.

임진년 새해 정월대보름날 내현마을 주민 일동.

다음으로 〈대동제 보살 축원〉은 의례 전문가인 보살의 넓은 의미의 불교식의 전문적인 축원 연행(performance)이었을 것이다. 이 '축원'은 크게 세 부분으로 구성되는데(아래에서 각기 I, II, III으로 구분 표시함), 처음 부분은 일종의 청신(請神) 과정일 것이다. 전체적으로 그리 길지는 않은데, 뒤의 …로 표시한 부분은 징소리 때문에 연구자가 알아듣지 못한 두서너 행가량이 생략된 부분이다.

두 번째 부분은 모든 마을 주민들(연구자 일행도 포함하여)을 세대주를 대표로 하여 개별적으로(또는 가구별로) 축원하는 과정이다. 아래 축원문에서는 세 사람(또는 세 가구)에 대한 축원만 대표적으로 정리하였는데, 대체로 이 세 사례와 거의 유사한 표현 방식으로 나머지 주민들(또는 가구들)에 대한 축원을 계속하였다.

마지막 부분은 마을 및 마을 주민들 모두를 집합적으로 축원하는 부분이다. 아래의 축원문에서 가장 많은 행으로 구성되고, 또 표현 형식의 면에서 종교적 의례어의 특성을 가장 잘 드러내는 부분으로 생각된다.

전체적으로 이 축원문은 나름의 운문 구조를 가진 기원문 형식이 그 바탕에 깔려 있는 것으로 보인다. 따라서 전체를 운문 형식으로 전사하였는데, 그러나 행을 나누는 기준은 다소간 모호하였다. 그러나 집합적인 축원인 세 번째 부분에서는 '다'와 부분적으로 '아주'의 사용이, 앞선 경상남도 사량도의 사례(왕한석 2012: 203-210)처럼, 종교적인 기원문의 표지(marker)이자 동시에 행을 나누는 표지인 것으로 분석될 수 있을 것이다.[35)]

마지막으로 이 축원은 연행자인 보살에 의해, 징소리와 함께 전체적으로 '읊조리고 노래하는' 방식으로 연행되었음을 덧붙여 둔다.

〈대동제 보살 축원〉

((먼저 징을 치며 이 축원의 의례를 시작하고, 조금 뒤 아래의 '축원의 말'을 읊조리기 시작하였는데, 연행자는 축원의 마지막 단계(즉, III의 끝 부분)까지 계속 징을 쳤다.))

I

천지건곤 일월성신 상제님
임진년에 정월 상달에
상일 열나흗날에
충청남도 홍성군 구항면 내현리라

35) 전체적으로 아래의 축원문은 사량도에서 녹음·전사된 '일컹수'(왕한석 2012, 특히 pp. 204-207)만큼, 그 내적 구조가 명료히 드러나는 예는 아닌 것으로 보인다. 짐작건대 이 축원문이 민간 차원에서 예부터 전승되어 온 양식과는 다른 데서 연원하는 차이인 것으로 생각해 볼 수 있겠다. 이와 관련하여 연구자로서는 이 귀한 '축원문'에 대한 언어예술적 분석을 더 이상 진행할 수 없는 '어려움'과 '안타까움'을 강하게 느꼈음을 여기서 솔직히 토로(吐露)하고 싶다.

거북마을
대동제 올리니
이날 오방에는
동방에 청제 당산신령
서방에 백제 당산신령이시여
남방에 적제 당산신령이시어라
북방이라 흑제 당산신령님이
중앙 황제 당산신령님이어라.
이 골 도량 부근 산에
보개산에 산신령님
…
일 년이라 열두 달에 삼백육십오일
이날같이 돌봐 주옵서.

II
병술생에 이천우 보체
이씨네 가중에도
이 정성 공덕 발원으로 굽어봐여.
계해생이라 이환우 보체
이씨 가중에도 올려보고
이 공덕으로 다 받들어서
치들어 주고 돌봐 주옵소서.
병자생에 전용서 보체
삼재 팔난도 걷어 주고
우환도 막아 주고

가정을 안녕으로 돌봐 주옵서.
…
((마을 주민 모두에 대한 축원을 계속 이어감.))

III
비나이다 비나이다
천지신명님께 비나이다.
이 굴 도량 부근 도량
당산신령님께 비나이다.
이 터 이 마전
내현리 거북마을에 계시는
주민 여러분들 다
만수무강하시고 다
환란을 걷어 주고 막아 줘서
재난도 걷어 수고 굽어봅서.
연로하신 할머님 할아버님들
만수무강하여 주소
무병장수하여 주시고.
만리장성 이 공덕 드리는데 다
따라들고
들어온 모든 부정도 걷어 주고
액난도 막아 주고
이 정성 드리는 데 동참한 다
각각 남자분 여자분들
재수 받고 운수 받아서
일 년 대안에 재수를 만만수로 다

받으시오 다.
가정에 다
인연 없어서
처녀총각으로 있는 가정에는
그저 좋은 인연
옳은 인연 만나서 다
가정에서 아들아이 딸아이 나서
그저 다복한 가정 이루게
도와들 주시구요.
아 집안에 아픈 자 있어서
병든 자 있는 데는
덕덕 쾌찰[쾌차]하게 다
도와주시구요.
농사하는 농부들은
그저 풍년 되게
도와주시구.
축산업에 종사하는 축산업자들은
병두 없이
무럭무럭무럭 자라서
불려나고 불려나고.
옆 마을에도 아주
무사무탈하게
도와주시고.
아주 지끔 여기저기 다
아주 대궐 소대궐 큰 대궐 다
지으면서 아주

밖에 있는 중생들 다
휘어드리고 아주
내현마을에 다
인원들 늘어나서
아주 좋은 마을 되게나
건강한 마을 되게나
도와주시구요.
어허 올 한 해에도
그저 무사무탈하게
받들어 주소서.

참고로 과거 이 마을의 오방제에서 행한 개인 축원의 예가 다행히도 기록된 것이 있는데(최운식 2002: 947), 연구자가 새로이 행을 나누어 정리하면 다음과 같다. 이 과거의 축원문은 위의 전문 보살의 것보다 종교적 의례어의 중심 특징인 운율적 구조를 보다 명료히 가지고 있는 것으로 보이는데, 동시에 그것은 사량도의 사례와는 또 다른, 각 행이 3~4음절씩의 4음보(foot)로 구성되는 운율 형식일 것이다.

홍성군　구항면　내현리　원굴목
병인생　서준모　소지일장　드리오니
정성이　부족해도　부족하다　마시고
지성이　부족해도　부족하다　마시고
얼키고　설킨마음　감동주심으로　풀어주시고
일년내내　소원　성취하게　하옵소서.

6) 인사말

우리 사회의 '관용표현'(formulaic expressions), 즉 '일상표현들'(routines) 중에서 중요하면서도 잘 발달된 형태는 아마도 여러 다양한 상황에서 사용되는 정형화된 '인사말'일 것이다. 그러나 이 인사말에 대한 연구 관심은 그동안 그리 크지 않았던 것으로 보인다(왕한석 2009: 211-213, 2012: 480-481 등 참조). 물론 이곳 조사지에서도 인사말은 잘 발달하였는데, 아래 목록은 이곳의 전통적인 인사말, 달리 말해 중부 지역에서 사용해 온 인사 표현에 대한 나름의 귀중한 자료가 될 것이다. 아래에서는 이곳의 인사말을 크게 (1) 일상적인 인사말과, (2) 명절 시의 인사말, 그리고 (3) 특별한 의례 시의 인사말로 나누어 정리하기로 하겠다.

먼저 매일 주고받는 일상적인 인사말이다. 이 일상적인 인사말을 조사지에서의 사용 양상에 따라 '어른 및 수상'에게 쓰는 형태, '친구 간 및 (성인) 수하'에게 쓰는 형태, 그리고 '아이들'에게 쓰는 형태로 구분하여 기술하면 대체로 다음과 같다.

(1) 아침에 잠자리에서 일어났을 때

안녕히 주무셨슈? (어른 및 수상)

잘 잤나? (친구 간 및 수하)

잘 잤니? (아이들)

(2) 아침, 점심, 저녁 식후에 상대방을 만났을 때

진지 잡수셨슈? (어른 및 수상)

아침/점심/저녁은 먹었나? 또는 **밥은 먹었나?** (친구 간 및 수하)

밥 먹었니? (아이들)

조사지의 경우 친구 간 및 수하에게는 흔히 아침 식후, 점심 식후, 저녁 식후를 구분하여 인사말을 건네지만, 어른 및 수상 그리고 아이들에게는 그러한 구분 없이 한 가지 인사말만을 하는 경향이 강하다. 다시 말하여 다른 지역에 비해 이곳에서는 하루의 세 때를 구분하여 쓰지 않는 경향을 보이는 셈이다.

(3) 밤에 잠자리에 들기 전

안녕히 주무슈. (어른 및 수상)

잘 자게. (친구 간 및 수하)

잘 자라. (아이들)

(4) 길에서 만나 헤어질 때

조심해 댕겨오슈. (어른 및 수상)

잘 댕겨오게. (친구 간 및 수하)

잘 댕겨와라. (아이들)

(5) 밤중에 헤어질 때

살펴 가슈. 또는 **안녕히 가슈.** (어른 및 수상)

잘 챙겨 가게. (친구 간 및 수하)

잘 챙겨 가라. (아이들)

위의 일상적 인사말에서 한 가지 주목되는 부분은, 이곳의 경우 '안녕히'라는 표현은 어른 및 수상에게 쓰고, '잘'이라는 표현은 친구 간 및 수하와 아이들에게 쓰는 어휘적 분화일 것이다. 다시 말하여 수상에게는 '안녕히'를 쓰고 친구 간 및 수하에게는 '잘'을 쓰는 인사말의 구분은, 짐작건대 중부 지역에 널리 퍼져 있는 어휘적 분화, 즉 이 지역의 특징적인 언어예법 중 하나인 것으로 생각된다. 아마도 중부 지방의 발달한 존댓말 사용 규범(가령 겸양의 1인칭 대명사 '저'의 폭넓은 사용과, 주체 존대의 선어말어미 '-으시-' 사용이 발달한 것 등)과도 분명히 연관될 것 같은데, 물론 앞으로 보다 많은 지역에서의 경험적 연구가 필요한 부분일 것이다.

다음은 명절 시의 특징적인 인사말인데, 격식적인 인사를 전해야 하는 명절은 여기서도 설과 추석이다. 그런데 이 명절 인사말도 대체로 '어른 및 수상'에게 쓰는 형태, '친구 간 및 수하'에게 쓰는 형태, 그리고 '(어린)아이들'에게 쓰는 형태로 구분되는 것 같다.

(1) 먼저 설 세배 시의 인사말이다.

새해 안녕허슈. 또는 **새해 편안허슈.** (어른 및 수상)

잘 지내게. (수하)

어른 말씀 잘 듣고 잘 지내라. ((어린)아이들)

(2) 설을 쇤 후 집안이 아닌 동네사람을 만났을 때의 인사말이다.

새해 안녕허셨슈?, **과세 잘 지내셨슈?**, 또는 **과세 편안허셨슈?** (어른 및 수상)

과세 잘 지냈나? 또는 **모시고 명절 잘 쇴나?** (친구 간 및 수하)

새해 잘 지냈니? ((어린)아이들)

(3) 다음은 동네 사람에 대한 추석 인사인데, 인사말이 비교적 간략하고 또 상대방에 대한 덕담도 않을뿐더러 절도 하지 않는다.

명절/추석 잘 지내셨슈? (어른 및 수상)

명절 / 추석 잘 지냈나? (친구 간 및 수하)

명절 / 추석 잘 지냈니? ((어린)아이들)

마지막으로 넓은 의미의 주요 통과의례(rite of passage) 시의 인사말인데, 그중 문상 시의 것과 혼례 시의 것은 정형화된 표현이 발달하였으나, 환갑 시의 것은 아마도 그렇지 못한 것으로 보인다.

(1) 잔칫집, 즉 남의 혼례에 가서는 혼주에게 주로 '고생한다'의 의미인 '혼난다', '욕본다', '졸경치린다'라는 표현의 인사말을 해 왔다. 아래의 예는 '친구 간 및 수하'에게 하는 인사말의 예이다.

아들 장가 들이니라고 혼나네. /
욕보네. /
졸경치리네.
딸 시집보내느라고/ 혼나네. /
여위느라고 욕보네. /
졸경치리네.

(2) '한갑[환갑]' 잔치 시의 인사말은 그리 발달한 것 같지 않은데, 그냥 **'오래오래 사슈.'**로 말하였다고 한다. 한 제보자는 '만수무강허슈.'를 떠올렸으나, 다수의 제보자들이 그것을 요즈음의 말로 지각하였다.

(3) 다음은 장례 시의 인사말인데, 먼저 여기서 장례를 치르는 집은 '장사 집'으로 부르고, 상주는 '장사(를) 지내고' 남은 '문상(을) 하게' 된다. 문상 인사는 망인에 따라 두 가지로 나뉘는데, 하나는 보통의 장사 시 즉 상대방의 부모가 돌아가셨을 경우이고, 다른 하나는 상대방의 동

생이나 자식 즉 '손아랫사람'이 죽었을 경우이다.

1) 전자의 경우는 통상 다음과 같이 문상 인사를 한다.

얼마나 망극허슈!

부모상을 당허니 얼마나 비통허슈!/

비참허슈!

2) 후자의 경우는 '망극', '비통', '비참'의 표현 대신에 아래와 같이 '애통', '애석'이라는 표현을 주로 쓴다.

얼마나 애통허슈!/

애석허슈!

8. 언어예술

조사지는 사실은 언어예술(verbal art)의 영역이 잘 발달한 곳이 아닐 것이다. 앞 절에서 간단히 논의하였듯이, 오히려 조사지 그리고 조사지가 속해 있는 해당 지역은 언어의 예술적·유희적 사용이 상대적으로 '억압'되어 온 언어공동체 같은 인상을 강하게 주는 곳이었다. 어쨌든 이 절에서는 이곳 조사지에서 관찰한 넓은 의미의 언어예술의 양상들을 기술하기로 하겠다. 구체적인 기술의 항목은 (1) 욕과 동물의 은유, (2) 새의 종류와 울음소리, (3) 노래와 우스갯소리, (4) '옛말'과 관용적 표현, 그리고 (5) '옛날애기' 등이다.

1) 욕과 동물의 은유

전체적으로 조사지는 욕의 사용이 그리 발달하지 않은 곳으로 보인다. 이곳은 오랜 반촌의 전통에다 동족 마을, 곧 여기 말로 '뭇자리곳'이다. 따라서 욕의 사용이 상대적으로 제한되는 사회적 상황이 상당 기간 지속되어 왔을 것으로 짐작되는 곳이다. 제보자들에 의하면, 각성(各姓)들이 모여 사는 소위 '모산지대'로 가면 '뭇자리곳'에 비해 욕 사용이 좀 더 자유롭고, 특히 시장으로 가면 이 지역에서도 상인들이 서로 싸울 때면 온갖 욕을 다 한다고 하였다.

전반적으로 욕의 사용이 그리 빈번하지는 않지만, 특히 여성들의 세계에서는 욕은 '멀다'고 한다.(한 여성 제보자는 남편에게 하는 욕의 최고 수준이 무엇이냐는 연구자의 거듭된 질문에, '등신 같다'가 가장 센 욕이라고 답하였다.) 이곳에서도 욕은 평상시에는 쓰지 않고 남하고 다툴 때에 쓰는 '쌍스러운' 모욕의 말이다. 그런데 이 마을의 경우 여자들끼리 싸우는 일은 거의 없다고 하였다. 따라서 조사지의 경우는 남자들이 여자들보다 욕을 더 많이 하고 또 더 잘하는 것으로 일단 생각할 수 있겠다.

그런데 이곳의 경우는 특정 사회적 관계에 따라서 사용하는 욕의 구분이 그리 뚜렷하지 않은 것 같다. 대신 제보자들은 그 내용의 면에서 비교저 약한 욕과 강한 욕을 구뷰하였다. 따라서 아래의 목록은 주로 남성들이 쓰는 대표적인 욕 표현을, 모욕의 강도 면에서 약한 것과 강한 것으로 나누어서 정리한 것이 된다. 물론 그 구분은 연구자가 아닌 제보자들이 하였다.

먼저 약한 욕 표현들이다.

나쁜 놈

고얀 놈

더러운 놈

미친놈 또는 **미친 새끼**

개새끼 또는 **개새끼 같은 놈**

씹헐 놈

본데없는 놈

빌어먹을 놈

싸가지 없는 놈

정칠〔경칠〕 **놈**

잡놈

썅놈 새끼 아마도 '상놈'이 '썅놈'으로 발음이 바뀐 것 같다.

씹 새끼

다음은 비교적 강한 욕 표현들이다.

후레아들놈 어원상으로는 다음의 '호레자식'과 같은 말일 것이나, 제보자들은 '호레자식'과는 달리 일반적인 욕 표현으로 이해하였다.

호레자식 '애비 없이 자란 놈' 또는 '씨 없는 자식'의 뜻으로, 상대적으로 강한 욕 표현이다.

개똥불상놈

옘병헐 놈

주리틀 놈

육실헐 놈

개씹헐 놈

네에미 씹헐 놈

화냥년

위의 목록은 대체로 다른 지역에서도 널리 쓰는 것들이고, 아마도 '개똥불상놈' 정도가 이곳의 좀 특이한 표현 같아 보인다.(그런데 앞선 연구지인 경북 선산 지역에서도 '개똥부상놈'이라는 욕 표현이 있었다(왕한석 2012: 483).)

다음은 위 욕의 연장선상에서 사람을 동물에 비유하는, 다시 말하여 특정한 사람의 중심 성격이나 행동 특성을 유사한 동물의 그것에 비유하는, 소위 '동물의 은유'이다. 대체로 다음과 같은 표현을 조사지에서는 쓴다.

1 개새끼(같다) 일반적인 욕 표현이다.

2 소 같다 두 가지 비유적 의미를 가지는데, 하나는 미련한 사람에 대한 비유이고 다른 하나는 힘이 좋아 힘을 아주 잘 쓰는 사람에 대한 비유이다.

3 돼지 같다 주로 혼자서만 먹는 습성, 즉 자기 혼자만 먹고 남과 나눠 먹지 않는 특성의 사람에 대한 비유 표현이다. 보다 구체적으로는 "돼지처럼 퍼 먹는다."라고도 표현한다.

4 곰 같다 또는 **곰처럼 미련하다** 슬기롭지 않고 미련한 사람에 대한 비유 표현이다.

5 너구리 같다 대체로 엉큼한 사람에 대한 비유 표현이다.

6 늑대 같다 위의 '너구리 같다'와 비슷한 말이나, 여기서 나아가 뭔가 능글맞고 행동이 느릿느릿한 사람에 대한 비유 표현이다.

7 능구렝이 같다 또는 **구렝이 같다** 속이 엉큼하고 정직하지 못한 사람에 대한 비유 표현이다. 그런데 '능구렝이 같다'가 '구렝이 같다'보다는 좀 더 강한 표현으로 인식된다.

8 살모사 같다 독한 사람, 그리하여 흔히 무섭게 달려드는 사람에 대한 비유 표현이다.

9 여우 같다 간사한 사람에 대한 비유 표현으로, 주로 여자들에게 쓰는 말이다.

10 촉새 같다 말을 많이 하고 잘 나서는 사람, 즉 "촐싹촐싹 남 앞서 잘 나서는 사람"에 대한 비유 표현이다.

11 호랭이 같다 매우 무서운 사람에 대한 비유 표현이다.

12 벤뎅이 속 같다 속이 좁은 사람에 대한 비유 표현으로, 가령 "소갈머리가 벤뎅이 소갈머리 같다."와 같이 쓴다.

위의 '동물의 은유' 표현들은 대체로 다른 지역에서도 널리 쓰는 표현들일 것이다. 아마도 8 '살모사 같다'가 다른 지역에서는 잘 쓰지 않는 이곳의 조금 특이한 표현같이 느껴진다.

다음으로 위의 일반적이고 부정적 함의의 '동물의 은유' 표현을 넘어서서, 작은 행동적 특성을 비유하거나 긍정적 함의가 담긴 비유 표현들이 또 있다. 다음의 예이다.

13 굼벵이 같다 움직임이 느린 것에 대한 비유 표현이다. 물론 여기서의 '굼벵이'는 초가집의 썩은 처마나 나무 썩은 데서 나오는 벌레이다.

14 날쌘 제비 같다 아주 빠른 모습에 대한 비유 표현인데, 긍정적 함의가 담긴 말이다.

15 올빼미를 닮다 밤눈이 밝은 사람을 가리키는 말로, 가령 "올빼미 닮았나?"와 같이 쓴다.

16 옷바시(마냥) **덤벼든다** (앞서 기술한 대로) '옷바시'는 땅벌의 이곳 토속 명칭이다. 흔히 땅벌 집을 자칫 잘못 건드려 놓으면 땅벌이 떼로 사납게 사람에게로 달려들 듯이, 싸움 같은 것을 할 때 여러 사람이 한 사람에게 집중적으로 대드는 것을 가리키는 이곳의 비유 표현이다.

17 여우 같은 지집(년)**에 토끼 같은 새끼** 제보자들의 말을 빌리면, '애교 있고 아양 잘 부리는 마누라와 이쁜 아이들'에 대한 비유 표현이다. 흔히 "여우 같은 지집(년)에 토끼 같은 새끼를 데리고 산다."와 같이 말한다고 한다. 그런데 이 말의 사용 맥락은 일반적인 칭찬이 아니라, 거꾸로 당신은 예쁜 마누라에 예쁜 자식새끼를 데리고 잘 살면서 나에게는 왜 이러느냐는, 상대방에 대한 항의나 비판을 할 때 주로 쓰는 표현이라고 한다.

18 대추방맹이 같다 또는 **대추방맹이마냥 생겼다** 잘 알려진 대로 대추나무로 만든 방망이는 매우 단단한 것이다. 따라서 이 말은 야물게 생긴 사람 또는 하는 일이 야물고 빈틈없는 사람에 대한 비유 표현이다. 물론 긍정적 함의를 가지는 말이다.

위의 표현들 중 15 '올빼미를 닮다', 16 '옷바시(마냥) 덤벼든다', 17 '여우 같은 지집(년)에 토끼 같은 새끼'는 아마도 이 지역 특유의 관용적 표현으로 보인다.

다음은 사람의 특이한 신체적 특성에 대한 여러 비유 표현들인데, 대체로 다음 목록과 같다.

1 덕산 바지개만 허다 입이 큰 것에 대한 비유 표현이다. 여기서 덕산은 이웃한 예산군(禮山郡)의 덕산(德山)인데, 덕산이 산중이므로 예부터 나무를 많이 하려고 '바지개'가 컸다고 한다. 조사지에서는 상대방이 하품을 하면, 흔히 "아 덕산 바지개만 허네!"와 같이 농을 한다. 유사한 비유 표현이 경북 선산 지역에도 있었는데, 거기서는 "앵기장〔안계장〕 바소구리 같다."라고 하였다(왕한석 2012: 487).

2 입 생기다 말었네 물론 입이 작은 것에 대한 비유 표현이다.

3 빕새〔뱁새〕 **입** 또는 **빕새 주둥이** 입이 작은 것을 가리키는 비유 표현이다.

4 황소 눈 또는 **황소 눈깔 같다** 눈이 큰 것에 대한 비유 표현이다.

5 눈 뜨다(또는 생기다) **말았네** 눈이 작은 것에 대한 비유 표현이다.

6 당나귀 귀 귀가 큰 것인데, 특히 귀가 위로 쭈뼛 올라가면서 큰 것에 대한 비유 표현이다.

7 쥐 귀 귀가 작은 것에 대한 비유 표현인데, 한자로는 '서이'(鼠耳)로 쓴다.

8 양코부리 같다 코 큰 것에 대한 비유 표현인데, 여기서 '양코'는 물론 서양 사람들의 코를 가리킨다.

9 벌렁코 콧구멍이 위로 '벌렁 벌어진' 것을 가리킨다.

10 맹매기 콧구멍 같다 콧구멍이 작은 것을 비유하는 말인데, 여기서 '맹매기'는 제비와 흡사하게 생긴 콧구멍이 아주 작은 새이다.

11 소도둑놈 같다 발이 큰 사람에 대한 비유 표현이다. 한 제보자는 아마도 소를 훔쳐 끌고 가려면 힘이 세야 하고, 힘이 세면 발도 클 것이라는 생각에서 만들어진 말로 추측하였다.

12 난쟁이 발 생기듯 했네 당연히 발이 작은 것에 대한 비유 표현이다.

위의 여러 관용적 표현들 중에서 1 '덕산 바지개만 허다'나 10 '맹매기 콧구멍 같다'와 같은 예들이, 아마도 대표적인 이곳 특유의 비유 표현들일 것으로 보인다.

위의 '동물의 은유'에 대한 연장선에서 이곳의 별명(別名)과 아명(兒名) 등에 대한 질문으로 나아갔는데, 뜻밖에도 여러 흥미로운 표현 예들을 접할 수 있었다. 조사지가 우스갯소리나 농담과 같은 소위 '웃음의 소리'가 그리 발달하지 않은 곳이라, 별명과 아명의 여러 예를 듣는 것은 다소간 의외의 과정이었다. 그런데 이곳에서는 별호(別號)보다는 별명이라는 표현을 더 많이 써왔다고 한다.

먼저 조사지 내의 특정인에 대한 별명의 예이다.

1 대포쟁이 거짓말을 잘하는 사람 또는 여기 말로 거짓말을 '퉁퉁 허는' 사람에 대한 별명인데, 주로 남자에게 쓰는 표현이다.

2 되놈 무뚝뚝한 사람에 대한 별명인데, 아마도 예전 중국 사람들이 친절한 맛이 없는 데서 연원한 표현 같다고 한다. 이 말도 남자에게 쓰는 표현이다.

3 멍군장군 멍한 사람, 즉 아무것도 모르는 사람에 대한 별명인데, 남녀 모두에게 사용하는 표현이다.

4 빽빽이 소리를 '빽빽' 또는 '꼬약꼬약' 지르는 사람에 대한 별명이다. 남녀 모두에게 쓰는 표현이다.

5 왜가리 말이 많은 사람을 가리키는데, 이 표현은 왜가리가 '꽥꽥' 시끄럽게 우는 데서 연원하였다고 한다. 남녀 모두에게 쓰는 표

현이다.

6 우두거니 말이 없는 사람을 가리키는데, 이 별명은 사람이 '우두거니 있는' 데서 연원한 말이라고 한다. 남녀 모두에게 쓰는 표현이다.

7 자가사리 잔소리가 심한 사람 또는 많이 떠드는 사람에 대한 별명이다. 여기서의 '자가사리'는 야산에 사는 작은 새로 지저귀는 소리가 '자갈자갈' 하는 자못 시끄러운 새이다. 남녀 모두에게 쓰는 표현이다.

8 늑대 이 표현은 조사지에서 널리 쓰인 일반적인 별명은 아닌 듯하다. 한 제보자의 예전 집 머슴의 별명이었다는데, 이 머슴이 산에 묻어 놓은 짐승의 사체를 다 파내어 먹은 데서 연원한 별명이라고 한다.

위의 별명 예는 그 숫자상으로는 그리 많지 않지만, 기존의 보고(가령 왕한석 2010: 172-173, 2012: 236-238 등)와 비교하였을 때 나름대로 흥미로운 표현 예들을 보여 준다. 특히 2 '뙤놈', 5 '왜가리', 7 '자가사리'와 같은 표현은 아마도 이곳 특유의 용례에 가까울 것같이 느껴진다.

흥미롭게도 조사지에는 구항면 일원에 사는 주요 성씨들에 대한 '웃음의 별명'도 발달해 있었는데, 바로 다음의 목록이다. 그런데 이 주요 성씨에 대한 '별명'은 아래의 여러 박씨에 대한 '농 표현'과 함께, 이곳이 상대적으로 글(즉, 한문) 전통이 발달하였고 그리고 성씨 또는 본(本)의 차이에 따른 씨족집단의 구분을 중시해 온 문화적 전통 속에 있었음을 반영하는 좋은 예가 될 것이다(다른 지역의 관련 예로는 왕한석 2012: 233-234를 참조할 것).

1 전(田) 탑세기

2 서(徐) 새양쥐

3 방(方) 삽살개

4 정(鄭) 당나귀

5 이(李) 살가지〔삵〕

6 오(吳) 까마귀

7 김(金) 도깨비

8 박(朴) 쪼가리

위의 8개 성씨 별명은 모두가 웃음의 말 즉 농(弄)으로 쓰는 것인데, 비유의 근거는 대체적으로 알려져 있다. 즉, 일련번호 2, 3, 4, 5, 6, 8의 경우는 모두가 동음이의어를 이용한 말장난(pun)의 예일 것인데, 2의 '서씨'는 쥐 '서'(鼠) 자와, 3의 '방씨'는 삽살개 '방'(尨) 자와, 4의 '정씨'는 소위 당나귀 '정'(鄭) 자와, 5의 '이씨'는 삵 '이'(貍) 자와, 6의 '오씨'는 까마귀 '오'(烏) 자와, 그리고 8의 '박씨'는 바가지의 박과 모두 동음인 데서 만들어진 웃음의 표현일 것이다.

그러나 1 '전씨'의 '탑세기'는 그 근거가 확실하지 않은데, 이 지역에서 '탑세기'는 곡식을 타작한 후 남은 잔 찌꺼기를 가리키는 말이다. 가령 '벼 탑세기', '보리 탑세기', '콩 탑세기'와 같이 쓰는데, '벼 탑세기'의 경우 벼도 아니고 짚도 아닌 그리하여 손으로 집지 못하는 찌꺼기라고 한다. 제보자는 아마도 이 '탑세기'라는 별명이, 전씨가 이곳에 널리 퍼져 많이 사는 것을 비유하는 말인 것 같다고 추측하였다. 그러나 7 '김씨'의 '도깨비'는 현재로서는 그 연원을 추정할 수 없는 별명이다.

또 이곳에는 박(朴)씨에 대한 또 다른 농 표현이 있는데, 바로 다음의 것이다.

"울산 박씨가 우루루 덤벼들면
밀양 박씨가 밀어 박치고
반남 박씨는 발랑 자빠진다."

박씨의 여러 본(本)들에 따른 웃음의 말놀이일 텐데, 각 행의 첫 어절과 두 번째 어절의 첫 음절, 즉 '울'과 '우', '밀'과 '밀', '반'과 '발'의 동음 반복, 다시 말하여 해당 어절의 첫 음절의 초성과 중성(그리고 부분적으로 종성까지)이 반복됨으로써 시적 운율을 이루는 재미있는 농 표현일 것이다.

마지막으로 조사지에서 써 온 아명에는 대체로 다음의 것들이 있었다. 아마도 부분적으로 조사지 특유의 표현 예들도 있을 것이나 그리 명료하지는 않아 보인다(다른 지역의 관련 예로는 왕한석 2012: 238-239 등을 참조할 것).

1 오쟁이 '오쟁이'는 씨앗을 넣어두는 오쟁이를 말한다. 따라서 이 아명은 갓 태어난 아기더러 우리 집의 귀한 씨앗이 되라는 기원의 이름일 것이다.

2 부뜰이 '(아기를) 붙든다', 즉 태어난 아기가 죽지 않게 붙든다는 주술적 기원의 아명이다. 그런데 이 아명은 여러 지역에서 널리 써 온 이름인 것으로 보인다.

3 장셍이 오랫동안 묵묵히 서 있는 나무 장승처럼, 태어난 아기가 죽지 말고 꿋꿋하게 잘 살라는 기원의 아명일 것이다.

4 딸끊이 '딸 끊어지라'는 말로, 다시 말해 딸이 많은 집에서 이제 딸은 그만 낳고 아들을 낳게 해 달라는 기원의 아명이다.

5 딸맥이 '딸을 막는다'라는 말이니, 위의 '딸끊이'와 마찬가지

로, 딸을 이제 그만 낳고 아들을 낳게 해 달라는 기원의 아명이다.

6 똥쟁이 이웃한 지정리에 산 한 여성의 아명이었다는데, 그 의미가 명료하지는 않지만, 대체로 별 탈 없이 잘 살라는 뜻의 이름인 것으로 제보자들은 이해하였다.

2) 새의 종류와 울음소리

조사지는 뜻밖으로 새의 종류에 대한 인지도 나름대로 발달하고, 새 울음소리에 대한 정형화된 언어적 표현도 상대적으로 발달한 것으로 나타난다. 전체적으로 이곳의 자연환경이 산은 그리 높지 않으나 사방이 산으로 둘러싸여 숲이 많았고, 따라서 과거에 새가 많았다고 한다. 하위범주까지 치면 모두 29종의 새에 대한 명칭이 발견되는데, 이 중 약 절반인 15종의 새의 울음소리(6 '딱따구리'의 나무 쪼는 소리를 포함하여)에 대한 공유된 언어 표현이 발달해 있었다. 간략히 정리하면, 대체로 아래의 목록과 같다.

1 곤장 맞은 새 '아이구아이구' 운다. 사람이 곤장을 맞을 때 내는 신음소리처럼 이 새가 우는 데서 붙여진 이름이라고 하는데, 밤에 우는 새이다.

2 까마귀 '깍-깍-' 운다.

3 까치 '깍깍깍깍' 운다.

4 꾀꼬리 '꾀꼴꾀꼴' 운다.

5 꿩 '꿩꿩' 운다.

6 딱따구리 울음소리는 없고, 대신 '딱딱딱딱' 나무를 쫀다.

7 뜸북이 '뜸뜸' 운다.

8 부엉이 '부엉부엉' 운다.

9 (들)**비들기** '구국구국' 운다.

그런데 이 '비들기'는 단순히 '구국구국' 우는 것을 넘어, 날아가면서 다음 노랫소리와 같이 슬프게 우는 것으로 지각되는데, 한 남성 제보자는 '비들기' 울음소리를 가만히 듣고 있으면 실제로 이와 같이 운다고 연구자에게 가르쳐 주었다.

"구국구국　구국구국
지집죽고　자식죽고
구국구국　구국구국
지집죽고　자식죽고."

그뿐만 아니라 '비들기'는 또 다음과 같이도 운다고 하는데, 이 노래도 물론 예부터 전해 오는 것이다.

"지집죽고　자식죽고
망건팔아　술값갚는다."

결국 경북 선산 지역에서 '뿌꿈새'로 알려진 슬픈 노래를 부르는 새(왕한석 2012: 488-490)가 조사지에서는 '비들기'인 것 같은데, 어쨌든 위의 두 노래는 새와 공유하는 감정의 세계에 바탕하여 인생살이에서 최악의 상태에 빠져 있는 불쌍한 처지의 사람을 묘사하는 흥미로운 옛 노래일 것이다.

10 빼꾸기 '빼꾹빼꾹' 운다.

11 상채 까수는 새 '착착착착' 운다. 여기서 '상채'는 무생채이고, '까수다'는 '채 썰다'의 이곳 방언 표현이다. 즉, 이 새의 울음소리가

도마 위에서 무생채를 만들기 위해 무를 썰 때 나는 소리와 유사한 데서 붙여진 이름이라고 한다. 이 새도 주로 밤에 우는 새이다.

12 소쩍새 '소쩍소쩍' 운다.

13 자가사리 '자갈자갈' 운다. 꾀꼬리 정도의 크기로 색깔은 회색에 가까운 새이다.

14 종달새 '지지배배' 운다.

15 참새 '짹짹짹짹' 운다.

16 굴뚝새 (울음소리 없음)

17 두루미 (울음소리 없음)

18 매 다음의 2종류로 나뉜다.

18.1 (보통) 매 (울음소리 없음) 큰 매로, 닭이나 꿩 등을 잡아먹는 매이다.

18.2 새매 (울음소리 없음) 작은 매로, 주로 새를 잡아먹는 매의 종류이다.

19 맹매기 (울음소리 없음) 제비와 비슷하게 생긴 새로, 꽁지 위의 색깔이 조금 불그스레하고 가슴 부위가 누런 새이다.

20 명새 (울음소리 없음) 참새보다 약간 작고 색깔이 알록달록한 예쁜 새이다.

21 빕새〔뱁새〕 (울음소리 없음)

22 소리개〔솔개〕 (울음소리 없음)

23 솔씨 까먹는 새 (울음소리 없음) 참새보다 작은 새인데, 전체로 재색이고 볼 쪽이 하얀 새이다. 이 흥미로운 이름은 이 새가 솔씨를 즐겨 까먹는 습성에서 붙여진 것이라고 한다.

24 올빼미 (울음소리 없음)

25 왜가리 (울음소리 없음)

26 제비 (울음소리 없음)

27 콩새 (울음소리 없음)

28 황새 (울음소리 없음)

이상의 간략한 기술에서 9 '(들)비들기'의 슬픈 울음소리뿐만 아니라, 1 '곤장 맞은 새'와 11 '상채 까수는 새' 그리고 23 '솔씨 까먹는 새'라는 특이한 새 이름도 자못 흥미로운 이곳의 표현 예일 것이다. 전체적으로 조사지의 새에 대한 언어적·문화적 지식은 앞서 보고된 경북 선산 지역의 초보적 연구 결과(왕한석 2012: 488-490)보다 훨씬 자세한데, 한국 사회에서 자연환경의 중요하고도 친밀한 한 부분을 이루어 온 새에 대한 인지적 그리고 언어예술적 접근은 한국의 언어문화에 대한 앞으로의 연구에서 중요한 새 주제가 될 것으로 생각된다.

3) 노래와 우스갯소리

조사지는 한마디로 노래가 없는 곳이다. 과거 모심기 때에도 이 마을에서는 아무 노래도 부르지 않았다고 하는데, 이와 관련하여 제보자들은 아마도 이곳의 양반 전통과 연관이 있는 관행일 것으로 이해하였다. 앞서 '아기말'에 대한 기술에서 이곳의 길지 않은 〈자장가〉와 〈달강달강〉 노래를 정리하였다. 그 외에 여성 제보자들로부터 베틀가 세 수를 들었는데, 그중 원래의 노랫말에서 많이 벗어난 것 같은 한 수를 제외한, 두 수를 아래에서 정리하도록 하겠다. 안타깝게도 이상의 목록이 이곳 조사지에서 들은 옛 노래의 전부이다.

〈베틀가 1〉

"베짜는 아가씨 사랑도나 베짜세.
낮에 짜는건 일광단이요
밤에 짜는건 야광단이라.
일광단 야광단 다짜놓고
정든님 바짓저고리나 해주자."

〈베틀가 2〉

"벼〔베〕틀을 노세 벼틀을 노아.
낮에 짜는벼는 일광단이요
밤에 짜는벼는 야광단이라.
일광단 야광단 다짜놓고
서방님 쪼께〔조끼〕나 져드릴까."

노래가 없는 것과 같은 맥락에서, 현지조사 기간 내내 마을회관에서 마을 분들과 함께 지냈으나 이분들이 농담 및 우스갯소리를 하는 것을 거의 보지 못하였다. 나름의 반촌 전통과 관련하여, 노래뿐만 아니라 '웃음의 소리'도 매우 절제해 온 것이 이곳 언어생활의 한 중요 특성을 이루는 부분일 것이다. 이와 관련하여 한 제보자는 '말을 적게 하는 것이 양반의 위신을 지키는 것이고, 따라서 여기서는 우스갯소리나 농담을 잘 안하려고 한다.'라고 보고하였다. 나아가 그 제보자는 '이 동네에서 남자 여자 할 것 없이 모두가 노래를 않는 것'도 마찬가지 맥락인 것으로 이해하였다. 그런데 이러한 노래와 웃음의 소리를 멀리하는 경향은 비단 조사지뿐만 아니라 홍성 전체가 대체로 그러한 것으로 해당

제보자는 보았다.[36)]

현지조사 기간 중 연구자는 겨우 세 사례의 농담 및 우스갯소리를 마을회관에서 들을 수 있었는데, 바로 아래에서 정리하는 것이다.

(1) A는 77세이고 B는 76세로 서로 친구 간이다(두 사람은 모두 남성임). A가 외가에 한 번도 못 가보았다는 어린 시절 이야기를 하며, 어머니가 열네 살의 어린 나이에 이 마을로 시집왔다는 개인적인 이야기를 하자, B가 이를 받아 **"어머니 열네 살 돼 시집왔이면 네 어머니 시집오는 거 봤겠다."**〈일동 웃음〉라고 농 응답을 하였다. 가까운 벗 사이에서 흔히 하는 농담 사례일 것이다.

(2) 위의 A가 못 가본 외가와 관련된 이야기를 하다가 현재 자신의 처지를 빗대어, **"외손 놈들은 발복(發福)한다더니, 발복은커녕 망복(亡福)했지."**라고 말하였다. 이 발화는 매우 짧은 표현이지만, '복'(福)의 반복과 그것의 대조되는 의미상의 병렬(semantic parallelism)로 자연스레 웃음을 자아내는 좋은 우스갯소리 사례일 것이다.

(3) 마을회관에서 동네 어른들이 점심을 함께 들기 직전의 상황에서, 밥을 준비한 할머니 쪽의 한 분이 할아버지들 방에서 점심을 먹을 사람이 몇 명인지를 묻자, 한 남성 어른이 **"나 빼고 다섯이유."**라고 답하였고, 이에 몇 명인지를 물은 할머니가 "그럼 여섯." 하고는 싱긋 웃었

---

36) 이러한 맥락에서 연구자는 앞의 '욕과 동물의 은유' 항에서 기술한, 마을 내의 별명이나 주요 성씨들에 대한 '웃음의 별명' 그리고 박씨의 여러 본에 따른 농 표현의 예 등을, 오히려 예외적인 '웃음의 표현'들로 보게 된다. 달리 말하여 노래와 웃음의 소리, 즉 언어의 유희적 사용이 극단적으로 억제되는 문화적 특성 속에서, 이 별명들과 농 표현은 예외적으로 잘 발달된 사례들로 보이기 때문이다.

다. 일상적으로 흔히 하는 장난기 섞인 우스갯소리의 한 예일 것이다.

4) '옛말'과 관용적 표현

다음은 조사 기간 중 들은 이곳의 속담과 관용적 표현이다. 조사지는 노래와 우스갯소리뿐만 아니라, 앞서 언급하였듯이, 속담과 다른 관용적 표현의 사용도 상대적으로 덜 발달한 곳이었다. 아래의 목록에는 앞서 기술한 예도 부분적으로 있지만, 여기서 함께 정리하기로 하겠다. 그러나 이 절의 '욕과 동물의 은유' 항에서 기술한 표현 예들은 여기서 다시 다루지 않기로 하겠다.

전체적으로 숫자 면에서는 그리 많지 않는 사례들이지만, 많은 표현들이 다른 지역에서는 잘 듣지 못한 이곳 특유의 말들인 것 같아 자못 흥미롭다. 그리고 여기서도 개별 속담의 의미는 대체로 그것의 '기저 의미'(base meaning)(Kirshenblatt-Gimblett 1973)를 파악하여 기술하는 것이 될 것이다. 단, 소수의 잘 알려진 속담은 여기서 굳이 그 의미를 기술하지 않아도 될 것으로 생각되어, 의미 기술을 생략하기로 하겠다.

1 가난한 친정에 가는 것보다 봄 산에 가는 것이 낫다 (앞서 기술한 대로) 과거 사회에서 봄, 특히 찔레꽃 필 때가 살기가 가장 어려운 시기였다고 하는데, 이 말은 이때쯤 가난한 친정에 가보았자 찬물도 한 그릇 얻어먹기가 어려운 상황에서, 대신 봄 산에 가면 여러 나물들과 함께 찔레, '셩', '송깃대', 칡순 등과 같은 먹을 것이 자연 속에 많았음을 이르는 말이다.

2 가마 타고 시집가기 다 틀렸다 여성들이 '낭패의 상황'을 우습

게 비유하는 관용적 표현이다. 가령 윷놀이 판에서 윷이 뜻대로 잘 안 나오거나, 어떤 일을 하려고 하는데 뜻밖에도 남이 먼저 하는 상황 같은 데서 주로 쓰는 표현이라고 한다. 실제로 마을 할머니들이 모여 윷을 노는 데서 윷이 제대로 뒤집어지지 않아 거의 지는 판이 되자, 한 제보자가 웃으며 노래조로 "다 틀렸네 다 틀렸네. 가마 타고 시집가기는 다 틀렸네."라고 하였다. 이에 함께 있던 사람들이 다 같이 웃었다.

3 고조부는 있어도 고손자는 없다 이 말은 SSSS에 대한 정확한 친척지칭이 고손자(高孫子)가 아니라 현손자(玄孫子)라는 말이다. 다시 말해 FFF는 증조부(曾祖父)이고 이에 대응하는 SSS는 증손자(曾孫子)이다. 그러나 FFFF는 고조부(高祖父)이나 이에 대응하는 SSSS는 고손자가 아니라 현손자라는 말이다. 제보자는 제사 시 축문에서는 꼭 현손(玄孫)을 쓰는 데서 유래한 말로 이해하였다. 그러나 조사지에서도 '말로 하는 친척지칭'에서는 현손자보다는 고손자를 실제로 더 많이 쓰는 편이다.

4 굴러들어온 독[돌]이 박힌 독 빼낸다 이 동네의 토박이들과 최근에 이주해 온 사람들 간의 갈등 사례를 서술하면서, 한 제보자는 이 비유 표현을 썼다.

5 굶느니 닭죽 쑤어 먹는다 사용 맥락이 조금 특이한 표현 같다. 즉, 남은 나를 어렵게 사는 것으로 생각하지만 나는 그리 어렵게 살지 않음을 비유적으로 표현하는 말이라고 한다. 따라서 이 말은 아무것도 없으면서 일종의 유세 떠는 소리가 된다. 가령 아침은 먹었느냐는 이웃의 걱정 어린 말에, "야 이놈아, 굶느니 닭죽이나 쑤어 먹지."라고 대답한다고 한다. 말할 것도 없이 '닭죽'은 과거에 있는 사람이나 해먹던 고급 음식이었을 것이다.

6 김, 조기만 놓고 지낸다 (앞서 기술한 대로) 제사를 매우 간소하게 지내는 것을 가리키는 말로, 이곳 제보자들의 표현으로는 제사를 제일 '서럽게' 지내는 것이 된다. 이 말은 거꾸로 이 지역에서 제사상을 아무리 간소하게 차리더라도, 김과 조기는 꼭 차려 놓음을 의미할 것이다.

7 꼬챙이 몸 달른다〔단다〕 꼬챙이가 끝이 뾰족하여 땅에 먼저 들어가듯이, 어떤 것을 하고 싶어서 먼저 몸 다는 사람, 즉 먼저 서두르는 사람에 대한 비유 표현이다. 가령 밖에 나가서 윷놀이를 하자고 먼저 일어나 윷을 챙기고 먼저 문을 열고 나가는 사람을, 한 예로 들어 설명하였다.

8 꿩 잡는 게 매다

9 달력 보고 농사지면 그해 농사 실수헌다 농사력에 따라 농사를 짓기보다는 남 하는 대로 따라서 농사를 지어야 실수가 없다는 말인데, 아마도 근래에 생긴 표현 같다.

10 동서지간은 친구 중에서도 가차운〔가까운〕 **친구다** 한 집에 장가를 든 동서 간에는 이곳의 예법대로 하면, 나이가 맞으면 서로 벗을 하며 친구 간처럼 지낸다. 이렇게 동서끼리는 다른 친척관계와는 달리, 비격식적이고 가까운 또는 친밀한 관계임을 가리키는 표현일 것이다.

11 딸 나면〔낳으면〕 **비행기 타고, 아들 나면 리아까 탄다** 이 말도 근래에 생긴 표현일 것인데, 여성 화자들이 사용하였다.

12 마파람에 눈 녹듯 헌다 (앞서 기술한 대로) 마파람이 불면 얼었던 눈이 쉽게 녹는 데서 연원한 말로, 제보자들은 대체로 '무엇이 알지 못하게 천천히 없어지는 것'을 가리키는 말로 이해하였다.

13 마파람에 호박 떨어진다 (앞서 기술한 대로) 여름철 수정(受精)

이 안 된 작은 호박이 바람이 불어 쉽게 떨어지는 데서 연원한 말이라고 하는데, 제보자들은 이 바람이 꼭 '마파람'인지에 대해 다소간 의구심을 표명하였다. 이런 호박은 사실 바람이 없어도 자연적으로 떨어지는 것이기 때문이다. 어쨌든 조사지에서는 이 표현을 너무 쉽게 승부가 나는 상황 같은 것을 비유할 때에 주로 쓰는데, 가령 씨름 시합 같은 데서 선수가 한순간에 넘어지는 모습 같은 것을 비유할 때 이 말을 쓴다.

14 머리에 피도 안 마른 놈/녀석 나이 어린 또는 상황에 따라서는 나이 적은 사람에 대한 모멸적 표현이다. 즉, 아기가 어머니 뱃속에서 막 나왔을 때, 아직 머리에 피가 묻어 있는 상황을 상정하는 말일 것이다.

15 봄바람에 말 씹 튼다 (앞서 기술한 대로) 한마디로 봄바람의 건조함을 가리키는 말이다. 조사지에서 봄바람은 음력 3~4월에 많이 부는데, 그것은 일 년 중 가장 건조한 바람이다. 제보자들은 말 씹이 다른 동물에 비해 '수정' 시에 분비물 같은 것이 더 많이 나오는 데서 만들어진 말 같다고 하였는데, 따라서 이 표현의 말 그대로의 의미는 '가장 축축한 말 씹도 건조한 봄바람이 불면 튼다.'라는 뜻이 될 것이다.

16 부앳짐[홧김]에 서방질도 헌다

17 사둔네 오이 먹는 풍속도 다르다 예법이나 풍속은 집집마다 다르므로, 그것을 상관해서는 안 된다는 말이다. 다시 말해 남이야 오이 대가리를 먹든 오이 꼭지를 먹든 상관하지 말아야 하듯이, 남의 집 예법에 대해, 가령 제사 시에 감 놓아라 곶감 놓아라 하며 상관해서는 안 된다는 말이다.

18 사둔네 음식은 똥보다 더럽다 이곳 풍속은 혼인 시에 먼저

신랑 집에서 '새악시' 집으로 음식을 보내고, 이를 받은 새악시 집에서 또 신랑 집으로 음식을 보낸다. 이를 모두 '이바지 보낸다'라고 표현하는데, 위의 '사둔네 음식'은 바로 이 '이바지 음식'을 가리키는 말이다. 그런데 '사둔네 음식'은 받은 만큼 돌려줘야 하는 것, 또는 받은 것보다 더 해 주면 더 해 줘야지 덜 해 줄 수는 없는 것이다. 따라서 그것은 받는다고 하여 정말 받는 것이 아니라는 의미에서 또는 아예 안 받는 것이 더 낫다는 의미에서, '똥보다 더럽다'라고 표현한 것이다. 이 말도 조사지에서 여성들이 주로 사용하였다.

19 사위는 백년손님

20 삼형제(三兄弟) 벗은 않는다 (앞서 기술한 대로) 이 지역의 존댓말 사용 규범 중 한 가지를 가리키는 말로, 곧 한 집안의 형제들과 벗 나이가 되어 벗을 하더라도, 어디까지나 그 집의 두 형제하고만 벗을 하지 세 형제와는 벗을 할 수 없음을 가리키는 말이다.

21 생일날 잘 먹자고 이레 굶는다 음식이나 다른 먹을 것을 두고 그것을 아끼느라 안 먹는 것에 대한 비유 표현이다. "야 이놈아, 생일날 잘 먹자고 이레 굶느냐?"와 같이 쓴다.

22 선생이 많으면 가마가 깨지고 나라가 망한다 선생이 여럿이면 의견이 달라 종국에는 일이 제대로 되지 않는다는 말이다. 여기서의 가마는 혼례 시 '새악시'를 태우는 가마이다. 이 말도 여성들이 사용하였다.

23 성인(聖人)도 시속(時俗)을 따르라 했다 성인도 시대의 변화나 새로운 풍속을 거절하지 말고 따르라고 하였다는 옛말이다.

24 소 궁뎅이에 정〔경〕 읽기 '소 귀에 경 읽기', 즉 우이독경(牛耳讀經)의 이 지역 표현인데, '궁뎅이에 경을 읽는다'라는 표현이 매우 흥미롭다.

25 소나기가 말 잔등을 다툰다 (앞서 기술한 대로) 다른 지역에서 쓰는 '(소나기가) 솟등을 두고 다툰다'와 같은 계열의 재치 있는 표현일 것이다. 그런데 이곳에서는 '솟등' 대신 '말 잔등'을 쓰는데, 소보다는 말의 잔등이 더욱 뾰족한 데서 이곳의 표현이 보다 사실성에 바탕한 비유적 표현인 것처럼 느껴진다.

26 송곳으로 매운재 긁어내듯 헌다 여기서 '매운재'란 '독한재'라고도 부르는 것으로, 과거에 콩깍지 같은 것을 태워서 잿물을 내리는 데 썼던 재이다. 그런데 이 '매운재'는 보통의 나뭇재와는 달리 가루로 되어 있다. 이 말은 가루재인 '매운재'를 송곳으로 긁어내는 모습에서 연원한 말이다. 따라서 이 말은 일을 건성으로 하는 것에 대한 비유가 되고, 주로 남의 일이나 마을 공동의 일 같은 것을 할 때에 일을 하는 둥 마는 둥 건성으로 하는 모습을 비유하는 데 쓴다.

27 쇠뿔도 단김에 빼야 헌다

28 아는 거〔것〕 **많으면 텃밭도 팔아먹는다** '텃밭'은 사는 집이 앉아 있는 밭이므로, 가족이 소유한 땅 중에서 가장 중요한 땅이다. 따라서 이 말은 이것저것 아는 것이 많으면 생활을 영위하는 데에 가장 중요한 자산인 텃밭도 팔아먹는 잘못을 저지르게 된다는 경고의 말이다.

29 어챙이〔언챙이〕 **콩가루 집어먹듯 헌다** 콩가루는 보통 사람도 먹을 때 흘리면서 먹는 것인데, 입이 째진 '어챙이'는 말할 것도 없이 콩가루를 엄청 흘리며 먹을 것이다. 따라서 이 말은 음식을 흘려가면서 '부산하게' 먹는 모습에 대한 부정적인 비유 표현이다.

30 여름 개아들 놈 겨울 아저씨 또는 **여름 개새끼 겨울 아저씨** 겨울에는 농한기라 서로 다툴 일이 없다. 따라서 숙항(叔行)에게 예법대로 '아저씨'로 부르고 예의를 바로 차려서 행동한다. 그러나 농번

기인 여름철에는 일 때문에, 특히 서로 자신의 논에 물을 먼저 대려고, 숙항에게 '개아들 놈' 또는 '개새끼'와 같은 욕을 해대며 서로 싸운다는 말이다.

31 이월 초하룻날 장수탉 꽁지만 날려도 봄바람이 심하다 (앞서 기술한 대로) 말 그대로 음력 이월 초하룻날 수탉의 꽁지만 바람에 날려도 그해 봄바람이 심하다는 예측의 말이다. 그런데 수탉의 꽁지는 사실은 바람이 없어도 날리는 것이다. 따라서 이 말은 (통상 봄바람은 음력 2월서부터 시작하는데) 봄에 바람이 심하고 또 바람이 많이 부는 것, 즉 봄바람이 그만큼 심함을 아마도 가리킬 것이다.

32 잘 낳자는 애가 낳고 보니 소경을 낳더라 잘 하려고 한 일이 거꾸로 잘못된 것을 비유하는 말이다. 여성 제보자들이 점심을 준비하면서 어처구니없게도 어제 남은 찬밥을 먹게 된 상황을 설명하면서 이 말을 썼다.

33 죽어서도 혼역〔홍역〕**은 앓는다** (앞서 기술한 대로) 사람은 누구나 일생 동안 '혼역'을 한 번씩은 꼭 앓음을 다소 과장되게 표현하는 말일 것이다.

34 줄수록 양양댄다 '양양'은 고양이가 우는 소리인데, 전체로 이 표현은 고양이를 빗대는 말이라고 한다. 즉, 무엇을 주면 줄수록 더 달라고 한다는 뜻의 말이다.

35 충청도 사람은 말은 느려두 동작은 빠르다 남성 제보자들이 과거 군대에서 웃으며 한 말이라고 하는데, 실제로는 충청도 사람들의 중심적인 성격 특성의 한 면을 잘 반영하는 말로도 읽힌다. 즉, "충청도 사람들은 스스로를 조용하고 신중하며 소극적이고 실리적이라는 인상을 가지고 있다."라는 관련 연구에서의 정리(이재열·강희경·설동훈 2004: 210)와, 이 관용적 표현이 의미하는 바가 사

실상 거의 평행하는 것으로 이해된다.

36 풀 먹은 강아지 나무라듯 헌다 강아지가 곡식으로 끓인 귀한 풀을 잘못 핥아 먹었을 때, 그 강아지는 당연히 야단을 크게 들을 것이다. 바로 이 맥락에서 이 말은 상대방에게 크게 핀잔을 주거나 크게 나무라는 모습에 대한 비유 표현으로 쓰인다.

37 하룻강아지 범 무서운 줄 모른다

38 헌 잠뱅이 좆 튀어나듯 헌다 낡은 잠방이 밖으로 쉬이 좆이 튀어나오듯이, 남 앞서서 촉새처럼 튀어나와 말하는 행동을 부정적으로 비유하는 표현이다. 즉, 남의 말을 막고 자기 말을 하는 경박한 행동에 대한 비판적인 비유 표현이다.

5) '옛날애기'

조사지는 뜻밖에도 '옛날애기'가 상당히 풍부한 곳이었다. 전해 오는 '옛날애기'는 크게 두 부류인데, 한 부류는 이 마을의 오랜 주인이었던 담양 전씨의 역사 또는 '집안의 성공'과 관련되는 이야기들이고, 또 한 부류는 이 마을의 내력 및 주위의 여러 자연물(특히 보개산의 바위)과 관련되는 이야기들이었다. 따라서 연구자가 쉬이 들었던 조사지의 '옛날애기'들은 주로 전설(legend)로 구분될 수 있는 이야기들이었다. 조사지의 잘 알려진 이 '옛날애기'들은 이 지역에서 간행된 일반 단행본들에서도 이미 잘 소개되었는데, 대표적으로 김정현(2005, 2010: 143-255)과 담양전씨 홍주권 문중사 편찬위원회(2007 특히 pp. 272-280) 등을 들 수 있을 것이다.

연구자는 현지조사 과정에서 '옛날애기'를 중심으로 하는 제법 많은 이야기들(narratives)을 들었는데, 이 중 조사지의 문화(culture) 및 세계관(world view)과 관련하여 상대적으로 중요해 보이는 것들을 아래에서 간략히 정리하도록 하겠다. 아래에서 기술하는 모두 14편의 이야기들은 아마도 이곳의 문화적 서사로서의 가치와 함께 언어적 자료로서의 가치도 아울러 가질 것으로 생각된다.

아래의 이야기 전사에서 ( ) 속의 말은 연구자의 말이고, (( )) 속의 말은 제보자가 한 발화의 의미 해석을 돕기 위하여 연구자가 임의로 써 넣은 부분이다. 그리고 〈 〉는 구술 중의 특정 행동을 가리키고, …는 구술 내용 중 일부분이 생략된 것을 가리키며, 마지막으로 ...는 구술자의 발화에서 두드러지는 휴지나 주저, 말끝 흐림 등을 가리킨다.

〈연산 서씨 할머니의 묫자리 이야기〉 (전하수 구술)

승(承)자 주(澍), (예.) 이 할아버지가 연산 서씨(連山徐氏), (승자 주, 그 할아버지의 안어른이 연산 서씨란 말이지요?) 그렇지요 응. (예, 예.) 사실은 근처에 살으셨던 것 같아요, (예, 예.) 친정허고 시집허고. 우리 인저 그 감찰을 허셨어요. 사헌부 감찰인데 그렇게 높은 벼슬은 아니여. 지금으로 놓고 보면 6급 정도. 〈웃음〉 근디 약간 힘이 있는 부서지, (예, 예.) 경찰 비스름헌 그런. 우리 집이 우리 집이 오히려 서씨네보다 가난했... 지나는 게 별거 아니었던 것 같아요. 근디 연산 서씨네서 우리 참 전가(田哥)로 시집 오셔 가지구서 사는데, 친정아버지가 돌아가셨대. (예.) 그래서 친정이 그 근처에 가차우니까 당연히 뭐 가야, 며칠 장사를 지내고 준비를 다 하는데, 묘를 미리 옛날에는 묫자리를 다 파 놓고서, 그 그 차일이라 그러지 텐트 같은 거 세워서 밤에 지키구 막 그렇게 했어요, (예, 예.) 미리 그날 파는 게 아니구. (예.) 근디 인저 아들 친정 오빠 동생 몇 있는데, 요새 말로 지사 지관허구 이렇게 참 장사 지낼 준비 그런 얘기를 허는데, 그 자리가 정말 명당이고 당대 발복된다, 오래 가는 건 아니고 당대, 그런 좋은 자리라, 이런 소리를 지관이 허는디, 그 출가한 우리의 그쪽으로 시집온 그쪽에서 시집온 그 할머니가 그 소리를 같이 들었다는 거여. (예.) 그래서 마음이 변해 가지구서 친정 잘되는 거보덤은 우선 내가 잘돼야겄다, 그래서 묘안으루 생각해 가지구 그걸 묘를 못 쓰게 허느라구 밤에 몰래, 뭐 그렇게 높은 산은 아니여 야산에, 거기다가 물동이루다가 물을 두 동인가 갖다 부어 놨다 이거여 밤에, (예.) 넘들 다 잘 때. 그러고 났는디 그 이튿날 장사를 모실라구 마을에서 허는디 또 가 봐야 거 아녀. 근께 물이 잘 이렇게 났다가 괬다가 흘러간 게, 그러니께 지관이 또 오지, 지관은 미리부터 아주 와서 자가면서 그 해야 하는디, 무릎을 탁 치면서, 참 장소는 좋은디, 물 지나가면 조수가 지났다고 그려, 조수가 지났어, 안타깝다고 상주들 어떡할 거냐고 하니께, 좋다고 해도 선비 입장에서 어떻게 물 나는 데다가 아버지 시신을 모시겄어요? 그래서 딴 디 잡아 달라 그래서 그 옆에다 잡아서 썼는데, 그 후에 얼마 후에 그 우리 할머니의 남편 되는 그 할아버지가 인저 병이 들어서 돌아가셨대. (예.) 돌아갔는디 그 할머니가 인저 또 친정 오빠들한티 가서 친정아버님((남편의 오류일 것임)) 돌아가셨으니 산에 모잇자리〔묫자리〕를 하나 주시오, 일단은 친정 모잇자리 주는 건 쉽지, 그래서 인자 워디를 어디를 줬으면 좋겄느냐 하니까, 뭐 산 얻어 쓰는 사람이 워따 암 데나 쓰면 어떻겄느냐, 그때 아버지 모실라고 허던 데, 물 나더라도 게다가 그냥 모시야겠다고 허니께, 생각이 그러면 할 수 없다 그래서 거기다 묘를 썼는데, 아 그 뒤로 아들들이 죽 다 벼슬들을 다 하고 참 상당히 번창했고, 서씨네는 그냥 별로 벼슬한 사람도 많지 않애요. 그 뒤에 허허 〈웃음〉 제주도에 가서

서린(徐憐) 판관 그런 걸 했었는디, 그래서 그 뒤부터 연산 서씨네서는 딸을 학대허고 딸이 태어나면 심지어 엎어서 엎어 놓고 죽게 했다는 그런 전설이 있고, 그래서 서씨와 전가는 약 일제강점기 전에 조선조 말까지는 혼인을 안 했다고 그리요, 원수 원수같이 생각허니까. (예?) 그런데 공교롭게 산이 상당히 큰데 그 산에 이십오 정(町)짜리 산이 있는데, 그 서씨네 묘들이 이렇게 있어요, (예.) 있었는디 우리보다 외려 거기가 먼저 쓴 모이여. 그게 서씨네 산 산인데, (예.) 즉 사위 딸네한테 빼앗겼다, (예.) 딸이 사위가 권한 쎄면 그까짓건 뭐 쉽지요 잉, 그런 전설이 있는데... 그래서 그 여기서도 그런 애기를 많이 하지, 중요한 뭐 할 때 시집간 딸 배제허고 해야 헌다 … 그런 애기가. (뭘 할 적에요?) 뭐 중요한 종사(宗事)라든지, 집안에 중요한 일을 협의헐 때, 딸을 느면 안 된다는 거지. (〈웃음〉) 그 딸이 몰랐으면 그렇게 안 했지. 그래서 그거는 지금 우리 할아버지들한테도 계속 나두 들었구, 지금도 거기서는 많이 그 소리 해유. 서씨들 참 억울허다, 산까지 뺏겼다. 〈웃음〉 (그러면 어르신한테서 … 십육 대 조모네요, 예. 그러니까 여기서부터 좌우간에 그럼 담양 전씨가 뒤에 번창하게 된 계기를 그쪽으로 잡는 거지요?) 예, 그렇지요.

〈한산 이씨 할머니의 밥 먹은 이야기〉 (전하수 구술)

우풍(威風)도 대단하시고 신체도 대단하셨던 모양인디, 가난했던 모냥이여. 〈웃음〉 (예.) 우리가 비교적 청렴허게 지내셨던 거 같어. (예, 예.) 제대로 쌀밥을 못 잡쉈던 모양이지, 애기를 못 둬. 〈웃음〉 나중에 인제 친정에 친정에서 그런 애기를 듣구서 그 며느리한티 재는 밥을 많이 먹는 애다, 이쪽 사돈한테 애길 했던 모냥이지. 그래 가지고서 그다음버터 좀 먹고 싶은 대루 아마 식사를 제공했던 모양인디, 그 뒤에 참 훌륭한 아들 장군 셋((전운상(田雲祥), 전일상(田日祥), 전천상(田天祥) 형제 장군을 가리킴)), 넷인데 하나는 벼슬을 못 허고 일찍 죽었어요. (예.) 그것두 하나 전해 오는 애긴데 대단하셨다고 그래요. 암튼 남자두 중요하지만 여자가, 요새두 그렇잖아요, 여자가 건강허야 아들들 낳는, 그런 얘기가 … 우린 그렇게 큰 자랑은 아니라 뭐 허고 싶지는 않지 그런 얘기를 … 배가 고프니께 뭐 집 뒷산에 밀, 밀이 익으니까 그걸 막 훑어다가 몰래 먹고 했다 그런 얘기가 있는디, (예.) 그때 그런 게 우리 어렸을 때만 해두 밀, 보리 그런 걸 배가 고프니까 칠십 프로 정도 익었을 때, (예.) 그거를 막 이렇게 불에다 태우기두 허구 삶는다구, 그러믄 (예.) 맛은 있었어. (예, 예.) 완전히 익은 거는 상당히 칠십 프로 익었을 때 맛두 있구 그랬어요. (무르니까, 예.) 그런 얘기도 있었어, 있었다구. 그러니까 그런 걸 잡숫구서 애기를 낳으셨다, 가난은 했던 모냥이여. (그러니까 그분이 한산 이씨(韓山李氏)신데, 그분이 이제 그렇게 원래 많이 자시던 분이 시집와서 많이 못 자시니까 이제.) 애기가 안 되지. (예, 애기를 못 낳고 있다가 많이 먹고 나서부터 이 장군 셋을 낳았다는 얘기지요?) 토정(土亭) 이지함(李之菡) 선생의 (예.) 현손 … 고 정도여. ((실제로는 토정 이지함의 6세손이었음))

〈태봉(胎封)과 이장(移葬): 호랑이가 묫자리 잡아 준 이야기〉 (전하수 구술)

조선조 말 순종(純宗)의 태(胎)를 모시게 됐어요. (예.) 고종의 아들 순종 아니여? (예, 예.) 불과 한 백오십 년 된 얘기 같어. (그렇지요, 예.) 근데 왜 그 왕조에선 태를 중요시 했잖여? (예.) 똑같이 시신과 똑같이. 거의 다 태봉(胎封)을 모시는디, 거의 다 수도권에다가 많이 모셨지.

(예, 예.) 그러다 충청도나 이런 데 모셨는데 충청도 예산에. 그래서 그 당시 대원군이 막강한 힘을 가질 때 아니여, 태봉이 손자 아니여? 사손(嗣孫)이니까 충청 홍주골에서 아마 선정을 해라, (예.) 그래서 그 유명한 지사를 다 영을 내렸던 모양이여. 거기 가니 좋아 좋다고 했는디, 보니까 태봉 모실 그 태봉에 그 정상에다 모셔야 하는디, (예.) 마을 앞에 있는 조끄만 조끄만 동산이여, 뭐 한 오육십 메터뱎에 안 될 기여. (예.) 요그 가서 했다 이거여, 담양 전씨 아무개 이렇기... (예.) 홍주목 중앙에서 누가 나왔던지 게다 태를 모시겄으니 어떡할 테여 이제, 그러니께 우리 할아버지들 압력에 의했던지, 뭐 참 아 나라에서 허면 기꺼이 허겄다고, 그래서 인제 모셨어요. (예.) 모시는데 그래서 이장을 해라, 그래서 이장을 해서 그 고기 구산사(龜山祠), (예.) 거기서 한 백 미터도 안 돼요. (예.) 묫자리 잡어서 모시는데, (예.) 뭐 밤에 밤 늦겐가 시가 꽤 되나 모르는디 밤에 모시게 됐더리야. (예.) 호랭이가 호랑이가 앞에 상여관 앞으로 주욱 와서 거기 와서 잡어 둔 미리 계획을 허고 오는데 왔는데, 호랑이가 거길 와서 이렇게 한 바퀴 돌고서는 사라졌다는 거여. 그래서 그 당시까지 호랑이가 있긴 있었다는데, (예.) 그래서 그 바람에, 좀 우리가 비굴헌 얘긴데, 조선 왕조에서 그 참 태봉 허는데 기꺼이 승낙했다고 해서, (예.) 너희 그 벼슬을 하나 줄 테니까는 천거하라구 해서, (예.) 교동(喬桐) 도호부사(都護府使)를 허신 세(世)자 진(鎭)인데, 우리게로 할아버지빨이여. 그 할아버지를 발탁해서 아 오라고 허니까 그냥은 못 갔대. (예.) 그 저 궁중에 들어갈라믄 정말 옷갓 제대로 갖추고 이렇게, 시원찮게 해서 갑자기 아마 그 할아버지가 시골에서 농사짓고 살으셨던 모양이여. (예, 예.) 어째 긴급히 옷을 하나 마련을 해서 갓 쓰고 가서 쪼그마한 말직을 받았다가, 그 양반이 아주 잘하셔 가지고 교동 도호부사 겸 통어사(統禦使)까지 허셨어. 그래서 돌

아가시게 되니까 너무 선정을 잘하셨다 그래서 마을 사람들이 뭐를 해줬어. 그 그 사람들 전부 그 햇빛 가리는 그 (일산(日傘)) 일산, 우리는 만인산(萬人傘)이라구 그랬어, 일만 만 자. 거기다가 전부 수를 천에다가 이름을 쭉 새겼어, 김아무개, 박아무개, 한 몇 백 명 될 것 같어. 그래서 그분이 어디냐먼... 여기서 그건 안 뺐네. (예.) 이 할아버지((계보상의 익현(翊顯)을 가리킴)) 5대 손 … 현손이네 현손, 고손자 되는 분이 현손, 세자 진인데, (세자 진?) 교동 도호부사를 하셨는디, 그 후광으로 특별히 참 벼슬을 준 거라는 거여. (아.) 그때 말직을 줬겠지. (태봉의 이장에 적극 협조해 주었다고?) 예, 누구를 주겄어, 종손한티 얘기하잖어. 그래서 그분이 우리 말, 마지막에 벼슬하신 분이 그분이여. 그래서 아마 이 양반이 천팔백구십 년대 돌아가셨을 거여.

〈내현마을의 지형〉 (전범수 구술)

왜 보개산(寶蓋山)이냐 하믄 덮을 보 자 보배 보 자, 보배 보 자 덮을 개 자, 보배를 덮고 있다 해서 보개산입니다. … 요 앞이 매봉이여, 매봉, (예.) 매처럼 생긴 매봉. 병순네 집이서 요렇게 가면 깨구리봉이여. 이쪽에서 주욱 내려오는 기 인제 배암산. (예.) 그러고 나서 뭐 회관 진디 그 뭐 바위 있는 게 거북이. 그래서 이 동네를 지명을 지금 몇 번 요새 바꿨슈. (예.) … 그래서 거북이마을이라고 인저 바꿨는디, 거 고 앞에 또 산 하나 골배암산이라고 있어 갖구, 구사항문(龜巳項門?)이 네 개가 되어 있어. 지금 저 산세가 저렇게 보개산이 이렇게 앉고 앉었는디, 가운데 동그라니 매봉이고, 그러니께 뱀하고 깨구리하고 이렇게 문을 지키고 있고, (예.) 고 밑인 거북이하고 또 골배암이 지키고, 그러니께 또 사대문이 문이 두 개나, 지형적이로 보면 문이 두 개라는 얘기지. 무슨 말씀인지 알아듣겄지?

〈구항(龜項)과 굴목(屈木)〉 (전범수 구술)

(골배암산은 뜻이 무슨 뜻입니까?) 골배암산이라는 게, 배암이라는 건 끼다랗게 나와야 뱀이거든, (예.) 근디 보면 이렇게 이렇게 움틀움틀히야, 고랑이 고랑이 져가매 말하자믄 쭉 내려오지 않고서 이렇게 내려오고 또 이렇게 내려오고, (골을 져가면서 배암이 내려왔다 말이지요?) 그렇지 그렇지 그래서 골배암산이여 그게. 골을 만들어 가면서 내려온 게 그게 바로 회관 바로 앞이, 거북이 바로 앞이 산. (예, 저 건너 양지뜸 건너?) 예, 양지뜸이라 거기가 골배암산이여. 그래서 인저 또 한 가지는 왜 구항(龜項)이냐, 구항은 왜 구항이냐 하며는, 거북 구 자 목 항 자, 일정 말에 여기 구항이란 명칭을 이 동네이서 그 모냥새를 따가지고 구항이라구 지었어요. 고걸 아시면 … 이 면사무소가 요 기와집 요기 기와집 묵은 기와집 하나 있이요 저 건너. (예.) 전석용이라고 있지? (예.) 그기 옛날에 일정 초에 면사무소 자리였어요, 직원 둘이. (아 면사무소가 여기 있었습니까?) 예, 옛날에 그래서 치〔최〕초에 그래서 구항면이라고 면명을 여그서 따갖고 나갔어, 구항면, (예.) 거북 구자 목 항자. 왜 구항이냐? 그 지끔 회관 밑이 거북바위가 이렇게 있는디 고 앞에가 이차선이로 되어 있잖여? (예.) 이게 바위가 이렇게 내려와서 또 바위처럼 대가리가 있는디, 이차선 맨드는 바람에 바위 다 부시고 요것만 남았지. (예, 그랬다 그러더라고요, 예.) 좋은 동네 버린 거여. 그래서 그렇게 되가주구 거북 구 자 구 항 자((목 항 자의 오류일 것임)), 거기로 사람이 넘어 댕였어, 모가지로. (아, 예.) 구항, 거북이 모가지로 넘어 댕였다, 그래서 구항이여, 목 항 자. 지명이 구항, 홍성군

구항면 내현리라는 게 거기서 구항면 내현리가 나왔어. (예, 아 구항을 넘어 다녔다 말이지요?) 구항, 그렇지, 거북이 모가지를 넘어서야지. 거기서 또 한 가지 붙여드릴게. (예.) 그러믄 굴목(屈木)이 뭐냐, 굴목? 굴목이라는 건, 다 무식해서 나무가 많아서 무식해서 굴목이라 그런 게 아니라 구목이거든 구목. 거북 구 자 목 자 해서 그게 굴목, 굴목. 이 동네 지명이 내현리라고도 허지만 굴목이라고도 혀. 굴목 전가(田哥)라고도 허고. 그 전이 옛날에 칠팔십 년 전만 해두 여기 여기는 굴목 전가가 패 잡았다. (어르신 말씀은 구목이 굴목이 됐단 말이지요?) 구목, 거북이 그게 말하자면 그게 굴목이라는 명칭 거기서 따졌지. (구목에서 굴목이 됐다. 근데 구목이, 구는 거북이 군데 목은 뭘까요?) 거북이 대가리가 있으면 모가지가 있지. 〈웃음〉 (아, 이게 목, 예 예.)

〈꽃밭미의 연원〉 (전범수 구술)

왜 꽃밭미((이웃한 화산(花山)마을의 토속 명칭))냐, 왜 지명이 꽃밭미냐? 우리 전가(田哥)들이 병사 팔병사(八兵使) 결성현 현감이 나와 있었거든 홍주 목사 있었구. 그때 시절이 에 인저 그때 나가서 벼슬 허고, 인제 집이 내현리다 보니께, 그러니께 지나가다 가니 멈춰 있으면 말이여, 꽃밭처럼 사람이 그렇게 아유 많이 모여 가지구, 그래서 꽃밭미가 된 거유. (그러니까 벼슬하시던 선조들이?) 에 낙향해서 올 때 지나갈 때 거기서 쉬면, 그렇게 아주 엄청나게 많이 모였었던 모냥이유. 그래서 이름이 꽃밭미유, 꽃밭미.

〈남구만 선생 이야기〉 (전범수 구술)

여기는 남구만(南九萬)이라구, 어이 옛날 적에 남구만 선생이 태어난 곳이다, 남 정승이라고 옛날 나 어릴 적부터 남 정승, 남 정승 했지, 조기다 조기 잔댓말이라고, 요 밑이 여기 남구만 태어난 저 저 자리가 있어요. …

(남구만 선생 생가 터라는 게 요 옆에 있는 거지요?) 예, 옆이요. (요 옆에 있는 겁니다. 남구만 선생에 대한 얘기는 어느 정도 남아 있습니까?) 여기 남아 있는 게 구전(口傳)이로 남아 있지 근거나 이런 건 없고. (구전이지요? 예.) 구전이여. 그것만큼은 돌아가신 분들한테도 여러 번 내가, 여그서 팔십 세를 지금, 열 살 미만 이십 세 삼십 세서부터 다 들은 얘기거든. 그 후로 인저 헐 사람도 없지요, 허는 사람도 없었구. 그래서 그건 틀림없이 여기서 남 정승이 태어날 때 노인네들은, 야 저 잔댓말에 잔디가 다 죽었었단다, (네?) 잔댓말이라고 잔디가 다 죽었다는 얘기여. (저기가 이름이 잔딧말입니까?) 잔댓말이여 거기가, 남구만 태어난 바로 거기가 잔댓말이여. 잔댓말이라고 저 병순이게루 십일 대조 시향 지내는 산소 있는 고 고 고게 고 옆이가 집터 하나 있는데, 고기 보고서 잔댓말이라고 그래 잔댓말. (예.) 잔디도 좋고 양달로 돼 있는디 지금, 왜 잔댓말이라냐면 잔디가 아주 고기만 고렇게 좋게 이렇게 돋었는디, (예.) 고 위가 감토봉이여, 감토봉. (예, 예.) 감토봉이서, 이 감토봉이라는 게 보통 복더러지〔복덩어리?〕가 아니지, 동네에 잘 내려왔는디. 남구만이 요기 아까 얘기한 대밭 있는 데 고 집이 고께 와서 태어났다는디, 남구만이 태어나는디 잔댓말 잔디가 다 죽었단다. (음.) 이, 그러고 나서 잔디가 그렇게 말러, 불이 나서 말른 게 아니라 아무튼 그때 가물어서 그랬는지 몰러두, 남구만 태어나는 해에 잔댓말 잔디가

다 죽었었다. (네, 네.) 그 얘기를 내가 들었시유. 그래서 잔댓말이유, 거기가. (근데 그 남구만 선생이 탄생하고... 훌륭한 분이 탄생을 하시니까 잔디가 다 죽었단 말이지요?) 예, 그 얘기여, 내 얘기가. 〈웃음〉 (잔댓말에 잔디가 다 죽을 이변이 생기고 남구만 선생이 태어났다?) 죽을 정도로, 맞어유. 고 얘기유.

〈감토봉〉 (전범수 구술)

(그 다음에 감토봉은요?) 이 감토봉은 지명이루도 감토봉인디, 이 생김새가 이 사람 감투란 탕관〔탕건〕 이렇게 쓰는 거 있잖아요? (예.) 그런 형상을 썼거든, 그 감토봉이라는 것이. 그 감토봉이 있기 때미 그 줄기서 뭔가는 나온다는 얘기, 이 구전이, 전설이 있지. 감토봉이서 그 줄기서 사람이 나올 수도 있다. 그러니께 나올 수도 있다는 것은 벌써 나왔잖아유? 남구만이도 나오구, 뭐 우리 조상 할아버지덜두 인저 그 뒤로 나왔구. 그래서 감토봉이란 기 그래서 말하자면 명 감투 그거 보다두 …

〈범바위와 개물〉 (전범수 구술)

범바위라고 있어, 범바위. (예, 예.) 거 호랭이여, 범이여. 근디 궁뎅이를 이 뒤다 두구서 아구리〔아가리〕를 저 건너 개물((목밖의 작은 마을 이름)), 저 건너 개물입니다. 개물, 매봉 있는 데 개물. (예.) 왜 개물이냐 하므는, (예.) 이 호랭이허구 개허구는 상극인 형생〔형상〕이 아닌감? 그래서 인저 뭘로 풍수를 막기 위해서 그랬는지, 그 나무만 벼서 이 돌만 이 대가리만 티어나오면, 저 개물 사람들이 다 죽는다는 얘기여.

과수댁만 생기니께, 거기 사람들이 옛날이 와서 막 가래 가지고 파 가지고 막 한 질 이상 파도 엄청나게 크니께, 거 가라앉들 못했시우. (예.) 그런 흔적이 지금 남아 있어. …

호랭이가 요렇게 엎드린 형상인디, 워디 쳐다보고 있냐면 이렇게 이렇게 저 건너를 쳐다보고서 엎드려 있다는 얘기지, (개물을 쳐다보고 있다?) 개물을. 그러니께 개물을 쳐다보고 엎드려 있으니께, 저 바위가 거기서 보이먼, 나무가 읎으면 바위가 거서 뵐 거 아니감? (예, 예.) 그러먼 그 동네가 전부 사람 남자가 다 죽어 버리고 여자만 남고 그러니께, 이게 해괴한 일이거든. (예, 예.) 그러니께 낭중에 이제 범바위 때메 그렇다, 이 이걸 없애야 한다. 없앨 방법이 없지, 너무 크니께. (예.) 그니께 동네 사람들이 다 와서 삽 가지고 가래 가지고 멫 달 팠는지, 멫 달 팠어도 뭇 가라앉히고 파다 파다 고양 파던 흔적만 남아 있지, 그냥 있으니까. (그건 언제 때 일입니까?) 그게 지끔부터 따진다면 칠팔십 년, 백 년 전 일이지, 그 전부터 내려오는 얘기니께. (그때 개물 사람들이 범바위를 파서 안 보이게 하려고 하다가 다 못했단 말이지요?) 못했지유, 그 전이 못했지유.

〈할매바위〉 (전범수 구술)

할매바위는 인저 범바위 옆에 가며는 한 백 미타쯤 가면 되는데, 엄청나게 큰 바위 있는 디가 꼭 음부처럼 아주 이렇기 꼭 자궁처럼 생겼는디, 엄청나게 커유. 백 프로 그렇게 색깔두 이상하게 닮았어. 그런디 요즘엔 인저 산에 안 댕이는디, 예전에 인저 글방에 댕이느냐고 선생님들하구 속두질〔용두질〕 하느라구, 막대기 갖다 놓구서 거기다 꽂아 놓고 장난만 하면, 어른들헌티 혼나고, 막 야단쳤지 큰일 난다고. 옛날에는 거기서 황곡리가 넴겨다 봤거든 거기가, (거기서 황곡리를 내려다 본단 말이지요?) 넴겨다 그 바위서. 그래서 그 거기다가 바위다가니 장난치면 황곡리 과택(寡宅)에 바람난다 소리가 들은 얘긴디, 있으나 마나 하는 얘기 같은디, 웃으라고 하는 얘기 같은디. …

〈산제바위〉 (전범수 구술)

(산제바위는?) 산제바위는 얘길 들어 보먼, 옛날부터 여기가 인저 뭐 무당촌도 아니고 절도 아니고 그런디 암자가 많고 그러니께, 거기서 아마 굿허고 투[뚜]드리고 많이 했대유. (산제바위 어떻게 생겼습니까?) 여기서버텀 훤허게 뵈는 게 그 산제바위거든요, 커다랗게 보이는 게, 중턱, 중턱. 근디 이 면적은 한 백 평, 백 평 넘을 기유. 범위가 한 이백 평 차지했지. (예.) 거기서 바위 펀펀한 데다 놓고 옛날이 떡시루 놓고 많이들 위혔던 모냥이유. 그래서 그래서 산제바위여. (예, 예.) 여기서 뭐 위헐 때는 꼭 그 바위 올라가서 위혔기 때미 산제바위여, 산제바위. (예.) 요즘은 근디 하는 사람이 읎지.

〈보살바위〉 (전범수 구술)

(보살바위는 보살이 바랑을 매고 가는 형상인데, 그래서 인제 보살바위하고 얽힌 얘기가 있습니까?) 얽힌 얘기가 있어유. 여기 김보민이라고 지금 여든시 살인가 뭐 지금, 그 사람도 고인 곧 되게 생겼었는디, 그 어머니가 아들 못 나가지고 딸만 낳고, 그래서 그 바위다 정성 들여서 그 아들을 낳았어. 그래서 보살바위다. 그건 우리 동네 사람이 다 아는 거여. 지성 지성을 들여서 그 아들 하나 얻었다는 얘기, 전설이 있거

든. 전설이 아니라 현실이여.

〈말바위〉 (전범수 구술)

말바위는 인저 … 구절암 올라갈라먼 중간께찜 올라가서 이렇게 바위가 펀펀 찌다랗게 있는 게 있어유. … 거기서 고 십 메다 건너가서, 그 전이는 대구서 얘기하믄 얘기가 울려서 다 말이 주고받는 게 다 울려서, 울림이 와서 말(言)바위거든, 그래서 말바위여. (아, 내가 말을 하는 게 울려서 다시 온다는 말이지요?) 그래서 말바위여. 〈웃음〉 … 우리 어려서 절이 올러가고 놀러댕일라믄 꼭 거 건너가서 뭐라고 뭐라고 지껄이고 소리 질르고, 거 반대로 하니께 그 재미루들 했는디, 요즘은 거가서 허는 사람들이 워디껭가 알지도 못허는 사람들이 많아유. 〈웃음〉 그래서 말바위여.

〈매봉 여인석 이야기〉 (서용갑 구술)

그거 깨친〔깬〕 지두 헌 삼십 년 될끼유. (한 삼십 년?) 예. (어떤 얘깁니까?) 그게 우리 산 경계 젤 꼭대기가, 어머니 살고 있는 집 뒤 그 산이 우리 산인디, 그 경계에가 있는 돌이거든. (예.) 그 돌이 이 방만 할 겨. … 근디 외중((이웃 마을 이름임)) 쪽을 돌이 이렇게 빤듯하기 있는 기 아니고 직사각형 식이루 생긴 돌인디, (예.) 요렇게 비시듬허게 외중마을 쪽을 향해서 이렇게 돼 있었거든. (예.) 근디 그 돌이 외중마을 저쪽이 요렇게 있으문 요렇게 새가 벌어졌었어 두 쪼각으로. (외중마을에서 보면요?) 예, 외중 쪽을 향해서. 그래서 우리가 그 돌을 올라갈라 그러믄 가운데 벌어진 디로 걸어 올라가서 그 돌 바위 꼭대기로 올라갔었거든.

(예.) 근디 그때 한 삼십 년 전에 그 양반은 인저 고인 됐구먼. 그 양반 손녀딸을 둘이 있었는디, (예.) 거기 인저 다 우리보덤 위니께 인제 환갑도 다 넘었겄네. (예.) 근디 그 동생은 나보덤 한 살 많구, (예.) 그 동생 여자((언니의 오류일 것임))가 우리보덤 한 너덧 살 많아유, (예.) 동생이 나보덤 한 살 많으니께. (예.) 그때 그 여자가 그때 한 삼십 년 전이 서른 미만이었어, 스물 몇 됐을 당신디. 옛날에 인제 그때만 해두 옛날이니께, 뭐 총각들이 인제 처녀 있응께 막 찾아오고 하니께, 이 노인네가 볼 때는 자기 손녀딸한티 오는 거를 기분 좋아하는 노인네들이 워디가 있어, 그러니께 바람났다고 인제들 그러지, 아무개 손녀딸 바람났다구. 속이 몰르는 남자들 자꾸 와쌌구 허니께, 아무개 손녀딸 바람나서 총각들 찾아 대여 온다고 하니께, 이 노인네가 그거를 워터게 생각을 했는지, 그 바위가 자기네 집 쪽으루 이렇게 벌어진 여자 형상 하고 있는 바위가, (그러니까 여자 다리 벌어진 것처럼 생겼다면서요?) 예, (예.) 그러니께 그래서 우리 애가 바람끼 있나 싶어 가지고, 그런 생각으로 히서 석공 데려다가 그 다리 한 짝 바위 한쪽을 짤른 겨. (〈웃음〉) …

(아니 근데 그 예전부터 그 바위를 보고 여자 다리 벌린 것 같으다고 사람들이 얘기를 했습니까?) 그랬지유. 이렇게 있응게 여자 그 대루는 안 생겼어두 이렇게 바위가 이렇게 갈라져 갖고 이렇게 있으니께, (예.) 꼭 지집애들 다리뱅이 벌어지구 있는 것 같다고, 여자들 다리 벌리고 있는 것 같다고, 그 이야기는 했었지요. 워디 그눔을 어느 날 갑자기 자기 손녀딸 바람났다구 허니께, 그 바위가 뭐 바람나라 그랬나, 고쪽으로 자기네 종산(宗山)이여 또, (예.) 그 양반네 종산이여. 그러니께 그 양반이 보구서 손녀딸 바람났다고 외간 남자 집구석으로 끌어들이고 하니께, 그 손녀딸 바람나라고 헌 바윈가, 그걸 와서 석공을 얻어다가 짤라서 그 양반이 짤라 없애서 바위 베려 놨어.

제2장

청원(淸原) 지역의 언어문화

연구의 과정

I

오늘날의 상황에서 농촌 지역의 적절한 연구 대상지를 찾는 작업은 물론 쉽지 않은 일이지만, 충청북도의 연구 대상지를 찾는 작업은 특히나 그러하였다. 청주(淸州) 근교의 청원(淸原) 지역이 충청북도의 조사지로는 나름의 대표성을 띨 것 같다는 귀한 자문은 일찍부터 받았지만, 막상 청원 지역에서 마땅한 마을을 찾는 작업은 오랫동안 지지부진하였다. 그러다가 연구 대상지를 찾는 마지막 단계에서 새로 추천받은 마을 중 한 곳이 바로 이번의 조사지인 '버랏마을'이었는데, 이 '버랏마을'이 지닌 산간 오지 마을로서의 특성이 적당한 연구 대상 마을을 찾지 못하고 있던 연구자에게 오히려 새로운 자극으로 다가왔었다. 즉, 지금까지 찾아온 '통상적인' 연구 대상 마을을 쉽게 찾기 힘든 상황에서 오히려 생태 환경의 면에서 특이한 산간 마을을 선택해 보는 것이, 전체적인 '한국의 언어 민속지' 연구 작업의 구성 면에서 더 바람직할 것 같은 생각이 들었기 때문이다.

그리하여 약간의 예비 탐색과 필요한 연락을 주고받은 후에 이 마을을 처음으로 찾은 것은 2012년 12월 18일이었다. 물론 이날 '버랏마을'뿐 아니라 이웃한 현도면(賢都面)의 다른 집성촌(集姓村) 한 곳도 함께 둘러보았다.

마을의 전체적인 인상은, 화전(火田) 경작과 부분적으로라도 연관이 있는 강원도 산간 촌락의 정형(가령 국립민속박물관 2003; 김강산 2003;

한상복 2011 등 참조)과는 물론 거리가 멀지만, 나름대로의 특이한 생계 양식을 이어 온 흥미로운 산간 오지 마을임에는 틀림없는 듯하다는 것이었다. 그러나 거주 인구가 불과 34명(호수는 22호)뿐이라는 전언에는 적잖이 실망할 수밖에 없었는데, 그러면 사실상 사람이 살지 않는 것에 가까운 이곳에서의 현지조사가 현실적으로 불가능할 수도 있겠다는 우려를 떨쳐 버릴 수가 없었다. 어쨌든 서울로 돌아와 이번의 현지조사지 선정과 관련되는 여러 요인들을 따져 보면서, 특히 산간 오지 마을이 주는 새로운 흥미로움과 촌락 공동체의 해체에 가까운 인구 구성상의 문제점 간의 간극(間隙)을 깊이 생각해 보았다. 그러고는 흔히 말하는 '기대 반 우려 반'이라는 연구자로서는 미리 해결할 수 없는 불확실한 정황을 안고서, 이 마을에서 현지조사를 시도해 보기로 최종 결정하였다.

조사지인 '버랏마을'은 행정적으로는 충청북도(忠淸北道) 청원군(淸原郡) 문의면(文義面) 소전(所田) 1리이다. 청주시를 도넛 형상으로 둘러싸고 있는 청원군 중에서 문의면은 남쪽 끝에 위치한 면이고, 이 문의면의 면 소재지에서 대체로 동남쪽으로 좁은 산길을 따라가면 마지막에 나타나는 마을이 바로 '버랏마을'이다. 면 소재지에서 이 마을까지의 거리는 약 22km이고, 길의 절반가량은 1차선의 좁고도 꾸불거리는 산길이다. 이 마을에 닿은 뒤 동쪽 방향으로 이어지는 길은 더 이상 없으며 마을의 남단은 바로 대청호(大淸湖)이다.

'버랏마을'은 그야말로 산속에 가로놓여 있는데, 뒤쪽인 북쪽에는 높은 샘봉산(해발 461.7m로 문의면에서 가장 높은 산임)이 가파르게 자리 잡고 있고, 앞쪽인 남쪽에도 높은 산(이곳은 행정적으로는 보은군(報恩郡) 회남면(懷南面)임)이 첩첩이 가로막고 있으며, 그리 넓지 않은 마을의 양옆으로도 높지는 않으나 산들이 둘러싸고 있다. 아마도 지금의 마을

이 형성되기 전에는 위에서 아래로, 즉 북쪽에서 남쪽으로 제법 큰 골짜기가 자연 상태로 자리 잡고 있었을 것으로 짐작되는 곳이다. 그리고 마을 남쪽의 보이지 않는 빈틈으로는 오늘날의 대청호가 닿아 있다.

만일 '기대 반'이 현실화되면 더할 수 없이 좋겠지만, '우려 반'이 현실화되면 안타깝지만 빈손으로 돌아갈 수밖에 없다는 걱정을 조심스레 가슴속에 묻은 채 시작한, 이 오지 마을에서의 현지조사는 구정 연휴 직후인 2013년 2월 13일부터 3월 4일까지의 19박 20일 동안 연구자가 꼬박 이 마을에 체재하면서 이루어졌다.

그런데 조사 기간 중 파악한 마을의 실거주 인구수는 34명이 아니라 32명이었고, 그중 한 분은 현지조사 기간 중에 돌아가셨으며 또 순수 외지인이 3명이었다. 게다가 이 마을은 60대가 전혀 없는 그러므로 다수의 70대 이상의 노인층과 소수의 50대로 구성된, 이십 수 명의 토박이가 사는 그야말로 작은 산간 마을이었다. 여기서 나아가 이 작은 마을의 80대 이상의 노인들은 일반적으로 말하여 깊이 있는 대화를 나누기가 어려운 상태였으며, 또 50대의 남성들도 또 다른 차원에서 대화가 되지 않는 '어려운' 세대였다. 결국은 10명이 채 되지 않는 70대들을 중심으로 이 연구를 진행할 수밖에 없었는데, 다행히도 이 연령층의 제보자들은 연구자의 연구 목적을 십분 이해하고 연구 작업에 적극적으로 참여해 주었다. 특히나 여기서 그 존함을 적시하지는 않지만 70대의 세 분 여성 제보자들은 거의 하루도 빠지지 않고 마을회관으로 와 연구자 일행에게 이곳의 '전통적이고 특징적인' 언어문화(linguaculture)를 가르치는 주 '선생님'의 역할을 맡아 주셨다. 달리 표현하면, 이 세 분의 여성 제보자들이 이제는 거의 해체 직전에 와 있는 이 작은 산간 마을을 대표하여 이 마을의 '주인'으로서, 바깥에서 온 학술적 '손님'인 연구자 일행을 성심성의껏 '대접'(待接)해 주었던 셈이다.

전체적으로 여성 제보자 세 분을 중심으로 하는 소수의 70대 제보자들의 뜨거운 열정과 무거운 책임감 그리고 진지한 노력으로, 이 마을에서의 현지조사는 애초의 '우려 반'을 접고 희망적인 '기대 반'의 방향으로 흘러가게 되었다. 연구자로서는 결코 쉽지 않은, 어쩌면 사실상 불가능에 가까웠던 연구 작업을 가능한 것으로 그리고 평년 수준은 될 것 같은 연구 작업으로 만들어 주신, 이곳의 주 제보자 분들께 다시 한 번 마음속 깊은 감사의 말씀을 올리는 바이다. 그리고 이 '한국의 언어 민속지' 작업이 애초부터 강한 "'구제 민속지'(salvage ethnography) 연구로서의 필요성과 특성을 함께 지니"는 것임은 이미 지적되었지만(왕한석 2009: 10), 이 '버랏마을'에서의 연구는 특히나 그 강도의 면에서 더 강한 '구제 민속지' 작업으로서의 특성을 지녔음을 적기해 두고자 한다.

다음은 '버랏마을'에서의 어려운 현지조사를 가능하게 해 준 주요 제보자들의 명단이다.

최홍순(78), 이정의(74), 김성덕(73), 이춘기(71),
윤미선(尹美先, 54), 강귀순(姜貴順, 53) – 이상 여성 제보자

김철수(金喆洙, 84), 김준수(金俊洙, 76), 이정룡(李貞龍, 73),
김석제(金錫濟, 72), 이재홍(李在洪, 57) – 이상 남성 제보자

II

본격적인 언어문화에 대한 기술에 앞서, 이제는 거의 형해(形骸)만 남은 것에 가까운 이 산간 오지 마을인 '버랏마을'의 일반적인 사회문화적 배경과 최근의 급격한 변화 양상에 대해, 다른 연구 대상지보다는 조금 더 자세한 기술이 여기서 필요할 것으로 보인다.

먼저 이 '버랏마을'이 속해 있는 문의면(文義面)에 대한 개요부터 간략히 정리하기로 하자. 오늘날 문의면은 청원군의 일개 면에 불과하지만, 사실은 오랫동안 문의현(文義縣)이었던 곳이다. 1895년(고종(高宗) 32년)에는 일시적이나마 군(郡)으로 격상되기도 하였다. 문의면은 청원군의 남쪽 끝에 금강(錦江)을 끼고 위치한 면으로, 청원군 내의 인접한 다른 면뿐만 아니라 동으로는 보은군 회인면(懷仁面), 남으로는 보은군 회남면(懷南面) 및 대전광역시 대덕구(大德區)와 접하는 곳이다.

문의 지역에 대한 소개에서 빠뜨릴 수 없는 부분은 대청댐의 조성과 관련한 이 지역의 광범한 수몰(水沒)이다. 아마도 이 지역에서 근래 일어난 사회문화적 변화의 기본 토대를 이루는 것이 될 것이다. 소위 '대청 다목적댐'은 1975년 3월에 착공하여 1980년 5월에 완공되었는데, 이 댐의 건설로 문의 지역은 말로 표현할 수 없는 희생을 겪게 된다. 간략히 이 지역의 수몰 현황을 관련 문헌에서 인용하여 예시하면, 법정리 18개 리 중에서 12개 리(66.6%)가 수몰되었고, 자연부락 73개 부락 중에서 35개 부락(47.9%)이 수몰되었으며, 전체 면적 7,679ha 중에서 1,633ha(21%)가 수몰되었고, 전체 가구 2,299호 중에서 1,031호(44%)가 수몰되었으며, 마지막으로 전체 인구 12,786명 중에서 7,385(57%)명이 수몰로 이주한 것으로 기록되어 있다(『문의지』 1992: 105). 수몰 후 출간된 이곳의 면지인 『문의지(文義誌)』(문의지편찬위원회 1992)에는 '제1편 역사'의 한 장으로 '제9장 문의 수몰 이주민사'(pp. 103-150)를 구성하여 많은 양의 기록을 정리할 정도로, 수몰은 이 지역의 최근 변화에서 안타깝지만 핵심 부분을 이룬다.

수몰의 엄청난 피해는 조사지인 '버랏마을'에도 고스란히 연결되는데, 먼저 문의 출신의 한 시인(박학진(朴學鎭))이 쓴 '수중 귀향'(水中歸鄕)이라는 시의 일부분을 보자(『문의지』 1992: 499-500). 고향 잃은 이곳 사람들의 그 형언할 수 없는 아픈 마음이 어디까지인지를 조금이나마 느낄 수 있을 것이다.

…
울담밑 잡초에 묻힌 구덩이 두엄 내움
박덩쿨 늘어진 초가 지붕 새끼이엉
뒷산에 철죽 진달리꽃 앞산 아그베
목화밭 풋다래 텃밭 상치 쑥갓
외양간 뒷간 푸른 물속에 잠기어
영원히 사라져 버렸구나.
…
아들아
내죽어 화장하여 쇠절구에
한줌 재 되거든
옛집 뒷동산에 놓여진 다리 위에서
물덮힌 내 집자리 어림하여 뿌려 다오
차거워라 이승살이 저승엔들 더울 건가
수중 고혼 물 깊이 용해되어 넋이라도

예 찾아 서성이는 벗들에
혼에 스며 비추어나 볼거나
…

그런데 누대(累代) 고향을 물속에 바친 이곳 문의 사람들의 희생은 아직 끝나지 않고 있었는데, 그중 가장 큰 것은 이 대청호 일대가 '상수원 보호 구역'으로 지정된 것이었다(1980년 11월 지정). 물론 '상수원 보호 구역'은 맑은 물의 보존을 위해 응당 필요한 조치이겠지만, 이곳 사람들은 그로 인해 일상생활에서 엄청난 규제에 시달리고 있었고 또 어떠한 개발도 허용되지 않는 안타까운 상태에 있었다. 대부분의 건물 신축은 허가되지 않으며, 토지의 매매도 상당한 영향을 받을 뿐 아니라 심지어는 공중목욕탕마저도 규제의 대상이라고 들었다. 따라서 이곳 사람들의 가슴 아픈 희생은 30여 년 전의 수몰로써 끝난 것이 아니라 아직도 계속되는 희생이라 할 수 있겠다.

이제 조사지인 '버랏마을'로 돌아가기로 하자.

먼저 이 마을이 언제 생겼는지에 대해서는 아무도 정확한 이야기를 알지 못하였다. 흔히 임진왜란 때 피난을 와서 생긴 마을이라고는 하나, 이는 그저 막연한 추측일 뿐이다. 마을의 토박이 성씨는 모두 네 성씨인데, 가장 먼저 들어온 성씨는 청송 심씨(靑松沈氏)이다. 청송 심씨는 처음 이 마을에 들어와 마을 서쪽의 골짜기인 '지송꼴'에 자리를 잡았다고 전해 온다(지금은 '지송꼴'에 인가가 없음). 다음으로 이 마을에 들어온 성씨는 아산 이씨(牙山李氏)와 밀양 박씨(密陽朴氏)인데, 두 성씨 중 어느 성씨가 먼저 들어왔는지는 알려져 있지 않다. 아마도 비슷한 시기에 두 성씨가 들어온 것으로 추측된다. 아산 이씨의 경우는 한 제보자의 12대조의 묘소가 이곳에 있다고 하고, 밀양 박씨의 경우는 또 다른 제보자의 11대조의 묘소가 이곳에 있다고 하였다. 마지막으로 상당히 늦은 시점에 들어온 성씨가 김해 김씨(金海金氏)인데, 또 다른 한 제보자의 7대조가 이곳으로 들어왔다고 한다.

아마도 짐작건대 마을의 역사가 그리 오래된 것 같지는 않고, 제보자들의 표현을 빌리면, '이 골 저 골에 한두 집씩 살다가 이후에 (지금의) 동네가 형성된 듯하다.' 또는 '심씨, 이씨, 박씨의 세 성씨가 처음에는 산에 화전을 일구고 살다가 뒤에 오늘날의 동네를 이룬 듯하다.' 물론 뒤에 들어온 김해 김씨는 현재의 마을이 형성된 뒤에 들어왔을 것인데, 그러나 경제적 지위의 면에서는 앞서 들어온 세 성씨보다 좀 더 나았던 것으로 말해진다.(한 가지, 여기서는 조상의 입향 연도를 추정하는 데서 과거의 한 대(代)를 보통 20년으로 친다고 하였다.)

한편 공식 기록에 남아 있는 이 마을의 역사도 그리 오래지는 않다. 영조(英祖) 후반(1750-1776)의 기록에는 이웃한 '산소리'(山所里)(오늘날의 '산서리'(山西里)일 것임)만 나와 있고, 이 마을의 독립된 이름은 없다. 그러다가 정조(正祖) 13년(1789)의 기록에는 위의 '산소리'와 함께 '벌리'(伐里)라는 이 마을의 이름이 처음으로 나타난다. 그리고 고종(高宗) 32년(1895)의 기록에는 다시 '벌전리'(伐田里)라는 이름으로 이 마을이 기록되어 있다(『문의지』 1992: 11-12, 286-287). 아마도 영조 대의 기록 당시에는 이 마을이 그리 크지 않아 독립된 마을을 이루지 못하고, 이웃한 '산소리'에 포함되었던 것으로 짐작된다.

오늘날의 공식 명칭인 '소전리'(所田里)는 1914년의 행정 구역 통폐합 시에 '소여리'(所余里)와 '벌전리'(伐田里)의 이름을 따서 이루어졌고, 또 이때에는 행정적으로 용흥면(龍興面)에 소속되었는데, 1930년 행정 구역 개편으로 오늘날과 같이 문의면 소속으로 바뀌었다고 한다(『문의지』 1992: 287). 그리고 이 '소전리'에는 원래 3개의 자연부락이 있었는데, 하나는 '버랏마을'(즉, '벌전리'(伐田里 또는 筏田里))이고, 또 하나는 여기서 서쪽으로 3km가량 떨어진 '산서리'(山西里)이며, 마지막 하나는 이 마을에서 남서쪽 방향으로 약 3km 떨어져 금강 가에 있던 '서래꽐'(즉, '소여리'(所余里))인데 이 '서래꽐'은 대청호의 완공과 함께 완전히 수몰되었다. 따라서 오늘날의 행정적 구분으로는 '버랏마을'이 소전 1리이고, '산서리'가 소전 2리이다.

'버랏마을'의 인구수는 2013년 2월 기준의 면사무소 집계로는 29세대에 58명(남자 30명, 여자 28명)이다. 그러나 이 마을에서 파악하는 실제 거주 인구수는 22호에 34명(그것도 연구자의 파악으로는 32명)뿐이었음은 앞에서 이미 언급하였다. 현재 살고 있는 성씨별 가구 수는 청송 심씨가 2집, 아산 이씨가 6집, 밀양 박씨가 5집, 김해 김씨가 7집으로 이 20집이 소위 토박이이며, 나머지 2집은 들어온 집이다.

그런데 대청호에 수몰되기 직전의 이 마을 인구수는 68호에 400명 선이었다고 한다. 물론 이 마을 자체는 수몰을 피했지만, 이곳 사람들이 소유하였던 강 건너의 보은군 회남면 매산리(梅山里)의 소위 '장승말'에 있던 논밭이 모두 수몰됨으로써 이에 대한 토지 보상을 받았고, 따라서 많은 사람들이 수몰 직후 마을을 떠나 외지로 이주해 나갔다. 이때 이주해 나간 마을 사람들은 전체 인구의 2/3가량이었다고 하는데, 수몰 후 이곳에서는 더 이상 '먹고 살 길이 없었기' 때문에 토지 보상을 받아 외지로 나갔다고 하였다.(단, 이 마을의 경우 마을 자체는 수몰되지 않았지만, 과거 마을 끝에서 남쪽으로 약 2km 정도 걸어 내려가야 금강에 닿았는데, 지금의 대청호는 바로 마을 앞까지 물길이 닿아 있다.)

그러면 수몰 전 이 마을과 바깥 세계를 이어 주던 교통로는 어떠하였을까? 오늘날은 물론 문의(즉, 면 소재지)에서 이 마을까지 좁지만 도로가 연결되어 있고 또 아침 일찍부터 밤 시간까지 버스가 다닌다. 그러나 이 도로는 수몰 후 대체로 1980년대 중반에 새로이 만들어진 것이고, 당시까지 문의로 가는 길은 산골짜기를 넘어 산길을 걷거나 강변을 따라 길게 걷는 길뿐이었는데, 이 두 길 모두 사람과 소만 걸을 수 있는 소로(小路)였다고 한다.

따라서 이 마을 사람들을 바깥 세계와 이어 주는 주된 통로는 남쪽에 있는 금강을 배로 건너 거기서 다른 곳으로 이동해 가는 것이었다. 크게 두 가지 뱃길이 있었는데, 하나는 이 마을의 '배터'(또는 '선착장') 에서 마을 공유의 '동넷배'를 타고 강을 건너면 앞서 말한 회남면 매산리의 '장승말'에 닿았다. 그러면 농사일을 하러 가는 사람은 거기서 농사(주로 논농사)를 지었고, 외지로 나가는 사람은 이 '장승말'에서 다시 걸어서 '어부동'이란 곳으로 가 거기서 버스를 타고 대전(大田) 시내로 나갔다. 또 한 길은 이웃한 '산서리'에서 골짜기를 따라 내려온 곳에 있던 배터로, 이 '산서리 배터'에서 배를 타고 강을 건너면 대전 대덕의 '누릇고지'라는 마을에 닿았고 거기서 신탄진(新灘津)으로 걸어갔다.(앞서 간단히 언급하였듯이 이 마을의 배터는 현재의 마을 앞에서 2km가량 아래로 떨어져 있었는데, 배터까지는 인가는 물론이고 밭도 없었으며 그냥 양쪽 산 사이의 도랑을 따라 걸어가는 길이었다고 한다. 그리고 마을에서는 동민 모두가 공동으로 이용하는 '동넷배'를 운항하는 뱃사공을 별도로 고용했었다고 한다.)

결국 이 마을 사람들은 과거에는 배를 타고 금강을 건너 대전 또는 신탄진으로 주로 나갔는데, 따라서 이들이 이용한 시장도 마찬가지였다. 수몰 전 이 마을 사람들이 이용한 시장은 크게 세 곳이었는데, '신탄장', '회남장', '대전장'이 그것이다. 신탄장은 여기서 30리 상거(相距) 였는데, 제일 자주 이용한 장으로, 앞서 기술하였듯이 배를 타고 강을 건너 걸어서 갔다. 회남장은 보은군 회남면의 장으로, 거리는 20리이나 고개를 넘어 산길을 걸어서 가는 장이었다. 대전장은 50리 상거였는데, 배를 타고 강을 건너 다시 버스를 탔다. 이곳 사람들은 물건을 팔러 갈 때는 신탄장을 주로 이용하였고, 물건을 살 때는 대전장을 주로 이용하였으며, 그 외 작은 것을 사고파는 데는 회남장을 주로 이용하였다. 그리고 이용 면에서 장의 중요도는 첫째가 신탄장이고, 다음이 회남장이며, 마지막이 대전장이었던 것으로 지각하였다. 그 밖에 '문의장', '보은장', '청주장', '부강(芙江)장' 등도 주위에 있었으나 거의 이용하지 않았고, 특히 문의장은 말로만 같은 면의 장이지 산이 높아서 오고갈 수가 없었다고 한다.

정리하면, 이 시기까지 이곳 사람들의 생활권은, 한 제보자의 재치 있는 표현을 빌리면, '호적만 문의에 있고 생활권은 대전권'이었다. 다시 말해 청주는 말할 것도 없고 문의와도 왕래가 드물었으며, 주로 대전 권역(圈域)을 오고가는 것이었다. 이를 또 다른 구조적 차원에서 반영하기라도 하듯이, 현재 이 마을에 살고 있는 70대 및 80대의 아주머니들은 거개가 대전권에서 시집온 분들이었다.

또 이 시기에 '버랏마을' 사람들이 주로 왕래한 이웃 마을은 소전 2리의 '산서리'와 같은 소전리였으나 이제는 수몰된 '서래꼴'(즉, 소여리) 그리고 동넷배를 타고 강을 건너면 닿는 마을인 매산리의 '장승말'이었다. 같은 문의면에 속하며 지도상으로는 이웃한 마을로 나타나는 '후곡'(後谷里)이나 '염티'(즉, 염치리(塩峙里)) 등과는 길이 막혀 거의 왕래가 없었고, 단 후곡리의 '벌말'에는 초등학교가 있어 부분적으로 왕래하였다.

결국 산간 오지에 위치해 있고 이곳 사람들이 흔히 쓰는 표현으로는 '피난지'(避難地)인, 이 '버랏마을'은 서·북·동 삼면은 산으로 막히고

유일한 출구이던 남쪽의 금강을 배로 건너 다른 곳과의 사회적·경제적 접촉을 해 오던 곳이었다. 그러나 1980년도에 대청댐이 만들어지면서 신탄진과 대전으로 가는 뱃길이 막히고 대신 문의에서 이리로 오는 길, 즉 오늘날의 도로가 뚫렸다. 그럼으로써 이후부터는 이곳의 생활권이 대전권에서 청주권으로 바뀌게 되었다.(도로의 개설 연도는 명확하지 않은데 아마도 1980년대 중반인 것 같고, 따라서 이 시기 이전까지는 댐이 완공된 이후에도 일정 기간 동안 배가 이 마을로 다녔다고 한다.) 이곳 사람들은 오늘날에는 작은 시장은 '문의장'에서 보고 큰 시장은 '청주장', 즉 청주에 있는 '육거리시장'에서 본다. 제보자들의 표현대로, 호적만 청주에 있던 데서 '이제는 완전한 청주 사람이 된 셈'일 것이다.

산간 오지의 이곳 사람들이 생업과 일상생활의 거의 모든 면에서 많은 어려움을 겪었겠지만, 특히 자녀들의 교육에서 커다란 어려움이 있었던 것으로 전해진다. 해방 이후의 상황만 보더라도 초등학교('용흥국민학교')가 서쪽으로 이웃한 마을인 후곡리의 '벌말'에 생겼으나, 이 마을에서의 거리가 약 30리였고, 따라서 어린 학생들이 걸어서 가는 데에 편도로만 2시간 반 내지 3시간이 걸렸다. 해방 이후 집집마다 아들·딸을 구분 않고 자녀들을 다 학교로 보내었으나, 먼 거리 때문에 다수가 학교를 마치지 못하였다. 70대 초반의 한 제보자(남성)의 증언에 따르면, 자신과 함께 초등학교를 입학한 마을의 친구들이 남녀 합해 모두 12명이었으나, 그중 2명만이 졸업을 하고 나머지 10명은 중퇴를 하였다고 한다. 이렇듯 초등학교에서부터 중퇴자가 많이 나온 경향은 이 마을의 50대가 학교를 다닌 때까지도 계속된 듯하다.

중학교는 면 소재지인 문의에 있었는데 거리는 50리였고, 그리하여 걸어서 가는 데에 편도로만 4시간 반이 걸리는 거리였다. 따라서 중학교부터는 극소수의 남자들만이 진학을 하고 여자들은 아예 진학을 하지 않았다. 1950년대에 중학교를 나온 한 제보자는 매일 왕복 9시간의 산길을 걸어 중학교를 마치고, 고등학교는 청주로 가서 다녔다고 하였다. 시간이 좀 더 지난 뒤, 즉 오늘날의 40대 및 50대는 많은 숫자가 문의 대신 대전으로 가서 중학교를 다녔는데, 이들도 초등학교 때의 부실한 교육 때문에 중등교육 과정이 그리 순탄하지는 않았던 것으로 말해진다.

전체적으로 이 마을의 자녀들은 학교까지의 거리가 너무 멀어 학교를 잘 못 다녔고, 따라서 다른 지역에 비해 현대의 학교 교육을 제대로 받지 못한 편에 속하는 것으로 보인다. 나아가 이러한 교육의 부실 문제는 외지에 나가 사는 이 동네 자녀들의 오늘날의 사회경제적 지위와도 밀접히 연관되는 것으로 보였다.

이 마을은 문의면 내에서는 제일 '산골 마을'이고, 또 문의면의 끝자락에 위치해 있다. 제보자들은 청원군과 보은군을 다 치면 이 마을보다 더 산골 마을인 곳도 있겠지만, 아마도 청원·보은 지역에서 제일 깊은 산골 마을 중의 한 곳일 것이라고 하였다. 더욱이 인근의 다른 산골 마을에 비해 이 마을은 마을의 범역(範域) 내에 논이 전혀 없고 과거를 기준으로 하면 마을이 상당히 컸던 데서, '산골 마을'로서 나름의 특성과 대표성을 지니는 곳으로 보인다.

이제 '버랏마을'의 특징적인 생업에 대해 간략히 기술하기로 하겠다. 물론 이곳의 전통적인 생업 방식은 최근의 사회문화적 변화와 함께, 특히 이곳의 경우 대청댐의 건설과 함께 급격히 바뀌어 왔다. 하지만 그중 대부분은 비록 지금은 하지 않더라도 현재의 제보자들의 생애에서 계속 해 왔던 일들이다.

이곳 사람들의 으뜸 생업은 당연히 밭농사였다. 이 마을은 밭이 많고 또 밭의 토질이 좋은 곳이다(이곳의 밭은 1마지기가 100평임). 마을이 앉은 자리에는 밭이 별로 없지만, 마을의 동쪽과 서쪽으로 가면 골짜기마다 많은 밭들이 개간되어 오랫동안 경작되어 왔다. 수몰 전을 기준으로 하여, 밭은 한 집당 2,000평가량 소유·경작되었다고 한다. 중심 작물은 보리, 밀, 고구마, 콩, 팥 등이고 그중에서도 으뜸은 보리였다. 한 제보자는 자기 집 소유의 3,000평가량의 밭에서 매해 보리 약 50가마를 수확하였다고 하였다.

이곳 밭은 모두 산을 개간한 땅이라 밭이 거의 산꼭대기까지 올라가 있다. 따라서 밭이 경사지고 또 돌이 많아 소 없이는 아무것도 할 수가 없는 곳이다. 그리하여 수몰 전까지는 집집마다 소가 두세 마리씩 있었다고 한다. 여기 밭이 비록 돌이 많은 '자갈밭'이기는 하지만, 산짐승이 먹지 않으면 무얼 심어도 잘된다고 한다. 이를 일러 예부터 "돌이 오줌을 싸서 잘된다."라고 이곳에서는 표현한다. 즉, 돌이 머금은 또는 돌 밑에 있는 습기가 농사에 유익함을 가리키는 말일 것인데, 제보자들에 의하면, 같은 밭이라도 돌이 없으면 농사가 잘 안 된다고 하였다.[1] 그러나 이곳의 밭은 대부분 돌을 주워내어도 끝없이 돌이 나오는 그야말로 '자갈밭'이다.

밭농사 다음으로는 논농사가 물론 중요하였는데, 그러나 이 마을 내에는 논이 전혀 없었다.(이곳에서는 밭농사는 남녀 모두가 함께 하나, 논

---

1) 산간 밭을 경작하는 데서 돌이 있는 토양이 농사에 더 나음은 아마도 널리 퍼진 경험적 지식인 듯하다. 강원도의 화전 경작에 관한 다음 글에서, '왜 돌이 오줌을 싼다'라고 표현하는지 그 이유를 부분적이나마 추측할 수 있을 것 같다.

"또 하나 빼놓을 수 없는 것이 토양 속에 섞여 있는 돌멩이들이다. 흙 속에 적당한 크기의 돌들이 섞여 있어야 농사가 잘되고 여름에 돌멩이들이 햇볕에 달아 따끈따끈할 때 소나기가 오면 달았던 돌들이 식으면서 지린 냄새가 나는 오줌을 눈다는 것이며 그것이 밭작물에 좋다는 것이다. 아닌 게 아니라 여름철에 돌멩이가 햇볕에 달았을 때 소나기가 오면 돌멩이에서 오줌냄새가 나는 것을 맡을 수 있는데, 그래서인지 화전민들은 순수한 흙만 있는 땅보다는 굵은 자갈과 돌멩이가 섞여 있는 땅을 좋은 땅으로 생각한다."(김강산 2003: 264)

농사는 남자만이 한다.) 앞서 언급한 대로 이 마을 사람들이 소유한 논은 모두 강을 건너가 닿는 매산리의 '장승말'에 있었다. 그러나 장승말의 논도 골짜기 논이라 논이 그리 많지는 않았다고 한다. 과거 수몰 전 시점에 이 마을의 경우 대체로 절반가량은 장승말에 자가(自家) 소유의 논이 있어 논농사를 지었고, 나머지 절반가량은 논이 없어 논농사를 짓지 못했다고 한다. 그러나 논이 있는 경우도 평균치는 한 집당 2~3마지기 정도였고, '있는 집' 두 집만이 10마지기가 조금 안 되는 논농사를 지었다고 한다(이곳의 논은 1마지기가 200평임). 따라서 전체적으로 이 '버랏마을'의 경우 논농사를 짓는 면적이 그리 넓지 않았고, 따라서 식량으로서의 쌀은 항시 모자라는 형편이었다.

이러한 상황에서 이곳 사람들의 주식은 당연히 보리밥이었다. 개별 집에 따라 조금씩 달랐지만 대체로 보리에다 쌀을 조금 얹어서 짓는 보리밥이었고, 이 보리밥은 일 년 내내(즉, 음력 6월서부터 이듬해 5월까지) 이곳 사람들의 변함없는 주식이었다. 단, 고구마를 겨울철(즉, 음력 11월서부터 이듬해 2월까지)에 부분적으로 먹었는데, 보통 집은 겨울 동안 점심으로 고구마를 먹었고, 있는 집은 아이들의 간식과 일꾼들의 참으로 먹었다고 한다. 그러나 이 마을의 전반적 상황이 밭이 많고 보리농사를 많이 지어, 쌀밥은 아니나 보리밥은 배불리 먹었다고 하였다.

'버랏마을'의 생업 활동은 여기서 그치지 않는다. 가장 두드러진 농한기(農閑期) 동안의 부업은 바로 외지에서 "버랏 문종이"라고 부른 닥나무 한지의 생산이었다. 언제부터 이 문종이를 만들어 왔는지는 알려지지 않지만, 제보자들에 의하면, 오랫동안 이 마을에서 해 온 일이고 또 과거 집집마다 다 한 일이었다. 이곳 사람들은 겨우내(대체로 음력 10월서부터 이듬해 음력 4월까지) 문종이 만드는 일을 하였으므로, 이 마을에는 사실상 농한기가 없었고, 또 이곳의 모자라는 논농사를 이 종이 생산이 보충해 준 셈이었다. 실제로 여기 버랏 사람들은 과거 집에서 만든 문종이를 바깥에 미리 '주고', 가을에 대신 쌀을 받아와 식량으로 썼다고 한다.

문종이 외에도 '버랏마을'에는 다른 특산품이 있었는데, 그것이 바로 감과 대추였다. 즉, 가을이면 집집마다 많은 양의 감과 대추를 수확하여 인근의 시장에 내다 팔았는데, 이 감과 대추가 이 마을의 또 다른 중요 수입원이었다고 한다.

바로 이러한 배경에서 이 마을의 경제적 상황을 가리키는 표현인 소위 "삼천량 판"이라는 말이 나왔다. 구체적으로 "종이 천량, 잡곡 천량, 과일 천량"의 '삼천량 판'이라는 말이다. 다시 말해 이곳이 논농사는 적었지만, 대신 문창호지('종이 천량')와 보리·콩·팥의 밭곡식('잡곡 천량') 그리고 감과 대추('과일 천량')가 풍부히 나는, 그리하여 상대적으로 부촌이었음을 가리키는 이 지역의 전래 표현이다. 오늘날의 제보자들도 이 마을이 크게 잘살지는 못하였으나 이웃한 다른 동네들 또는 다른 산간 촌락들보다는 분명히 잘살았음을, 적어도 밥은 굶지 않는 곳이었음을 이구동성(異口同聲)으로 증언하였다. 그리고 이러한 경제적 측면에서의 상대적 우월성은 적어도 대청댐으로 인한 수몰 시까지는 유지되었음을 덧붙였다.

마지막으로 이곳은 또 산으로 둘러싸인 산간 촌락이다. 따라서 특유의 산불이 더 있는데, 가령 산나물과 버섯이 그 예이다. 그런데 이 마을에서 산나물의 채취는 물론 여성들이 하였지만, 버섯의 채취는 산이 가팔라 남성들이 하였다. 그러나 과거에는 버섯을 소량만 채취하였다고 한다. 약초의 채취는 이 마을의 경우 그리 잘 알려져 있지 않다. 최근에 와서 인근의 산에서 많은 양의 칡을 캐내 팔아 왔지만, 전문 약초꾼은 지금껏 없었다고 한다. 그리고 산속이라 양봉(養蜂) 즉 벌도 쳤는데, 마을 사람 전부가 한 것은 아니고 소수만 해 온 일이다. 또 과거 산에서 땔감나무를 하여 시장에 내다 팔기도 하였지만 부분적으로만 하였고, 숯을 전문으로 구워 판 경우도 사실상 없었다고 한다. 한편 금강 상류에 위치한 이곳의 지리적 특성으로 과거 물고기를 많이 잡아먹었는데, 물고기를 잡는 것은 물론 남성들의 일이었다.

그 밖에 이 마을에서도 양잠(養蠶) 즉 누에를 많이 쳤는데 이는 윗대부터 오래도록 해 온 일이고, 담배 농사도 중간에 도입되어 한 20년 가량(대체로 1960년경에서 1980년경까지) 많이 지었다고 한다. 그러나 현재의 70대 여성 제보자들은 여러 종류의 가용 옷감 즉 '미영[무명]베'와 삼베, '모시베', '명주베' 등을 집에서 짠 것은 자신들의 대가 아닌 시어머니 대까지 한 일로 기억하였고, 그리고 '왕굴'[왕골]로 '돗자리'(제사 시에 쓰는 촘촘히 짠 자리)와 '자리'(듬성듬성하게 짜 과거 시절에 장판 대용으로 쓴 자리)를 집에서 직접 짠 것도 시어머니 대까지의 일이었던 것으로 말하였다.

전체적으로 이곳 사람들은 지리적으로 고립되고 생업이 그리 쉽지 않은 자연 환경 속에서 엄청난 근면성으로 생을 이어온 것으로 보였다. 제보자들도 '일만 죽도록 했다'라는 흔히 하는 표현을 여러 번 하였다. 이곳 사람들의 이러한 근면성은 인근 사람들의 눈에는 '억센' 것으로도 비쳐졌던 모양이다. 따라서 버랏 사람들에게는 흔히 "억시다"라는 평판이 이 일대에서 따라다닌다고 한다.

이 점과 관련하여 또 재미있는 우스갯소리 표현을 들을 수 있었다. 즉, "산서 사람은 막걸리 하면 저 엄마 뱃속에서 여덟 달 만이라도 나오고, 버랏 사람은 돈 하면 나온다."라는 말이다(여기서 '산서'는 이웃한 '산서리'를 가리킴). 이 말은 버랏 사람들이 논농사를 대신할 여러 다른 생업 수단들을 찾아 발달시켜 오는 과정에서, 상대적으로 '돈에 밝음'

또는 '돈을 밝힘'을 가리키는 말일 것이다. 실제로 이 마을로 시집와 외지에서 오래 산 한 여성분은, 자신이 지난 40~50년간 보아 오기로는, 이 마을 사람들이 '경제적 이익에 밝은' 성향이 있음을 연구자에게 말해 주었다.

이제 이 마을의 여타 상황에 대해 간략히 언급하도록 하겠다. 마을 내에는 약 50년 전에 설립된 교회('소전교회')가 마을의 중심부에 있다. 그러나 마을 내에 신도는 전혀 없고, 외지에서 온 여 목사만이 교회를 지키고 있다. 그러나 현재 살고 있는 토박이 20집 가운데 2집은 바깥의 교회를 다니는 기독교 신자이다. 또 이곳의 부인들은 예전부터 절에는 잘 다니지 않은 것 같다. 아마도 마을의 고립된 위치와도 관련이 있는 것 같은데, 여성 제보자들은 자신들의 시어머니 대에는 아무도 절을 다니지 않았고, 자신들의 대에서 몇 사람이 이웃한 면의 한 절에 다니기 시작한 것으로 말하였다.

대신 이 마을 사람들은 전래의 동신제(洞神祭)인 탑제(塔祭)에 대해서는 남녀 모두가 아직도 강한 믿음을 가지고 있었다. 이 탑제에는 예전부터 마을 사람들이 '정성을 많이 들였다'라고 하는데, 지금도 그 '정성 드림'은 계속되는 것으로 보였다. 이 마을의 앞뒤 두 입구에 세워져 있는 돌탑을 섬기는 탑제는 음력으로 정월 14일 오후에 거행된다.

최근 들어 이 마을에서 일어난 가장 큰 변화 한 가지는 아마도 2005년도에 농촌진흥청으로부터 '농촌 전통 테마 마을'로 지정된 일일 것이다. 닥나무 한지 제작을 주 테마로 하여 '테마 마을'로 지정되었는데, 이듬해인 2006년 2월에는 '벌랏 한지 마당 체험관'이라는 체험·견학 건물이 마을 내에 신축되었다. 이후 주로 중·고등학생들이 단체로 대전과 청주에서 이 마을로 견학을 오기 시작하였는데, 2012년도의 경우 약 4,000명이라는 적지 않은 숫자의 학생들이 체험·견학을 목적으로 이 마을을 찾았다고 한다. 그뿐만 아니라 지금은 이 마을이 '청정 오지 마을'로 바깥 세상에 널리 알려져 일반인들도 상당수가 여러 목적으로 이 마을을 찾는다. 대청댐 수몰 이후 일방적인 쇠락과 해체의 방향으로만 바뀌어 오던 이 마을에 분명 새로운 긍정적인 변화의 물결이 일어난 것임에는 틀림없으나, 아직은 이 마을의 기본 구조를 바꿀 수 있을 만큼 강력한 변화의 동인은 되지 못하는 것으로 보였다.

III

이상과 같은 사회문화적 배경 속에서 그리고 소수의 70대 제보자들을 중심으로 행해진 이 연구는, 이 산간 오지 마을이 발달시켜 온 문화적 특성들을 보다 잘 반영하는 언어문화의 측면들을 파악하는 데에 우선적인 연구 관심을 갖게 되었다. 그 결과 이곳의 생태 환경 및 특유의 생업과 관련되는 어휘 의미체계(lexical semantic system)와 문화적 인지(cultural cognition)의 영역에 대한 체계적 발견에 좀 더 초점을 맞추는 '언어 민속지' 연구 작업이 된 것으로 생각된다.

한편 이곳의 말은 외부인인 연구자에게는 충남 지역, 특히 앞선 조사지인 홍성(洪城) 지역의 말보다는 쉽게 느껴졌다. 그러나 연구자가 이미 부분적이나마 호서(湖西) 지역의 말에 익숙해진 것이 이러한 지각을 이끌었는지도 모르겠다. 이곳의 제보자들도 집중적인 면접 과정에서는 연구자에게 말을 맞추어 주는, 즉 소위 '표준말'에 가까운 표현을 많이 쓰는 것 같았는데, 이 점은 현재의 한국 사회에서 어느 언어공동체에서나 일어나는 일반적 현상일 것이다.

충청북도 지역 그리고 조사지가 속해 있는 청원군 지역에 대해 참고할 수 있는 언어적 그리고 문화적 연구는 그리 많지 않은 것 같다.

먼저 이 지역의 전통적 문화에 대한 기초적 연구로는 『한국 민속 종합 조사 보고서: 충청북도 편』(한국문화인류학회 1976)을 들 수 있을 것이다. 1974년도에 현지조사가 이루어진 이 보고서의 조사지는 모두 다섯 곳(중원군, 단양군, 괴산군, 청원군, 영동군으로 그중 두 곳은 '평야촌'이고 세 곳은 '산촌'임)인데, 그중 청원군의 조사지는 옥산면(玉山面) 환희리(歡喜里)이다. 이 환희리는 남인(南人)계 안동 권씨(安東權氏)의 집성촌으로 연구자도 준비 과정에서 조사 대상지 중의 한 곳으로 추천받았던 마을이다. 마을의 위치는 본 연구의 조사지인 '버랏마을'과는 정반대 편에 있고('버랏마을'이 청주시의 남동쪽에 있다면 환희리는 청주시의 북서쪽에 위치함), 또 사회문화적 성격의 면에서도 서로 많이 다른 마을로 보인다. 어쨌든 비교적 이른 시기에 이루어진 이 '민속 종합 조사 보고서'에는 많은 귀중한 연구 결과들이 실려 있는데, 특히 연구자의 이번 현지조사와 관련하여서는 현용준(1976), 한상복(1976), 이종철(1976a, 1976b) 등의 보고가 중요한 배경 지식 및 참고가 되었다.

다음으로 이 지역의 문화 전반에 대한 일반적 기술로는 이 지역에서 펴낸 『충북 문화론』(충북개발연구원 2003)과 국립민속박물관의 『충북의 민속문화』(2012a)를 들 수 있을 것이다. 두 책 모두에 이 지역 전통문화의 여러 양상들에 대한 잘 정리된 입문적 글들이 실려 있다. 또 국립민속박물관이 주관한 괴산군의 한 마을과 보은군의 한 특수 마을에 대한 간략한 민속지(국립민속박물관 2012b, 2012c)도 근래 출간되었다. 그리고 이 계열의 참고문헌으로는 또 이창식(2003b)의 논저도 들 수 있겠다.

한편 국립민속박물관(1994, 2000)과 국립문화재연구소(2001, 2006)가 수행한 이 지역의 민간신앙 및 세시풍속에 대한 일련의 기초 자료 조사들도 있는데, 모두가 청원군 나아가서는 문의면의 여러 마을에 대한 해당 자료를 정리하고 있다. 이 가운데 『충청북도 세시풍속』(국립문화재연구소 2001)에는 '청원군 문의면 소전리'(pp. 379-390)의 항이 있는데, 여기서의 '소전리'는 소전 2리, 즉 '버랏마을'의 바로 옆 마을인 '산서리'이다. 전체적으로 소략한 내용이지만 귀한 참고 자료로서 가치를 지닐 것이다(조사일은 2001년 4월 10일로 기록됨). 그리고 『한국 구비문학 대계』의 이 지역 편(김영진·맹택영 1981)은 청주시의 5개 동과 청원군의 3개 면에서 수집한 설화 및 민요 자료로 구성되어 있는데, 청원군의 3개 면에는 유감스럽게도 조사지가 속하는 문의면은 들어 있지 않다.

이 지역의 언어에 대한 연구로는, 먼저 김충회의 연구(1992)가 충청북도의 방언권 구획에서 중요한 작업으로 보인다. 충청북도의 방언권은 크게 셋으로 구분되는데, 단양, 제천, 충주와 괴산의 일부 지역을 포함하는 '충북 동부 방언'(또는 '북부 지역 방언권'), 음성, 진천, 청원과 괴산의 대부분 지역 그리고 보은의 북부 지역 및 옥천의 일부 지역을 포함하는 '충북 중부 방언'(또는 '중부 지역 방언권'), 그리고 보은의 동부 지역과 옥천의 대부분 지역 그리고 영동을 포함하는 '충북 남부 방언'(또는 '남부 지역 방언권')이 그것이다(김충회 1992: 116-121; 박경래 1998). 이 구획을 따르면, 조사지인 '버랏마을'은 대전권과의 빈번한 사회적 접촉을 오랫동안 유지해 온 곳이기는 하지만, 일단 '충북 중부 방언' 또는 '중부 지역 방언권'에 속할 것이다.

그리고 충청북도 방언의 일반적 특성과 개요에 대해서는 박경래의 일련의 정리(1992, 1998b, 2003)가 있는데, 전체적으로 음운적 특징에 대한 기술이 중심을 이룬다(물론 2003년의 글에서는 인칭대명사 및 경어법을 포함하는 문법적 특징에 대해서도 보다 자세히 기술하고 있음). 나아가 청원 지역의 방언에 대한 개요도 정리되었는데, 대표적으로 박명순(1990)과 박경래(2006)의 작업을 들 수 있다. 이 중 특히 박경래(2006)는 충북 방언에 대한 일련의 정리 및 소개와 함께, 이 지역을 연구하는 초보자에게 유익한 지침이 될 것으로 보인다.

마지막으로 이 고장에 대한 종합적 기술지인 『청원군지』(청원군지 편찬위원회 1990, 2006)는 두 번에 걸쳐 편찬되었는데, 특히 뒤에 출간된 것은 상·중·하 3권으로 구성된 방대한 분량의 것이다. 그리고 근래에 출판된 『청원군 지명 유래』(김진식 2008)도 방대한 분량의 책으로, 이 지역의 지명에 대한 일반적 참고가 될 것으로 보인다. 그리고 조사지 '버랏마을'이 속해 있는 문의면은 비교적 일찍 면지(面誌)를 출간하였는데, 『문의지(文義誌)』로 이름 지어진 이 면지(문의지편찬위원회 1992)에는 이 지역의 역사와 문화를 이해하는 데에 바탕이 되는 많은 일차적 자료들이 집성되어 있다.

〈붙임〉

연구자는 이 장의 초고 작성이 다 끝난 뒤인 2015년 7월 18일 조사지인 버랏마을을 다시 찾아 간략한 보충조사를 행하였음을 밝혀 둔다.

1. 지명

이 마을은 한마디로 산속에 자리 잡고 있는 마을이다. 마을 뒤쪽은 높고 앞쪽은 낮은데, 마을의 주위도 대체로 뒤에서 아래로 산줄기가 첩첩이 흐르는 형상이다. 마을이 앉은 자리는 뒤에서 아래로 길게 경사져 있고 양옆은 솔며, 방위는 약간 서쪽으로 기운 채 대체로 남북으로 길게 뻗은 형상이다. 아마도 이곳은 현재의 마을이 자리 잡기 전에는 폭이 제법 넓고 긴 골짜기였을 것이다. 그런데 마을의 뒤와 양옆뿐만 아니라 앞쪽 즉 남쪽도 높은 산으로 가로막혀 있는데, 이 앞쪽의 보이지 않는 빈틈으로 마을은 대청호에 닿아 있다.

그런데 전체적으로 보아 이 동네를 둘러싸고 있는 산들의 생김새는 참 좋은 편이다. 동네의 아래에서 위를 보나 위에서 아래를 보나, 이곳의 산봉우리는 모두가 동글동글한 형상이고 어느 한쪽도 눈에 거슬리는 모양새가 아니다. 따라서 산속에 있으면서도 이곳을 둘러싸고 있는 산들이 답답하거나 멀게 느껴지지 않는, 그리 흔치 않은 지세(地勢)라는 느낌을 주는 곳이다. 아마도 이곳 지형에 대한 흥미로운 토착 은유도 있을 법한데, 조사지가 글의 전통이 부족한 곳이어서인지 그와 관련하여 전해 오는 풍수지리적 해석이나 정의 같은 것은 듣지 못하였다.

먼저 '버랏'이라는 이 마을의 이름에 대해 간략히 언급하도록 하겠다. 오늘날은 일반적으로 '벌랏마을'로 널리 알려져 있지만, 마을의 주민들은 아직도 '버랏'이라고 발음한다. 실제로 1992년 간의 『문의지』에도 이 마을은 '버랏' 또는 '벌앗'으로 표기되어 있다(p. 287 및 p. 484). 이 지역의 지명에 대한 한 보고에 의하면, 이 '벌앗'은 '벌밭'의 변화형이라고 하는데(김진식 2008: 898), 만약 그렇다면 '벌전'(伐田 또는 筏田)이라는 한자 표기는 '버랏'의 음차일 뿐 아니라 훈차 표기도 될 것이다. 그런데 '벌랏'이라는 근래의 이름은 뚜렷한 이유가 없는 표기상의 임의적 변화인 것 같아, 이 글에서는 실제의 오랜 쓰임새를 좇아 '벌랏' 대신 '버랏'으로 적기로 하겠다.

연구자는 제보자들로부터 이 마을의 범역 내에 있는 60개에 가까운 토착 지명의 목록을 얻었다. 그런데 안타까운 것은, 다른 지역에서도 대체로 그러하겠지만, 개별 지명의 어원적 의미에 대한 정보를 제보자들로부터 거의 얻지 못한 것이다. 현재의 한국 사회에서 고유 지명의 어원적 또는 분석적 의미를 현지의 주민들로부터 직접 듣는 것은 사실상 불가능에 가까운 것 같다.

아래에서는 이곳의 고유 지명들을 몇 가지 주요 의미영역(semantic domain)으로 나누어 정리·기술하기로 하겠다.

먼저 사람이 사는 거주지에 대한 명칭이다. 즉, '작은 마을'에 대한 이름은 다음과 같은 명료한 분류법(taxonomy)의 양식으로 구분되는데, 이 마을의 인가는 과거부터 현재의 위치 거의 그대로 있었다고 한다.

1 웃말

2 아랫말

2.1 응달말

2.2 양달말

1 '웃말'과 2 '아랫말'의 구분은 마을 내에 새로 지은 '한지 체험관' 자리쯤을 기준으로 그 위쪽은 '웃말', 아래쪽은 '아랫말'로 불린다. 그런데 '웃말'은 오늘날의 도로를 기준으로 하면 마을의 입구에 위치하지만

집이 몇 집 되지 않고, '아랫말'에 대부분의 집들이 있다.

'아랫말'의 하위범주인 2.1 '웅달말'과 2.2 '양달말'의 구분은 마을을 흐르는 '또랑'〔도랑〕을 기준으로 한 것인데, 도랑의 서쪽에 위치한 집들은 '웅달말'이고 동쪽에 위치한 집들은 '양달말'이다. 이러한 표현이 만들어진 근저에는, 서쪽의 집들에는 오전 동안에 해가 그리 오래도록 비치지 않지만, 동쪽의 집들에는 오후 내내 제법 오랫동안 해가 비치기 때문이다. 그런데 마을 내의 큰 집들은 대체로 '웅달말'의 아래쪽에 자리 잡고 있어, '웅달말'의 아래쪽이 마을의 중심부라는 인상을 준다.

이 마을은 과거에는 금강이라는 큰 강과 인접한 곳이었다. 그런데 마을의 범역 내에 있는 모든 '물 흐르는 곳'은 '또랑'〔도랑〕으로 불린다. 제보자들은 이 물 흐르는 곳에 대한 어휘적 구분을 그 크기에 따라 다음과 같이 하였다.

1 또랑 통이 좁은 물의 흐름
2 개울 통이 넓은 물의 흐름

물론 '통이 좁고 넓은 것'은 상대적인 기준이겠지만, 이곳에는 좁은 '또랑'만 있고 넓은 '개울'은 없다고 하였다.

그 외 일시적인 물의 흐름은 또 다음과 같이 구분된다.

1 똘물 밭고랑 같은 데서 비가 온 뒤에 흐르는 작은 물줄기를 가리킨다.

2 건수(乾水) 보통 때는 물이 없다가 비가 많이 온 후에 땅속에 고여 있던 물이 땅 위로 터져 나오는 것을 가리키는데, 이를 '건수 났다' 또는 '건수 터졌다'라고 표현한다.

이제 마을 내의 '또랑'으로 돌아가면, 마을을 가로질러 내려오는 작은 '또랑'에 대한 고유의 이름은 없다. 그냥 '또랑'으로만 부른다. 그런데 이 '또랑'은 '웃말' 뒤의 산에서 연원하는 '큰절꼴 또랑'이라는 줄기와 '도도꼴 또랑'이라는 줄기가 마을 내에서 합쳐져, 아래의 댐으로 흘러가는 작은 물줄기이다.(여기서 '큰절꼴'과 '도도꼴'은 각기 '웃말' 뒤에 있는 골짜기의 이름이다.)

산간 지역인 이곳에는 사람이 사는 동네를 벗어나서도 '골'[골짜기]마다 '또랑'은 다 있다. 이를 흔히 "골골마다 또랑은 다 있다."라고 표현한다. 그러나 마을 내에서와 같이 이 '또랑'들에 대한 고유의 이름은 없고, 그냥 해당 장소의 고유 지명을 붙여 가령 '안꼴 또랑'과 같이 표현한다('안꼴'도 골짜기의 이름임).

이제 이곳 지명의 중요 영역인 골짜기의 이름들을 보자. 모두 12개의 골짜기 이름(그중 하나는 다시 두 하위 명칭으로 나뉨)이 발견되는데, 이를 대체로 마을의 서쪽 방향에서 북쪽을 거쳐 동쪽의 순으로 정리하면 다음과 같다.

1 지송꼴 마을에서 서쪽 방향으로 있는 첫 번째 골짜기이다.

2 새터우이[위] 서쪽 방향으로 위의 '지송꼴' 다음에 있는 골짜기인데, 일찍 밭으로 개간되었는지 명칭에 '-골'이 들어 있지 않다. 일차적 의미는 말 그대로 '새터 위'일 텐데 여기서 '새터'가 구체적으로 무엇인지는 알려지지 않는다.

3 햇골 서쪽 방향으로 위의 '새터우이' 다음에 있는 골짜기이다.

4 콧골 서쪽 방향으로 위의 '햇골' 다음에 있는 골짜기이다.

5 큰절꼴 마을의 뒤쪽인 북쪽 방향으로 샘봉산에서 내려오는 골짜기가 2개가 있는데, 그중 서쪽 편에 있는 골짜기이다. 아마도

옛날 이곳에 큰 절이 있었을 가능성을 생각해 볼 수 있겠으나, 오늘날의 제보자들은 이에 대해 전혀 알지 못했다.

6 도도골 샘봉산에서 내려오는 2개의 골짜기 중 동쪽에 있는 골짜기이다.

7 비렁너머 이곳의 산인 '비럭산' 아래(정확히는 '비럭산'의 왼쪽 아래)에 그리고 마을의 동쪽에 위치한 큰 골짜기이다. 이 '비렁너머'는 명백히 '비럭(산)+너머'의 구조로 이루어진 명칭일 것이다.

8 안꼴 마을의 아래쪽 끝에서 대체로 동쪽으로 나 있는 큰 골짜기로, 행정적으로는 보은군에 속하는 땅이다. '안+골'의 구조일 것이다.

9 큰꼴 '안꼴'의 위쪽에 있는, '안꼴'에서 보은군 회남면으로 넘어가는 골짜기이다. 이 '큰꼴'에서 소위 '미역재'를 넘으면 회남면의 '남대문이'라는 마을에 닿는다. 이 명칭의 구조는 물론 '큰+골'일 것이다.

10 대추나무꼴 8 '안꼴'에서 회남면의 '바사릿재'로 넘어가는 골짜기이다. 이 명칭은 물론 '대추나무+골'의 구조일 것이나, 구체적인 어원은 불명이다.

11 구수골 위의 '대추나무꼴' 바로 아래, 즉 남쪽에 있는 골짜기이다. 여기서의 '구수'〔구유〕가 이 지명과 어떻게 연결되는지는 알려지지 않는다.

12 노루꼴 마을의 북동쪽으로 멀리 떨어진 곳에 있는, 소위 '미역재'가 있는 골짜기이다. 아마도 '노루'와 관련되는 명칭일 것이나, 자세한 어원은 알려지지 않는다. 2개의 골짜기로 이루어져 다음과 같이 구분되어 불리기도 한다.

12.1 큰노루꼴

12.2 작은노루꼴

이곳의 지형은 북쪽의 높은 샘봉산에서 남으로 산등성이가 계속 흘러내리는 모습이고, 또 산등성이의 경사가 비교적 큰 편이다. 따라서 산등성이 사이에는 넓고 큰 골짜기가 만들어지고, 큰 골짜기 사이사이에도 많은 작은 골짜기들이 있다. 그런데 이곳의 큰 골짜기는 오랫동안 밭으로 개간되어 이곳 사람들의 중요한 농토를 이루어 온 곳이다. 따라서 위의 골짜기 명칭은, 이곳에 있는 많은 골짜기 중에서 그 크기가 커서 중요한 농토가 이루어진 곳 또는 조금 더 넓게 표현하여 '문화적으로 중요하게' 인지된 골짜기를 중심으로, 그 명칭이 시간을 두고 만들어진 듯하다. 실제로 8 '안꼴', 9 '큰꼴', 7 '비렁너머', 2 '새터우이'는 이곳 사람들의 표현으로 '넓은 들'이 있는 골짜기이고, 1 '지송꼴', 3 '햇골', 4 '콧골', 10 '대추나무꼴', 11 '구수골'에도 들은 아니나 밭이 있다. 단, 12 '노루꼴'은 밭이 없고 예전에 나무를 하러 가던 마을에서는 멀리 떨어진 골짜기이다. 5 '큰절꼴'과 6 '도도꼴'의 경우는 마을 뒷산의 골짜기인 데서, 또 다른 차원에서 '문화적으로 중요한' 골짜기인 듯하다. 그런데 이 두 골짜기에도 인가를 넘어 약간의 밭이 개간되어 있다.

위의 명칭들 대부분은 안타깝게도 그 어원적 의미를 알 수가 없지만, 특히 2 '새터우이'와 7 '비렁너머'의 경우에는 '-골'이 붙지 않은 골짜기의 명칭으로 다소간 특이한 사례일 것이다.

다음으로 조사지에서 그 명칭이 발달한 의미영역은 재에 대한 명칭인 것 같다. 산간 마을인 이곳에서 산 또는 산등성이를 넘어가는 재나 고개는 많을 수밖에 없었을 터인데, 바로 다음의 목록이다. 아래의 목록도 마을의 서쪽 방향에서 북쪽을 거쳐 동쪽 방향의 순으로 정리한 것이다.

1 꽃밭재 마을의 아래쪽 끝에서 서쪽 방향으로 첫 번째 골짜기인 '지송꼴'로 넘어가는 길인데, 실상은 나지막한 언덕이다. 이곳의 지명에 대한 한 보고에 따르면, 여기서의 '꽃'은 '곶'의 변화형이고, 따라서 일반적인 '곶'(串)의 의미에서 나아가 "들판 쪽으로 산등성이가 쭉 뻗어 나온 곳"을 의미한다고 한다. 따라서 '꽃밭재'의 전체 의미는 "들판 쪽으로 쭉 뻗어 나온 밭에 있는 고개"가 된다고 하는데(김진식 2008: 899), 물론 오늘날의 제보자들은 전혀 알지 못하는 내용이다.

2 쐐깃재 골짜기 1 '지송꼴'에서 2 '새터우이'로 넘어가는 길인데, 여기서 '쐐기'가 이 이름과 어떻게 연관되는지는 알려지지 않는다.

3 꿩먹재 현재 마을로 들어오는 도로 위에 탑을 쌓아놓은 곳을 가리키는데, 과거 마을에서 그리로 올라가는 작은 길이 있었다고 한다.

4 장꼬개 골짜기 6 '도도꼴'에서 면 소재지인 문의로 넘어가던 재인데, 여기서의 '장'은 아마도 '문의장'과 연관되는 말 같다.

5 봉오재 위의 '장꼬개'에서 동쪽으로 조금 더 가면 있는 고개로 작은 나뭇길이었는데, 과거 이 고개를 넘어 문의로도 가고 보은군 회남면으로도 갔다.

6 왕밤나무재 마을의 동쪽에 있는 고개로, 즉 마을에서 골짜기 7 '비렁너머'로 넘어가는 길이다. 여기서 '왕밤나무'가 이 이름과 구체적으로 어떻게 연결되는지는 알려지지 않는다.

7 용금재 위의 '왕밤나무재' 아래에 즉 남쪽에 있는 고개로, 똑같이 마을에서 '비렁너머'로 넘어가는 길이다. 이 '용금재'를 넘어

계속 가면 보은군 회남면에 닿게 된다.

8 바사릿재 큰 골짜기인 8 '안꼴'의 '지방뒤'라는 곳에서 보은군 회남면으로 넘어가는 재이다.

9 참나무쟁이재 골짜기 7 '비렁너머'의 끝자락에 위치한 재로, 소위 '열두가지감'이라고 부르는 곳에서 보은군 회남면으로 넘어가는 재이다. 여기서도 '참나무+쟁이'라는 표현이 이 지명과 구체적으로 어떻게 연관되는지는 알려지지 않는다.

10 미역재 위의 '참나무쟁이재'에서 동쪽으로 다음에 위치하는 재이다.

위의 재 또는 고개는 모두 인가가 있는 마을에서 주위의 골짜기 밭으로 넘어가거나, 아니면 이 마을에서 문의나 보은군 회남면으로 넘어가는 과거의 길 위에 위치한 재 또는 고개인 것으로 보인다. 따라서 이 명칭들은 과거 이 마을 사람들이 다니던 주요 통로를 잘 반영할 것으로 생각된다.

다음으로 정리할 수 있는 지명의 영역은 산과 봉우리의 명칭인데, 먼저 조사지에는 상대적으로 사용되는 산에 대한 일반적 구분법으로 다음과 같은 명칭들이 있다.

1 앞산 자신이 사는 집 또는 작은 마을을 기준으로 앞쪽에 있는 산을 가리키는 말이다. 가령 '응달말' 사람들은 자신들이 사는 곳의 맞은편에 있는 마을 동쪽의 산을 '앞산'으로 부르고, 거꾸로 '양달말' 사람들은 마을 서쪽의 산을 '앞산'으로 부른다. 마찬가지로 '웃말' 사람들은 마을 남쪽의 산을 '앞산'으로 부른다.

2 뒷산 자신이 사는 집 또는 작은 마을을 기준으로 뒤쪽에 있는

산을 가리키는 말로, '웅달말' 사람들은 마을 서쪽의 산을, '양달말' 사람들은 마을 동쪽의 산을, 그리고 '웃말' 사람들은 마을 북쪽의 산을 각기 '뒷산'으로 부른다.

다음으로 형태상으로 '-산' 또는 '-봉'으로 이루어진 이곳의 산과 봉우리의 고유 명칭들인데, 그 숫자는 그리 많지 않은 다음의 목록이다.

1 샘봉산 이 마을의 뒤 즉 대체로 마을의 북서쪽에 위치한, 문의면에서는 가장 높은 산이다. 해발 461.7m의 높이로 일명 '구룡산'(九龍山)이라고도 하는데, "산 정상에 샘이 있어" 샘봉산으로 불린다고 한다(『문의지』 1992: 890).

2 물레방아산 마을의 아래쪽 바로 앞에 있는 산으로, 행정적으로는 보은군 회남면에 속한다. 과거 이 산 아래의 '또랑'에 이 마을의 물레방아가 있었던 데서 연원한 명칭인데, 산 정상의 높이는 해발 264.9m이다.

3 비럭산 마을 동쪽에 있는 골짜기인 7 '비렁너머'를 바로 넘어서, 즉 그 동쪽에 있는 산 이름이다. 이 산의 명칭과 관련해서는 흥미로운 옛 전설이 전해 오는데, 뒤의 9 '언어예술'의 절에서 간단히 정리하기로 하겠다.

4 갈비봉 위의 '비렁너머'의 남동쪽에 있는 뾰족한 봉우리의 이름인데, 흔히 이 봉우리에 새까만 구름이 들어오면 마을에 곧 비가 내린다고 하여, 이를 "갈비봉에 비 들어온다."라고 예부터 표현한다. 그런데 이 지역의 지명 연구에서는 '갈비봉'이 원래 '갓모봉'(그리고 이의 변화형인 '갈모봉')의 변화형으로, '갓모처럼 불쑥 솟아 있는 봉우리'를 가리키는 이름인 것으로 해석하고 있다(김진식 2008:

898).

5 부엉이산 또는 **부엉데미** 마을의 서쪽 방향으로 있는 골짜기 4 '콧골'의 남서쪽 강가에 있는 큰 봉우리이다. 강가에서는 절벽 산이라 사람은 올라가지 못하고 부엉이만 울어댄다고 하여 붙여진 이름이라고 전한다. 과거 마을의 배터에서 서쪽으로 1km가량 떨어진 곳에 위치한다. 그런데 위의 지명 연구에서는 이 '-데미'가 '-더미'이고, 따라서 '부엉이가 많이 사는 바위더미'의 의미라고 해석한다(김진식 2008: 902).

산과 봉우리에 대한 이곳의 지명은 사실은 위의 목록으로 그치지 않는다. 이 지역에서는 산등성이를 '날등'으로 부르고, 그 '날등'의 꼭대기를 '날망'이라고 부른다. 따라서 여기서의 '날망'은 사실상 작은 산봉우리가 되는 셈이다. 이곳의 지명에는 '날망'을 줄여 그냥 '날'이라고도 부르는데, 다음의 목록이 바로 이 마을의 범역 내에 있는 '-날망' 또는 '-날'의 명칭들이다. 따라서 '-날망' 또는 '-날'이라는 명칭은 위에서 정리한 '-산' 및 '-봉'이라는 지명의 연장선상에 있을 것이다. 아래에서의 기술 순서도 앞의 골짜기나 재의 예와 같이, 마을의 서쪽 방향에서 북쪽을 거쳐 동쪽 방향으로 이어지는 순서이다.

1 큰밋날 서쪽으로 이웃하는 마을인 '산서리'와 이 마을의 현재 도로 쪽 입구인 탑의 중간 지점 정도에 위치하는 '날망'으로, 제법 폭이 넓은 산이다.

2 장구멍날망 위의 '큰밋날'에서 강 쪽으로, 즉 남쪽으로 조금 내려가 있는 '날망'인데, 실제로는 사람이 넘나드는 그리 높지 않은 재이다. 그런데 여기서의 '장구멍-'은 장구의 목처럼 잘록하게 생긴

데서 붙여진 '장구+목'의 변화형으로 보기도 한다(김진식 2008: 903).

3 닥반날 위의 '장구멍날망'에서 강 쪽으로 조금 더 내려가면 있는 '날망'인데, 어원은 불명이다. 그러나 이 '닥반날'은 전망이 좋은 곳이라, 예부터 "닥반날을 가야 강물 구경을 한다."라는 말이 전해 온다. 여기서 강물은 곧 마을 앞의 금강(錦江)이다.

4 탱지날망 마을의 도로 쪽 입구인 탑이 있는 곳의 '날망'이다. 아마도 '탱지'[탱자]와 관련이 있는 이름 같으나 구체적인 어원은 불명이다.

5 치붓재 제보자들에 의하면 이름은 '-재'의 형태이나 실제로는 '날망' 또는 '날등'이고, 과거에 나무하러 다니던 길이 있었다고 한다. 골짜기 5 '큰절꼴'과 6 '도도꼴' 사이에 있는 '날등' 또는 '날망'이다. 그러나 이곳에 왜 '-재'라는 이름이 붙었는지는 알 수가 없다.

6 까무게날 마을의 바로 앞산인 2 '물레방아산'의 정상, 즉 '날망'(해발 264.9m)을 가리키는 이름이다. 여기서도 '까무게'[까마귀]가 이 이름과 어떻게 연관되는지는 알려지지 않는다.

7 진속날 골짜기 11 '구수골'에 있는, 재의 8 '바사릿재' 바로 아래에 있는 '날망'으로, 겨울철에는 마을에서 보면 해가 바로 이 '진속날'에서 뜬다.

여기서 조사지 지명의 분포 양상 한 가지를 따져볼 필요가 있겠다. 즉, 지금까지 이루어진 '한국의 언어 민속지' 연구에서는 자연 환경 중 '산의 영역'에서는 산이나 봉우리, 산등성이의 이름보다는 산골짜기의 이름이 상대적으로 더 발달하는 강한 경향성을 볼 수 있었고(특히 왕한석 2009: 121-130, 2012: 42-50, 326-340 등 참조), 나아가 이러한 잠정적 일반화가 가지는 문화적 특성에 대한 추론도 부분적이지만 이루어졌다(왕한석 2012: 338-340). 그러나 이곳 조사지의 경우는 골짜기의 이름이 일반적 기대만큼 그리 크게 발달한 것 같지 않다. 오히려 이곳에는 '날망'의 이름이 발달함으로써, 전체적으로 산 및 봉우리와 '날망'의 이름도 골짜기의 그것만큼 발달한 것으로 나타난다. 조사지에서 보이는 '산의 영역'에서의 이러한 지명 분포 면의 특성은 아무래도 이곳이 산간 마을이라는 자연 환경상의 기본 특성과 연관되는 것으로 보이는데, 더 이상의 논의는 현재의 단계에서 진행하기 어려울 것으로 생각된다.

다음으로 고유 명칭이 발달한 작은 영역은 바위인 것으로 나타난다. 그런데 이곳 산은 바위가 그리 많지 않은 지형이라고 하는데, 다음의 목록이 특정한 바위에 대한 이곳의 고유 이름들이다.

1 호랭이바위 과거 이 마을의 뱃사공이 지내던 이른바 '사공 막'으로 가는 길에 있던 차돌로 된 바위이다. 옛날에 호랑이가 이 바위 위에 앉았다고 하여 붙여진 이름이라고 하는데, 현재는 대청댐에 수몰되었다.

2 금바위 골짜기 3 '햇골' 위의 '날망'에 있는 '함박모이[묘]'라고 불리는 곳의 바로 옆에 있는 바위이다. 전해 오는 전설로는, 옛날 이 바위에서 '돈 나와라 쌀 나와라'고 하면 돈과 쌀이 바위 구멍에서 나왔다고 하여 붙여진 이름이라고 한다. 뒤의 9 '언어예술'의 절에서 이 '금바위'에 관한 전설을 간략히 정리하기로 하겠다.

3 돼지바위 골짜기 5 '큰절꼴' 위에 있는 '꺼먹돌'로 된 큰 바위의 이름이다. 과거 이 바위로 산돼지가 떨어져 죽은 데서 연원한 이름이라고 한다.

4 아들바위 골짜기 8 '안꼴'의 초입에 있는 도랑가의 큰 바위이

다. 과거 이 마을 사람들이 아들을 낳게 해 달라고 기도하던 바위인데서 연원한 이름이다.

5 말바위 골짜기 10 '대추나무꼴'에 있는 큰 밭의 중간쯤에 있는 큰 바위를 가리킨다. 집채만 한 크기의 바위인데, 구체적인 어원은 알려지지 않는다.

이곳 지형에는 굴이 없는 편이라, 아래의 굴이 마을의 범역 내에서 유일하다.

1 용굴 재의 10 '미역재' 가는 길 밑에 있는 거의 수직으로 내려가는 좁은 굴이다. 용암굴인데, 이 용암굴의 특성과 '용굴'이라는 명칭이 연관되는지는 분명하지 않다.

마지막으로 특정 영역으로 구분 지을 수 없는 이곳의 토착 지명도 다수 있는데, 대체로 다음 목록과 같다. 여기서도 마을의 서쪽 방향에서 북쪽을 거쳐 동쪽 방향으로 이어지는 순서대로 정리하기로 하겠다.

1 산막터 이웃 마을인 '산서리'와 이 '버랏마을' 사이에 있는 편편한 '날등'을 가리키는데, 아마도 과거 이곳에 산막(山幕)이 있었던 데서 연원한 명칭 같다.

2 서낭댕이 위의 '산막터' 근처에 이 마을의 서낭당이 있던 곳을 가리킨다. 조사지의 경우 '탑'(塔)은 동민 모두가 위했고 지금도 위하는 공동의 신앙 대상이지만, '서낭당'은 이 마을의 것이기는 해도 위하는 사람만 위하는 개인적인 신앙 대상이었다. 그런데 지금은 마을 내에 '서낭당'을 위하는 사람이 아무도 없다고 하였다.

3 뿔장터 골짜기 6 '도도꼴'의 북동쪽으로 소위 '방수나무'(아마도 반송(盤松)인 듯함)가 있는 근처를 가리킨다. 제보자들은 과거 이곳에 불당(佛堂)이 있었을 가능성을 추측하기도 하였다.

4 봉데미 동네의 가운데쯤에서 북동쪽으로 조금 올라가는 산중턱인데, 이곳이 편편하고 물이 있어 과거 마을 사람들이 놀러 가던 곳이었다고 한다. 그런데 이 지역의 지명 연구에서는 여기서의 '봉'은 부엉이의 방언형이고, 전체적으로 '봉데미'를 "부엉이가 사는 바위더미"로 해석하기도 한다(김진식 2008: 901). 물론 오늘날의 제보자들은 전혀 알지 못하는 내용이다.

5 분두깨 위의 '봉데미' 바로 밑에 있는 밭 근처를 가리키는 지명이나, 어원은 알려지지 않는다.

6 늘짱이 마을 아래에서 뒤로 즉 동쪽으로 '날망'을 올라가는 길을 가리키는데, 현재의 마을회관 뒷길이 된다.

7 열두가지감 골짜기 7 '비령너머'의 가운데에 있는 이른바 열두가지 감이 열린다는 감나무(실제로는 잡감나무라고 함) 한 그루가 서 있는 곳을 가리킨다.

8 벼락수물떨어진곳 위 '열두가지감'의 위에 있는, 바위에서 나오는 샘물을 가리키는데, 이 이름이 '벼락'과 어떻게 연관되는지는 알려지지 않는다.

9 용창뱅이샘물 재의 10 '미역재'에서 보은군 회남면 '만마루' 마을로 넘어가는 데에 있는 샘물을 가리킨다.

10 질마거리 같은 '미역재'의 꼭대기, 즉 정상 부분을 가리키는 이름이다.

11 큰번덜 골짜기 8 '안꼴'의 꼭대기 쪽에 돌이 쌓여 있는 계곡을 가리킨다. 이 지역에서 '-덜'은, 한 제보자에 의하면, 돌이 많이

쌓여 있는 무더기를 가리킨다고 한다.

12 둥글테 위 '큰번덜'을 올라가는 데에 있는 계곡 지역의 밭 있는 곳을 가리키는 지명이다.

13 지방뒤 '안꼴' 속에 있는 작은 골짜기 주위의 밭 있는 곳을 가리키는 지명이다.

14 먹뱅이 산의 2 '물레방아산' 너머에 있는, 삼면이 산으로 둘러싸인 한가운데에 위치한 작은 논밭의 이름이다. 삼면이 산으로 둘러싸여 어두운 데서 아마도 '먹방'(墨坊)이 되었을 것으로 짐작된다.

지금까지 기술한 지명 목록은 사람이 사는 '작은 마을'의 이름을 빼고도 50개가 조금 넘는 숫자이다. 그런데 사실은 자료의 수집 과정에서 이곳 사람들에게는 친숙하지만 마을에서 거리가 멀리 떨어진 몇 장소의 이름은 제외한 것이다.

전체적으로 이곳의 지명은 골짜기의 명칭, 재 및 고개의 명칭, 그리고 산 및 봉우리 그리고 '날망'의 명칭이 발달함으로써, 산간 마을이라는 이곳의 자연 환경적 특성을 일차적으로 잘 반영하는 것으로 생각된다. 그러나 일반적인 '산의 영역'과 관련한 문화적 초점(cultural focus)이 명료히 드러나지 않음으로써, 이곳 지명 명명의 특징적인 유형은 아마도 파악하기가 어려울 것으로 보인다. 그뿐만 아니라 많은 토착 지명들의 정확한 어원을 파악할 수 없는 것은 이곳 지명에 대한 분석적 연구를 더 이상 진행하기 어려운 또 다른 장애 요인이 될 것이다.

이상에서 정리한 이곳의 지명 중 상대적으로 중요한 예들, 즉 골짜기, 재, 산, 날망의 위치를 지도상에 표시하면 대략 다음의 〈그림 2-1〉과 같이 된다. 아래의 지도에서 1~12는 골짜기 12개의 개략적 위치이고, ㄱ~ㅊ은 10개 재의 개략적 위치이며, ①~⑤는 5개 산 및 봉우리의 개략적 위치이고, a~g는 7개 날망의 개략적 위치이다. 그리고 각 영역별로 개별 지명의 표시 순서는 앞에서 그것들을 기술한 순서와 동일하다.

그리고 아래의 지도에서 색깔로 표시한 구역은 마을 내에 인가가 위치한 곳을 가리키며, ★은 마을 입구에 탑이 놓여 있는 개략적 위치를 가리킨다. 그리고 가운데의 실선은 오늘날 버스가 다니는 도로이고, 점선은 경운기가 다니는 마을 내의 작은 도로이다. 전체로 사람이 사는 마을이 작은 부분으로 들어가는 조사지의 전 범역에 대한 개략적인 지도일 것이다.

〈그림 2-1〉 버랏마을의 주요 지명

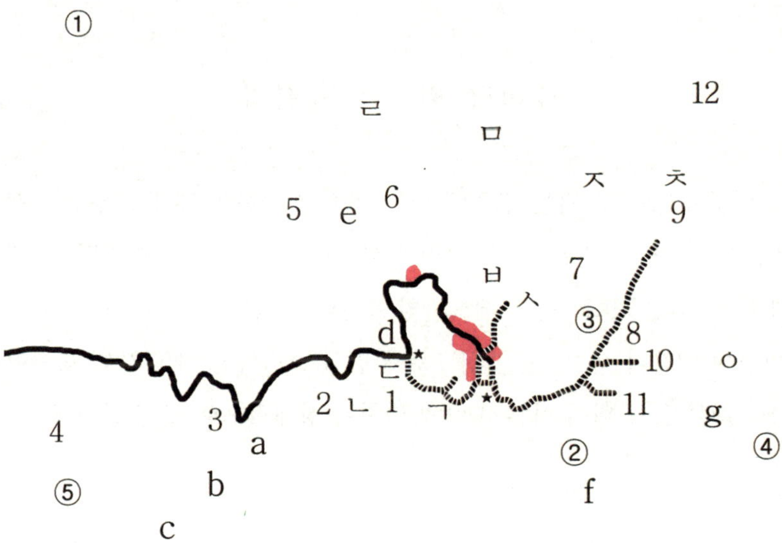

2. 생태 환경의 어휘적 구분 I

조사지의 일반 자연 환경에 대한 어휘적 구분체계는 그리 발달한 것 같지 않다. 그러나 생산 활동을 포함하는 넓은 의미의 생태 환경의 어휘적 구분 체계는 나름의 독특성과 함께 잘 발달한 양상을 보여 준다. 먼저 이 절에서는 '일반적인' 생태 환경의 어휘적 구분법과 관련되는 조사지의 중요한 어휘 의미체계(lexical semantic system) 또는 언어적·문화적 지식(linguistic and cultural knowledge)의 양상을 정리하기로 하겠다.

1) 바람, 비, 눈의 구분법

이곳에서도 네 기본 방위에 따른 바람의 구분인 '동풍', '남풍', '서풍', '북풍'이라는 말은 있다. 그러나 한 제보자의 표현을 빌리면 "옹기에 든 것 같은" 또는 다른 제보자의 표현을 빌리면 "(위에서 보면) 삼태미〔삼태기〕같이 생긴" 높은 산으로 사방이 둘러싸인 이 마을의 특수한 지형 때문에, 방위에 따른 바람의 인지는 상대적으로 덜 발달한 것 같다.[2)]

2) 이 마을의 경우 그리 멀지 않은 곳에 민간 및 군용 비행장이 있다. 따라서 비행기가 이 마을 상공을 지나가기도 하는데, 통상 마을의 동쪽에서 서쪽으로 지나간다고 한다. 그런데 한 제보자의 표현을 빌리면, '비행기 소리가 들려 하늘을 쳐다보면 벌써 비행기가 보이지 않는', 사방이 산으로 가로막힌 곳이 바로 이 마을이다.

제보자들에 의하면, 여기서 '동풍'은 약간 불고, '북풍'은 산에 막혀 거의 불지 않고, '남풍'과 '서풍'은 부는 것으로 지각된다. 바람이 비교적 뚜렷이 지각되는 '남풍'과 '서풍'은 모두 '비 오는 바람'인데, 이 비 오는 바람과 관련해서는 다음의 표현들을 들을 수 있었다.

1 서쪽 하늘에 시커먼 구름이 쪄 오면 비가 온다 (말 그대로의 의미임)

2 갈비봉에 비 들어온다 앞서 기술한 대로 '갈비봉'은 마을 남동쪽에 있는 높은 봉우리이다. '갈비봉'에 새까만 구름이 들어오면 마을에 곧 비가 내리는 것을 일컫는 말인데, 이 비는 소나기인 경우가 많다고 한다.

정작 이 마을에서 중요한 바람의 종류는 '강바람'이다. '강바람'이란 남쪽 강에서 불어오는 바람으로, 과거에는 금강에서 길이 2km가량의 좁은 골짜기를 통해 이 마을로 들어오는 바람이었고, 오늘날은 대청댐에서 마을 입구로 불어오는 바람이다. 그런데 이 '강바람'은 특정 계절과는 상관없이 사철 불어오는 바람인데, 특히 날이 궂을 때에 많이 분다고 한다.(따라서 앞의 '갈비봉에 비 들어오는' 것도 실은 이 '강바람'과 연관이 있는 현상이다.) 또 마을의 아래쪽 입구, 즉 탑(塔)이 서 있는 곳을 '바람통'이라고 부르는데, 이는 이곳이 '강바람'이 바로 올라오는 지점이기 때문이다.(참고로 연구자는 현지조사 중이던 2월 19일 오후 늦게 갑자기 지내게 된 이 마을의 탑제(塔祭) 거행 장면을 관찰하다가, 이 '바람통'의 겨울바람이 얼마나 차가운지를 실감할 수 있었다.)

또 일반적인 바람의 한 갈래인 '회오리바람'도 있으나, 산으로 둘러싸인 이 동네에서는 말만 있지 실제로는 '회오리바람'이 드물다고 하였다. 그 밖에 바람과 관련이 있는 아래의 두 관용적 표현을 더 들을 수 있었다.

1 바람꽃 일른다〔인다〕 여기서는 바람이 불면 높은 산이 마치 안개가 낀 것처럼 뽀얀데, 이를 '바람꽃 일른다'라고 표현한다. '바람꽃이 일르면' 그날은 바람이 세게 분다. "오늘 바람 세게 불라나 봐여. 산이 뽀야여. 바람꽃이 일었어."와 같이 말한다.

2 2월 초하룻날 장닭 꽁지만 흔들려도 봄바람이 세다 이 전래의 표현은 '2월 할머니' 또는 '영등할머니'로 부르는 이곳의 전통적인 바람신(風神)에 대한 의례와 관련이 있는 기상 예측어인 듯하나, 더 이상의 설명은 제보자들로부터 듣지 못하였다.

이곳의 비의 구분법은 다른 지역과 동일한 아래의 네 가지 구분법이다. 그런데 실제로는 3 '장대비'는 많이 쓰지 않고, 4 '소내기'로써 많이 오는 비를 가리키기도 한다.

1 이슬비

2 가랑비

3 장대비

4 소내기

위의 네 범주 외에 '안개비'라는 말도 있는데, 이는 안개가 가득 끼었을 때 얼굴에 물기가 묻으면 이를 '안개비 온다'라고 표현한다. 그리고 여기서도 "가랑비에 옷 젖는 줄 모른다."라는 속담은 물론 사용되고 있었다.

마지막으로 비가 내리는 특수한 상황을 가리키는 다음의 말도 들을 수 있었다.

1 호랭이 장가가는개 비다〔가 보다〕 맑은 하늘에서 갑자기 비가 내리는 상황을 가리키는 말이다.

이곳의 눈의 구분법도 다른 지역과 대체로 동일한데, 다음의 3 '진도깨비'는 형태상으로 조금 특이한 예일 것이다.

1 함빡눈
2 싸래기눈
3 진도깨비〔진눈깨비〕

그 외 '자욱눈'이라는 말도 부분적으로 쓰이는데, 발자국 남길 정도로 조금 내린 눈을 가리키는 표현이다.

이 지역은 흔히 안개가 많은 곳이라고 한다. 그런데 실제로는 대청댐이 완공된 이후에 안개가 많아졌고 그 전에는 안개가 많이 끼지 않았다고 한다. 그래서인지 안개의 종류에 대한 어휘적 표현은 발달하지 않았고, 그저 "안개가 짙으게 꼈네." 또는 "안개가 쪼끔 꼈네."와 같이 안개의 짙고 옅음을 시술적으로만 표현한다.

마지막으로 달에 대한 어휘적 구분법도 그리 발달하지 않은 것 같다. 대체로 '그뭄밤', '초생딸', '반달', '보름딸' 정도로만 인지하는데, 달의 변화 단계 중 그것이 차가는 과정에 대해서만 이들 명칭을 쓰지, 그것이 줄어드는 과정에 대해서는 특정의 명칭을 거의 쓰지 않는 듯하다.

2) 흙, 밭, 논의 구분법

조사지의 흙의 구분법은 의외로 단순하다. 아마도 이 지역의 토질(土質)을 반영하는 것일 터인데, 크게 아래의 2종류로 구분하는 방식이다.

1 서그럭땅 '서그럭서그럭 하는' 땅, 즉 푸석푸석한 땅 또는 '질기'가 없는 땅을 가리킨다.

2 질땅 '질기'가 많은 땅, 즉 물기가 있으면서 찐득거리는 땅을 가리킨다.

2.1 개똥질(땅) 색깔이 검거나 회색인 '질땅'이다.

2.2 황토질(땅) 색깔이 빨간 '질땅'이다. 이 마을의 경우 이 '황토질(땅)'은 드물고 이웃 마을에 이 흙이 있는 것으로 말해진다.

이 마을의 범역 내에는 '질땅'보다 '서그럭땅'이 많고, 큰 골짜기인 '안꼴'의 경우는 웃머리는 '서그럭땅'이고 아랫머리는 '질땅', 특히 '개똥질(땅)'이라고 한다. 일반적으로 농사에는 '질땅'이 가뭄을 타는 땅이기는 해도 '서그럭땅'보다 낫고, '서그럭땅' 중에서 돌이 없는 '서그럭땅'은 가장 하질토(下質土)라고 한다.

이곳은 밭이 농사의 중심인 곳이다. 그러나 의외로 밭의 종류에 대한 어휘적 구분은 그리 발달하지 않은 것 같다. 다음 예에서 1 '자갈밭'은 널리 쓰는 일반적 표현일 것이고, 2 '팔밭'은 다소간 특이한 어휘일 것이다.

1 자갈밭 돌 있는 밭을 가리키는데, 이곳의 밭은 모두 '자갈밭'

이다.

2 팔밭 산을 개간하여 만든 밭을 가리킨다. 여기서 '팔-'은 괭이로 산을 판 데서 나온 말이라고 하는데, 그러한 행위는 '팔밭 판다'라고 표현한다.

또 밭의 경사진 정도에 따른 다음의 일반적 구분법도 사용되고 있었다.

1 삐얄〔비탈〕**밭** 경사진 밭

2 평지밭 편평한 밭

앞서도 언급했듯이 조사지 내에는 논이 전혀 없었고, 이곳 사람들은 지금은 수몰된, 금강 건너에 있던 매산리의 '장승말'에 가서 논농사를 지었다. 논의 종류와 관련해서는 다음의 세 가지 기본적 구분법만이 인지되는데, 물론 이 중 3 '산꼴날뱅이'는 의미상 구분되는 다른 범주일 것이다.

1 하늘바래기 말 그대로 하늘만 바라보는 논, 즉 하늘에서 비가 와야 모를 심을 수 있는 천수답(天水畓)을 가리킨다.

2 고래실논 물이 항상 있는 논을 가리키는데, 이 지역의 경우에는 논에 샘이 있어 물이 나오는 논이라고 한다. 그런데 흥미로운 표현인 '고래실'의 어원은 알려지지 않는다.

3 산꼴달뱅이 골짜기의 물 옆에 만든 작은 논으로, 곧 논다랑이를 가리킨다.

이곳 논에도 '수예' 즉 수렁이 있었고, 또 '수예'가 깊어 실제로 빠지기도 하였다고 한다. 그리하여 논 가운데의 '수예'에는 그리로 들어가지 못하도록 작은 둑을 만들어 놓기도 하였다는데, 여기서도 선산 지역의 예("망두산꼴 쑤부에 빠지면 못안 구름으로 나온다.")처럼(왕한석 2012: 347, 495), '수예'에 관한 재미있는 표현을 들을 수 있었다.

1 수예에 빠지면 강깨〔강가〕**로 나온다** 아마도 '수예'에 빠지면 쉽게 나오기 힘듦을 비유하는 말일 터인데, 이곳 특유의 재미있는 그러나 과장된 상상력의 표현일 것이다.

3) 작물의 구분법과 거름의 종류

채소류를 제외한 주요 작물로 이곳의 제보자들은 중요한 밭곡식을 먼저 꼽았다. 즉 (1) 보리, (2) 밀, (3) 고구마, (4) 콩, (5) 팥이 나열 순서대로 이곳에서 가장 중요한 농작물이었던 것으로 말하였다. 다음으로 (6) '쓰슥' 또는 조, (7) 수수, (8) '나락' 또는 '베'〔벼〕, (9) 감자, (10) '메물'〔메밀〕, (11) '꽤'〔깨〕, (12) 동부, (13) 녹두, (14) 옥수수를 경작하였는데, 역시 위의 나열 순서가 대체적인 중요도를 반영하는 것으로 보았다. 조사지의 경우 기장 농사는 짓지 않았다고 한다. 논농사가 귀한 곳이라 벼의 비중이 상대적으로 떨어지는 것이 좀 의아스러우면서도 흥미롭지만, 아마도 이 산간 마을에서 오랫동안 유지되어 온 농사의 실재(實在)를 반영하는 것으로 보인다.

주요 작물의 농사 주기를 간략히 정리하면, 밭농사인 (1) 보리와 (2) 밀은 음력 9월에 파종하여 이듬해 음력 5월에 수확하고, 그 자리에

(3) 고구마, (4) 콩, (5) 팥, (6) '쓰슥', (7) 수수 농사를 짓는데 음력 5월에 파종하여 여름을 지나 음력 8월에 수확하는 주기이다.(단, '쓰슥'의 파종은 음력 6월 초순으로 조금 늦어질 수도 있다.) 그리고 (9) 감자 농사는 음력 2월에서 음력 5월까지 짓는다.

논농사, 즉 이곳의 표현으로 '나락농사'는 음력 3월에 못자리를 하여 음력 4~5월에 모를 심고 음력 8~9월에 추수를 하는 구조인데, 단 이곳의 논은 추수 후 다른 작물을 심지 못하였다고 한다.

이제 이곳에서 경작해 온 주요 작물의 하위범주와 그것의 주요 특성들을 정리하기로 하겠다.

보리의 종류

1 쌀보리 밀과 비슷한 보리의 종류이다.

2 널보리 '보리 쉬엄[수염]'이 길고 이삭도 길며 키도 큰 종류인데, 여기서는 이 '널보리'가 잘되어 주로 이것을 경작해 왔다.

3 중보리 또는 **앉을뱅이** 흔히 "쉬엄 없는 앉을뱅이(보리)"라고 부르는 것으로, 여기서의 '중-'은 중(僧)을 가리킨다. 수확이 다른 종류보다 많아 가난한 집에서는 이것을 경작하기도 했다.

* 보리가 떨어져 자연적으로 난 것은 '돌보리'이다.

밀의 종류

1 (보통)밀 예전부터 내려오던 밀의 종류로, 여기서는 이 '(보통)밀'을 주로 재배해 왔다.

2 중밀 위의 '중보리'처럼 '쉬엄' 없는 밀로, 수확량은 조금 더 많으나 맛은 좀 떨어지는 밀이다. 여기서는 이 '중밀'도 조금 재배해 왔다.

3 호밀 키가 큰 외래종 밀이다.

* 밀이 떨어져 자연적으로 난 것은 '돌밀'이다.

고구마의 종류

* 껍데기는 붉고 속은 미색(米色)인 한 종류뿐이었다.

콩의 종류

1 흰콩 또는 **앉을뱅이** 크기가 크고 색깔이 하야면서 노릇한 종류이다. 이 '흰콩'으로는 메주를 쑤고 떡고물(인절미 고물)을 만든다. (여기서 이 '앉을뱅이'는 보리의 3 '앉을뱅이'와 동음이의어(homonym)가 된다.)

2 방콩 위의 '흰콩'과 같은 크기이나 새까만 종류이다. 밤 맛이나 '밤콩'인데 시간이 가면서 음이 '방콩'으로 바뀌었다고 한다. 밥에 놓아 먹고 반찬('콩자반')을 해 먹는다. 색깔과 무늬에 따라 다음과 같은 하위범주로 나누기도 한다.

2.1 (보통)**방콩** 새까만 보통의 방콩이다.

2.2 아주까리방콩 검은 바탕에 희끗희끗한 문채(文彩)의 방콩이다.

2.3 대추방콩 대추 색깔에 희끗희끗한 문채가 있는 방콩이다.

2.4 파란방콩 새파란 색깔의 방콩인데, 이것으로는 떡고물(인절미 고물)도 한다.

3 주년이콩〔쥐눈이콩〕 잔 콩의 종류로 콩나물 내리는 데 쓰는 것이다. 색깔과 무늬에 따라 다음과 같은 하위범주로 나누기도 한다.

3.1 까만주년이콩

3.2 하얀주년이콩

3.3 고양이눈깔콩 새파란 바탕에 검은 점이 찍혀 있는 것으로, 마치 '고양이눈깔'과 같다고 하여 붙여진 이름이다.

* 콩이 떨어져 자연적으로 난 것은 '돌콩'이다.

<u>팥의 종류</u>

1 빨간팥 굵고 색깔이 빨간 팥이다. 이 '빨간팥'은 '고사떡'을 만들거나 동지 팥죽을 끓이는 것과 같은, 이른바 "정성 디리는 데"에 주로 쓰는 팥이다.

2 개미팥 또는 **끌팥** 위의 '빨간팥'과 같은 크기이나 재 색깔이다. 밥에 놓아 먹고 시루떡 고물로 쓰고 죽 끓이는 데에 쓰는데, 팥 중에서 맛이 제일 좋은 종류이다. 그리고 '끌팥'은 늦게 심는 팥인 데서 원래 '끝팥'이었는데, 그 음이 이렇게 바뀌었다고 한다.

3 자주팥 '빨간팥' 크기이나 자주색이고 껍데기가 좀 두꺼운 것이다. 밥, 고물, 죽에 모두 쓰나 맛이 조금 떨어지는 종류이다.

4 이팥 작으면서 가는 종류의 팥으로, 한 줄기에 빨간 색깔의 것과 노란 색깔의 것이 모두 있다. 식용으로는 두루 쓰고 또 약용으로도 썼다.(과거에 이곳에서 '고창병'으로 부른 속병 내지 위장병에 약으로 썼다고 한다.) 팥 중에서 맛이 제일 못한 팥의 종류이다.

* 팥이 떨어져 자연적으로 난 것은 '돌팥'인데, 이 '돌팥'은 삶아도 이가 들어가지 않는다.

<u>'쓰슥' 또는 조의 종류</u>

1 차조 이 '차조'에는 색깔에 따라 '빨간 것', '청절미'로 부르는 '새파란 것', '노란 것'의 3종류가 있다.

2 메조 '메조'에는 '노란 것' 한 가지만 있다.

* 그런데 '쓰슥'의 경우에는 자연적으로 나는 '돌쓰슥'이 없다.

수수의 종류

1 찰수수

2 메수수 멧수수

'나락' 또는 '베'의 종류

1 차나락 찰벼

2 메나락 메벼

3 밭나락 산도(山稻)벼로, 이 '밭나락'에도 '차나락'과 '메나락'이 있다. 그런데 조사지는 논이 귀한 곳이라, 과거 이 '밭나락'으로 집집마다 찰벼를 먹을 만큼 경작하였다고 한다.

* '나락'이 떨어져 자연적으로 난 것은 '돌나락'이다.

감자의 종류

* 감자는 '하짓감자'라고도 부르는데, 이는 감자를 하지(夏至) 때 캐서 먹기 때문이다.

1 하얀감자 흰색의 감자이다.

2 자주감자 자주색의 감자이다.

* 이 지역에도 소위 '돼지감자'가 있으나, 이는 통상 먹지 않는 것이다.

'메물'의 종류

* '메물'은 한 가지 종류뿐이나, 자연적으로 생기는 '돌메물'은 있다.

＊ 또 이 '메물' 및 '돌메물'과 관련하여 다음의 전해 오는 두 표현을 들을 수 있었다.

1 메물은 말려서 잘 보관하면 10년이 넘어도 난다 이는 물론 좀 덜 정형화된 표현이겠지만(가령 선산 지역에서는 "천년 미물〔메밀〕 만년 지장〔기장〕"이라는 말로 표현함(왕한석 2012: 350-351, 501)), 메밀의 씨는 여러 해 두었다가 심어도 잘 나는 것을 가리킬 것이다.

2 돌메물 뜯어 먹으면 아이도 지운다 야생의 '돌메물'이 가진 독성이 그만큼 강하다는 말일 터인데, 실제로 '돌메물'은 말할 것도 없고 그냥 '메물'도 독하므로, 과거부터 임산부에게는 가급적 못 먹게 하였다고 한다.

'꽤'의 종류

1 참꽤 참깨

1.1 흰꽤

1.2 검은꽤 또는 **시금자꽤**〔흑임자깨〕

2 들꽤 들깨

＊ '꽤'가 떨어져 자연적으로 난 것은 '돌꽤'이다.

동부의 종류

＊ 동부에는 '하얀 것'과 '쑥색'의 두 가지 종류가 있으나, 어휘적 명칭으로까지 발달하지는 않았다. 밥과 고물, 죽 등의 식용으로 쓴다.

＊ 동부가 떨어져 자연적으로 난 것은 '돌동부'이다.

녹두의 종류

* 녹두에도 '청색'과 '노란색'의 두 가지 종류가 있으나, 어휘적 명칭으로 발달하지는 않았다. 죽과 고물, 밥 등의 식용으로 쓴다.

* 녹두가 떨어져 자연적으로 난 것은 '돌녹두'이다.

옥수수의 종류

* 옥수수는 한 가지 종류뿐이고, 자연적으로 생기는 '돌옥수수'도 없다.

이제 이 농작물의 재배를 위해 이 지역에서 과거부터 써 온, 즉 새로운 화학비료가 도입되기 이전에 주로 만들어 사용해 온 '거름'의 종류에 대해 간략히 정리하기로 하겠다.

먼저 거름은 그것을 쓰는 용도 또는 (작물과의 관계 속에서) 주는 시점에 따라 다음의 두 가지로 나뉜다.

1 밑거름 작물을 심을 농토를 갈기 전에 미리 주는 거름을 가리킨다. 즉, 이 '밑거름'을 뿌린 후에 논밭을 갈고 작물을 심는다.

2 웃거름 작물을 심어 그 작물이 난 뒤에, 그 위에다 주는 거름을 가리킨다.

다음으로 이곳에서 사용해 온 거름의 재료는 다음과 같이 구분·인지된다.

1 분전(糞田?) 변소에서 나오는 똥거름이다.

2 오줌거름 오줌통에 별도로 받아 모은 오줌을 가리킨다.

3 소똥거름 산에서 풀을 베어 와 소 외양간에 깔아 주면 소가 그 위에 똥을 누게 되고, 이 소똥과 풀이 어느 정도 쌓이면, 다시 이를 마당으로 내어 와 널어서 뒤적여가며 말리는데, 이 말린 외양간의 거름을 가리키는 말이다.

4 고래재 아궁이에서 불을 때고 난 뒤에 생긴 재를 가리킨다.

5 기타 그 외에 거름으로 사용하는 주요 자연 재료에는 산에서 채취하는 풀과 떡갈나무 가지가 있다.

그런데 위의 다섯 가지 거름의 재료는 그대로 쓰기도 하지만, 이를 다시 가공하여 새로운 거름을 만들거나 또는 그것을 섞어서 쓰는데, 실제로 농토에 주는 거름의 종류는 다음과 같은 범주들로 나뉜다.

1 분전 위의 2 '오줌거름'은 그것만을 별도로 사용하지 않고 1 '분전'과 섞어서 쓴다. 다시 말해 위의 1 '분전'과 2 '오줌거름'을 섞어 실제로 쓰는 거름을 여기서는 또 '분전'으로 부른다.(따라서 '분전'에는 두 가지 다른 의미가 있게 된다.)

2 소똥거름 위의 3 '소똥거름'을 가공 단계를 거치지 않고 그대로 쓰면, 이는 똑같이 '소똥거름'이 된다.

3 재 위의 3 '소똥거름'은 또 다른 가공 과정을 거치기도 하는데, 그것은 다 말린 '소똥거름'을 마당에서 대워 재로 만드는 것이다. 이렇게 얻은 재를 여기서는 '태운재'라고 부른다.(조사지의 경우 이 '소똥거름'을 불에 태우는 연기 때문에 과거부터 모기가 거의 없었다고 한다.) 이 '태운재'와 위의 4 '고래재'를 각기 별도로 쓰지 않고 이 둘을 함께 섞어서 거름으로 쓰는데, 이 섞은 거름을 그냥 '재'라고 부른다. 따라서 이곳의 경우 상위범주인 '재'에는 '태운재'와 '고래재'의

두 하위범주가 있게 된다.

4 기타 산에서 채취한 풀과 떡갈나무의 가지는 별도의 가공 과정을 거치지 않고 그대로 쓴다.

위의 거름은, 가령 이곳에서 가장 중요한 농사였던 보리밭의 경우, 가을에 밭을 갈기 전에 위의 3 '재'를 '밑거름'으로 주고, 그리고 보리가 조금 컸을 때 즉 겨울철에 위의 1 '분전'을 '웃거름'으로 준다. 또 논농사의 경우에는 봄(주로 음력 3월 말이나 4월 초순경)에 논을 갈기 전에 위의 4 '기타' 거름, 즉 산에서 풀과 떡갈나무 가지를 가지째 베어 와 논에 넣고 함께 갈아서, 이 익히지 않은 특수한 '밑거름'을 준다. 그뿐만 아니라 겨우내 모인 위의 2 '소똥거름'을 해동 후 수시로 '밑거름'으로 논에 갖다 붓는다. 그 외 고구마와 감자 농사에는 3 '재'를 쓰고, 마늘 농사에는 2 '소똥거름'을 쓴다.

제보자들은 위의 네 가지 거름 중 1 '분전'을 으뜸으로 치고, 다음으로 2 '소똥거름'과 3 '재'를 들었다. 이 거름들 중 '분전'이 가장 중요하고 귀한 것이었음은 다음의 옛 표현에서도 잘 드러날 것이다.

1 밥은 누구를 줘도 거름은 누구를 안 준다 여기서의 '거름'은 말할 것도 없이 똥을 가리키는데, 이 말은 곧 이 귀한 거름을 모으기 위해 변(便)은 남의 집이나 밖이 아닌 반드시 자기 집에 와서 봐야 함을 가리킬 것이다.

4) 밥, 술, 떡, 장(醬)의 구분법

이제 위의 작물들로 만들어 먹는 주요 음식, 즉 밥과 술과 떡과 장(醬)에 대한 이곳의 어휘적 구분체계를 기술하기로 하겠다.

먼저 우리의 일상적 주식인 밥은 여러 의미 차원에 따라 서로 다른 분류법(taxonomy)으로 다음과 같이 구분된다.

1 **보리밥** 과거에 이곳에서 매일 먹는 밥은 당연히 이 '보리밥'이었다.

2 **쌀밥** 제사와 명절 때에는 이 '쌀밥'을 먹었다고 한다.

3 **반섹이**(밥) 말 그대로는 보리와 쌀을 반반씩 섞는 밥이나, 실제로는 보리가 많고 쌀이 적은 '반섹이(밥)'이었다.

1 **순쌀밥** 또는 **이밥**

2 **꽁보리밥** 또는 **꼽삶이**〔곱삶이〕

1 (보통)**밥** 또는 **쌀밥**

2 **찰밥** 이 지역의 경우 '찰밥'은 찹쌀에다 팥, 좁쌀, 수수, 콩 등의 잡곡을 넣어 정월 대보름에만 해 먹는다.(여기서는 생일에는 그냥 '쌀밥'과 미역국을 끓여 먹는데, 미여국은 괴기에는 미억에 늘기름을 넣어 끓였고 오늘날은 미역에 소고기를 넣어 끓인다.)

1 **된밥** 또는 **꼬두밥** (소위 '술밥'도 '꼬두밥'으로 똑같이 부른다.)

2 **죽밥** 진밥

3 **누룬밥** 눌은밥

4 누룽갱이 또는 **깡갱이** 누룽지

잡곡 농사가 발달한 조사지에서는 다음의 두 가지 잡곡밥도 자주 해 먹었는데, 특히 2 '조밥'의 경우 그것을 짓는 방식에 따른 하위범주의 구분이 또 발달해 있었다.

1 수수밥 수수에다 멥쌀, 차좁쌀, 찹쌀, 콩, 팥을 넣어서 짓는다.

2 조밥 메조에다 콩, 팥 등을 넣고 짓는데, 주로 아래의 2.2 '찐조밥'을 지어 왔다. 그러나 이 '조밥'을 많이 해 먹지는 않았다고 한다.

2.1 날조밥 조를 그냥 찧어서 짓는 조밥인데, 이 '날조밥'은 찰기가 너무 많아서 아침에 지어서 먹고 남은 밥을 점심에 먹으려면 숟갈이 안 들어갈 정도라고 한다.

2.2 찐조밥 조를 이삭째 미리 쪄서 말리고 이를 찧어서 짓는 조밥이다. 이 '찐조밥'은 찰기는 없지만 끈기가 없이 푸수수해서 먹기가 쉬운 밥이라고 한다.

다음으로 이곳에서 술은 당연히 보리쌀로 빚었는데, 이를 '보리술' 또는 '(보리)막걸리'로 부른다(물론 오늘날에는 쌀로 술을 빚음). 그런데 담근 술은 여기서도 익은 뒤 동이 속에 있는 위치에 따라 다음의 두 범주로 나뉜다.

1 동동주 또는 **맑은술** 위쪽에 뜬 맑은 술을 가리킨다.

2 빽빽주 또는 **막걸리** 아래쪽에 있는 빽빽한 술을 가리킨다.

또 위의 2 '빽빽주' 또는 '막걸리'를 걸러낸 술밥 찌꺼기는 '찌기미'

〔지게미〕로 불린다. 그리고 술이 시어서 못 먹게 되면 소주를 만들어 먹는데, 이를 '소주 내린다'라고 표현하며, 또 '소주'(燒酒) 외의 다른 명칭은 사용되지 않았다고 한다.

다음으로 이곳에서 만들어 먹어 온 떡의 종류인데, 아래의 아홉 가지가 그 전체 목록이다. 그런데 아래의 떡 중에서 1~5는 의례 시에 쓰는 제대로 된 떡이고, 6~9는 그냥 먹기 위해 만드는 간편한 떡일 것이다.

1 (보통)**떡** 또는 **체떡** 멥쌀과 찹쌀을 섞어서 만드는 떡으로, 제사와 '시사'(時祀), 환갑, 잔치에 두루 쓰는 떡이다. 쌀가루로 층(여기 말로 '체'〔켜〕)을 쌓아서 올리는데 층간에 팥고물과 '시금자'〔흑임자〕 고물을 번갈아 묻힌 후 시루에서 찌는 떡이다.

2 절편 멥쌀떡으로, 쌀가루를 쪄 손으로 주물러 떡을 만들고 그 위에 떡살로 이른바 '살을 박는' 떡이다. 잔치 때에 쓴다.

3 인절미 찹쌀떡으로, '꼬두밥'을 찌고 그것을 떡메로 쳐서 떡을 만든 후 다시 잘게 썰어 콩고물이나 팥고물을 묻히는 떡이다. 제사와 잔치 때에 쓴다.

4 시루떡 멥쌀과 찹쌀을 섞어서 만드는 떡으로, 위의 1 '체떡' 만들 듯이 만드는데 고물로는 팥의 종류 중 1 '빨간팥'을 쓴다. 고사(告祀) 때 쓰는 떡이므로 '고사떡'으로도 부른다.

5 백설기 멥쌀가루루 찌는 보통의 '백실기'인데, 이 마을의 경우는 어린아이의 백일 및 돌, 마을의 탑제(음력 정월 14일), 음력 정월 초순(초3일 또는 13일)의 고사 시(집집마다 이 '백설기'를 쪄 장광에 갖다 놓고 소지를 올리는데, 이를 '고사 지낸다' 또는 '정성 디린다'로 표현함), 그리고 칠월 칠석의 의례 시에 쓴다.

6 버머리떡 멥쌀과 찹쌀을 섞어 빻은 쌀가루에 콩과 팥을 많이

넣고 시루에 쪄서 칼로 잘라 먹는 떡이다.

7 쑥떡 쑥과 차조를 섞어 시루에 찌고, 이를 '도구통'[절구]에 찧어서 콩고물을 묻혀 먹는 떡이다.[3)]

8 개떡 보리 '등개'[겨] 고운 것에다가 술과 소금을 조금 넣고 솥에 보자기를 깔고 찌는 떡이다.

9 쑥버머리 쑥과 밀가루를 섞어서 밥솥에서 찌는 떡이다.

다음으로 이곳에서 담가 온 장(醬)은 아래의 6종류이다. 그런데 6 '비지장'이 장의 종류인지를 재차 확인하는 연구자의 질문에, 제보자들은 분명히 장의 범주에 드는 것으로 인지하였으며 나아가 비지는 콩에서 나오는 것임을 연구자에게 상기시켜 주었다.

1 된장 음력 1~2월에 담그는데, 정월에 담그면 소금이 좀 덜 들어가고 2월에 담그면 소금이 좀 더 들어간다.(연구자의 현지조사 기간 중에 여성 주 제보자들은 하루 '된장'을 담갔다.)

2 장물 또는 **간장** 음력 1~2월에 똑같이 담근다.

3 꼬추장 음력 1~2월에 담그지만, 항시 1 '된장'을 담근 뒤에 담근다(요즈음은 물론 수시로 담그는 것으로 바뀌었음). 보리 농사가 주

3) 여기서 그냥 먹기 위해 만드는 간편한 떡 종류인 6~9 중에서, 6 '버머리떡'은 쌀로 만드는 것이지만 이 '쑥떡'은 쌀이 아닌 좁쌀로 만드는 것이다. 물론 아래의 8 '개떡'이나 9 '쑥버머리'보다는 낫겠지만, 아무래도 이 '쑥떡'은 떡 중 하품일 것으로 생각된다.

이 점과 관련하여서인지, 조사지에는 "아나 쑥떡!" 또는 "아나 쑥떡 먹어라!"라는 욕이 있다. 이 욕은 특정의 몸짓(gesture)과 함께 발화되는데, 오른손 주먹을 쥐고 주먹의 바닥이 위로 향한 채 왼손 바닥으로 오른손 주먹 끝에서 손목 너머까지 훑어 올리는 동작이다. 이때 오른손 주먹을 앞으로 내밀면서 동시에 위로 훑어 올린다. 물론 이 동작은 성행위를 묘사하는 동작일 것이다. 그런데 이 욕은 (욕이 향하는) 상대방 몰래 흔히 그 사람의 뒤꼭지에서 하는 것이라고 한다.

인 조사지에서는 오랫동안 '보리 꼬추장'을 담가 왔다.

4 담북장 또는 **청국장** 주로 음력 9~10월에 삶은 콩을 띄워서 담그고, 이후에는 수시로 담근다. 그런데 이 '담북장'은 반드시 끓여서 먹는다.

5 쩜장 정월 보름 전후에 담근다. 메주 띄운 것을 깨고 거기에다 소금물이나 김치 국물 남은 것을 넣어서 손으로 주무른 후, 여기에다 달래, 파, 두부 등을 넣어서 만든다(앞의 제1장 제2절에서 기술한 홍성 지역에서 만드는 '쩜장'과는 담그는 방식에서 약간의 차이가 있는 것으로 보임). 이 '쩜장'도 반드시 끓여 먹는다.

6 비지장 두부를 짜낸 비지를 소쿠리에 담아 더운 방에서 띄운 것으로, 만 하루 뒤에 익으면 끓여 먹는다. 이 '비지장'도 반드시 끓여서 먹는다.

5) 소와 가축의 구분법

이곳 조사지에서는 과거 수몰 전까지 많은 밭일 때문에 집집마다 소를 두세 마리씩 키웠다고 한다. 그러나 소에 관한 민간 지식은 그리 발달하지 않은 것 같고, 대체로 기본적인 구분법 정도만 인지되는 것 같다.

먼저 여기서도 소는 일차적으로 다음과 같이 구분된다.

1 황백이 수소

2 암소

3 송아지

성장 단계에 따라서는 다음과 같이 구분된다.

1 송아지

2 애숙띠기 젖을 떼고 여물을 몇 달 먹인 송아지를 가리킨다.

3 중송아지 1년 정도 자라고 코뚜레를 한 소이다.

4 큰소 여기 말로 "보가 지면", 즉 젓니 2개가 빠지면 이 '큰소'의 범주에 든다.

색깔과 무늬에 따라서는 다음과 같은 구분법이 행해진다.

1 누런소 누런 색깔의 소로, 이 '누런소'가 가장 많았다고 한다.

2 꺼먹소 꺼먼 색깔의 소이다.

3 얼룩소 누런 바탕에 검은 줄이 미역처럼 있거나 꺼먼 바탕에 누런 줄이 미역처럼 있는 소를 가리킨다. 또 이 '얼룩소'는 주둥이가 검고, 몸체도 더 크며, 성질이 순하고, 힘도 더 좋은 특성을 갖는데, 다른 지역에서 흔히 말하는 '칡소'라고 한다.[4)]

---

4) 이 '얼룩소'와 관련하여 여기서 한 가지 사실을 첨언해 둘 필요가 있을 것 같다. 유명한 정지용(鄭芝溶)의 시 '향수'(鄕愁)의 첫 연, 즉

"넓은 벌 동쪽 끝으로
옛이야기 지줄대는 실개천이 회돌아 나가고,
얼룩백이 황소가
해설피 금빛 게으른 울음을 우는 곳,

그곳이 참하 꿈엔들 잊힐리야."(『정지용시집』, 1935)

에 나오는 '얼룩백이'의 의미이다.

필자는 1997년 4월 24일 서울대학교 국어교육연구소 주최의 집담회에서 '중국 연변 조선족의 언어생활'이라는 제목으로 간단한 발표를 한 적이 있는데, 발표 내용 중에 연변 조선족 사회에서는 '검은 바탕에 누런 줄이 난 소'를 '쓱갈이'로 부른다는 것이 있었다. 이

4 점백이소 누렇거나 검은 바탕에 이마에 하얀 점이 있는 소인데, 이 소는 과거 시장에서 값이 다른 소보다 조금 더 쌌다고 한다.[5)]

그 밖에 조사지에서는 소의 연령에 따른 어휘적 구분이나 쇠뿔의

에 대해 필자를 초청해 주신 박갑수(朴甲洙) 선생께서 발표 뒤의 질의응답 시간에, 정지용의 시에 나오는 '얼룩백이'가 바로 이 '쓱갈이'일 것이라는 귀한 언급을 해 주셨다. 15년이 넘은 오래전의 일이지만, 귀한 지적이 잊히지 않아 이곳의 제보자들에게 세밀히 캐물은 결과 위에 기술한 것과 같은 답을 얻었다. 잘 알려진 대로 정지용 시인은 이곳 조사지에서 그리 멀지 않은 옥천(沃川) 태생이고, 아마도 옥천 및 이곳 청원 지역에서는 소위 '칡소'를 예부터 '얼룩소'로 불러온 것이 맞는 것 같다. 귀중한 지적을 해 주신 박갑수 선생께 다시 한 번 감사의 말씀을 올리고자 한다.

참고삼아 지금까지의 '한국의 언어 민속지' 작업에서는 여기서의 '얼룩소'가 '쓱갈이'(연변 조선족 사회, 왕한석 2009: 237), '측쩩이' 또는 '측쩍소'(중국 요령성 조선족 사회, 왕한석 2009: 303), '시리소'(부산 동래 지역, 왕한석 2009: 139), '미역줄백이소'(전북 고창 지역, 왕한석 2010: 237), '칙소' 또는 '시일소'(경북 선산 지역, 왕한석 2012: 352)로 각기 불리는 것으로 조사되었음을 밝혀 둔다.

5) 본장의 초고가 완성된 뒤에 필자는 위 '얼룩백이 황소'와 관련이 있는 충북 지역 방언 전문가의 귀한 글(박경래 1997, 2011b)을 접하게 되었다. 그런데 이 두 글에서의 '얼룩백이' 또는 '얼룩소'에 대한 개념 규정이 본장의 것과 상이하므로, 그 내용을 간략히 정리하기로 하겠다.

먼저 발표된 글(박경래 1997: 194-197)에서는 위 정지용의 시에 나오는 '얼룩백이'는 "몸에 흰 점이 박혀 있는 토종 소"(p. 197)를 가리키고, 이는 옥천에서 '칡소' 또는 '칠거지소'로 부르는 "검은색 바탕에 황갈색 줄무늬가 있는 소"(p. 196 각주 23))와는 다른 것으로 보고한다. 뒤의 좀 더 보완된 글(박경래 2011b: 128-132)에서도 동일한 보고를 계속하는데, 즉 "충북 옥천 방언에서도 누런 갈색 한우에 하얀색의 점이나 얼룩이 있는 소를 '얼룩소'라고 한다. 충청도에서는 이런 소를 '점백이'라고도 하고 '얼룩이' 또는 '얼룩백이'라고도 한다."(p. 131)라고 하면서, "'얼룩소'나 '얼룩백이'를 '칡소'라고 설명하는 경우도 있으나 이는 잘못이다."(p. 131)라고 자신의 주장을 보다 강하게 개진한다.

결국 필자가 찾아낸 이곳 조사지의 언어적·문화적 지식으로는, 3 '얼룩소'는 소위 '칡소'와 동일한 것이고 4 '점백이소'는 이와는 구분되는 다른 종류의 소이다. 그러나 박경래 교수의 기술로는, '얼룩소'는 '점백이소'와 동일한 것이고 이는 '칡소'와는 다른 종류의 소가 된다. 물론 차후의 보다 많은 제보자들을 대상으로 하는 현지조사가 필요한 사안일 것인데, 어쩌면 이 차이는 지역(청원 지역과 옥천 지역) 간의 차이 또는 어느 한쪽의 잘못된 보고이기보다는, 선정된 제보자들 (개인) 간의 지식상의 변이(individual variation of knowledge)의 문제일 수 있어 보인다. 추후의 보다 신뢰할 수 있는 연구 보고를 기대해 본다.

형태적 특성에 따른 명칭의 분화 등은 알려져 있지 않다. 심지어 배냇소에 대해서도 '남의 소 먹인다'라는 서술적 표현만이 사용되는 것으로 보였다.

소를 제외한 여타의 가축에 대한 구분법은 거의 발달하지 않았는데, 가령 돼지는 '수돼지', '암돼지', '돼지새끼'로 나뉘고, 개는 '수캐', '암캐', '강아지(새끼)'로 나뉘며, 닭은 '장닭', '암닭', '병아리(새끼)'로 나뉘고, 고양이는 '집고양이'와 '도독[도둑]고양이'로 나뉘는 정도이다. 한 가지, 개고기로 끓이는 국은 '개꾹' 또는 '개장국'으로 불린다.

마지막으로 이곳에서 짐승을 잡아 나누는 방식은 다른 지역과 좀 다른 것 같은데, 그것은 흔히 '사절치기 낸다'라고 부르는 것이다. 즉, 돼지든 개든 네 다리로 똑같이 나누는 방식이다. 그리고 대가리와 내장은 잡은 사람의 몫으로 주는데, 내장은 흔히 순대를 만들어 잡은 사람들끼리 나눠 먹는다고 한다. 다른 지역에 비해 고기를 좀 크게 나누는 방식이 될 것이다.

6) 금강의 민물고기와 여타 식용 생물

'버랏마을'은 과거 금강(錦江)의 상류에 위치한 마을이었다. 지금은 수몰된 마을의 배터가 바로 금강 가였으며, 이 금강을 건너 이곳 사람들이 외지로 나다녔음은 이미 기술하였다. 그뿐만 아니라 강 건너 '장승말' 쪽에는 맑고도 아름다운 강 백사장(白沙場)이 길게 자리 잡고 있었던 것으로 전한다. 바다가 먼 이곳 사람들에게 금강은 당연히 많은 물고기와 여타 먹을거리를 제공하는 중요한 수원(水源)이었는데, 특히 고기가 많이 잡히는 시기는 여름 장마철의 물이 불었을 때와 겨울철의 얼음 얼었을 때였다고 한다.(제보자들에 의하면 이 두 시기 모두 고기를 쉽게 잡을 수 있었는데, 장마철 물이 불었을 때는 고기가 강가로 나오므로 고기를 상대적으로 쉽게 잡을 수 있었고, 겨울철 얼음 얼었을 때에도 작살이나 함마로 고기를 비교적 쉽게 잡을 수 있었다고 한다.)

물론 오늘날은 이 마을을 둘러싼, 특히 강과 관련한 자연 환경이 근본적으로 바뀌었지만, '버랏마을'에 대한 '언어 민속지' 연구는 당연히 이 마을 사람들이 과거 금강 가에서 잡아 식용해 온 민물고기와 여타 식용 자원들에 대한 초보적 기술을 포함해야 할 것이다. 이러한 배경하에서 이곳 사람들이 금강을 중심으로 잡아 온 민물고기의 목록 및 그 밖에 물에서 나는 중요 식용 생물들의 목록을 아래에서 일차적으로 정리하기로 하겠다.

먼저 영어의 fish에 해당하는 '고기'가 여기서는 다음의 두 기본 범주로 나뉜다. 말할 것도 없이, 이 항에서 기술하려는 것은 2 '강꼬기'(또는 '물꼬기')의 범주와 민물에서 나는 다른 식용 생물들이다.

1 바닷꼬기
2 강꼬기 또는 **물꼬기**

이곳의 제보자들은 금강에서 채취·식용한 대표적인 그리고 가장 중요한 '강꼬기'(또는 '물꼬기')로 먼저 나음의 3종류를 들었다.

1 잉어 이 '잉어'를 한 제보자는 '고기 중 어른'으로 표현하였는데, 그 말은 '잉어'가 이곳 '강꼬기'를 대표하는 어종임을 비유적으로 표현하는 말일 것이다. '잉어'는 주로 고아서 약으로 먹는다.

2 눈치 '누치'인데, 제보자는 이 고기가 눈처럼 흰 데서 '눈치'가

되었다는 민간 어원설(folk etymology)을 제시하였다. 잉어만 한 크기인데, '눈치'는 주로 찌개를 끓여서 먹는다.

3 쏘가리 '쏘가리'로, 등에 까만 점이 있는 고기이다. '쏘가리'는 찌개로도 먹고 회로도 먹는다.

위의 세 가지 대표적인 고기 외에, 금강에서 잡아 온 '강꼬기'에는 대략 다음의 것들이 있다.

4 뱀장어 '뱀장어'는 주로 약용으로 고아서 먹는다.

5 메기 '메기'는 찌개를 해서도 먹고 고아서도 먹는다.

6 빠가사리 '동자개'로, 작고 노란 고기이다. 주로 찌개를 해서 먹는다. 그런데 '빠가사리'는 잡으면 '빠가빠가'와 비슷한 소리를 낸다고 하는데, 그리하여 과거 일본 사람들이 제일 싫어하는 민물고기였다고 한 제보자는 덧붙였다.

7 꺽자구 '꺽지'로, 위의 3 '쏘가리'와 비슷하게 생긴 작은 고기이다. 주로 찌개를 해서 먹는다.

8 세칠거리 아마도 '대농갱이' 같은데(최기철 1986: 106-107), 위의 6 '빠가사리'와 비슷하나 크기가 좀 더 큰 고기이다. 주로 고아서 먹는다.

9 붕어 이 '붕어'가 과거 여기 금강에는 그렇게 많지 않았다고 하는데, '붕어'로는 주로 찜이나 찌개를 해서 먹는다.

10 칠어 '끄리'로, 손바닥 정도 크기의 흰 고기인데, 물에서 나오면 금방 죽는 특성이 있다고 한다. 주로 찌개를 해서 먹는다.

11 구구리 '얼룩동사리'로, 그리 큰 고기는 아니나 까맣고 대가리가 큰 어종이다. 물속에 가만히 엎드려 있는 특성을 가지고 있다

고 한다. 주로 찌개를 끓여서 먹는다.

12 모래마지 '모래무지'로, 흰 고기이고 모래밭에 가만히 엎드려 있는 특성의 고기이다. 그냥 회를 해서 먹는다.

13 지름챙이 '참종개'로, 미꾸라지 비슷하나 미꾸라지보다는 작고 또 빠른 고기이다. 찌개를 해서 먹는다.

14 피래미 '피라미'로, 주로 찌개를 해서 먹는다.

15 미꾸라지 여기서도 '미꾸리' 및 '미꾸라지'를 모두 가리키는 것으로 보인다(최기철 1986: 93-95 참조). '미꾸라지'는 당연히 '또랑'과 논에 많으나 금강에도 있었다. 주로 국, 즉 '미꾸라지국'을 끓여서 먹는다.

16 빙어 '빙어'로, 과거 이 지역의 금강에는 없었던 고기인데, 대청댐이 생긴 후 새로 나는 어종이라고 한다. '빙어'는 회로도 먹고 튀김을 해서도 먹는다.

이상 이곳 금강에서 잡아 온 16종의 '강꼬기' 외에, 또 이곳의 '방죽'에서 주로 나는 다음의 민물고기가 있다.

17 가물치 '가물치'는 주로 고아서 약용으로 먹는데, 특히 임산부의 산후 부기(浮氣)를 빼는 데에 널리 써왔다.

마지막으로 마을 내의 그리고 인근의 '또랑'에서만 나는, 다음의 민물고기가 있다.

18 중태기 '버들치'로, 이 '중태기'는 주로 찌개를 끓여서 먹는다.

현지조사 초기에 이곳 사람들로부터 과거 금강에서 잡은 '강꼬기'를 구워서 먹은 이야기를 여러 번 들었다. 그러나 여러 제보자들에게 확인해 본 결과, 적어도 밥반찬으로는 '강꼬기'를 구워 먹지 않았다고 한다. 고기를 구워 먹은 사람들은 주로 젊은 사람들로, 간식이나 즉석 술안주로 구워서 먹었다고 한다.

여기서 위의 민물고기 목록이 그리 길지는 않지만 두 가지 사실은 지적할 수가 있겠다. 하나는 이곳 주민들이 비교적 명료히 인지하는 18종류의 '물꼬기' 범주들에서 하위범주의 구분이 전혀 발달하지 않았다는 점이다. 이것이 민물고기에 대한 한국 사회의 민족어류학(ethnoichthyology)에서 일반적으로 나타나는 특징인지 여부는 물론 현재의 단계에서는 알 수가 없을 것이다. 다른 하나는 위의 목록을 민족생물학(ethnobiology)의 보편적 등급 구분의 모델에 맞추어 이해하자면(Berlin 1976, 1992; 왕한석 1996, 2012: 87-114 등), 위의 18범주는 모두 여기 말로 '강꼬기' 또는 '물꼬기'라는 생활형칭(生活形稱, life form taxa)을 구성하는 개별 속칭(屬稱, generic taxa)의 범주가 될 것이라는 점이다.

이상의 '강꼬기'(또는 '물꼬기') 외에 물에서 나는 다수의 식용 생물들이 더 있는데, 먼저 이곳 금강에서 풍부히 난 것에는 다음의 것들이 있다.

1 거이〔게〕 '참거이'라고도 부른다. 그러나 민물에서 나는 '거이'에 대한 별다른 구분법은 발달하지 않은 것 같다. 이 '거이'는 봄철에 잡고, 게장을 담거나 찌개를 끓여서 먹는다.

2 도실비 '다슬기'로, 이것은 수시로 잡고 주로 국을 끓여서 먹는다.

3 조개 다음의 두 하위범주로 나뉘는데, 2종류의 조개 모두 수

시로 잡아서 국을 끓여 먹거나 '무친회'로 만들어 먹는다.

3.1 칼조개 칼같이 길쭉한 조개의 종류이다.

3.2 모시조개 둥그렇고 큰 조개의 종류이다.

4 새우 다음의 두 하위범주로 나뉘는데, 2종류 모두 봄에 잡고 찌개를 끓여서 먹는다.

4.1 징거미 큰 새우로, 다리와 수염이 모두 긴 것이다. 이 '징거미'는 과거 금강에서만 났다고 한다.

4.2 새우 작은 새우로, 과거에는 강이 아닌 '또랑'에서 났는데, 대청댐을 막은 후에는 댐에서도 난다고 한다.

5 별자부 '자라'를 가리키는 말로, '별주부'(鼈主簿)의 변음일 것이다. 이 '별자부'는 수시로 잡고 주로 고아서 약으로 먹는다.

그 밖에 마을이나 인근 골짜기의 '또랑'에서 나는 식용 생물에는 또 아래의 것이 있다.

6 가재 이 '가재'는 겨울철과 봄철에 잡고, 주로 찌개를 끓여서 먹는다.

마지막으로 이 지역 특유의 물에 사는 식용 동물에는 또 개구리가 있는 것 같다. 물론 모든 개구리를 나 벅는 것이 아니라 그중 한 종류만을 식용한다.

7 깨구리 이곳의 민간 지식으로는 '깨구리'는 다음의 세 하위범주로 나뉘는데, 이 중 먹는 것은 7.1 '참깨구리'이다.

7.1 참깨구리 손바닥 반절 정도의 크기로, 배가 희고 등은 푸

르스름하거나 누르스름한 종류이다. 겨울과 봄철에 잡아 찌개를 끓여 먹는다.

7.2 꼬추장깨구리 배가 빨갛고 등이 검은 개구리의 종류이다. 배가 빨간 데서 '꼬추장깨구리'로 불린다고 한다.

7.3 찰마구리 '청개구리'로, 식용으로 먹지는 않으나, 과거 소고기 먹고 막힌 데에 생것 그대로 또는 끓여서 약으로 먹었다고 한다.

조사지가 강변에 위치하여 어로를 부분적으로라도 생업 수단으로 삼는 마을과는 거리가 멀겠지만, 특이한 생태 환경적 조건 때문에, 일반적인 농촌 마을들보다는 민물고기 및 여타의 민물 생물들의 세계에 좀 더 친숙하고 그리고 그 자원들을 좀 더 식용해 온 곳임에는 틀림없을 것이다. 이 점과 관련하여, 과거 조사지에는 디스토마 환자가 제법 많았던 것으로 제보자들은 보고하였다.

마지막으로 '버랏마을' 사람들이 먹어 온 '바닷꼬기'에 대해 간략히 보고하도록 하겠다. 이 마을의 경우 집에서 지내는 제사 시에는 바닷고기로는 조기 한 마리와 명태포(배를 갈라 말린 것) 하나만을 얹는다고 한다. 바다가 먼 이곳의 현실을 반영하기라도 하듯이, 아마도 최소한의 바닷고기만 제수로 차리는 모습이 될 것이다. 그러나 대전과 같은 대처(大處)가 가까워 바다 생선이 전혀 없지는 않았는데, 과거에는 생선장수가 이 마을로 들어와 생선과 보리쌀을 바꾸어 갔다고 한다. 생선장수는 주로 겨울철에 왔는데 그때에는 고등어, '이면수'[임연수어], 갈치, 동태, 꽁치, 아지 등을 가져와 팔았고, 더운 여름철에는 새우젓을 가져와 팔았다고 한다.

7) 질병의 토속 명칭

연구자는 충남 홍성 지역에서 질병의 토속 명칭에 대한 일차적 자료를 수집한 바 있는데(앞의 제1장 제2절 '생태 환경의 어휘적 구분 I' 참조), 그 연장선상에서 이곳 조사지에서도 동일한 어휘적 명칭들을 찾아보았다. 대체로 다음의 목록인데, 숫자 면에서는 홍성의 그것보다 조금 더 많은 셈이 될 것이다.

1 옘병 또는 **꽃 나는 병** 염병(染病), 즉 장티푸스

2 손님, 마마, 또는 **손님마마** 천연두(天然痘)

3 앞시기 여기서도 아마도 수두(水痘)를 가리키는 것 같은데, 제보자들은 '얼굴에 숭터〔흉터〕 하나는 남기는' 병으로 지각하였다. 그런데 이 '앞시기'는 홍역 앞에 하는 병이다.

4 혼역 홍역(紅疫)인데, 이 '혼역'과 관련해서는 "살아서 안 하면 저승에 기서도 한다."라는 재미있는 표현이 전해지고 있었다. 사람은 누구나 일생 동안 '혼역'은 반드시 한 번씩 앓아야 한다는 말일 것이다.

5 뒷시기 위의 3 '앞시기'와 같은 병인데, 단 홍역 뒤에 하는 것을 가리킨다.

6 이질 이 이질(痢疾)의 약으로는 '예편'〔아편〕을 달여 먹었다고 한다.

7 하루걸이, 초악, 또는 **도둑놈 앓는다** 하루는 열이 나 앓고 다음날은 괜찮은 병, 즉 학질(瘧疾)을 가리킨다. 그런데 이 '하루걸이'는 봄철에 앓고 또 점심 먹은 후에 앓는 병이다. 조사지에서도 '하루걸이'의 치료법으로 여러 민간요법을 써 왔는데, 가령 환자가 놀

라면 낫는다고 하여, 소하고 입을 맞추게 하기도 하고, '통숫간'[통싯간]에다 밥사발을 엎어 두었다가 그 사발에 밥을 퍼 주며 환자에게 그 사실을 말하여 놀라게 하기도 하였다고 한다. 그런데 조사지에서는 홍성 지역에서 발견한 '며누리보금'이라는 병명은 인지되지 않았다.

8 고뿔 감기로, '고뿔 들린다'라고 표현한다.

9 몸살

10 급체(急滯) 또는 **멕혔다**

11 토사곽란(吐瀉癨亂)

12 더위 먹는다 여름철에 몸이 늘어지고 설사와 구토를 하는 증세를 가리킨다.

13 등창(瘡)

14 가래뜻 선다 사타구니에 가래톳, 즉 림프샘이 감염되어 붓는 증상을 가리킨다.

15 항아리 손님 턱밑의 림프샘이 붓는 것, 즉 볼거리이다.

16 개씹앓이 눈에 빨간 염증이 생기는, 요즈음 말로 결막염 같은 것을 가리킨다.

17 다래끼 '다래끼'는 다음의 두 하위범주로 나뉜다.

17.1 (보통)**다래끼** 감염되어 곪은 부위가 겉으로 드러나 있는 다래끼를 말한다.

17.2 민다래끼 감염되어 곪은 부위가 눈 안으로 들어가 있는 다래끼를 가리킨다.

18 귀젖 귀 속에 염증이 생겨 고름이 나오는 것을 가리키는데, '귀젖 난다'라고 표현한다.

19 종기(腫氣)

20 속앓이 또는 **가심앓이** 위장 쪽에 강한 통증을 느끼는 '가슴앓이'이다. 이를 앓아 본 한 여성 제보자에 의하면, 명치 쪽에 무슨 덩어리 같은 것이 치밀어 올라온다고 하는데, 이를 여기서는 '속앓이 올라온다'라고 표현한다. 조사지의 경우 '도꼬마리'라는 풀(밭이나 도랑가에 있는 풀로, 열매가 대추씨 같은데 그 열매에 가시가 있어, 이 풀 있는 데에 가면 그 가시가 옷에 새까맣게 붙는다고 함)을 약으로 썼는데, 이 풀의 마른 씨를 물하고 같이 마셨다고 한다. 해당 제보자에 의하면, 이 풀의 마른 씨를 먹은 후 독성 때문에 곧바로 앞이 안 보이고 강한 현기증이 일었는데, 하루 정도가 지난 뒤에 독한 약 기운이 가시자 이 병이 떨쳐졌다고 하였다.

21 속병

22 고창병(鼓脹病?) 속에서 음식을 받아내지 못하는 병인데, 이 '고창병'에는 '이팥죽'을 먹었다고 한다.

23 수중다리 '수종(水腫)다리'로, 허벅지부터 발끝까지 퉁퉁 붓는 병을 가리킨다.

24 학살병 다리가 썩어 들어가는 병이라고 한다.

25 연주창(連珠瘡) 목 부위에 새알 크기의 종기가 생겨 고름이 나오는 병이다.

26 생이손〔생인손〕**앓는다**

3. 생태 환경의 어휘적 구분 II

조사지는 그야말로 산속에 위치한 산간 마을이다. 따라서 당연히 산에서 나는 여러 식물 자원들에 대한 풍부하고도 친숙한 민간 지식이 잘 발달한 곳이다. '문화적으로 중요한' 여러 식물 자원들에 대한 이 절의 기술 내용은 기존의 '한국의 언어 민속지' 연구에서 시도해 온 야생의 식용 식물들을 발견·기술하려는 연구 관심(특히 왕한석 2012: 354-372 및 이 책의 제1장 제3절 '생태 환경의 어휘적 구분 II' 참조)의 연장선상에 있다. 그런데 이곳의 발달한 민간 지식은 아마도 야생의 식용 식물들에 대한 보다 광범한 목록을 포함하는 것 같으며, 특히나 아래의 '6) 야생 나무의 구분법과 이용 방식'의 항은 이곳에서 발견한 또 다른 차원에서의 자연의 식물 세계에 대한 언어적·문화적 지식을 처음으로 정리하는 부분이 될 것이다. 물론 전체적인 기술 방법은 여기서도 구분되는 어휘적 범주를 문화 내적 시각(emic point of view)에서 찾아나가는 것이 그 중심이 된다.

1) 산에 대한 민간 지각

이곳의 산에 대한 민간 지각(folk perception) 그리고 그것의 구성 부분에 대한 구분법은 일면 단순하면서도 다소간 특이한 명칭을 사용하는 것으로 나타난다.

먼저 이곳에서는 산의 크기에 따른 구분법인, (제보자들의 표현으로)

'야산'과 '높은산' 또는 '깊은산'의 구분이 없다(왕한석 2012: 355-356, 이 책의 제1장 제3절 참조). 제보자들은 바깥 세계에서는 이러한 이원적 구분이 이루어지지만, '우리가 사는 곳은 모두 '높은산'(또는 '깊은산')이기 때문에' 그러하다고 답하였다. 다시 말해 조사지에는 낮은 산인 '야산'은 없고 모두가 '높은산' 또는 '깊은산'뿐이므로, 산의 크기에 따른 일반적 구분법이 이곳에는 그대로 적용되지 않는 것으로 또는 발달하지 않은 것으로 이해할 수 있겠다.

다음으로 산을 구성하는 중요 부분들은 그 위치에 따라 다음과 같이 구분되는데, 여기서 1 '또랑깨'의 범주 및 표현은 상당히 특이할 것이다.

1 또랑깨[도랑가] 산의 입구 부위를 가리키는, 외지인에게는 의외의 낯선 표현이다. 이곳의 지형에서는 가장 낮은 곳이 '또랑'이고, 이 '또랑'에서부터 산으로 올라가게 된다. 따라서 선산 지역의 '산입시'(왕한석 2012: 355)나 홍성 지역의 '산쭉부리'(이 책의 제1장 제3절)에 대응하는 의미 범주로 사용되는 말이 여기서는 이 '또랑깨'이다. 이와 관련하여 조사지에서 자주 쓰는 표현에 "또랑깨부터 산이다."라는 말이 있다.

2 산중허리 또는 **산중턱** 산의 중간 정도 부위를 가리킨다.

3 산닐망 산의 솟아오른 꼭대기를 가리킨다.

4 산너머 위의 '산날망'을 넘어 밑으로 내려가 있는, 산의 반대쪽 하단부를 가리킨다.

위의 명칭들과 관련하여, 조사지에는 또 '개바닥'이라는 특수한 표현이 있는데, 이는 산 위에서 내려다보는 산 아래의 바닥이나 평지를 가리키는 특이한 어휘이다. 그러나 여기서의 '개-'가 분석적으로 어떤 의미인지는 알려지지 않는다.

다음으로 산을 구성하는 기본 지형은 여기서도 다음의 두 범주로 나뉜다.

1 (산)**꼴,** (산)**꼴아당,** 또는 (산)**꾸렁** 산의 꺼진 골, 즉 골짜기를 가리킨다.

2 날등 '(산)꼴'과 '(산)꼴' 사이의 솟은 등, 즉 산등성이를 가리킨다.

그리고 한 '(산)꼴'에서 '날등'을 넘어 다른 '(산)꼴'로 가는 것은 흔히 '등겡이 넘어간다'라고 표현하는데, 이 말 이외의 다른 명사형 표현은 아마도 발달하지 않은 것 같다.

2) 야생 나물의 종류

여기서도 야생 나물은 (1) 산에서 나는 '산나물' 또는 '산채'(山菜)와 (2) 들에서 나는 '들나물'로 나뉜다. 물론 사용 맥락에 따라 '산나물'이 이 두 범주를 모두 포함하는 넓은 의미로 쓰이기도 한다. 그리고 이 야생 나물, 특히 산나물은 그것이 풀인지 나무의 잎인지에 따라서, (1) 풀인 산나물과 (2) 나무나 넝쿨의 햇순, 즉 햇잎인 산나물로 크게 나뉜다.

아래의 기술은 야생 나물, 즉 넓은 의미의 '나물'로 먹는 야생 식물 자원의 일차적인 목록이지만, 해당 식물의 하위 범주 구분과 식용 이외의 다른 용도로의 쓰임에 대해서도 가능한 한 기술하기로 하겠다. 달리 말하여, 아래의 기술은 식용의 산나물 및 들나물에 대한 목록 작성이 일차적인 목표이지만, 동시에 이들 식물군에 대한 초보적인 민족식물학(ethnobotany)적 기술을 기본적으로 지향하고자 하는 것이다. 이러한 기술의 목표는 이 항뿐만 아니라 이 절 전체에 적용되는 '숨겨진' 이론적 입장이다.

(1) 산나물의 종류

먼저 이곳의 산에서 나는 '풀인 산나물'의 종류이다. 그런데 조사지에서는 여러 산나물 중 아래 목록의 1 '취', 즉 취나물을 제일로 치고 또 가장 많이 뜯어 먹는 것으로 말한다. 다음으로는 아래의 2 '고사리'를 들었다. 전체적으로 산나물이 풍부한 곳이라 많은 종류의 나물을 뜯기보다는 일반적으로 좋은 나물만 뜯어 먹는 것으로 제보자들은 보고하였다.

그런데 제보자들과 함께 산나물의 종류를 찾아나가는 과정에서, 이분들이 떠올리는 일정한 순서 같은 것이 있는 것처럼 보였다. 아마도 인지(cognition)의 면에서 중요한 순서 또는 중요도의 면에서 가치 있는 순서와 부분적으로라도 연관되는 것같이 보였는데, 이는 다시 여기서 이 목록 서술의 순서 문제와도 연결될 것이다. 그런데 제보자들이 떠올린 순서대로 산나물의 목록을 작성하면, 기존의 다른 지역에서의 연구 결과(왕한석 2012: 357-372, 이 책의 제1장 제3절)와 비교 내지 대조를 하는 데서 약간의 실제적 어려움이 있게 된다. 따라서 아래에서는 이곳의 제보자들이 가장 중시하는 2종류의 산나물을 먼저 들고, 나머지 산나물은 앞선 보고에서처럼 가나다순으로 배열하기로 하겠다.6)

1 취 ‘참취’ 즉 ‘취나물’로, 잎이 넓적하고 향이 좋은 나물이다. 삶아서 무쳐 먹는다. 조사지에서는 산나물 중 이 ‘취’를 “제일 웃질”로 친다. 다음의 두 하위범주로 나뉘는데, 1.1 ‘암취’는 대가 올라오면 뜯을 것이 별로 없으므로, 실제로는 1.2 ‘숫취’를 많이 뜯게 된다고 한다.

1.1 암취 ‘대궁’, 즉 대가 올라와 꽃이 피는 종류이다.

1.2 숫취 ‘대궁’ 없이 잎만 나오는 종류이다.

2 고사리 이곳 산에는 ‘고사리’가 아주 많고 근래에는 밭에서 재배도 한다. ‘고사리’는 다음의 네 하위범주로 나뉜다.

2.1 먹고사리 ‘대궁’이 꺼먼 종류이다. 물론 여기서의 ‘먹-’은 ‘묵’(墨)일 것이다.

2.2 파란고사리 또는 **파란것** ‘대궁’이 새파란 종류인데, 아마도 이 명칭(특히 ‘파란것’)은 어휘적 명칭으로는 아직 좀 덜 발달한 단계일 것이다.

2.3 빨딱고사리 위 2종류의 고사리는 고개를 숙인 채 땅 위로 올라오는 데 반해, 이 ‘빨딱고사리’는 땅 위로 올라오자마자 바로 대가리가 피는 종류이다. 아마도 이러한 발육상의 특성에서 ‘빨딱-’이라는 수식 표현이 붙은 것 같다.

2.4 개비 ‘고비(나물)’로, 꼬부라진 형태로 하얀 솜을 쓰고 나

---

6) 참고로 제보자들이 떠올린 산나물의 종류는 대체로 다음 순서대로이다. 1 ‘취’ > 2 ‘고사리’ > 10 ‘미역취’ > 4 ‘개감취’ > 7 ‘도라지’ > 16 ‘잔대싹’ > 6 ‘더덕’ > 9 ‘떡깔나물’ > 11 ‘사추싹’ > 3 ‘가지복뜰이’ > 15 ‘(산)원추리’ > 12 ‘산전구지’ > 8 ‘뚱클쟁이’/‘뚱클나물’ > 14 ‘원정구’ > 17 ‘지보나물’ > 5 ‘꽤나물’ > 18 ‘활장대나물’ > 13 ‘수리취’. 물론 빠진 범주를 찾아나가는 과정도 있었으므로, 위의 순서가 반드시 인지적 중요성을 그대로 반영한다고 말할 수는 없겠지만, 대체로 인지적 중요성 또는 상대적인 중요도의 순서를 부분적으로나마 반영할 것으로 믿어진다.

오는 고사리의 종류이다.

위의 하위범주 중에서 2.1 '먹고사리', 2.2 '파란고사리', 2.3 '빨딱고사리'의 맛은 모두 같으나, '빨딱고사리'는 '먹을 것이 없다'고 한다. 즉, 이 '빨딱고사리'는 일찍 피는 종류이므로 일찍 세어져 잘 뜯어 먹지 않게 된다고 한다. 또 이 3종류의 고사리는 볶아서도 먹고 육개장도 해 먹는 등 여러 용도로 쓰지만, 2.4 '개비'는 볶아서밖에 먹지 못하는 종류이다. 그뿐만 아니라 '개비'는 맛이 써서 물에 더 오랫동안 우려야 하는데, 다른 3종류보다 통상 두 배의 시간 정도 물에 더 우려야 한다고 하였다. 그러나 '개비'도 잘 우리기만 하면 다른 고사리보다 더 부드럽고 맛도 더 좋은 종류라고 한다.

그리고 어린 아기들 손을 보고 "고사리 손 같다."라고 하는 비유는 여기서도 많이 쓰는 표현이다. 제보자들에 의하면, 이 표현은 고사리의 대가 숙인 채 올라오는 것과 아기들의 손이 항시 오므려 있는 것의 형태적 유사성에서 연원한 말이라고 한다.

3 가지복뜰이 일찍 나는 나물로, 잎의 생김새가 고춧잎과 비슷하고 색깔은 가지색이다. 또 잎이 위로 올라가지 않고 옆으로 여러 가닥으로 퍼지는 특색이 있다. 삶아서 무쳐 먹는다.

4 개감취 아마도 '개암취'인 것 같은데, 대에 이파리가 2개씩 붙고 또 위로 올라가면서 잎이 '지그재그 식'으로 붙는 특성이 있다. 삶아서 무쳐 먹는다.

5 꽤나물 '깨나물'로, 들깻잎 비슷하게 생긴 것인데 삶아서 무쳐 먹는다.

6 더덕 이 '더덕'은 물론 싹도 먹고 뿌리도 먹는 것이다. 싹은 겉

절이로 먹거나 삶아서 무쳐 먹고, 뿌리는 생것을 무쳐 먹거나 양념하여 구워 먹고, 또 최근에는 술도 담가서 먹는다.

7 도라지 '도라지'도 싹과 뿌리를 모두 먹는다. 싹은 겉절이로 먹거나 삶아서 무쳐 먹고, 뿌리는 '짱아치'[장아찌]를 담그기도 하고 생것을 볶아서도 먹고 무쳐서도 먹는다. 또 뿌리는 약용으로도 쓰는데, 기침을 할 때 대추와 함께 삶아서 먹는다.(단, 약용으로는 '흰 도라지'의 약효가 더 좋은 것으로 알려져 있다.)

도라지는 여기서도 다음의 두 하위범주로 구분된다.

7.1 산도라지 다른 지역과는 달리 이곳 산에는 꽃이 파란 것도 있고 흰 것도 있다고 한다.

7.2 집도라지 위의 '산도라지'가 흔한 곳이라, 조사지에서는 도라지를 밭에다 심지 않는다.

8 뜽클쟁이 또는 **뜽클나물** 이파리가 조금 길쭉하면서 끄트머리가 약간 동글한 풀로, 더북하게 한꺼번에 나는 특성을 가지고 있다. 이 '뜽클쟁이'/'뜽클나물'은 겨울에도 얼어 죽지 않는 풀이다. 삶아서 무쳐 먹는다.

9 띡깔나물 잎이 뿌여면서 형태가 국화잎처럼 생긴 것이다. 삶아서 무쳐 먹는다.

10 미역취 '미역취'로, 이파리 2개가 올라오는데 마치 미역처럼 길쭉하다. 삶아서 무쳐 먹는다.

11 사추싹 '사초'(莎草)의 싹으로, 잎이 배춧잎처럼 생겼고 대가 허옇고 잎은 위로 올라가면서 '지그재그 식'으로 열리는 것이다. 삶아서 무쳐 먹는데, 처음 나온 것은 생것으로도 먹는다.

12 산전구지 '전구지'[부추]처럼 생겼는데 조금 붉은빛이 나는 것이다. 삶아서 나물로 먹고, 또 장 끓이는 데에 넣어서도 먹는다.

이 마을의 경우 그리 흔한 나물은 아니라고 한다.

13 수리취 '수리취'로, 쑥 비슷한데 잎사귀가 뿌옇고 앞의 1 '취' 만큼 큰 것이다. 다른 산나물과는 용도가 조금 다른데, 먼저 삶아서 말리든지 또는 생것 그대로 넣어서 떡을 해 먹는다. 떡은 쑥떡과 비슷하다. 그리고 '수리취'를 뜯어 말려서 손으로 비비면 '똥은 다 떨어지고 솜 같은 것만 남는데', 이 솜을 차돌에 붙여 차돌끼리 치면 불이 일어나 솜에 붙는다. 과거에는 이 불을 담뱃불이나 아궁이 불로 썼다. 다시 말해 수리취 솜을 '불씨'로 썼는데, 이런 방식으로 불을 붙이는 것을 여기서는 '부싯치기'라고 부른다.

14 원겅구 '엉겅퀴'인데, 조사지에서는 들이 아니라 산에서 나는 풀이다. 나물로는 잎만 삶아서 무쳐 먹는다. 그리고 예부터 소가 아프면(즉, 소가 쇠죽을 잘 먹지 않으면), '원겅구'의 뿌리를 삶아 그 물을 먹인다. 또 최근에는 뿌리를 캐다가 닭발과 함께 삶아서 무릎 아픈 데에 약용으로 먹는다고 한다.

15 (산)**원추리** '원추리'로, 제일 먼저 나오는 산나물의 종류이다. 처음 나올 때에 꺾어서 국을 끓여 먹는다. 그러나 '(산)원추리'가 조금 크면 먹지 않는데, 그것은 이 풀에서 노린내가 나기 때문이라고 한다.

16 잔대싹 '잔대'는 싹인 '잔대싹'과 뿌리인 '잔대'를 모두 먹는다. 싹 곧 잎은 삶아서 먹는데, 처음 나온 연한 것은 생것 그대로도 먹는다. 뿌리는 생것을 나물로 먹기도 하고 약용으로도 먹는데, 약용으로는 산모의 출산 후 부종(浮腫)에 '잔대'를 호박하고 같이 삶아서 그 물을 먹는다.

17 지보나물 질경이 비슷하게 생겼는데 잎이 배틀어져서 오목하게 올라오고, 크면 잎이 활짝 벌어지면서 그 속에서 대가 올라와

하얀 꽃(나팔꽃과 비슷함)이 피는 풀이다. 삶아서 무쳐 먹고 또 국도 끓여 먹는다.

18 활장대나물 대에서 이파리가 2개씩 나오고 이 이파리에서 새순이 나오는 풀인데, 또 새순에서는 수염이 나오고 이 수염이 또르르 말리는 특성이 있다. 대의 속은 비었고, 꽃은 미나리 꽃같이 허옇게 핀다. 이 풀의 새순을 삶아서 무쳐 먹는다.

다음은 '나무 및 넝쿨에서 나는 햇순, 즉 햇잎인 산나물'의 목록이다. 그런데 이 절의 뒷부분에서 정리하는 바와 같이, 이곳의 민간 지식에 의하면, 식물 중 나무의 범주와 덩굴 즉 넝쿨의 범주는 분명히 구분된다. 따라서 아래에서는 먼저 나무의 햇순을 기술하고, 이어서 넝쿨의 햇순을 기술하기로 하겠다. 그리고 두 범주 모두 가나다순으로 배열하도록 하겠다.[7)]

1 국싸리순 먼저 '싸리나무'는 다음의 2종류로 나뉘는데, 이 중 1.2 '국싸리나무'의 햇순을 따서 삶아서 무쳐 먹는다.

1.1 (보통)**싸리나무** 줄기가 검은빛이 나는 것으로, 소위 '바소쿠리'를 만드는 싸리나무의 종류이다.

1.2 국싸리나무 줄기가 어려서는 새파랗고 나중에는 붉은색이 되는 것으로, 위의 '(보통)싸리나무'보다 이파리와 키가 더 큰 것이다. 이 '국싸리나무'는 줄기가 약해서 바소쿠리를 만들지 못

---

7) 그런데 면접 과정에서 제보자들은 대체로 다음의 순으로 나무와 넝쿨을 합쳐서 이 산나물들을 떠올렸는데, 즉 10 '혼닢' > 1 '국싸리순' > 3 '두릅' > (1) '다래순' > 8 '옻순' > 9 '죽순' > 4 '미영꽃나물' > 2 '꼬추뱅이(나물)' > 5 '붕알나물' > 7 '오갈피나물' > 6 '엄나무순' > (2) '인동넝쿨(순)' > (3) '주머니나물' > (4) '참명과순'의 순서이다.

하는 종류이다.

2 꼬추뱅이(나물) 위의 싸리나무와 비슷한 나무인데, 하얀 꽃이 피고 올라온 가지가 뒤에 늘어지는 특색이 있다. 이 나무의 햇순을 삶아서 무쳐 먹는다.

3 두릅 '두릅나무'의 햇순인데, 여기서도 두릅나무는 아래의 두 하위범주로 나뉜다. 그런데 이곳에서는 3.1 '(보통)두릅'의 햇순을 따 삶아서 초장에 찍어 먹거나 또는 무쳐서 먹는다.

3.1 (보통)**두릅** 산에 있는 야생의 두릅나무이다.

3.2 땅두릅 밭에서 재배하는 두릅나무인데, 조사지에서는 이 '땅두릅'은 재배하지 않는다.

4 미영꽃나물 싸리나무와 비슷한 나무인데, 꽃이 예쁘고 또 꽃이 처음에는 빨갛다가 뒤에는 허옇게 바래지는 것이다. 그리고 이파리는 참깨 올라올 때의 참깻잎과 비슷하다고 한다. 이 나무의 햇순을 따서 삶아 무쳐 먹는다.

5 붕알나물 나무 이름은 알려지지 않으나, 주먹만 한 열매가 열리는데, 처음에는 시퍼렇다가 다 익으면 뻘겋게 된다고 한다(아마도 '붕알나물'이라는 이름은 이 열매의 크기와 모양이 '붕알'[불알]과 비슷한 데서 만들어진 것으로 추측됨). 이 나무의 햇잎을 따서 삶아서 무쳐 먹는데, 그리 자주 먹는 나물은 아니고 맛도 그리 좋은 것은 아니라고 한다.

6 엄나무순 '엄나무'의 햇잎을 가리킨다. 이것도 삶아서 무쳐 먹는데, 맛이 쓴 나물이다.

7 오갈피나물 '오갈피나무'의 햇잎인데, 조사지에서는 이 오갈피나무의 하위범주 구분은 발달하지 않았다. 이 잎의 생김새는 아주까리 잎이나 엄나무 잎과 비슷하다. 이것도 삶아서 무쳐 먹는데,

맛이 쓴 종류이다.

8 옻순 '옻나무'의 햇순으로, 나물 중 매우 맛있는 종류로 알려져 있다. 생으로도 먹고 삶아서 무쳐 먹기도 한다. 그런데 먹을 것이 귀하던 과거에는 아이들이 학교에 가다가 이 '옻순'을 따 먹고 입이 까맣게 변색되고는 하였다는데, 이를 가리켜 "옻순 따 먹은 것은 거짓말을 못 한다."라고 한다. 즉, '옻순'을 따 먹으면 그 흔적이 입가에 분명히 남음을 가리키는 말일 것이다.

9 죽순 '참죽나무' 또는 '죽순나무'의 햇순을 가리킨다. 이 햇잎을 따다가 밀가루를 발라 적도 부쳐 먹고, 삶아서 양념한 찹쌀 풀을 발라 그냥 먹기도 하며, 또 자반을 만들어 먹기도 하고(이를 여기서는 '죽자반'으로 부름), 그리고 삶아서 말린 뒤 기름에 볶아 먹기도 한다. 그러나 삶아도 '죽순'의 냄새가 계속 역한 기가 있어 그냥 나물로는 먹지 않는다.

10 혼닢 이곳 말로 '혼닢나무', 즉 '홋잎나무' 또는 '화살나무'의 햇순이다. 삶아서 무쳐 먹는데, 이 '혼닢'은 다음의 두 하위범주로 나뉜다(나물뿐 아니라 나무의 하위범주임).

10.1 땅혼닢 작은 가지가 땅에서 솟아난다고 하여 '땅혼닢'으로 부른다. 일찍 나는 종류로, 이 가지의 잎을 따서 먹는다.

10.2 세뿔혼닢 큰 '혼닢나무'의 햇순을 따 먹는 것으로, 조금 늦게 나온다. 이 나무의 가지에 세 가지 칼 같은 것이 붙어 있는 데서 '세뿔혼닢'으로 부른다고 한다.

물론 위의 두 가지 '혼닢'을 다 먹는데, 10.2 '세뿔혼닢'이 10.1 '땅혼닢'보다 맛도 더 있고 잎도 더 굵은 편이다. 그런데 최근에는 '세뿔혼닢'(이 나무의 꽃은 조그맣고 흼)의 가지를 잘라 중병 환자, 즉 암 환자들이 삶아서 약으로 먹는다고 한다.

1 다래순 소위 '다래나무' 넝쿨의 햇순을 가리키는데, 다래나무는 흔히 다음의 두 하위범주로 구분·인지된다. 이 '다래순'은 두 하위 종류 모두의 햇순이고, 또 두 하위 종류 간에 맛 차이도 없다고 한다. '다래순'은 물에 우려서 독한 기를 빼내고 무쳐서 먹는데, 그것보다는 흔히 이른바 '묵나물'을 만들어서 먹는다.

1.1 암놈 꽃이 피고 열매가 열리는 종류이다.

1.2 수놈 꽃은 피지만 열매가 열리지 않는 종류이다.

2 인동넝쿨(순) 인동초(忍冬草), 즉 '인동넝쿨'의 순이다. 먼저 이 '인동넝쿨(순)'은 삶아서 무쳐 먹는데, 이것도 맛이 쓴 나물의 종류이다. 또 이곳 조사지에서는 과거 소가 쇠죽을 잘 먹지 않을 때에, '인동넝쿨'의 넝쿨만 꺾어다가 쇠죽에 넣어 같이 끓인 후 넝쿨은 빼내고 그 죽을 먹였다고 한다. 다시 말해 인동넝쿨의 삶은 물을 아픈 소에게 약으로 먹인 것이 된다.

3 주머니나물 나무를 타고 위로 올라가는 넝쿨의 종류인데, 아마도 도속 명칭은 '주머니넝쿨'인 듯하다. 이 넝쿨의 잎을 따서 삶아 무쳐 먹는다.

4 참명과순 이곳 말로 '명과나무'는 산에 있는 넝쿨로, 넝쿨이 옆과 위로 뻗고 또 열매는 빨갛고 잎이 넓적한 것이다. 즉, 흔히 '망개나무'로 부르는 '청미래덩굴'인데, 다음의 두 하위범주로 나뉜다.

4.1 참명과나무 '명과나무'의 '수놈'으로, 이것의 햇순이 바로 '참명과순'이다. 삶아서 무쳐 먹고, 또 소위 '묵나물'을 만들어 먹는다. 그런데 나물이 좀 미끄럽다고 한다.

4.2 암놈 이 '암놈'은 열매가 열리는 '명과나무'인데, 위의 4.1처럼 별도의 어휘적 명칭으로 발달하지는 않았다.

이 지역에는 흔히 '참나물'로 부르는 산나물의 종류는 없는데, 제보자들에 의하면, 텔레비전에서 보이는 소위 '참나물'은 그 생김새에서 이곳의 들나물인 '반지나물'(아래 목록의 20 '반지나물')과 비슷해 보인다고 하였다. 그러나 그 정확한 실상은 알 수가 없다. 또 조사지에서는 다른 지역에서 먹는 넝쿨순인 '어름나물'이나 '칡순' 등은 먹지 않는다고 하였다.

마지막으로 특수한 산나물의 명칭인 '묵나물'은 널리 쓰는 말인데, 바로 다음과 같은 의미이다.

1 묵나물 봄에 따다가 말려서 겨울철에 먹는 (넓은 의미의) 산나물을 가리키는데, '묵허서'[묵혀서] 먹기 때문에 '묵나물'로 부른다. 모든 산나물은 '묵나물'로 만들 수 있으나, 주로 '묵나물'로 만들어 먹는 종류가 따로 있다. 즉, '취'와 '다래순'과 같은 산나물과, 다음에서 기술할 '송장때나물', '뺑잎', '망촛대나물', '머위', '명아지' 등과 같은 들나물이 그것이다.(그런데 '묵나물'을 만들면 안 되는 나물로 '묵나물'을 만들면 흔히 벌레가 생긴다고 한다.) '묵나물'은 해당 나물을 삶아서 말린 뒤에 손으로 비비는데, 그렇게 하면 빨리 마를 뿐 아니라 나물도 연하게 된다고 한다.

(2) 들나물의 종류

산간 촌락인 조사지에서 채취해 온 산나물의 종류는 상대적으로 많지 않은 반면에, 들나물의 종류는 상대적으로 많은 것으로 나타난다(가령 쉬운 비교의 대상으로 선산 지역의 산나물 및 들나물의 목록(왕한석 2012: 357-364)을 참조할 것). 제보자들은 이를 두고, '못 먹는 것 빼고는 다 먹는다.' 또는 '과거에는 채소가 귀해 온갖 걸 다 먹었다.'라고 여러 번 웃으면서 말하였다.

다음은 이곳에서 채취해 온 들나물의 구체적인 목록인데, 이 가운데 '보통의' 들나물인 1~34의 들나물은 앞의 산나물의 예처럼 가나다 순으로 배열하였다.[8]

1 거름대나물 밭과 도랑가에서 나는 풀로, 잎이 미나리처럼 생기고 대가 꺼먼 것이다. 삶아서 무쳐 먹는다.

2 고들빼기 '고들빼기'로, 삶아서 무쳐 먹고 또 물에 담가 삭혀서 김치를 담가 먹는다.

3 국수댕이 논바닥과 밭에서 나는 풀로, 잎사귀가 다닥다닥 많은데 소복하게 한꺼번에 올라오고, 잎 크기는 쌀보다 작은 것이다. 꽃은 하얀 꽃이 핀다. 삶아서 무쳐 먹는다.

4 깡주리나물 밭에서 나는 풀인데, 풀이 조금 올라오다가 '가지'가 나고 또 그 가지에서 다른 가지가 나는데, 가지마다 마디가 지고 빨간색 꽃이 피는 것이다. 삶아서 무쳐 먹는다.

5 꽃다지 밭에서 많이 나는 풀인데, 잎이 작고 노란색 꽃이 피고 그리고 산나물의 9 '떡깔나물' 같이 생긴 것이다. 삶아서 무쳐 먹는데, 잎이 너무 작아 잘 뜯어 먹지 않는다고 한다.

---

8) 참고삼아 조사 과정에서 제보자들이 떠올린 해당 들나물의 순서는 대체로 다음과 같다. 즉, 6 '나싱개' > 8 '달래' > 33 '질겡이' > 2 '고들빼기' > 27 '싸랭이' > 19 '민들레' > 3 '국수댕이' > 23 '벌금자리' > 10 '돈나물' > 11 '돌미나리'/'불미나리' > 5 '꽃다지' > 30 '전구지' > 16 '머위' > 18 '미나리아재비' > 17 '명아지' > 32 '지칭개' > 24 '비름' > 20 '반지나물' > 13 '망촛대나물' > 26 '송장때나물' > 21 '밥보재나물' > 1 '거름대나물' > 22 '방울나물' > 25 '솔구쟁이나물' > 4 '깡주리나물' > 9 '대싸리나물' > 14 '매미나물' > 31 '조뱅이나물' > 7 '달기찟개' > 34 '콩나물'/'콩나물대가리' > 28 '쑥' > 15 '매싹' > 29 '장로' > 12 '돼지풀'의 순이었다.

6 나싱개 '냉이'로, 다음의 두 하위범주로 구분된다. 그런데 2종류의 맛은 똑같고, 모두 겉절이도 하고 삶아서 무쳐 먹기도 하고 또 국도 끓여서 먹는다.

6.1 (보통)**나싱개** 이 종류는 하얀 꽃이 피는 것이다.

6.2 황새나싱개 논과 밭에 다 있으나 물기 많은 곳에서 나는 종류이다. 위의 '(보통)나싱개'에 비해 뿌리가 많고 또 노란 꽃이 피는 것이다.

7 달기찟개 도랑가와 밭의 습기 있는 데서 나는 풀로, 마디마디에 잎이 달리고 잎 끝이 뾰족한 것이다. 꽃은 남색 꽃이 핀다. '달기찟개'는 삶아서 무쳐 먹거나 '묵나물'을 만들어 먹는데, 최근에 와서는 당뇨병에 좋다고 하여 생즙을 내어 먹기도 한다.

8 달래 '달래'로, 겉절이도 하고 국과 찌개에도 넣어 먹는다. 또 '달래'가 파와 비슷하므로 파처럼 양념으로 쓰기도 한다.

9 대싸리나물 논에서 나는 풀로, 줄기가 자주색이고 대가 올라가면서 마디마다 잎이 하나씩 나는 것이다. 잎은 조그맣고 짤쭉짤쭉하다. 겉절이도 해 먹고 삶아서 무쳐 먹기도 한다.

10 돈나물 '돈나물', 즉 '돌나물'이다. 겉절이도 해 먹고 물김치도 담가 먹는다.

11 돌미나리 또는 **불미나리** 야생 미나리, 즉 '돌미나리'를 말한다. 여기서 '돌-'은 야생인 데서 붙은 이름일 것이고, '불-'은 색깔이 붉은 데서 붙은 이름이다. 도랑에도 나고 논바닥에도 난다. 겉절이를 해서 먹는데, 최근에는 외부인들이 약용으로도 많이 쓴다고 한다.

12 돼지풀 울타리 밑이나 밭둑에서 나는 풀인데, 잎이 작고 옆으로 뻗어 나가며 하얀 꽃이 피는 것이다. 이 '돼지풀'은 생명력이

강해서 겨울철에도 잘 죽지 않는다고 한다. 조사지에서는 사람은 먹지 않고 돼지 먹이로 썼는데, 제보자들에 의하면, 바깥에서는 식용을 하기도 한다고 한다.

13 망촛대나물 밭에서 나는 풀인데, 잎사귀가 길고 다 자라면 키가 제법 큰 풀이다. 흰색 꽃이 핀다. 삶아서 말려 '묵나물'을 만들어 먹는다.

14 매미나물 밭에서 나는 풀인데, 잎은 상추가 처음 올라올 때의 모습과 비슷한 형태이고, 하얀 꽃이 피는 것이다. 삶아서 무쳐 먹는다.

15 매싹 밭에서 나는 것으로, 넝쿨이 옆으로 뻗어나가고 잎은 아까시 잎같이 생겼는데, 꽃은 분홍색의 나팔꽃이 피는 풀이다. 잎과 뿌리를 모두 먹는데, 잎은 그것이 올라올 때 뜯어다가 삶아서 무쳐 먹는다. 그리고 뿌리는 아래의 27 '싸랭이'[씀바귀] 뿌리 비슷하게 생겼는데 그것보다는 좀 굵은 편이다. 지금은 잘 먹지 않지만 과거에는 쪄서 먹었다.

16 머위 '머위'로, 삶아서 무쳐 먹고 '머위'가 자라면 잎은 버리고 줄기만 껍질을 깐 채 삶아서 무쳐 먹는다. 그리고 근래에는 고기를 구워서 쌈을 싸 먹는데, 이곳에서는 과거부터 밥은 싸 먹지 않았다고 한다.

17 멍아지 '명아주'로, 삶아서 무쳐 먹고 '명아지'가 자라면 말려서 지팡이를 만든다.

18 미나리아재비 도랑에 있는 풀로, 미나리와 비슷하나 털이 있고 잎사귀는 아욱 잎처럼 생긴 것으로, 노란 꽃이 피는 것이다. 처음에 난 연한 것을 뜯어서 삶아 무쳐 먹는다.

19 민들레 '민들레'로, 삶아서 무쳐 먹는다.

20 반지나물 논바닥이나 도랑가의 습지에서 나는 풀이다. 잎이 작으며 둥글고 반들반들하게 윤기가 나며, 잎이 날 때 여러 가닥이 올라오고 대가 하얗다. 잎사귀가 위의 18 '미나리아재비'와 비슷한데, 삶아서 무쳐 먹는다.

21 밥보재나물 밭에서 나는 풀로, 위의 2 '고들빼기' 잎같이 생겼는데 잎이 길고, 대가 올라와 하얀 꽃이 피는 것이다. 잎과 뿌리를 모두 먹는데, 삶아서 물에 우려 무쳐 먹는다.

22 방울나물 도랑가에서 나는 것으로, 위의 18 '미나리아재비'와 비슷한데 크기가 좀 작은 것이다. 잎사귀가 반질반질한 풀이다. 삶아서 무쳐 먹는다.

23 벌금자리 논바닥에서 나는 풀로, 3 '국수댕이' 비슷한데 넝쿨이 옆으로 뻗는 풀이다. 겉절이도 해 먹고 쌈도 싸 먹는다.

24 비름 '비름'으로, 밭과 마당에서 나는데 다음의 세 하위범주로 나뉜다.

24.1 참비름 잎이 동글동글하고 넓적한 종류로, 삶아서 무쳐 먹는다.

24.2 새비름 줄기가 벌겋고 미끄러운 종류로, 제보자들은 이 '새비름'을 '지렁이같이 생긴 것'으로 비유하였다. 과거에는 삶아서 무쳐 먹었으나, 채소가 많아진 지금에는 먹지 않는다고 한다.

24.3 개비름 키가 크고 털이 있어 껄끄러운 종류이다. 예부터 먹지 않는 '비름' 종류이다.

25 솔구쟁이나물 도랑가에서 나는 풀인데, 잎사귀가 미역처럼 길고 뒤에 대가 올라와 하얀 꽃이 피는 것이다. 과거에는 국을 끓이거나 죽을 쑤어 먹었으나, 지금은 먹지 않는다고 한다. 그런데 최근에 외지인들이 꺾어서 약용으로 쓴다고 하였다.

26 송장때나물 밭가에서 나는 풀로, 들깻잎같이 생겼고 꽃은 밥풀 크기로 남색 꽃이 피는 것이다. 독하면서 이상한 냄새가 나는데, 아마도 '송장-'이라는 이름은 이 냄새와 관련이 있는 것으로 제보자들은 추측하였다. 삶아서 말린 뒤 '묵나물'을 만들어 먹는다.

27 싸랭이 '씀바귀'로, 다음의 두 하위범주로 나뉜다. 2종류 모두 맛이 쓴데, 삶아서 무쳐 먹는다.

27.1 (보통)싸랭이 밭에서 많이 나는 '싸랭이'로, 잎이 빨갛고 뿌리는 노랗고, 옆으로 뻗어 나가는 종류이다.

27.2 가새싸랭이 논에서 많이 나는 '싸랭이'로, 잎이 '가새'[가위]처럼 갈라진 종류이다.

28 쑥 '쑥'은 다음의 네 하위범주로 나뉜다. 28.1 '참쑥'과 28.2 '제비쑥', 28.3 '약쑥'은 밭둑이나 논둑에서 나는 데 비해, 28.4 '인진쑥'은 산 밑이나 '모이'[묘]가에서 난다.

28.1 참쑥 색깔이 뿌옇고 소복하게 나는 '쑥'이다. 떡을 해 먹고 국을 끓여 먹고, 그리고 밀가루에 섞어서 쪄 먹는다.

28.2 제비쑥 위의 '참쑥'보다 잎이 조금 더 길고 좀 더 새파란 것이다. 똑같이 떡을 해 먹고 국을 끓여 먹고, 그리고 밀가루에 섞어서 쪄 먹는다.

28.3 약쑥 위의 2종류보다 키가 좀 더 크고 잎이 조금 더 길며, 검은색이 돌고 억센 것이다. 한방에서 뜸을 뜨는 '약쑥', 즉 '뜸쑥'이다.

28.4 인진(茵蔯)쑥 키가 크고 색깔은 새파란데 잎이 가늘고 긴 것이다. 달여서 간장병과 여성들 냉병(冷病)에 약으로 쓴다.

29 장로 밭둑과 산에서 나는 풀인데, 키가 크고 대와 꽃이 빨간 것이다. 다 익은 씨는 새까맣고, 잎은 손바닥만 한데 끝이 좀 뾰족

하다. 이 '장로'는 과거에는 먹지 않았는데, 근래에 와서 새로이 먹기 시작한 들나물이다. '묵나물'을 만들어서 먹는다.

30 전구지 '부추'로, 여기서는 밭에서 주로 난다. 재배하는 '전구지'와 똑같이, 겉절이도 해서 먹고, 찌개에도 넣어 먹으며, 부침개 즉 적도 부쳐 먹는다.

31 조뱅이나물 밭에서 나는 풀로, 풀인 산나물의 14 '원경구'〔엉겅퀴〕처럼 잎사귀에 가시가 더덕더덕 박힌 풀이다. 국화 송이처럼 빼쪽하게 올라와 '원경구' 꽃 비슷한 보라색 꽃이 핀다. 과거에는 이 '조뱅이나물'을 삶아 무쳐 먹었는데, 지금은 잘 먹지 않는다고 한다.

32 지칭개 밭에서 나는 풀로, 전체적으로 19 '민들레' 비슷하게 생겼다. 색깔은 쑥 색깔이고, 잎은 6 '나싱개'〔냉이〕 잎같이 생겼으며, 뿌리는 분홍색이다. 손으로 으깨어서 쓴 물을 빼낸 후 장국을 끓여 먹는다.

33 질겡이 '질경이'로, 국을 끓여 먹는다.

34 콩나물 또는 **콩나물대가리** 밭에서 나는 풀로, 위의 3 '국수댕이'같이 생겼는데 '국수댕이'보다 잎이 조금 더 크고, 보라색 꽃이 피는 것이다. 삶아서 무쳐 먹는다.

위의 34종류의 들나물은 모두 '보통의' 들나물, 즉 들에서 나는 '풀인 들나물'이다. 그런데 아래의 2종류는 자연적으로 생기는 풀이 아니라 '사람이 심어서 나는 풀'이고, 이 풀의 잎을 따서 먹는 들나물의 종류이다.

35 모시순 밭둑에 심어서 나는, 제보자들의 표현으로는, '모시나무'의 잎이다. 그런데 이 '모시나무'의 햇순은 들깻잎 비슷하고 색

깔이 뿌옇다. 이 '모시순'을 따서 떡을 해 먹는데, 그것이 바로 '모시떡'이다.

36 아주까리나물 밭가에 씨를 심어서 나는 '아주까리'의 잎이다. 먼저 잎은 삶아 말려서 '묵나물'을 만들어 먹는다. 그리고 과거에 씨는 기름을 짜서 머릿기름으로 썼다.

마지막으로 다음 3종류의 들나물은 풀이 아니라 '나무 및 넝쿨의 순인 들나물'이다. 아래에서 37과 38은 나무의 햇순이고, 39는 넝쿨의 햇순이다.

37 대나무순 '죽순'(竹筍)을 가리키는데, 이 마을에는 대나무가 많지 않아 '대나무순' 나물은 많이 못 먹었다고 하였다.

38 뺑잎 '뽕잎'으로, 예전에는 먹지 않았는데 지금은 삶아서 '묵나물'을 만들어 먹는다.

39 구기자순 소위 '구기자(拘杞子)나무'로 부르는 넝쿨의 순이다. 이 '구기자순'은 삶아서 무쳐 먹고, 구기자 열매와 '대공'〔대〕은 약으로 쓰고, 열매는 또 술을 담가 먹는다.

3) 야생 열매 및 뿌리의 종류

다음은 조사지에서 채취·식용해 온 야생 식물의 열매 및 뿌리의 목록이다. 이 항목에서도 제보자들이 해당 명칭을 떠올린 대체적인 순서가 있었으나, 앞의 산나물 및 들나물에 비해 중요성을 갖지 않는 것으로 판단되어 그냥 가나다순으로 정리하기로 하겠다.

(1) 야생 열매의 종류

여기서도 과거부터 식용해 온 야생 식물의 열매는 그것이 나는 장소에 따라 '산에서 나는 열매'와 '들에서 나는 열매'로 크게 구분된다. 산에서 나는 야생 열매는 해당 열매의 특성과 용도에 따라, '부드럽고 수분이 있는 열매'와 '껍질 속에 든 수분이 없고 딱딱한 열매' 그리고 '주로 양념으로 쓰는 작은 열매'로 구분 지을 수 있겠다. 그런데 이 야생 열매의 전체 목록은 숫자 면에서 다른 지역의 것보다 조금 더 많은 셈이 될 것이다.

먼저 산에서 나는 부드럽고 수분이 있는 열매의 종류인데, 여기서도 기술의 편의상 나무의 열매(1~10)와 넝쿨의 열매(11~15)를 구분하여 정리하도록 하겠다.

1 개살구 야생의 살구나무, 즉 '개살구나무'의 열매인 '개살구'이다.

2 고염 여기 말로 '고염나무', 즉 '고욤나무'의 열매인 '고욤'이다. 조사지에서는 서리가 여러 번 온 후에 산에 있는 '고염나무'를 흔들어서 '고염'을 따다가, 항아리에 담아 장광[장독간]에 놓아둔다. 그러면 마치 감이 익어 홍시감이 되듯이 그것이 익어 터지는데, 겨울철에 그 익은 것을 갖다가 숟가락으로 퍼먹는다고 한다.

3 구지오돌개 여기 말로 '구지(뺑)나무', 즉 '꾸지뽕나무'의 열매이다. '오돌개', 즉 '오디'와 비슷한 데서 '구지오돌개'로 불린다.

4 까트리복숭 야생 복숭아를 가리키는데, 별다른 하위범주의 구분은 발달하지 않았다.

5 돌감 또는 (산)**빼조리감** 야생 감을 가리키는데, 집에 있는 감

의 종류인 소위 '빼조리감'보다 더 작고 조금 더 뾰족하다고 한다.

6 돌배 또는 **아그배** 야생 배를 가리킨다.

7 빨뿌리 키는 그리 크지 않고, 나무의 햇순인 산나물 4 '미영꽃나물'과 비슷하게 생긴, 이곳에서 말하는 '빨뿌리나무'의 열매이다. 손톱만 한 크기의 빨간 열매로, 열매 위에 양쪽으로 '뿔'이 나 있고 가운데는 조금 들어간 것이다. 떫고 신맛이 나는 열매이다.

8 뻣 야생 벚나무의 열매, 즉 '버찌'이다.

9 뽀리똥 이곳 말로 '뽀리똥나무', 즉 '보리수나무'의 열매이다. 붉은색으로, 맛은 떨떠름하고 좀 시큼한 것이다.

10 산앵두 '산앵두', 즉 야생의 앵두이다.

11 다래 넝쿨의 열매인 '다래'로, 단맛이 나는 것이다.

12 (산)**머루** 또 넝쿨의 열매인 '머루'로, 포도 맛이 나는 것이다. 하위범주의 구분은 발달하지 않았다.

13 명과열매 '망개'로 널리 부르는, 이곳 말로는 '명과나무', 즉 '청미래덩굴'의 열매이다. 달리 말하여, 앞서 기술한 넝쿨의 햇순인 산나물 4 '참명과순'은 '명과나무'의 '수놈'인 '참명과나무'의 햇잎이고, 이 '명과열매'는 '명과나무' 중 '암놈'에서 열리는 색깔이 빨간 열매이다. 제보자들에 의하면, 소위 '망개떡'을 싸는 잎은 바로 이 '암놈 명과나무'의 잎이라고 한다.

14 산딸기 '산딸기'로, 통상 다음의 세 하위범주로 나뉜다.

14.1 (보통)**산딸기** 옆으로 퍼지는 넝쿨에 열리는 '산딸기'의 종류이다.

14.2 멍석딸기 (넝쿨이 아닌) 풀에 열리는 '산딸기'의 종류로, 대가 위로 올라가고 그 대의 끄트머리에 열리는 '산딸기'이다. 그

런데 이 '멍석딸기'가 위의 '(보통)산딸기'보다 조금 더 굵고 맛도 좀 더 낫다고 한다.

14.3 고무따울 또 다른 넝쿨의 열매인 야생 '복분자'(覆盆子)로, 다 익으면 색깔이 까맣게 되는 것이다.

여기서도 물론 '배암따울', 즉 '뱀딸기'가 있으나 이는 먹지 않는 것이고 따라서 '산딸기'의 범주에 들지 않는 것으로 보았다.

15 으름 '으름' 즉 '으름덩굴'의 열매로, 바나나같이 생긴 것이다.

다음은 껍질 속에 든 수분이 없고 딱딱한 열매의 종류들인데, 아래의 17 '도토리'는 특히 이 지역에서 문화적 중요성(cultural importance)을 가지는 야생 열매였을 것으로 짐작된다. 3종류 모두 나무의 열매들이다.

16 깨금 '개암'으로, 호두 맛 비슷한 고소한 열매이다.

17 도토리 여러 종류의 '도토리'를 포괄적으로 가리키는 명칭이다. 이는 통상적으로 다음의 세 하위범주로 나뉜다.

17.1 상수리 '참나무'의 열매로, 제일 크고 뚱그런 것이다.

17.2 굴밤 '굴밤나무'의 열매로, 조금 작고 뚱그러면서 이곳에서 말하는 '배꼽' 부위(열매의 침이 달린 끝 부위)가 조금 들어간 특징이 있는 것이다.

17.3 속소리 '속소리나무'의 열매로, 제일 작고 길쭉한 형태의 것이다.

위의 3종류 외에 '떡갈나무'에도 작은 '도토리'가 열리지만, 이에 대한 구분되는 별개의 명칭은 없다. 또 모든 '도토리'는 다 묵을 해 먹지만, 이 중 17.3 '속소리'의 묵이 그 양에서 제일 많이 나오는 것으로 예부터 전해 온다. 그리고 묵 외에도 '도토리'로 부침개와 국수도 해 먹는다.

또 이곳 조사지에는 '도토리'의 부위 명칭도 특별히 발달해 있었는데, 열매의 침이 있는 끝 부위는 '배꼽'으로 부르고, 열매의 몸통은 '가운데 통'으로, 그리고 나뭇가지와 연결되는 열매의 두꺼운 받침 부위는 '똥구녁'으로 불렀다.

18 산빰 '산밤', 즉 야생 밤이다. 물론 크기가 잔데, 삶아서도 먹고 구워서도 먹는다.

마지막 범주는 주로 양념으로 사용하는 산에서 채취하는 작은 열매의 종류인데, 이에는 다음의 두 가지가 있다. 두 범주 모두 나무의 열매이다.

19 산추 '산초나무'의 열매, 즉 '산초'(山椒)이다. 여기서는 이 '산추'의 기름을 짜서 부침개 부치는 기름으로 쓰고, 아래의 20 '재피가루'가 없을 때에 그 대용으로 '미꾸라지국'에 넣어서 먹는다. 또 아이들 몸에 난 부스럼에 약으로 발랐다.

20 재피 이곳 말로 '재피나무', 즉 '조피나무' 또는 '초피나무'의 열매이다. 말려서 갈아 '미꾸라지국'에 양념으로 넣어 먹는다.

위의 20종류의 산에서 나는 야생 열매들 외에, 들에서 나는 소수의 식용 야생 열매도 있는데 바로 다음의 것이다.

1 오돌개 '오디', 즉 뽕나무의 열매이다.

2 개꽈리 밭에서 나는 일년초, 즉 풀의 열매인데, 이 풀은 잎이 고춧잎 같고 조금 긴 편이다. 가을에 꽃이 떨어지면 새까만 열매가

송이 속에 달려 익는데, '주년이콩'[쥐눈이콩]만 한 크기이고 맛은 달다.

(2) 야생 식물 뿌리의 종류

다음으로 조사지에서 채취하여 먹어 온 야생 식물의 뿌리에는 다음의 것들이 있다. 물론 앞서 기술한 '더덕', '도라지' 등과 같은 뿌리를 먹는 산나물의 종류와, '나싱개', '달래' 등과 같이 뿌리째 먹는 들나물의 종류는 제외한 목록이다.

먼저 산에서 채취하여 먹는 야생 식물의 뿌리이다. 아래의 1과 2는 넝쿨의 뿌리이고, 3은 풀의 뿌리이다.

1 마 야생의 '마'인데, 제보자들은 이곳에는 '마'가 잘 없었고 따라서 먹지 않았다고 하였다. 그러나 한 젊은 제보자(50대)는 자신의 경우 '마'를 캐어 삶아 먹었다고 하였다.

2 칡, 칠거지, 또는 **칡뿌리** '칡'으로, 다음의 두 하위범주로 나뉜다.

2.1 암칡 '암놈'으로 가루가 많은 것이다. 전체로 통통하고 배가 부른 형태이다.

2.2 수칡 '수놈'으로 씹으면 물만 나오고 질긴 것이다. 전체로 미끈한 형태이다.

위의 2.1 '암칡'은 주로 잘라서 씹어 먹는다. 2.2 '수칡'은 깨끗이 씻어서 자른 뒤 말려 가지고, 그것을 다시 대추와 함께 물에 넣어 끓여서 건더기는 짜내고 물을 먹는다. 이렇게 끓인 칡물 먹는 것을 여기서는 '칡물 내 먹는다'라고 표현한다. 그러나 다른 지역에서처럼 '칡'으로 부침개나 묵을 만들어 먹지는 않는다고 한다.

조사지의 주민들은 1970년대부터 인근의 산에서 엄청난 양의 칡을 캐서 팔아 왔는데, 지금도 칡을 캐내어 파는 부업은 계속되고 있었다(한 제보자는 지금까지 판 칡 값이 동네 전체로는 수억 원이 넘을 것으로 추산하였음). 그런데 조사지에는 앞의 '도토리'의 예처럼 '칡'의 부위 명칭도 특별히 발달해 있는데, 먼저 넝쿨과 연결되는 칡의 위쪽 부위는 '대가리'로 부르고, 칡의 가운데쯤의 몸통 부위는 '가운데 토막'으로 부르며, 그리고 잔뿌리와 연결되는 칡의 아래쪽 부위는 '똥구녁' 또는 '똥따발'로 부른다.

3 물긋 '무릇'으로, 다음의 두 하위범주로 나뉜다. 이 '물긋'은 오래된 구황식품의 재료이다. 즉, 조사지에서는 아래 2종류의 '물긋'에다 '시엉넝쿨'[9]의 잎과 쑥 그리고 쌀을 조금 갈아 넣어, 과거 흉년 시에 구황 식품으로 끓여서 먹었다고 한다.[10]

3.1 (보통)**물긋** 또는 **각시물긋** 보통의 '무릇'이다. 이것이 또 '각시물긋'으로도 불리는 것은, 아이들이 과거 땅바닥에 둘러앉아 이 '물긋'으로 댕기를 땋고('물긋'은 가닥이 세 가닥인데 그것을 비벼 댕기를 땋았다고 함) 거기에 막대기를 꽂아 쪽을 찌는 놀이를 하였기 때문이라고 한다.

3.2 개물긋 오늘날의 '둥굴레'를 가리킨다. 그러나 이 '개물긋'을 물에다 넣고 끓여서 먹는 것은 조사지의 경우 근래의 일이라

9) '시엉넝쿨'은 '머루넝쿨'의 한 종류이다. 즉, '머루넝쿨'은 두 하위범주로 나뉘는데, 하나는 '참머루넝쿨'로 곧 열매 머루를 따 먹는 것이고, 다른 하나는 '떡머루넝쿨'로 열매는 있으나 그것이 시어서 거의 먹지 않는 종류이다. '시엉넝쿨'은 바로 이 '떡머루넝쿨'의 다른 이름인데, 그 열매의 맛이 신 데서 '시엉넝쿨'이 되었다고 한다.

10) 경상남도 통영시 사량도의 경우에는 '까막발이' 또는 '까시리아재비'라는 평상시에는 먹지 않는 해초와 이 '무릇'의 뿌리를 함께 고아서 과거 구황 식품의 한 가지로 먹었다고 하였다(왕한석 2012: 122).

고 한다.

다음은 들에서 채취하여 먹는 야생 식물의 뿌리이다. 두 범주 모두 풀의 뿌리이다.

1 돼지감자 '돼지감자', 즉 '뚱딴지'인데 여기서는 먹지 않았다고 한다.

2 매싹뿌리 들나물의 15 '매싹'의 뿌리로, 쪄서 먹는다. 앞에서 기술하였듯이, 제보자들은 과거에는 먹었으나 지금은 잘 먹지 않는다고 하였다.

4) 야생 버섯의 종류

다음은 또 다른 식용의 야생 식물 자원인 버섯의 종류들이다. 그런데 이곳 조사지의 경우 앞서 기술한 산나물과 들나물은 당연히 여성들이 채취하는 야생 식물 자원이지만, 버섯은 남성들이 채취하는 야생 식물 자원이다. 그 이유는 이곳의 산이 가팔라 버섯을 따는 것이 어렵고 위험하기 때문이라고 하였다.

그런데 실제로는 이 마을 사람들이 버섯을 잘 따 먹지 않았는데, 제보자들에 의하면, '일하느라 바빠 산에 가서 버섯을 딸 틈이 없었기 때문'이라고 한다. 그래서인지 이곳 사람들이 그 귀한 '송이버섯'을 안 것도 정확히 35년 정도밖에 되지 않는다. 이러한 맥락에서 과거 이 마을 사람들이 주로 따 먹은 버섯 종류는 아래 목록의 11 '싸리버섯', 4 '능이버섯', 2 '갓버섯', 12 '오이꽃버섯' 정도였던 것으로 보고된다.

다음의 목록은 버섯을 비교적 잘 아는 한 50대 남성 제보자를 중심으로 하여 얻은 것인데, 이 지역에서 버섯이 나는 철은 대체로 추석 전후의 시기라고 한다.

먼저 일반적인 식용 버섯들이다.

1 가지버섯 '가지버섯'으로, 참나무 밭에서 나는 가지색의 크기가 작은 버섯이다.

2 갓버섯 '갓버섯'으로, 집 근처나 소똥거름 주위에서 나는 버섯이다. 대가 길고 띠가 있으며 색깔은 재색이다. 버섯의 갓이 삿갓 모양인데, 아마도 이러한 특성에서 '갓버섯'이라는 이름이 만들어진 것으로 추측된다. 중간 정도 크기의 버섯이다.

3 국두디기 아마도 '흰굴뚝버섯'(?) 같은데, 소나무 밭에서 나고 대가 아주 짧고, 생긴 것이 "매우 흉측스러운" 버섯의 종류이다(버섯의 갓이 소똥 비슷한 느낌을 준다고 함). 색깔은 거무튀튀하고 중간 정도 크기의 버섯이다.

4 능이버섯 '능이버섯'으로, 참나무 밭에서 난다. 색깔은 가랑잎마냥 얼룩덜룩한데, 겉모양은 나팔꽃 모양이고 속은 마치 소의 위처럼 생긴 것이다. 이 '능이버섯'은 열을 지어 줄줄이 나는 특색이 있다.

5 목이버싯 '목이(木耳)버섯'으로, 닥나무와 뽕나무 등의 밭에서 나고, 대가 없이 잘고 미역 색깔인 버섯이다. 잡채에 넣어서 먹는 버섯이 바로 '목이버섯'이다.

6 미류나무버섯 '미루나무버섯'으로, 밭둑이나 도랑가의 '미류나무'〔미루나무〕 썩은 데서 나는 버섯이다. 주 제보자는 이 버섯을 쉽게 설명하면 '자연산 느타리버섯'이 된다고 하였다.

7 밀버섯 '밀버섯'으로, 참나무 밭에서 나고, 대가 희고 갓이 밀색깔인 버섯이다. 아마도 이 색깔상의 특성에서 '밀버섯'이라는 명칭이 연원한 듯하다. 아래의 10 '송이버섯' 정도의 크기이다.

8 밤버섯 '밤버섯'으로, 참나무 밭에서 나고, 크기가 잘며 색깔이 밤색인 버섯이다. 이 명칭도 이 버섯이 가진 색깔상의 특성에서 연원한 것으로 보인다. 이 '밤버섯'도 열을 지어 줄줄이 나는 특성이 있다.

9 뻥나무버섯 또는 **서리버섯** '뽕나무버섯'으로, '뻥나무'[뽕나무], 고욤나무, 닥나무, 오동나무 등의 밭에서 나는 버섯이다. 대가 짧고 다발로 함께 나는 특색을 가지고 있으며, 크기는 작고 색깔은 연한 미색이다. 씹으면 오독오독 씹히는 맛이 있다. 여기서 '서리버섯'이라는 명칭은, 이 버섯이 주로 서리 내릴 때에 나는 특성에서 연원한 것으로 추측된다.

10 송이버섯 이 '송이버섯'은 소나무 밭에서 나는 귀한 버섯이다. 앞에서 언급했듯이 이 마을 사람들은 '송이버섯'을 약 35년 전까지는 전혀 몰랐고, 따라서 그때까지는 따 먹지 않았다고 한다.

11 싸리버섯 '싸리버섯'으로, 참나무 밭에서 나는 것인데, 아마도 싸리 빗자루 모양과 비슷한 형태인 데서 붙여진 이름으로 추측된다고 한다. 이 버섯도 열을 지어 줄줄이 나는 특색을 가지고 있다.

12 오이꽃버섯 아마도 '꾀꼬리버섯'의 다른 이름 같은데, 소나무 밭에서 주로 나고, 크기는 아주 작으며 노란 오이꽃처럼 생긴 버섯이다. '오이꽃버섯'이라는 이름도 이러한 외양적 특성에서 연원한 것으로 추측된다.

13 참나무버섯 또는 **가다바리** 참나무 죽은 고목에서 나는 버섯인데, 연한 미색이고 크기는 작고 다발로 나는 특색이 있다. 위의

9 '뺑나무버섯'(또는 '서리버섯')과 비슷하나 그것보다 대가 좀 더 길다. 이 버섯의 또 다른 이름인 '가다바리'의 어원은 알려지지 않는다.

아래 2종류의 버섯은 좁은 의미의 식용이기보다는 약용인 버섯이고, 따라서 이 마을의 경우에는 근래에 들어서 따기 시작한 버섯의 종류이다.

14 상황버섯 '상황(桑黃)버섯'으로, 참죽나무나 은사시나무, '까트리복숭나무'〔개복숭아나무〕 등의 밭에서 나고, 가을에서부터 겨울 사이에 채취하는 약용 버섯이다.

15 영지버섯 '영지(靈芝)버섯'으로, 참나무 죽은 데서 나고, 위의 '상황버섯'과 같이 가을에서 겨울 사이에 채취하는 약용 버섯이다.

마지막으로 다음은 잘 알려진 독버섯으로, 조사지의 경우에도 독버섯 중 유일하게 그 명칭이 알려져 있는 것으로 보인다.

16 파리버섯 그대로 '파리버섯'이고, 잘 알려진 대로 과거에 밥알과 함께 뭉개어서 파리를 잡는 데 쓰던 독버섯이다. 흥미롭게도 이 '파리버섯'을 노인층 제보자들은 모두 익숙히 잘 아는 데 비해, 정작 50대의 주 제보자는 알지 못하였다. 아마도 조사지에서 근래에 일어난 '인지적' 문화변동의 한 측면을 잘 보여 주는 흥미로운 사례가 될 것이다.

5) 기타 식용 식물

조사지에서도 물론 위의 나물과 열매, 뿌리, 버섯 종류 외에도 야생의 식물 일부분을 생으로 먹어 왔는데, 이 '기타 식용 식물'의 범주에는 대체로 다음의 것들이 있다.

먼저 나무와 넝쿨의 가지나 풀의 줄기 및 뿌리를 생으로 먹는 예이다.

1 띠뿌리 들에 있는 풀인 '띠'(茅)의 뿌리로, 그것을 뽑아서 씹어 먹는다.

2 삘기 '삘기', 즉 '띠'의 대를 뽑아서 껍질을 벗기고 그 속의 부드러운 부분을 먹는 것이다.

3 송쿠 '송기'(松肌)로, 소나무의 연한 가지를 잘라 겉껍질을 벗기고 하얀 속살 즉 속껍질을 씹어 먹는 것이다. 또 이 '송쿠'와는 별도로, 소나무는 또 다른 식용의 용도로도 쓰이는데, 즉 소나무의 잎을 따다가 송편을 찔 때 '체체로'(맨 밑에서부터 위로 떡줄마다) 놓는 것이 바로 그것이다.

4 찔레 밭둑이나 도랑가에 자생하는 넝쿨인 소위 '찔레나무'의 새순을 꺾어서 껍질을 벗기고 먹는다.

또 나무의 꽃도 따 먹어 왔는데, 바로 다음의 예이다.

5 아까시꽃 '아까시나무'의 꽃, 즉 흔히 '아카시아 꽃'으로 부르는 것으로, 이 '아까시꽃'을 따서 먹는다.

6 참꽃 '참꽃', 즉 '진달래꽃'으로, 이 '참꽃'은 예부터 따 먹어 왔다.

이곳 조사지에서도 과거 봄철의 어려움을 위의 4 '찔레'(즉, '찔레꽃')와 관련지어 예부터 표현해 왔음을, 다음의 예와 같이 들을 수 있었다.

1 찔레꽃 필 때가 제일 힘들 때 과거의 춘궁기(春窮期) 중에서 특히 찔레꽃이 필 때가 가장 어려운 시기였음을, 다시 말해 이때쯤이 양식이 떨어지고 또 가장 가물 때임을 일반적으로 비유하는 표현일 것이다.

2 찔레꽃가뭄 말 그대로는 찔레꽃이 필 때에 드는 가뭄을 가리키겠지만, 여기서는 특히 음력 4월 말경에 드는 가뭄을 가리키는 것으로 보인다. 말할 것도 없이 이때는 모내기를 해야 하는 시점인데, 이때가 또 일 년 중 가장 가문 때이기도 한 데서 만들어진 말일 것이다.

6) 야생 나무의 구분법과 이용 방식

조사지는 상대적으로 고립된 산간 마을이다. 따라서 산에서 얻는 '나무'로 일상생활의 많은 부분을 자급자족해 온 전통적인 생활방식이 최근까지 비교적 잘 유지되어 온 곳으로 볼 수 있을 것이다. 이러한 특성을 지닌 조사지에서 일차적으로 물을 수 있는 연구 질문은 나무에 대한 구분법, 즉 그것에 대한 인지적 측면의 질문과 그것의 주요 이용 방식에 대한 질문이 될 것이다. 아래의 기술은 초보적인 작업이기는 하지만, 한국 사회에서 일상생활의 한 중요한 영역을 구성하였던 '자연 세계의 나무'에 대한 언어적 인지와 그것의 실용적 이용법에 대한 아마도 최초의 기술 작업이 될 것이다.

나무에 대한 본격적인 질문에 들어가기 전에, 한 제보자는 연구자에게 먼저 다음과 같은 말을 하였다. '옛날 어떤 사람이 중병에 걸렸는데 백 가지 나무뿌리를 캐어다 단술을 해 먹으니 병이 나았다고 한다. 그래서 나무가 백 가지는 있는 것 같은데, 우리는 그렇게 많이 알지는 못하고 이삼십 가지만 안다.' 그런데 일차적인 조사가 끝난 뒤에, 이곳의 남성 제보자들이 통상적으로 알고 있는 야생 나무의 종류는, 아래에서 기술하다시피 적어도 50종 전후인 것으로 드러났다. 해당 제보자의 '겸손한' 언명보다는 훨씬 많은 숫자가 될 것인데, 아마도 보다 많은 제보자들과 좀 더 긴 시간에 걸쳐 깊이 있는 연구 작업을 진행한다면, 아래의 목록은 분명 더 확대될 수 있을 것으로 보인다.

제보자들은 아래의 나무 목록 중에서 '가장 중요한 나무'의 상대적 등급을 '1 소나무, 2 참나무, 3 오동나무'로 명확히 규정하였다. 그 외의 나무들은 등급 또는 중요도의 순서를 매기기가 쉽지 않다고 말하였으나, 대체로 '여러 용도로 사용되는 나무들'과 '단순한 용도로만 사용되는 나무들'로 크게 나누는 것 같았다. 따라서 아래의 목록에서도 '산에서 나는 나무'를 크게 세 부류(즉, '가장 중요한 나무'와 '여러 용도로 사용되는 나무' 그리고 '단순한 용도로만 사용되는 나무')로 나누고, 가장 중요한 3종류의 나무 외에는, 각 부류별로 가나다의 순으로 그 목록을 정리·기술하기로 하겠다. 그런데 여기서 한 가지 지적해 둘 것은, 아래의 모든 나무는 서술되는 특정의 용도 외에 모두 땔감, 즉 화목(火木)으로는 당연히 사용된다는 점이다.

1 소나무 주 제보자는 이 '소나무'를 일러 '나무 중에 제일 어른'으로 표현하였다. 말할 것도 없이 모든 나무 중에서 중요도의 면에서 가장 으뜸이라는 의미일 것이다. '소나무'는 (1) 집을 짓는 모든

중요한 데에, 즉 기둥, 서까래, '말래'〔마루〕, 부엌문, 대문, 방문 등을 만드는 데에 쓰고, (2) '널'〔관〕을 짜는 데에, 그리고 (3) '두레반'(둥근 밥상)과 (4) 지게 등을 만드는 데에 쓴다.

2 참나무 이 '참나무'는 나무가 크면서 무겁고 껍질이 두꺼운 것이다(참고로 이 참나무의 껍질로 코르크 마개를 만듦). '참나무'로는 (1) 집을 지을 때 보 사이에 끼우는 쐐기를 만들고(이 쐐기 위에 '수수깽이'〔수수깡〕를 엮어서 세우고 흙을 발라 벽을 만들었음), (2) 숯, 즉 소위 '참숯'을 만들며, (3) 배의 노, (4) '말래'〔마루〕, (5) 도끼나 망치 등과 같은 연장의 자루, 그리고 (6) 도굿대 등을 만든다. 또 (7) '참나무'의 열매인 '상수리'를 따 먹는다. 그런데 모든 나무 중에서 땔감으로 화력이 제일 센 나무가 바로 이 '참나무'이다.

3 오동나무 이 '오동나무'는 자주색 꽃이 피는 것으로, 나무가 가볍고 나무향이 좋은 것이다. '오동나무'로는 (1) 농을 비롯한 가구를 만드는데, 이 오동나무 가구에는 좀벌레가 먹지 않는다고 한다. 그리고 (2) 제기함과 (3) 사진 틀 등을 만드는 데 쓴다.

다음 부류의 나무 목록은, 물론 위의 세 나무보다는 못하지만, 여러 다양한 용도로 사용되는 상대적으로 중요한 나무의 종류들이다.(그런데 아래의 용도에 대한 기술은 앞항에서의 기술과 부분적으로 중복되기도 할 것인데, 이는 해당 나무의 쓰임새에 대한 좀 더 완벽한 기술을 위해서이다.)

4 거재나무 '자작나무'를 가리키는데, 이 '거재나무'의 껍질이 흰 것을 사람의 나이 많은 것에 비유하여 '나무 중에 제일 어른이 거재나무'라고 일컫기도 한다. '거재나무'로는 (1) 낫, 괭이, 호미 등과 같은 연장 자루를 만들고, (2) 또 이 나무의 가지를 꺾어다 집에 놓아

두면 귀신이 못 들어온다고 하여, 이러한 주술적 기원의 목적으로도 쓴다.

5 고염나무 '고욤나무'로, 이 나무로는 (1) 감접을 붙이고, (2) 국수 만드는 '홍두깨'와 빨랫방망이 그리고 '닥메'(종이 만드는 과정에서 '닥을 두드리는' 메)를 만들고, (3) 또 공장에서 옷 단추를 만드는 데 등에 쓴다.

6 구지나무 또는 **구지뽕나무** '꾸지뽕나무'로, 가지에 가시가 많은 나무이다. 이 '구지나무'/'구지뽕나무'로는 (1) 잎은 뽕잎의 대용으로 누에를 먹이고, (2) '구지오돌개'라는 오디와 비슷한 열매를 따 먹는다. 그리고 (3) 근래에는 뿌리를 당뇨병에 약으로 쓴다.

7 까트리복숭나무 또는 **개복숭나무** 야생의 '개복숭아나무'이다. 나무의 재질이 매우 단단한 것으로, (1) 열매 즉 '까트리복숭'을 따 먹고, (2) 도리깨와 (3) '소시랑'〔쇠스랑〕자루, 낫자루 등을 만든다. (4) 또 사람이 아파 '정〔경〕 읽을 때'(또는 굿을 할 때) 가지를 꺾어다가 대로 쓰는데, 이는 이 나무가 귀신의 범접(犯接)을 막아 주기 때문이라고 한다. 그리고 이 나무의 잎에 독성이 있어, (5) 양봉의 마지막 단계인 '꿀을 뜰 때' 벌통 속의 벌을 죽이는 데에 이 잎을 쓰고, (6) 또 쌀통 속에 벌레가 생기는 것을 막기 위해 이 잎을 쌀통 속에 넣어 둔다.

8 노강쟁이 또는 **노가지나무** 아마도 '노간주나무'(?)인 것 같은데, 가지에 가시가 많은 나무로 단단한 재질의 것이다. (1) 도리깨와 (2) '소시랑'〔쇠스랑〕자루를 만들고, (3) 또 이 나무의 가지를 꺾어 소의 여물 솥에 같이 삶아 '소코또리'〔소코뚜레〕를 만든다.

9 누룹나무 '느릅나무'로, 먼저 이 마을에서는 (1) 한지를 만들 때에 필수적으로 쓰는 '닥풀'(닥나무의 종이 성분이 물속에서 골고루

퍼지도록 촉매제 역할을 하는 것으로, '황촉규'라는 풀의 뿌리가 주재료임)이 부족할 때, 이 '누릅나무'의 뿌리를 대신 썼다(그러나 이 뿌리가 빨개서 이것을 너무 많이 넣으면 종이에 붉은색이 돌았다고 함). (2) 또 과거 흉년이 들면 이 나무의 어린 잎사귀를 밀가루에 버무려 쪄서 구황식품으로 먹었는데, 이 '누릅나무'의 잎은 순하고 독이 없다고 한다. (3) 소위 '오줌소태'(현대 의학적 지식으로는 방광염 증세일 것임)에 이 나무뿌리를 삶은 물을 먹는데, 때로는 생으로 먹기도 한다. (4) 최근에는 이 나무가 암과 같은 난치병에 좋다고 하여 외부에서 널리 사용하는 것으로 또한 알려진다.

10 둥구나무 여기서의 '둥구나무'는 사전상의 정의('크고 오래된 정자나무')와는 달리 나무의 한 종류인 것 같다. 엄청 단단하고 결이 없는 나무라고 한다.(이 마을 아래쪽의 탑 앞에 있는 '둥구나무' 고목은 6.25 동란 때 총알이 이 나무를 뚫고 나오는지를 놓고 군인들이 총쏘기 시합을 하였다는데, 결국 엠원(M-1) 소총 탄환이 이 나무를 뚫지 못하였다고 전해진다.) 이 '둥구나무'로는 (1) 떡메와 '떡판'(찐 '꼬두밥' 즉 지에밥을 얹어 놓고 떡메로 떡을 치는 판), (2) 소 '구시'〔구유〕 등을 만든다.

11 딱나무 '닥나무'로, 이 마을의 경우에는 특히 중요한 자원이었는데, 무엇보다도 (1) 이 마을의 종이를 만드는 주원료였다. 그리고 (2) 이 '딱나무'의 잎을 가지에서 훑어내어 짚과 함께 쇠죽을 끓였다.

12 물뿌리나무 곧게 자라는 나무로, 야문 재질의 것이다. 그리하여 (1) 도리깨와 (2) '함마'(쇠망치)자루와 같은 여러 연장 자루를 만든다.

13 박달나무 이 '박달나무'로는 (1) 다듬이 방망이, (2) '함마'자

루와 '짜귀'〔자귀〕자루 등을 만든다.

14 뻣나무 '벚나무'로, 이것도 곧게 자라는 나무의 종류이다. 이 '뻣나무'로는 먼저 (1) 그 열매인 '뻣'〔버찌〕을 따 먹고, (2) 낫자루, '소시랑'〔쇠스랑〕자루, 도끼자루 등과 같은 연장 자루를 만든다. 참고로 여러 연장의 자루로 쓰는 나무는 그것이 곧게 자라고 '매디'〔마디〕가 없는 것이라야 한다고 제보자들은 덧붙였다.

15 뽕나무 '뽕나무'로, (1) 잎 즉 '뺑잎'은 누에를 먹이고, (2) 그 열매인 '오돌개'〔오디〕는 따서 먹고, 그리고 (3) 뽕나무 속의 '자치'(굼벵이)는 과거 아이들이 놀란 데에 약으로 생것을 그냥 먹였다고 한다.

16 뽀리똥나무 '보리똥나무', 즉 '보리수나무'이다. 단단하고 곧게 크는 나무로, (1) 열매인 '뽀리똥'은 따서 먹고, (2) 낫자루, '짜귀'〔자귀〕자루, 망치자루와 같은 연장 자루를 만드는 데 쓴다.

17 산빰나무 또는 **쥐밤나무** 야생의 '산밤나무'로, 재질이 단단하여 잘 부러지지 않는 나무이다. 이 '산빰나무'/'쥐밤나무'로는 (1) 아궁이 즉 (방)고래 속의 재를 긁어모으는 '고물개'〔고무래〕와, (2) 지게의 뼈대를 연결시키는 쐐기, (3) 소가 끄는 '훍징이'〔극젱이〕의 '체' 등을 만든다. 그리고 (4) 물에 빠져 죽은 사람의 시신을 찾지 못할 때에 시신 대용으로 이 나무를 깎아 장례를 치르고 땅에 묻는데, 이는 이 나무가 오래도록 썩지 않기 때문이라고 한다.

그런데 인위적으로 심은 보통의 '밤나무'는 위의 '산빰나무'와 같은 용도로 쓸 수가 없는데, 그 이유는 과실인 밤을 따는 것이 주목적이라 나무를 그렇게 크게 키우지 않기 때문이라고 한다. 다시 말하여 보통의 밤나무는 나무가 크지 않아 위 '산빰나무'와 같은 용도로 쓸 수가 없다고 하였다.

18 상나무 '향나무'로, 무늬와 향이 좋으며 좀벌레가 먹지 않는 나무이다. (1) 의례 시의 향(香)으로 쓰고, (2) 위패(位牌)를 만들고, 그리고 (3) 큰 '상나무'로는 상(床)과 농(籠)도 짠다.

19 싸리나무 '싸리나무'로, 그중에서도 앞의 산나물 항에서 구분한 '(보통)싸리나무'일 것이다. 이 '싸리나무'로는 (1) 빗자루, (2) '바소코리'〔바소쿠리〕와 광주리, '채반'(동그란 것으로 주로 무엇을 말리는 데 사용하는 채그릇), '종드래키'〔종다래끼〕, 바구니 등과 (3) 술 뜨는 용수 등을 만든다.

20 엄나무 '엄나무'로, (1) 햇잎은 나물(즉, '엄나무순')로 먹고, (2) 가지는 닭백숙에 약으로 넣어서 먹고, 또 (3) 가지를 술에 넣어 '엄나무술'을 만들어 먹는다. 그뿐만 아니라 (4) 이 엄나무 가지를 방문 앞(정확히는 방문 들어가는 앞쪽의 위)이나 대문 밖에 걸어두면 잡귀를 쫓는다고 하여, 그렇게 널리 행해 왔으며, 그리고 (5) 이 나무의 색깔이 붉어 또 제상을 만든다.

21 옻나무 이 '옻나무'도 여러 용도로 쓰이는데, 먼저 (1) 햇잎(즉 '옻순')은 나물로 먹고, (2) 옻나무의 벗긴 껍질(즉 '옻껍질')로는 '옻닭'을 만들어 먹으며, (3) 옻나무의 진(즉 '옻진')은 옻칠의 원료가 된다. 그리고 (4) 이 '옻진'은 또 가을철에 배앓이(아마도 회충과 같은 기생충으로 인한 배앓이로 생각됨)하는 데에 약으로 먹었으며, (5) 옻나무의 가지를 새끼로 엮어 '매'〔맷돌〕 밑에 놓는 '두부발'을 만드는 용도(이 옻나무 가지가 희어서 이렇게 쓴다고 함) 등으로 쓴다.

22 죽순나무 또는 **참죽나무** '참죽나무'로, 색깔이 붉은 나무이다. 이 '참죽나무'로는 먼저 (1) 햇순, 즉 '죽순'을 앞의 산나물의 항에서 기술한 대로 여러 방식으로 조리하여 먹는다. 그리고 (2) 물고기를 잡는 작살 대와 (3) '나무깨'〔나막신〕를 만들고, (4) 나무의 색

깔이 좋아 '말래'[마루]와 '문지방' 등을 만드는데, 좋은 색깔 때문에 장식용으로는 아주 좋다고 한다. 그리고 (5) '지둥'[기둥], 특히 마루의 제일 가운데 기둥인 '상지둥' 등을 만드는데, 이와 관련하여 "죽순나무 지둥을 하면 귀신도 안 온다."라는 말이 있을 정도로 기둥으로는 제일 좋은 재목이라고 한다.

23 팽나무 '팽나무'로, 오래 사는 나무이고 단단한 재질의 나무이다. 이 팽나무로는 (1) 떡메와 떡판 등을 만들고, 또 (2) 팽나무의 열매를 과거 아이들의 장난감인 '대나무 딱총'(대나무 물총과 비슷하게 만든 장난감 총)의 알로 썼다.

세 번째 부류의 나무들은 그것의 용도가 상대적으로 단순한 것들인데, 대체로 아래의 목록이다.

24 개살구나무 야생의 '개살구나무'로, (1) 이 나무의 열매인 '개살구'를 따 먹고, (2) 근래에는 이 '개살구'로 술도 담근다.

25 굴밤나무 '굴밤나무' 즉 '졸참나무'로, 이 나무의 열매인 '굴밤'을 따서 묵 등을 만들어 먹는다.

26 돌감나무 야생의 '돌감나무'로, 이 나무의 열매인 '돌감' 또는 이곳 말로 '(산)빼조리감'을 따 먹는다.

27 돌배나무 야생의 '돌배나무'로, (1) 이 나무의 열매인 '돌배' 또는 '아그배'를 따 먹고, (2) 근래에는 이 '돌배'로 술도 담근다.

28 두릅나무 '두릅나무'로, 앞서 산나물의 항에서 구분한 '(보통) 두릅나무'일 것이다. 햇순인 '두릅'을 따서 나물로 먹는다.

29 때죽나무 '때죽나무'로, 이 나무의 잎을 고기 잡는 데에 쓴다. 즉, 이 나무의 잎을 따서 도랑에 풀면 물고기가 죽어서 떠오른다고

한다. 그러나 이렇게 물고기가 죽는 것은 일시적으로 이 나무 잎의 독성분에 취하는 것이므로, 시간이 지나면 곧 물고기가 다시 살아난다고 한다.

30 떡갈나무 '떡갈나무'로, (1) 이 나무의 가지를 꺾어서 산의 풀과 함께 봄철에 논을 갈기 전에 '밑거름'으로 쓰고, (2) 이 나무의 열매(작은 도토리로 별도의 토속 명칭은 없음)를 따서 묵 등을 만들어 먹는다.

31 비듬나무 위의 9 '누룹나무'[느릅나무]와 같이, 과거 흉년 시에 이 나무의 어린잎을 밀가루에 버무려 쪄서 구황 식품으로 먹었다.

32 소태나무 '소태나무'로, 껍질이 새까만 작은 크기의 나무이다. 잘 알려진 대로 봄에 이 나무의 껍질을 벗기면 껍질이 하얀데 굉장히 쓰다. 주로 약용으로 쓰는데, 가려울 때 삶아서 그 물을 피부에 바르기도 하고, 또 '하루걸이'(즉, 학질) 걸린 사람에게 이 껍질 삶은 물을 주어 (너무 써서) 놀라게 하여 낫게 한다고도 믿었다.

33 속소리나무 '속소리나무'로, 이 나무의 열매인 '속소리'를 따 묵 등을 만들어 먹는다.

34 오리봉나무 '오리나무'로, 껍질이 검고 키가 매우 큰 나무이다. 특별한 용도는 없고 그냥 화목으로만 쓴다.

35 쥐똥나무 '쥐똥나무'로, 작은 크기의 나무이다. (1) 이 나무의 열매를 한약방에서 약재로 쓰는데, 새가 특히 이 열매를 좋아한다고 한다. 그리고 (2) 이 '쥐똥나무'를 산에서 캐어다 심어 집 울타리를 만들기도 한다.

36 혼닢나무 '홋잎나무' 즉 '화살나무'로, 앞서 기술하였듯이 '땅혼닢'과 '세뿔혼닢'의 두 하위범주로 나뉜다. 2종류의 햇순, 즉 '혼닢'을 모두 따서 나물로 먹는다.

다음 2종류의 나무는 명백한 외래종이지만 이곳의 제보자들이 거의 '우리 나무'로 인식하는 것들이다. 아마도 유입 시기가 오래되고 나름의 이용법이 이미 잘 발달하였기 때문인 것으로 보인다.

37 아까시나무 '아카시아나무'로 흔히 부르는 '아까시나무'이다. 이 '아까시나무'로는 (1) 소달구지와 (2) '말래'〔마루〕 등을 만든다.

38 왜소나무 일본서 들어온 외래종 소나무로, 곧게 자라는 소나무의 종류이다. 대표적인 쓰임새는 전봇대를 만드는 것이다.

그런데 앞의 1 '소나무'와 이 '왜소나무'를 합쳐 '소나무' 또는 '솔'로 부르고, 그것을 다음과 같이 하위범주로 구분하기도 한다.

1 참솔 1의 '소나무'로, 한국 고유의 종을 가리킨다.

2 왜솔 이 '왜소나무'를 가리킨다.

지금까지 목록화한 38종류의 나무는 이 지역의 경우 모두 산에서 나는 것들이다. 이에 비해 아래의 3종류는 산이 아닌 다른 곳에서 자라는 나무들이다. 물론 아래의 41 '미류나무'는 고유종이 아닌 외래종일 것이다.

39 대나무 이 '대나무'는 산에도 있으나 흔히 그것을 캐어 와 인가(人家) 주위에 심음으로써, 산보다는 인가 주변에 더 많다. 이 대나무는 (1) '대나무순' 즉 '죽순'을 캐어 식용하고, (2) 집의 울타리 용도로 쓰며, 그리고 (3) 낚싯대와 감 따는 '전지' 즉 전짓대 등을 만든다.

40 버들나무 '버드나무'로, 흔히 다음의 두 하위범주로 나뉜다.

40.1 (보통)**버들나무** 보통의 '버드나무'인데, 이것으로는 (1) '치'

〔키〕, (2) 고기 잡는 '통박'〔통발〕, 그리고 (3) 아이들이 부는 '호디기'〔호드기〕 등을 만든다.

40.2 능수버들 가지가 밑으로 늘어지는 '버드나무'로, 이 '능수버들'로는 '채반'을 만든다.

41 미류나무 '미루나무'로, 이 '미류나무'는 (1) 길가에 심어 가로수로 이용하고, (2) 공장에서 '저붐'〔젓가락〕을 만드는 주재료이다.

다음 몇 종류의 나무는 자연 속에서 나고 자라는 것이 아니라, 사람이 인위적으로 심어서 이용하는 나무들이다. 그러나 이 나무들은 열매 외의 또 다른 문화적 용도를 지니는, 보통의 과수(果樹)와는 다른, 나무의 목록이 된다.

42 감나무 '감나무'는 결이 세고 잘 부서지는 특성이 있는데, (1) 열매인 감 외에, (2) 공장에서 만드는 옷단추의 재료가 된다.

43 대추나무 '대추나무'는 전체로 색깔이 빨갛고 예쁜 느낌의 나무이다. (1) 열매인 대추 외에, (2) 물이 들어가도 잘 썩지 않는 특성 때문에 소 '구시'〔구유〕를 만들고, 또 (3) 빨랫방망이 및 홍두깨 등과 (4) 도장을 만든다.

44 모과나무 '모과나무'도 (1) 열매인 모과 외에, (2) 도장을 만드는 데 쓴다.

45 은행나무 '은행나무'는 (1) 열매인 은행 외에, (2) 책상과 밥상 그리고 (3) 널을 만드는 데 쓰고, (4) 요즈음에는 가로수로 널리 쓴다.

46 탱자나무 '탱자나무'는 (1) 열매인 탱자를 감기 치료와 같은 약용으로 쓰고, (2) 집이나 과수밭의 울타리로 쓰며, 그리고 (3) 도

장을 파는 재료로 쓴다.

이상 46종류의 나무 목록이, 이곳의 제보자들이 일반적으로 인지하는, 화목(火木) 외의 다른 용도 즉 특수한 '문화적' 이용 방식을 가지는 이곳 나무들의 목록이다. 그런데 제보자들이 인지하는 언어적 명칭을 가진 나무의 범주는 여기서 그치지 않는다. 가령 마을 입구에 '산수유나무'가 있었는데, 제보자들은 이 나무를 물론 잘 알았을 뿐만 아니라, 그것은 원래부터 이 지역에 있던 것이 아니라 뒤에 바깥에서 들어온 것으로 연구자에게 쉽게 설명하였다. 그러면서 특수한 용도는 없지만 산에 있는 꽃이 좋은 나무로 다음의 나무들을 더 들었다. 이 꽃나무들까지 치면 이곳의 제보자들이 인지하는 나무의 범주는 50종류가 조금 넘는데, 아마도 이분들이 실제로 알고 있는 나무의 종류는 이 숫자를 훨씬 더 넘어설 것으로 짐작된다.

47 산동백나무 '생강나무'로, 노란 꽃이 피는 나무이다.

48 산함박꽃나무 철쭉이 진 뒤에 철쭉꽃과 비슷한 하얀색, 빨간색, 분홍색의 꽃이 피는 나무이다.

49 조팝나무 '조팝나무'로, 진달래와 비슷한 시기에 흰 꽃이 피는 나무이다.

50 진달래나무

51 철쭉나무

마지막으로 '버랏마을' 주위의 산은 소위 '금낭화'(錦囊花)의 잘 알려지지 않은 자생지이기도 한데, 이 마을에서 불러 온 금낭화의 토속 명칭은 '주머니꽃'이었음을 부기해 둔다.

7) 약용의 야생 식물

지금까지의 여러 식물 자원에 대한 기술에서 부분적이지만 약용의 용도에 대해서도 간략히 언급하였다. 그런데 이 마을의 경우 산간 마을이지만 전문적인 약초꾼은 예전부터 없었다고 한다. 대신 위에서 기술한 정도의 야생 식물을 넓은 의미의 약용으로 쓰는 민간 지식이 폭넓게 전승·실행되고 있었다. 그런데 이곳에서도 야생 식물을 이용하여 '물을 끓이거나' '술을 담그는' 것 등도 모두 넓은 의미의 약용의 범주에 드는 것으로 인지하였다.

앞에서 기술한 약용의 목록을 이해의 편의를 위해 간략히 재정리하면 다음과 같다.

풀인 산나물: 6 '더덕'(술 담음), 7 '도라지'(뿌리 약용), 14 '원경구'(소에게 뿌리 약용, 뿌리 약용), 16 '잔대(싹)'(뿌리 약용)

나무의 햇잎인 산나물: 10.2 '세뿔혼닢'(가지 약용)

넝쿨의 햇잎인 산나물: 2 '인동넝쿨(순)'(소에게 넝쿨 약용)

들나물: 7 '달기찢개'(약용), 11 '돌미나리'/'불미나리'(약용), 25 '솔구쟁이나물'(약용), 28.3 '약쑥'(뜸뜨는 약용), 28.4 '인진쑥'(약용), 39 '구기자(순)'(약용, 술)

야생 열매: 19 '산추'(기름 약용)

야생 뿌리: 2 '칡'('칡물' 끓임)과 3.2 '개눌굿'(물 끓임)

야생 버섯: 14 '상황버섯'(약용)과 15 '영지버섯'(약용)

야생 나무: 6 '구지나무'(약용), 9 '누룹나무'(약용), 15 '뻥나무'(나무속의 '자치' 약용), 20 '엄나무'(닭백숙, 술), 21 '옻나무'(옻닭, 약용), 24 '개살구나무'(술), 27 '돌배나무'(술), 32 '소태나무'(약용), 35 '쥐똥나무'(열매 약재), 46 '탱자나무'(열매 약용)

위의 정리 목록에 들지 않은, 이곳에서 예부터 써 오던 약용 식물의 종류는 그리 많지 않은데, 대체로 다음의 것 정도이다.

1 닥풀뿌리 닥나무 한지를 만들 때에 필수적으로 쓰는 소위 '닥풀'의 원료인 '황촉규'(黃蜀葵)라는 풀의 뿌리인데, 여자들 냉병에 이 뿌리를 삶거나 생으로 먹었다.

2 사추뿌리 산나물의 한 가지인 '사추싹'(풀인 산나물의 11), 즉 '사초'의 뿌리이다. 이 '사추뿌리'는 위장병의 약으로 한약방에서 약재로 쓴다.

3 육모초 '익모초'(益母草)로, 밭둑에 나는 풀이다. 여름철에 더위를 먹어 배가 아플 때에, 이 '육모초' 생즙을 내어 하룻밤 밖에다 두어 밤이슬을 맞히고 다음 날 아침에 먹는다.

4 오배자 산에 있는 ('옻나무' 비슷한 나무인) '붉나무'의 잎에 달리는 열매 같은 것으로 속에는 벌레(정확히는 '오배자면충'임)가 들어 있는데(과학적으로는 열매가 아니라 '벌레혹'임), 이것을 '오배자'(五倍子)라고 부른다. 음력 6~7월에 채취하고, 한약방에서 약재로 쓴다.

5 토복령 '토복령'(土茯苓)으로, 산에 있는 '명과나무' 즉 '청미래덩굴'의 뿌리이다. 한약방에서 쓰는 약재이다.

아래의 네 가지 약초는 이 마을에서 최근에 들어서야 캐기 시작한 것으로, 이 마을의 산과 밭에서 나는 대표적인 약재이다. 물론 이들 약재는 집에서 직접 가공하여 먹기보다는 약재상에 팔기 위해 채취하는 것이다.

6 복룡 '복령'(茯苓)으로, 여기서도 제보자들은 소나무 뿌리에 생

기는 송진이 뭉쳐져 만들어지는 것으로 이해하였다. 속은 희고 겉은 소나무 껍질 색깔인 약재이다.

7 봉삼 또는 **봉황삼** 산에 있는 풀(아마도 '백선'(白鮮)?)의 뿌리이다.

8 진삼 산에 있는 또 다른 풀의 뿌리이다.

9 하수오 밭둑의 넝쿨 지역에 있는 '하수오'(何首烏)라는 풀의 뿌리이다.

또 다음의 세 식물 자원은 이 마을에서 최근에 들어 술을 담가 먹기 시작한 것으로, 넓은 의미의 약용 범주에 드는 것이다.

10 고무따울 '산딸기'의 한 종류인 '고무따울'(야생 열매의 14.3)로, 소위 '복분자술'을 담가 먹는다.

11 송이버섯 '송이버섯'(야생 버섯의 10)으로, 이른바 '송이버섯술'을 담가 먹는다.

12 오갈피나무 이 '오갈피나무'의 껍질로, 소위 '오갈피술'을 담가 먹는다.

끝으로 앞의 제2절의 '질병의 토속 명칭'의 항에서 기술한 다음의 약용 풀이 더 있다.

13 도꼬마리 이곳 말로 '속앓이' 또는 '가심앓이'〔가슴앓이〕에 약으로 이용해 온 약풀이다. '도꼬마리'는 밭이나 도랑가에서 나는 풀로, 이 풀의 마른 씨를 물과 함께 먹었다.[11)]

---

11) 참고로 이 절의 기술 내용에 평행하는, 충북 지역의 약용 및 식용의 야생 식물에 관한 기존의 간략한 목록에는 이종철의 보고(1976b: 343-348)가 있다.

이제 이 절에서의 기술 내용을 마무리하기로 하겠다. 이 절은 '1) 산에 대한 민간 지각' 부분을 빼면, 모두 조사지의 제보자들이 알고 있는 이곳의 '문화적으로 중요한' 식물 세계에 대한 토착 지식이다. 이 토착 또는 민간 지식은 크게 두 부분으로 나눌 수 있을 것인데, 하나는 다양한 (넓은 의미의) 식용의 야생 식물들에 대한 지식이고, 다른 하나는 나무에 관한 보다 체계적인 지식이다.

위에서 각 항별로 해당되는 식물의 종류는 모두 기술되었으므로, 여기서는 식물에 대한 전체적인 구분법을 중심으로 이곳의 토착 지식을 다시 정리해 보기로 하겠다.

먼저 조사지의 제보자들은 소위 '식물'을 몇 가지 일차적 범주로 나누었는데, 그것은 곧 '풀', '나무', '넝쿨', 그리고 '버섯' 등이었다. 이 구분법은 민족생물학(ethnobiology)의 보편적 등급 구분으로 하면, 계칭(界稱, kingdom)인 '식물'을 구성하는 생활형칭(生活形稱, life form taxa)의 주요 범주들이 될 것인데, 여기서 '풀'과 '나무' 외에 '넝쿨'과 '버섯'이라는 생활형칭을 발견한 것은 한국의 언어문화 연구에서 매우 중요한 작업이 될 것이다.[12)]

그런데 계칭으로서의 '식물'은 짐작할 수 있듯이 우리 사회에서 문어로만 쓰이고 구어로는 쓰이지 않은 것 같다.[13)] 제보자들은 '식물'에

---

12) 사실은 이 절의 초고를 다 쓴 시점에서 '나무'와 '넝쿨'의 범주 구분 문제가 앞으로 있을 보충 조사의 주요 질문 항목으로 떠올랐으나, 여러 사정으로 보충 조사는 계속 미루어졌다. 그러다가 2013년 12월에 행해진 강원도 삼척 지역의 현지조사에서 나무의 범주와 넝쿨의 범주는 전통적으로 구분되어 왔다는 사실이 먼저 확인되었다. 그리고 2015년 7월 조사지에서의 짧은 보충조사에서도 나무와 넝쿨의 범주 구분이 제보자들에 의해 다시 확인되었고, 따라서 보충 조사의 중심 작업은 기존의 목록에서 나무의 종류와 넝쿨의 종류를 구분해 내는 작업이었음을 여기서 밝혀 두고자 한다.

13) '식물' 및 관련 중요 용어의 전통 사회에서의 사용 기원은 사실 조금 불명확한 것 같다(김훈수 1988, 1989, 1991 등 참조).

해당하는 구어 표현은 없는 것으로 이해했는데, 따라서 민간 차원에서 '식물'에 대응하는 계칭은 여러 다른 사회에서의 예처럼 우리 사회에서도 '명칭 없는 범주'(covert category)인 것으로 보아야 할 것이다(Berlin 1976, 1992: 190-195 등). 그리고 민족식물학(ethnobotany)의 연구에서 식물의 생활형칭으로 '풀'(herb)과 '나무'(tree) 그리고 '덩굴'(vine)의 구분은 아마도 거의 보편적인 것으로 일찍부터 제안되었는데(Berlin 1976, 1992: 161-171 등), 우리 사회도 여기서 예외가 아님을 이번 연구 결과가 보여 주는 셈이 될 것이다.

이제 각 생활형칭별로 몇 개의 기초 범주 및 하위범주들이 조사지에서 구분·인지되는지를 위의 기술 목록에서 재정리해 보기로 하겠다(기술의 편의상 '나무', '넝쿨', '버섯', '풀'의 순서로 정리하기로 함).

(1) 먼저 '나무'는 위 '6) 야생 나무의 구분법과 이용 방식'에서 거의 전면적으로 정리되었다. 그런데 1 '소나무'와 38 '왜소나무'를 하나의 기

김훈수는 한 글(1988, 특히 pp. 204-207)에서는 실학자들의 박물학(博物學)을 간략히 소개하면서, "예전에는 생물이라는 용어는 있었지만 식물이나 동물이라는 용어는 없었다."(p. 206)라고 기술한다.

그러나 또 다른 글(1989)에서는 이 문제에 대해 조금 더 자세히 기술하는데, 즉 "한국에서 생물이라는 용어를 언제부터 사용하였는지는 분명하지 않다."라고 하면서, 중국 이시진(李時珍)의 『본초강목(本草綱目)』, 이규경(李圭景)의 『오주연문장전산고(五洲衍文長箋散稿)』, 빙허각 이씨(憑虛閣李氏)의 『규합총서(閨閤叢書)』에 각기 나오는 '생물'이라는 표현을 인용한다(p. 3). 또 "아울러 동물이나 식물이란 용어는 어떠하였을까?"라고 물으면서, 이수광(李晬光)의 『지봉유설(芝峰類說)』에서의 '동물'과 '식물' 표현 그리고 『본초강목』에서의 '식물' 표현을 인용한다(p. 3). 그러면서 "이런 기록들로 미루어 중국에서는 생물·식물·동물이란 용어가 퍽 오래전부터 사용되었고, 한국에도 일찍이 소개된 듯하다. 중국 서적은 비교적 빨리 한국에 전래되었기 때문이다."(p. 3)라고, 이 중요한 논의를 매듭짓는다.

전체적으로 보아, 실학자들의 박물지에서는 중국의 용례를 빌려와, '생물', '식물', '동물'이라는 표현을 부분적이나마 쓰기 시작한 것 같고, 사용 빈도의 면에서는 '생물'이 다른 두 표현보다 조금 더 많았던 듯하다.

초 범주의 두 하위범주로 보면, 위 항에서 기술한 나무의 종류는 모두 50개 기초 범주와 (이 중 5개 기초 범주의) 10개 하위범주로 정리될 것이다.(물론 이 수치는 본문에서 간략히 언급한 바깥에서 들어온 '산수유나무'는 제외한 것이다.)

이 외에 '산나물'의 항에서 2 '꼬추뱅이(나물)', 4 '미영꽃나물', 5 '붕알나물'의 나무, 그리고 7 '오갈피나무'의 4종류가 더 있고, 또 산에서 나는 '야생 열매'의 나무로 7 '빨뿌리나무', 10 '산앵두나무', 16 '깨금나무', 19 '산추나무', 20 '재피나무'의 5종류가 더 있다. 그리고 '약용의 야생 식물' 중 4 '오배자'가 달리는 '붉나무'가 또 있다.

이상의 목록을 종합하면, 조사지에서 구분·인지되는 나무의 종류는 모두 60개의 기초 범주와 (이 중 5개 기초 범주의) 10개 하위범주로 구성되는 것이 될 것이다.

(2) 다음은 소위 '넝쿨'이다. 넝쿨은 '산나물'의 항에서 1 '다래나무' 넝쿨, 2 '인동넝쿨', 3 '주머니넝쿨', 4 '명과나무' 넝쿨의 4개 기초 범주와 (이 중 2개 기초 범주의) 4개 하위범주가 있고, 또 '들나물'의 항에서 39 '구기자나무' 넝쿨의 1개 기초 범주가 있다. 다음으로 '야생 열매'의 항으로 넘어가, 12 '머루넝쿨'과 15 '어름넝쿨'이 있는데, 여기서 각주 9)를 참조하면 '머루넝쿨'은 다시 2개의 하위범주로 구분된다. 그리고 열매 '산딸기'와 관련하여, 이곳의 제보자들은 14.1 '(보통)산딸기' 넝쿨과 14.3 '고무따울' 넝쿨은 형태상 서로 비슷하지 않은 별개의 넝쿨로 보았다. 따라서 야생 열매와 관련하여, 모두 4개의 기초 범주와 2개의 하위범주가 인지되는 셈이 될 것이다. 또 '야생 뿌리'의 항에서 1 '마'와 2 '칡'이 넝쿨이고, 여기서 '칡'은 다시 2개의 하위범주로 나뉜다. 마지막으로 '기타 식용 식물'의 항에서 4 '찔레나무' 넝쿨이 또 있다.

이상의 목록을 정리하면, 이곳에서 '넝쿨'은 모두 12개의 기초 범주와 (이 중 4개 기초 범주의) 8개의 하위범주로 구분·인지되는 것이 될 것이다.

(3) '버섯'은 독버섯인 16 '파리버섯'을 포함하여 모두 16개의 기초 범주로 구분되는데, 특이하게도 이 생활형칭에서는 하위범주의 구분이 전혀 발달하지 않았다.

(4) 마지막으로 '풀'의 종류들인데, 조사지에서는 많은 종류의 풀이 구분·인지되는 것으로 보인다. 풀은 먼저 '산나물'의 항에서 18개 기초 범주와 (이 중 3개 기초 범주의) 8개 하위범주가 있고, 또 '들나물'의 항에서 36개 기초 범주와 (이 중 4개 기초 범주의) 11개 하위범주가 있다. 다음으로 '야생 열매'의 항에서 산에서 나는 14.2 '멍석딸기'와 들에서 나는 2 '개꽈리'가 있고, 또 '야생 뿌리'의 항에서 산에서 나는 3 '물곶'과 그것의 2개 하위범주 그리고 들에서 나는 1 '돼지감자'가 있다. 그리고 '기타 식용 식물'의 항에서 1과 2의 '띠'가 있고, 마지막으로 '약용의 야생 식물'의 항에서 1 '황촉규', 3 '육모초', 7 '봉삼', 8 '진삼', 9 '하수오', 13 '도꼬마리'의 6개 기초 범주가 또 있다.

이상의 목록을 종합하면, 조사지에서 구분·인지되는 풀은 모두 65개의 기초 범주와 (이 중 8개 기초 범주의) 21개의 하위범주로 구성되는 것이 될 것이다.

이상의 네 생활형칭을 구성하는 기초 범주와 그것의 하위범주를 모두 합쳐 하나의 그림으로 단순화하여 정리하면, 조사지의 전체적인 식물 구분법은 〈그림 2-2〉와 같이 될 것이다. 여기서 '기초 범주'는 당연히 민족생물학에서의 속칭(屬稱, generic taxa) 등급이 될 것이고, 그것의 '하위범주'는 종칭(種稱, specific taxa) 등급이 될 것이다.(그리고 아래 그림에서 계칭 '(식물)'을 괄호 속에 넣어 표기한 것은, 그것이 구어에서는 사용되지 않음을 나타내기 위해서이다.)

〈그림 2-2〉 식물 구분법의 민족생물학적 구조

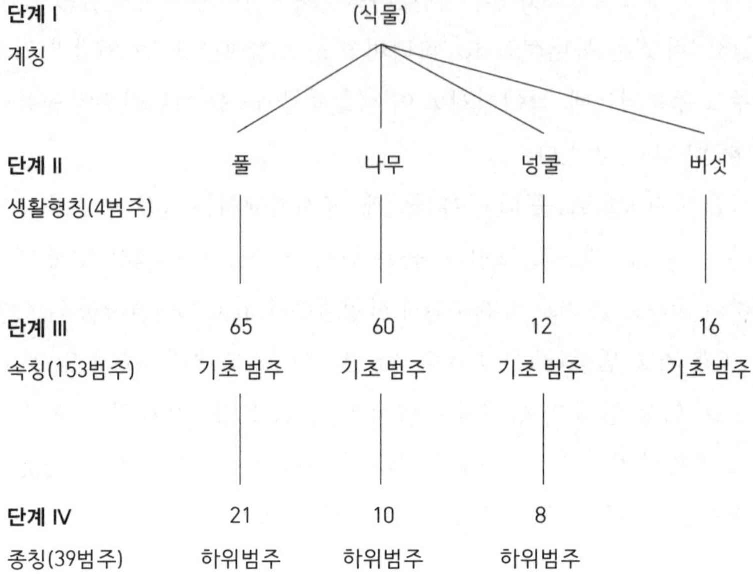

제보자들은 위 네 가지 생활형칭 외에 '이끼'도 또 다른 생활형칭인 것으로 보았는데, 물론 이에 대한 보다 본격적인 작업이 앞으로 필요할 것이다.[14)]

위 그림에서 보듯이 조사지의 식물 속칭 범주는 모두 합쳐 153개이며, 종칭 범주는 39개이다. 이 두 등급의 범주를 합치면 모두 192개가 되는데, 이는 분명 경북 선산 지역(왕한석 2012: 357- 372) 및 충남 홍성 지역(이 책의 제1장 제3절)에서의 앞선 보고보다 월등히 많은 숫자가

14) 참고로 한국 사회에서 계칭 '동물'을 일차적으로 구성하는 생활형칭으로는, 전라북도의 한 어촌 마을에서 행해진 연구에 따르면, 1 '짐승', 2 '새', 3 '비암'〔뱀〕, 4 '버러지'〔벌레〕, 5 '괴기'〔(물)고기〕, 6 '두족류'("먹통과 발이 있고 물속에서 헤엄쳐 다니거나 물속 땅에서 기어 다니는 동물"), 7 '기'〔게〕, 8 '새비'〔새우〕, 9 '가재', 10 '조개', 11 '고동'〔고둥〕의 모두 11개 범주가 있는 것으로 보고되었다(조숙정 2014: 303-313).

될 것이다. 아마도 이곳 조사지에서는 '나무'의 구분법에 대한 본격적인 탐구가 이루어졌고, 또 이곳 제보자들이 '풀' 특히 '들풀'에 대한 세밀한 관찰안을 갖고 있었기 때문일 것이다.

물론 위의 192개 범주 중 소수는 언어적 명칭이 상대적으로 덜 발달한 것도 있고, 또 소수는 식용의 범주에 넣었으나 실제로는 못 먹는 것도 있다. 그러나 위의 목록은 선산 지역에서 우연히 시작된 문화적으로 중요한 야생 식물에 대한 목록 작업이 이제는 거의 마무리 단계에 접어들었음을 의미할 것이다. 동시에 위의 목록은 광범한 식물의 세계 중에서 문화적 이용의 면에서 중요한 것들을 중심으로 하여 이루어졌으므로 조사지의 제보자들, 즉 우리의 뛰어난 '민속 식물가들'(folk botanists)은 이 목록보다 더 많은 식물의 종류를 알고 있을 뿐 아니라 그것들의 체계적인 구분법을 인지하고 있을 것으로 믿어진다.

4. 생업의 언어적·문화적 지식

특이한 산간 촌락인 '버랏마을'의 언어문화에 대한 민족지적 기술은, 앞의 '생태 환경의 어휘적 구분 I'과 'II'를 넘어서서, 언어와 문화적 인지(cultural cognition)가 교차하는 또 다른 영역에 대한 깊이 있는 기술을 필요로 한다. 즉, 이곳의 '특징적인 생업에 대한 언어적·문화적 지식(linguistic and cultural knowledge)'에 관한 것인데, 보다 구체적으로 '버랏마을'에서 특이하게 발달한 (1) '닥나무 한지'의 생산, (2) 감과 대추 농사, (3) 양잠(養蠶) 즉 '뉘에치기', 그리고 (4) 양봉(養蜂) 즉 '벌치기'가 그 주요 내용이 된다. 여기서 (1)은 앞서 언급한 이 마을의 경제적 상황을 가리키는 소위 '삼천량 판' 중 '종이 천량'의 부분이 되고, (2)는 '과일 천량'의 부분이 된다.

1) '닥나무 한지'의 제작 과정

'버랏 문종이'로 잘 알려진 이 마을의 '한지' 또는 '닥나무 한지'의 생산이 언제부터 시작되었는지는 아무도 모른다. 그러나 상당히 오랫동안 이 마을사람들이 '닥나무 한지'를 만들어 왔고, 또 그것이 이 마을의 주요 생업 중 하나였음은 틀림없는 것 같다. 아마도 과거 일정 시점에 외부의 기술인이 이 마을에 들어와 새로운 경제적 혁신(innovation)을 이룬 것 같은데, 대신 이 마을 주위에 종이의 재료가 되는 좋은 닥나무가 많았던 것만은 틀림없는 사실 같다.

이곳에서 생산되는 종이를 오늘날은 '한지' 또는 '닥나무 한지'로 부른다. 그러나 과거에는 그것의 주 용도에 따라 주로 '문종이'로 불렀고, 따라서 외부에서는 여기에다 이 마을의 이름을 붙여 '버랏 문종이'로 널리 불렀다고 한다.

과거 이 마을에서는 거의 집집마다 "종이를 하였는데", 종이의 제작 시점은 음력 10월서부터 이듬해 음력 4월까지였다. 다시 말하여 겨울이면 이 일을 시작하여 봄까지는 종이를 다 만들고, 늦어도 음력 7월까지는 만든 종이를 다 팔았다고 한다.(음력 7월이 종이 판매의 종료 시점이 되는 이유는, 조사지를 둘러싼 인근 지역의 경우 음력 8월서부터는 문을 바르지 않는 풍속이 있었기 때문이라고 한다.)

이곳의 '문종이'는 인근의 여러 지역으로 팔려 나갔는데, 대체로 보은, 옥천, 영동, 대전, 신탄진, 조치원, 청주 등 이곳을 둘러싸고 있는 인근의 광범한 지역이다.(대신 괴산, 충주, 단양 등지와 같은 충청북도의 북쪽 지역은 이곳의 종이 대신에 강원도 원주에서 생산되는 종이를 사다 썼다고 한다.) 과거의 판매 방식은 주로 개인적인 친척 연계망(kinship network)을 이용하여 외지에 종이를 먼저 갖다 주고, 가을 추수 뒤에 종이 값으로 쌀을 받아 오는 방식이었다고 한다.

대체로 1960년대 후반 및 1970년대 초반의 시기를 기준으로, 마을 내에서 종이를 많이 한 사람(또는 집)은 3,000장가량을 생산하고, 적게 한 사람은 1,000장가량을 생산하였으며, 보통은 2,000장가량을 생산하였다고 한다. 그리하여 이 시기에 이 마을에서 생산한 종이량은 모두 합쳐 7만 장 선이었던 것으로 보고된다. 결국 논농사가 적었던(또는 거의 없었던) 이 마을에서 겨울 농한기 동안에 대신 지었던 농사가 바로 '문종이 농사'였던 셈이다.

제보사들은 이곳에서 만든 종이가 질이 좋았던 이유로, 여기서는 '딱나무'[닥나무]만으로 종이를 만들었던 점을 들었다. 그뿐만 아니라 이 마을 분들은 닥나무 재배에도 많은 공을 들였는데, 가령 밭에다 보리를 한 고랑 심고 그 옆에 닥나무를 한 고랑 심는 식으로, 닥나무를 좋은 토질 속에서 키운 것도 이 마을 한지가 양질의 것이 되었던 숨은 이유였을 것으로 주측하였다.

전체적으로 보아 이곳의 한지는 근래 한국 사회의 급격한 변화, 특히 경제 발전과 함께 그 수요가 점차 줄어들고 종국에는 아예 없어지게 되었는데, 그 바탕에는 주거 생활의 변화가 자리 잡고 있다. 즉, 급속한 경제 발전과 함께 대부분의 집들이 문종이가 필요 없는 양옥집과 아파트로 바뀜으로써, 문종이의 수요 자체가 없어지게 된 것이다. 제보자들에 의하면, 이 마을의 한지는 그래도 1960년대 말까지는 거의 집집마다 한 셈이었는데, 1970년대 초반에 이르러 점차 줄기 시작하여, 마지막으로 종이 제작을 한 시점은 1975년 4월이었다고 한다.

연구자는 다행히 아직도 이 마을에 살고 있는 과거의 '기술자' 한 분(이정룡(李貞龍), 73세)을 주 제보자로 만날 수 있었는데, 이분은 국민학교를 졸업한 직후인 1955년부터 종이 일을 배우기 시작하여 1975년 4월의 마지막 종이 제작 시까지 이 일을 계속해 온 분이었다(과거 이분과 같은 소위 '기술자'는 마을 내에 5명 정도가 있었다고 함). 이 주 제보자는 현재는 물론 종이 제작을 하지는 않지만, 마을의 '벌랏 한지 마당 체험관'에서 외부의 체험객들에게 한지 제작의 시연과 설명을 맡고 있다.

그런데 여기서 한 가지 흥미로운 점은 종이 제작에 관한 일련의 지식을 이 주 제보자뿐만 아니라, 다른 여성 제보자들도 거의 대동소이(大同小異)하게 가지고 있었다는 점이다. 즉, 과거에 종이 일은 온가족이 힘을 합쳐 함께 하는 일이었으므로, 이 여성분들도 옆에서 일을 돕고 제작 과정을 지켜보았기 때문이다. 그러나 이분들은 종이를 만드는 핵심적인 과정은 다 알지만, 그 일을 직접 할 줄은 모르는 분들이다.

오늘날 만드는 문종이는 1장이 폭 60cm×길이 90cm로 이루어진다. 그러나 과거 이곳에서 만든 것은 폭 60cm×길이 100cm가량이었다고 한다. 보통 문을 바르면 폭은 딱 맞고 길이는 문 하나를 바르고 반이 남는 정도였다고 한다. 그리고 이곳에서 쓰던 종이의 양을 가리키는 특수한 수 분류사(numeral classifier)를 또한 발견할 수 있었는데, 그것은 위 크기의 1'장'을 기본 단위로 하여, 20장은 1'권'이 되고, 200장 즉 10권은 1'축'이 되고, 그리고 2,000장 즉 10축은 1'동'이 되는, '장-권-축-동'

이라는 단위 체계이다.

이상과 같은 배경에서 출발하는 이 '버랏 문종이'에 대한 기술은 관련 명칭체계(terminological system)와 그것의 제작 과정에 대한 핵심적인 문화적 지식을 발견하는 것이 우선적인 주제가 될 것이다. 그런데 특히 그것의 (과거 방식의) 제작 과정은 다음과 같은 23단계의 과정으로 명료히 구분·인지되고 있었다.15)

1 닥을 벤다 또는 **닥 찐다**

2 또랑〔도랑〕**에 담군다**

3 (삶기 전에) **묶는다**

4 닥 삶는다

5 닥(꺼풀) **벳긴다**

6 닥(꺼풀) **말린다/넌다**

7 묶어 싸놓는다

---

15) 충청북도 지역의 한지 제작과 관련되는 간략한 첫 보고는 아마도 한상복 선생(1976: 256-257, 284-285)에 의해 이루어진 것 같다. 단양군의 조사 대상지에서의 '닥나무와 닥풀의 재배 및 가공' 그리고 '닥나무와 다플의 가공에 쓰는 연장'에 대한 간략한 기술이 비교적 이른 시기에 보고되었다.

근래 들어 정성미(2009: 119-161, 207-208)는 강원도 원주 지역의 '한지 용어'를 간략히 소개·정리하였으며, 또 (재)충청북도문화재연구원(2012)은 단양군과 괴산군에 있는 두 '한지장'의 관련 지식체계를 일반적으로 정리하였다. 그런데 이 책에서 정리하는 두 한지장의 한지 제작 과정은 각기 14단계(pp. 58-97)와 15단계(pp. 183-239)인데, 이는 아래에서 기술하는 본 연구의 결과와 상당한 정도로 차이가 나는 것이다. 물론 오늘날의 시점에서 구체적인 제작 과정이 바뀐 부분도 있겠지만, 연구의 방법론적 차원에서 '문화 내적 시각'(emic point of view)의 중요성을 상대적으로 경시한 측면도 분명히 있는 것으로 추측된다.

8 물에 담군다

9 닥 갉는다

10 백닥 말린다

11 한솥내기로 묶는다

12 잿물 내린다

13 백닥/닥 삶는다

14 닥 두드린다 또는 **지당일**(한다)

15 닥 씻친다

16 닥 짠다

17 (지소로) **지고 온다**

18 닥풀 낸다

19 닥 푼다

20 종이 뜬다

21 물 짠다

22 종이 말린다 또는 **기복**(한다)

23 종이 접는다

이와 같은 23단계의 과정은 물론 연속적으로 이루어질 수도 있을 것이다. 그러나 현실적으로 이 마을사람들이 농사일을 팽개치고 종이 일만 계속할 수도 없었고, 또 공동의 작업을 필요로 하는 이 종이 일에서 마을사람들이 한 집의 것만 우선적으로 계속 해줄 수도 없었다. 따라서 이 종이의 제작 과정은 일련의 작업을 하고 기다리고, 다시 또 일련의 작업을 하고 기다리는 '휴지기'가 있었는데, 그것이 바로 7의 단계 뒤와 10의 단계 뒤이다. 다시 말해 위의 1~7의 단계는 연속적으로 이루어지고 그 뒤에 휴지기가 오며, 다시 8~10의 단계가 연속적으로 이루어지고 그 뒤에 휴지기가 온다. 그리고 마지막 11~23의 단계가 연속적으로 이루어지고 그 최종 결과로서 이곳 사람들의 판매 상품인 종이를 얻게 된다. 따라서 위의 23단계는 상호 구분되는 구체적인 작업의 단계이지만, 동시에 일련의 작업이 연속적으로 이루어지는 세 덩어리(또는 상위 범주)로 묶일 수 있는 것이다. 그러나 조사지에서 이 상위 덩어리 또는 단계들의 집합에 대한 언어적 명칭은 발달하지 않았다.

앞서 언급한 대로 종이의 제작은 음력 10월서부터 이듬해 음력 4월까지 비교적 긴 기간에 걸쳐 이루어졌다. 단계 1에서 7까지는 대략 15~20일가량 소요되고, 단계 8에서 10까지는 한 달가량 소요되며, 그리고 단계 11에서 23까지는 작업량이나 동원 가능한 노동력에 따라 다소간 가변적이지만 대체로 10~15일가량 소요되었다. 따라서 이곳에서 종이를 만드는 전체 일정은 단계 1~7 및 단계 8~10은 음력 10월, 11월, 12월에 이루어지고, 단계 11~23은 다음 해로 넘어가 음력 1월서부터 4월까지에 이루어지는 것이 통상적인 작업 시간표였다.

여기서 작업의 과정을 일련의 단계(stage)로 인지하는 위의 모형은 인지인류학(cognitive anthropology)에서 발달한 이론적 틀로는 '스크립트'(script)에 해당할 것이다. 즉, "반복되고 관습화된 활동 및 상호작용들을 재현하는 … 연결된 스키마타(schemata)", 또는 (잘 알려진 Schank와 Abelson의 정의로는) "잘 알려진 상황을 규정하는 행동들의 미리 결정되고 정형화된 (행위)순서(sequence)"로 흔히 정의되는 '스크립트'일 것이다(Casson 1983: 447-448, 1994). 나아가 이 '스크립트'는 문화적 인지의 영역을 넘어서서 좀 더 일반적인 문화 이론(culture theory)의 개념으로는 바로 '레시피'(recipe), 즉 "어떤 목적을 수행하기 위한 과정적 필요 요건에 대한 이해나 지식" 또는 "어떻게 일을 하는지에 대한 생각과 이해"가 될 것이다(Goodenough 1981: 84, 85; Dougherty and Keller 1985).

결국 연구자는 조사지의 한지 제작 과정에 대한 공유된 '스크립트'(또는 넓게는 '레시피')로서의 일련의 단계들을 찾은 셈이 되는데, 아래에서는 이 단계들을 중심으로 이곳의 전통적인 종이 제작 과정을 구체적으로 기술하기로 하겠다. 그리고 각 단계에서 어휘적 분화가 발달한 경우 그 양상을 또한 간략히 기술하기로 하겠다.

1 닥을 벤다 또는 **닥 찐다** 여기서는 1년생 닥나무만으로 한지를 만들었다. 겨울철에 접어들 때(즉, 음력 10월에 시작하여) 나무를 베는데, 나무의 줄기와 가지 전체를 벤다. 겨울에 베는 이유는, 봄에 나무를 베면 나무에서 단물이 나와 벌레가 많이 붙기 때문이라고 한다. 그리고 이곳의 닥나무는 보리밭 사이에 주로 심었는데, 밭에 거름을 주고 또 풀을 메었으므로 닥나무가 크고 질이 좋았다고 한다.

2 또랑[도랑]**에 담군다** '닥을 벤' 날 닥을 삶으면 이 과정이 필요 없으나 그것은 통상 가능하지 않고, 실제로는 (단계 4의) '닥 삶는' 날짜가 정해지면 여러 날에 걸쳐 '닥을 찌게' 된다. 따라서 베어 온 닥나무가 마르지 않도록 도랑에 담가 두게 된다. 물에 담가 두는 기간은 보통 3~4일 정도인데, 추운 철이라 1주일가량이 지나면 물이 나무의 윗부분까지 올라가지 못하여 벌써 윗부분이 상하기 시작한다고 한다.

3 (삶기 전에) **묶는다** '삶기' 전날에 닥을 일정한 양으로 묶는데, 대체로 200kg 단위로 묶는다.

4 닥 삶는다 전통적인 방식은 '닥 구뎅이'(구덩이)를 파서 삶는 것인데, 그것은 대체로 다음과 같은 방식이다.(뒤에는 외부의 한 기술자가 이 마을로 들어와 '닥 구뎅이' 대신에 드럼통에서 닥 삶는 기술을 전파하여 이를 이용하게 되었다고 한다.)

먼저 닥 삶을 구덩이를 1m가량 파고, 그 앞에는 돌을 넣을 구덩이를 조금 더 깊게 판 후에 불을 땔 구멍을 만든다. 돌을 먼저 넣고(구들장 놓는 것과 비슷하게 돌을 놓음) 불을 때어 돌이 벌겋게 되면(돌이 열을 받으면 위로 튀므로 열을 받아도 튀지 않는 돌, 즉 이곳에서 '쌀돌'이라고 부르는 철분이 들어 있지 않은 돌을 사용함), '닥 구뎅이'에 닥나무를 넣고 그 위에 수수깡을 얹고 흙으로 덮는다. 다음으로 기술자가 돌 위의 흙 가운데에 구멍을 내어 물을 계속 붓는데, 이때 여기서 생기는 김이 미리 만들어 놓은 구멍으로 해서 '닥 구뎅이'로 가고 그리하여 닥나무가 익는 원리이다. 돌이 식을 때까지 물을 계속 붓고 물을 다 부은 뒤 구멍을 흙으로 덮어 막는다. 그리고 닥나무가 다 익으면 그것을 구덩이에서 꺼낸다. 이 과정에서는 불을 잘 때는 것과 구멍을 잘 뚫고 물을 잘 붓는 것이 특히 중요한데, 이는 전문 기술자의 몫이라고 한다.

이 단계에서 '닥 구뎅이'(즉, 닥을 삶는 공간인 땅을 판 구덩이)와 함께 '설었다'라는 표현이 자주 사용되는데, 그것은 닥이 익지 않은 것을 가리키는 말이다.

5 닥(꺼풀) **벳긴다** 다음으로 삶은 닥에서 꺼풀을 벗기는데, 이때는 온 동네사람들이 모두 자발적으로 와서 그 일을 한다. 이유는 나무가 귀하던 시절이라 꺼풀을 벗긴 속대, 즉 '닥채'라고 부르는 나무를 땔감으로 얻기 위해서였다. 구체적인 작업은 닥 꺼풀을 손으로

틀어서 벗기고 그 꺼풀을 묶는 것이다. 말할 것도 없이 벗긴 꺼풀은 주인이 가지고, 남은 속대 즉 '닥채'는 일한 사람이 가져갔다.

6 닥(꺼풀) **말린다/넌다** 주인은 묶은 '닥 꺼풀'을 털어서 말리는데, 먼저 꺼풀에 묻은 얼음이나 다른 불필요한 것들을 털어내고, 이를 줄을 매어 널든지 밭이나 산에 널어서 말린다. 이렇게 널어 말리는 이유는 겨울철이라 꺼풀이 얼면 부서지기 때문이라고 한다. 통상 2~3일이면 마르는데, 말린 꺼풀이 부서지지 않도록 조심한다고 하였다.

7 묶어 싸놓는다 이렇게 말린 것을 다음 작업 단계까지 잘 묶어서 집에다 보관·저장하는 과정이다.

8 물에 담군다 먼저 '또랑'〔도랑〕을 막아 물을 고이게 하고, 이 물에다 말린 닥(즉, 닥 꺼풀)을 담근다. 닥이 물에 불으면 부드러워지는데, 이렇게 부드러워진 닥을 집으로 지고 온다.

9 닥 갉는다 다음 작업은 '닥 갉는' 일인데, 주로 노인들이 사랑방에 앉아서 오랫동안 하는 시간이 걸리는 작업이다.

먼저 사랑방에 가마니를 깔고 그 위에 '물에 담군' 닥을 얼음째 얹어 놓는다. 그리고 방에는 불을 가득 넣어 방바닥을 뜨겁게 만든다. 일꾼들은 '닥도매'라고 부르는 도마 위에 닥을 놓고 또 '닥칼'로 부르는 칼로 닥의 껍질을 벗겨내는데, 구체적으로 이 '닥 갉는' 작업은 다음의 세 가지를 분리해 내는 일이다. (1) '백닥'으로 부르는 닥 꺼풀의 흰 속살 부위로, 이것이 종이의 주원료가 된다. (2) '피지기'

로 부르는 '백닥' 밖의 퍼런 속껍데기로, 이것도 또 다른 종이의 원료가 된다. 그리고 (3) 닥 꺼풀 가의 시꺼먼 겉껍데기인데, 이 부분은 벗겨내어 버리는 것이다.

이 작업 과정에서 옛날 집은 흙바닥 위에 그냥 '자리'를 깐 방인데, 불을 뜨겁게 때므로 가마니 위의 얼음과 물기가 녹아내려 흙바닥에 구멍이 나기도 하였다고 한다. 그러면 불이 구멍을 통해 바닥으로 바로 올라오기도 하였다는데, 이 상황에서 '닥 갉는' 작업의 힘듦을 묘사하는 표현이 바로, "궁뎅이도 익으면 벼[베] 먹어가며 한다."라는 말이다. 물론 실제로는 일어날 수 없는 일이겠지만, 궁둥이를 데어 가면서까지 힘들게 일하는 이 단계의 작업에 대한 재미있는 비유 표현일 것이다.

10 백닥 말린다 이 단계에서부터는 일이 두 갈래로 나뉜다. 하나는 '백닥'으로 종이를 만드는 과정이고, 다른 하나는 '피지기'로 종이를 만드는 과정이다. 여기서 '백닥 말리는' 것은 말 그대로 위 9의 단계에서 얻은 '백닥'을 널어 말리는 것을 가리킨다.

'피지기'를 널어 말리는 것은 '피지기 말린다'라고 표현하는데, 그 과정은 조금 복잡하다. 위 9의 단계에서 '닥칼'로 '시꺼먼 겉껍데기'를 갉아내더라도 그것이 완전히 분리되지는 않는다고 한다. 따라서 '피지기'를 말리면서, 말린 것을 믹대기로 지고 도리깨로 패고 그리고 아이들을 그 위에서 뒹굴게 하고 또 씨름도 시킨다. 이렇게 한 후 겉껍데기를 털어내는데, 그렇더라도 겉껍데기가 완전히 벗겨지지 않아 소위 '꺼먼 딱지'가 '피지기'에는 붙어 있게 된다고 한다.

여기서 '겉껍데기'를 털어내기 위한 한 방안으로 발달한, 아이들이 '피지기' 위에 올라가 뒹굴고 씨름을 하며 노는 것을 일러 "피지기 싸움"이라고 부른다. 또 그렇게 널리 쓰는 표현은 아니나 "(아이들) 놀이터는 피지기 놀이터가 제일 (좋은 것)."이라는 말도 있는데, 이는 '피지기' 더미가 푹신하고 또 다칠 염려가 없는 데서 생긴 말이다.

11 한솥내기로 묶는다 다음 작업은 '백닥을 삶기' 전에 한 솥에 들어갈 분량, 즉 이곳에서 말하는 '한솥내기'로 그것을 묶는 과정이다. 오늘날의 무게로는 20kg 단위로 묶는 작업인데, 물론 기술자는 이 '한솥내기'에서 종이가 얼마나 나올지 미리 안다고 하였다.

12 잿물 내린다 13의 단계인 '백닥을 삶기' 전에, 먼저 '잿물'을 내려야 한다. 그런데 '잿물'을 내리려면 재를 먼저 받아 놓아야 한다. 재는 대체로 일찍 받아 놓는데, 드물게는 '잿물'을 내리기 직전에 받아 놓기도 한다고 하였다.

재를 만드는 과정은 다음과 같다. 즉, 가을에 추수한 '콩대'와 '메물대'를 미리 논에다 저장해 두고, 재를 받을 때에 이 콩대와 메물대에 먼저 물을 뿌려 물을 묻히고 그 다음에 불을 붙인다.(이렇게 해야만 연기만 나고 재는 날아가지 않고 남는다고 한다.) 불을 붙인 후 불에 탄 대가 빨건 불덩어리를 이루면 빨리 재가 되도록 불덩어리 속에 막대기로 굴을 뚫는데, 그러면 흰 재가 덩어리진 채 남게 된다고 한다. 이 재 덩어리가 바로 종이 제작에 쓰는 재이다.

이 재로 '잿물을 내리는' 방식은 떡시루에 짚을 깔고 그 위에 재를 넣고 위에서 물을 붓는 것이다. 그러면 아래로 붉은 물이 흘러내리는데, 이것이 바로 '잿물'이다. '잿물'은 2종류로 나뉘는데, (1) 하나는 처음에 나오는 '잿물'인 '맏물'로, 색깔이 진한 것이다. (2) 또 하나는 말 그대로 뒤에 나오는 '잿물'인 '훗물'로, 색깔이 흐린 것이다. 이 '맏물'과 '훗물'은 섞지 않고 각기 별도로 담아 둔다.

13 백닥/닥 삶는다 다음으로 말린 '백닥'을 물에 담가 약 30cm 크기로 자르고, 솥에다 필요한 양만큼의 '맏물'과 '훗물'을 알맞게 넣어서 '잿물'을 먼저 끓인 후, 여기에다 전체 무게 20kg이고 30cm 크기로 자른 '백닥'을 흩어서 넣는다. 그리고 삶은 '백닥'을 낫으로 건져내는데, 혹시 '잿물'이 잘 묻지 않은 것이 있을까 하여 전체를 솥에 다시 넣는다고 한다. 이 '백닥 삶는' 과정은 모두 2시간가량 불을 때서 삶는 과정이다.

14 닥 두드린다 또는 **지당일**(한다) 삶은 '백닥'을, 여기서 '닥독[돌]'(또는 '닥돌멩이')으로 부르는, 하나의 크기가 대체로 1.5m×1.5m인 편편한 바닥 돌 2개 위에 나누어서 얹는다. 그리고 '고염나무'[고욤나무]로 만든 빨랫빙망이처럼 길게 깎은 방망이인 '닥메'로 닥을 두드린다. 이렇게 '닥메'로 닥을 두드리면, 닥이 끊어지면서 퍼지고 또 얇아지면서 넓어지게 된다. 그러면 펴진 닥을 접어서 한 덩어리로 만들고 다시 두드려서 또 펴지게 한다.

전체 과정은 20kg짜리 닥을 10kg씩 두 '독'에 나누어 얹고, '독'마다 두 사람씩 붙어서 치는 것이 기본 방식이다. 그리고 네 번을 쳐서 펴지게 하고 또 두 번은 물을 얹고 쳐서 펴지게 한다. 따라서 모두 여섯 번을 치는 것인데, 약 2시간이 소요되는 작업이다. 이렇게 두 '독'으로 나누어 모두 두드린 것을 한 덩어리로 뭉쳐 바소쿠리에 얹는데, 이 합쳐진 덩어리를 '한 독'이라고 부른다. 또 이를 서술적 표현으로는 '한 독 쳤다' 또는 '한 가마 쳤다'라고 표현한다.(여기서

'닥 두드리는' 것과 동의어인 '지당일'은 한자어인 것 같은데, 해당 글자는 유감스럽게도 알려지지 않는다.)

15 닥 씻친다 이렇게 '두드린 백닥'을 지게 위의 바소쿠리에 얹어 '또랑'으로 씻으러 가는데, 이때 지게 밑으로 흐르는 물이 '잿물'이라 엉덩이가 젖음은 물론이고 피부 껍질이 쉽게 벗겨지기도 했다고 제보자들은 덧붙였다.

'닥 씻치는' 과정은 먼저 '또랑'을 막아서 물을 받아 두고, 물 막은 데에 대나무 홈대를 박아 그리로 물이 흐르게 한다. 다음으로 지고 간 '백닥' '한 독'을 '너리기'라고 부르는 큰 옹기에다 넣고 여기에 물을 넣어 '고물개'[고무래]로 젓는다. 그러고는 '닥보'라고 부르는 삼베로 만든 큰 보자기에 이 닥을 펴서, 두 사람이 '닥보'를 쥐고 물 내려오는 홈대 밑에다 대고 떨어지는 물에 '닥보'를 흔들어서 '잿물'을 빼내고 '백닥'을 씻는다.

16 닥 짠다 '닥보' 속의 '씻친 백닥'을 역시 삼베로 만든 작은 보자기로 옮겨 물을 짜내는 과정이다.

17 (지소로) **지고 온다** 물을 짜낸 닥을 바소쿠리에 담아 지게에 지고 종이를 뜨고 말리는 공장, 즉 '지소'(紙所)로 옮기는 단계이다.

18 닥풀 낸다 다음 공정은 '닥풀을 내는' 것인데, 먼저 '닥풀'이란 종이 성분이 물속에서 골고루 잘 퍼지도록 일종의 촉매제 역할을 하는 원료이다. 따라서 물속에다 '닥풀' 없이 그냥 닥을 풀면, 종이 원료가 통 속에서 골고루 퍼지지 않는다고 한다.

‘닥풀’은 황촉규(黃蜀葵)라는 풀의 뿌리에서 얻는 것인데, 이 황촉규는 1.5m 정도의 길이로 크고 봄에 흰 꽃이 피는 것이다. 이 풀을 밭에다 재배하여 가을 서리 오기 전에 괭이로 캐서 얼기 전에 말리는데, 뿌리의 색깔은 하얗다. 황촉규 뿌리 말린 것을 종이 만들기 전에 물에 담그고, ‘구시’〔구유〕에다 이 뿌리를 넣고 쇠스랑으로 흔들면 흰 액체가 나오는데, 이것이 바로 ‘닥풀’이다. 또 종이를 만드는 작업 중에 ‘닥풀’이 모자라면, 산에 있는 ‘누릅나무’〔느릅나무〕의 뿌리를 섞어 함께 사용하기도 했다.

19 닥 푼다 ‘백닥’을 물이 든 소위 ‘지통’(紙桶)(종이를 뜨는 나무로 만든 정사각형 통으로, 대략 2m×2m의 크기임)에다 넣고 ‘고물개’로 저어 그것이 흐물흐물해지면, ‘닥풀’ 액체를 넣는 과정을 가리킨다. 이를 좀 더 구체적으로 ‘닥풀 넣고 닥 푼다’라고도 부른다. ‘닥을 풀’ 때는 ‘닥풀’을 계속 넣어 주어야 하는데, 이 ‘닥풀’ 넣어 주는 것과 같이 ‘종이를 뜨는’ 기술자 옆에서 여러 가지 뒷바라지 일을 해주는 조수의 일(가령 ‘닥풀을 내고’ 그것을 넣는 것 등)을 ‘풀바라질’이라고 부른다.

20 종이 뜬다 닥이 풀어진 ‘지통’ 속에 ‘닥발’(대나무로 만든 종이 뜨는 발)을 얹은 ‘발틀’(위 ‘닥발’을 얹는 나무 틀)을 물속에 넣어 ‘종이를 뜬다’. 종이를 떠서는 그것을 뒤집어 ‘판’ 위에 붙이는데(이 ‘판’은 나무판자로 만드는데, 과거에는 흔히 묵은 나무로 만든 널판을 무덤가에서 불사르기 전에 구해 와 썼다고 함), 이때 홍두깨로 ‘닥발’을 눌러 종이를 ‘판’ 위에 붙인다(여기서 홍두깨는 물 짜는 역할을 함).

이 과정에서 종이를 뜨는 구체적인 방식에 따라 3종류의 다른 종이가 만들어지는데, (1) 한 번 뜨면 소위 '소지(燒紙) 종이'가 만들어지고, (2) 두 번 뜨면 주 생산물인 '문종이' 또는 '문창호지'가 만들어지며, (3) 세 번 뜨면 이른바 '세 쪽지'가 만들어진다. 이 '세 쪽지'는 기술자가 주로 실수로 뜨게 되는 것인데, 섬유질이 가지런히 나뉘지 않아 표면이 울퉁불퉁한 좀 두꺼운 종이이다. '세 쪽지'는 '장판지'로도 쓰고, 또 과거 머릿니를 참빗으로 골라내 그것을 떨어뜨려 잡는 데에도 썼다고 하는데, 이는 이 종이가 울퉁불퉁하여 이(虱)가 기어 도망가지 못하였기 때문이라고 한다.

그리고 드물게는 (4) '접지'〔겹지〕로 부르는 네 번 뜬 종이도 만들어지는데, 이는 실제로 네 번을 뜬 종이가 아니라 (아래의) 종이 사이에 놓는 '풀베개'를 깜빡 잊고 놓지 않음으로써 만들어지는 종이인데, 실제로는 드물었고 또 뚜렷한 용도도 없었다고 한다.

종이는 하루에 250장 정도를 떴는데, 뜬 종이 한 장 한 장 사이에 '풀베개'로 부르는 풀잎을 놓아 말린 뒤에 종이가 한 장씩 일어나도록 하였다. 이 '풀베개'는 도랑에 나는 '떼풀'('띠', 즉 茅)을 음력 7월에 베어다 말리고(이때 이 풀의 크기는 약 1m가량 됨), 그것을 겨울에 다시 삶아서 쪼개어 만들었다.

21 물 짠다 종이는 이틀을 달아서 뜨고, 이틀 동안 뜬 종이 위에 송판을 얹고 그 위에 돌을 얹어 물을 뺐다. 이렇게 '물을 짜는' 시간은 하룻밤 동안이다.

22 종이 말린다 또는 **기복**(한다) 여기서 '종이 말리는' 것과 동의어인 '기복'은 아마도 한자어 같은데, 해당 글자는 알려지지 않는다. '지소'에는 종이 말리는 방인 '기복방'이 있는데, 이 방은 약 50평 크

기의 큰 방으로 바닥에 구들을 놓고 한지에 들기름을 먹여 장판을 깐 방이다. '기복방'에 불을 뜨겁게 때고 '물 짠' 종이를 한 장씩 바닥에 놓아 말린다. 그런데 실제 종이를 놓을 때는 한정된 공간에서 많은 종이를 말릴 수 있도록, 종이의 2/3가량이 서로 포개지도록 놓았다고 한다. 종이는 통상 하루 정도면 다 마른다.

23 종이 접는다 마지막 단계는 다 마른 종이를 한 장씩 떼어내어 20장 단위, 즉 1권씩 '접는' 것이다. 이를 또 '종이 갠다'라고도 부른다. 이 '종이 접는' 과정은 만들어진 종이에 대한 선별 과정도 포함하는데, 즉 (1) '착지'(錯紙)는 가려내고, (2) '원종이'만을 접는 것이다. 여기서 '착지'란 불량품으로, 흔히 한쪽은 두껍고 다른 쪽은 얇게 나온 것이라든지 또는 부분적으로 찢어진 것 등이다. '착지'는 상품 가치가 없으므로 주로 집에서 쓴다. '원종이'란 좁게는 종이 좋은 것을 가리키지만, 실제로는 '착지'를 뺀 나머지 종이, 즉 이 작업 단계에서 '접는 종이' 모두를 가리킨다.

'착지'와 '원종이'의 구분은 서술적 표현으로도 연결되어, (1) '착지 난다'라는 말은 불량품이 나왔다는 의미이고, (2) 종이가 평소처럼 또는 예상대로 잘 만들어져 나왔을 때는 '종이 잘 나왔다'라는 표현을 주로 쓴다고 한다.

이상에서 기술한 단계들은 물론 종이의 으뜸 원료인 '백닥'으로 종이를 만드는 일련의 과정에 대한 정리이다. 앞서 언급하였듯이 단계 10에서 '피지기'는 별도로 말리는데, 이 '피지기'로 종이를 만드는 과정도 위의 11~23의 단계와 동일하다. 단, 20의 '종이 뜨는' 단계에서 먼저 '백닥' 종이를 다 뜬 다음에 '피지기' 종이를 뜬다. 말할 것도 없이 '백닥'

에 '피지기' 찌꺼기가 섞이지 않도록 하기 위해서이다. 그리고 이 '피지기'로 만드는 종이는 '피딱지'로 부르는데, 그것은 이 종이에 '피지기'의 딱지가 아직 남아 있기 때문이라고 한다. '피딱지'는 여기 말로 '비릉박 바르는 종이', 즉 '벽종이' 또는 '벽지'로 주로 썼다.

이상에서 기술한 모두 23단계의 '버랏 문종이'의 체계적인 제작 과정은 이 마을에서 최근까지 실행해 온 이곳 특유의 문화적 지식의 핵심 '스크립트'가 될 것이다.

마지막으로 이 제작 과정의 최종 산물인 종이의 종류에 대한 구분법을 다시 한 번 정리하면, 그것은 다음과 같은 민속분류법(folk taxonomy)의 구조일 것이다. 그런데 전체를 포괄하는 명칭, 즉 표제어(cover term)로는 과거 '종이'를 주로 썼고, '한지'는 요즈음에 들어서 쓰는 말인 것으로 제보자들은 보고하였다.

'종이'의 종류

1 문종이 '백닥'으로 만드는 종이이다.(그런데 이 '문종이'는 아래의 네 하위범주를 모두 포괄하는 명칭으로는 그 위상이 다소간 불명확한 듯하다.)

1.1 소지(燒紙) 종이 한 번 떠서 만드는 얇은 종이로, 기도를 올릴 때 소지용으로 쓰는 종이이다.

1.2 문종이 두 번 떠서 만드는 보통의 종이로, 이곳의 주 생산물이고 문을 바르는 문창호지이다.

1.3 세 쪽지 세 번 떠서 만드는 두꺼운 종이로, 장판지(이 종이 위에 들기름을 발라서 만듦) 등으로 사용하는 종이이다.

1.4 접지 '풀베개'를 놓지 않음으로써 만들어지는 1.2 '문종이' 두 장이 붙은 종이, 즉 결과적으로는 네 번 뜬 셈이 되는 두꺼운

종이이다.

2 피딱지 '피지기'로 만드는 종이로, 주로 벽지로 사용하는 종이이다.

2) 감과 대추 농사

'문종이'의 생산과 함께, 이 마을은 또 집집마다 감과 대추 농사를 지어 소위 '과일 천량'을 이루었던 곳이다. '과일 농사'도 아마도 예부터 한 것 같은데, 그 정확한 연원은 아무도 알지 못한다. 그런데 이 두 가지 과일 농사는 근년에 들어 안타깝게도 모두 중단되었는데, 여기서는 제보자들의 그간의 실제적 지식에 바탕하여 이 감과 대추의 종류와 그것의 주요 이용법에 대해 기술하기로 하겠다.

먼저 감은 과거 이 마을에서 음력 7월서부터 음력 9월까지 따서 외부에 판 중요 수입원이었다. 그러나 대청댐의 건설(1975년 착공, 1980년 완공) 이후 이 지역에 안개가 많아지면서, 곧 감이 적게 열리게 되고 종국에는 감 농사가 완전히 끝이 난, 외부적인 생태계(ecosystem)의 변화에 의해 이제는 중단된 이곳 특유의 농사였다.

제보자들이 인지하는 이곳의 감에는 1 '월하감', 2 '쑤수감', 3 '둥시감', 4 '반시감', 5 '꽃감', 6 '빼조리감', 7 '단감', 8 '대봉'과 같은 종류들이 있는데, 이 중 1~6은 예부터 이곳에 있던 감의 종류이고, 7~8은 뒤에 새로이 들어온 종류이다. 또 1~6의 여섯 가지 토종 감 중에서 상품 가치가 있어 많이 재배한 것은 1 '월하감'과 2 '쑤수감'이었다. 또 감 농사가 발달한 이곳에는 감을 헤아리는 수 분류사(numeral classifier)도 당연히 발달해 있었는데, 기본 단위인 '개'를 넘어 100개는 1'접'이 되고, 100

접은 1'동'이 되는, '개-접-동'의 단위 체계였다. 과거 이 마을에서는 집집마다 감을 몇십 접씩 땄고, 그중에서 많이 한 집은 몇 동씩 딴 것으로 제보자들은 보고하였다.

다음은 여섯 가지 토종 감의 주요 특성과 이용 방식에 대한 이곳 민간 지식의 개요이다.

1 월하감 감이 둥글고 큰 것으로, 제보자들은 '(감 중) 제일 어른이 월하감'이라고 표현하였다. 이 '월하감'은 떫어서 그냥은 못 먹고 물에 '울커내어야'[우려내어야] 떫은맛이 가셔서 먹을 수 있는 감의 종류이다. 그런데 이 감은 추석 지나서 나오는 조금 늦은 감이다.

'월하감'을 따서 먹을 수 있는 상품으로 만드는 데에는 상당한 집중적인 노력이 들어가는데, 대략 다음과 같은 과정을 거쳤다.

먼저 아침을 먹은 뒤부터 이 감을 따기 시작하여 오후 3시경까지 감을 딴다. 오후 3시경 물을 솥에 끓여서 따끈할 정도로 맞추고, 불을 땐 방에 감을 넣을 단지를 가져와 단지 속에 감을 넣고 풀을 그 위에 덮고, 그리고 따끈한 물을 단지 속으로 붓는다. 다음으로 단지의 뚜껑을 덮고 단지 겉을 두꺼운 솜이불로 감싸 매는데, 이 작업이 다 끝나면 저녁때쯤이 된다고 한다.

이튿날 새벽에 이렇게 '울쿤' 감을 건져 내어, 마당에 깐 멍석 위에 감을 들어부어 천천히 식힌다. 때로 시간이 급할 경우에는 건진 감을 소쿠리에 얹고 그 위에 찬물을 쏟아부어 감을 빨리 식히기도 한다. 이렇게 감을 다 식힌 후에 소 등에 길마를 얹어 감을 싣고, 신탄장이나 대전장으로 팔러 갔다.(대신 이 동네로 '월하감'을 사러 온 상인들은, 이렇게 '울쿤' 감이 아니라 '울쿠지' 않은 감을 사 가서, 나머지 과정은 자신들이 다 하였다고 한다.)

전체적으로 이 '월하감'은 '감 중 제일 어른'이고, 요즈음의 '단감'보다 더 달고 맛있는 감이다. 그리하여 이 마을에서는 제사에는 꼭 '월하감'을 쓴다.

'월하감'처럼 물에 우려서 먹는 감을 조사지에서는 '침시'(沈柿)로 부르고, 물에 우리지 않은 떫은 생감은 '땡감'으로 불러 구분한다. 그리고 이렇게 물에 담가 떫은맛을 우려내는 것을 '감 울쿤다', '감 담군다', 또는 '침 담군다'로 표현한다.

2 쑤수감 감이 납작하면서 큰 것인데, 시장에서의 가격은 위의 '월하감'보다 쌌다. 이 감은 일찍 되는 감 즉 '올감'으로, 추석 전에 나오는 것이고 따라서 추석 전에 시장에 내다 팔았다.(여기서 '쑤수-'는 '수수'와 연관될 것도 같은데, 더 이상의 어원적 지식은 알려지지 않는다.)

이 '쑤수감'도 '땡감'으로는 못 먹고, 위의 '월하감'과 똑같은 과정으로 물에 우려서 먹는 '침시'이다. 이 감은 '월하감'보다 더 달고 맛도 좋으나 껍데기가 얇아서 우리는 과정에서 잘 터져 상품 가치가 떨어지는 것이었다고 한다.('쑤수감'도 외부의 상인들이 동네에 들어와서 사 갈 때는 우리지 않은 '땡감'을 사 갔다.)

3 둥시감 밑은 둥글고 위가 뾰족하면서 긴 감으로, 이 '둥시감'은 바깥에서 곶감을 만드는 감의 종류이다. 이 마을에서는 생산되는 양이 많지 않았으므로 따다가 '연시'(軟柿), 즉 '홍시감'을 만들어 먹었다. (여기서 '둥시-'의 '둥'은 이 감이 둥근 것과 연관되는 것으로 제보자들은 추측하였다.)

4 반시감 크지 않고 납작한 것으로 씨가 없는 감이다. 이 감도 곶감을 만드는 감이나, 여기서는 숫자가 많지 않았으므로 위의 '둥시감'처럼 따다가 '연시'를 만들어 먹었다.(제보자들은 '반시'의 '반-'이 이 감의 씨 없는 특성과 관련될 것으로 추측하였다.) 그런데 조사지의 경우 '연시'와 대조되는 '건시'(乾柹)라는 표현은 그리 발달한 것 같지 않았는데, 이는 아마도 이곳에서 곶감을 만들지 않았던 사실과 연관이 있는 것처럼 보였다.

5 쫑감 조그맣고 납작한 형태의 감으로, 따다가 겨울철에 '연시'를 만들어 먹었다.

6 빼조리감 위 '쫑감' 정도의 크기로 뾰족한 것이다. 이 '빼조리감'은 따다가 '연시'를 만들어 먹거나, 아니면 그냥 두어 '새나 파먹게 하는' 가치 없는 감이다.(제보자들은 이 감이 '빼쪽'[뾰족]한 데서 '빼조리감'이라는 이름이 만들어졌을 것으로 추측하였다.)

'빼조리감'은 감 중에서 제일 하품(下品)이므로, 여기서는 못생긴 사람을 흔히 이 '빼조리감'에 비유한다. 가령 "빼조리(감)같이 생겼네."와 같은 표현이다. 또 위의 '쫑감'과 '빼조리감'을 합쳐 '잡(雜)감'으로도 부르는데, 말할 것도 없이 이 '잡감'은 가치가 떨어지는 하품의 감 범주를 가리키는 말이다.

위 6종류의 전래의 감은 그 가치 면에서도 위의 나열 순서와 같이 평가되는데, 즉 1 '월하감' > 2 '쑤수감' > 3 '둥시감' > 4 '반시감' > 5 '쫑감' > 6 '빼조리감'의 순서이다. 1과 2는 상품(上品)으로 시장에 내다 파는 것이고, 3과 4는 집에서 '연시'를 만들어 먹는 것이고, 5와 6은

'잡감'의 범주에 속하는 하품의 종류이다. 마지막으로 감은 위의 용도 외에 또 '감 장아찌'를 만들어 먹는데, 감 생것을 된장이나 고추장 속에 넣어 두었다가 밑반찬으로 먹어 왔다고 한다.

이제 이 마을의 또 다른 특산 '과일'이었던 대추에 대해 간략히 기술하도록 하겠다.

대추 농사도 감처럼 오랫동안 해 온 것으로 전해지나, 정확한 연원은 알려지지 않는다. 어쨌든 현재의 시점에서는 대추 농사도 중단되었는데, 중단된 시점은 좀 더 이른 시기인 1960년대 초반이었다고 한다. 이 시기는 우리 농촌에 본격적으로 비료가 도입되던 시기인데, 대추밭에 영양분을 준다고 비료를 씀으로써 그 영향으로 '싸리병'이라는 병이 생겨, 이곳의 대추나무가 모두 죽어 버렸다고 한다. 당시에는 이곳 사람들이 대추나무와 비료 간의 상극(相剋) 관계를 알지 못한 데서 생긴 일이라고 제보자들은 덧붙였다.

이곳의 대추는 과거 음력 8월 초순 또는 추석 때부터 따기 시작하여 8월 한 달 동안 계속 땄다. 그리고 딴 대추를 지붕 위나 마당에 늘어서 말려 가지고 바깥에다 팔았다. 대추는 종류의 구분이 없이 한 가지뿐이었으나, 말리는 과정에서 상품 가치가 떨어지는 것이 나오는데, 이 '못 파는' 대추를 다음과 같은 명칭으로 구분한다. 말할 것도 없이, 아래의 두 가지 '못 파는' 것들을 골라내고, 나머지 말린 대추를 시장에 내다 팔았다.

1 골대추 말리는 과정에서 곯은 것, 즉 제대로 마르지 않고 부분적으로 썩은 대추를 가리킨다.

2 팥대추 작은 대추, 즉 '팥처럼' 작은 것을 가리킨다.

대추를 이용하여 만드는 이곳의 독특한 토속 음식에 '대추곰'이라는 것이 있다. 시장에 내다 팔지 못하는 '골대추'와 '팥대추'를 푹 삶아서 걸러 짜고, 그 물에다 좁쌀(좁쌀 중 '차조'를 씀)을 넣어 달여서 만드는 음식인데, 이 '대추곰'은 겨울철의 새참과 밤참으로 많이 만들어 먹었다고 한다. 특히 앞 항에서 기술한 종이 제작의 단계 9인 '닥 갉을' 때에, 사랑방의 연세 든 일꾼들에게 밤참으로 많이 대접한 음식이 바로 '대추곰'이었다.(연구자 일행도 현지조사 기간 중 마침 이 '대추곰'을 얻어 먹어보았는데, 그것은 지금껏 어디서도 먹어보지 못한 아주 일급의 토속 음식으로 느껴졌다.)

3) '뉘에치기'

양잠(養蠶)이 이 마을 또는 이 지역만의 특수한 농사는 물론 아니었을 것이다. 그런데 충청북도가, 상대적으로 말하여, 이 양잠과 근래의 담배 농사의 한국 내 중심지였음은 틀림없는 사실인 것 같다(김재홍 2012; 안상경 2012 등 참조). 나아가 이곳의 제보자들은 최근까지 행한 양잠에 대해 아주 명료한 언어적·문화적 지식을 가지고 있었다. 따라서 양잠이 이 마을만의 특수한 생업은 아니지만 중요한 생업 중의 하나였던 것으로 보고, 이곳 양잠의 핵심 과정과 관련된 중요 어휘들을 정리하기로 하겠다.[16]

---

16) 충청북도 지역의 양잠에 대한 비교적 이른 보고에는 이종철(1976a)이 있는데, 이 보고는 음성군의 해당 조사지에서의 '양잠의 1년 농사'와 '양잠 도구'를 중심으로 한 일차적 기술이다.

이 마을에서도 양잠은 과거에 이미 끝난 생업이다. 제보자들은 대청댐의 수몰과 함께 그만한 것으로 말하는데, 엄밀히는 1970년대 말까지는 양잠을 하고 그 뒤로는 하지 않은 것으로 추정된다.

이곳 말로 '누에'는 '뉘에'이다. 따라서 양잠은 '뉘에친다'라고 표현한다. 여기서 '뉘에치는' 것은 일 년에 두 번 하였는데, 그것은 다음과 같은 명칭으로 명료히 구분된다.

1 봄네 '봄 뉘에'의 축약 표현일 것인데, 음력 4월에 시작하여 한 달간 누에를 치는 것이다. 이때가 뽕잎이 나기 시작하는 시점이다.

2 끌네 또는 **칠월네** '끌네'의 '끌-'은 아마도 '끝-'의 변음인 것 같은데, 음력 7월에 시작하여 한 달간 누에를 치는 것이다.

조사지에서도 "뉘에는 한 달 농사."라는 말이 있는데, 이는 누에치는 것이 딱 한 달간의 작업임을 일컫는 표현이다. 그런데 이 한 달간 이루어지는 '뉘에 농사'는 명료히 구분되는 일련의 단계들(stages)로 인지되는데, 이는 앞서 기술한 종이의 제작 과정처럼, 이 누에 농사에 대한 문화적 '스크립트'(script) 또는 넓게는 '레시피'(recipe)일 것이다. 바로 다음의 9단계이다.

1 뉘에씨 털어 놓는다 여기서 '뉘에씨'는 부화 전의 누에알을 가리킨다. 누에치기의 첫 단계는 상자 속에 백지를 깔고 누에알을 가지런히 놓는 작업인데, 이 과정을 가리키는 말이다.

2 뉘에 깠다 '뉘에씨'가 부화하는 것을 가리키는 말이다. 단계 1에서 단계 2로 바뀌는 데에는 3일가량이 소요된다. 그런데 대체로

1950년대 말까지는 누에 농사를 단계 1부터 시작하였으나, 1960년대 초부터는 바로 단계 2에서 시작하였다고 한다. 다시 말해 이 시기에 와서는 부화한 누에를 받아 와 양잠 농사를 시작한 것이다.

3 애기잠 잔다 '뉘에가 깐' 뒤 뽕잎을 가늘게 썰어 먹이는데, 이틀가량을 먹이면 누에가 하루가량 잠을 잔다. 이 잠자는 것을 '애기잠 잔다'라고 표현한다. '애기잠'을 '한잠'으로도 말하나 '애기잠'을 주로 쓴다.

4 두잠 잔다 '애기잠을 잔' 뒤 뽕잎을 조금 더 크게 썰어 먹이는데, 이틀가량을 먹이면 누에가 두 번째 잠을 하루가량 잔다. 이를 가리켜 '두잠 잔다'라고 표현한다.

5 시잠〔세잠〕 **잔다** '두잠을 잔' 뒤 뽕잎을 더 크게 썰어 먹인다. 사흘가량을 먹이면 누에가 세 번째 잠을 하루가량 또 자는데, 이를 '시잠 잔다'라고 표현한다.

6 막잠/니잠〔네잠〕 **잔다** '시잠을 잔' 뒤 뽕잎을 더 크게 썰어서 닷새가량을 먹이면 누에가 네 번째 잠, 즉 마지막 잠을 이틀가량 잔다. 이를 '막잠 잔다' 또는 '니잠 잔다'라고 표현한다.

7 (뉘에) (섶에다) **올린다** '막잠을 잔' 뒤에는 누에가 엄청난 양의 뽕잎을 먹는다. 따라서 이때에는 잎을 썰지 않고, 뽕잎을 나무에서 그냥 훑어서 주거나 뽕잎 가지째 준다. 엿새가량 뽕잎을 먹이고는 '(뉘에) 섶'을 만들어 수직으로 세우는데, 이 '섶'은 참나무와 소나무

가지를 꺾어서 만든다. 이렇게 섶을 만들어 세우고 그 밑에 누에를 모아 이른바 '부어주면', 다 자란 누에가 섶 위로 기어 올라가는데, 이를 '(뉘에) (섶에다) 올린다'라고 표현한다.

8 (뉘에) **집 짓는다** '뉘에를 섶에다 올리면', 누에가 섶 위에서 '꼬추'〔고치〕를 만들기 시작하는데, 이렇게 고치를 스스로 만드는 과정을 '(뉘에) 집 짓는다'라고 표현한다. '뉘에가 집을 짓는' 데는 통상 이레 정도 걸린다.

9 (뉘에) **꼬추 딴다** '뉘에가 집을 다 지으면', 누에치기의 마지막 수확 과정인 고치를 따는데, 이를 '(뉘에) 꼬추 딴다'라고 표현한다.

위에서 각 단계별 날짜 계산은 물론 개략적인 것인데, 단계 2에서 단계 9까지가 대체로 30일간이다. 따라서 단계 1에서 단계 9까지는 30일이 조금 넘는다. 그리고 누에치는 것과 관련하여, "뉘에는 니〔네〕 잠 잔다."라는 말이 있는데, 이는 누에가 성장 과정에서 네 번 잠을 자는 것을 가리킨다. 그런데 하루 정도 자는 위의 '애기잠', '두잠', '시잠'을 두고는 "돌새 만에 깬다."라고 표현하고 이틀가량 자는, 즉 조금 더 자는 '막잠'을 두고는 "좀 더디다."라고 흔히 표현한다.

여기서 '돌새'는 아마도 이곳 특유의 표현인 것 같다. 오늘 일정한 시점에서 내일 그 시점까지의 시간 길이를 가리키는 말인데, 가령 어떤 사람을 약 24시간 즉 하루 만에 볼 때, "어, 돌새 만에 보네."로 표현한다. 따라서 '돌새'는 일상적으로 사용하는 표현을 누에의 잠자는 시간에도 적용하여 쓰는 말이 될 것이다.

그뿐만 아니라 '돌새'는 한 달 단위의 시간 길이, 일 년 단위의 시간 길이를 가리키기도 한다. 구체적으로 다음과 같은 사용법이다.

1 (하루) **돌새** 지금부터 내일 이맘때까지 – 시간 단위
2 (한 달) **돌새** 오늘부터 다음 달 오늘까지 – 날 단위
3 (일 년) **돌새** 이달부터 다음 해 이달까지 – 달 단위

그런데 이곳 화자들은 위의 예에서 '(하루)', '(한 달)', '(일 년)'을 통상 붙이지 않고 그냥 '돌새'만을 사용하는데, 그것이 '시간' 기준인지, '날' 기준인지, '달' 기준인지는 말을 하는 문맥(文脈) 속에서 암묵적으로 파악하는 것으로 보인다.

또 누에는 '막잠'을 자고 난 뒤가 마지막 성장 단계이므로, 뽕잎을 갉아먹는 소리가 제일 큰데, 이 소리를 조사지에서는 '비 오는 소리 같다', '소내기 오는 소리 같다'와 같이 비유하고, 또 '쐐– 하는 소리'가 난다는 보다 직접적인 도상적(icon) 표현을 쓰기도 하였다.

제보자들은 "뉘에는 믿을 수 없는 농사."라는 말도 썼다. 그것은 키우는 중간에도 누에가 많이 죽지만, 특히 단계 7의 '섶에 올린' 뒤에 누에 병이 많기 때문이다. 좀 더 구체적으로 말하면, (단계 5의) '시잠 자고' 나면 병든 누에가 나타나기 시작하여, (단계 6의) '막잠 자고' 나면 병이 더 많이 나고, (단계 7의) '섶에다 올리면' 병든 것이 더 많이 나타난다. 특히 '섶에 올린' 뒤 (단계 8의) '집을 짓는' 과정에서 병든 것이 특히 많이 나타나는데, 이렇게 병이 나 집을 못 짓는 것, 즉 밑으로 떨어지는 것을 흔히 '쏟아진다'라고 표현한다.

이러한 누에의 병은 세 가지 종류로 다음과 같이 구분·인지된다.

1 굳은병 제일 먼저 오는 병으로, 주로 '막잠' 뒤에 누에가 빳빳하게 굳고 하얗게 변색되어 죽는 병이다. '섶에 올라가기' 전에 나타난다.

2 매디〔마디〕**병** 누에의 마디가 굵어져 퉁퉁 부어서 터지는 병으로, 주로 '막잠' 뒤에 나타난다.

3 골은병 누에의 몸이 곯아서(즉, 썩어서) 시꺼멓게 변하고 까만 물이 터져 나와 죽는 병이다. '섶에 올린' 단계에서 '집도 못 짓고' 떨어져 죽는 경우, 이 병이 많은 것으로 보았다. 그런데 제보자들은 2 '매디병'과 3 '골은병'이 발달적으로 연관되는 것으로(즉, '매디병'이 다음 단계에서 '골은병'으로 진행되는 것으로) 이해하였다.

누에는 그 몸체의 변화에 따라 어휘적으로 다음과 같이 또 구분된다.

1 뉘에〔누에〕 부화 후 고치가 되기 전까지의 벌레를 가리키는데, 그 크기가 크든 자든 모두 '뉘에'이다.

2 꼬추〔고치〕 누에가 실을 내어 지은 집, 다시 말하여 '집을 짓고' 난 뒤의 몸체의 변화 단계이다.

3 뻔데기〔번데기〕 고치실을 뺀 후에 보이는 고치 속에 든 누에 몸체인데, 이곳 농가에서는 '꼬추를 딴' 후 그것을 바로 팔므로, 실제 이 '뻔데기'는 보지 못하였다고 한다.

그뿐만 아니라 조사지에서는 누에의 몸체 부분들에 대한 명칭도 발달하였는데, 그것은 몸체를 크게 네 부위로 나누는 방식이다. 대체로 비어(卑語)를 사용하는 다음의 어휘들이다.

1 대가리 머리 부위

2 등어리 또는 **등** 등 부위

3 배때지 또는 **배** 배 부위

4 꽁지 꼬리 부위

나아가 특징적인 몸체 부위들에 대한 독립적 명칭도 사용되는데, 다음의 것들이다.

1 눈깔 또는 **눈** 눈

2 주뎅이 입

3 똥구녁 '꽁지' 부위에서 아래의 '오줌구녁'보다 좀 더 뒤에 붙어 있다.

4 오줌구녁 위의 '똥구녁'과 이 '오줌구녁'은 실제로는 눈에 보이지 않지만, 누에가 배설하는 것을 보아 짐작한다고 한다(그런데 똥이 몸속에 들어 있는 것은 눈에 보인다고 함).

마지막으로 '뉘에치기'에 드는 주재료는 말할 것도 없이 '뺑잎'〔뽕잎〕이다. 이곳의 제보자들은 자신들의 생애 내에 이용한 '뺑잎'의 종류, 즉 '뺑나무'〔뽕나무〕의 종류를 다음과 같이 명료히 구분·식별하였다.

1 뜽컬뺑 토종의 뽕나무로 잎이 작은 것이다. 이 이름은 나무의 가지를 자꾸 베어내어 나무의 '뜽컬'〔등걸〕이 큰 데서 연원하였을 것으로 추측하였다.

2 왜뺑 일제 강점기에 들어온 뽕나무로, 잎이 넓고 두꺼운 종류이다.

3 가사뽕 1960년대경에 도입된 새로운 뽕나무로, 잎이 얇고 손가락같이 생긴 것이다. 이 손가락 같은 모양이 '가새'[가위]와 비슷한 데서, '가사뽕' 또는 '가새뽕'으로 불린다.

4) 벌의 구분법과 '벌치기'

조사지는 산간 지역이라 물은 맑지만 물이 많지 않은 곳이다. 따라서 상대적으로 파리와 모기가 많지 않은 곳으로 보였다. 여기에다 제보자들에 의하면, 과거부터 '소똥거름'을 태워 소위 '태운재'를 만들 때 생기는 독한 연기 때문에 모기는 거의 없었다고 하는데, 대신 마을을 벗어난 수풀 속에는 모기가 있었다고 한다. 파리와 모기가 적은 대신에 산간 지역이라 벌은 예부터 많았는데, 벌에 대해서 이곳 사람들은 매우 친숙할 뿐만 아니라 놀라울 정도의 세밀한 민간 지식(folk knowledge)을 가지고 있었다.

먼저 이곳에서 벌은 다음과 같은 8종류로 구분되는데, 이는 충남 홍성 지역에서 간략히 보고된 예(이 책의 제1장 제3절 '생태 환경의 어휘적 구분 II')와 비교하면 훨씬 정밀한 구분법이 될 것이다. 아마도 이곳 사람들의 자연세계에 대한 놀라우리만치 정밀한 관찰의 눈을 잘 보여 주는 흥미로운 사례일 것이다.

1 참벌 토종 꿀벌을 가리킨다. 야생의 '참벌'은 바위틈에 집을 짓고, 색깔은 노랗고 성격이 온순하다. 이 바위틈의 참벌 집을 따 야생의 꿀을 얻는다. 그리고 이 '참벌'을 (뒤에 기술하는 것처럼) 소위 '멍덕'(짚으로 만든 종 모양의 용기)에 담아 집으로 가져와 벌통에 '안

치면', 그때부터 집에서 '벌을 치게' 된다.

2 바다리 소위 '말벌'로, 색깔이 빨갛고 손가락 반절 정도 크기의 벌이다. 나뭇가지나 집에다 동그랗게 집을 짓는데, 독이 많아 쏘이면 매우 위험한 벌이다.

3 왕팅이 또는 **호박벌** 대가리와 꽁댕이는 새까맣고 몸뚱이는 노란 벌로, 1 '참벌'보다 크고 동그랗게 생겼다. 호박꽃 속에 들어가 꿀을 빠는 벌로, 땅속이나 나무 썩은 구멍 속에 집을 짓는다.

4 오빠시 '참벌'보다 조금 더 길고 가는 벌로, 색깔은 노랗고 겁이 많은 벌이다. 나뭇가지에다 집을 짓는데, 벌집이 아래로 20cm 정도 내려오도록 집을 짓는 특색이 있다.

5 땡기 '참벌' 정도 크기인데, 검은색이고 사람에게 잘 달려드는 벌이다. 지붕 처마 밑이나 나뭇가지에 집을 짓는데, 동그랗게 집을 짓고 집이 층층이 계속 내려오도록 짓는 특색이 있다.

6 땅벌 '참벌' 정도 크기이고 약간 노란 것이다. 이 '땅벌'은 밭둑이나 논둑의 땅속에 구멍을 파고 산다. 그런데 이 벌은 '입으로 사람을 물면서 꼬리로 침을 쏘는' 벌이고, 사람이 잘못 벌집을 건드리면 떼를 지어 사람을 따라오는 사나운 특성의 벌이다.

7 댕댕이 제일 작은 크기의 벌로, 약간 검은 것이다. 밭둑의 나뭇가지에 집을 짓는데, 5 '땡기'처럼 집을 짓는 특색이 있다.

8 양벌 토종이 아닌 외국에서 들어온 양봉 벌을 가리킨다.

위 목록상의 일곱 가지 토종 벌 가운데 사람이 꿀을 얻는 것은 1 '참벌'뿐이고, 나머지 6종류의 벌(즉, 위 목록의 2~7)은 모두 '꿀이 없는' 벌이다. 따라서 '벌을 치는' 시각에서 '꿀벌'은 다음의 두 범주로 나뉜다.

1 조선벌 위 목록상의 1 '참벌'

2 양벌 위 목록상의 8 '양벌'

양봉(養蜂)의 이곳 토착 표현은 '벌친다'이다. 조사지의 경우 벌을 많이 치지는 않고 몇 집이 쳐 왔는데, '벌치는' 것은 소수이지만 지금도 계속되고 있다. 그런데 '벌치는' 과정은 비교적 단순한 단계들로 구성되는데, 1 '벌 받는다' 다음에, 2 '벌 안친다'의 단계가 있고, 다음으로 명칭이 좀 덜 정형화된 것 같기는 하지만 3 '벌 청소한다'가 있고, 마지막으로 4 '꿀 뜬다'의 단계가 있다. 물론 각 단계에서 흥미로운 어휘 분화도 발견되는데, 구체적으로 다음과 같은 단계들이다.

1 벌 받는다 '벌을 받는' 것은 두 가지 다른 경로로 이루어진다. 하나는 산에 있는 벌을 받는 것이고, 다른 하나는 집에 있는 벌을 받는 것이다. 그러나 그 과정은 모두 동일하다.

'벌 받는' 것은 통싱 음력 4월에 이루어진다. 집에 있는 벌을 받을 경우, 벌이 새끼를 쳐 바깥으로 나오면 통상 집 근처의 나무에 앉는다. 이때 주인이 벌이 나무에 앉은 것을 얼른 보고, 쑥으로 그것을 쓸어서 짚으로 만든 용기인 '멍덕' 속으로 들어가게 하는데, 입으로 **"두레- 두레-"**라고 읊조리면서 쓸어 넣는다. 그런데 실제로는 쉽게 받는 벌이 있고, 아무리 애를 써도 못 받는 벌이 있다고 한다. 따라서 "벌과는 연(緣)이 맞아야 한다."라는 말을 흔히 한다.

이 단계에서 벌은 두 가지 기본 종류로 구분된다.

1 왕벌 '여왕벌'을 가리키는데, 이것은 날지 못하는 벌이다.

2 새끼벌 보통의 벌, 즉 '일벌'이다.

또 '벌씨'라는 말이 있는데, 이것은 다음 해의 양봉을 위해 가을에 꿀을 뜨지 않고 남겨둔 벌통에서 새로 새끼를 쳐 나온 벌을 가리킨다. 이 '벌씨'와 관련되는 과정들은 '벌씨를 둔다', '벌씨를 받는다'와 같이 표현한다.(그런데 꿀을 뜨지 않은 벌통 하나에서 다음 해에 새 벌통 3개를 만들 수 있는 '벌씨'가 나온다고 한다.)

2 벌 안친다 다음 단계는 '멍덕' 속에 든 벌을 미리 준비한 벌통 속으로 집어넣고, 벌통의 위 뚜껑을 닫고 흙으로 그 틈새를 막는 작업이다. 그러면 벌은 벌통 밑에 뚫어 놓은 '밑구녁'으로만 드나들게 된다.

벌통은 원래는 통나무를 반으로 쪼개어 속을 파내고, 이를 다시 붙여 쪼개진 부분에 흙을 바르고 그것을 끈으로 묶어서 만들었다. 나무는 속이 쉽게 파지는 소나무를 주로 썼다. '밑구녁'은 '참벌'만 들어갈 만큼 좁게 만드는데, 그것은 '바다리'(즉, 말벌) 같은 벌이 벌통 속으로 들어가 '참벌'을 잡아먹을 수 있기 때문이다.

3 벌 청소한다 다음 단계는 일상적으로 단순히 벌을 돌보는 과정이다. 매일 벌통을 들여다보고 벌통 아래를 청소해 주는데, 특히 개미 같은 벌레가 벌통 속으로 들어가지 못하게 하고, 또 거미 같은 것이 '밑구녁'에 거미줄 같은 것을 못 치게 해야 한다. 그 외의 것은 모두 벌이 스스로 알아서 한다. 따라서 '벌치는' 것은 실상 사람의 손이 그리 많이 필요하지 않은 비교적 쉬운 농사라고 한다.

4 꿀 뜬다 마지막 단계는 가을에 모든 꽃(이 지역의 경우는 들국화가 가장 늦게까지 남아 있는 꽃임)이 지고 난 뒤인 음력 10월에 벌통

속의 꿀을 얻는 과정이다. 그런데 '벌통'은 다음의 두 가지로 나뉘는데, 이듬해 '벌씨'를 받을 1 '햇통' 한두 통을 남겨두고는 모든 벌통을 깨서 '꿀을 뜬다'.

1 햇통 올해 벌을 받은 벌통으로 꿀의 양이 적다.
2 묵은통 작년에 벌을 받은 벌통으로 꿀의 양이 많다.

'꿀을 뜨기' 위해서는, 먼저 준비 작업으로 산에 있는 '까트리복숭나무', 즉 '개복숭나무'의 잎을 따다가 찧어서 밤에 벌통 입구에다 놓고, 벌통 가에도 이 찧은 것을 헝겊으로 둘러싸 놓는다. 이것은 꿀을 쉽게 뜨기 위해 벌통 속의 벌을 죽이는 과정인데, 이때 벌통 속에서 벌이 죽어 밑으로 떨어지는 것을 '쏟아진다'라고 표현한다.

다음은 실제로 '꿀을 뜨는' 단계인데, 이를 또 '꿀 내린다'라고도 부른다. 구체적인 과정은 '벌통'(벌이 그 속에서 살게끔 사람이 만들어 준 나무통)을 쪼개어 그 속에 든 '벌집'('벌통' 안에 벌이 지은 집으로, 이 '벌집' 속에 꿀이 들어 있음)을 꺼내고, 그것을 먼저 큰 그릇에다 넣어 손으로 주물러 으깬다. 다음으로는 더운 방에다 맨 아래에는 꿀 받을 그릇을 놓고, 그 위에 보자기를 얹고, 그리고 그 위에다 소쿠리나 시루를 얹어서, 그 위에 이 으깬 '벌집'을 놓아둔다. 그러면 통상 하루 저녁 정도이면 꿀이 그릇에 다 '빠진다'. 다시 말해 꿀이 저절로 다 내려온다.

이상과 같이 하여 '벌을 치는' 마지막 산물인 꿀을 얻게 되는데, 이 마지막 단계에서 구체적으로는 다음과 같은 서로 관련되는 산물들을 얻는다.

1 꿀 위와 같이 하여 그릇에 흘러 내려 담긴 액체, 즉 꿀이다.

2 벌찌기미〔지게미〕 소쿠리나 시루에 남은 '벌집'의 찌꺼기를 가리킨다.

3 벌밀 위 '벌찌기미'를 손으로 꼭 짜면 다시 '꿀'이 나오는데, 그 남은 찌꺼기를 '벌밀'이라고 부른다. 달리 말하면, 2 '벌찌기미'는 1 '꿀'과 3 '벌밀'로 다시 분해될 수 있는 것이다.

위의 3 '벌밀'로는 초를 만들고, 다음 해의 양봉 시에 벌통에다 발라 그 냄새로써 벌을 유인하는 데에 또 쓴다. 그리고 2 '벌찌기미' 중 안 짠 것은 삶아서 그 물을 먹는데, 이를 '벌집 삶아 먹는다'라고 표현한다. 이 물은 곧 천연 꿀차인 셈인데, 이때 솥 위에 엉킨 찌꺼기 즉 '벌밀'은 다시 떠서 초를 만든다.

5. 친척용어체계

조사지는 청송 심씨(青松沈氏)와 아산 이씨(牙山李氏), 밀양 박씨(密陽朴氏), 그리고 뒤에는 김해 김씨(金海金氏)가 비교적 오랫동안 살아온 곳이다. 그러나 고립된 산간 지역이라 바깥과의 접촉이 그리 많지 않았던 곳이고, 따라서 외부 친척들과의 상호작용도 그리 많지 않았던 곳으로 짐작된다. 여기에다 글의 전통도 상대적으로 빈약한 곳으로 보였다. 물론 오늘날의 상황이 소수의 노인층만이 살고 있는 작은 촌락인 측면도 있겠지만, '친척'(kinship)에 관한 잘 발달된 언어 표현의 사용과는 상당히 거리가 있는 언어공동체였다.

이러한 상황에서 친척에 관한 여러 흥미로운 언어 표현을 듣는 것은 쉽지 않았는데, 친척용어(kinship terms)의 목록도 핵심적인 개요에 대한 자료만 겨우 얻을 수 있었다. 다행히 친척어휘의 형태 분화와 관련해서는 이 지역 특유의 양상을 발견할 수 있었는데, 그 외의 영역에서는 대체로 얕은 수준의 자료 수집에 그쳤음을 밝혀 둔다.

1) 친척용어의 목록

연구자는 먼저 한 남성 제보자와 이곳의 친척용어에 대한 예비적 작업을 시도했지만 기대했던 자료를 거의 얻지 못하였다. 그분은 이 마을 내의 (노인층) 남성 주 제보자 두 분 중의 한 분이었다. 그리하여 조사의 방향을 바꾸어, (노인층) 여성 제보자들을 상대로 이곳에서 사용해 온 핵심적인 친척형(kin type)에 대한 지칭 및 호칭 자료만을 수집하기로 하였다. 아래의 목록이 그 결과인데, 전체적으로 그리 만족스러운 자료 집성은 아니겠지만, 이곳의 친척용어에 대한 대강 즉 핵심 부분은 포함할 것으로 믿어진다.

먼저 아래의 용어 목록에서 제시하는 친척형의 표시 약어는 다음과 같다.

F:	father	아버지
M:	mother	어머니
B:	brother	남형제

Z: sister 여형제

S: son 아들

D: daughter 딸

H: husband 남편

W: wife 아내

Be: elder brother 손위 남형제

By: younger brother 손아래 남형제

Ze: elder sister 손위 여형제

Zy: younger sister 손아래 여형제

>A(e, H, or W): elder than A(ego, ego's husband, or ego's wife)
A(자신, 자신의 남편, 또는 자신의 아내)보다 연상

<A(e, H, or W): younger than A(ego, ego's husband, or ego's wife)
A(자신, 자신의 남편, 또는 자신의 아내)보다 연하

♂: male speaker 남성 화자

♀: female speaker 여성 화자

(1) 부계친(父系親)

일련번호	친척형	친척지칭	친척호칭	비고
1	FFFF	고조할아버지	·	
2	FFFM	고조할머니	·	
3	FFF	진조(曾祖)할아버지	·	
4	FFM	진조할머니	·	
5	FF	할아버지	할아버지	
6	FM	할머니	할머니	
7	FFZ	대고무(大姑母)할머니	할머니	
8	FFZH	대고무할아버지	할아버지	

* 원촌 조항(遠寸祖行) 이상을 가리키는 '대부'(大父)와 '대모'(大母)는 사용하지 않음.

9	F	아버지	아버지	
10	M	어머니	어머니	
11	FBe	큰아버지	큰아버지	
12	FBeW	큰어머니	큰어머니	
13	FBy	작은아버지	작은아버지	*혼인 전의 호칭 및 지칭은 '삼촌'
14	FByW	작은어머니	작은어머니/작어머이	
15	FZ	고무	고무	*혼인 전의 호칭 및 지칭도 '고무'
16	FZH	고무부/고무아자씨	고무부/고무아자씨	
17	FFBS	오춘아자씨/당숙	당숙/아자씨	
18	FFBSW	오춘아주머니/당숙모	당숙모/아주머니	
19	FFBD	당고무	고무	
20	FFBDH	당고무부	고무부/고무아자씨	
21	FMBS	진외가아자씨	아자씨	
22	FMBSW	진외가아주머니	아주머니	
23	W	우리식구/안식구	여게/여보	
24	♂Be	형님	형님	* 어려서는 '성'을 쓰고 상대방이 나이가 들면 '형님'으로 바꿈
25	♂BeW	형수	아주머니/형수님	
26	♂By	아우/동생	이름	
27	♂ByW	지수(弟嫂)	지수씨	
28	♂Ze	누님	누님	* 어려서는 '누나'를 쓰고 상대방이 나이가 많이 들면 '누님'으로 바꿈
29	♂ZeH	매부/매형	매형	
30	♂Zy	누이동생/여동생	출가지명+네/ 아이이름+엄마	* 혼인 전에는 이름을 부름

31	♂ZyH	매제	매제	* 성+서방'(호칭)은 안 씀
32	♀Be	오라버니	오라버니	* 어려서는 '오빠'를 쓰고 상대방이 나이가 들면 '오라버니'로 바꿈
33	♀BeW	올케언니	언니/성	* '언니'가 '성'보다 더 대접하는 말임
34	♀By	(남)동생	이름	
35	♀ByW	올케	올케	
36	♀Ze	언니	언니	* 어려서는 '성'(또는 '언니')을 쓰고 상대방이 나이가 들면 '언니'로 바꿈
37	♀ZeH	형부	형부	
38	♀Zy	(여)동생	출가지명+네/아이이름+엄마	* 혼인 전에는 이름을 부름
39	♀ZyH	동생남편/제부	아재	* '성+서방'(호칭)은 안 씀

* ♂FBS>e, ♂FBS(>e)W, ♂FBS<e, ♂FBS(<e)W,
♂FBD>e, ♂FBD(>e)H, ♂FBD<e, ♂FBD(<e)H,
♀FBS>e, ♀FBS(>e)W, ♀FBS<e, ♀FBS(<e)W,
♀FBD>e, ♀FBD(>e)H, ♀FBD<e, ♀FBD(<e)H에게는
24~39와 대체로 동일한 지칭 및 호칭이 사용되나, 지칭에는 '사촌-'이 붙음.

* ♂FFBSS>e, ♂FFBSS(>e)W, ♂FFBSS<e, ♂FFBSS(<e)W,
♂FFBSD>e, ♂FFBSD(>e)H, ♂FFBSD<e, ♂FFBSD(<e)H,
♀FFBSS>e, ♀FFBSS(>e)W, ♀FFBSS<e, ♀FFBSS(<e)W,
♀FFBSD>e, ♀FFBSD(>e)H, ♀FFBSD<e, ♀FFBSD(<e)H에게도
24~39와 대체로 동일한 지칭 및 호칭이 사용되나, 지칭에는 '육촌-'이 붙음.

* ♂FFFBSSS>e, ♂FFFBSSS(>e)W, ♂FFFBSSS<e, ♂FFFBSSS(<e)W,
♂FFFBSSD>e, ♂FFFBSSD(>e)H, ♂FFFBSSD<e, ♂FFFBSSD(<e)H,
♀FFFBSSS>e, ♀FFFBSSS(>e)W, ♀FFFBSSS<e, ♀FFFBSSS(<e)W,
♀FFFBSSD>e, ♀FFFBSSD(>e)H, ♀FFFBSSD<e, ♀FFFBSSD(<e)H에게도
24~39와 대체로 동일한 지칭 및 호칭이 사용되나, 지칭에는 '팔촌-'이 붙음.

* ♂FZS>e, ♂FZS(>e)W, ♂FZS<e, ♂FZS(<e)W,
♂FZD>e, ♂FZD(>e)H, ♂FZD<e, ♂FZD(<e)H,
♀FZS>e, ♀FZS(>e)W, ♀FZS<e, ♀FZS(<e)W,
♀FZD>e, ♀FZD(>e)H, ♀FZD<e, ♀FZD(<e)H에게도
24~39와 대체로 동일한 지칭 및 호칭이 사용되나, 지칭에는 '고종사촌-'이 붙음.

40	S	아들	이름/아범+아/애비+야	* 자녀가 생기면 '아범', '애비'를 사용
41	SW	며누리	어멈+아/이미[에미]+야	* 혼인 직후에는 '아가', '새애기'로 부름
42	D	딸	출가지명+네/아이이름+이미	* 혼인 전에는 이름을 부름
43	DH	사위	사위	* '성+서방'(호칭)은 안 씀
44	BS	조카	이름/조카	
45	BSW	조카며누리	조카며누리/질부	
46	BD	조카딸	출가지명+네/아이이름+이미	
47	BDH	조카사위	조카사위	* '성+서방'(호칭)은 안 씀

* 엄격히는 부계친(夫系親)의 S, SW, D, DH와 위의 40~43은 동일한 친척형이고, 따라서 대체로 동일한 지칭 및 호칭이 사용됨.

* ♂ZS, ♂ZSW, ♂ZD, ♂ZDH,
♀ZS, ♀ZSW, ♀ZD, ♀ZDH,
FBSS, FBSSW, FBSD, FBSDH에게는
위의 44~47과 대체로 동일한 지칭 및 호칭이 사용됨.
단, '조카'의 범주를 구분할 필요가 있을 경우에는 '생질'(甥姪), '이질'(姨姪), '당질'(堂姪)과 같은 지칭을 사용하기도 함.

48	SS	손자	이름	
49	SSW	손자며누리	·	
50	SD	손자딸	이름	
51	SDH	손자사위	손자사위	
52	DS	외손자	이름	
53	DSW	외손자며누리	·	
54	DD	외손자딸	이름	
55	DDH	외손자사위	외손자사위	
56	SSS	증손자	·	
57	SSSS	고손자(高孫子)	·	

* 엄격히는 부계친(夫系親)의 SS, SSW, SD, SDH, DS, DSW, DD, DDH, SSS, SSSS는 위의 48~57과 동일한 친척형이고, 따라서 대체로 동일한 지칭 및 호칭이 사용됨.

(2) 모계친(母系親)

58	MF	외할아버지	외할아버지	
59	MM	외할머니	외할머니	
60	MB	외삼춘/오삼춘	외삼춘/오삼춘	* 혼인 전의 호칭 및 지칭도 '외삼춘'/ '오삼춘'
61	MBW	외숙모	외숙모	
62	MZ	이모	이모	* 혼인 전의 호칭 및 지칭도 '이모'
63	MZH	이모부/이모아자씨	이모부/이모아자씨	

* ♂MBS>e, ♂MBS(>e)W, ♂MBS<e, ♂MBS(<e)W,
♂MBD>e, ♂MBD(>e)H, ♂MBD<e, ♂MBD(<e)H,
♀MBS>e, ♀MBS(>e)W, ♀MBS<e, ♀MBS(<e)W,
♀MBD>e, ♀MBD(>e)H, ♀MBD<e, ♀MBD(<e)H에게는
앞의 24~39와 대체로 동일한 지칭 및 호칭이 사용되나, 지칭에는 '외사춘-'이 붙음.

* ♂MZS>e, ♂MZS(>e)W, ♂MZS<e, ♂MZS(<e)W,
♂MZD>e, ♂MZD(>e)H, ♂MZD<e, ♂MZD(<e)H,
♀MZS>e, ♀MZS(>e)W, ♀MZS<e, ♀MZS(<e)W,
♀MZD>e, ♀MZD(>e)H, ♀MZD<e, ♀MZD(<e)H에게도
앞의 24~39와 대체로 동일한 지칭 및 호칭이 사용되나, 지칭에는 '이종사춘-'이 붙음.

(3) 부계친(夫系親)

64	HFF	시할아버지	할아버지/할아버님	
65	HFM	시할머니	할머니/할머님	
66	HF	시아버지	아버님	
67	HM	시어머니	어머님/어머니	
68	HFBe	시큰아버지	큰아버지/큰아버님	
69	HFBeW	시큰어머니	큰어머니/큰어머님	
70	HFBy	시작은아버지	작은아버지/작은아버님	
71	HFByW	시작은어머니	작은어머니/작은어머님	
72	HFZ	시고무	고무/고무님	

73	HFZH	시고무부	고무부/고무부님	
74	HFFBS	시당숙	당숙/(당숙)아자씨	
75	HFFBSW	시당숙모	당숙모/아주머니	
76	HFFBD	시당고무	고무/고무님	
77	HFFBDH	시당고무부	고무부/고무부님	
78	H	우리집양반/남편	·/아이이름+아버지	
79	HBe	시숙/아주버님	아주버님	
80	HBeW	큰동세	형님	
81	HBy	시동생	아주버니/서방님	* 혼인 전에는 '데린님'으로 부름
82	HByW	동세	동세	
83	HZe	큰시누님	형님	
84	HZeH	(큰)시누남편	아자씨/고무부	
85	HZy	시누	출가지명+네	* 혼인 전 어려서는 '애기씨', 크면 '작은아씨'로 호칭
86	HZyH	시누남편	아자씨/고무부	* '성+서방'(호칭)은 안 씀

(4) 처계친(妻系親)

87	WFF	처할아버지	할아버지	
88	WFM	처할머니	할머니	
89	WF	장인	장인어른	
90	WM	장모	장모님	
91	WFBe	처큰아버지	큰아버지/큰아버님	
92	WFBeW	처큰어머니	큰어머니	
93	WFBy	처작은아버지	작은아버지	
94	WFByW	처작은어머니	작은어머니	
95	WFZ	처고무	고무(님)	
96	WFZH	처고무부	고무부	

97	WBe	큰처남	형님	
98	WBeW	큰처남으댁	아주머니	
99	WBy	처남	이름/처남	
100	WByW	처남으댁	아주머니/처남으댁	
101	WZe	처형	아주머니	
102	WZeH	큰동서	형님	
103	WZy	처제	처제	
104	WZyH	동서	동서	* '성+서방'(호칭)은 안 씀

(5) 사돈관계(査頓關係)

105	SWF/DHF	사둔	사둔	
106	SWM/DHM	사둔댁	사둔댁	
107	SWFF/DHFF	(?)	(?)	
108	SWFM/DHFM	(?)	(?)	
109	SWB/DHB	·	사둔	* 혼인 전에는 '사둔총각'으로 부름
110	SWZ/DHZ	·	사둔	* 혼인 전에는 '사둔처녀'로 부름

* 105와 106에서 실제로는 ♀SWF/♀DHF, ♂SWM/♂DHM에게는 호칭을 하지 않음. 107과 108의 경우 정형화된 지칭 및 호칭이 발달하지 않은 것으로 보임.

2) 친척용어의 주요 특색

위 목록에서 보듯이 조사지는 친척용어가 잘 발달한 지역은 아닐 것이다. 그러나 대체로 다음과 같은 사항들을 이곳 친척용어의 주요 특색으로 정리할 수 있겠다.

먼저 (1) 소위 반촌에서 널리 쓰는 한자어 친척지칭이 여기서는 상대적으로 덜 발달하였음을 보게 되는데, 가령 조항(祖行) 및 숙항(叔行)의 여러 친척지칭에서 이러한 경향이 잘 드러날 뿐 아니라, 형제항(兄弟行)에서도 일련의 방계친들을 '사촌', '육촌', '고종사촌' 등과 같은 촌수 표현을 기본 수식어로 하여 가리킨다. 그뿐만 아니라 질항(姪行)에서는 '조카'(44 BS), '조카며누리'(45 BSW), '조카딸'(46 BD), '조카사위'(47 BDH)를, 그리고 손항(孫行)에서는 '손자'(48 SS), '손자며누리'(49 SSW), '손자딸'(50 SD), '손자사위'(51 SDH)를 각기 지칭의 기본 형태로 사용함을 볼 수 있다.

다음으로 (2) 부계친(夫系親)과 처계친(妻系親)의 용어 목록에서 존칭 형태가 덜 발달하였음을 또한 볼 수 있다. 가령 호칭의 사용에서 부계친의 경우 66 HF와 67 HM에게만 존칭 형태를 엄격히 쓰고, 나머지 친척형에게는 평칭 형태를 더 많이 사용하고 있다. 처계친의 경우에도 마찬가지로 89 WF와 90 WM에게만 존칭 형태를 쓰고, 나머지 친척형에게는 거의 평칭 형태를 사용한다.

또 (3) 계보상 조금 먼 관계에 대한 용어 형태가 발달하지 않았음을 볼 수 있는데, 가령 부계친(父系親)의 원촌 조항에게 쓰는 '대부'(大父)와 '대모'(大母)가 여기서는 쓰이지 않는다든지, 사돈관계(査頓關係)의 107 SWFF/DHFF와 108 SWFM/DHFM에 대한 용어 형태가 발달하지 않은 것 등을 들 수 있겠다.

다음으로 이곳 조사지에서 아마도 가장 특징적으로 나타나는 용어 형태는 30 ♂Zy, 38 ♀Zy, 42 D, 46 BD, 85 HZy 등에게 혼인 후에 쓰는 '출가지명+네'의 형태일 것이다. 동시에 해당 친척형의 배우자인 31 ♂ZyH, 39 ♀ZyH, 43 DH, 47 BDH, 86 HZyH, 104 WZyH 등에게는 '성+서방'의 형태를 쓰지 않는 것으로 나타난다. 물론 '성+서방'의 형태를 쓰지 않는 것은 지역에 따라 널리 분포하므로 그리 중요하지 않은 특징일 수도 있을 것이다. 그러나 혼인한 손아래의 여성 친척에게 높임의 형태로 '출가지명+네'의 호칭을 사용하는 것은 분명 이 지역 특유의 호칭형태로 보이는데, 이는 다음 절 '비친척 호칭체계'에서 기술할 '출신지명+네'라는 이곳에서 잘 발달된 호칭형태와 바로 연결될 것으로 생각된다.

또 이곳 친척용어의 형태상의 작은 특색으로 다음의 것들을 지적할 수 있겠다. 먼저 (1) 부계친(父系親)의 영역에서 31 ♂ZyH의 지칭 및 호칭인 '매제', 33 ♀BeW의 호칭인 '언니'/'성'(관련되는 친척형인 80 HBeW 및 83 HZe에 대한 호칭은 '형님'임), 39 ♀ZyH의 호칭인 '아재'와, (2) 부계친(夫系親)의 영역에서 81 HBy에 대한 부분 호칭인 '아주버니'(관련되는 친척형인 79 HBe에 대한 호칭 '아주버님'과 형태상 대조를 이룸), 84 HZeH 및 86 HZyH에 대한 호칭인 '아자씨'/'고무부', (3) 처계친의 영역에서 98 WBeW, 100 WByW, 그리고 101 WZe에 대한 호칭인 '아주머니', 그리고 (4) 사돈관계의 영역에서 106 SWM/DHM의 지칭 및 호칭인 '사둔댁' 등을 들 수 있겠다.

그리고 7 FFZ와 8 FFZH에 대한 지칭에서 이 지역의 경우 '대고무'(大姑母)의 형태를 씀을 볼 수 있고, 14 FByW에 대한 부분 호칭인 '작어머이'는 '작은어머니'의 일상어형(colloquial speech form)인데 흥미롭게도 13 FBy에 대한 호칭에서는 이러한 일상어형이 발달하지 않았음을 볼 수 있다. 그리고 23 W에 대한 지칭으로는 '-식구'의 형태를 사용하는데, 특히 W에 대한 호칭으로 널리 쓰는 '여게'는 이 지역에서 남편이 아내를 부르는 데에만 쓰는 특수 어휘이나 그 어원은 불명이다.

또 간단한 발음상의 특색을 가진 용어 형태의 예를 들자면, 3 FFF 및 4 FFM의 '진조할아버지'와 '진조할머니', 15 FZ 및 16 FZH 등에 대한

‘고무’와 ‘고무부’ 등, 17 FFBS 등에 대한 ‘아자씨’, 60 MB의 ‘오삼춘’(부분 사용), 27 ♂ByW의 ‘지수’, 41 SW 등에 대한 호칭인 ‘이미’[에미], 그리고 방계친을 가리키는 ‘사춘’, ‘육춘’, ‘팔춘’ 등을 들 수 있겠다.

마지막으로 호칭형태의 발달적 변화(developmental change)는 주로 형제 항렬에서 많이 나타나는데, 24 ♂Be, 28 ♂Ze, 30 ♂Zy, 32 ♀Be, 36 ♀Ze, 38 ♀Zy, 그리고 81 HBy, 85 HZy 등의 친척형에 대한 호칭형태가 그 예일 것이다. 이 중 특히 85 HZy에 대한 호칭은 시간을 두고 ‘애기씨’ →‘작은아씨’ →‘출가지명＋네’의 형태로 변해 감을 볼 수 있다. 그 외 숙항에서는 13 FBy에서만 호칭형태의 발달적 변화가 발달하였고, 아래 항렬에서는 109 SWB/DHB와 110 SWZ/DHZ에 대한 호칭에서 부분적인 발달적 변화가 일어난다.

3) 친척 관련 어휘와 표현

이곳의 제보자들이 인지하는 가족을 넘어서는 부계친(父系親)의 친척 범주에 대한 명칭은 두 가지 정도인데, 하나는 ‘집안’ 또는 ‘당내간’(堂內間)이고 다른 하나는 ‘문중’이다. 전자는 동고조 팔촌(同高祖八寸)의 범위이나 실제로는 10촌까지는 이 범주에 속하는 것으로 본다고 하였고, 후자는 위의 범위를 넘어서는 너 큰 부계 친족집단을 가리키는 말 정도로 이해하였다. 그 외의 친척 범주 또는 친척 집단에 대한 언어적 표현은 발달하지 않은 것으로 보였다.

다음으로 친척관계를 가족, 즉 집 단위로 가리키는 말인 소위 ‘집이름’(왕한석 1995b)으로는 다음의 표현들이 주로 사용된다.

1 우리집 친가(親家)

2 외가집 또는 **외가댁** 외가(外家)(실제 발음은 '애가'임)

3 처가집 또는 **처가댁** 처가(妻家)

4 시집 또는 **시댁** 시가(媤家)

5 친정(집) 여성의 친정(親庭)

6 고무네집 또는 **고무댁** 고모가(姑母家)

7 이모네집 또는 **이모댁** 이모가(姨母家)

8 대고무네집 대고모가(大姑母家)

9 사둔네집 또는 **누님네집, 매형네집** 손위 매가(妹家)를 가리키는 말로, 말할 것도 없이, 부모와 함께 살면 '사둔네집'이고 부모와 함께 살지 않으면 '누님네집' 또는 '매형네집'이 된다.

10 사둔네집 또는 (여)**동생네집, 매제네집** 손아래 매가(妹家)로, 구체적으로는 위의 9와 같이 구분·사용된다.

11 사둔네집 며느리의 친정집

12 사둔네집 또는 **딸네집, 사위네집** 딸의 시가 또는 딸의 집으로, 구체적인 구분 사용법은 위의 9와 동일하다.

이 지역에서도 '-댁'의 표현이 나타나는데, 그러나 그것은 홍성 지역(앞의 제1장의 제4절 참조)과 비교하였을 때 부분적으로만 발달하였고 실제로도 부분적으로만 사용되는 것으로 보였다.

다음으로 자녀를 혼인시키는 것은, 아들의 경우는 '아들 장가보낸다', '아들 장가들인다', '며누리 얻는다'로 표현하고, 딸의 경우는 '딸 시집보낸다', '딸 여운다'로 주로 표현한다.(그러나 '아들 여운다'라는 말은 쓰지 않는다고 한다.) 아들 장가보내는 것과 딸 시집보내는 것을 합쳐서 가리키는 말에 '여우살이'라는 표현이 있는데, 이 말은 곧 아이들 혼인

시키는 것을 가리키고, '여우살이 시킨다'라고 표현한다. 가령 "집이는 애들 여우살이 다 시켰어?", "그럼. 여우살이 다 시켰어."와 같이 쓴다.

그 밖에 혼인한 후 혼자 된 사람을 일러 남자는 '홀애비'로 부르고, 여자는 '홀이미' 또는 '과부'로 부른다. 그리고 오늘날의 이혼(離婚)은 '갈라선다' 또는 '남남 된다'라고 표현하는데, 이를 여성의 시각에서는 '이별한다'라고 흔히 표현한다. 자식을 분가시키는 것은 여기서도 '살림난다' 또는 '제금난다'이다. 그리고 출가한 고모나 누나가 죽은 후 대신 들어온 사람은 '음고무'와 '음누나'로 각기 부르는데, 이 말도 경남 함양군의 사례(왕한석 2002: 221)처럼 식물의 '움싹난다'(움 나는 것)에서 연원한 말로 제보자들은 이해하였다.

마지막으로 충남 홍성 지역에서처럼 여기서도 특정 성씨의 집합을 가리키는 말로 '성+서방+네'의 표현을 썼다. '이 서방네' 또는 '김 서방네', '이 서방네 동네' 또는 '김 서방네 동네', '이 서방네 며누리' 또는 '김 서방네 며누리'와 같은 표현 예이다.

또 홍성의 예처럼 특이한 친척 관련 비유로 '포거리'[포기]를 여기서도 쓴다. 즉, 한 문중 또는 집안 내에서 계통이 갈라진 것을 가리키는 비유인데, '종손 포거리'나 '지손 포거리', 또는 가령 윗대에 나뉜 삼형제의 후손들을 가리켜 '큰아들 포거리', '둘째아들 포거리', '셋째아들 포거리'와 같이 쓴다. 실제의 대화 예를 소개하면, 가령 "누구 네와 한 푸거리야?", "우리하고는 포거리가 덞어[달라]."와 같다. 그러나 이 '포거리'는 한 문중 또는 집안 전체를 가리킬 수는 없는 말이므로, 가령 조사지에서는 '김씨네 포거리'와 같은 표현은 성립할 수가 없다고 하였다.

이곳에서 풀을 헤아리는 단위로서의 '포기'는 '폭'이다. 가령 '배추 한 폭, 두 폭' 또는 '풀 한 폭, 두 폭'과 같이 쓴다. 물론 형태소 '-어리'에 대한 정확한 분석이 필요하겠지만, '포거리'는 분명 이 '폭'에서 나온 말로 생각된다.

4) 친척어휘의 형태 분화

조사지에서도 고유어 계열의 핵심적인 친척어휘의 형태 분화는 체계적으로 발달해 있었다. 주로 이곳 사람들의 일상적 담화에서 연구자가 찾아낸 것인데, 간명히 표로 정리하면 다음의 〈표 2-1〉과 같다. 아마도 중부 지방의 유형을 반영하는 것이겠지만, 앞서 기술한 홍성 지역과는 상당히 다른 양상을 보이는 흥미로운 자료일 것이다.

〈표 2-1〉 친척어휘의 형태 분화

일련번호	평칭 I	평칭 II	존칭	비칭 I	비칭 II	집합적 표현
1	할아버지	할아버이	할아버님	할애비	·	할아번네
2	할머니	할머이	할머님	할미	·	할먼네
3	아버지	아버이	아버님	애비	아범	아번네
4	어머니	어머이	어머님	이미	어멈	어먼네
5	아자씨	·	·	아재비	·	·
6	아주머니	아주머이	아주머님	아지미	·	아주먼네
7	아주버니	아주버이	아주버님	·	·	·
8	오라버니	오라버이	오라버님	오래비	·	오라번네
9	누나	·	누님	누이(?)	·	·
10	성/형	·	형님	·	·	·

위 표에서 보듯이 이곳의 친척어휘는 부분적으로만 발달한 '비칭 II'를 일단 제외하면, 두 등급의 '평칭'과 한 등급씩의 '존칭' 및 '비칭'으로 구성되는 상대적으로 단순한 체계일 수도 있다. 그러나 이곳에는 위에서 '집합적 표현'으로 잠정 명명한 또 다른 부류가 발달하여, 전체적으로 그리 단순하지 않은 친척어휘의 형태 분화 양상을 보인다.

먼저 그 사용이 비교적 명료한 '비칭 I'의 어휘들을 보면, 그것은 여기서도 상위자인 화자가 하위자인 청자에게 자신을 낮추어서 가리키는 맥락에서 주로 사용된다. 대표적으로 화자가 화가 났거나, 청자에게 야단을 치거나, 또는 청자와 장난을 치는 등의 맥락이다. 그런데 9의 '누이'가 조사지에서 '비칭 I'로 쓰이는지 여부는 조금 불명확하다.

'비칭 II'의 어휘들은 이곳에서 3 '아범'과 4 '어멈'만 사용되는 것으로 보고된다. (시)부모가 아들과 며느리를 직접 부를 때 쓰는 것이 대표적인 사용 맥락이다. 그런데 같은 계열의 말인 '할아범'과 '할멈'도 쓰였을 것 같으나, 제보자들은 전혀 듣지 못하였다고 하였다. 여기서도 물론 두 부류의 비칭 중 부분적으로만 발달한 '비칭 II'가 '비칭 I'보다는 가리키는 대상을 덜 낮추는 표현이다.

'존칭'의 경우 그 쓰임새는 비교적 명료한 편이다. 즉, 1~7의 어휘는 모두 이상적으로는 부계친(夫系親)에게 사용하는 용어형태일 것이고, 8~10의 어휘는 부계친(父系親) 등의 여러 친척관계에서 나이가 든 상대 친척을 높여서 부르는 존경의 용어형태일 것이다. 그러나 실제로는 부계친(夫系親)에서도 3 '아버님', 4 '어머님', 7 '아주버님'은 거의 항시 사용되는 형태이지만, 1 '할아버님', 2 '할머님', 6 '아주머님'은 부분적으로만 사용되는 양상을 보인다. 또 부계친(父系親) 등에서도 9 '누님'과 10 '형님'은 널리 사용되지만, 8 '오라버님'은 아마도 매우 제한적으로만 사용되는 형태로 보인다.

'평칭'의 경우는 그 내용이 조금 복잡하다. '평칭 I'과 '평칭 II'의 형태 분화는 일상 대화에서 빈번히 들을 수 있는데, 간단히 말하여 제보자들은 '평칭 I'의 어휘는 '어렵고 먼' 느낌을 주는 데 비해, '평칭 II'의 어휘는 '쉽고 가까운' 느낌을 주는 것으로 지각하였다. 다시 말해 '평칭 I'의 형태는 '격식'체(formality)의 성격을 그리고 '평칭 II'의 형태는 '친밀'체(intimacy)의 성격을 가지는 것으로 지각하는 셈이다. 그러나 실제의 쓰임새는 훨씬 더 복잡하여, 많은 경우 동일한 사람에 대한 호칭에서 '평칭 I'의 형태와 '평칭 II'의 형태가 함께 사용되는 모습을 보일 뿐만 아니라, 지칭의 상황에서는 지칭 대상이 친척이든 친척이 아니든 간에 '평칭 II'의 형태가 압도적으로 많이 사용되는 모습을 보인다.

'평칭 I' 특히 1~8의 어휘들의 사용 맥락은, 쉽게 말하여 직접적인 친척호칭의 상황이 대표적이다. 그러나 이 경우에도 '평칭 I'의 형태만이 사용되는 경우는 아마도 부계친(父系親)에서 1 '할아버지'와 3 '아버지'뿐인 듯하다. 그 외의 경우는 모두 '평칭 I'과 '평칭 II'의 형태(즉, 2 '할머니'와 '할머이', 4 '어머니'와 '어머이' 등)가 함께 사용되는데, 여기서 7 '아주버니'와 '아주버이'는 앞의 용어 목록에서의 81 HBy '시동생'에 대한 호칭 형태이다.(특정 친척형에 대해 두 가지 다른 등급의 호칭형태를 함께 쓰는 것은 부계친(夫系親)의 영역에서도 마찬가지인데, 가령 65 HFM에게 '할머니'와 '할머님'을 함께 쓰고, 67 HM에게도 '어머님'과 '어머니'를 함께 쓸 뿐만 아니라 급하면 '어머이'도 쓴다고 제보자들은 웃으며 덧붙였다.)

비친척, 즉 동네 사람들에 대한 호칭에서도 1 '할아버지'를 제외하면 '평칭 I'과 '평칭 II'의 형태가 함께 사용되는데, 즉 2 '할머니'와 '할머이', 6 '아주머니'와 '아주머이'가 일상적으로 함께 사용됨을 쉽게 볼 수 있었다. 이와 관련하여 한 제보자는 '낯설고 먼 사이에는 '아주머니'가 나오나 매일 보는 가까운 사이에는 '아주머이'가 나온다.'라고 쉽게 진술하였다.

'평칭 II'의 형태는 위와 같은 호칭 사용의 맥락을 넘어서서 지칭의 맥락에서는 보다 두드러지게 나타난다. 즉, 남의 친척에 대한 지칭뿐만 아니라 나의 친척에 대한 지칭에서도 이 형태의 사용은 압도적으로 많이 나타난다. 가령 '(누구)네 할아버이'나 "김씨네 할아버이가 다 산 겨[것이야]."와 같은 비친척에 대한 지칭에서뿐 아니라, 자신의 조부와 아버지를 가리켜 '우리 할아버이'와 '우리 아버이'로 가리키는 것을 쉽게 들을 수 있었다.

마지막으로 이곳 조사지에서 발견한 흥미로운 친척어휘의 부류는 '집합적 표현'으로 잠정적으로 명명한 '-번네/-먼네'의 형태일 것이다. 실제 관찰한 자연 발화의 예를 간략히 소개하면 다음과 같다.

우리 할아번네가 먼저 배포(排布)하고 살았어.
(여기서 '할아번네'는 자신의 윗대 할아버지들을 집합적으로 가리킴)

옛날 할먼네들이 욕을 잘했어.
(여기서 '할먼네들'은 '(나이 든) 할머니들'의 의미임)

설에는 아번네들이 다 모인다.
(여기서 '아번네들'은 아버지의 남형제들 모두를 가리킴)

우리 어먼네가 팔춘간이라는데 ….
(여기서 '어먼네'는 이 화자의 시어머니와 같이 있던 다른 분의 시어머니를 함께 가리킴)

아주먼네도 다 모이야[모여야] **디아**[돼].
('동네의 모든 아주머니들도 다 모여야 한다.'라는 의미임)

8 '오라번네'를 사용하는 예를 직접 듣지 못하였으나, 아마도 여성

제보자들이 친정에 가서나 또는 친정과 관련된 담화에서 쉽게 사용할 것으로 보였고, 또 실제로 그렇게 쓰는 것으로 보고하였다. 보다 흥미로운 형태는 7에서 생성 가능한 '아주번네'(?)인데, 연구자로서는 이 형태가 충분히 쓰일 것 같았으나, 제보자들은 쓰지 않는 것으로 분명히 답하였다. 조어상으로는 충분히 가능한 형태인데, 아마도 우리 사회에서 발달한 제수(弟嫂)와 시숙(媤叔) 간의 강한 회피 관계(avoidance relationship), 즉 사회적·심리적 차원에서의 극단적인 격식성과 어려움 때문에 여성 화자들이 이 표현을 예부터 쓰지 않은 것으로 짐작되었다.

'평칭 II' 형태의 발달은 일차적으로는 '평칭 I' 형태에 비해 마지막 음절의 초성 자음이 없는 데서 오는 발음의 용이성 차원과 관련될 것이다. 따라서 '평칭 II' 형태의 부분적 사용은 실제로는 지리적으로 제법 널리 퍼져 있을 것으로 짐작된다.[17] 그러나 이곳 조사지처럼 '평칭 I'과 '평칭 II'의 체계적인 형태 분화는 충남 홍성 지역에서도 관찰하지 못한 아마도 새로운 발견일 것 같은데, 다행히 기존의 연구 사례 중 경기 강화도에서 이곳의 예와 거의 같은 형태 분화의 예가 보고된 바 있다(왕한석 2009: 60-61, 80-81). 물론 강화도의 경우 개별 친척 어휘의 구체적인 사용 방식에서는 이곳과 차이가 있었다. 그뿐만 아니라 강화도에서는 흥미롭게도 위의 '집합적 표현'의 부분적인 예(즉, '아번네들'과 '어먼네들')도 관찰된 바 있다(왕한석 2009: 63). 따라서 '평칭'의 두 부류로의

---

17) 연구자는 일찍이 경상남도 함양군의 개평리(介坪里)에서 여성 친척에 대한 평칭의 호칭으로 이 형태의 말, 즉 '할머이', '어머이', '아주머이' 등이 사용되는 모습을 관찰한 바 있다. 개평리는 영남 지방에서는 좀 예외적인 곳으로 소위 '노론(老論) 예법'이 발달한 마을이었는데, 친척용어의 경우 거의 중부 지방의 말에 근사한 형태를 쓰는 다소간 특이한 언어공동체였다. 그러나 개평리에서도 남성 친척에 대한 평칭의 호칭으로는 위 표의 '평칭 I'의 형태, 즉 '할아버지', '아버지', '아저씨' 등을 썼다(왕한석 1992 참조). 물론 이곳처럼 평칭의 형태 분화가 체계적으로 발달한 곳은 아니었지만, '평칭 I'의 형태가 좀 더 '격식적'이고 보다 '존대'의 말인 데 비해, '평칭 II'의 형태는 좀 더 '친밀'하고 덜 '존대'하는 말임을 시사하는 데서는 이곳의 자료와 맥이 닿아 있을 것이다.

체계적인 분화와 '집합적 표현'의 발달이, 지역적으로 그리고 사회적으로 어떻게 분포하는지는 앞으로의 경험적 연구에 의해 물론 고구되어야 할 주제이겠지만, 현재의 시점에서 보면 그것이 중부 지역 일원에서 제법 널리 사용되어 온 유형일 개연성도 상당히 큰 것으로 보인다.

6. 호칭체계

이제 이곳 '버랏마을'의 비친척 호칭체계의 개요에 대해 간략히 기술하기로 하겠다. 친척이 아닌 마을사람들 간에 일상적으로 사용하는 호칭어는 의사친척호칭(fictive kinship terms of address)이 중심을 이루는, 일견(一見) 비교적 단순한 체계이다. 그러나 여기서도 부분적으로 사용하는 것이기는 하지만, 여성들에 대한 특이한 호칭어로 다른 지역의 '택호'(宅號)에 해당하는 호칭형태가 발달해 있음은 주목할 만한 일일 것이다.

1) 지위 구분의 민속 모형

조사지에서도 친척이 아닌 상대방과의 사회적 관계는 그와의 연령 관계에 기반하여 크게 세 범주로 구분된다. 즉, 자신보다 나이가 많은 사람은 '웃사람' 또는 '손윗사람'의 범주에 속하고, 자신보다 나이가 적은 사람은 '아랫사람' 또는 '손아랫사람'의 범주에 속한다.(그러나 다른 지역에서 널리 쓰는 '수상'(手上)이나 '수하'(手下)라는 표현은 이곳에서 사용되지 않는다.) 그리고 자신과 나이가 비슷한 사람은 '동무', '친구', 또는 '또래'의 범주에 속한다. 물론 여기서 '동무'나 '친구'는 개인적 친밀성(intimacy)이 있는 범주의 사람이고, '또래'는 그러한 친밀성이 없는 동일 연령층의 사람일 것이다.(또 '벗'이라는 표현도 드물게 사용하나, 이곳 사람들에게 그리 친숙한 말은 아닌 것처럼 보였다.)

위의 사회적 관계의 세 기본 범주들은 여기서도 우리 사회 특유의 친척 모형(kinship model)의 은유적 확대에 따라, 다시 7개의 하위범주로 이차적 구분이 이루어진다. 이를 간명히 표로 정리하면 〈표 2-2〉와 같이 되는데, 단 아래의 표에서 '동무' 또는 '또래'의 연령 범위는 70대 이상의 노인 세대를 기준으로 한 것이다. 그런데 이곳 조사지에서는 '자식' 및 '손자'의 연령층에 대해서는 접미사 '-빨' 대신에 '-또래'를 주로 붙여 사용하는 특색을 보인다.

〈표 2-2〉 지위 구분의 민속 모형

지위 구분		대체적 규정 조건	행동 규범
웃사람	할아버지빨	노인 세대	조부모 대접
	아자씨빨	15세 이상 연상자 또는 부모 세대	부모 대접
	형님빨	3~4세 이상 연상자	형님 대접
동무/또래		3~4세 연상자에서 3~4세 연하자 사이의 연령층	친구 사이
아랫사람	아우빨	3~4세 이상 연하자	아우 대접
	자식 또래	15세 이상 연하자 또는 자식 세대	자식 대접
	손자 또래	어린애들	손자 대접

이 지역의 경우 소위 '벗하는' 관행은 발달하지 않은 것으로 보인다. 80대의 한 남성 제보자는 '벗하는' 것의 본래의 의미를 이해하는 것 같았지만, 나머지 제보자들은 이를 전혀 알지 못하였다. 일반 제보자들이 이해하는 '벗'은 단순히 '같이 말을 놓는 것'인데, 그것도 같이 말을 놓을 수 없는 상황을 부정적으로 묘사하는 데에 이 표현을 주로 사용하는 것으로 보였다. 가령 한 남성 제보자는 나이 적은 사람이 나이 많은 사람에게 맞먹으려고 할 때, 흔히 "저게 나한테 벗할라고 들어."와 같이 반응한다고 하였다. 마찬가지로 한 여성 제보자도 '아랫사람'이 '웃사람'을 '위해 줘야' 하는데 같이 놀려고 또는 '놓고 지낼려고' 할 때에, 흔히 "봐줬더니 아주 벗하려고 그랴."와 같이 반응한다고 하였다.

조사지는 오랫동안 바깥과의 접촉이 많지 않은 고립된 산간 마을이었다. 이른바 '벗을 하는' 관행은 이곳에서 발달하지도 않았고, 외부에서 들어오지도 않은 것 같다.(예외적으로 이 말을 이해한 해당 남성 제보자는 외지 생활을 오래 한 분인데, 아마도 바깥에서 이 관행을 부분적이나마 접했던 것으로 짐작된다.) 따라서 이곳 사람들의 일상적인 언어적 상호작용은 친척 간에는 친척 위계 그리고 비친척 간에는 연령 위계라는 두 가지 기본적인 지위 구분의 모형에 따라, 상대적으로 위계적인 언어생활을 지금까지 계속해 온 것으로 보인다.

대신에 이곳에서 자주 쓰는 특정의 사회적·심리적 관계를 가리키는 표현에 '이무롭다'가 있다. 간단히 말하여 '친하고 흉허물 없는 사이'를 가리키는데, 이 '이무로움'은 나이 차이가 나도 성립할 수 있는 관계적 특성이다. 대신 이곳에는 '허물없다'라는 표현은 사용되지 않는다. 조사지의 두 여성 제보자(각기 78세와 73세)는 서로의 관계가 '이무로와' 매우 가깝게 지낼 뿐만 아니라 '농'도 하는 사이이다. 그런데 연장인 분이 연하인 분에게 언젠가 "실컷 하고 제자리만 갖다놔."라고 하였다는

데, 이 말은 서로가 '이무로우므로' 농을 할 때는 하더라도 평상시에는 나이 많은 사람의 대접을 잊지 말고 해달라는 뜻이었을 것이다.

2) 의사친척호칭의 사용

다음으로 위의 〈표 2-2〉 '지위 구분의 민속 모형'에 기반하여 이곳 사람들이 실제로 사용하는 호칭어들을 기술하기로 하겠다. 전체로 의사친척호칭을 중심으로 하는 호칭체계인데, 먼저 여성 화자들이 사용하는 모형은 대체로 다음의 〈표 2-3〉과 같다.

〈표 2-3〉 (노년층) 여성 화자의 호칭어 사용

<table>
<tr><th colspan="3" rowspan="2">지위 구분</th><th colspan="2">청자</th></tr>
<tr><th>남성</th><th>여성</th></tr>
<tr><td colspan="3">할아버지빨</td><td>할아버지</td><td>할머니</td></tr>
<tr><td colspan="3">아자씨빨</td><td rowspan="2">아자씨</td><td>아주머니</td></tr>
<tr><td colspan="3">형님빨</td><td>아주머니/ 형님</td></tr>
<tr><td colspan="3">동무</td><td>아자씨/ 아이이름+아버지</td><td rowspan="2">아이이름+엄마</td></tr>
<tr><td colspan="3">아우빨</td><td>아이이름+아버지</td></tr>
<tr><td rowspan="3">자식 또래</td><td rowspan="2">혼인</td><td>자녀 있음</td><td>애기아빠/ 아이이름+아빠</td><td>애기엄마/ 아이이름+엄마</td></tr>
<tr><td>자녀 없음</td><td>이름+이/Ø</td><td>새댁</td></tr>
<tr><td colspan="2">미성</td><td rowspan="2">이름+이/Ø(+총각)</td><td rowspan="2">아가씨/
이름+이/Ø+아가씨</td></tr>
<tr><td rowspan="2">손자 또래</td><td colspan="2">20세 이상</td></tr>
<tr><td colspan="2">20세 이하</td><td colspan="2">이름+아/야</td></tr>
</table>

위 표에서 '형님빨'의 여성 청자에 대한 호칭어 중, '아주머니'는 나이가 좀 많고 상대적으로 먼 자리에 쓰고, '형님'은 나이가 좀 적고 비교적 가까운 자리에 쓰는 것으로 구분된다. '동무' 연령층의 남성 청자에 대한 호칭어에서도, '아자씨'는 조금 먼 자리에 쓰고, '아이이름+아버지'는 상대적으로 가까운 자리에 쓰는 것으로 구분된다. 이때 '아이이름'으로는 여기서 주로 큰아이 이름을 사용한다. '자식 또래' 중 혼인하여 자녀가 있을 경우, 처음에는 '애기아빠'와 '애기엄마'로 부르다가, 아기의 이름이 알려지고 아기가 커 가면서 자연히 '아이이름+아빠'와 '아이이름+엄마'로 호칭이 바뀌게 된다. 그리고 혼인하지 않은 '자식 또래'와 20살이 넘은 '손자 또래'의 여성 청자에게 사용하는 '아가씨'의 이전형은 이 지역에서 '처녀' 또는 '새악시'였고, 더 이전 시기에는 '언년이'가 쓰였던 것으로 보고된다.

다음은 남성 화자들의 호칭어 사용 모형인데, 대체로 다음의 〈표 2-4〉와 같이 정리된다.

아래 표에서 '형님빨'의 남성 청자를 부르는 말 중에서, '형님'은 나이 차이가 좀 있는 자리에 쓰고, '성'이나 '형'은 나이 차이가 없는 자리에 주로 쓴다. 또 '동무' 및 '아우빨'의 여성 청자에게 쓰는 호칭어 중에서, '아주머니'는 조금 먼 자리에 그리고 '아이이름+어머니/엄마'는 상대적으로 가까운 자리에 쓰는 말이다. 그런데 오늘날은 '어머니'보다 '엄마'가 더 많이 쓰인다.

'자식 또래' 중 아직 자녀가 없는 여성 청자에게 쓰는 '남편이름+식구'는 한국의 호칭어 중에서 조금 특이한 형태일 것인데, 아마도 이 지역에서는 동일한 조건의 청자를 '새댁'으로 부르는 것이 여성 화자들로만 한정되었기 때문에, 이러한 흥미로운 형태가 발달한 것으로 보인다. 실제의 사용에서는 '남편이름' 뒤에 성인에게 쓰는 호격조사 '-이' 또는

〈표 2-4〉 (노년층) 남성 화자의 호칭어 사용

<table>
<tr><th colspan="3" rowspan="2">지위 구분</th><th colspan="2">청자</th></tr>
<tr><th>남성</th><th>여성</th></tr>
<tr><td colspan="3">할아버지빨</td><td>할아버지</td><td>할머니</td></tr>
<tr><td colspan="3">아자씨빨</td><td>아자씨</td><td rowspan="2">아주머니</td></tr>
<tr><td colspan="3">형님빨</td><td>형님/ 성/형</td></tr>
<tr><td colspan="3">동무</td><td rowspan="6">이름</td><td rowspan="2">아주머니/
아이이름+어머니/엄마</td></tr>
<tr><td colspan="3">아우빨</td></tr>
<tr><td rowspan="3">자식 또래</td><td rowspan="2">혼인</td><td>자녀 있음</td><td>아이이름+엄마</td></tr>
<tr><td>자녀 없음</td><td>남편이름+식구</td></tr>
<tr><td colspan="2">미성</td><td rowspan="2">이름</td></tr>
<tr><td colspan="3">손자 또래</td></tr>
</table>

'Ø'가 붙는데, 구체적인 예를 들면 '당복+이+식구' 또는 '문수+식구'와 같이 쓰인다.

앞의 〈표 2-3〉에서 보듯이, 여성 화자의 경우에는 '자식 또래' 및 '손자 또래'에게 '이름'을 부를 때에, 대체로 20세 정도를 기준으로 그 이상에게는 호격조사 '-이' 또는 'Ø'를 붙이고, 그 이하에게는 호격조사 '-아' 또는 '-야'를 붙여 해당 청자를 부른다. 이에 비해 남성 화자의 경우에는 '이름'을 주로 부르는 범위가 훨씬 넓을 뿐만 아니라, 호격조사 '-이' 또는 'Ø'를 이름 뒤에 붙이는 범위가 훨씬 제한된다. 즉, 남성 화자들은 상대방의 나이를 기준으로 청자가 대체로 50세 이상이면 '-이' 또는 'Ø'를 붙이지만, 그 이하에게는 그냥 '-아' 또는 '-야'를 붙인다. 다른 말로 하면 이름 뒤에 붙이는 호격조사와 관련하여, 이곳의 남성 화자들은 여성 화자들에 비하여 훨씬 좁은 범위의 청자들에게만 '언어적

공손'(linguistic politeness)을 표현하는 셈이 될 것이다.

전체적으로 이곳의 호칭체계는 한국 사회에 널리 퍼져 있는 의사친척호칭을 중심으로 하는 호칭체계, 또는 좀 더 구체적으로 말하면, 의사친척호칭과 종자명호칭(teknonym) 그리고 이름으로 구성되는 비친척 호칭체계일 것이다(가령 왕한석 2009: 75-83(경기 강화도), 173-177(부산 동래 지역), 255-261(중국 연변 지역), 318-320(중국 요령성 지역), 2010: 102-106(전남 조도), 2012: 157-160(경남 사량도), 그리고 이 책의 제1장 제5절(충남 홍성 지역) 등). 여기서도 당연히 상위자에게는 의사친척호칭을 사용하고, 화자와 비슷한 지위이나 사회적 거리가 있는 자리에는 종자명호칭을 사용하고, 그리고 하위자에게는 이름을 사용하는 체계이다.

3) '택호' 호칭

조사지에는 흥미롭게도 택호의 형태가 부분적이지만 사용되고 있었다. 혼입한 여성을 '출신지명+네'의 호칭형태로 부르는 것인데, '택호'라는 말은 없고 또 이 호칭형태를 가리키는 다른 민간 표현도 없다. 그뿐만 아니라 여성에게만 '-네'를 붙여 이 호칭형태를 사용하지, 다른 지역에서처럼 그 배우자인 남편에게로 그것을 확대하여(흔히 '아내의 출신지명+양반'의 형태로) 사용하지는 않는다.

먼저 이 마을에서 사용해 온 실제의 예들을 들면 다음과 같다. 모두 현재의 제보자들 세대의 것이다.

1 대전네 I 대전 시내에서 시집을 온 분이다.

2 대전네 II 충주가 고향이지만 대전에 있다가 이곳으로 시집온

분이다. 그런데 1과 2를 구분하지 않고 모두 '대전네'로 부른다.

3 방꼴네 대전 대덕구의 해당 마을에서 시집을 온 분이다.

4 방아실네 대전 대덕구의 해당 마을에서 시집을 온 분이다.

5 방죽꿀네 문의면 내의 해당 마을에서 시집을 온 분이다.

6 보고실네 보은군 회북면의 해당 마을에서 시집을 온 분이다.

7 신탄네 대전의 신탄진에서 시집을 온 분이다.

8 참산내기네 I 대전 대덕구의 해당 마을에서 시집을 온 분이다.

9 참산내기네 II 위 8과 같은 마을에서 시집을 온 분인데, 여기서도 8과 9를 구분하지 않고 모두 '참산내기네'로 부른다.

10 본동(本洞)네 마을 내에서 혼인이 이루어진 경우이다. 과거 이 마을에 '본동네'가 몇 집 있었으나 모두 똑같이 '본동네'라고만 불렀지, 이들을 구분하는 다른 이름은 없었다고 한다.

11 고흥군네 멀리 전남 고흥군에서 시집을 온 분이다.

다음은 주 제보자들의 시어머니의 '택호' 예이다.

1 공탯네 보은군 회북면의 '공태원'이라는 마을에서 살다가 이 마을로 들어온 데서 만들어진 이름이라고 한다.

2 살목네 보은군 회남면의 해당 마을에서 시집을 온 분이다.

3 또 다른 제보자의 시어머니는 '택호'가 없었다는데, 그 이유는 잘 알 수가 없다고 하였다.

대체로 보아 '출신지명'을 정하는 데서는, 다른 지역의 예처럼, 가까운 곳은 마을 이름을 그리고 좀 먼 곳은 더 큰 지명을 선택하는 것으로 보인다. 그리고 동일한 곳에서 시집을 온 경우에도 서로를 구분 짓는 별개의 이름을 정하기보다는 그냥 같은 이름을 사용하는 것으로 보고 된다.

다음으로 이 명칭 없는 '택호'는 기본적으로 여성들의 세계에서 그것도 특정한 상황에서만 사용된다. 즉, 대표적인 사용 상황은 여러 사람이 함께 있는 장면에서 특정인을 부를 때에 이 '출신지명+네'의 호칭형태를 사용하는데, 이때 청자는 물론 여성이고 화자도 여성이다. 그뿐만 아니라 화자는 청자보다 어른, 즉 나이 많은 사람일 경우에만 이 호칭형태를 사용할 수 있다.

이러한 호칭 사용 방식은 자연스레 지칭의 상황으로도 확대되는데, 가령 "오늘 대전네가 장에 가던데."에서처럼 특정인을 가리켜 말하게 된다. 이 지칭 상황에서도 화자는 지칭 대상보다 나이 많은 여성 화자이다. 물론 이 형태의 지칭은 통상 해당 사람을 부르는 호칭형태, 가령 '아이이름+엄마'의 형태와 함께 지칭으로 사용된다.

그뿐만 아니라 이 '택호' 호칭은 친척 간의 상호작용에서도 부분적으로 사용되는데, 다른 지역에서처럼 여러 사람이 함께 있는 상황에서 특정의 여성 친척을 가리켜 부를 때에 쓴다. 즉, 특정의 친척을 '대전 아주머니', '신탄 아주머니' 등으로 구별하여 부를 때에 쓴다. 그러나 이 경우에도 남성 친척에게는 이러한 호칭형태를 쓰지 않는다. 단, 친척 간의 호칭 상황에서는 화자가 청자보다 윗사람이 아니어도 사용이 가능하고, 또 남성 화자도 사용이 가능하다.

전체적으로 이 '택호' 호칭은 부분적으로만 발달한 것이기는 하지만, 앞의 제5절 '친척용어체계'에서 기술한 출가한 손아래 여성 친척에 대한 호칭어인 '출가지명+네'와 분명 동궤(同軌)의 호칭형태일 것이다. 물론 현재의 단계에서는 (비친척 간에 쓰는) 이 '출신지명+네'의 형태와 (친척 간에 쓰는) '출가지명+네'의 형태가 지리적으로 그리고 사회적으로 어떻게 분포하는지는 알 수가 없다. 그러나 일단은 이 두 형태가 이 지역에서 발견되는 특이한 호칭형태임에는 틀림없을 것이다.

여기서의 '택호' 호칭어는 충남 홍성 지역의 그것(이 책의 제1장 제5절 참조)과 형태 및 사용 면에서 상당히 다르다. 그런데 충남 지역에 대한 한 이른 보고(여중철 1975: 85-86)에 의하면, 어촌에서는 '출신지명+네' 형태의 택호를 쓰고 반촌인 농촌에서는 '출신지명+댁' 형태의 택호를 썼다고 한다. 물론 이와 같은 일반화가 어느 정도 널리 적용될 수 있는 것이었는지는 잘 알 수가 없지만, '출신지명+네' 형태의 '택호'가 제법 넓은 지리적 분포를 가졌을 개연성을 여기서 생각해 볼 수 있겠다. 물론 자세한 사항은 앞으로 보다 많은 지역에서의 경험적 연구에 의해 밝혀질 수 있을 것이다.

이 마을은 고립된 산간 촌락이다. 따라서 제보자들에 의하면, 외지에서 살러 들어온 사람도 없었고 일시적으로 일을 하러 들어온 사람도 없었다고 한다. 따라서 이곳에는 계층적 지위 구분의 함의를 지니는 특이 호칭어가 결과적으로 발달하지 않은 셈이 된다. 유일한 예외는 경남 함양 출신의 한 문종이 기술자였는데, 마을 사람들은 이분을 그냥 '성+서방'의 형태로 불렀다고 한다.

마지막으로 조사지에서 특정 집을 가리켜 부를 때에는 '당복+이+네+집'이나 '문수+네+집'처럼, '이름+이/Ø+네+집'의 형태를 사용한다. 그러나 위에서 기술한 이곳의 '택호'는 이러한 집 이름으로는 전혀 사용되지 않는다. 여기서 한 가지, 이 마을에서 이장과 같은 마을 일을 하는 사람의 집을 가리킬 때에는 흔히 '이장들집'이나 '사무장들집'과 같이 부르는데, 이들 집 이름에서 형태소 '-들'이 왜 붙는지는 명료히 설명되지 않는다.

7. 존댓말의 체계

상대적으로 '의식적인' 문화적 지식이 필요한 친척용어의 영역 그리고 비교적 단순한 비친척 호칭체계와는 달리, 이곳의 존댓말 체계는 주민들 간의 일상적 상호작용 그리고 그들의 담화를 관찰함으로써 중심 특성을 비교적 명료히 파악할 수가 있었다. 조사지의 존댓말, 특히 그 중심이 되는 청자 존대어(addressee honorifics)의 체계는 비교적 명료한 구조를 이룬다. 그리고 중부 지방의 일반적 특성을 반영하기라도 하듯이, 주체 존대어의 사용도 아주 잘 발달해 있는 것으로 나타난다. 동시에 이 언어공동체는 소위 '반말'의 형태가 분명한 위상을 차지할 뿐만 아니라, 그것의 사용이 또한 매우 발달해 있는 곳이다. 여기서 나아가 '반말'의 여러 변이형 내지는 특수 형태까지도 잘 발달하여, 아마도 이곳의 존댓말 체계에 대한 전반적 기술에서는 '반말'이 그 중심 부분을 이루어야 할 것으로 생각된다.

1) 말단계의 조직과 관련 민간 명칭

먼저 이 지역에서 사용하는 말단계(speech levels)의 기본 구조를 파악하기 위해, 지시적 의미(referential meaning)상으로는 동일하지만 청자를 '높이는' 정도의 면에서는 서로 다른, 이곳의 대표적인 일상 표현의 예들을 체계적으로 제시하기로 하겠다. 첫 예문은 '말뚝 박다'라는 문장의 대표적인 표현 예들이다.

명령형

1 아자씨, 저기 말뚝 좀 박으셔유.

2 형님, 저기 말뚝 좀 박어유.

3 자네, 저기 말뚝 좀 박게.

4 자네, 저기 말뚝 좀 박어.

5 너, 저기 말뚝 좀 박어라.[18)]

의문형

1 아자씨, 말뚝 박으셔유?

2 형님, 말뚝 박어유?

3 자네, 말뚝 박나?

4 자네, 말뚝 박어?

5 너, 말뚝 박니?

18) 실제로는 보조동사 '주다'를 쓰는 다음의 명령형 표현들 그리고 그중 하나는 문장의 형식에서 의문형 표현이 이곳의 보다 자연스러운 발화 예가 된다. 말할 것도 없이 요청의 상황에서 동일 등급의 말단계이지만 보다 공손한 말씨(polite speech)를 선택하는 발화 예일 것이다. 따라서 위의 표현 예는 다소간 부자연스러운 또는 일정한 틀(frame)에 맞추어 부분적으로 '조작된', 그러나 이곳 제보자들의 발화 예가 될 것이다.

1. 저기 말뚝 좀 박어 주셔유.
2. 저기 말뚝 좀 박어 줘유.
3. 저기 말뚝 좀 박어 주게.
4. 저기 말뚝 좀 박어 줘.
5. 저기 말뚝 좀 박어 줄래?

서술형

1 예, 말뚝 박어유.

2 예, 말뚝 박어유.

3 응, 말뚝 박네.

4 응, 말뚝 박어.

5 응, 말뚝 박는다.

청유형

1 아자씨, 여기 말뚝 같이 박어유.

2 형님, 여기 말뚝 같이 박어유.

3 자네, 여기 말뚝 같이 박세.

4 자네, 여기 말뚝 같이 박어.

5 너, 여기 말뚝 같이 박자.

다음은 '사내끼(새끼) 꾸다(꼬다)'라는 문장의 대표적인 일상 표현의 예인데, 여기서 '탑제'(塔祭)란 이 마을의 공동체 신앙인 마을의 탑에 대한 제사를 가리킨다.

명령형

1 아자씨, 탑제 모실 사내끼 좀 꾸셔유.

2 형님, 탑제 모실 사내끼 좀 꽈유.

3 자네, 탑제 모실 사내끼 좀 꾸게.

4 자네, 탑제 모실 사내끼 좀 꽈.

5 너, 탑제 모실 사내끼 좀 꽈라.

의문형

1 아자씨, 탑제 모실 사내끼 꾸셔유?

2 형님, 탑제 모실 사내끼 꽈유?

3 자네, 탑제 모실 사내끼 꾸나?

4 자네, 탑제 모실 사내끼 꽈?

5 너, 탑제 모실 사내끼 꾸니?

서술형

1 예, 탑제 모실 사내끼 꽈유.

2 예, 탑제 모실 사내끼 꽈유.

3 응, 탑제 모실 사내끼 꾸네.

4 응, 탑제 모실 사내끼 꽈.

5 응, 탑제 모실 사내끼 꾼다.

청유형

1 아자씨, 탑제 모실 사내끼 같이 꽈유.

2 형님, 탑제 모실 사내끼 같이 꽈유.

3 자네, 탑제 모실 사내끼 같이 꾸세.

4 자네, 탑제 모실 사내끼 같이 꽈.

5 너, 탑제 모실 사내끼 같이 꾸자.

다음은 '못줄 붙잡다'라는 문장의 대표적인 표현 예인데, 여기서의 '못줄'은 과거 손으로 모내기를 할 때에 줄을 맞추기 위해 사용하던 긴 줄을 가리킨다.

명령형

1 아자씨, 못줄 꼭 붙잡으셔유.

2 형님, 못줄 꼭 붙잡어유.

3 자네, 못줄 꼭 붙잡게.

4 자네, 못줄 꼭 붙잡어.

5 너, 못줄 꼭 붙잡어라.

의문형

1 아자씨, 못줄 붙잡으셔유?

2 형님, 못줄 붙잡어유?

3 자네, 못줄 붙잡나?

4 자네, 못줄 붙잡어?

5 너, 못줄 붙잡니?

서술형

1 예, 못줄 붙잡어유.

2 예, 못줄 붙잡어유.

3 응, 못줄 붙잡네.

4 응, 못줄 붙잡어.

5 응, 못줄 붙잡는다.

청유형

1 아자씨, 못줄 같이 붙잡어유.

2 형님, 못줄 같이 붙잡어유.

3 자네, 못줄 같이 붙잡세.

4 자네,　못줄 같이 붙잡어.

5 너,　　못줄 같이 붙잡자.

마지막으로 '장에 가다'라는 평범한 문장의 대표적인 표현 예들이다.

<u>명령형</u>

1 약 살라먼 장에 가셔유.

2 약 살라먼 장에 가유.

3 약 살라먼 장에 가게.

4 약 살라먼 장에 가.

5 약 살라먼 장에 가라.

<u>의문형</u>

1 약 사러 장에 가셔유?

2 약 사러 장에 가유?

3 약 사러 장에 가나?

4 약 사러 장에 가?

5 약 사러 장에 가니?

<u>서술형</u>

1 약 사러 장에 가유.

2 약 사러 장에 가유.

3 약 사러 장에 가네.

4 약 사러 장에 가.

5 약 사러 장에 간다.

청유형

1 약 사러 장에 같이 가유.

2 약 사러 장에 같이 가유.

3 약 사러 장에 같이 가세.

4 약 사러 장에 같이 가.

5 약 사러 장에 같이 가자.

제보자들이 자연스럽게 만든 위 예문들에서 3의 어형, 즉 '-게'(명령형), '-나'(의문형), '-네'(서술형), '-세'(청유형)의 종결어미로 대표되는 소위 '하게'체는, 사실은 이곳 조사지에서는 사용되지 않는 형태이다. 제보자들 중 한 분(70대 초반의 남성)만이 어릴 때 집에서 들었다고 하였고, 나머지 제보자들은 근래에 와서 부분적으로 들었지 사용해 본 적은 없다고 하였다. 따라서 이 말씨를 가리키는 민간 명칭은 당연히 이곳에서 인지되지 않는다.

따라서 이 언어공동체에서 일상적으로 사용하는 존대의 등급을 달리하는 대표적인 종결어미 형태는 위 예문들에서 (3을 제외한) 1, 2, 4, 5의 네 가지 어형이 된다.

이제 시각을 조금 바꾸어, 조사지에서 발견되는 존댓말의 등급 및 사용과 관련되는 전래의 민간 표현들을 살펴보기로 하겠다. 존댓말 관련 민간 표현들이 그리 발달한 모습은 아닌 것 같은데, 대체로 다음과 같은 목록이다.

1 존대말 쓴다 말 그대로 '존댓말' 쓰는 것을 가리킨다.

2 위한다 또는 **위해 준다** 마찬가지로 상대방에게 존댓말 쓰는 것을 가리키는데, 여기서는 '말 높인다'나 '바친다'와 같은 상위언어

적(metalinguistic) 표현은 사용되지 않는다.

3 하우 한다 존댓말 쓰는 것, 즉 위의 1'존대말 쓴다' 및 2'위한다'(또는 '위해 준다')와 동일한 의미의 표현이다. 보다 구체적으로는 앞의 예문상의 1과 2 형태의 종결어미를 쓰는 것을 가리킨다.

4 말 낮춘다 말 그대로 '낮춤말' 쓰는 것을 가리킨다.

5 반말한다 두 가지 다른 차원의 의미를 가지는 것으로 분석된다. 먼저 하나는 위의 4'말 낮춘다'와 동일한 의미인 낮춤말 쓰는 것을 가리키는데, 구체적으로는 앞의 예문상의 4와 5 형태의 종결어미 쓰는 것을 가리킨다. 그리고 다른 하나는 보다 좁은 의미로, 앞의 예문상의 4 형태의 종결어미, 즉 전통적 의미의 '반말'을 쓰는 것을 가리킨다.

6 해라 한다 앞의 예문상의 5 형태의 종결어미 쓰는 것을 가리킨다. 그런데 이 상위언어적 명칭은 다른 명칭들에 비해 그리 잘 발달하지 않은 듯한데, 제보자들은 이 표현을 거의 쓰지 않을뿐더러 면접 과정에서도 아주 어렵게야 떠올렸다.

7 서로 존대말 쓴다 말 그대로 두 사람이 서로 존댓말 쓰는 것, 즉 다른 표현으로 하면, 서로 '하우 하는' 것을 가리킨다. 이 표현 외의 축약된 한자어 표현은 이곳에서 발달하지 않은 것으로 보인다.

8 벗한다 서로 말 낮추는 것, 즉 서로 넓은 의미의 반말을 쓰는 것을 가리킨다. 그런데 앞서 언급하였듯이, 조사지의 경우에는 10세 이내의 연령 차이에서 서로 친구가 되는 그야말로 '벗하는' 관행은 발달하지 않았다.

9 너냐 나냐 한다 위의 '벗한다'와 일반적으로는 같은 말이겠지만, 보다 구체적으로는 어릴 적부터 친구인 사이 같은 데서 쓰는 말씨, 즉 서로 '너'로 부르고 '나'로 가리키는 완전한 낮춤의 말씨를 주

고받는 관계를 가리킨다. 따라서 말단계의 구분 면에서는, 앞의 예문의 5 형태의 말씨를 서로 자유롭게 쓰는 관계를 가리킬 것이다.

10 깍듯이 존대말 쓴다 존댓말을 쓰되 최상의 높임 말씨를 공손하게 쓰는 것을 가리킨다. 말단계의 구분 면에서는, 앞의 예문상의 1 형태의 말씨를 공손히 쓰는 것이 될 것이다.

11 반말 찍찍 깔긴다 의미상으로 위의 '깍듯이 존대말 쓴다'에 대조되는 표현으로, 말 그대로 반말 즉 낮춤말을 쓰되 상대방에게 무례한 느낌을 줄 정도로 함부로 쓰는 것을 가리킨다.

위의 민간 명칭들 외에 제보자들의 자연 발화에서는 또 '짚으다'〔깊다〕 또는 '짚은 말', '얕으다'〔얕다〕 또는 '얕은 말'이라는 표현을 들을 수 있었는데, 이후의 면접 과정에서 제보자들은 이 표현들에 대한 어떠한 분석적 설명도 제시해 주지 못했다. 아마도 충남 홍성 지역에서 관찰된 것(이 책의 제1장 제7절의 '언어가치관 및 태도'의 항 참조)과 똑같은 언어사용에 대한 묵시적 은유(metaphor)일 터인데, 이곳의 화자들은 대체로 전자는 '존대하는 말' 그리고 후자는 '낮추는 말'의 의미로 쓰는 것 같았다.

또 여기서도 소위 '반말'에 대한 부정적 인식을 나타내는 전래의 표현들을 들을 수 있었는데, 가령 연하자가 어른들한테 건방지게 '반말을 찍찍 하면', 해당 화자를 보고 "셋바낙이 반도막인가 배.", "싸래기 밥을 먹었나 배."와 같이 부정적으로 반응한다고 하였다.

여기서 다시 앞의 예문들로 돌아가, 이곳의 말단계의 기본 구조에 대한 논의를 계속하기로 하겠다.

먼저 이 언어공동체에서의 높임말 즉 '하우' 단계의 경우, 실제의 사용에서는 '-으셔유' 형태와 '-어유' 형태를 대체로 명확히 구분한다.

즉, '어른'에게는 '-으셔유'를 사용하고, 지위 차이가 그리 크지 않은 '웃사람'에게는 '-어유'를 사용한다. 그런데 명령형에서는 '-으셔유'와 '-어유'가 명확히 구분되고, 의문형에서도 문장 또는 담화의 주체와 청자가 동일인일 경우에는 '으셔유'와 '-어유'가 구분된다. 그러나 나머지 의문형과 서술형 및 청유형에서는 '깍듯이' 높여야 할 '어른'과 그냥 '웃사람' 간의 구분 없이 모두에게 '-어유'를 쓰게 된다. 따라서 이곳의 높임 말씨인 '하우'는 2개의 구분되는 말단계로 구성된다기보다는, '-으셔유'와 '-어유'의 두 하위 단계(sub-level)로 구성되는 하나의 등급(즉 단계)인 것으로 보는 것이, 해당 종결어미의 분포 및 이곳의 상위언어적 명칭에 반영된 민간 지각의 시각에서 보다 타당할 것으로 생각된다.[19)]

낮춤말의 경우에는 내용이 조금 더 복잡하다. 이곳에서 일상적으로 듣는 낮춤말 어미는 거의 모두가 '-어' 형태였다. '해라', 즉 '-어라' 형태는 사실상 듣기가 힘들었다. 그러나 계속된 연구자의 질문에, 제보자들은 내 자식에게는 '이랬니 저랬니?'를 하지만, 남의 자식에게는 그 말을 하지 못하고 '이랬어 저랬어?'를 쓴다고 대답하였다.(이 표현을 명령형 형태로 바꾸면, '이거 해라 저거 해라' 대 '이거 히아 저거 히아'의 대조가 된다.) 다시 말하면, 이곳의 '해라' 말씨는 그리 널리 쓰이지는 않지만 주로 자기 자식들 그리고 어린애들에게 쓰는 말씨이다. 따라서 이렇게

19) 그러나 분석 시각에 따라서는, 이곳의 '하우'가 '-으셔유'(즉 '하셔유')와 '-어유'(즉 '해유')의 두 구분되는 말단계로 이루어지는 것으로 볼 수도 있을 것이다. 가령 기존의 연구 중 부산 동래 지역(왕한석 2009: 183-190)이나 경남 통영시 사량도(왕한석 2012: 169- 176)의 예를 참조하면, 그러한 시각의 분석도 가능할 것으로 보인다. 그러나 동시에 전북 고창 지역(왕한석 2010: 285-297)이나 경북 선산 지역(왕한석 2012: 429-444)의 예를 참조하면, '하우'라는 하나의 말단계를 구성하는 2개의 하위 단계로 보는 것, 즉 위에서 정리한 시각이 기술적으로 보다 타당한 분석 시각일 것으로 생각된다.

쓰는 '해라'와 그 외의 자리에 널리 쓰는 좁은 의미의 '반말'인 '-어' 형태는 분명히 구분되는 말단계로 보인다. 위에서 기술한 민간 명칭에서도 이 두 말씨는 구분되는 별개의 상위언어적 명칭으로 분화되어 있음을 보았다.

그런데 이곳의 일상적 언어사용에서는, '해라'를 쓸 자리에 '-어라'의 어미만 쓰는 것이 아니라 '-어' 어미도 상호 교체적으로 널리 쓰는 것으로 보인다. 다시 말해 이 언어공동체에서도 '-어' 어미가 좁은 의미의 '반말'(즉, 전통적인 '반말')에서 넓은 의미의 '반말'(즉, 소위 두루낮춤으로서의 '반말')로 그 사용 범위를 확대하여, 그것의 새로운 위상이 이미 잘 정립된 것으로 보인다. 따라서 이곳의 낮춤말의 구조는 단선적인 등급 구분(즉, 좁은 의미의 '반말'과 '해라')과 함께 이에 공기하는 넓은 의미의 또는 두루낮춤으로서의 '반말'을 포함하는 이원적 구조로 파악하는 것이, 현재의 언어 사용상의 실재를 가장 잘 반영할 것으로 생각된다.

이상의 관찰 결과를 반영하는 조사지의 말단계의 구분과 대표적인 종결어미를 표로 정리하면 다음의 〈표 2-5〉와 같이 될 것이다.

〈표 2-5〉 말단계의 구분과 대표적 종결어미

<table>
<tr><th colspan="2">등급 구분</th><th colspan="2">명령형</th><th colspan="2">의문형</th><th colspan="2">서술형</th><th colspan="2">청유형</th></tr>
<tr><td colspan="2" rowspan="2">'하우'</td><td colspan="2">-으셔유</td><td colspan="2">-으셔유</td><td colspan="2" rowspan="2">-어유</td><td colspan="2" rowspan="2">-어유</td></tr>
<tr><td colspan="2">-어유</td><td colspan="2">-어유</td></tr>
<tr><td>'반말'</td><td rowspan="2">'반말'</td><td>-어</td><td rowspan="2">-어</td><td>-어</td><td rowspan="2">-어</td><td>-어</td><td rowspan="2">-어</td><td>-어</td><td rowspan="2">-어</td></tr>
<tr><td>'해라'</td><td>-어라</td><td>-니</td><td>-는다</td><td>-자</td></tr>
</table>

2) 반말의 변이형과 특수 형태

위의 〈표 2-5〉에서 반말의 기본형으로 '-어'를 잡았지만, 물론 다른 지역에서처럼 '-어' 형태만이 항시 쓰이는 것은 아니다. 그런데 이곳 조사지의 경우는 이 기본 형태의 변이형과 아마도 '특수 형태'라고 명명해야 할 다른 반말 형태의 사용이 크게 발달해 있다. 가령 '하다' 동사를 예로 들면, '해' 형태와 함께 '해여'와 '햐' 또는 '히아'라는 변이형들이 폭넓게 사용된다. 그뿐만 아니라 말단계의 구분 면에서는 반말에 속하겠지만 문법적으로는 단순한 종결어미가 아닌 '겨', '(-)디아', '-랴' 등과 같은 '특수 형태'의 사용이 또한 크게 발달해 있다. 따라서 조사지에서 특징적으로 발달한 이들 반말의 변이형 및 특수 형태에 대해, 아래에서는 실제의 발화 자료에 바탕하여 그 대강을 기술하기로 하겠다.

(1) 먼저 다음의 두 실제 발화 예를 보자. 조사지에서는 '해' 형태와 함께 '해여' 그리고 '햐' 또는 '히아'의 형태가 일상적으로 사용된다.

"어서 와. 빨리 와. 이거 좀 해여."
"오늘 목욕을 못히아. 내일 해여."

물론 단기간의 관찰이지만, 적어도 이 마을 내의 언어사용 양상으로는 '해여'와 '햐'/'히아'의 형태가 기본형인 '해'보다 더 빈번히 사용되는 것으로 보였다. 이 두 변이형의 실제 사용 예를 조금 더 들면 다음과 같다.

해여

"내일 조합장(농협 조합장) 오면 한 소리 해여."

"나는 비가 오면 몸이 찌뿌디디 날궂애 해여."(여기서 '날궂애'는 날이 궂으면 몸이 안 좋아지는 신체적 변화를 가리키는 표현임)

"신탄네는 들어 앉아 뭐 해여?"('신탄네'는 한 아주머니의 '택호'임)

"이거 어떡해여?"

햐/히아

"아무것도 안햐."

"아우라고는 잘 안히아."('아우'라는 말은 잘 쓰지 않는다는 의미임)

"오늘 목욕을 못 히아?"

"하고 싶은 대로 햐."

"육신(肉身)이 살았는 걸 어떡햐?"

여기서 조사 '-여'가 결합된 '해여'는 선산 지역을 비롯한 경북의 북서 지역에서 관찰된 '해여'(안귀남 2007; 왕한석 2012: 438-444 등)와 동일형일 것이고, '햐'는 '히아'의 발음상의 축약형일 것이다.[20] 연구자는 이 '해', '해여', 그리고 '햐'/'히아' 형태의 구분되는 의미 값에 대한 질문으로 나아갔는데, 이곳의 화자들은 다음 예문상의 1, 2, 3의 순서대로 '말이 더 부드럽다' 또는 '듣기가 좋다'라고 응답하였다. 아마도 분석적

20) 사실이지 이 '햐' 또는 '히아'의 형태는 연구자가 일찍부터 들었던 것 같다. 연구자의 첫 현지 조사지인 경상남도 함양군의 개평리(介坪里)에서도 이 형태의 사용이 부분적으로 발달해 있었는데, 물론 청원의 이곳만큼 이 형태가 널리 사용되는 것은 아니었다. 또 '인상적인' 관찰이지만 호남 지역의 조사지에서도 '햐' 또는 '히아'의 형태가 부분적으로 사용되었던 것으로 기억한다.

으로는 언표 내적 힘(illocutionary force)의 정도 면에서 1이 가장 약하고 3이 가장 강한 것이 될 것이다.

1 이거 좀 해여.
2 이거 좀 해.
3 이거 좀 햐/히아.

1 이거 어떡해여?
2 이거 어떡해?
3 이거 어떡햐/히아?

(2) '해여'와 '햐'/'히아' 다음으로 연구자에게 인상적으로 다가왔던 이곳 특유의 '반말' 형태는 '겨'였다. 이 '겨'라는 말도 '해여'와 '햐'/'히아' 만큼이나 빈번하게 들을 수 있는 표현이었는데, 먼저 다음의 실제 발화 예들을 살펴보자. 의문형에서 보다 많이 쓰이는 것 같았지만, 서술형에서도 많이 쓰인다.

"이장님, 이제 우리 회의 다 끝난 겨?"
"남으[남의] 신을 신고 가면 나는 어떡하라는 겨?"
"뭐 하는 겨?"
"밥 언제 할 껴?"
"테레비[텔레비전] 같이 볼 껴?"
"자네도 나랑 같이 갈 껴?"
"뭐 하는 겨? 공부하는 겨?"
"눈 수술 하고 어떻게 나오는 겨, 이 사람아?"

"대고무(大姑母)여. 대고무라 그러는 겨."

"여 동네서 퍼진 겨."

"우리도 많이 배우는 겨."

"욕을 하는 겨. 아우 지겨워."

위 예문에서 보듯이 '겨'는 서울말의 '거야'에 대응하는, 이곳 말의 축약 표현일 것이다. 그런데 '겨'는 마치 특정의 종결어미처럼 느껴질 만큼, 그 사용 빈도수가 매우 높다. 아마도 이 지역 언어사용의 한 특성을 이루는 구성 요소가 될 것이다.

그런데 이 '겨'는 말단계의 구분 면에서는 분명히 '반말'일 것인데, 여기서 나아가 구체적인 사용 맥락에 따라 '해여'나 '해'와도 교체적으로 사용될 수 있는 말이다. 따라서 연구자는 '하는 겨'와 '해여' 그리고 '해'와의 의미 차이, 즉 사회적 의미(social meaning)상의 상호 관계에 대한 질문으로 나아갔다. 그 결과 조사지의 화자들은 아래 예문상의 1, 2, 3의 순서대로 '말이 더 부드럽다' 또는 '듣기가 좋다'라고 판정하였다. 말할 것도 없이 이 경우에도 청자에게 전달하는 언표 내적 힘의 정도 면에서, 1이 가장 약하고, 2가 그 다음이고, 3이 가장 강한 것으로 지각하는 것이 될 것이다.

1 시방 오는 겨?

2 시방 와여?

3 시방 와?

달리 표현하면, 넓은 의미의 '반말'을 구성하는 핵심 형태들 중에서 '겨'의 형태가 '해'와 그 변이형들(즉, '해여'와 '햐'/'히아')보다 더 높은 '언어적 공손'(linguistic politeness)을 청자에게 전달하는 표현이라는 말이 될 것이다. 물론 '겨'가 사용되는 통사적 맥락은 '해' 및 그 변이형들이 사용되는 통사적 맥락과 부분적으로 다를 것이다.

(3) 위의 '겨'만큼 많이 들은 인상적인 표현 형태에 또 '(-)디아'가 있다. 그런데 이 '(-)디아'는 문법적으로 두 가지 다른 형태의 표현형인 것으로 보이는데, 하나는 종결어미 '-대'일 것이고, 다른 하나는 '되다'의 반말형인 '돼'일 것이다. 다음의 예문들도 모두 실제의 발화 사례에서 발췌한 것들이다.

-대

"마누라는 안 온디아."

"요새 테레비가 비싸디아."

"소문이 그렇게 났디아."

"이따 저녁 때 온디아."

"그 아주머이 못 오신디아."

"최가(崔哥)가 독해서 그렇디아."

돼

"힘들은[힘든] 거만 안 하면 디아."

"뚜껑 열먼 안 디아."

"이거 열어 봐도 디아?"

제보자들에 의하면, 위의 두 가지 다른 '(-)디아' 모두가 다음과 같이 '(-)대여'로의 표현도 가능하다고 한다. 그리고 이 경우에도 (-)대여'의 형태가 '(-)디아'의 형태보다 '더 순하고 듣기 좋은 말'인 것으로 판정하였다.

1 시방 아프대여.
2 시방 아프디아.

1 그걸 어떻게 안대여?
2 그걸 어떻게 안디아?

1 뉘에〔누에〕**가 꼬추**〔고치〕**가 대여.**
2 뉘에가 꼬추가 디아.

1 이제 먹어도 대여?
2 이제 먹어도 디아?

그러나 연구자는 조사 기간 중 '(-)대여'의 형태는 거의 듣지 못했고, 그것이 '-대'든 '돼'든 주로 '(-)디아'만 들을 수 있었다. 아마도 '(-)디아'가 '(-)대여'에 비해 실제 사용 면에서 매우 높은 빈도로 쓰이기 때문일 것이다.

(4) 마지막으로 위의 '(-)디아'만큼 많이 들을 수 있는 표현은 아니지만, 유사한 형태에 '-랴'가 있다. 다음과 같은 예문에서이다.

"그 집에 오늘 장 담글 거랴."
"이거 진흥청(농촌진흥청)에서 갖고 온 콩씨랴."
"꿩이 치마 밑으로 들어오더랴."

물론 앞의 두 예는 '이다'/'아니다'의 어간 뒤에 오는 종결어미 '-래'

일 것이고, 마지막 예는 회상의 형태소 '-더-' 뒤에 붙은 종결어미 '-래' 일 것이다. 그런데 제보자들에 의하면, 이 경우에도 다음과 같이 '-래여' 형태의 사용이 가능하다고 한다.

"그 집에 오늘 장 담글 거래여."
"이거 진흥청에서 갖고 온 콩씨래여."
"꿩이 치마 밑으로 들어 오더래여."

제보자들은 이 경우에도 '-래여'의 형태가 '-랴' 형태보다 좀 더 '부드러운 말'인 것으로 지각하였다. 그러나 실제의 사용 빈도 면에서는 '-랴' 형태가 '-래여' 형태보다 훨씬 더 많이 사용되는 것같이 보였다.

이상을 정리하면, 조사지의 반말 표현은 기본형인 '해'뿐만 아니라 '해여'와 '햐'/'히아'가 널리 쓰이고, 또 다른 범주의 반말 표현인 '겨'와 '(-)디아'가 또 높은 빈도수로 사용된다. 여기에 부분적으로 사용되는 '-랴'가 또 있다. 전체적으로 이곳의 반말 표현은 매우 발달해 있고, 다양한 어형으로 반말의 사회적 의미를 전달하는, 연구자에게는 다소간 낯선 언어공동체로서의 특성을 강하게 가지고 있는 곳이었다. 연구자가 마을회관에서 매일 들은 이곳 화자들의 일상 담화는 이러한 반말형 어미들로 가득 차 있었는데, 여기에는 또 이곳 화자들이 상대적으로 반말을 많이 쓰는 언어사용의 규칙 내지 경향성의 측면도 가로놓여 있을 것이다. 이 언어공동체에서 특징적으로 반말을 넓게 쓰는 사회적 맥락(social context)상의 특성에 대해서는, 다음의 '존댓말의 사용 규칙'의 항에서 다시 논의하도록 하겠다.

3) 인칭대명사와 기타 존대 표현

조사지의 1인칭 대명사는 비교적 간명하다. 기본형은 '나' 또는 '내'이고, 겸양형은 '저' 또는 '지'이다. 그리고 복수형은 각기 '우리'와 '저희들'이다. 겸양형의 사용은 이곳이 중부 지역이어서인지 잘 발달하였는데, 제보자들의 표현을 빌리면 '어른들 앞'에서 사용하는 형태이다. 따라서 '하우' 등급 중 '-으셔유' 형태와 공기(共起)한다.

1인칭 대명사의 구체적인 사용 예를 들면 다음과 같다.

"나는 올해 환갑이여."
"내가 장에 갔다 오께."
"저는 안 했어유."
"지가 장에 갔다 올께유."
"저희들이 했어유."

2인칭 대명사는 말단계의 구분에 호응하여 대체로 네 등급의 기본 형태로 분화되어 있다. 즉, '해라'와 공기하는 '너'(복수형은 '너희들'임), 좁은 의미의 반말과 공기하는 '자네', '하우' 등급의 '-어유' 형태와 공기하는 '당신', 그리고 '하우' 등급의 '-으셔유' 형태와 공기하는 '어르신네' 또는 '어르신'의 분화이다. 여기서 소위 '하게'체는 사용되지 않으나 2인칭 대명사 '자네'가 널리 쓰이는 것은 조금 특이할 것이다.

이곳에서도 '당신'은 부부간에는 자유롭게 쓰지만, 남에게는 쓰기 '어려운' 말이다. 가령 "당신 참견 안 해도 되여."와 같이 쓰인다. 존대의 정도 면에서 이 '당신'과 같은 등급의 대명사에는 또 '자개'가 있다. 아마도 오늘날 널리 쓰는 '자기'의 이 지역 고유 형태 같은데, 가령 "자개가 말뚝 좀 박아 줘여.”와 같이 쓰인다. ‘당신’과 ‘자개’는 둘 다 ‘해유’와 공기하지만 반말 ‘해’와도 함께 쓰인다.

‘자네’와 동급의 인칭 대명사도 더 있는데, 그중 하나는 ‘이이’다. 연구자는 ‘이이’가 ‘자네’와 상호 교체적으로 사용되는 장면을 직접 관찰할 수 있었다. ‘자네’와 동급의 또 다른 대명사에는 ‘집이’가 있다. 물론 이 ‘집이’도 ‘자네’와 상호 교체적으로 쓰이는데, 가령 “집이는 콩 농사를 잘했다며.”처럼 쓰인다. 그런데 이 지역에서는 상대방과의 친밀성 여부와는 상관없이 ‘집이’가 사용되는 것처럼 보였다. 동급의 대명사 중에서 조금 특이한 것에 또 ‘임자’가 있다. “임자는 나서지 마.”와 같이 쓰이는데, 이 ‘임자’는 남편이 아내에게만 쓰는 특수한 2인칭 대명사이다. 대신 아내는 남편에게 이 ‘임자’를 쓰지 않는다. 위의 세 형태, 즉 ‘이이’, ‘집이’, ‘임자’는 모두 반말 ‘해’와 공기하고, ‘해유’와는 공기하지 않는다. 그 밖에 이 지역에는 ‘이녁’ 또는 ‘이편’이나 ‘댁이’와 같은 대명사 형태는 사용되지 않는 것으로 보고된다.

3인칭 대명사의 분화도 대체로 2인칭 대명사의 그것과 비슷하게 이루어진다. 즉, 지시관형사 ‘이’, ‘그’, ‘저’와 ‘사람’을 가리키는 명사의 결합으로 이루어지는 소위 3인칭 대명사는 이 지역에서 대체로 4등급의 표현으로 구분된다. 원칭(遠稱)인 ‘저’를 기준으로 예를 들면, 주로 어린 애들에게 사용하는 ‘쟤’와, 그보다는 지칭 대상을 조금 더 높이는 ‘저이’ 또는 ‘저 사람’, 그리고 지칭 대상을 보다 본격적으로 높이는 ‘저 양반’ 또는 ‘저분’, 마지막으로 가장 어른들에게 쓰는 ‘저 어르신네’ 또는 ‘저 어르신’의 구조이다. 여기서는 ‘저 어른’이라는 표현은 사용되지 않는다. 조사지에서도 물론 비칭(卑稱)의 3인칭 형태들이 발달하였는데, ‘저 자식’, ‘저놈’, ‘저 새끼’와 같은 표현이 대표적인 예이다. 제보자들의 판정에 따르면, ‘저 자식’이 지칭 대상을 가장 덜 비하하는 말이고 ‘저

새끼'가 가장 비하하는 말이다.

다음으로 청자 존대법과 관련되는 상대방에 대한 '대답말'은 다른 지역과 거의 동일하게 나타난다. 즉, 높임의 상대에게는 '예'를 쓰고, 낮춤의 상대에게는 '응'(실제의 발음은 비음화된 '으'임)을 쓰며, 손자와 같은 어린애에게는 '오냐'를 쓴다. 달리 정리하면, '하우' 등급에는 '예'가 공기하고, 좁은 의미의 반말과 '해라' 등급에는 '응'이 공기하는데, 단 '해라' 등급에는 '응'과 함께 '오냐'가 공기하기도 한다.

이곳에서도 물론 상대방을 부르는 일반 호칭어 또는 넓은 의미의 호출어(summons)가 말단계의 등급에 평행하여 발달해 있는데, 대표적인 형태는 '여보셔유', '여봐유', '여봐', '여봐라'이다. 말할 것도 없이 '여보셔유'는 '하우' 등급의 '하셔유'에, '여봐유'는 '하우' 등급의 '해유'에, '여봐'는 반말 '해'에, 그리고 '여봐라'는 '해라' 등급에 정확히 대응하는 호출어일 것이다. 그러나 '하게'체가 없는 이곳에서는 그것에 호응하는 '여보게'의 형태는 사용되지 않는다.

또 부분적으로만 발달한 상대방의 주목을 끌기 위한 호출어도 있는데, '얘'와 '야' 그리고 '어이'가 그것이다. 이 중 '얘'는 주로 어린애에게 사용하는 것이고, '야'는 동급 및 아랫사람들에게 사용하는 것이다. 또 '어이'는 '야'와 동일한 자리에 사용되지만, 조사지에서는 남자들만이 사용하는 특유의 유표적(marked) 호출어이다.

이상에서 기술한 인칭 대명사와 대답말 그리고 호출어는 앞서 기술한 말단계의 등급 구분과 당연히 체계적인 공기관계(co-occurrence relationship)를 이룬다. 청자 존대법의 기본 구조를 이루는 이 이상적인 공기관계를 간명한 표로 정리하면 다음의 〈표 2-6〉과 같이 될 것이다(단, 아래 표에서는 말단계의 구조를 편의상 단선적인 등급 구분으로만 이해함).

<표 2-6> 말단계, 인칭대명사, 대답말, 호출어 간의 공기관계

<table>
<tr><th colspan="2" rowspan="2">말단계</th><th colspan="2">인칭대명사</th><th rowspan="2">대답말</th><th colspan="2">호출어</th></tr>
<tr><th>2인칭 대명사</th><th>1인칭 대명사</th><th>일반 호출어</th><th>부분 호출어</th></tr>
<tr><td rowspan="2">하우</td><td>-으셔유</td><td>어르신(네) 등</td><td>저/지</td><td rowspan="2">예</td><td>여보셔유</td><td rowspan="2">·</td></tr>
<tr><td>-어유</td><td>당신/자개</td><td rowspan="3">나/내</td><td>여봐유</td></tr>
<tr><td>반말</td><td>-어</td><td>자네</td><td>응</td><td>여봐</td><td>야/어이</td></tr>
<tr><td>해라</td><td>-어라</td><td>너</td><td>응/오냐</td><td>여봐라</td><td>얘</td></tr>
</table>

다음으로 이곳 조사지의 존댓말 사용상의 특색 한 가지는 주체 존대어의 사용이 매우 발달한 것이 될 것이다. 이는 지금까지 이루어진 호남 지역 및 영남 지역에서의 관찰 결과(왕한석 2009: 189-190, 2010: 121-122, 282-283, 301, 2012: 180, 444-446 등)와는 분명히 다른 양상인데, 앞으로 보다 많은 지역에서의 경험적 연구가 축적되어야 하겠지만, 중부 지역의 언어 사용상의 한 가지 중요한 특색인 것으로 보인다.

먼저 가까운 친척 관계에서 주체 존대의 선어말어미 '-으시-'를 통상적으로 사용하는 예를 들어보기로 하겠다. 대체로 다음과 같은 화자와 청자 그리고 지칭자의 관계, 즉 참여자(participants)의 관계에서는 지칭자(referent)를 높이는 형태소 '-으시-'를 규칙적으로 사용하는 것으로 제보자들은 보고한다.

1 (아버지가 아들에게 할아버지를 가리켜 말하는 상황)

할아버지 장에 갔다/댕겨오셨니?

2 (아들이 어머니에게 아버지를 가리켜 말하는 상황)

아버지 상갓집에 갔다/댕겨오셨어유?

*(어머니가 아들에게 이에 대해 대답하는 상황)

너 아버지 갔다 오셨다.

3 (조카가 작은어머니에게 작은아버지를 가리켜 말하는 상황)

작어머이, 작은아버지 어디 가셨어유?

*(작은어머니가 조카에게 이에 대해 대답하는 상황)

너 작은아버이 오늘 장에 갔어.

4 (딸이 아버지에게 어머니를 가리켜 말하는 상황)

아버지, 엄마 장에 갔다 오셨어유?

*(아버지가 딸에게 이에 대해 대답하는 상황)

니 어머이 아직 안 왔다.

5 (여동생이 오빠에게 고모를 가리켜 말하는 상황)

오빠, 고무 오셨으니께 빨리 와. (여동생과 오빠의 연령 차이가 많지 않은 경우임)

오빠, 고무 오셨으니께 빨리 와유. (여동생과 오빠의 연령 차이가 좀 많이 나는 경우임)

6 (시동생이 형수에게 형님을 가리켜 말하는 상황)

형님은 밭에 가셨어유? (주로 쓰는 표현임)

성은 밭에 갔어유? (드물게 쓰는 표현임)

*(형수가 시동생에게 이에 대해 대답하는 상황)

형 밭에 갔어유.

7 (아우가 형님에게 형수를 가리켜 말하는 상황)

형수님 신탄장에 가셨어유?

*(형이 아우에게 이에 대해 대답하는 상황)

너희 형수 아침 일찍 갔다.

8 (남편이 아내에게 형수를 가리켜 말하는 상황)

형수님 어디 가셨어?

9 (남동생이 누님에게 매형을 가리켜 말하는 상황)

매형은 어디 가셨어유?

*(누님이 남동생에게 이에 대해 대답하는 상황)

너희 매형은 밭에 갔다.

10 (형님이 아우에게 매형을 가리켜 말하는 상황)

매형이 오신다니께 니가 마중 좀 나가 봐라.

11 (처남이 매형에게 누님을 가리켜 말하는 상황)

매형, 누님 어디 가셨어유?

*(매형이 처남에게 이에 대해 대답하는 상황)

누나 저 샘에 물 길러 갔어.

다음은 주체 존대의 선어말어미 '-으시-'를 통상적으로 쓰지 않는, 즉 지칭자를 높이지 않는 참여자의 관계에 대한 예들이다.

1 (형님이 아우에게 제수를 가리켜 말하는 상황)

얘, 지수씨는 어디 갔니?

2 (오빠가 여동생에게 매제를 가리켜 말하는 상황)

매제는 몸이 안 좋다더니 요즘은 좀 어떠냐?

3 ('큰동세'(HBeW)가 '동세'(HByW)에게 시동생을 가리켜 말하는 상황)

동세 동세, 서방님 어디 갔어?

4 (형수가 시동생에게 '동세'를 가리켜 말하는 상황)

동세는 어디 갔어유?

5 ('처남으댁'이 '시누남편'(HZyH)에게 '시누'(HZy)를 가리켜 말하는 상황)

고무부, 신탄네는 뭐 하러 갔어유?"

6 (올케언니가 시누에게 시누남편을 가리켜 말하는 상황)

대전네, 고무부는 요새 돈 잘 벌어와?

대전네, 고무부는 어디 가셨어? (주로 쓰는 표현임)

대전네, 고무부는 어디 갔어? (드물게 쓰는 표현임)

전체적으로 이곳에서의 존댓말 사용 규범은 친척관계에서 '웃사람', 즉 항렬상의 상위자 및 동일 항렬 내의 상위자에게는 거의 규칙적으로 주체 존대의 형태소 '-으시-'를 붙여, 지칭자를 높이는 것으로 일반화할 수 있겠다.(물론 부분적이지만, 아내가 자식 앞에서 남편을 높여 가리키거나 또는 손아래 '시누남편'을 높여 가리키는 것과 같은 가변적인 부분도 있다.) 비친척관계에서도 기본적인 규칙은 마찬가지로 나타나는데, 즉 연령상 상위자인 '웃사람'에게는 '-으시-'를 사용하고 '또래'나 '아랫사람'에게는 사용하지 않는 것이 이곳의 기본적인 규범이다.

마지막으로 주체 존대 및 객체 존대의 격조사 사용도 부분적으로 관찰할 수 있었는데, 바로 다음의 예와 같다. 이 '-께서'와 '-께'의 사용이 위의 '-으시-'의 사용만큼 발달하지는 않았으나, 이 언어공동체의 경우 의식적인 예법을 갖추어야 하는 자리에는 이 높임의 격조사들을 분명히 쓰는 것으로 관찰되었다.

-께서

"할아버지께서 작은아버지 모시고 오시래유."

"저희 아버님께서 아자씨 모시고 오시래유."

-께

"이거 아버지가 작은아버지께 갖다 드리래유."

"할아버지께서 작은 할아버지께 갖다 드리래유."

그리고 이곳에서 일상적으로 사용하는 객체 존대의 동사 표현에는 대체로 '갖다 드리다', '모시고 오다', '말씀 디리다', '여쭤 보다', '뵙고 오다' 등이 있었는데, 대신 '아뢰다'와 '사뢰다' 같은 말은 쓰지 않는 것으로 보였다.

4) 존댓말의 사용 규칙

이제 이 언어공동체에서 청자 존대어(addressee honorifics), 즉 말단계가 실제로 사용되는 방식에 대해 기술하기로 하겠다.[21] 앞에서 정리한 대로 이곳의 말단계는, '두루 낮춤'인 '반말'을 제외하면, 한 등급의 높임말('하우')과 두 등급의 낮춤말(좁은 의미의 '반말'과 '해라')로 구성되는 체계이다. 그런데 이곳의 화자들은 '하우' 등급의 두 하위 단계, 즉 '하셔유'와 '해유'의 구분 사용에 대해서도 상당한 '의식적' 지식을 가지고 있는 것으로 보였다. 따라서 좀 더 구체적인 기술을 위하여, 이 둘을 구분하여 이 언어공동체에서의 말단계의 기본적인 사용법을 정리하면 대체로 다음과 같다.

21) 참고로 이 지역의 청자 존대어의 사용 방식에 대한 기존의 보고에는 박경래(1999)가 있다. 청원군 미원면에서의 관찰을 바탕으로 한 이 보고는 크게 청자 경어법의 "실제" 사용과 "사용 태도", 즉 사용 규범에 대한 일차적 기술로 이루어진다.

먼저 '하셔유'는 부모와 그에 상응하는 친척 어른들 그리고 동네 어른들에게 사용하는 말씨이다. 여성 화자들은 여기서 나아가, 시숙(媤叔) 및 (나이 차이가 있는) '큰동세'(HBeW) 그리고 '큰시누님'(HZe)에게도 이 높임의 말씨를 쓴다. 대신 '해유'는 자신보다 나이가 조금 더 많은 자리, 달리 표현하면, 흔히 '형님' 또는 '성'으로 부르는 자리 등에 일반적으로 쓰는 말씨이다.

좁은 의미의 반말, 즉 '해'는 같은 또래와 아랫사람들에게 널리 쓰는 형태인데, 특히 이 지역에서는 부부간에도 이 말씨를 서로 주고받는다. 마지막으로 '해라'는 자식 및 손자들에게 쓰는 가장 낮춤의 말씨이고, 나이 적은 동생 및 조카들에게도 주로 이 말씨를 쓴다. 그리고 남의 경우에는 아직 성인이 되지 않은 '어린애들', 즉 대체로 20세 이하의 미성들에게 이 말씨를 쓴다.

이제 특정의 사회적 관계, 다시 말하여 구체적인 친척관계 및 비친척관계에서 이곳 화자들이 일반적으로 선택하는 말단계의 사용 규칙이다. 물론 여기서 기술하는 것은 여러 맥락적 요인들을 고려하지 않은, 무표적 상황(unmarked situation)에서 일반적으로 공유되는 규범적 규칙(normative rules)일 것이다.

먼저 친척관계 중 부계친(父系親)의 조항 및 숙항에서의 주요 친척형에 대한 말단계의 사용 방식이다. 그런데 아래 목록상의 일련번호는 모두 앞의 제5질의 '친척용어의 목록'에서의 해당 친척형에 대한 일련번호와 동일하다.

5 FF (할아버지): '하셔유'

6 FM (할머니): '하셔유' 또는 '해유'

7 FFZ (대고무할머니): '하셔유'

8 FFZH (대고무할아버지): '하셔유'

9 F (아버지): '하셔유'

10 M (어머니): '하셔유' 또는 '해유'

11 FBe (큰아버지): '하셔유'

12 FBeW (큰어머니): '하셔유' 또는 '해유'

13 FBy (작은아버지): '하셔유'

14 FByW (작은어머니): '하셔유' 또는 '해유'

15 FZ (고무): '하셔유' 또는 '해유'

16 FZH (고무부): '하셔유'

위에서 6 FM, 10 M, 12 FBeW, 14 FByW, 그리고 15 FZ에게는 '하셔유'와 함께 '해유'도 쓰는 것으로 나타나는데, 이는 다른 지역에서도 널리 나타나는 여성 존속에 대한 상대적 친밀성을 반영하는 언어사용 규범일 것이다. 다음에 기술할 모계친에서의 62 MZ에 대한 사용 규범도 마찬가지인 것으로 나타난다.

다음은 형제항의 주요 친척형에 대한 말단계의 사용 규칙이다.

23 W (안식구): '해'

24 ♂Be (형님): 나이 차이에 따라 '하셔유' 또는 '해유'를 쓴다.

25 ♂BeW (형수): '하셔유' 또는 '해유'

26 ♂By (아우): '해라' 또는 '해'

27 ♂ByW (지수(弟嫂)): '하셔유'

28 ♂Ze (누님): 누님은 형님에 비해 '이무로운' 자리이므로 '해유' 또는 '해'를 쓴다.

29 ♂ZeH (매형): '하셔유'

30 ♂Zy (누이동생): '해라' 또는 '해'

31 ♂ZyH (매제): '해'

32 ♀Be (오라버니): 나이 차이에 따라 '하셔유' 또는 '해유'를 쓴다.

33 ♀BeW (올케언니): '해유'

34 ♀By ((남)동생): '해라' 또는 '해'

35 ♀ByW (올케): '해'

36 ♀Ze (언니): 언니도 '이무로운' 자리이므로 '해유' 또는 '해'를 쓴다.

37 ♀ZeH (형부): '하셔유'

38 ♀Zy ((여)동생): '해라' 또는 '해'

39 ♀ZyH (동생남편): '해유'

위의 목록에서 28 ♂Ze와 36 ♀Ze에 대한 친밀한 말씨 사용을 제외하면, 형제항에서의 말단계 사용상의 별다른 특색은 나타나지 않는 것이 될 것이다.

다음은 자식들에 대한 존댓말 사용 규칙인데, 방계친인 조카들에 대해서도 거의 같은 말씨 사용이 이루어진다.

40 S (아들): '해라'

41 SW (며누리): '해라'

42 D (딸): '해라'

43 DH (사위): '해'

다음은 모계친(母系親)의 주요 친척형에 대한 말단계의 사용 방식이다. 그런데 모계친의 형제항에 대한 사용 규칙은 부계친의 관련 친척형에 대한 것과 거의 동일하므로, 아래에서는 상위 항렬의 핵심 친척형에 대한 것만 기술하기로 하겠다.

58 MF (외할아버지): '하셔유'

59 MM (외할머니): '하셔유'

60 MB (외삼춘): '하셔유'

61 MBW (외숙모): '하셔유'

62 MZ (이모): '하셔유' 또는 '해유'

63 MZH (이모부): '하셔유'

다음은 부계친(夫系親)의 주요 친척형에 대한 말단계의 사용 규칙이다. 그런데 이 부계친에 대한 기술은 여기서 형제항의 핵심 친척형에 대한 것만으로도 충분할 것으로 생각된다.

78 H (남편): '해'를 쓰는데, 그러나 시부모나 남이 있는 상황에서는 남편을 조금 더 '위해 주는' 경향이 있다고 한다.

79 HBe (시숙): '하셔유'

80 HBeW (큰동세): '하셔유'

81 HBy (시동생): '해유'

82 HByW (동세): '해'

83 HZe (큰시누님): '하셔유'

84 HZeH ((큰)시누남편): '하셔유'

85 HZy (시누): '해'

86 HZyH (시누남편): '해유'

앞서 언급하였듯이, 조사지에서의 부부간의 말씨관계는 반말을 서로 주고받는 낮춤의 상호적인(reciprocal) 말씨관계를 기본 유형으로 하는 것이다. 이는 지금까지의 연구 중에서 전북 고창 지역(왕한석 2010: 284, 303, 311) 및 경북 선산 지역(왕한석 2012: 460)에서의 관행과 궤를 같이하는, 이제는 그리 낯설지 않은 규범일 것이다. 그리고 이곳에서 33 ♀BeW와 85 HZy의 말씨관계는 서로 간의 지위 구분에 따른 '해'와 '해유'의 사용이라는, 비상호적인(non-reciprocal) 말씨관계의 특성을 가지는 것이 될 것이다.

다음은 처계친(妻系親)의 주요 친척형에 대한 말단계의 사용 방식인데, 여기서도 형제항의 주요 친척형에 대한 것만 기술하기로 하겠다.

97 WBe (큰처남): '하셔유' 또는 '해유'

98 WBeW (큰처남으댁): '하셔유'

99 WBy (처남): '해'

100 WByW (처남으댁): '해유'

101 WZe (처형): '헤유'

102 WZeH (큰동서): '하셔유' 또는 '해유'

103 WZy (처제): '해유'

104 WZyH (동서): '해'

위에서 97 WBc외 31 ♂ZyH의 발씨관계 그리고 102 WZeH와 104 WZyH의 말씨관계는 서로 간의 지위 차이에 따른 비상호적인 것임을 볼 수 있다. 달리 말하면, 앞의 '호칭체계' 절에서 이미 기술했다시피, 이 지역의 경우는 소위 '벗하는' 관행이 발달하지 않았음을 위의 두 인척(affine) 간의 말씨관계를 통해서 다시 한 번 확인할 수가 있겠다.

마지막으로 사돈관계(查頓關係)의 친척형들에 대한 사용 규칙인데,

여기서 다른 지역과 구분되는 별다른 특색은 없는 셈이 될 것이다.

105 SWF/DHF (사둔): '하셔유'

106 SWM/DHM (사둔댁): '하셔유'

109 SWB/DHB ((사둔총각)): '해유'

110 SWZ/DHZ ((사둔처녀)): '해유'

이제 비친척 영역에서의 기본적인 말단계의 사용 방식에 대해 간략히 정리하도록 하겠다. 앞의 제6절 '호칭체계'에서 비친척 간에 사용하는 호칭어의 목록과 선택 규칙에 대해서는 이미 기술하였으므로, 여기서는 그것의 정리 부분인 〈표 2-3〉과 〈표 2-4〉의 내용에 맞추어 일반적으로 선택되는 말단계의 등급에 대해 간단히 기술하도록 하겠다.

대체로 지위 구분의 주요 범주에 따라 특정한 말단계를 선택하는 것으로 인식되는데, 먼저 (1) '할아버지빨' 및 '아자씨빨'의 청자, 즉 어른들에게는 당연히 가장 높임의 '하셔유'를 사용한다. 다음으로 (2) 화자와 지위 차이가 그리 크지 않은 범주인 '형님빨'의 청자에게는 일반적으로 '해유'를 사용한다. 또 (3) 지위 구분 면에서 가장 낮은 범주인 '자식 또래' 및 '손자 또래' 중에서 아직 미성(未成)인 청자, 구체적으로 대략 20세 이하의 청자에게는 가장 낮춤인 '해라'를 사용한다. 마지막으로 (4) 그 외의 범주 즉 '동무'와 '아우빨', 그리고 '자식 또래' 및 '손자 또래' 중에서 성혼 여부와는 상관없이 대체로 20세가 넘은 청자에게는 '해'를 사용한다. 그리고 이 언어공동체의 경우 이상과 같은 말단계 사용의 기본 유형에서 화자의 성별에 따른 변이는, 일반적으로 말하여, 크게 없는 것으로 또한 보고된다.

어느 언어공동체나 마찬가지이겠지만, 지금까지 기술한 이상적 규칙이 실제의 상호작용에서 항시 그대로 쓰이는 것은 여기서도 물론 아닐 것이다. 그런데 조사지의 경우는 특히 '반말'의 광범한 사용에 주목할 필요가 있는데, 그 이유는 상위자가 하위자에게 위에서 기술한 규칙대로 '해' 형태를 쓰는 것을 넘어서서, 하위자가 상위자에게 그리고 여기 표현으로 '서로 존대말 쓰는' 자리에서도 상대방에게 이 '해' 형태를 널리 쓰기 때문이다. 앞서도 언급하였듯이 이 언어공동체는 반말의 변이형과 특수 형태가 크게 발달하였을 뿐만 아니라, 이른바 '존대말 쓰는' 자리에도 '하우'와 함께 '반말'을 폭넓게 쓰는 데서, 이곳의 존댓말 사용상의 커다란 특색이 놓여 있는 것으로 보인다.

그러면 규범적으로는 반말을 쓰지 않는 자리에 실제로는 반말을 쓰는 몇몇 대화 사례를 소개하기로 하겠다. 모두 녹음된 자료에서 전사한 것인데, 실제로는 말 겹치기(overlap)가 부분적으로 일어나지만 편의상 대화 참여자를 기준으로 전사한 것이다. 아래의 대화 예에서 〈 〉는 대화 중에 일어난 특정 행동을 가리키고, …는 대화 중 일부분이 생략된 것을 가리키며, 그리고 ...는 대화 참여자의 말 중 휴지나 주저, 말끝 흐림 등을 가리킨다. 그리고 (( )) 속의 표현은 해당 발화의 의미 해석을 돕기 위하여 연구자가 임의로 써 넣은 부분이다.

사례 1

아래에서 대화 참여자는 A(여성 91세), B(여성 74세), C(여성 73세) 세 사람이나 A와 B가 주 대화자이다. B는 A에게 (주체 존대의 선어말어미 '-으시-'가 들어간) '하셔' 형태를 사용하기는 하지만, 기본적으로 반말을 쓰고 있다. 연구자가 관찰한 바로는, B는 인사할 때 정도를 제외하고는 통상 A에게 이러한 말씨를 사용하였다.

((마을회관에서 A와 B가 텔레비전 본 이야기를 하다가))

A: 아이고, 허리가 아퍼 죽겄어. ... 드러누우면 괜찮은데 앉으면 허리가...

B: 드러눴다 앉었다 하셔. 여기서도 아프걸랑 저 가 드러누셔. 괜찮어. 허허.

((잠시 휴지 뒤에 C가 참여하여 마늘 농사에 대한 대화가 계속됨))

C: 그래 붙였어유? 붙였어유?

A: 어여 마늘밭 들러본께... 음달 아주 안 나.

B: 안 났어.

A: 더울 때 ((비닐을)) 뚫버야[뚫어야] 디아.

B: 그래, 저 ○○네(사람 이름)도 뚫다 말았나? 거 음달 쪽이라 안 나왔지?

A: 산서리(이웃 마을 이름) 쪽은 [발음 불분명].

B: 안 뚫벘디아? ... 이게 서리서리해서 뺑- 해고 해서 뻗어야 되는디.

사례 2

A(여성 78세)와 B(여성 74세)는 같은 집안의 촌수가 조금 떨어지는 동서간인데, 매우 가깝게 지내는 사이이다. B는 A에게 호칭 및 2인칭 대명사로는 통상 '성'을 쓰지만, 연구자가 관찰한 바로는 종결어미는 거의 항상 아래 예처럼 반말을 썼다.

((A의 잃어버린 닭에 대한 대화의 일부분임))

B: ((닭을)) 갖다 주고서 그런 소리를 하면 몰라.

A: ((닭을)) 가져오고서 인저 지껄이는 겨.

B: 으음.

A: 가져올 거 같으면 진작 가져오지-. 두 달이 되도록 안 가져오는데.

B: 사랑방이고 뱀 있는 방에다가 놓고.

A: 방에다 믹였디아[먹였대].

B: 사랑방에다 글쎄 뱀하고 같이 멕였디아.

A: 같이 멕였디아.

B: 에이그.

A: 그 내가 따질 거지 지가 왜 따져. 저한티[한테] 내가 나쁜 소리 한 마디나 했어? 그래서 마누라는 잘 얻었다고 찬송(칭찬의 뜻임)해 줬지.

사례 3

A(여성 74세)와 B(남성 57세)는 같은 집안의 수숙간(嫂叔間), 즉 방계친의 형수와 시동생 사이이다. 이 두 사람은 물론 '하우'도 썼지만, 대화 중간에는 아래 예에서처럼 서로 반말을 더 많이 쓰는 것처럼 보였다.

((연구자가 B와 이곳의 버섯 및 약초에 대한 면접조사를 하기 직전에, A와 B가 간단한 대화를 나누는 상황임))

B: ((내가 아는 것이)) 약초하고 버섯백에[밖에] 없어.

A: 약초하고 버섯만 ((연구자에게)) 갈켜[가르쳐] 줘도 그것도 좋은 거여. 우리들은 약초를 알어 버섯을 알어? 그러니 ((그것을 아는)) 누가 남자가 있어? 〈웃음〉

B: 약초도...

A: 성(옆에 있던 다른 여성 제보자를 가리킴)이 버섯을 따봤어?

B: ((내가 아는 것이)) 얼마 안 돼. …

사례 4

다음은 한 남성 제보자(76세)와 연구자와의 대화 사례이다. 현지조사 기간 중 두 분의 연세 든 남성 제보자와 잦은 접촉을 하였는데, 한 분(73세)은 처음부터 마지막까지 연구자에게 말을 높여 하였으나, 이 제보자 분은 처음부터 반말을 섞어서 썼다. 이분의 시각에서는 아마도 말을 낮춘다기보다는 연구자에 대한 친밀함(intimacy)의 표현이었을 것이다. 아래의 대화 예에서 보면, 이 제보자 분은 대화 중간에 두 번 그리고 대화 말미에 두 번 모두 네 번만 연구자에게 말을 높이고 있다.

((제보자를 상대로 나무의 종류와 용도에 대한 일차 조사를 한 직후의 대화임))

제보자: 여기서 지금 아까 그 사람 나한테 묻지?

연구자: 예.

제보자: 저 파람동(보은군 내의 지명임)을 어데로 가냐고?

연구자: 예.

제보자: 염티(문의면 내의 지명임)에서 우회전하면은 그 회남으로 가면 회남에서 좌측으로 가면 보은 가는 게고 우측으로 가면 대전으로 가.

연구자: 예.

제보자: 그 담은 그 다리를 건너가야 디여.

연구자: 어어 그 회남 가면은 저 어떤 게 있습니까?

제보자: ...회남도 뭐 한 열 호 되지 뭐 쪼끄만한 동네.

연구자: 아 그러니까 회남을 보러 가는 거보다 그 다리를 건너러 가는구만요?

제보자: 예예. 다리를 구경하러 갔어요.

연구자: 예예.

제보자: 옛날엔 그게 유명했어. 버스도 타고 차가 저기 배를 타고 건너가는 게 있나 그랬어.

연구자: 예예. 으음 그래 회남도 여기처럼 산골입니까 문의처럼?

제보자: 그럼 산골이지.

연구자: 아.

제보자: 주로 이제 회남면 면소재지는 강이야 강.

연구자: 강입니까?

제보자: 응.

연구자: 회북은요?

제보자: 회북은 강이 아니지. 순 산골이고 거기는.

연구자: 회북은 산골이고?

제보자: 응. 회북면 산골이여.

연구자: 아.

제보자: 문의보다 더 더한 산골이여. 문의는 넓기나 하지. 문의도 뭐 강이지 뭐. 잎에 전부 상이고.

연구자: 문의도 강이죠. 여기 완전히.

제보자: 어.

연구자: 이 마을만 산골이죠.

제보자: 그려.

연구자: 그런데 그러면 저 법주사가 있는 아 저 속리산이 있는 보은

은 어딥니까 그거는?

제보자: 회남 회남면에서 옆으로 쭉 올라가면 보은군 나와요.

연구자: 그 위로 올라갑니까?

제보자: 으응. 위로.

연구자: 아 저는 지금 여기 와서 충청도 지리를 모르니까. 〈웃음〉

제보자: ...그럼 문의에서 청주로 가다가

연구자: 예.

제보자: 산골이 나와서.

연구자: 예.

제보자: 아 문의에서 쭉 뻗어나가서 그냥 곧장이여. 그러면 또 보은으로 가는 게고.

연구자: 아 염티재로 이제 가면은 보은 가죠?

제보자: 그렇지 글로 가면 회남면에서 그냥... 회북면으로 넘어가면 보은 가는 길이고.

연구자: 예 예예예.

제보자: 시방 그려. 그 뭐 여기서 저기 그렇게 뭐 문의 톨게이트 타구선 상주 가면

연구자: 예.

제보자: 저기 그렇게 가면 고속도로 있잖어?

연구자: 예.

제보자: 그 가다 보면 속리산 법주사 가는 길이 뭐 그냥 크게 맨들어 보은 가는 거라고.

연구자: 아 그러면?

제보자: 영동 가고.

연구자: 여기보다 더 북쪽입니까?

제보자: 남쪽이지.

연구자: 여기보다 남쪽입니까?

제보자: 그럼.

연구자: 으음 하이고 어르신 고맙습니다.

제보자: 아이고 우리가 너무...

연구자: 이 나무 공부 제가 잘하고 갑니다.

제보자: 어허허. 〈웃음〉

연구자: 예. 나무 공부 잘했고 요거 이제 또 여쭤본 거 요거 쫌 요거는 이제 됐으니까 요거 제가 또 정리를 하고.

제보자: 그래요.

연구자: 고맙습니다이.

제보자: 고맙습니다. 이렇게 오셔서. …

사례 5

다음은 한 여성 제보자(78세)와 연구자와의 대화 예이다.(물론 '제보자 2'와 '제보자 3'으로 표시된 다른 두 제보자의 말도 약간 포함되어 있다.) 연구자는 세 분의 여성 제보자와 거의 매일 만나 면접조사를 진행하였는데, 그중 두 분은 마지막까지 연구자에게 말을 높여서 하였다. 그런데 연세가 가장 높은 이 제보자는 연구자에게 계속 말을 높여서 하다가, 조사 마지막 시점쯤에 와서 반말을 섞어 쓰기 시작하였다. 말할 것도 없이 연구자를 이제는 남이 아닌 '이무로운' 사람으로 여긴 결과였을 것이다. 아래 대화 예에서 보면, 이 제보자 분은 대화의 시작과 끝부분에서 한 번씩 즉 모두 두 번만 연구자에게 '하우'의 종결어미를 쓰고 있다.

(('맞대미 치는' 것은 내게 무엇을 잘못한 상대방과 직접 마주쳐서 따지는 말행위를 가리키는데, 그러한 말행위가 일어난 배경 즉 제보자가 최근 닭을 잃어버린 이야기를 연구자에게 구체적으로 하는 상황임))

연구자: 맞대미 친다. … 그러니까 닭 같은 거 갖고 그렇게 얘기하는 거 맞대미 치는 거죠?

제보자: 맞대미 치는 거지유.

연구자: 예.

제보자: 인제 우리 닭을. 인제 교수님더러 별소리 다 하네 얘기가 나와서. 내가 겨울이[에] 딸내미 집이 가 있었어 동짓달이.

연구자: 예.

제보자: 동짓달이.

연구자: 예.

제보자: 딸내미 집이 가 있었는디 닭을 세 마리를 멕였어.

연구자: 예.

제보자: 이게 그냥 엄청히 크고 좋아. … 누구더러 인져 닭 모이를 주라고 했는디 닭이 한 마리 없어졌다고 전화가 오는 겨. 큰일 났다는 겨.

연구자: 누가 모시를 줬는데요?

제보자: 요 뒷집이 있는 이가.

제보자 2: 여 ○○○ 씨(사람 이름).

제보자: 금방 내[사이?] 없어졌다고.

연구자: 아 예 예.

제보자: 그라니께 인제 어려운 거여 이들이.

연구자: 예.

제보자: 닭이 없어졌으니께.

연구자: 예.

제보자: 그래 전화를 하며 걱정을 하는 겨. 그래서로 이제 그 개가 아마 물어 갔내 비라고[보다고] 내 말이.

연구자: 예.

제보자: 그 개가 그렇게 물어 갔냐고 난리를 치더라고.

연구자: 예.

제보자: 저 집 개가.

연구자: 예.

제보자: 그래서로는 인제 개가 물어 갔내 비라고. 걱정 말으라고. 물어간 거 어떡하느냐구.

연구자: 예.

제보자: 그럭 하고서는 개가 물어다 쥑인[죽인] 줄 알았어.

연구자: 예.

제보자: 인져 뭐 그럭 하고 잊고 말은 거여.

연구자: 예.

제보자: 오래- 있다가 인져 또 닭을 두 마리를 다 물어 죽였어. 여그 와 있다 가니께.

연구자: 예.

제보자: 인져 오래 있다가.

연구자: 예.

제보자: 다 물어 쥑이니께 그 소리를 알른[안] 거여. 닭 한 마리 아줌마네 닭 개가 물어 와서 우리 집이 와 멕이고 있디아 시방.

연구자: 예.

제보자: 내가 굳이[곧이] 안 들었어.

연구자: 예.

제보자: 하도 오래 있다 그래서.

연구자: 예.

제보자: 그래 시방 저기 다리를 물었는디 그거 내가 방에다 키우고 있다는 겨.

연구자: 예.

제보자: 잘 낫쿤다는〔낫게 한다는〕 겨. 아이 한 달이 가도 안 가져와.

연구자: 예.

제보자: 그 닭을.

연구자: 아.

제보자: 닭은 또 두 마리를 물어 쥑이고.

연구자: 예.

제보자: 설 때.

연구자: 예

제보자 2: 사랑방에 잘 크고 있대 시방.

제보자: 사랑방에 잘 크고 있다는 겨.

연구자: 예.

제보자: 그라메 한 달 두 달이 가도 안 가져오는 겨.

연구자: 예.

제보자: 그래서 어제 인제 거기서 꼬추〔고추〕 본 다음에 애기들이 인제 개 믹이는〔먹이는〕 애기들이 나오는 거여 그 모두들. 그라고 그라메.

연구자: 애기가 나오겠습니다. 애기를 안 할래야...

제보자: 왜왜 왜 개를 그리먼은 나 개 믹이는 걸 말을 많으냐 한디아 ○○이(사람 이름)가.

연구자: 예.

제보자: 개 쥐인[주인]이. 왜 말들 그렇게 많은지 몰르겄다고 나는 멕이고 싶어 멕이는디. 그랴 그 말 끝이[에]. 나는 여적지 참고 있는 겨. 두 마리도 물어 죽였지 가져온대도 가져오지도 안 하지. 봐 달수가 넘어갔는데 한 달이 넘어갔는디. 그라니껜 인제 거기서 한 마디가 나온 거여 내 입이서. 동네 사람들 몰랐어. 개 물어 그거 물어 쥑이고 물어 간 거두 내가 말을 안 했어. 인저 다른 집 같으면 물어내라고 쌈[싸움] 하구 난리 났을 껴.

제보자 3: 우리한테는 한 번 얘기했어요.

제보자: 한 번 얘기 딱. 다른 사람한테는 얘기 하두 안 하구. 같이 이렇게 모이니께 그 소리 한 마디 하고는 입 딱 닫히고 내가 말을 안 했어. 닭도 이렇게 큰 게 그냥 엄청히 살이 쪘어.

((다른 제보자들과 동일 화제에 대한 대화가 잠시 계속됨))

제보자: 그 집에서 오해를 하먼 [발음 불분명]. 그래두 저이[저희]가 잘했다는 겨 시방. 나한테 따진다는 겨. 그렇잖아유 결론이? 그런께 내가 먼저 지껄여야 하는 거 아니유? 그래 맞대미 친다는 겨. 〈웃음〉 내가 성을 내고 내가 화를 내야지 저이들이 왜 화를 내여이. 두 달이 되매 인제 닭 가져오면서.

((다른 제보자들이 잠시 대화에 끼어듦))

연구자: 그러니까 맞대미가 저... 따져 가면서 지껄이는데 화도 내는 거라 그렇죠?

제보자: 그렇지 화도 내지 맞대미 치는 기.

연구자: 예 예 예.

제보자 3: 지금 화를 내지 않아요?

제보자: 화냈잖어.

이상의 사례들을 통해 이 언어공동체의 광범한 반말 사용의 실제 모습을 부분적이나마 볼 수 있었을 것이다.(57세의 한 남성 제보자도 연구자와의 면접 과정에서 부분적으로 반말을 사용하였으나, 녹음 자료가 그리 좋지 않아 위에서 사례로 제시하지 않았다.) 그런데 위의 예에서 규범적으로는 '하우'를 쓸 것으로 기대되는 화자가 쉽게 '반말'을 쓰는 양상은 단순한 단계 전환(level switching) 또는 스타일 교체(style shifting)를 넘어서는 것으로 보인다. 물론 이 반말 사용의 양상을 다양한 사회 맥락적 요인들(social contextual features)과의 상관성 속에서 미시적으로 분석하는 작업도 필요하겠지만, 내부자적 시각에서는 일차적으로 상대방에 대한 '친밀성'(intimacy)의 표현으로, 이러한 반말 사용이 광범하게 발달해 있는 것으로 여겨진다.

그런데 반말의 광범한 사용은 이곳 조사지로만 한정되는 것이 아니라, 아마도 충청 지역 일원으로 널리 확대될 수 있는 현상으로 생각된다. 앞의 제1장 제6절 '존댓말의 체계'에서 부분적으로 기술하였듯이, 연구자는 충남 홍성 지역에서도 위의 사례와 거의 유사한 반말의 광범한 사용 양상을 이미 관찰하였기 때문이다. 아직은 잠정적인 생각이지만, 일반적으로 말하여, 충청 지역에서 말단계의 한 등급으로서의 반말과 그 변이형들이 특별히 발달하였고, 그리고 이 반말을 높임말을 쓰는 자리(즉, 지위상 상위자 및 상경(相敬)하는 자리 모두)에 높임말과 함께 널리 쓰는 언어사용 규범이 이 지역에서 또한 크게 발달한 것으로 보인다. 물론 체계적인 후속 연구를 필요로 하는 부분일 것이다.

8. 말의 주요 범주와 특수한 상황변이어

이제 이 언어공동체에서 흔히 쓰는 말에 대한 민간 명칭 및 표현들과, 이곳의 특수한 상황변이어(register)들을 기술하기로 하겠다. 앞의 제7절에서 존댓말과 관련되는 민간 명칭 및 표현을 간략히 정리하였으므로, 여기서는 그 외의 일반적인 말과 언어행동에 대한 민간 명칭 및 표현들을 정리하기로 하겠다. 그리고 이 절에서 기술하는 특수한 상황변이어는 말을 못하는 어린 아기에게 사용하는 아기말(baby talk)의 목록과, 가축 등을 부르는 데 쓰는 소위 짐승을 부르는 말(animal calls), 제례 및 이곳의 마을 탑제(塔祭) 시에 사용하는 의례어 및 의례 관련 표현, 그리고 소위 '관용표현'(formulaic expressions) 중에서 과거부터 사용해 오는 형식화된 '인사말'의 목록 등이다.

1) 말에 대한 민간 명칭과 표현

짧은 현지조사 과정을 통해 이 지역에서 쓰는 중요한 말의 장르(speech genre), 말씨(speech style), 말행위(speech act) 또는 말사례(speech event), 그리고 여타 언어행동과 관련되는 민간 명칭 및 표현을 들을 수 있었다. 이들 중 많은 것은 다른 지역에서도 물론 사용하는 표현들이겠지만, 조사지의 경우 상위언어적(metalinguistic) 표현들이 그런대로 잘 발달한 것으로 보인다. 아래에서는 제보자들의 민간 지식에 바탕하여(물론 이곳 제보자들의 개념적 지식이 기대만큼 명료하지는 않았지만), 관련 명칭과 표현을 그것의 핵심적 의미를 중심으로 간략히 정리하도록 하겠다.

1 거짓말 어떤 사항에 대해 사실대로 말하지 않고 화자가 '보태서' 하는 말을 가리킨다. 그리고 이렇게 '거짓말'을 하는 사람은 여기서도 '거짓말쟁이'로 부른다.

2 공갈 떤다 아래의 25 '허풍 떤다'와 거의 동의어로 인지되나, 사실을 말하지 않는 정도의 면에서는 이 '공갈 떤다'가 좀 더 강한 표현으로 지각된다. 제보자들은 이 표현을 '안 한 것을 했다고 말하는 것'으로 쉽게 이해하였다. 그러나 조사지에서는 '공갈'이 위협의 말로는 인지되지 않는 것으로 보였다.

3 군소리한다 제보자들은 혼자서 '쿵덩거리는' 것으로 쉽게 표현하는데, 그것은 곧 혼자서 불평이나 불만을 지껄이는 것, 또는 자신이 뭘 잘못해 놓고 그것에 대해 혼자서 불만스레 지껄이는 행동을 가리킨다.

4 귀걸린 소리 남이 나에게 '언짢게', 즉 안 좋게 말한 것을 가리킨다. 다시 말해 남이 나에게 언짢은 말을 하면, 그것은 잊으려고 해도 잊히지 않고 계속 '내 귀에 걸리게 되는 데'서 연원한 표현이라고 한다. 연구자로서는 남해안의 작은 섬인 사량도에서 처음 들은 이 말(왕한석 2012: 217)이, 멀리 떨어진 중부 지방의 이 산간 마을에서도 사용되는 것을 보고는 조금은 놀랄 수밖에 없었다.

5 농담한다 제보자들은 아래의 21 '우스갯소리'와의 차이를 개념상으로는 명료히 구분하지 못하였지만, 대체로 별개의 범주로 인지하는 것 같았다. 그리하여 이 '농담'과 관련되는 표현으로, "나는 농담을 했는데 왜 진실로 알아듣고 그러느냐?"라든지, "진지하게 지

껄인 것을 농담으로 받아들이면 내가 성이 난다."와 같은 흔히 쓰는 발화의 예를 제시하였다. 그뿐만 아니라 '농담은 친한 사이에 하는 것'이라는 그것의 사용과 관련되는 맥락적 조건도 제시하였다.

6 뒷소리한다 그 말을 해야 하는 상황, 즉 '앞'에서는 말을 못하고 일이 다 끝난 뒤에, 즉 '뒤'에서 안 좋은 말을 지껄이는 것을 가리킨다. '다 하고 나서 괜히 뒷소리하네.'와 같이 쓴다.

7 말씨름 이른바 '말다툼'과는 다른 표현으로, 말로 서로 겨루는 것을 가리킨다. 가령 "나는 못 당하니께 자네 가서 저 사람하고 말씨름 좀 해 봐."와 같이 쓰는데, 이 표현은 상대방이 말을 워낙 잘하고 나는 잘 못하니까 자네가 대신 가서 저 사람과 대화를 좀 해 보라는 뜻의 말이다.

8 말전주 또는 **무르마꿈** '무릎맞춤'의 이곳 표현이다.(제보자들은 이 말과 관련하여 '-전주'는 전해주는 것으로, '무르-'는 '물어낸' 것 즉 지어낸 것으로, 그리고 '-마꿈'은 맞추어 나가는 것으로, 민간 차원에서 각기 해석하였다.)

조사지에서는 일반적으로 이 두 말을 같은 뜻으로 이해하나, '말전주'라는 표현을 '무르마꿈'보다 더 많이 쓰는 편이다. 따라서 가령 "일 없으니께 말전주하고 댕긴다." 또는 "밥 처먹고 일머리가 없으니께 말전주만 댕긴다."와 같이 쓴다. 그런데 엄격히는 다른 사람이 '밀전주'를 나녀 나에게 안 좋은 소문이 생기게 되고, 그 잘못된 소문을 바로잡기 위해 내가 '무르마꿈'을 다니는 것이므로, '말전주'는 선행하는 말행위 또는 원인이 되고, '무르마꿈'은 후행하는 말행위 또는 그 결과인 것으로 구분할 수도 있겠다. 말할 것도 없이, 여기서도 '말전주' 또는 '무르마꿈'은 여성들의 세계에서 발달한 말행위이다.

9 맞대미 친다 말 그대로의 의미는 마주쳐서 따지며 '지껄이는' 것이다. 다시 말해 내게 무엇을 잘못한 상대방과 직접 만나 따지는 말행위를 가리키는데, 이때 행위의 주체인 내가 화를 낼 수도 있다. (이미 기술하였듯이 앞 절의 맨 마지막 〈사례 5〉는 바로 이 '맞대미 치는' 것과 관련되는 한 제보자의 이야기였다.) 조사지에서 이 '맞대미 치는' 것의 쉬운 예는 바로 위의 8 '말전주' 또는 '무르마꿈'의 마지막 단계에서 애초의 발설자를 찾아내어 '니가 왜 그랬나', '내가 뭘 잘못 했나' 하고 따지는 행위를 들 수 있겠다. 또 흔히 일어날 수 있는 일로, 어떤 사람이 지나가는 나에게 괜히 욕을 하였을 때 내가 참지 않고 그 사람에게 왜 그러느냐고 직설적으로 따지면서 대응하는 행위도 그 예가 되는 것으로 제보자들은 덧붙였다.

10 반벙어리 이 '반벙어리'는 두 가지 뜻을 가지는데, 다른 지역과 그 쓰임새가 조금 다른 것 같다. 하나는 소위 혀 짧은 사람을 가리키는데, 가령 "저 사람 셋바닥이 짧은개 비다. 반벙어린개 비다."와 같이 쓴다. 다른 하나는 말 더듬는 사람을 가리키는데, 가령 "저 사람 말 더듬네. 반벙어리네."와 같이 쓴다.

11 벙어리 (다른 지역과 동일한 의미임)

12 수수께끼 예전부터 '수수께끼'라는 표현을 써 왔다는데, 제보자들은 수수께끼의 몇 예를 다음과 같이 들어주었다.

① '패면 팰수록 성이 나는 것은 뭐유?'
'팽이'.

② '이 산 저 산 다 잡아먹고 아가리 딱 벌리는 것은 뭐유?'
'아궁지'[아궁이].

③ '밑에서는 노래하고 가운데서는 춤추는 것은 뭐유?'

'행상'(이는 행상 아래서는 상여꾼들이 노래하고, 또 가운데의 상여 뚜껑이 '춤추는 것'처럼 흔들려 펄럭이는 것을 비유하는 말이라고 함).

13 숭내 낸다 어떤 사람이 한 말을 그 사람의 말소리까지 그대로 흉내 내어 똑같이 하는 행위를 가리킨다. 그런데 주 제보자는 이 '숭내 내는' 것을 설명하면서, "노래로 치면 모창을 하는 것"이라는 뛰어난 비유적 정의를 제시하였다.

14 신소리 제보자들의 개념 이해가 그리 명료하지 않은 표현 같다. 여기서는 흔히 '신소리 뻥뻥 친다.', '신소리 뻥뻥 치고 공갈도 떨어.'와 같이 쓴다는데, 그러나 이 '신소리'와 위의 2 '공갈'의 의미 구분이 분명하지 않았다. 그런데 여기서는 '신소리'에 '웃음의 말'이라는 의미 성분은 없는 것처럼 보였다.

15 쌍소리 이 지역에서 많이 쓰는 표현은 아니고, 오히려 "저 사람은 입만 벌리면 욕이여."와 같은 표현을 더 많이 쓴다고 한다. 따라서 조사지의 경우 이 '쌍소리'와 아래의 20 '욕' 간의 의미 구분이 조금 불분명한 셈이 될 것이다.

16 아랫녘말 이곳 충청도의 아랫녘, 즉 경상도와 전라도 지방의 말을 가리킨다. 그러나 이 표현에 대가 되는 '웃녘말'이라는 표현은 사용하지 않는데, 대신에 개별적인 지명을 써서 "저 사람 강원도 말 쓰네." 또는 "저 사람 서울말 쓰네."와 같이 말한다고 한다.

17 야발거린다 많이 지껄이는 것을 가리키는데, 유사한 표현에 '야발야발 지껄인다' 또는 '수다시럽다'와 같은 말이 있다.

18 옛날애기 '옛날이야기'이다.

19 옛말 제보자들이 그 개념 규정을 잘 하지는 못하였지만, "옛

말 글런 말이 없어."는 흔히 쓰는 옛 표현이라고 하였다.

20 욕 위의 15 '쌍소리'와의 개념 구분이 그리 뚜렷하지는 않으나, 여기서도 '욕'을 잘 하는 사람은 '욕쟁이'로 불린다.

21 우스갯소리 위의 5 '농담'과는 달리, '재미가 들어가는 말'이고 또 '그냥 웃고 마는 말'로 묵시적으로 이해하였다.

22 잔소리 한 말을 하고 또 하는 것으로 정의 내린다. 여기 표현으로는 "한 번 지껄이면 그만인데 자꾸 지껄이면 그게 잔소리"이다.

23 코먹은소리 한다 말을 할 때 (일종의 장애로서) 콧속이 막혀 킁킁거리는 소리를 내는 것을 가리킨다.

24 큰소리 고성(高聲)을 가리키는 말로, 가령 "오늘 저 집에서 싸우나? 왜 큰소리가 나?"와 같이 쓴다.

25 허풍 떤다 위의 2 '공갈 떤다'와 거의 동의어이나, 그 정도 면에서는 조금 약한 표현으로 지각된다. 쉽게 말하여 사실을 좀 '부풀러서' 말하는 것인데(가령 '콩 한 되를 한 말'이라고 부풀려 말하는 것 등), 이렇게 '허풍 떠는' 것을 일러 또 '저 사람 풍덩풍덩하네.'와 같이 표현하기도 한다. 조사지에서도 허풍을 잘 떠는 사람은 '허풍쟁이'이다.

26 헛소리 여기서도 두 가지 다른 의미를 가진다. 하나는 위 1의 '거짓말'과 유사하게 믿을 수 없는 말을 하는 것을 가리키고, 다른 하나는 몸이 아픈 상태에서 정신없이 마구 지껄이는 것을 가리킨다.

또 입을 은유로 하는 특정의 언어행동에 대한 서술적 표현들도 아래와 같이 들을 수 있었다.

27 입 싸다 또는 **주둥이 싸서 입 놀린다** 말을 함부로 쉽게 하는 것 또는 들은 말을 남에게 쉽게 잘 옮기는 행동을 가리킨다.

28 입 무겁다 또는 **입이 뜸직**[듬직]**하다** 위 27의 대가 되는 표현이다.

29 입담 좋다 이야기를 보태서 재미있게 잘 지껄이는 것을 가리키는데, "저 사람 입담도 좋아. 잘 지껄여."와 같이 쓴다. 또 여기서 잘 지껄이는 것을 흔히 "수단 좋게 말 잘 지껄여."와 같이 표현하고, 그 반대의 상황, 즉 잘 못 지껄이는 것은 "기변머리 없이 지껄인다."로 표현한다.

이상의 목록 외에 이곳 조사지에는 '재담'이나 '곁말'과 같은 표현은 알려지지 않으며, 또 특이하게도 '말 잘한다'와 같은 표현도 사용되지 않는 것으로 보고된다.

위의 목록과 관련하여, 이 지역에서 널리 쓰는 '지껄이다'라는 말에 대해 몇 가지 첨언할 필요가 있겠다. 연구자는 조사 후반에 가서야 이 '지껄이다'가 '말하다'에 거의 대응하는 중립적 표현임을 알게 되었는데, 이곳에서는 이 단어를 윗사람에게도 그대로 쓴다. 가령 "지껄이지 말아유."나 "왜 그리 지껄이유?"는 말할 것도 없고, "그 양반 참 잘 지껄여."나 "그 어르신네 참 재미있게 지껄이셔."도 똑같이 이 언어공동체에서는 사회적으로 적절한(socially appropriate) 표현이다. 연구자의 지금까지 현지조사 경험으로는, 경북 선산 지역의 '짓기다'(왕한석 2012: 322, 465-469)와 그 의미적 위상이 매우 유사한 것으로 보인다.

마지막으로 조사과정에서 이곳 지역어에 대한 민간 지각(folk perception)과 관련되는 흥미로운 설명을 들었는데, 여기서 그 내용을 간단히 소개하기로 하겠다. 조사지의 말인 청원말은, 제보자들에 의하면, 청주말과 같고 그것은 나아가 대전말 및 보은말과도 같다고 한다. 실제로 이곳의 여성 화자들은 대전, 청원, 보은 등지에서 주로 시집을 왔다. 그런데 이 '청주말'과 충청북도의 또 다른 중심지인 '충주말'은 서로 다른 것으로 보았다. 즉, 이곳의 표현을 빌리자면 "충주말은 (여기 말과) 달릅다."

제보자들은 이 두 곳의 말을 대비하여 그 중심 특성을 지적하였는데, 청주말은 충주말보다 '느리다'라고 표현하고, 충주말은 청주말에 비해 '떼공떼공하다'라고 표현하였다. 여기서 '떼공떼공한' 것은 말이 '늘어지지 않고 딱딱 떨어진다'라는 의미라고 한다. 전체적으로 충청북도의 중심이 되는 이 두 지역어에 대한 민간 지각은 준언어적 특질(paralinguistic features)에 바탕한 청각 인상을 중심으로 하는 것인데, 앞으로 이러한 지각 유형에 대한 연구는 언어(또는 지역어)에 대한 흥미로울 뿐만 아니라 중요한 주제가 될 것으로 생각된다(강현석 2010 등 참조).

2) 아기말

다음은 이 언어공동체에서 사용해 온 전통적인 아기말 어휘의 목록이다. 전체적으로 그리 길지 않은 목록이나, 제보자들은 몇 아기말 단어와 관련하여 옛 육아의 노래를 불러주었다. 간략히 개별 단어와 그것이 일차적으로 지시하는 의미 및 사용 방식을 정리하면 대체로 다음과 같다.

1 에비 위험한 것과 무서운 것을 가리킨다. '에비에비', '안 되아

에비야', '에비 무섭다', '거기 무서워 에비여 가지 마'와 같이 쓴다.

2 지지 더러운 것을 가리키고, '어휴 지지야', '지지여 안 되야', '지지여 먹으면 안 되야'와 같이 쓴다.

3 애패 먹으면 안 되는 것, 즉 깨끗하지 못한 것을 아기의 입에서 뱉어내라는 말이다. '애패애패', '안 되어 애패 뱉어내'와 같이 쓴다.

4 아야 아픈 것 그리고 다치는 것을 가리킨다. '아야 해여 만치지 말어', '아이구 어떡해 아야 했어?', '거기 가면 아야 한다 가지 말어'와 같이 쓴다.

5 호오 두 가지 다른 뜻을 가지는데, 하나는 아기가 다쳤을 때 다친 곳을 엄마가 입김으로 불어주는 행위를 가리킨다. 흔히 이렇게 '호오' 하고는, 엄마가 상처 난 곳에 침을 바르면서 '침이 약이다'라고 하였다. '호오 해주께'도 흔히 쓰는 표현이다. 또 다른 의미는 고추 같은 매운 것을 가리키는데, '호오 해여 먹지 마여', '그거 먹으면 호오 한다 먹지 마'와 같이 쓴다.

6 맘마 이곳에서는 밥만 가리켰다고 한다. 그리하여 '맘마 먹자', '배고퍼? 맘마 먹자'와 같이 쓴다. 또 다른 아기말 어휘인 '빠빠'는 전혀 쓰지 않았고, 물은 그냥 물로 말하고, 이곳의 중요한 먹을거리인 고구마도 그냥 고구마로 불렀다. 따라서 '물 먹자', '고구마 먹자'와 같이 쓴다.

7 씨씨 섲과 젖 먹는 것을 가리킨다. 제보자들에 의하면 전에는 '이리 와 젖 먹자'라고 하였는데, 뒤에 와서 '젖 먹자'와 함께 '찌찌 먹자'도 사용하였다고 한다. 즉, 일본어 차용어인 이 '찌지'는 조사지에서도 뒤에 들어온 아기말 어휘가 된다.

8 까까 과자를 가리킨다. '까까 먹자', '까까 먹을래?', '까까 주까?'와 같이 쓰는데, 이 과자도 과거에는 없던 것이었으므로 중간에

새로이 들어온 아기말이 된다. 그런데 이곳에서 엿은 그냥 '엿 먹자'로 말했지, '까까'로 부르지는 않았다고 한다.

9 자장자장 잠자는 것을 가리키고, 아기를 업어서 재울 때에 주로 쓰는 말이다. '자장자장 자장자장'과 같이 쓴다.

여기서 나아가 제보자들은 과거 아기를 재울 때 부른 〈자장가〉 두 수를 다음과 같이 구송해 주었다. 두 번째 노래는 할머니가 손자를 업고 부른 〈자장가〉라고 한다.

"자장자장　자장자장
우리애기　잘도잔다."

"자장자장　잘도잔다
우리애기　잘도잔다
옥을주니　너를사랴
금을주니　너를사랴
우리손자　요런손자
어디에서　생겼느냐."

10 쉬이 오줌과 오줌 누는 것을 가리킨다. '쉬이하자', '쉬이하러 가자', '쉬이쉬이'(아기에게 오줌을 누일 때 이 표현을 반복 사용함)와 같이 쓴다.

11 응가 똥과 똥 누는 것을 가리킨다. '응가하자', '응가응가'와 같이 쓰는데, 한 제보자는 아기의 똥을 누일 때 엄마도 '으응- 으응-' 하며 힘을 주면 아기도 따라 힘을 주어 쉽게 똥을 누었음을 덧붙였다.

12 아아 입을 크게 벌리는 것을 가리키는데, 주로 아기에게 밥을 떠먹이거나 아기가 잘못 먹은 것을 엄마가 손으로 끄집어내려고 할 때 쓰는 말이다. '아아-', '입 벌려 아아-', '아아- 해야'와 같이 쓴다.

13 꼬까(옷) 아기의 옷을 가리키고, '꼬까(옷) 입자', '꼬까(옷) 입어'와 같이 쓴다. 그런데 다른 지역에서처럼 아기에게 옷을 입힐 때 특수한 아기말 단어(가령 '쑥쑥')를 쓰지 않고, 그냥 '팔 벌려'라고 말한다.

14 까꿍 엄마가 자신의 얼굴을 가리거나 숨겼다가 내밀면서 아기를 보고 하는 '얼루는' 말 또는 장난스레 놀래주는 말이다. '까꿍-까꿍-', '까꿍- 하까 우리 애기'와 같이 쓴다.

15 뽀뽀 이 표현은 아주 뒤에 들어온 말로 제보자들은 기억하였는데, 전에는 그냥 '입 맞춘다'라고 하였다고 한다. 그리고 과거 어른들이 "잠자는 애기에게 입 맞추면 잠투세〔잠투정〕한다."라고 하며 입을 못 맞추게 하였고, 엄마들은 대신 자는 아기의 뺨에 입을 맞추었음을 덧붙였다.

16 매매 때리는 것을 가리킨다. '매매할 겨 매매할 겨', '말 안 들으면 매매한다 매매한다'와 같이 쓴다. 그런데 이곳에서는 아기 때리는 것을 일러 '매매한다'만 썼지, 다른 지역에서처럼 '때치 한다'와 같은 말은 쓰지 않았다고 한다.

17 앙 입으로 무는 것을 가리킨다. 주로 짐승이 무는 것을 가리키지만, 어른이 장난스레 아기의 팔이나 손을 무는 것도 가리킨다. 그리하여 '저 개가 앙 한다'와 같이 쓰기도 하고, 또 엄마가 아기 손을 붙잡고 거기에 엄마 입을 갖다 대며 '앙 한다 앙 한다'와 같이 쓰기도 한다.

18 어부-배 아기를 등에 업는 것을 가리킨다. '업자 어부-배', '이리 와 업어 주께 어부-배', '어부-배하고 저 나가자'와 같이 쓴다.

19 쭈쭈- 주로 아기의 기저귀를 갈아 준 후에 아기의 팔다리를 주물러 주는 행동을 가리킨다. '쭈쭈-쭈쭈-', '쭈쭈-쭈쭈- 우리 애기 잘 큰다'와 같이 쓴다.

20 도리도리 아기로 하여금 고개를 양옆으로 돌리게 하는 말이다. '도리도리', '도리도리하자'와 같이 쓴다.

21 잼잼 아기로 하여금 주먹을 쥐었다 폈다 하게 하는 말이다. '잼잼', '잼잼 하자 우리 애기'와 같이 쓴다.

22 짝짜꿍 아기로 하여금 손뼉을 치게 하는 말이다. '짝짜꿍짝짜꿍', '도리도리 짝짜꿍'과 같이 쓴다.

23 진진 아기로 하여금 오른손 둘째손가락으로 왼손 손바닥을 치게 하는 말이다. '진진진진', '진진진진 하자', '진진진진 잼잼'과 같이 쓴다.

24 훠를훠를 아기가 앉은 채 두 팔을 앞으로 내밀고 팔을 아래위로 날아가는 시늉을 하듯이 흔들게 하는 말이다. 다른 지역에서 하는 '훨훨'로, '훠를훠를', '훠를훠를 하자'와 같이 쓴다.

25 달강달강 어른이 앉은 자세에서 아기의 팔목을 잡고 잡은 팔을 뻗은 채 아기의 몸을 앞뒤로 흔들어 주는 놀이이다. '달강달강', '달강달강 하자'와 같이 쓴다.

제보자들은 제법 긴 〈달강달강 노래〉를 다음과 같이 또 구송해 주었다.(아래에서 '살강'은 부엌 벽에 달아 놓은 설거지한 그릇을 얹어 두는 곳이다.)

“달강달강 시상[세상]달강
서울길을 가다가
밤을한되 줏어다가
살강밑에 묻었는데
머리까만 새앙쥐가
들락들락 다까먹고
밤한톨이 남았는데
옹솥에 삶을까
가마솥에 삶을까
겉껍데기 할아버지주고
알맹이는 너랑나랑먹자.”

26 불무불무 엄마는 앉고 아기는 세운 채로 아기의 양쪽 겨드랑이 밑을 붙잡고, 아기의 다리가 들리도록 양옆으로 아기를 흔들어 주는 놀이이다. ‘불무불무’, ‘불무불무 하까’와 같이 쓴다.

제보자들은 또 〈불무 노래〉 두 수를 다음과 같이 구송해 주었는데, 특히 두 번째 노래는 각행 첫 음절(‘불’-‘붕’-‘불’)의 초성과 중성이 반복되는 운율 구조를 보인다.

“불무- 불무- 불무-
딱딱 불어라.”

“불무- 불무-
붕알이 탱탱
불어라.”

27 따로따로 또는 **섬마섬마** 아기로 하여금 일어서라는 말인데, 여기서는 아기 손을 붙잡고 세울 때나 아기 혼자서 일어서라고 할 때 모두 쓰는 말이다. 그런데 '섬마섬마'보다는 '따로따로'를 더 많이 써 왔다고 한다. 흔히 '우리 애기 따로 서보자' 하면서 아기를 세우고는, 아기가 서 있는 동안 '따로따로' 또는 '섬마섬마'라고 엄마가 말한다.

28 꼬노꼬노 어른의 왼쪽 손바닥 위에 아기를 세우는 것을 말하는데, 여기서는 힘이 센 남자 어른이 주로 아기를 데리고 하는 놀이이다. '꼬노꼬노', '꼬노꼬노 하자'와 같이 쓴다.

29 걸음마 아기더러 걸으라고 하는 말로, '걸음마 걸음마', '우리 애기 걸음마 하까'와 같이 쓴다.

30 멍멍이 개를 가리키고, '저기 멍멍이 온다', '멍멍이한테 가자'와 같이 쓴다. 그런데 이곳에서는 '멍멍이'보다는 실제로는 '개(새끼)'를 더 많이 썼다고 한다. 그리하여 '저기 개(새끼) 온다', '저기 개(새끼)한테 가자'와 같이 말하였다고 한다.

31 움매- 소를 가리키고, '저기 움매- 온다', '움매-한테 가자'와 같이 쓴다.

32 꿀꿀이 돼지를 가리키고, '저기 꿀꿀이 있다', '꿀꿀이한테 가자'와 같이 쓴다.

33 야웅 고양이를 가리키고, '저기 야웅이 있다', '야웅이한테 가보자'와 같이 쓴다.

34 꼬꼬 닭을 가리키고, '저기 꼬꼬 온다', '꼬꼬한테 가보자'와 같이 쓴다.

고립된 산간 마을인 이곳 조사지에는 늦게까지 차가 없어 '띠띠'나

오늘날의 '빵빵' 같은 아기말 단어는 쓰지 않았다고 한다. 과거 나룻배를 탈 때에도 이러한(또는 이와 유사한) 표현은 쓰지 않았다고 한다. 그리고 여기서는 가축 중 염소를 가리키는 아기말 어휘는 예부터 없었던 것으로 보고된다.22)

위의 아기말 어휘 목록은 다시 그것의 의미범주(semantic category)의 구분 면에서 대체로 다음과 같은 7부류의 범주로 나눌 수 있다.

(1) 1~5의 5개 어휘는 대체로 아기에게 위해(危害)가 되는 것을 조심시키고 아기를 보호하려는 말이 될 것이다.

(2) 6~8의 3개 어휘는 모두 먹을 것과 먹는 행동에 관한 말일 것이다.

(3) 9~12의 4개 어휘는 아기의 기본적인 신체적 기능과 관련되는 말일 것이다.

(4) 13의 1개 어휘는 옷(과 옷을 입는 행동)에 관한 말일 것이다.

---

22) 위의 아기말 단어를 찾아나가던 중에 제보자들은 위의 목록과 관련이 있는 다른 '소리' 또는 놀이의 명칭을 또 소개해 주었는데, 이것들은 아기말의 범주에는 들지 않겠지만 관련 참고 자료로서의 가치를 지닐 것으로 보인다. 정리하면 다음의 것들이다.

* 위의 14 '까꿍'과 관련하여 또 다른 아기를 어르는 말을 제시하였는데, 그것은 어른이 혀끝을 입천장에 붙였다가 떼는 소리, 즉 일종의 설타음(舌打音, click)이다. 즉, 아기가 백일이 되기 전에 누워 있는 아기의 눈을 맞추며 이 소리를 내면, 아기가 방긋방긋 웃는다고 하였다.

* 위의 24 '훠를훠를'과 유사한 또 다른 운동 촉진의 놀이에 '장에 가자'라는 것이 있다고 하였다. 즉, 아기로 하여금 앉아서 양팔을 앞뒤로 흔들게 하는 놀이인데, '장에 가자 장에 가자' 한다고 한다.

* 또 위의 여러 놀이들을 행하는 시기에 아기에게 해주는 놀이가 더 있는데, 대체로 다음의 것들이다.

(1) 목말 타자: 아기를 어른의 목에 목마를 태우고 걷는 놀이이다.

(2) 말 타자: 아버지가 바닥에 엎드리고 아기를 등 위에 태워서 기어 다니는 놀이이다.

(3) 떨커덩 방아 찧는다: 어른이 누워서 아기 손을 잡고 자신의 두 발 위에 아기를 앉혀서는 아기를 위로 올렸다 내렸다 하는 놀이이다.

(5) 14~18의 5개 어휘는 대체로 아기와의 신체적 접촉, 특히 정의적인(emotional) 신체적 접촉과 관련되는 말일 것이다.

(6) 19~29의 11개 어휘는 모두 아기의 신체적 발달을 촉진시키는 훈련 및 놀이에 관한 다양한 말일 것이다.

(7) 마지막으로 30~34의 5개 어휘는 집에서 일상적으로 접촉하는 가축, 즉 동물에 대한 명칭들일 것이다.

또 아기말 및 유아의 언어 발달과 관련하여 유아의 신체적·인지적 발달 단계에 대한 우리 사회의 전통적인 민속 모형이 앞선 연구(왕한석 2005: 175-179, 2008: 455-460 등)에서 포착·기술된 바 있는데, 조사지에서 인지되는 발달 모형은 다음의 것이다.

1 배냇짓한다 배냇짓한다, 즉 배냇짓의 단계이다. 이 단계는 아기의 출생 후부터 100일 정도까지인데, 아기가 잠을 자면서 빵긋빵긋 웃고 입을 실룩이며 그리고 눈을 깜박거리는 등의 행동적 특성을 보이는 시기이다.

2 옹알이한다 옹알이의 단계로, 100일경부터 약 5~6개월 정도까지의 시기이다. 대표적으로 엄마가 아기에게 무엇을 '지껄여' 주면, 아기가 이를 따라서 '옹알옹알' 또는 '옹얼옹얼'거리는 단계이다. 그런데 이곳의 제보자들은 소위 '옹알이 후기'의 단계도 분명히 인지하는 것으로 보였는데, 별다른 명칭이나 뚜렷한 시기 구분은 없이 그냥 '말 배우려고 옹알거리는' 시기로 표현하였다.

3 엎친다 엎치는 즉 뒤집는 단계로, 약 4개월쯤에 시작하는 것으로 말하였다.

4 배밀이한다 배밀이의 단계로, '엎친' 직후에 바로 시작하는 발

달 단계이다.

5 긴다 기는 단계, 즉 여기 표현으로는 '무릎으로 기는' 것이다. 대체로 5~6개월쯤의 시기에 일어나는 성장의 단계이다.

6 앉는다 앉는 단계로, 약 7~8개월의 시기에 일어나는 발달 단계이다.

7 선다 서는 단계로, 약 10개월쯤의 시기에 일어나는 성장의 단계이다.

8 발짝 띤다 또는 **걸음마 한다** 발자국 뗀다, 즉 걷는 단계로 대체로 돌 전후의 시기에 일어나는 변화이다.

9 말한다 말하는 단계로, 약 두 돌 전후의 시기에 일어나는 중요한 발달의 단계이다.

여기서 위 유아의 신체적·인지적 발달 단계의 민속 모형에 대한 약간의 비교적 논의가 가능하고 또 필요할 것 같다. 지금까지 행해진 '한국의 언어 민속지' 연구에서는 모두 여섯 지역에 대한 보고가 이루어졌는데, 영남의 두 지역(사량도와 선산)(왕한석 2012: 195-196, 474-475)은 10단계의 발달 모형을, 그리고 호남의 두 지역(조도와 고창)(왕한석 2010: 136-137, 323-324) 및 충청의 두 지역(홍성과 청원)은 각기 9단계의 발달 모형을 구분·인지한다. 보다 구체적으로, 영남 지역에서는 유아의 언어 발달과 관련하여 2 '엉어리한다'와 3 '새살한다'(사량도) 또는 2 '옹알이한다'와 3 '사실한다'(선산)를 구분함으로써 모두 10단계가 되고, 호남 및 충청 지역에서는 이 둘을 한 단계로만 구분함으로써 전부 9단계가 된다. 그러나 호남 및 충청 지역에서 똑같이 9단계의 구분법을 채택하지만, 문제의 이 두 번째 단계에 대한 명칭은 서로 다른데, 즉 호남 지역에서는 이 단계를 '사설한다'(조도) 또는 '새설한다'(고창)로 부르고,

충청 지역에서는 '옹알이헌다/한다'(홍성 및 청원)로 부른다.

여기서 이 연구가 처음 시작되었던 부산 동래 지역의 예를 들면, 동래 지역은 2 '엉가리한다'와 3 '사실한다'의 10단계 구분법이고, 경남 함양의 개평리도 2 '옹얼이한다'와 3 '새설한다'의 10단계 구분법이다(왕한석 2005: 175-179, 2008: 455-460).[23)]

각주 23)에서 정리한 문제의 전주 지역을 일단 제외하면, 이 유아의 발달 단계에 대한 전통적인 민속 모형은 크게 10단계의 구분법으로 인지하는 지역(영남 지역)과 9단계의 구분법으로 인지하는 지역(호남 및 충청 지역)으로 나뉘고, 다시 9단계의 구분법을 채택하는 지역도 해당 단계의 명칭으로 '사설' 또는 '새설'을 쓰는 곳(호남 지역)과 '옹알이'를 쓰는 곳(충청 지역)으로 크게 나뉘는 것이 될 것이다.(물론 영남 지역은 '옹알이'와 '사설'을 서로 다른 단계로 구분함으로써, 모두 10단계가 된다.) 이 흥미로운 전통적인 인지 모형의 지역적 변이상에 대한 질문은 앞으로 관련 연구가 계속 진행됨에 따라 그 실체가 좀 더 명확히 드러날 수 있을 것으로 보인다.

3) 짐승을 부르는 말

다음은 조사지에서 써 온 여러 짐승을 부르는 말들이다. 대체로 다음과 같은 목록인데, 상대적으로 단순한 양상을 보인다.

---

23) 단, 이 처음의 연구에서 전북 전주 지역도 10단계 구분법인 것으로 파악하였으나, '한국의 언어 민속지' 연구가 상당히 진척된 현재의 시점에서 보면 다소간의 의구심이 든다. 그러나 전주 지역의 (애초의 제보자가 아닌) 다른 지인에게 비공식적으로 확인해 본 결과, 해당 지인은 '옹알이'와 '새살'을 구분 짓는 10단계가 맞다고 하였다. 아마도 이 지역에 대한 보다 본격적인 연구에 의해 앞으로 그 정확한 실체가 밝혀질 수 있을 것이다.

소

1 이러 이러 앞으로 가라.

2 워- 서라, 멈추어라.

3 어저 어저 어저 왼쪽으로 돌아라.

4 일루 일루 일루 오른쪽으로 돌아라.

* 구체적으로는 먼저 '일로루'라고 한 다음 '일루 일루 일루' 한다.

5 뒤로 뒤로 뒤로 물러서라.

6 골고로 방금 '켠 골'로 가라.

* 이 지역에서는 밭을 갈 때 '골'(고랑, 즉 '흙쟁이'로 판 곳)을 두 번 '켠다'.(그리고 '골'의 반대말, 즉 아직 파지 않아 흙이 솟아 있는 부분은 '뚝' 또는 '날등'으로 부른다.)

* 소는 항시 오른쪽으로 앉고 오른쪽으로 누워서 자므로 왼쪽으로 넘어지면 자력으로 일어나지 못한다고 제보자는 덧붙였다.

송아지

1 네에미 네에미 어미 소한테로 오라.

개

1 워리 워리 이리 오라.

2 싹싹 애기가 눈 똥을 깨끗이 먹어라.

* 먼저 '워리 워리' 하고 불러서 '싹싹'으로 지시한다.

* '저리 가라'라는 정형화된 표현은 없고, 흔히 "요놈의 개(새끼) 안 가!"와 같이 말한다.

강아지

1 에여 에여와 함께, 아랫입술 안쪽과 혀끝의 마찰소리로써 '이리 오라'라는 전언을 전달

고양이

1 나비야 나비야 이리 오라.

돼지

1 오래 오래 이리 오라.

닭

1 고-고 고고 이리 오라.
2 워-워이 저리 가라.

새

1 워-워이(손뼉과 함께) 쫓는 소리

조사지의 경우 소에게 비어(卑語) 표현을 그렇게 심하게 사용하는 것 같지는 않다. 다음 목록이 소의 신체 부위를 가리키는 비어 명칭인데, 이곳에서는 소의 귀, 배, 젖, 꼬리 부위에 대한 비어 표현은 사용하지 않는 것으로 나타난다(특히 앞의 제1장 제7절 참조).

대가리 머리
눈깔 눈
주딩이 입

셋바닥 혀

등어리 등

그 외에 '저 놈으 소새끼'는 흔히 쓰는 비어식 표현이다.[24]

4) 의례어: 제사와 탑제

조사지에서 제사는 '지사'인데, 좁은 의미의 '지사'는 여기 말로 '시사'(時祀)와 대조된다. 그리고 설에 지내는 제사는 '설 차사'로 부르는데, '설 차사' 중에서 특별한 것에 '죽 지사'가 있다. 즉, '죽 지사'는 '설 차사'에서 밥을 올리지 않고 떡국만 올리는 제사를 말하는데, 이 마을 내에도 집안에 따라 '죽 지사'를 하는 집이 있고 하지 않는 집이 있다고 한다. 그리고 여기서는 제사의 거행을 '지사 지낸다'라고 주로 표현하고, '지사 모신다'라는 말은 잘 쓰지 않는다.

제사와 관련한 특수한 의례 표현은 잘 발달하지 않은 것 같다. 그런데 시사에서는 '메를 올린다'라는 표현을 쓰나, 제사에서는 그냥 '지사 밥 올린다'라고 한다. 수저도 그냥 '수저 놓는다'라고 하고, 술은 '잔 올린다', '잔 붓는다'와 같이 간접적으로 표현한다. 단, 제사 시에 찬물 올리는 것은 '갱물 올린다'라고 하여, '갱물'이라는 특수한 의례 어휘를 여기서도 사용한다.

---

24) 그런데 일반적으로는 짐승에게 위와 같은 비어 표현, 가령 소가 송아지를 낳았을 때 "아, 대가리가 먼저 나왔네."와 같이 흔히 쓰지만, 음식의 재료 또는 음식과 관련해서는 가령 '소머리', '돼지머리'처럼 비어 표현을 잘 쓰지 않는다고 하였다.

제사 시 나물은 세 가지를 올리는데, 조사지에서는 콩나물 대신 숙주나물을 올린다. 그리고 급한 상황에서 간단히 제사를 지낼 경우 김과 '자반'(조기 찐 것) 그리고 밥 한 그릇을 놓고 지낸다는데, 그러나 이러한 간단한 제사의 상황을 가리키는 관용적인 표현은 없다. 대신 '주과포로 한다'라는 말은 이따금씩 쓴다고 하였다.

현지조사 기간 중인 2013년 2월 21일에 마을에서 장례식이 있었으나, 마을 내에는 초상의 흔적을 거의 느낄 수가 없었다. 대전의 병원 영안실에서 장례 절차를 밟고, 영구차가 망인의 집 앞에 잠시 정거하였다가 곧바로 마을 인근의 장지로 향하였기 때문이다. 고인과 한 집안인 경우에도 주로 자식들이 대전 또는 장지로 문상을 가고, 이곳의 노인들은 고인의 집을 잠시 가보는 선에서 끝이 났다. 아마도 현대 도회지 식의 장례 절차가 여기서도 잘 지켜지고 있는 셈이 될 것이다.

여기말로 묘는 '모이'이다. 그리고 제사는 주로 '지낸다'라고 표현하는데, 특이하게도 돌아가신 분의 수의(壽衣)를 입히는 과정은 '염 잡숫는다'라고 표현한다.

이 지역의 장례 풍속 중 특이한 것 하나는 관을 땅 속에 묻지 않고 시신만 땅 속에 묻는 것이다. 정확하게는 관에 따라 다른데, 먼저 이곳에서 관은 다음의 두 가지로 나뉜다.

1 매집 얇은 송판으로 짠 관이다.

2 널 두꺼운 나무로 짜고 그 위에 옻칠을 한 것으로, 있는 집에서만 소수 해왔다. '관'으로도 부르나 주로 '널'을 쓴다.

이곳에서는 장례 시 하관할 때에, (1) '매집'을 썼으면 '매집'에서 시신을 꺼내어 시신만 묻고 '매집'은 부수어 불태운다.(과거 '버랏마을'에서는 이 매집의 널을 가져다가 종이를 뜰 때 붙이는 판으로 많이 이용하였었다.) 그러나 (2) 옻칠한 '널'을 썼으면 널째로 땅에 묻는다. 근래에는 경제 수준의 향상으로 마을사람들이 석관(石棺)을 많이 준비하는데, 이 경우에는 석관이 이미 관이므로 석관 속에 시신만 넣는다고 한다. 시신만 매장하는 전통이 아직도 잘 계승되고 있는 셈이 될 것이다.

조사지의 마을 공동체 신앙은 탑제(塔祭)이다. 탑제란 마을 입구에 둥근 돌 더미인 탑을 세우고 이를 동신(洞神)으로 모시는 민간 신앙인데, 조사지의 탑제 신앙은 주민들의 마음속에 아직도 견고하게 자리 잡고 있는 것으로 보였다.

탑제는 원래 음력 정월 14일 오후에 지내고 또 그렇게 예정되었으나, 마을 어른 한 분이 대전의 병원에서 오늘내일한다고 하여, 만일의 경우에 대비하여 2월 19일(음력 정월 10일)에 마을의 아주머니 세 분이 청수로 장을 보러 나갔다. 이분들이 장을 보고 돌아온 지 30분쯤 후에 대전 병원에서 운명(殞命)의 소식이 전해 왔고, 의논 가능한 마을 분들(남자들)이 긴급히 모여 의논한 결과 준비가 되는 대로 오늘 당장 탑제를 지내기로 결정하였다. 이유는 모레에는 상여가 들어올 것이고 또 앞서 내일에는 상주가 묫자리를 보러 들어올 것이기 때문에, 마을이 부정을 탄다는 것이었다. 다시 말해 마을로 부정이 들어오기 전에 먼저 간소하게라도 제를 올리고, 원래 함께 하는 '사내끼'[새끼]를 꼬아 금줄을 치고 금줄에다가 소지종이를 꽂고 하는 등의 의례는 뒤에 하기로 의논이 된 것이다.

이날 긴급히 거행된 마을 탑제의 준비 및 구체적인 의례 과정은 다음과 같다.

(1) 준비 과정

① 제물 준비는 여성들이 마을회관에서 긴급히 행하였다. 과일과 말린 명태 좋은 것은 장에서 이미 사왔고, 시루에다 백설기 두 통을 찌는 것이 제물 준비의 중심이었는데, 물론 과일을 씻고 닦고 그리고 제기를 씻고 닦았다.

② 젊은 남성들은 마을 아래의 도랑 건너에 있는 '할머니탑' 무너진 것을 긴급히 보수하고, 그 작업을 마친 후 마을 내의 탑 네 곳과 샘 주위를 청소하였다. 그리고 황토를 가져와 탑과 샘 주위에 황토를 뿌리고, 또 짚단을 가져와 제단 위에 깔 짚을 준비하였다.

(2) 탑제 거행 과정

① 마을 아래쪽의 예전부터 있던 탑인 소위 '원탑'에서, 먼저 오른쪽에 있는 '할아버지탑'에 제사를 올리고 다음으로 도랑 건너 왼쪽에 있는 '할머니탑'에 제사를 올렸다.

② 차로 이동하여, 마을 들어오는 입구의 길가에 있는 (도로가 나면서 새로이 만든 탑인) 위쪽 탑에서, 먼저 길 오른쪽에 있는 '할아버지탑'에 제사를 올리고 다음으로 왼쪽에 있는 '할머니탑'에 제사를 올렸다.

③ 다시 차로 이동하여, 마을 아래의 샘으로 내려와 '용왕님'에게 제사를 올렸다.

(3) 마을 회관에서 의례 참여자 및 동민 일동이 음복과 함께 저녁 식사를 하였는데, 약 15명 정도가 참석하였다.

다음으로 탑제(용왕제 포함)의 의례 순서는 다음과 같은데, 제관은 마을 노인회장이 맡았으며 제관 외의 참여자는 4~5명 선이었다. 그리고 다섯 번의 제사 절차는 모두 동일하였다.

(1) 탑 아래에 있는 돌 제단에 짚을 깔고 제물을 차린다. 제물로는 대추, 밤, 곶감, 배, 사과와 떡시루를 놓고, 떡시루 안에 쌀그릇을 놓고 그 속에 또 촛불을 놓는다. 그리고 제물 아래에 향로를 놓고 술잔을 놓는다.

(2) 탑의 꼭대기를 백지로 싸서 매고 향을 피우고 촛불을 켠다.

(3) 세잔(洗盞)하고 술을 올린다.

(4) 제관이 축문 및 축원을 올리고, 올린 술을 바닥에 나누어 붓고는 재배(再拜)한다.

(5) 소지 한 장을 동민 일동의 이름으로 먼저 올리고, 다음 소지 한 장을 마을의 대표인 이장 이름으로 올린다. 그 외 동민 1~2명이 개인 소지를 올린다.

(6) 제관 및 참여자 일동이 음복을 한다.

(7) 제물 중 과일 일부와 떡 조각을 탑 위에 올려 둔다.

관찰한 탑제에서 제관이 읽고 외운 축문 및 축원은 다음과 같이 녹음되었는데, 아마도 과거의 잘 짜인 특징적인 의례어의 형식에서 근래 들어 상당한 변화를 겪은 것으로 보인다.

〈할아버지탑 축문 및 축원〉

유세차(維歲次)

계사(癸巳)년 정월 정미(丁未) 삭(朔)

초열흘 병진(丙辰)

노인회장 철수 감소고우(敢昭告于).

오늘 당제를 지내오니

당주님

우리 마을에 모-든 사람이

다 건강하고

하는 일 잘되게끔

축원하여 주시기 바라옵나이다.

감사합니다.

〈할머니탑 축문 및 축원〉

유세차

계사년 정월 정미 삭

초열흘 병진

소전 노인회장 김철수 감소고우.

올해 우리 마을 사람들

다 건강하고

농사일 잘되게

축원하여 주옵소서.

감사합니다.

〈탑제 소지(마을 동민)〉

충청북도 청원군 문의면 소전리 1구
부락민 전체와
모든 농사일
또 하고 싶은 일이
마음대로 잘되게끔
하여 주시기 바라옵나이다.

〈탑제 소지(이장)〉

소전리 이장님
건강해서
동네를 잘 보게
하여 주옵소서.

〈용왕제 축문 및 축원〉

유세차
계사년 정월 정미 삭
십일 병진
노인회장 철수 감소고우.
올해도
우리 주민과
모든 일 다 잘되도록
축원하여 주시기 바라옵나이다.

〈용왕제 소지(마을 동민)〉

용왕님
우리 마을에 먹는 샘물
금같이 콸-콸 나오고
깨끗하게 나와 주시기를
바라오면서 기도드리옵나이다.

〈용왕제 소지(이장)〉

부락 주민과 이장님의
건강을 축원하며
소지를 올리옵니다.

탑제 시 하지 못하였던 '사내끼'를 꼬고 소지종이를 꽂는 등의 남은 의례 부분은 2월 27일(음력 1월 18일) 오전에 거행하였다. 이날의 의례 거행과 관련하여, 제보자들은 "내 부정은 삼일, 남의 부정은 칠일"이라는 믿음에 따라, 즉 '나의 부정은 삼일 뒤면 가시고 남의 부정은 칠일 뒤면 가신다.'라는 이곳의 믿음 체계에 따라서, 이제 마을 내에 부정이 다 가셨기 때문에 남은 의례의 거행이 가능한 것으로 설명하였다. 마을 주민들이 모여 왼새끼를 꼬고, 새끼 사이사이에 소지종이를 꽂고, 이를 탑 주위에 걸고 또 탑 옆의 나무에서 다른 나무로 길게 걸었다. 이후 11시가 조금 지나 마을 주민들 모두가 모여 점심을 함께 함으로써, 미루어진 탑제의 뒷 의례는 끝이 났다.

마지막으로 조사지에서 관찰한 그 외 개인 의례 및 민간 신앙에 대해 간략히 기술하도록 하겠다.

먼저 충청북도의 내륙 지방인 조사지에서도 음력 2월 초1일에 '2월 할머니' 또는 '영등할머니'에 대한 의례를 정성스럽게 올린다. 연구자는 음력으로 1월 23일에 조사지를 나왔으므로, 이 풍신(風神)에 대한 의례의 거행 장면을 직접 보지는 못하였다. 그러나 이와 관련하여 "2월 초하룻날 장닭 꽁지만 흔들려도 봄바람이 세다."라는, 바람과 관련되는 예측어가 이곳에 전해 온다.

또 조사지에는 여성들이 올리는 개인 고사가 아직도 활발하게 이루어지는데(이것을 '고사 지낸다' 또는 '정성 디린다'라고 표현함), 그것은 다음의 세 가지이다.

(음력) 정월 초3일 또는 13일: '장광'[장독간]에 백설기를 쪄 갖다 놓고 물 한 그릇을 떠다 놓고 촛불을 켜고, 그리고 소지를 올리며 축원한다. 축원은 마음속으로 할 수도 있고 말로 할 수도 있다. 축원과 함께 손을 모아 합장하며 사방으로 절한다.

(음력) 7월 칠석: 정월과 똑같이 백설기를 올리고 고사를 지낸다.

(음력) 10월 초3일: 위와 똑같은 고사를 지내는데, 단 이때에는 가을을 다하였다고 하여 '팥체떡'(층마다 팥을 놓는 팥시루떡을 말함)을 대신 올린다.

조사 기간 중인 정월 13일에 한 여성 주 제보자가 자신의 집에서 고사를 지냈으나, 이는 '개인적인 정성을 드리는 것'이라고 하면서, 연구자의 관찰 계획을 끝내 받아들이지 않았다. 이때 비밀스런 개인 의례의 접근 및 관찰이 연구자의 입장에서 그만큼 어려움을 새삼 느낄 수 있었는데, 이러한 맥락에서 보면, 경상남도 통영시 사량도에서의 관찰 사례(왕한석 2012: 202-210)는 '한국의 언어 민속지' 연구에서 아마도 예외적인 행운의 작업이 될 것이다.

또 조사지 내의 오래된 한 집에서는 과거의 가신(家神) 신앙을 아직도 잘 유지하고 있었는데, 구체적인 신앙의 대상은 다음의 네 가지이다.

1 성주단지 '말래'[마루]에 모시는데, 이 '성주단지'에는 가을에 쌀이 나면 쌀을 갈아 넣고 봄에 보리가 나면 보리를 갈아 넣는다.

2 터주대감 '장광' 옆에(실제로는 집 뒤임) 모시는데, 이 '터주대감'의 실제 모습은 옹기 그릇 위에 '유두지'(짚을 엮은 뚜껑)를 씌운 것이다. 가을과 봄에 쌀과 보리를 갈아 넣는 것은 성주단지와 똑같다.

3 삼신단지 '웃방'에 이 '삼신단지' 2개를 모시는데, 이를 또 '쌍태'라고도 부른다. 여기서 '웃방'은 며느리가 거주하고 아기를 낳는 방이다. 이 집의 구조는 왼쪽에 부엌이 있고, 가운데에 시어머니가 거주하는 '큰방'이 있고, 그리고 오른쪽에 며느리가 거주하는 '웃방'이 있다.[25]

4 용왕단지 부엌의 부뚜막에 쭉 모셨으나, 최근 부엌을 고치면서 안타깝게도 이 '용왕단지'를 없앴다고 하였다.

---

25) 또 이곳의 가옥 명칭으로 곳간은 '토방' 또는 '토광'으로 부르는데, 이 두 명칭은 불의 유무로 구분된다고 한다. 다시 말하여 불이 들어가는 것은 '토방'이고, 불이 들어가지 않는 것은 '토광'이다.

5) 인사말

우리 사회의 '관용표현'(formulaic expressions), 즉 '일상표현들'(routines) 중에서 중요하면서도 잘 발달된 형태는 여러 다양한 상황에서 사용되는 정형화된 '인사말'일 것이다. 조사지에서도 인사말이 잘 발달하였는데, 여기서는 이곳의 인사말을 크게 (1) 일상적인 인사말과, (2) 명절 시의 인사말, 그리고 (3) 특별한 의례 시의 인사말로 나누어 정리하기로 하겠다.

먼저 매일 주고받는 일상적인 인사말이다. 이 일상적인 인사말을 이곳에서의 사용 양상에 따라, '어른'에게 쓰는 형태와 '친구 간' 및 '아랫사람'에게 쓰는 형태로 크게 이분하여 정리하면 대체로 다음과 같다.

(1) 아침에 잠자리에서 일어났을 때

편히 주무셨어유?, **안녕히 주무셨어유?**, 또는 **잘 주무셨어유?** (어른)

잘 잤니? 또는 **잘 잤어?** (친구 간 및 아랫사람)

(2) 아침, 점심, 저녁 식후에 상대방을 만났을 때

아침 잡수셨어유? 또는 **진지 잡수셨어유?** (어른)

아침/밥 먹었니? 또는 **아침/밥 먹었어?** (친구 간 및 아랫사람)

점심 잡수셨어유? 또는 **진지 잡수셨어유?** (어른)

점심/밥 먹었니? 또는 **점심/밥 먹었어?** (친구 간 및 아랫사람)

저녁 잡수셨어유? 또는 **진지 잡수셨어유**? (어른)

저녁/밥 먹었니? 또는 **저녁/밥 먹었어?** (친구 간 및 아랫사람)

(3) 밤에 잠자리에 들기 전

안녕히 주무셔유, **편히 주무셔유**, 또는 **잘 주무셔유** (어른)

잘 자 또는 **잘 자라** (친구 간 및 아랫사람)

(4) 길에서 만나 헤어질 때

잘 댕겨오셔유 (어른)

잘 댕겨와 (친구 간 및 아랫사람)

(5) 밤중에 헤어질 때

조심해서 가셔유, **조심하셔유**, 또는 **살펴가셔유** (어른)

조심해서 가, **조심해여**, 또는 **살펴가** (친구 간 및 아랫사람)

조사지의 경우 앞서 기술한 홍성 지역의 예(즉, 제1장 제7절 중 '인사말'의 항 참조)처럼 엄격하지는 않으나, 어른 및 윗사람에게는 '안녕히'를 쓰고 친구 간 및 아랫사람에게는 '잘'을 쓰는 구분은 대체적인 경향으로 지켜지는 것으로 보인다.

다음은 명절 시의 인사말인데, 인사를 주고받는 명절은 여기서도 설과 추석이다.

(1) 먼저 설 세배 시의 인사말인데, 여기서는 '복 많이 받어라'라는 요즈음의 인사말이 나오기 전에는, 아랫사람은 말없이 절만 했고 또 세배를 받는 윗사람도 말없이 그냥 절만 받았다고 한다. 다시 말해 가족 및 집안 간의 설 인사에서 정형화된 인사말은 없었던 셈이 된다.

(2) 설을 쇤 후 집안이 아닌 동네사람을 만났을 때는 대체로 다음과

같은 인사말을 써 왔다.

설 잘 쇠셨어유? (어른)

설 잘 쇴어? (친구 간 및 아랫사람)

(3) 다음은 동네사람에 대한 추석 인사인데, 인사말은 설의 그것과 사실상 동일하다. 그러나 여기서도 추석은 설에 비해 의례의 격식성이 많이 떨어지는 명절이다.

추석 잘 쇠셨어유? (어른)

추석 잘 쇴어? (친구 간 및 아랫사람)

마지막으로 (넓은 의미의) 주요 통과의례(rites of passage) 시의 인사말인데, 이 의례 시의 인사말 중 문상 시의 것과 혼례 시의 것은 정형화된 표현이 발달하였으나, 환갑 시의 것은 그렇지 못한 것으로 나타난다.

(1) 잔칫집, 즉 남의 혼례에 가서는 '축하한다'라는 요즈음의 인사말이 나오기 전에는, 혼주에게 다음의 인사말을 주로 해 왔다. 그런데 아래의 인사말 표현 중 대체로 '욕보다'> '수고하다'> '애쓰다'의 순으로 많이 써 왔다고 한다.

큰일 치루느라고 욕보셨네유. /
수고하셨네유. /
애쓰셨네유. (어른)

큰일 치루느라고 욕봤네. /
수고했네. /
애썼네. (친구 간 및 아랫사람)

(2) 환갑에는 뚜렷한 인사말이 없었고, 환갑을 맞는 어른에게는 자식이나 절을 하였지 남은 절도 하지 않았다고 한다.

(3) 다음은 장례 시의 인사말인데, 먼저 여기서는 장례를 치르는 집은 '초상집'으로 부르고, 상주는 '초상(을) 치루고' 남은 그 집으로 '문상(을) 가게' 된다. 문상의 절차는 호곡 소리를 세 번 하고, 돌아가신 영위에게 절을 두 번 하고, 그리고 큰 상주와 맞절을 하고 문상 인사를 한다.

문상 인사로 가장 많이 쓴 표현은 1) **'얼마나 서글퍼유?'**('얼마나 서운하셔유?'의 의미임)와 2) **'얼마나 애통하셔유?'** 또는 **'얼마나 애통하십니까?'**가 있는데, 전자가 일반적으로 널리 쓴 표현이고 후자는 소수의 식자층이 쓴 표현이라고 한다. 그리고 이곳의 예법은 상주가 아랫사람일지라도 문상은 망인을 위해서 하는 것이므로, 상주에게 높임의 표현을 쓰는 경향이 있다고 한다. 그 예로서 한 제보자는 친정의 부모상을 당한 며느리에게 시아버지가 "얼마나 서글퍼유?"라고 인사하는 장면을 직접 목격한 바 있다고 제보하였다.[26)]

한편 이 문상 인사와 관련하여, 한 남성 제보자는 이곳은 글 없는 산골이라 문상 인사를 제대로 하는 사람이 드물었다고 하면서, 전해 오는 말에 어떤 배움 없는 사람이 다음과 같이 문상하였다는 이야기를 전해주었다.

---

26) 그리고 과거 이곳의 부조는 팥죽과 한지 그리고 북어로써 하였는데, 부조를 잘할 경우 팥죽 한 동이, 북어 한 떼(20마리), 그리고 한지 한 권(20장)을 하였다고 덧붙였다.

'어떤 사람이 문상을 가서, **"큰 짐승이 넘어가서 옻 올른 붕알같이 쓸쓸하겠다."**라는 욕 문상을 하였다.'

여기서 '큰 짐승'은 아마도 돌아가신 부모를 가리킬 것이고, '옻 올른 붕알'은 매우 가려운 상태를 비유하는 말이라고 한다. 전체적인 표현은 상당히 특이하나 '옻 올른 붕알같이'와 '쓸쓸하겠다'가 의미상으로 잘 연결이 되지 않는데, 대체로 '옻 올른 붕알같이' 즉 '매우' 또는 '심히' (상주의) 마음이 '쓸쓸하겠다' 즉 마음이 '슬프겠다'의 뜻일 것이다.

9. 언어예술

많지 않은 숫자의 노인들만 사는 이 작은 마을에서 언어예술(verbal art)의 영역에 속하는 말의 사례는 실제로 그리 많이 관찰하지 못하였다. 우스갯소리는 분명 좀 더 많이 하는 듯하였으나, 마을회관에 모이는 분들이 모두 안어른들이라 아무래도 연구자를 의식하는 듯하였다. 이 절에서는 넓은 범위의 언어예술에 속하는 여러 주제들, 즉 욕과 동물의 은유, 새의 종류와 울음소리, 우스갯소리, 속담과 관용적 표현, 그리고 노래와 옛날이야기 등에 관한 자료들을 일차적으로 기술하도록 하겠다.

1) 욕과 동물의 은유

조사지의 경우 욕 사용이 그리 발달한 것 같지는 않다. '새끼' 소리는 많이 쓰지만, 정형화된 욕 표현을 많이 하지는 않는다고 한다. 한 남성 제보자는 이와 관련하여 네 성씨가 이사도 가지 않고 함께 살아왔기 때문에 욕을 많이 하지 않았고, 싸움을 하더라도 욕을 크게 하지 않았다고 하였다. 그 제보자는 이곳의 욕 사용을 (1) 자기 자식이나 손자에게는 욕을 해도 남에게는 잘 하지 않으며, (2) 따라서 흔히 자기 혼자서 '꿍성꿍성' 욕을 하며, (3) 남자보다는 여자 특히 할머니들이 과거 욕을 잘 하였다고 보고하였다.

또 한 여성 제보자는 "내가 욕을 해도 (욕 먹은) 남이 배가 불러지지 않고 내 입만 더러워지니까 안 한다."라고 답하였는데, 이 말은 이 지역의 욕 사용과 관련한 언어태도(language attitude)의 한 면을 잘 반영하는 것으로 생각된다. 다른 여성 제보자는 "충청도 양반이라 욕을 안 한다."라고 옆에서 또 덧붙였다.

어쨌든 이곳에서 쓰는 대표적인 욕 표현은 대략 다음과 같다.

개새끼
소새끼
죽일 놈
염빙할 놈
씹어랄 놈
후레잡놈
등

이 중에서 '후레잡놈'이 모욕의 강도 면에서 가장 강한 표현인 것으로 보았고, 또 '씹어랄 놈'이 비교적 많이 쓴 센 표현인 것으로 보고하였다.(여기에다 특수한 욕 표현으로는 앞서 기술한 '아나 쑥떡!'이 또 있을 것이다.)

그런데 여성 제보자들은 연구자의 거듭된 질문에 과거의 대표적인 욕 사용 사례 두 가지를 기억해 주었는데, 그중 한 가지는 매우 뛰어난 욕 표현인 것으로 보인다(이 두 사례의 욕을 한 사람은 동일인으로, 현재 마을 내에 살고 있는 한 남성 노인의 할아버지였다고 함).

(1) 옛날 동네 아이들이 배가 고파 자기 밭의 옻순을 따먹으니까, **"얘 요놈으 새끼들, 대갈빽이에다 지름을 싹 발라서 제 이미**〔어미〕 **씹구녁에 꺼꾸로 쑤셔 쳐넌다**〔넣는다〕**!"**라고 하였다. 그런데 다른 제보자에 의하면, 이 욕 표현은 사실은 과거 이 마을의 할머니들이 자주 쓰던 표현이었다고 한다. 어쨌든 욕 표현으로는 매우 강함과 동시에 표현의 특이성 때문에 웃음을 유발하는 유희적 측면도 분명 있을 것이다.

(2) 이웃집 개가 자기 논에 와서 뒹굴다 나중에 교미까지 붙자 화가 나서, **"요놈으 씹어랄 놈으 개새끼들, 씹을 할라먼 저희 집에 가아 하지 왜 남으 논에 와서 씹을 히아!"**라고 하였다.

다음은 욕의 연장선상에 있는, 사람의 중심 성격이나 행동 특성을 유사한 동물의 그것에 비유하는 소위 '동물의 은유' 표현들이다. 물론 이 표현들은 모두가 부정적인 함의를 지니는 말들이다.

1 개새끼 그냥 일반적인 욕이다.

2 소 같으다 미련하고 말도 잘 하지 않으며 혼자서 우물우물하

는 사람에 대한 비유 표현이다.

3 돼지같이 처먹는다 나누어 먹을 것을 함께 나눠 먹지 않고 저 혼자만 먹는 사람에 대한 비유 표현이다.

4 곰같이 미련하다 또는 **곰 같으다**

5 구링이 같으다 속이 음흉한 사람에 대한 비유 표현이다.

6 굼벵이 같으다 행동이 느린 사람을 비유하는 말로, "굼벵이같이도 느려."와 같이 쓴다.

7 늑대 같으다 느리고 꾸무럭꾸무럭거리는 사람에 대한 비유 표현이다.

8 여수〔여우〕 **같으다** 입을 자꾸 놀리고 여기서 지껄이고 저기서 지껄이는 그러한 특성의 사람을 비유하는 말인데, 주로 여성에게 쓰는 표현이다. 흔히 "그놈으 주둥이도 여수 같어."와 같이 쓴다.

9 지름챙이 같으다 '지름챙이'는 참종개로, 미꾸라지 비슷한 민물고기이다. 미꾸라지보다는 작고 또 빠른 고기라고 한다. 이 말은 원래는 자신에게 불리한 상황을 잘 빠져나가는 사람에 대한 비유일 터인데, 제보자들은 말도 없고 다른 사람과 잘 어울리지 않는 사람에 대한 비유로 이해하였다. 가령 "저 사람은 지름챙이처럼 자꾸 똥꾸녁으로 빠진다."라고 하면, 사람들과 같이 어울리지 않고 혼자서 뒤로 빠진다는 뜻이라고 한다.

10 촉새 같으다 가볍게 촐싹대는 사람을 비유하는 말로, "촉새같이 나선다."와 같이 표현한다.

다음은 위의 은유 표현들을 넘어서서 보다 일반적인 사람의 여러 양상에 대한 비유 표현들인데, 여기에는 부정적인 함의의 것도 있고 긍정적인 함의의 것도 있다.

11 대추방맹이 같으다 또는 **대추씨같이 야무지다** 빈틈없고 야무지고 그리고 신체적으로 탄탄한 사람을 비유하는 말인데, 몸이 야문 것과 하는 일이 야문 것 모두를 비유하는 표현이다. 여기서 '대추방맹이'는 물론 대추나무로 만든 방망이를 가리킨다.

12 맹매기 콧구녁 같으다 '맹매기'는 제비와 비슷하게 생긴 새인데, 특히 콧구멍이 작은 새로 알려진다. 제보자들은 이 말을 크게 해야 할 일을 작게 한 것과 같은, 누가 일을 잘못한 상황을 비유하는 말이라고 설명하였다. 가령 "어이 일도 맹매기 콧구녁같이 해 놨네."와 같이 쓴다고 한다.

13 벌떼같이 대든다 싸울 때 떼로 덤벼드는 모습을 비유하는 말로, 가령 애들끼리 싸웠는데 그 집의 식구들이 다 나와 거들면, "어이 벌떼같이 대든다."라고 표현한다.

14 빼조리(감)같이 생겼다 이곳의 '빼조리감'은 아주 작으면서 '빼쪽'[뾰족]한 형태의 감이다. 이 감은 감 중에서 제일 하품(下品)이고, 따라서 연시를 만들어 먹거나 그냥 두어 새나 파먹게 하는 감의 종류이다. 이 말은 이 지역에서 못생긴 사람에 대한 비유 표현으로 쓰이는데, 가령 "저거 빼조리감같이 생겼네."와 같이 말한다. 아마도 감의 종류와 특정 부류의 사람을 동일시하는 흥미로운 은유의 예가 될 것이다.

15 사흘에 비지죽도 한 그릇 못 얻어 먹었나 보다 힘이 없고 그리하여 일을 잘 못하는 사람에 대한 수사적 표현인데, 여기서 '비지죽'이라는 표현이 조금 특이할 것이다.

16 여수 같은 지집에다 토끼 같은 자식/새끼 여자들이 주로 사용하는 비꼼의 표현이라고 하는데, 마누라는 모양내고 돈이나 쓰러 다니고 아이들은 아직 철이 없는데, 그런 마누라와 아이들을 먹여

살리느라 일만 하는 남자를 보고, "저 남자는 '여수 같은 지집에다 토끼 같은 자식/새끼' 먹여 살리느라 애만 쓰고 돌아댕긴다."라고 표현한다고 하였다.

17 제비같이 하고 나왔다 몸매도 날씬한 사람이 머리도 잘 다듬고 옷도 잘 빼입고 나온 모습에 대한 긍정적인 비유 표현이다.

18 종달새 쫑알거리듯 쫑알거린다 매우 쫑알거리는 사람에 대한 부정적인 비유 표현이다.

다음은 사람의 특이한 신체적 특성에 대한 비유 표현인데, 다른 연구 지역에 비해 그 목록이 그리 발달한 것 같지는 않으나, 이곳 특유의 흥미로운 비유 표현들도 보인다.

1 황소 눈 같으다 또는 **올빼미 눈 같으다** 눈이 큰 것에 대한 비유 표현이다.

2 뱁새 눈 같으다 눈이 작은 것에 대한 비유 표현이다.

3 바가지 귀 같으다 귀가 크고 넙죽한 것에 대한 비유 표현이다.

4 도둑놈 발 같으다 발이 큰 것에 대한 비유 표현으로, 흔히 "도둑놈 발같이 크네."와 같이 쓴다.

5 쭝국놈 발 같으다 발이 작은 것에 대한 비유 표현인데, 아마도 전족(纏足)을 한 중국 여성에게서 연원한 말일 것이다.

마지막으로 소위 별호(別號)와 아명(兒名)에 대한 질문으로 나아갔으나, 조사지의 경우 별호와 아명이 거의 발달하지 않은 것으로 나타난다(한 사례의 별호만이 현재 마을 내에서 사용 중임). 특히나 조사지가 산간 촌락이라 산과 관련한 특수한 별호나 아명이 있는지를 캐물었으나,

그러한 비유 표현은 안타깝게도 전혀 없는 것으로 나타났다. 단, 딸을 많이 낳은 집에서 다음에는 꼭 아들을 낳으라는 기원의 특수한 아명이 두 가지 있었는데, 바로 다음의 예이다.(제보자들에 의하면 이 아명을 쓴 두 집은 다음에 모두 아들을 낳았다고 한다.)

1 꼭지미 다음에는 아들을 낳으라고 딸에게 일반적으로 붙이는 아명이다.

2 다시도 다시는 딸을 낳지 말라는 기원에서 붙인 아명이다.

2) 새의 종류와 울음소리

경북 선산 지역에서 우연히 시작된 새 울음소리에 대한 연구 관심(왕한석 2012: 488-490)은 제보자들에 의해 인지되는 새의 종류와 정형화된 울음소리에 대한 질문으로 확대되어, 충남 홍성 지역(이 책의 제1장 제8절 '언어예술 I')을 거쳐 조사지에서도 계속되었다. 그런데 홍성 지역이나 이 청원의 조사지에서 언어적 명칭으로 인지되는 새의 숫자는 비슷하게 나타나고(28~29종 선), 그리고 정형화된 울음소리를 가진 새의 숫자도 비슷하게 나타난다(14~15종 선). 따라서 좀 성급한 일반화이겠지만, 대체로 30종류 정도의 야생 새가 우리 사회에서 분명하게 식별되고, 그중 절반 정도의 울음소리를 정형화된 언어적 표현으로 인지하고 사용하는 것으로 일단 가정해 볼 수 있겠다.

아래 목록에서 보듯이 6 '꿩'의 성별에 따른 하위범주 구분을 제외하면, 조사지에서는 모두 28종의 새를 언어적 명칭으로 구분 짓고, 그중 절반인 14종의 새의 (넓은 의미의) 울음소리를 정형화된 언어적 표현으로 이해하는 것이 될 것이다. 그 외의 새는 '울음소리가 없는' 범주와 '울음소리를 모르는' 범주로 나뉘는데, 사람과 친숙하지만 '울음소리가 없는' 새의 우는 소리는 그냥 '찍찍거린다'라고 표현하였다. 다시 말해 특정한 울음소리가 없는 보통 새의 울음소리는 조사지에서 '찍찍거린다'로 표현하는 것이 될 것이다. 그리고 선산 지역에서 '뿌꿈새'로 알려진, 단순한 새의 울음소리를 넘어 슬프디 슬픈 노래를 부르는 새는, 홍성 지역과 마찬가지로 여기서도 비둘기인 것으로 전해진다.

조사지에서 인지되는 새의 이름과 울음소리 표현에 대한 전체 목록은 다음과 같다.

1 구국새 또는 **비들기** '구국구국' 운다. 이 '구국새'는 노름쟁이의 죽은 넋이 변하여 된 새라고 하는데, 구체적으로 다음 노래와 같이 아주 슬프게 운다고 한다.

"구국구국 구국구국
지집죽고 자식죽고
논밭전지 다팔아먹고
빨래서답은 누가하랴."

2 기러기 '끼럭끼럭' 운다.

3 까마귀 '꽉- 꽉-' 운다.

4 까치 두 하위범주로 나뉜다.

4.1 (보통)**까치** '깍깍깍깍' 운다. 새까맣고 배가 하얀 보통의 까치이다.

4.2 산까치 또는 **떼까치** 꽁지가 길고 회색빛이 나면서 머리가

좀 빨간 까치이다.

5 꾀꼬리 ‘꾀꼴꾀꼴’ 운다.

6 꿩 암수에 따라 다른 이름으로 구분된다.

6.1 장꿩 ‘꿩꿩’ 운다.

6.2 암꿩 또는 **까투리**

7 담배밭에 조도령하는 새 ‘담배밭에 조도령 담배밭에 조도령’ 하며 우는 새인데, 이 새의 형태적 특성은 잘 알려져 있지 않다.

8 딱따구리 울음소리는 없으나, ‘딱딱딱딱’ 나무를 쫀다.

9 때롱새 ‘때롱때롱’ 운다. 참새보다 조금 크고 꼬리가 길며 등이 잉크색(또는 파란색)인 새로, 낮에 우는 새이다.

10 부헝새 ‘부헝부헝’ 운다. ‘부헝새’는 밤에 우는데, 또 “부헝새가 울면 호랭이가 따라댕긴다.”라는 말이 전해 온다.

11 빠꾹새 ‘빠꾹빠꾹’ 운다.

12 서쪽새〔소쩍새〕 ‘서쪽서쪽’ 운다. 이 ‘서쪽새’는 매우 처량하게 한밤중에 우는 새이다.

13 참새 ‘짹짹짹짹’ 운다.

14 휘파람새 ‘휘파람소리’로 운다. 그러나 한밤중에 우는 새이므로 이 새를 보지는 못하였다고 한다.

15 굴뚝새 (울음소리 없음) 작고 새까만 새로, 그 색깔이 새까만데서 ‘굴뚝새’로 불린다.

16 명새 (울음소리 없음) 작고 회색인데 뽀얀 새이다.

17 장물새 (울음소리 없음) 참새보다 조금 더 작고, 대가리는 새까맣고 몸뚱이는 빨갛고 그리고 날개는 검은 색깔이 나는 새이다.

18 제비 (울음소리 없음)

19 콩새 (울음소리 없음) 새 중에서 제일 작은 새로, 하얀색, 새까

만색, 빨간색이 섞여 있는 예쁜 새이다.

20 뜸북새 (울음소리 모름) 논에 사는 새이므로 이 동네에는 없고 이름만 알려진 새이다.

21 매 (울음소리 모름)

22 맹매기 (울음소리 모름) 제비 크기이고 제비와 비슷한데, 배때지가 빨건 새이다. 제비처럼 흙으로 집을 짓는데, 천장에다 집을 넓적하게 붙여 지으나 들어가는 구멍은 작다.

23 물새 (울음소리 모름) 강가에 사는 새이므로 이 동네에는 없고 이름만 알려진 새이다.

24 방울새 (울음소리 모름) 몸체가 동그랗고 꼬리가 짧고 주둥이가 납죽한 새로 색깔은 재색이다. 제보자는 이 새가 나는 소리는 들었어도 우는 소리는 듣지 못했다고 하였다.

25 올빼미 (울음소리 모름)

26 종달새 또는 **노고지리** (울음소리 모름) 산속에 있는 이 마을은 하늘이 좁아서 '종달새'를 보지 못한다고 한다. 그러나 쫑알거리는 사람에 대한 비유 표현인 "종달새 쫑알거리듯 쫑알거린다."라는 말은 있다.

27 촉새 (울음소리 모름) 강가에 사는 새이므로 이 동네에는 없고 이름만 알려진 새이다.

이상의 새 외에 이곳의 제보자들은 또 '박쥐'를 새의 한 가지로 보았다. 다시 말해 박쥐는 쥐나 다른 부류의 짐승이 아니라 새의 부류에 속하는 것으로 인지하였는데, 이는 아마도 박쥐의 날아다니는 특성을 보다 더 중시하였기 때문일 것이다. 그런데 이 박쥐에 관한 민속 구분법이 민족생물학(ethnobiology)의 시각에서 매우 흥미롭고도 중요한 문제이므로 연구자가 여러 번 물어보았으나, 그 답은 한결같이 '새로 봐야 한다.'였다. 물론 앞으로 다른 연구 지역에서 계속 확인해 봐야 할 중요 질문이지만, 박쥐를 새의 한 종류로 보는 민속분류법은 고래를 물고기의 한 종류로 보는 민속분류법(왕한석 2012: 88, 90-91, 111)과 함께, 한국 문화의 민족동물학(ethnozoology)에서 중요한 특성의 한 부분을 이룰 것으로 생각된다. 그러나 제보자들은 이 박쥐의 울음소리는 모른다고 하였다.

3) 우스갯소리

조사 기간 중 들은 우스갯소리의 사례는 많지 않다. 아마도 이곳 여성분들이 연구자를 의식하여 '내외'(內外)를 한 요인도 있었던 것 같은데, 다음의 사례가 이곳에서 들은 넓은 의미의 우스갯소리이다.

(1) **"콩 중에 분수콩이 빠졌다."**

작물 콩에 대한 조사 뒤에 한 주 제보자가 연구자를 포함한 일동에게 한 웃음의 소리이다. 여기서 '분수콩'은 '푼수'를 가리키는 이곳 말인데, 낄 때 안 낄 때를 가리지 않고 자꾸 끼어드는 앞뒤를 잘 못 재는 사람을 가리킨다. 실제로 인터뷰 과정에서 별호가 '분수콩'인 사람이 함께 앉아 있다가 이 말이 나오기 조금 전에 자리에서 일어났었다.

그런데 여기서 '분수' 뒤에 '콩'이 붙은 것은, 두 명사가 같은 용언과 결합하는 데서 연원한 것 같다. 즉, '분수 튼다'[푼수 떤다]와 '콩을 튼다'에서처럼 함께 '튼다'라는 용언을 쓰는 데서, '분수콩'이라는 새로운 말이 만들어진 것 같다. 어쨌든 작물 콩의 여러 종류와 쓰임새에 대한 조사 뒤에, 콩에 대한 것을 다 말했는데, 한 가지 '콩은 콩이되 또 다른 콩인 '분수콩'에 대한 것을 이야기하지 않았다.'라는 이 제보자의 우스갯소리였다.

(2) 이 마을의 여성들 간에 사용하는 오래된 우스갯소리인데, 감기가 들어 재채기가 나오면 침을 뱉든지 말로 '패패' 하고는, **"김서방네 맏며누리 똥구녁으로 쏙 들어가라."**고 한다. 그러면 김씨 며느리가 이를 받아, 상대방이 박씨 며느리이면 **"박서방네 며누리는 바가지만 박박 긁는다."**라고 응수한다.

이 우스갯소리의 뜻은 이 동네에서 과거 김씨네가 잘살았으므로, 감기더러 그 집에는 얻어먹을 것이 많으니 그리로 가고 나한테서는 떨어지라는 말이다. 그리고 그 웃음의 말에 대한 응답은, '박'과 '바가지'를 동일시하는 또 다른 웃음의 표현일 것이다.

이 우스갯소리를 주고받는 데서 만일 상대방이 이씨 며느리이면 **"이서방네 며누리는 맨날 이만 잡는다."**라고 응수하고, 또 상대방이 심씨 며느리이면 **"심서방네 며누리는 심술이 많다."**라고 응수한다.

(3) 다음은 이 마을의 '별호 우스갯소리'로 제보자들이 인지하는 예이다.

"왔다갔다　　유양식
잘 넘어간다　박도환."

원래는 더 긴 우스갯소리의 일부인 듯한데, '왔다갔다'는 밭 매매의 중개를 하느라 바삐 왔다갔다한 사람에 대한 비유이고, '잘 넘어간다'는 중개인의 말에 넘어가 쉽게 밭을 판 사람에 대한 비유라고 한다.

(4) "연기네 집에서　　연기를 풀썩 내면
정기네 집에서는　　전기를 환하게 비쳐 주고
종태네 집에서는　　종을 땡땡 치고
근수네 집에서는　　근심을 하고 앉았고
홍기네 집에서는　　어절시구 홍게야 했디아."

전하는 말로는 노름방에서 만든 또 다른 '별호 우스갯소리'라고 하는데, 위에서 연기, 정기, 종태, 근수, 홍기는 모두 이 마을의 '웃말'에 실제로 살던 사람들이다. 첫 어절의 첫 음절과 세 번째(또는 네 번째) 어절의 첫 음절 간의 동음 또는 유음의 반복으로 구성되는 어희요(語戲謠) 식의 우스갯소리일 것이다.

(5) 다음은 마을의 지명을 이용한 우스갯소리인데, 원래는 아래 예보다 더 길었다고 한다.

"소를 몰고　　질마거리로 가서
질마를 얹어서　　짐을 실코
바사릿재로 와서　　바를 사리고
구수골로 가서　　구시에다 소밥을 준다."

위에서 '질마거리'와 '바사릿재', '구수골'은 모두 이 마을 인근의 실제 지명이고, '질마'는 길마, '바'는 밧줄, '사리다'는 밧줄을 동그랗게 돌려 정리하는 것이며, '구수' 또는 '구시'는 구유를 가리킨다. 전체 구조는 '질마거리'와 '질마', '바사릿재'와 '바(를) 사리(고)', '구수골'과 '구시'

의 동음 반복을 이용하는 운율의 어희요일 것이다.

(6) 마지막으로 농업연구소에서 나온 콩 씨와 깨 씨 등을 마을회관에 모여 집집마다 나누는 과정에서, 참석한 사람(여성)들이 이런 말 저런 말이 많아지자, 나이 든 여성 제보자 한 분이 연구자가 옆에 있는 줄 모르고 다음의 말을 함으로써 모두가 크게 웃었다.

"말도 많고　　　탈도 많고
곰이[의] 씹이　　털도 많다."

이 우스갯소리는 예부터 하던 것이라고 하는데, 여기서 왜 '곰'인지는 아무도 설명해 주지 못하였다. 뛰어난 운율 구조('말', '탈', '털'의 음운적 대응과 '많다'의 반복 등)를 가진 이 우스갯소리는 아마도 여성들의 세계에서 이따금씩 하는 웃음의 소리인 것으로 보였다.

4) 속담과 관용적 표현

다음은 조사 기간 중 들은 이곳의 속담 및 관용적 표현이다. 부분적으로 앞서 기술한 표현 예도 있지만, 여기서 함께 정리하기로 하겠다. 그러나 이 절의 '욕과 동물의 은유' 항에서 기술한 표현 예들은 여기서 다시 다루지 않기로 하겠다.

전체적으로 숫자 면에서는 그리 많지 않지만, 대부분의 표현들이 다른 지역에서는 잘 듣지 못한 이곳 특유의 말들인 것 같아 자못 흥미롭다. 그리고 여기서도 개별 속담의 의미는 대체로 그것의 '기저 의미'(base meaning)(Kirshenblatt-Gimblett 1973)를 파악하여 기술하는 것이 될 것이다. 단, 소수의 잘 알려진 속담은 그 의미를 기술하지 않기로 하겠다.

1 궁뎅이도 익으면 벼〔베〕 먹어가며 한다 (앞서 기술한 대로) 닥나무 한지를 만드는 과정 중의 하나인 '닥 갉는' 단계에서 나온 말이다. '닥을 갉을' 때에 과거의 집은 흙바닥 위에 그냥 자리만 깐 방인데, 이 작업을 위해 방에 불을 뜨겁게 때면 가마니 위에 얹어둔 '백닥'에 붙은 얼음과 물기가 녹아내려 흙바닥에 구멍이 나기도 하였다. 그러면 당연히 그 구멍을 통해 불기운이 바닥으로 올라오기도 하였는데, 바로 이 상황을 과장되게 묘사하는 말이다. 실제로는 물론 일어날 수 없는 일이지만, 불에 궁뎅이를 데어가면서 '닥 갉는' 작업을 하는 어렵고 힘든 상황에 대한 멋진 비유 표현일 것이다.

2 기와집 짓는다 궁리나 걱정을 많이 한다는 말이다. 과거 기와집을 지으려면 비용이 많이 들기 때문에 돈을 어떻게 맞출 것인지 여러 걱정 또는 궁리를 하게 되는데, 바로 여기에서 나온 말이라고 한다. 한 제보자에게 연구자가 저녁 시간에 커피를 권하자, '커피를 마시면 밤에 기와집을 짓느라고 내일 못 온다.'라고 답하였다. 이는 곧 커피를 마시면 잠이 안 와 이 생각 저 생각을 하다가 잠을 못 자게 되고, 그러면 내일 못 오게 된다는 말일 것이다.

3 길이 아니면 가지를 말고, 말이 아니면 하지를 말라

4 내 부정은 삼일, 남의 부정은 칠일 (앞서 기술한 대로) 나의 부정(不淨)은 삼 일 뒤면 가시고 남의 부정은 칠 일 뒤면 가신다는, 이곳의 부정 해소에 대한 민간 차원의 믿음을 서술하는 표현이다.

5 도독〔도둑〕놈이 몽둥이 드는 것 도둑이 들었을 때 주인인 내가

도둑놈에게 몽둥이를 들어 때려야 할 것인데, 되레 도둑놈이 나에게 몽둥이를 든다는 말이니, 곧 '적반하장'(賊反荷杖)의 우리말 표현일 것이다.

6 돌메물 뜯어 먹으면 아이도 지운다 (앞서 기술한 대로) 자연적으로 생긴 메밀인 '돌메물'의 독성이 그만큼 강하다는 말일 것이다. 조사지의 경우 '돌메물'은 말할 것도 없고 그냥 '메물'도 독하므로, 과거부터 임산부에게는 가급적 못 먹게 하였다고 한다.

7 돌이 오줌을 싸서 잘된다 (앞서 기술한 대로) 이곳 밭은 돌이 많은 자갈밭인데, 짐승이 먹지만 않으면 무얼 심어도 잘된다고 한다. 그런데 이 밭작물이 잘되는 이유를 "돌이 오줌을 싸서 잘된다."라고 예부터 일러 왔는데, 이는 곧 돌이 습기를 적당히 품어 줌을 우습게 표현하는 말일 것이다.

8 먼저 먹기는 꽂감〔곶감〕**이 달다**

9 밥은 누구를 줘도 거름은 누구를 안 준다 (앞서 기술한 대로) 여기서의 거름은 변(便), 즉 대변을 가리킨다. 이 말은 과거 거름이 귀했던 시절을 반영하는 말로, 거름의 중요 원천이 되는 변은 밖에서(또는 남의 집에서) 보는 것이 아니라 가급적 내 집에 돌아와 봄으로써, 내 집의 거름을 모아야 함을 강조하는 표현이다. 전체적으로 '밥'과 '거름'을 대비시키는 다소간 과장된 표현이나, 노인 세대들은 과거 이 원칙을 실제로 강하게 지켰음을 증언하였다.

10 배 속에 성은 없어도 할아버지는 있다 또는 **배 안에 할아버지도 있다** 나보다 늦게 태어나는 같은 항렬의 형은 있을 수 없지만, 항렬이 높은 할아버지는 나보다 뒤에도 태어날 수 있음을 재미있게 표현하는 말이다.

11 백 번 손이 가서 백지(百紙)라고 한다 백지는 물론 흰 종이 백

지(白紙)이다. 그런데 이 백지 만드는 과정의 힘듦과 어려움을 표현하여, '백 번이나 손이 가는 데서 백지(白紙)가 아니라 오히려 백지(百紙)'라는 말이다. 한마디로 종이 만드는 과정이 그만큼 일이 많고 힘이 듦을 동음이의어를 빌려 흥미롭게 표현하는 말일 것이다. 그런데 글의 전통이 상대적으로 약한 이 동네에서는 정작 그리 널리 쓰는 말 같지는 않았다.

12 벙어리가 서방질을 해도 할 말이 있다 말을 못하는 벙어리가 도덕적으로 해서는 안 되는 일인 서방질을 해도 할 말이 있다는 표현이니, 곧 사람이 말은 안 해도 속에 자신의 생각, 할 말은 다 가지고 있다는 뜻이다.

13 부헝새가 울면 호랭이가 따라댕긴다 (앞서 기술한 대로) 밤에 날아다니면서 먹을 것을 찾는 부엉이 뒤에는 위험한 큰 짐승도 나타남을 가리키는 말일 터인데, 경북 선산 지역의 "부헝이 뒤에 큰 짐승 따라댕긴다."(왕한석 2012: 496)와 같은 표현일 것이다.

14 산 김가 세 사람이 죽은 최 씨 한 사람을 못 이긴다 지역마다 있는 최씨 성 가진 사람의 강인함을 비유하는 말이다. 이 지역의 이야기로는, 죽은 최씨의 염(殮)을 하러 김씨가 갔는데 굳은 무릎을 바로 펴려고 누르니 시신이 일어나 앉고 하여, 김씨 세 사람이 모두 시신의 염을 못 하고 도망을 나왔다는 데서 연원하였다고 한다.

15 산서 사람은 막걸리 하면 저 엄마 뱃속에서 여덟 달 만이라도 나오고, 버랏 사람은 돈 하면 나온다 (앞서 기술한 대로) 산서 사람은 산서리(山西里), 즉 소전(所田) 2리 사람들을 가리킨다. 다시 말하여 산서 사람은 술 먹는 것을 좋아했지만, 이곳 버랏 사람은 열심히 일하여 돈 만드는 것을 좋아했다는 비유의 표현이다. 아마도 일찍부터 종이, 보리 등의 잡곡, 감과 대추를 외지에 내다 팔아서 생계를

유지해 온 이곳 사람들이, 경제적 이익에 밝은 성향을 갖고 있음을 비유하는 말일 것이다. 좀 더 비격식적으로는 "저 너머 동네 애들은 막걸리 하면 저 엄마 뱃속에서 여덟 달 만이라도 나오고, 버랏 애들은 돈 하면 나온다."라고도 표현한다.

16 삼천량 판, 종이 천량·잡곡 천량·과일 천량 (앞서 기술한 대로) 이곳 버랏마을이 경제적으로 풍족했음을 흔히 '삼천량 판'이라고 일컫는데, 그 구체적 내용은 '종이 천량 · 잡곡 천량 · 과일 천량'이다. '판'이란 삼천량이 나는 곳을 의미할 것이다. '종이 천량'은 소위 '버랏문종이'라는 닥나무 종이를 만들어 판 것을 가리키고, '잡곡 천량'은 이곳에 밭이 많아 보리, 콩, 팥과 같은 잡곡을 많이 생산한 것을 가리키고, '과일 천량'은 감과 대추를 많이 생산하여 바깥에 내다 판 것을 가리킨다. 이웃 마을보다는 상대적으로 부촌이었고, 또 산간 마을 중에서 이러한 특수한 생업의 발달로 비교적 잘살았음을 비유하는 말이다.

17 수예〔수렁〕**에 빠지면 강깨**〔강가〕**로 나온다** (앞서 기술한 대로) 말 그대로는 논의 (깊은) '수예'에 빠지면 물길을 따라 강가로 나오게 된다는 재미있는 표현일 것이다. 아마도 이곳의 '수예'에 빠지면 쉬이 나오기 힘듦을 비유하는 말로 생각된다.

18 식구 망한 건 지수〔제수〕 시숙 입장에서 '지수'가 제일 어려움을 비유하는, 널리 쓰는 표현이다.

19 악담하다 제담된다 남에게 나쁜 악담을 하면 그것이 곧 제게로 돌아온다는 말이다. 말할 것도 없이 전체적인 교훈은 악담을 하지 말라는 말일 것이다.

20 오뉴월 하루 볕에 빨래를 열두 번 해 입고 간다 오뉴월 여름철의 해가 길고 날이 좋음을 과장되게 비유하는 표현이다.

21 육천 매디〔마디〕**가 다 아프다** 또는 **육천 매디가 다 빠졌다** 온몸의 뼈마디가 다 아프다 또는 다 빠졌다는 말로, 신체적으로 아주 힘듦을 비유하는 표현이다. 그러나 여기서 왜 '육천 매디'인지는 제보자들로부터 잘 듣지 못하였다.

22 2월 초하룻날 장닭 꽁지만 흔들려도 봄바람이 세다 (앞서 기술한 대로) 말 그대로 음력 이월 초하룻날 수탉의 꽁지만 바람에 날려도 그해 봄바람이 세다는 예측의 말일 것이다. 제보자들로부터 자세한 설명은 듣지 못하였지만, 아마도 '2월 할머니' 또는 '영등할머니'로 부르는 이곳의 바람신(風神)에 대한 의례와 관련되는 기상 예측어인 듯하다.

23 좆 부러진 강아지 앙삭하듯 한다 좆 부러진 강아지가 아파서 캥캥대며 우는 것 같다는 말('앙삭하다'는 '앙을앙을대는 것'을 가리키는 이곳 토착 표현임)인데, 이 말이 쓰인 맥락은 다음과 같다. 친한 두 사람(모두 여성 노인임)이 점심을 함께 먹은 후 윗사람이 아랫사람더러 커피를 한 잔 끓이라고 하자, "왜 내가 매번 끓여?" 하고 웃음의 대꾸를 하였다. 그러자 윗사람이 그 대꾸하는 행동을 우습게 표현하여, "왜 좆 부러진 강아지 앙삭하듯 하나?"라며 응답하였다.

24 찔레꽃 필 때가 제일 힘들 때 (앞서 기술한 대로) 과거의 춘궁기(春窮期) 중에서 특히 찔레꽃이 필 때가 가장 어려운 시기였음을 가리키는 표현이다. 다시 말해 이때쯤이 양식이 떨어지고 또 날도 가장 가물 때여서 살기가 어려운 시기였음을 일반적으로 가리키는 말이다.

25 콩나물 뻔나게〔같이/처럼〕 **물만 먹고 살은 사람** 콩나물시루 속의 콩나물이 사람이 주는 물만 먹고 자라듯이, 아무런 고생을 않고 산 사람을 가리키는 말이다. 그런데 이 표현은 아마도 이 지역의

말이 아닌 것같이 느껴졌다.

26 호랭이 잡듯 한다 "호랭이가 개 잡듯 한다."의 줄임 표현이다. 즉, 상대방에게 엄하게 또는 무섭게 대한다는 말인데, 가령 어른들이 아이들을 엄하게 다룰 때에 그러한 태도를 비유하는 표현으로 쓴다.

27 혼역〔홍역〕은 살아서 안 하면 저승에 가서도 한다 (앞서 기술한 대로) 사람은 누구나 일생 동안 홍역을 한 번씩은 꼭 앓아야 함을 매우 재미있게 표현하는 말일 것이다.

28 홀애비 굴뚝에 연기 나오듯 한다 굴뚝에 연기가 꾸역꾸역 많이 나오는 것을 묘사하는 말이다. 즉, 집에 사람이 있으면 불을 조금씩 계속 때지만, 혼자 사는 홀애비는 한꺼번에 나무를 잔뜩 집어넣어 불을 때고는 바삐 일을 하러 나가야만 한다. 바로 이러한 상황에서 생긴 말인데, 그러나 연기가 나는 것 외의 상황에서는 사용하지 않는 표현인 것 같다.

29 홀애비는 이가 서 말, 홀이미〔홀어미〕는 꽤〔깨〕가 서 말

5) 노래와 '옛날얘기'

앞의 아기말에 대한 기술에서 〈자장가〉 두 수와 〈달강달강 노래〉 그리고 〈불무 노래〉 두 수를 간단히 정리하였다. 그 외에 조사지에서 들은 노래는 다음의 〈개떡 노래〉뿐인데, 이마저도 부분적인 가사인 것으로 보인다. 이곳의 여성 제보자들은 과거에 부른 노래가 제법 많았으나, 오랫동안 부르지 않아 떠오르지 않는다고 하였다(이 지역의 민요에 대한 개략적 기술은 『문의지』(1992: 718-733) 등을 참조할 것).

"영감아　　땡감아　　개떡 잡숴
보리방아　품팔아　　개떡 쪘네
개떡을　　쪘으면　　적게나 쪘나
네꼭지　　시루로다가　한시루 쪘네."

다음으로 조사 과정에서 이곳의 '옛날애기' 여러 편을 들었는데, 그 중 내용이 흥미로운 네 편만 아래에서 정리하기로 하겠다. 모두가 비교적 간단한 이야기인데, 그중 세 편은 지명과 관련되는 전설(legend)류의 이야기이다.

아래의 이야기 전사에서 ( ) 속의 말은 연구자 및 연구자 일행의 말이고, (*) 및 (**) 속의 말은 공동 구술자이거나 구술 장면에 함께 있던 마을 내의 다른 참여자의 말이다. 그리고 (( )) 속의 말은 발화의 의미 해석을 돕기 위하여 연구자가 임의로 써 넣은 부분이고, …는 구술 중 일부분이 생략된 것을 가리키며, 또 ...는 구술자의 발화 중 휴지나 주저, 말끝 흐림 등을 가리킨다. 마지막으로 녹음 부분 중 잘 알아들을 수 없는 곳은 〔발음 불분명〕으로 표시하고, 그 음절 숫자만큼 *로써 표시하기로 하겠다.

〈비럭산 이야기〉 (이정룡 구술)

(자 … 이제 산 이름은 무슨 산 무슨 봉 뭐 이래 붙어야 되는데, 샘봉산, 갈비봉, 부엉이산, 이거 말고 있습니까? 산 이름?) (*여기 비럭산 있어유.) (비럭산?) (*네... 비럭산 있구. 청원군 땅에 비럭산 있어유.) (비럭산, 비럭산 어디 있습니까?) 저짝에 인자 '비럭너머'에 있는 산. '비렁너머' 동쪽이로 (아 비렁너머에?) 동쪽 (비렁너머의 동쪽에 있는 산

이?) 네 (저, 산이 높습니까?) (*산도 별로 안 높은데유. 거기 가 밥을 빌어먹으러 가다가 떨어져 죽어서 비럭산이래유.) (**옛날에) 옛날에 (예.) 심씨 박씨 여기 살 적에 (예.) 인제 이 너머, 이 너머가 심씨네가 살았고 (예.) 저기 '안꼴' 쪽은 누가 살았는지는 몰라도 (예.) 거기 밥을 얻어먹으러 다녔는데 (예.) 거지가. (예.) 여 앞에는 저 아카시 나무가 옛날이 아름드리가 엄청했었답니다, 이 아래 구렁 밑이로는. (예.) 그러니께 일로는 못 가고, 질러가는 길, 빨리 가는 길을 질러간다고 그라지요? (예.) 질러가는 길을 이 뒤로, 말하자면 비렁너머로 해서, 그 산을 넘어야 밥을 얻어먹으러 갈 것 아닙니까? (예.) 거지가 가다가 죽었다 이겁니다 그 산이라서. (예.) (**너무 높아서.) 고개를 넘이〔넘어〕가다 굴러서. (예.) 그래서 그 산 이름은, 비렁너머는 거지가 넘어가다 죽었다고 해서 비럭산이다. 그케 지었다는 겨. (예 예예.)

〈금바위 이야기〉 (이정룡 구술)

(*저기 금 나와라 쌀 나와라 하는 바위는 무슨 바위여? 금바위지?) 그렇지 금바위. 저기 (금바위?) 금바위. (*거기가 금바위인데) (어디, 어디 있는 겁니까?) 저기 저 문의 가는 길에, 그 이렇게 넘어가다 보면 '햇골'이라고 하는 데. (햇골?) 아니, … 그 저 '고송말랑' 가면 그 비석 하나 쭉 있죠. (*'함박모이'께라고 그려 그냥.) 그 그 건너. 말하자면 함박모이 있는 가는 길에. (그니까 햇골에 햇골에 있는 겁니까?) 예 '햇골날망'에요. (햇골 햇골날망에 예.) 함박모이, 함박묘. 함박묘 똑바리〔바로〕 바가지를 갖다가 엎어놓은 묘잇자리〔묫자리〕 (햇골날망에 있는 함박묘?) 에 우이〔위〕쪽 우이쪽이죠 우이쪽. (*옆에 있는 금바위. 옆에 있는 금바위 하면 되겄네.) (옆에 있는 바위? 이게 무슨 바위, 어째서 이렇습

니까?) 돈 나와라 쌀 나와라. 옛날에 거기서... 그렇게 해서 쌀 나와 가지고 밥을 해먹었디아... 전설에 있어. (허허 얘기 좀 자세히 해주세요. 뭐 옛날에 어쨌다고요?) 옛날에 거지가 지나가매, (예.) 돈 나와라 쌀 나와라 하니까, 구녁〔구멍〕이 그래 두 개가 크게 있는데, (예.) 한쪽은 돈이 나오고 한쪽은 쌀이 나와서 밥을 해먹었다. (예.) 이런 전설만 있는 거지요. (아 그래서 그걸 금바위라고 그럽니까?) 그렇지요. (금바위라 하고 또 뭐 돈 나와라 쌀 나와라 바위가?) 내내 금바위 하나가. (예.) 두 군데가 (*거기가 인제 쌀 나오고 돈 나왔다 하는 겨.) 쌀도 나오고 돈도 나왔다 그 얘기여. (그러면 인제 금바위라고도 하고 돈 나와라 쌀 나와라 바위라고는 안 합니까?) 인자 금바위라고도 하고, (예.) 돈 나와, 거 인제 우리가 이렇게 지나가며는 돈 나와라 쌀 나와라 하는 바위를 어른들이 인자 얘기를 핸 기고. 그래 거기서 나와서 밥을 해먹었다. (예. 돈 나와라 쌀 나와라 하는 바위. … 전설이 있고.)

<u>〈큰애기날등 이야기〉</u> (이정의 구술)

(큰애기묘라는 건 뭡니까? 큰애기묘. 이 뭡니까?) '큰애기날가지'라고 하고 '큰애기모이'라고도 해는데. (예.) 옛날 큰애기가 뭐 병을 앓다 죽었디아. 아가씨가 (예.) 아가씨가 죽었는데 꿩이 집일 들어왔다 날러 가더래유. (예.) 그 죽은 집이 들어왔다 날러 가는데, 아가씨가 죽었으니까 어디 갖다 쓰나, 저기 모이〔묘〕를 써야 되나 하고 인제 어른들이 기다리다가 그 꿩, 꿩이 가서 모잇자리〔묫자리〕를 잡아 줘서 거 갖다 갖다가 큰애기를 묻었대요. (예 그래서요?) 그래 '큰애기날등', '큰애기모이' 해더라고요. (그래서 뭐 그 큰애기 묘 쓴 집이 잘됐는가요?) 모르지유 옛날 말이니까. 우리도 어른들한테 들은 소리유. '큰애기날가지',

'큰애기모이' 해서. (거기가 날등입니까?) 날등...도 아니지 않어 거기? 가봤어 자네? (*난 '가맛골' 밭 부쳐 먹으면서. '큰애기날등' '큰애기날등' 할 때, 높이 날등이여 거기도. 왜 그 그 건너잖어. 그 건너?) '만마루'((보은군 회남면의 마을 이름)) 뒷산이지? (*어 요렇게 요렇게.) (**'큰애기날등'이라고 그라지.) (예?) (**'큰애기날등'.) (*'큰애기날등'이라고 해서 거기는 나물 뜯으러 간다고 인자 시어만네들이, (예.) 야 우리 저 '큰애기날등' 가면 쪼끔 뜯어올 건디 글로 가세, 이라더라고. 그래서 알은 거여.) (그니까... 그니까 예전에 큰애기... 그 묘를 아마 쓴 전설이 있는가 보네요. 아마 사실일 것 같아요 들어보니까.) 그러 캐서 '꿩엣못자리', 꿩엣못자리. 꿩이 갈켜 줘서 썼다고 꿩엣못자리라고 하더라고요. (예, 큰애기묘란 게 지금 어디에 있죠?) (*여기서 쪼끔 멀어요. '미역재'로 가서 〔발음 불분명**〕로 가야 되니깐.) 그거는 저기여 저기 보은군 회남면에 있어요.

<u>〈휘파람새 이야기〉</u> (이정의 구술)

휘파람새가 울면은 귀신이 운다고, 왜 그렇게 무서워했대는 겨? (*넋이라고 생각을.) (**뭔 일이 난다고 그랬어.) (죽은 사람 넋이라고 생각한다고요? 휘파람새 휘파람새가?) 그 새가 없었는데, (예.) 할아버지가 흙을 파러 가서 흙을 쥚다가 거기서 그냥 쓰러져서 그 자리에서 죽었어. (예.) 죽었는데 그 자리서부터 그 휘파람새가 불었어 거기서부터. (예.) 없던 새가. (예.) 그래서 그해는 그 할아버지 돌아가시던 해는 4월 달에 돌아가셨는데 4월 초파일날 돌아가셨는데, (*잊어 먹지도 않어.) 왜 이렇게 무서운지 동네사람이 다 무서워해더라고. (예.) (*진짜여.) 그래 거기서부터 휘파람이 불더라고. (**4월 초파일이면 세월이

아버지?) (*그래 세월이 아버지잖어.) 그래 바로 세월이 아버지. (*그럼.) (**그니까 세월이 아버지.) (*이 거기서 고자리 흙구댕이가 있잖어.) (**4월 초파일이잖어 지사[제사]가.) (*흙구댕이가 있는디 거기서 한 짐 지다가.) 거기서부터 휘파람을 불기 시작핸 기유. (예.) 그 전에는 없었어 새가, 새가 없었어. (요즘은 안 불어요?) 요즘도 불어유. (**울어요. 이렇게 안 좋으면 운다고, 동네가 안 좋을라면.) (그러면 휘파람새가 휘파람 불면은 안 좋은 일이 생긴다고요?) (**좀 안 좋더라고요.) 그거는 몰르겠어유.

참고문헌

강성복

2005 『마을신앙과 생활문화사로 엮는 충청민속문화론』, 민속원.

강현석

2010 “충남 지역 화자들의 방언 구획, 방언 태도 및 인지에 대한 연구”, 『사회언어학』 18(2): 249-286.

강현석·이장희

2008[2006] “천안·아산 지역어와 대구 지역어에 나타나는 *w* 탈락 현상의 비교연구: 대학생 언어를 중심으로”, 왕한석 (편), 『한국어와 한국사회』, 교문사, pp. 185-212.

구미래

2012 “사하촌의 경제적 삶과 일생의례”, 국립민속박물관 (편), 『충북의 민속문화』, 충청북도·국립민속박물관, pp. 79-134.

구재기

2002 “(제9편 지명, 제4장 홍성의 지명 중) 11 구항면의 지명”, 『홍주대관(하권)』, 홍주대관 편찬위원회, pp. 1356-1364.

국립문화재연구소 (편)

2001 『충청북도 세시풍속』, 국립문화재연구소.

2006 『한국의 가정신앙: 충청북도 편』, 국립문화재연구소.

국립민속박물관 (편)

1994 『충북지방 장승·솟대신앙』, 국립민속박물관.

2000 『한국의 마을제당: 제4권 충청북도 편』, 국립민속박물관.

2003 『산촌』, 국립민속박물관.

2010 『충남의 민속문화』, 충청남도·국립민속박물관.
2012a 『충북의 민속문화』, 충청북도·국립민속박물관.
2012b 『둔율, 새로운 내일을 준비하는 마을』, 충청북도·국립민속박물관.
2012c 『사내리, 사찰과 이어진 관광마을』, 충청북도·국립민속박물관.

김강산
2003 "화전농경사", 국립민속박물관 (편), 『산촌』, 국립민속박물관, pp. 258-272.

김경수
2010 "조선시대 홍성지역 재지세력의 형성과 추이", 『조선시대사학보』 53: 179-234.

김동욱
1990 "(제8편 민속 중) 제9장 홍성사람의 성격", 『홍성군지』, 증보판, 홍성군지 편찬위원회, pp. 1254-1255.

김문준
2003 "조선 중기 충북지역의 유학", 충북개발연구원 (편), 『충북 문화론』, 충북개발연구원 충북학연구소, pp. 377-395.

김선희
1999 "한국의 색채 범주 구분법에 대한 민족지적 연구", 서울대학교 인류학과 석사학위논문.
2010 "한국의 색채 범주 구분체계와 그것의 발달 과정", 왕한석 (편), 『한국어·한국문화·한국사회』, 교문사, pp. 141-196.

김성철
1995 "종자명제, 지역명제, 직위명제: 보조 친족명칭과 개인의 인식법", 『한국문화인류학』, 27: 215-239.

김영진·맹택영
1981 『한국 구비문학 대계 3-2: 충청북도 청주시·청원군 편』, 한국정신문화연구원.

김완진
1990 "(제4편 문화 중) 제8장 언어: 홍성 지방의 방언", 『홍성군지』, 증보판, 홍성군지 편찬위원회, pp. 705-720.

김일철·김필동 외 5인

1998 『종족마을의 전통과 변화: 충청남도 대호지면 도리리의 사례』, 백산서당.

김재홍

2012 "뽕나무와 누에가 충북에 남긴 흔적들", 국립민속박물관 (편), 『충북의 민속문화』, 충청북도·국립민속박물관, pp. 247-297.

김정헌

1983 "충남 홍성지역의 언어 분화에 대한 연구", 단국대학교 교육대학원 석사학위논문.

김정현

2005 『보개산 주변의 민속』, 홍성문화원.

2010 『남산과 보개산의 솔바람길 이야기』, 홍성문화원.

김진식

2008 『청원군 지명 유래』, 청원문화원.

김창민

2011 "충남 지역 마을의 사회조직과 통합성", 김필동 (편), 『충남지역 마을연구: 비교와 종합』, 민속원, pp. 139-158.

김충회

1992 『충청북도의 언어지리학』, 인하대학교출판부.

김필동 (편)

2011 『충남지역 마을연구: 비교와 종합』, 민속원.

김현길

2003 "중원문화의 특징", 충북개발연구원 (편), 『충북 문화론』, 충북개발연구원 충북학연구소, pp. 157-181.

김훈수

1988 "백파(白波) 자서전", 백파 김훈수 교수 정년퇴임기념사업회 (편), 『백파 김훈수 교수 정년퇴임 기념 문집』, pp. 79-219.

1989 "한국 생물학사: 1945년 이전 개관", 『생물과학 심포지움』 10: 1-27.

1991 "동물", 한국민족문화대백과사전 편찬부 (편), 『한국민족문화대백과사전 7』, 한국정신문화연구원, pp. 235-238.

담양전씨 홍주권 문중사 편찬위원회 (편)

2007 『담양전씨 홍주권 문중사』, 담양전씨 홍주권 문중사 편찬위원회.

도수희

1987 "충청도 방언의 특징과 그 연구", 『국어생활』 9: 88-101.

문의지편찬위원회 (편)

1992 『문의지(文義誌)』, 문의지편찬위원회.

박경래

1992 "충청북도 방언의 특징과 방언구획", 김영배 (편), 『남북한의 방언 연구: 그 현황과 과제』, 경운출판사, pp. 63-99.

1993 "충주방언의 음운에 대한 사회언어학적 연구", 서울대학교 대학원 국어국문학과 박사학위논문.

1995 "충주방언의 움라우트 현상에 대한 사회언어학적 고찰", 장태진 (편), 『국어 사회언어학 논총』, 국학자료원, pp. 303-345.

1997 "정지용 시 <향수>의 국어학적 이해", 『오당 조항근 선생 화갑기념논총』, 오당 조항근 선생 화갑기념논총 간행위원회, pp. 175-221.

1998a "중부방언", 서태룡 외 5인 (편), 『문법 연구와 자료: 이익섭 선생 회갑 기념 논총』, 태학사, pp. 819-876.

1998b "충청북도 방언의 성격", 『방언학과 국어학: 청암 김영태 박사 화갑기념 논문집』, 태학사, pp. 117-158.

1999 "청원 방언의 경어법에 대한 사회언어학적 연구: 청자 대우법에서의 힘과 유대를 중심으로", 『개신어문연구』 16: 3-64.

2003 "충청북도 방언의 연구와 언어적 특징", 충북개발연구원 (편), 『충북 문화론』, 충북개발연구원 충북학연구소, pp. 101-129.

2006 "(제4편 구비전승 중) 제3장 방언", 청원군지편찬위원회 (편), 『청원군지: 하권』, 청원군지편찬위원회, pp. 629-674.

2007 『충북 제천 지역의 언어와 생활』, 태학사.

2009 『충북 청원 지역의 언어와 생활』, 태학사.

2011a 『충북 충주 지역의 언어와 생활』, 태학사.

2011b "충청도 방언과 충청도 문학: 정지용의 「향수」에 쓰인 충청도 방언을 중심으

로", 『영주어문』 21: 109-148.

2014 "「반촌등속」의 언어 문화적 가치와 표기법의 특징", 『방언학』 19: 167-193.

2015 "<반촌등속>에 나타난 청주 방언", 『방언학』 21: 67-91.

박명순

1990 "(제11편 방언과 구비문학 중) 제1장 방언", 청원군지편찬위원회 (편), 『청원군지』, 청원문화원, pp. 1073-1091.

성기철

1987 "(제5편 문화 중) 제8장 언어·방언: 예산의 방언", 『예산군지』, 예산군지 편찬위원회, pp. 629-647.

송철의

2009 "이숭녕 선생의 '홍성방언' 노트에 대하여", 『방언학』 9: 277-305.

안귀남

2007[2004] "서북 경북 방언의 문장종결조사 '-여'의 연구", 『경북 방언의 연구』, 민속원, pp. 122-144.

안상경

2012 "충북의 담배", 국립민속박물관 (편), 『충북의 민속문화』, 충청북도·국립민속박물관, pp. 137-168.

여중철

1975 "(제1편 사회 중) 제2장 가족 및 친족 생활", 한국문화인류학회 (편), 『한국 민속 종합 조사 보고서: 충청남도 편』, 문화공보부 문화재관리국, pp. 65-95.

왕한석

1986 "국어 청자 존대어 체계의 기술을 위한 방법론적 검토", 『어학연구』 22(3): 351-373.

1989 "택호와 종자명호칭", 『의민 이두현 교수 정년퇴임 기념 논문집』, 서울대학교 국어교육과, pp. 24-47.

1990 "북한의 친족용어", 『국어학』 20: 168-202.

1992 "한국 친족호칭체계의 의미기술", 『한국문화인류학』 24: 139-193.

1995a "한국 친족호칭의 변화 양상: 간현의 사례를 중심으로", 『민족문학의 양상과 논리: 양하 정상박 박사 화갑 기념 논총』, 양하 정상박 박사 화갑 기념 논총

간행위원회, pp. 167－192.

1995b "'집'의 이름과 '친족관계'에 대한 명칭", 『한국문화인류학』 28: 223-244.

1996 "제주 사회의 조 및 관련 명칭에 대한 일 연구", 『한국문화인류학』 29(2): 341-360.

2000 "언어생활의 특성과 변화: 신분지위호칭과 의사친척호칭의 사용을 중심으로", 『사회언어학』 8(1): 59-86.

2002 "친척 관련 속담의 민족지적 연구", 『사회언어학』 10(1): 197-224.

2005 "한국의 아기말", 『사회언어학』 13(1): 151-189.

2008[2005] "아기말의 구조와 사용", 왕한석 (편), 『한국어와 한국사회』, 교문사, pp. 427-470.

2009 『한국의 언어 민속지 1: 서편』, 교문사.

2010 『한국의 언어 민속지: 전라남북도 편』, 서울대학교출판문화원.

2012 『한국의 언어 민속지: 경상남북도 편』, 서울대학교출판문화원.

유철인 외 7인·역사인류학연구회 (편)

2004 『인류학과 지방의 역사: 서산사람들의 삶과 역사 인식』, 아카넷.

윤택림

2003 『인류학자의 과거 여행: 한 빨갱이 마을의 역사를 찾아서』, 역사비평사.

이기문 (편)

1980 『개정판 속담사전』, 일조각.

이연숙

2006 "조선후기 내포지역 '사마방목' 입록추이와 지역엘리트", 충남대학교 내포지역연구단 (편), 『근대이행기 지역엘리트 연구 I: 충남 내포지역의 사례』, 경인문화사, pp. 217-275.

이영하

2011 "약천 남구만의 향촌일사 발견", 『서산의 문화』 23: 20-50.

이재열·강희경·설동훈

2004 『충청지역의 사회의식과 지역정체성』, 백산서당.

이정우

2006 "조선후기 내포지역 서원·사우의 건립과 운영의 성격", 충남대학교 내포지

역연구단 (편), 『근대이행기 지역엘리트 연구 I: 충남 내포지역의 사례』, 경인문화사, pp. 277-315.

이종철

1975 "(제3편 산업기술 중) 제5장 수렵 및 채집", 한국문화인류학회 (편), 『한국 민속 종합 조사 보고서: 충청남도 편』, 문화공보부 문화재관리국, pp. 458-468.

1976a "(제3편 산업기술 중) 제3장 양잠", 한국문화인류학회 (편), 『한국 민속 종합 조사 보고서: 충청북도 편』, 문화공보부 문화재관리국, pp. 314-329.

1976b "(제3편 산업기술 중) 제5장 수렵 및 채집", 한국문화인류학회 (편), 『한국 민속 종합 조사 보고서: 충청북도 편』, 문화공보부 문화재관리국, pp. 339-351.

이창식

2003a "충북의 민속과 풍습", 충북개발연구원 (편), 『충북 문화론』, 충북개발연구원 충북학연구소, pp. 131-155.

2003b 『충북의 민속문화』, 푸른사상.

이해준

2010 "호서 3대 명가의 모듬살이와 전통", 국립민속박물관 (편), 『충남의 민속문화』, 충청남도·국립민속박물관, pp. 302-411.

인권환·성낙수·김연호

2000 『충남 북부지역의 전통 언어와 문학』, 백산서당.

임덕순

2003 "충북지역의 지리적 특성과 문화권", 충북개발연구원 (편), 『충북 문화론』, 충북개발연구원 충북학연구소, pp. 89-99.

정성미

2009 『심마니·한지장·광부: 강원도, 경기도 일부 지역의 민족생활어』, 국립국어원 민족생활어 자료 총서 10, 글누림.

정지용

1935 『정지용 시집』, 시문학사.

조숙정

1997 "비친척관계에서의 호칭어의 구조와 사용방식: 전남 나주 한 반촌의 사례를 중심으로", 서울대학교 인류학과 석사학위논문.

2008 『김치·젓갈·장아찌: 전라북도 부안군, 순창군의 민족생활어』, 국립국어원 민족생활어 자료 총서 1, 글누림.

2010a "상품화된 젓갈의 명칭과 범주: 곰소 젓갈 시장의 사례 연구", 『한국문화인류학』 43(2): 3-44.

2010b "택호와 종자명호칭의 사용과 변화: 전남 나주 한 반촌의 사례 연구", 왕한석 (편), 『한국어·한국문화·한국사회』, 교문사, pp. 325-363.

2014 "바다 생태환경의 민속구분법: 서해 어민의 문화적 지식에 관한 인지인류학적 연구", 서울대학교 인류학과 박사학위논문.

청원군지편찬위원회 (편)

1990 『청원군지』, 청원문화원.

2006 『청원군지』, 상·중·하(전3권), 청원군지편찬위원회.

최기철

1986 『충북의 자연: 담수어 편』, 충청북도교육위원회.

최운식

2002 "(제7편 민속, 제4장 민간신앙 중) 2 마을 공동체 신앙", 『홍주대관(하권)』, 홍주대관 편찬위원회, pp. 888-955.

최운식·김정헌

1999 『홍성의 마을 공동체 신앙』, 홍성문화원.

충남대학교 내포지역연구단 (편)

2006a 『근대이행기 지역엘리트 연구 I: 충남 내포지역의 사례』, 경인문화사.

2006b 『근대이행기 지역엘리트 연구 II: 충남 내포지역의 사례』, 경인문화사.

충북개발연구원 (편)

2003 『충북 문화론』, 충북개발연구원 충북학연구소.

(재)충청북도문화재연구원 (편)

2012 『한지장: 충청북도 무형문화재 제17호』, 충청북도·단양군.

편저자 미상

1964 『공산주의 례의 도덕 교양』, 평양: 군중문화출판사(1965 동경: 학우서방).

하효길

1976 "(제7편 구비전승 중) 제1장 민요", 한국문화인류학회 (편), 『한국 민속 종합

조사 보고서: 충청북도 편』, 문화공보부 문화재관리국, pp. 552-576.

한국문화인류학회 (편)

1975 『한국 민속 종합 조사 보고서: 충청남도 편』, 문화공보부 문화재관리국.

1976 『한국 민속 종합 조사 보고서: 충청북도 편』, 문화공보부 문화재관리국.

한국토지공사·국립민속박물관(편)

2006a 『행정중심복합도시 건설 예정지역 인류·민속분야 문화유산 지표조사 종합 보고서: 제1권 총론』, 한국토지공사·국립민속박물관.

2006b 『행정중심복합도시 건설 예정지역 인류·민속분야 문화유산 지표조사 종합 보고서: 제2권 마을별 지표조사』, 한국토지공사·국립민속박물관.

2006c 『행정중심복합도시 건설 예정지역 인류·민속분야 문화유산 지표조사 종합 보고서: 제3권 마을별 지표조사』, 한국토지공사·국립민속박물관.

2006d 『행정중심복합도시 건설 예정지역 인류·민속분야 문화유산 지표조사 종합 보고서: 제4권 마을별 심층조사』, 한국토지공사·국립민속박물관.

2006e 『행정중심복합도시 건설 예정지역 인류·민속분야 문화유산 지표조사 종합 보고서: 제5권 마을별 심층조사』, 한국토지공사·국립민속박물관.

2006f 『행정중심복합도시 건설 예정지역 인류·민속분야 문화유산 지표조사 종합 보고서: 제6권 마을별 심층조사』, 한국토지공사·국립민속박물관.

2006g 『행정중심복합도시 건설 예정지역 인류·민속분야 문화유산 지표조사 종합 보고서: 제7권 마을별 심층조사』, 한국토지공사·국립민속박물관.

한상복

1976 "(제3편 산업기술 중) 제1장 농경", 한국문화인류학회 (편), 『한국 민속 종합 조사 보고서: 충청북도 편』, 문화공보부 문화재관리국, pp. 247-289.

2011 『평창 두메산골 50년: 다시 찾은 봉산리와 용산리 1960-2010』, 눈빛.

한영목

1992 "충남방언의 고찰", 김영배 (편), 『남북한의 방언 연구: 그 현황과 과제』, 경운출판사, pp. 101-137.

1998 "충남방언의 현상과 특징에 대한 연구", 『방언학과 국어학: 청암 김영태 박사 화갑 기념 논문집』, 태학사, pp. 159-209.

1999 『충남 방언의 연구와 자료』, 이회문화사.

2007 『대전 서구 지역의 언어와 생활』, 태학사.

2008 『충남 방언 문법』, 집문당.

2009 『충남 논산 지역의 언어와 생활』, 태학사.

2011 『충남 서천 지역의 언어와 생활』, 태학사.

현용준

1976 "(제2편 민간신앙 중) 제1장 가족 및 부락신앙", 한국문화인류학회 (편), 『한국 민속 종합 조사 보고서: 충청북도 편』, 문화공보부 문화재관리국, pp. 99-160.

홍성군지 편찬위원회 (편)

1990 『홍성군지』, 증보판, 홍성군지 편찬위원회.

홍주대관 편찬위원회 (편)

2002 『홍주대관』, 상하 2권, 홍주대관 편찬위원회.

황인권

1999 『한국 방언 연구: 충남 편』, 국학자료원.

2002a "(제6편 문화 중) 제1장 언어", 『홍주대관(상권)』, 홍주대관 편찬위원회, pp. 585-618.

2002b "충남 홍성지역어에 대한 고찰", 『한남어문학』 26: 1-52.

Berlin, Brent

1976 "The Concept of Rank in Ethnobiological Classification: Some Evidence from Aguaruna Folk Botany," *American Ethnologist* 3: 381-399.

1992 *Ethnobiological Classification: Principles of Categorization of Plants and Animals in Traditional Societies*. Princeton: Princeton University Press.

Berlin, Brent, Dennis E. Breedlove, and Peter H. Raven

1966 "Folk Taxonomies and Biological Classification," *Science* 154: 273-275.

1973 "General Principles of Classification and Nomenclature in Folk Biology," *American Anthropologist* 75: 214-242.

Brandt, Vincent S. R.

1971 *A Korean Village: Between Farm and Sea*. Cambridge, MA: Harvard University Press.

Braun, Friederike

1988 *Terms of Address: Problems of Patterns and Usage in Various Languages and Cultures*. Berlin: Mouton de Gruyter.

Brown, Cecil H.

1984 *Language and Living Things: Uniformities in Folk Classification and Naming*. New Brunswick, NJ: Rutgers University Press.

Brown, Penelope and Stephen C. Levinson

1978 "Universals in Language Usage: Politeness Phenomena," in *Questions and Politeness: Strategies in Social Interaction*. ed. by Esther N. Goody, Cambridge: Cambridge University Press, pp. 56-324.

1987 *Politeness: Some Universals in Language Usage*. Cambridge: Cambridge University Press.

Casson, Ronald W.

1983 "Schemata in Cognitive Anthropology," *Annual Review of Anthropology* 12: 429-462.

1994 "Cognitive Anthropology," in *Handbook of Psychological Anthropology*. ed. by Philip K. Bock, Westport: Greenwood Press, pp. 61-96.

Chae, Seo-young

1995 "External Constraints on Sound Change: The Raising of /o/ in Seoul Korean," Unpublished Ph.D. Dissertation, University of Pennsylvania.

Dix, Mortimer Griffin

1977 "'The East Asian Country of Propriety': Confucianism in a Korean Village," Unpublished Ph.D. Dissertation, University of California, San Diego.

Dougherty, Janet W. D. and Charles M. Keller

1985[1982] "Taskonomy: A Practical Approach to Knowledge Structures," in *Directions in Cognitive Anthropology*. ed. by Janet W. D. Dougherty, Urbana and Chicago: University of Illinois Press, pp. 161-174.

Dredge, C. Paul

1977 "Speech Variation and Social Organization in a Korean Village," Unpublished Ph.D. Dissertation, Harvard University.

Evans-Pritchard, E. E.

1948 "Nuer Modes of Address," reprinted in *Language in Culture and Society: A Reader in Linguistics and Anthropology*. ed. by Dell Hymes, New York: Harper & Row, 1964, pp. 221-227.

Frake, Charles O.

1961 "The Diagnosis of Disease among the Subanun of Mindanao," reprinted in *Language in Culture and Society: A Reader in Linguistics and Anthropology*. ed. by Dell H. Hymes, 1964, New York: Harper & Row, pp. 193-211.

Goodenough, Ward H.

1981 *Culture, Language, and Society*. second edition, Menlo Park, CA: The Benjamin/Cummings Publishing Company, Inc.

Hong, Yunsook

1988 "A Sociolinguistic Study of Seoul Korean," Unpublished Ph.D. Dissertation, University of Pennsylvania.

Kang, Hyeon-Seok

1997 "Phonological Variation in Glides and Diphthongs of Seoul Korean: Its Synchrony and Diachrony," Unpublished Ph.D. Dissertation, Ohio State University.

Kirshenblatt-Gimblett, Barbara

1973 "Toward a Theory of Proverb Meaning," *Proverbium* 22: 821-827.

Lee, Kwang-Kyu and Youngsook K. Harvey

1973 "Teknonymy and Geononymy in Korean Kinship Terminology," *Ethnology* 12(1): 31-46.

Osgood, Cornelius

1951 *The Koreans and Their Culture*. New York: The Ronald Press Company.

Wang, Hahn-Sok

1984 "Honorific Speech Behavior in a Rural Korean Village: Structure and Use," Unpublished Ph.D. Dissertation, University of California, Los Angeles.

Linguistic Ethnography of Korea

Linguaculture of *Chungcheong* Province

Hahn-Sok Wang

1. This book is the fourth volume of *Linguistic Ethnography of Korea*, the series which explores and describes the main aspects of Korean linguaculture (that is, language and culture). It focuses upon the 'Linguaculture of *Chungcheong* Province.' This fourth volume is based on ethnographic and linguistic fieldwork in two field sites, including the area around *Hongseong*, a rural former gentry village in South *Chungcheong*, as well as the area around *Cheongwon*, an isolated mountainous village in North *Chungcheong*. The volume provides detailed descriptions and analyses of the traditional linguaculture of *Chungcheong* province.

2. The book includes three chapters.

Introduction: The Study of the Linguaculture of *Chungcheong* Province

Chapter 1: Linguaculture of the *Hongseong* Area

Chapter 2: Linguaculture of the *Cheongwon* Area

3. The 'Introduction' provides a brief discussion of previous studies on the linguaculture of *Chungcheong* province and is followed by the plan and the procedures used in carrying out the research.

4. The first chapter, 'Linguaculture of the *Hongseong* Area,' includes the following sections.

Research Process

1. Place Names: This section describes the major toponyms and their taxonomy.

2. Lexical Distinctions of Ecological Environments I: This section describes the taxonomy of the kinds of wind, rain, snow, moon, soil, rice paddy fields, various crops, cooked rice, cattle, fishes and other seafood, and diseases.

3. Lexical Distinctions of Ecological Environments II: This section illustrates the folk perception of mountains and rich kinds of wild greens, wild fruits, wild roots, and wild mushrooms (totaling 96 basic categories and 23 sub-categories of plants) for food in this area. It also briefly describes the primary categorization of bees, flies, and mosquitos.

4. Structures of Kinship Terms: This section presents the repertoire of kinship terms. It also describes the major characteristics of kinship terms, the morphological differentiation of basic kinship terms, and other kinship related terms and expressions in this area.

5. Terms of Address System: This section presents the folk model of status distinction, the former usage of *taekho* (household terms), current usage of fictive kinship terms and teknonyms, and special estate status terms.

6. Structures of Honorifics: This section describes folk terms related with honorifics, the organization of speech levels, special *panmal* (half-talk) endings, personal pronouns and other honorific expressions, and usage rules for honorifics.

7. Major Categories of Speech, Speech Values, and Specific Registers: This section describes folk terms and expressions of speech, speech values and attitudes, the repertoire of baby talk, animal calls, ritual speech and expressions related to rituals, and formulaic greetings.

8. Verbal Art: This section describes swearing and animal metaphors, the kinds of birds and bird calls, traditional songs and daily jokes, proverbs and traditional expressions, and traditional folktales and current narratives.

5. The second chapter, 'Linguaculture of the *Cheongwon* Area' consists of the following sections.

Research Process

1. Place Names: This section describes the major toponyms and their taxonomy.

2. Lexical Distinctions of Ecological Environments I: This section describes the folk taxonomy of the kinds of wind, rain, snow, soil, dry fields, rice paddy fields, various crops, cooked rice, rice cake, pastes, cattle, freshwater fishes, and diseases.

3. Lexical Distinctions of Ecological Environments II: This section describes the folk perception of mountains and rich kinds of wild greens, wild fruits, wild roots, wild mushrooms for food, wild plants for medicine, and various kinds of trees in this area. It is discovered

that in this area, plant as kingdom taxa is primarily categorized into four life form taxa, that is, herb, tree, vine, and mushroom. Herb includes 65 generic taxa and 21 specific taxa, tree includes 60 generic taxa and 10 specific taxa, vine includes 12 generic taxa and 8 specific taxa, and mushroom includes 16 generic taxa.

4. Linguistic and Cultural Knowledge of Specific Works: This section illustrates the production process of traditional mulberry paper, cultivation of persimmon and jujube, silkworm farming, and classification of bees and bee farming. In particular, these specific traditional works are adequately described in terms of a cognitive theoretical concept called 'script.'

5. Structures of Kinship Terms: This section presents the repertoire of kinship terms and describes the major characteristics of kinship terms, the morphological differentiation of basic kinship terms, and other kinship-related terms and expressions.

6. Terms of Address System: This section describes the folk model of status distinction, the usage of fictive kinship terms and teknonyms, and usage of *taekho* (household terms).

7. Structures of Honorifics: This section describes folk terms of honorifics, the organization of speech levels, variants and special forms of *panmal* (half-talk) ending, personal pronouns and other honorific expressions, and usage rules for honorifics and examples of excessive use of *panmal*.

8. Major Categories of Speech and Specific Registers: This section presents folk terms and expressions of speech, the repertoire of baby talk, animal calls, ritual speech and expressions related to rituals, and formulaic greetings.

9. Verbal Art: This section describes swearing and animal

metaphors, the kinds of birds and bird calls, daily jokes, proverbs and traditional idioms, and traditional folktales.

6. The findings of this research serve as the first systematic ethnographic work on the traditional linguaculture of *Chungcheong* province. In addition, this study offers theoretical and methodological frameworks for future linguistic ethnographic research to be carried out in other regions of Korea. Combined with the findings of research conducted in other places of Korea, it will also contribute to the study of regional and social distributions and variations of linguaculture in Korea.

찾아보기(용어)

[ㅂ]

[ㅅ]

찾아보기(인명)

[ㅈ]

[ㅊ]

[ㅎ]

왕한석(王翰碩) Wang, Hahn-Sok

1950년 부산 동래 출생. 서울대학교 국어교육과와 인류학과를 졸업하고, 미국 캘리포니아 대학교(UCLA) 대학원 인류학과에서 석사와 박사 학위를 받았다. 이후 30여 년간 서울대학교 사회과학대학 인류학과 교수로 재직하였으며, 현재는 명예교수이다. 주 전공은 언어인류학, 사회언어학, 인지인류학이며, 주요 연구 업적으로는 『한국의 언어 민속지: 경상남북도 편』(2012), 『한국의 언어 민속지: 전라남북도 편』(2010), 『한국의 언어 민속지 1: 서편』(2009), 『또 다른 한국어: 국제결혼 이주여성의 언어 적응에 관한 인류학적 연구』(2007), 『한국어·한국문화·한국사회』(편저, 2010), 『한국어와 한국사회』(편저, 2008), 『한국 사회와 호칭어』(공저, 2005), 『언어와 사회: 의사소통의 민족지학 입문』(공역, 2009) 등이 있다. 서울대학교 학술연구상(2013)을 수상하였다.